KB215096

문화인류학

개정판

# 문화인류학

초판 1쇄 발행  1985년 3월 15일
개정판 1쇄 발행  2011년 9월 15일
개정판 15쇄 발행  2024년 2월 28일

지은이  한상복 · 이문웅 · 김광억

펴낸곳  서울대학교출판문화원
주소  08826 서울 관악구 관악로 1
도서주문  02-889-4424, 02-880-7995
홈페이지  www.snupress.com
페이스북  @snupress1947
인스타그램  @snupress
이메일  snubook@snu.ac.kr
출판등록  제15-3호

ISBN 978-89-521-1240-8 93300

ⓒ 한상복 · 이문웅 · 김광억, 2011

이 책은 저작권법에 의해서 보호를 받는 저작물이므로
무단 전재와 복제를 금합니다.

개정판

# 문화인류학

한상복

이문웅

김광억

서울대학교출판문화원

# CULTURAL ANTHROPOLOGY

HAN Sang-Bok
LEE Mun-Woong
KIM Kwang-Ok

Seoul National University Press

## 개정판을 내면서

한국문화인류학회는 1958년 문화인류학에 관심을 가졌던 몇 분의 민속학자들을 중심으로 창립되었다. 그 당시에는 한국의 대학에 인류학과도 없었고, 교양과목으로서의 인류학 강의도 매우 한정되어 있었다. 한국어로 쓴 인류학 또는 문화인류학 교재는 더욱더 찾아보기가 어려웠다. 그런데 2011년 한국문화인류학회와 동아시아인류학회가 공동으로 조직한 <세계동아시아인류학 학술대회>를 한국 전주에서 5일 동안 개최하였다. 그 학술대회 참가자들이 한국에서 200여 명이었고, 외국의 20여 개 나라에서 100여 명가량이었다고 한다. 두 학회를 대표한 두 번의 기조강연과 한 번의 한국·미국·일본 인류학자들의 한국문화연구 공동주제 전체회의에 더하여, 다양한 주제로 30개의 분과회의에서 논문발표와 토론이 진행되었고, 전라북도 4개 시군의 현지연구답사를 실시하였으며, 한국과 외국의 영상인류학 필름이 상영되었다.

그런 현상들은 지난 50여 년 동안 한국의 인류학계가 그만큼 성장했다는 것을 보여주는 하나의 지표라고 볼 수 있다. 인류학자 수가 크게 증가하였고, 대학의 인류학과 또는 문화인류학과 그리고 인류학 관련 연구소들이 다수 설립되었다. 인류학과가 없는 대학에서도 대부분 인류학 또는 문화인류학 강의를 교양과목으로 개설하고 있어 전국의 대학생들과 일반인들의 인류학에 대한 관심과 인식이 점차로 높아지고 있다. 인류학 분야의 연구도 양적으로는 물론 질적으로도 크게 향상되었다. 1958년에 처음 『인류학개론』(정연사)을 공동으로 펴낸 이해영·안정모는 편자의 머리말에서 "인류학이 생소한 학문이어서인지는 모르겠으나 우리나라에는 아직까지 이 분야에 관한 출판활동이 없었던 것으로 안다"고 밝혔다. 그러나 지금은 한국어로 인류학을 소개하는 저서와 번역서만도 수십 개에 이른다.

이 책은 원래 1985년 『문화인류학개론』(서울대학교출판부)을 초판으로 시작하여, 1992년 책의 내용을 일부 고쳐 쓴 수정판으로 나왔다. 그 뒤로 개정판을 내지 못하고 있다가 더 이상 책의 체제와 내용을 그대로 쓸 수가 없다고 판단되어 지은이들은 불완전하지만 개정판을 위한 작업을 시작하였다.

우선 개정판의 가장 긴급한 필요성은 한자를 한글로 표기하고 읽기 쉽게 문장을 고쳐 쓰는 것이었다. 이 책을 집필했을 때, 그리고 수정판을 펴낼 당시까지만 해도 대학교재, 특히 전문서적에서는 한글과 한자를 함께 쓰는 관행이 계속되고 있었다. 이 책도 예외가 아니었다. 그러나 지금은 한자를 거의 쓰지 않고, 특별한 경우에만 한글 표현의 괄호 속에 한자를 써서 읽는 사람의 이해를 돕는 경향이 있다. 요즘의 대학생들에게는 한자로 쓰인 책이 읽기 쉽지 않고 재미없다는 것이 상식으로 되어 있다. 더구나 한자로 쓴 어려운 전문용어와 문장은 읽는 사람의 이해력을 감소시킬 뿐 아니라 흥미까지도 잃게 하는 걸림돌이 되고 있다. 거기에 더하여 이 책의 각 장마다 주제와 관련된 최근의 일반 저서와 논문, 기타 참고문헌들을 더 읽을거리로 제시해주는 작업이 필요하다는 것을 또한 우리는 인식하게 되었다.

그래서 이번의 개정판에서는 우선 한자를 모두 한글로 표기하였고 오자와 탈자를 바로잡았으며 문장을 읽기 쉽게 고쳐 썼다. 그리고 각 장의 끄트머리에 제시한 <더 읽을거리>도 그 장의 주제와 관련된 최근의 논문과 저서와 번역서들로 보완하였다. 따라서 책의 맨 끝에 제시한 참고문헌도 새로운 것으로 추가 보완하였다. 개정판 책의 제목도 『문화인류학』으로 바꾸었으며 책의 표지 디자인도 새롭게 꾸몄다. 그러나 책의 전체적인 내용을 다시 고쳐 쓰는 작업은 이번에 검색하여 보완시킨 최근의 새로운 연구 논문과 저서들, 그리고 지금까지 이 책을 교재로 사용한 학생들과 인류학 관계 교수들의 비판과 조언을 바탕으로 지금부터 새로 시작해야 할 앞으로의 과제로 남아 있다.

지금까지 개정판을 위한 작업을 진행함에 있어서 서울대학교출판문화원 출판연구센터 직원들의 수고가 많았다. 특히 기획·편집을 담당한 전수형 씨는 활자판 책의 한자를 모두 한글로 표기하여 새로 조판하고, 오자와 탈자를 바로잡는 한편 어색한 문장을 읽기 쉽게 고쳐 쓰는 작업을 도와주었다. 그렇게 마련된 개정판의 새 원고를 읽으면서 교열 작업을 다시 하고, 각 장의 주제와 관련된 <더 읽을거리>와 책 전체의 참고문헌을 검색하여 새로운 것으로 추가 보완하는 한편, 찾아보기를 새로운 체제로 고치는 작업에는 서울대학교 인류학과 대학원생 박형진 군의 도움이 많았다. 이 책의 지은이들은 그분들의 도움과 노고에 진심으로 고마운 뜻을 전한다.


2011년 8월
지은이 모두가 함께 씀

# 초판 머리말

  인간과 사회와 문화의 관계에 대한 기초학문임과 동시에 종합과학으로서의 인류학이 이 땅에 소개된 지도 30여 년이 되었다. 그러나 그 내용과 학문의 당위성을 우리의 사회와 문화적 맥락 속에서 정당하게 수용하기 위한 관심과 노력은 아직도 충분하지 못한 실정이다. 심지어 그것은 고고학이나 민속학의 또 다른 명칭으로서 인식되거나 혹은 가장 비현실적이고 비과학적인 학문으로 비판받기도 한다.

  이러한 지적 풍토 위에서나마 그동안 몇 권의 인류학개론 책들이 나오면서 편견과 왜곡을 극복하고 올바른 인류학의 소개와 보급에 공헌하였다. 그러나 대부분의 개론서가 외국의 것을 그대로 번역하거나 편역한 것이어서 사용하는 사람들에게 불편과 제약을 주었다. 그것은 첫째로 저자의 개인적인 취향 (orientation)과 시각(perspective)이 이론과 모델의 소개에 강하게 작용하기 때문이다. 이러한 개론서는 문화의 여러 측면을 어떤 일관성 속에서 볼 수 있게 해주는 특색이 있지만, 다각적이고 공평한 입장으로 새로운 해석을 할 수 있는 능력을 발휘시키는 데에는 제약이 될 수도 있다. 우리는 개론서가 개인의 이론적 지향을 천명하는 것이 되어서는 안 된다고 생각한다. 개론서는 기본적인 개념과 보편적인 지식 및 이론을 소개하고 공정하고 정확한 안내를 통하여 독자 스스로 자기의 관심분야와 문제점을 찾아내는 안목을 계발하도록 인도하는 것이어야 한다.

  둘째로 대부분의 개론서가 인류학에 있어서의 문제성(problematic)의 규정을 저자 자신이 속한 사회와 문화의 맥락 속에서 하고 있다는 점을 지적할 수 있을 것이다. 영미 인류학자들이 '우리'와 '저들(we and they)'이라고 할 때의 '우리'는 유럽인과 미국인을 암묵적으로 지칭하는 말로서 결코 우리가 뜻하는 '우리'와 동일할 수가 없다. 따라서 우리 자신의 모습과 우리 자신의 문제를 파악하는 데 있어서 종종 걸맞지 않거나 부족한 점들이 발견된다. 한국사회에서 한국인과 한국문화를 대상으로 하는 인류학개론서라면 다른 문화의 이해가 우리 사회와 문화를 파악하는 데 어떤 현실적합성(적실성適實性, relevance)이 있는지를 염두에 두고 씌어야 할 것이다.

이러한 문제점들을 배경으로 하여 우리의 이 책에서는 다음 몇 가지 사항들에 특히 중점을 두었다. 첫째, 문화의 보편성과 다양성의 설명과 더불어 한국사회와 문화의 특성을 이해하는 시각의 소개를 시도하였다. 둘째, 단순하고 미개한 사회나 전통문화를 취급하더라도 이를 현대사회의 문화현상과 사회문제를 보는 시각과 연관시켰다. 셋째, 단순히 지식의 전달이 아니라 독자가 스스로 인류학적 사고방식(mode of thought)을 갖도록 하는 데 노력을 기울였다. 즉 백과사전식의 지식 및 이론과 모형을 나열하는 것을 지양하고 인류학을 배우기 시작한 사람이 기본적으로 갖추어야 할 요소에 충실하였다.

이 책은 1981년에 저자들이 공저한 『문화인류학』(한국방송통신대학출판부)을 바탕으로 하였다. 이 책은 각 대학에서 교양인류학 교재로 채택되었으나 매 학기 일반대학으로부터의 수요에 공급이 미치지 못하여 불편하였다. 그리하여 차제에 내용과 체제를 수정 및 보완하여 일반대학생을 위한 교재로 펴내게 된 것이다. 여기에는 그동안 저자들의 경험과 그 책을 사용한 많은 인류학 관계 교수들의 비판과 조언을 참고하였다. 이 자리를 빌려 모든 분께 감사를 표한다. 그리고 이 책의 출판을 제의해 오신 서울대학교 출판부장 임종철 교수와 성공적인 출판을 위해 애쓰신 출판부 여러분께 감사드린다.

이 책은 모두 16장으로 나뉘어 있는바 1장, 4장, 8장, 12장, 14장은 한상복, 3장, 5장, 6장, 11장, 15장은 이문웅, 그리고 2장, 7장, 9장, 10장, 13장, 16장은 김광억이 함께 토의를 거쳐서 분담·집필하였다.

끝으로 이 책이 한국인과 한국사회 및 한국문화를 객관적으로 파악하고 우리의 미래를 세계문화의 틀 안에서 모색하려는 사람들에게 조금이라도 도움이 되기를 바란다. 인류학은 자기와 다른 형태의 삶을 이해하고 포용하는 자세를 갖게 한다. 즉 그것은 삶을 바라보는 시각을 제공해 주는 것이다. 누구든지 남에 대하여, 그리고 자기가 속한 주위세계에 대하여 관심을 가질 때 그는 이미 인류학자의 첫걸음을 시작하는 것이다. 그 첫걸음이 이 책을 통하여 더욱 확고하고 발전적인 앞날의 목표로 연결되기를 기원한다.

1985년 2월
저자 일동

차례

# 제1장

# 문화인류학의 개요

  문화인류학은 인류학의 한 분야로서 세계의 여러 민족과 문화를 사회과학적 방법으로 비교 연구하는 학문이다. 그 연구대상은 문화의 개념과 변동을 포함하는 문화이론을 비롯하여 가족, 친족, 혼인, 사회조직, 경제체계, 정치조직과 법질서, 종교, 인성, 언어, 예술, 환경 등 인간생활의 모든 측면을 포괄한다. 그러면서도 인간생활의 모든 측면을 따로따로 떼어서 연구하지 않고 상호 관련시켜서 총체적으로 접근하고, 문화의 상대성과 비교의 관점에서 연구하는 것이 문화인류학의 특징이라고 말할 수 있다. 문화인류학은 또 급속히 변화하는 현대사회의 여러 가지 현실적인 문제들을 해결해 주고, 미래의 인간생존을 위한 방향을 제시해 줌으로써 인간생활에 공헌하는 바가 매우 크다.

  방법론의 면에서 문화인류학이 다른 사회과학과 구별되는 특징은 문화인류학의 독특한 관점을 가지고 참여관찰을 주로 하는 현지조사에 의해서 자료를 수집하고, 사례분석과 여러 문화의 비교 연구를 통하여 이론을 형성한다는 것이다. 여기서 우리는 인류학의 특성을 먼저 알아본 다음, 문화인류학의 여러 가지 연구방법과 기술 및 절차를 소개하고 자료의 분석과 해석 및 이론의 전개방식을 살펴보기로 하자.


## 1. 인류학의 일반적 특성


### 1) 인류학이라는 학문

　인류학(anthropology)을 가장 단순하게 정의한다면 '인간을 연구하는 학문'
이라고 규정할 수 있다. 원래 인류학이란 말은 희랍어의 어간 anthropos-(인
간)와 명사어미 -logia(학문)에서 나온 것이다. 그렇다면 인간을 연구하는 학문
이 인류학뿐이라고 말할 수 있을까? 인류학 이외에도 인간을 연구하는 학문
들은 많다. 인간유전학, 인체해부학, 생리학 등의 인간생물학은 물론 사회학,
심리학, 정치학, 경제학, 역사학, 종교학, 문학 등의 사회과학과 인문학들도 모
두 인간을 대상으로 연구하며, 그 학문들의 역사가 인류학보다도 오히려 더
길다. 그러면 인류학의 인간연구가 다른 학문들의 인간연구와 다른 점은 무엇
인가? 우리는 이 질문에 대한 해답을 다음의 몇 가지 측면에서 얻을 수 있을
것 같다.

**대상: 인간의 체질적 특징과 문화적 특징**　　인류학에서는 인간이 다른 동물과 구
별되는 특징을 신체의 구조와 기능을 포함한 체질적 측면과, 행동방식 및 생
활양식을 나타내는 문화적 측면에서 발견한다. 인간의 여러 가지 신체적 체질
의 특징은 분명히 다른 동물들과 다르며, 인간의 사회와 문화는 다른 동물의
생활에서 찾아볼 수 없고 인간만이 가지고 있는 고유한 특징이다. 그렇다면
인간만이 가지고 있는 체질적 특징과 문화적 특징은 어떻게 결정되고 변화하
는가?

　인간의 체질적 특징은 대부분 생물적 유전에 의해서 결정되고, 쉽게 변화
하지 않는다. 그래서 우리는 체질적 특징을 선천적인 것이라고 말한다. 예를

들면 한 인간의 피부 색깔과 눈, 코, 체격 등을 포함하는 모든 신체적 특징은 그 사람이 태어날 때부터 가지고 있는 염색체에 따라 결정되고, 염색체는 또 그 사람의 부모로부터 유전된다. 따라서 다른 부모에게서 태어난 사람들은 서로 다른 염색체를 가지며 신체적 특징도 다르다. 같은 부모에게서 태어난 형제자매들의 신체적 특징이 부분적으로는 서로 닮았으면서도 각기 다른 것은 부모로부터 유전된 염색체가 일부만 같기 때문이다. 인간의 신체적 특징이 쉽게 변화하지 않는다는 사실은 다음과 같은 예로써 설명될 수 있다. 즉, 우리가 머리카락을 염색하거나 눈과 코의 성형수술을 해서 신체적 특징을 변화시킨다 하더라도, 그처럼 변형된 신체적 특징이 우리의 자녀들에게는 유전되지 않는다. 그러나 인간의 신체적 진화에서 보는 것처럼 장기간에 걸쳐 체질의 특징이 변화하는 것은 사실이다.

인간의 문화적 특징은 신체적 특징과는 달리 태어날 때부터 가지고 있었던 것이 아니라 사회문화적으로 학습하고 창조하여 생긴 것이다. 예를 들면 우리가 한국말을 하고 수저로 밥과 김치를 먹으며, 한국 사람 식으로 생각하고, 느끼고, 행동하는 모든 생활양식은 우리가 태어난 뒤에 성장하면서 가족을 비롯한 주위의 다른 사람들로부터 한국인의 행동방식과 생활양식을 후천적으로 학습해서 얻은 것이며, 시간이 지남에 따라 그러한 문화적 특징은 신체적 특징보다 더 빨리 변화하고 새로운 문화가 창조되기도 한다. 우리의 생활양식은 당대에 변화할 수도 있고, 일단 그렇게 변화된 생활양식은 우리의 자녀들에게 그대로 전승될 수도 있다. 가령 우리가 어떤 계기로 한국사회에서 생활양식을 바꾸거나, 다른 사회와 문화 또는 환경에 적응하면서 살아가기 위하여 본래 우리가 가지고 있던 생활양식을 바꾼다면, 그와 같이 변화된 문화적 특징은 우리의 자녀들에게도 학습되어 전승될 것이다. 우리는 앞으로 제4장과 제15장에서 인간의 신체적 진화와 문화의 진화, 발달과 문화변동에 관한 내용을 상세하게 다룰 것이다.

**범위: 인간역사의 전 시대와 세계의 인간과 문화**　　인류학의 인간연구가 다른 학

문들의 인간연구와 다른 두 번째의 특징은 인류학의 범위가 다른 학문들보다 훨씬 더 넓다는 것이다. 인류학은 세계의 다양한 모든 민족과 그들의 문화를 대상으로 연구할 뿐만 아니라 인간역사의 전 시대의 사람들과 문화를 연구한다. 수백만 년 전 인간의 기원으로부터 현재에 이르기까지 인간의 진화와 문화의 발달을 추적해서 연구한다. 인류학의 연구범위는 처음부터 오늘날처럼 그렇게 광범하고 종합적인 것은 아니었다. 과거에는 인류학자들이 전통적으로 다른 학문에서 별로 관심을 갖지 않는 원시적인 단순한 소규모의 미개민족과 그들의 사회와 문화를 집중적으로 연구하고, 기록된 역사를 가진 개명(開明)된 민족과 그들의 복합사회와 문화는 다른 학문들의 영역으로 남겨 두었다. 그러나 최근에 와서는 그러한 학문들과 인류학 간의 뚜렷한 영역의 분화가 소멸되기 시작하였다. 오늘날에는 인류학자들이 인류학의 이론과 방법을 농민사회와 도시의 산업사회는 물론, 공장·기업체·국가와 같은 복합사회에 적용시켜 연구하고 있다. 뿐만 아니라 과거에는 인류학자들이 다른 민족, 다른 사회, 다른 문화를 주로 연구해 왔으나 오늘날의 인류학자들은 점차로 자기 자신의 민족과 사회와 문화에 관심을 돌려 직접 현지조사연구를 하는 경향이 있다.

그러한 경향의 이면에는 몇 가지 이유가 있다. 첫째로 교통과 통신이 발달하고 여러 민족과 국제간의 사회문화적 교류가 빈번해짐에 따라 지구상의 여러 민족 간에 지리적 거리와 사회문화적 거리가 좁아지고, 고립된 단순 미개사회들이 줄어들고 있다는 사실이다. 둘째로 과거에는 인류학자들이 주로 식민지를 많이 가지고 있던 나라에서 배출되어 식민통치와 관련된 다른 민족과 사회와 문화를 주로 연구했으나, 오늘날에는 그러한 상황이 바뀌고 인류학자들이 세계 각국에서 배출되어 그들이 자기 자신의 민족과 사회와 문화를 외국의 인류학자들보다 더 잘 연구할 수 있게 되었다. 예를 들면 한국에서도 과거에 한국의 인류학자들이 없을 때에는 일본과 미국을 비롯한 다른 나라의 인류학자들이 우리 민족과 사회와 문화를 많이 연구했으나, 오늘날에는 그러한 연구를 한국의 인류학자들이 직접 담당하고 있다. 특히 인류학자들은 세계 여러 민족의 생활양식을 잘 알고 있기 때문에 그것들에 비추어 자기 자신의 민족과 사회와 문화를 비교의 관점에서 연구하는 데 매우 유리한 입장에 있다.

**관점: 인간생활경험의 총체적 접근**　　인류학의 인간연구가 다른 학문들의 인간연구와 다른 세 번째의 특징은 인간, 사회, 문화의 모든 측면을 총체적으로 연구한다는 것이다. 앞에서 본 것처럼 인류학에서는 인간의 체질과 문화의 측면을 모두 다루고 있을 뿐 아니라, 인간역사의 모든 시대에 걸친 지구상의 모든 민족과 문화를 연구대상으로 하되, 인간생활경험의 모든 측면을 상호관련된 하나의 총체로서 연구한다. 예를 들면 어떤 민족이나 인간집단을 연구할 때 인류학자는 그 민족 또는 인간사회의 역사와 지리, 자연환경은 물론 사람들의 체질적 특성과 가족, 혼인, 친족제도, 경제체계, 물질문화, 정치조직, 법률체계, 종교, 언어, 예술, 인간심성 등의 모든 측면을 상호관련지어서 총체적으로 연구한다. 그러한 인간생활경험의 모든 측면은 따로따로 떨어져서 분리될 수 없는 것이기 때문이다. 그런데 다른 학문들은 그 학문의 특수한 관심에 따라 인간생활의 특수한 측면을 따로 떼어 거기에만 연구를 한정시키고 있다. 예컨대 경제학은 인간의 경제행위와 경제현상을 인간생활경험의 다른 측면들과 분리시켜 연구하고 있다.

인간생활경험의 모든 측면에 대한 총체적 접근은 특히 과거에 인류학자들이 원시적인 단순한 소규모의 미개민족과 그들의 사회와 문화를 집중적으로 조사 연구하여 민족지를 서술할 때 생긴 전통이며, 지금도 인류학자들의 교육훈련과 기본적인 관점은 총체적 접근을 따르고 있다. 그러나 오늘날처럼 인류학자들이 개명된 민족과 그들의 복합사회와 문화를 연구할 경우에는 그 연구범위가 너무나 광범하며, 취급해야 할 정보와 자료가 너무나 복잡하고 많기 때문에 어느 한 사람의 인류학자가 인간생활경험의 모든 측면을 망라해서 연구한다는 것이 도저히 불가능하게 되었다. 그래서 오늘날의 인류학자들은 인간생활경험의 모든 측면을 상호관련시켜서 총체적으로 접근하면서도 어느 특정한 측면을 더 집중적으로 연구하는 경향이 있다. 인류학의 분야가 크게는 체질인류학·고고학·문화인류학으로 나누어지고, 각 분야가 다시 더 세분되어 전문화의 경향을 나타내는 이유가 바로 그 때문이다. 총체론(holism)의 관점 이외에도 인류학의 특이한 관점으로는 문화상대론(cultural relativism)과 비교연구(comparative study)의 관점을 들 수 있는데, 그것들에 관해서는 본 장의 뒷부분에서 문화인류학의 관점을 다룰 때에 상세하게 설명하기로 하겠다.

## 2) 인류학의 분야들과 연구방법

'인간을 연구하는 학문'으로서의 인류학은 그 연구대상의 측면에 따라 인간의 체질적 특징을 연구하는 체질인류학(physical anthropology)과 인간의 문화적 특징을 연구하는 문화인류학(cultural anthropology)으로 크게 나누어진다. 그리고 인간의 문화적 특징 중에서도 기록역사 이전의 선사시대와 원사시대 및 고대의 문화적 특징을 인간생활의 유물과 유적을 통하여 재구성하고 해석하여 설명하는 인류학 분야의 학문이 고고학(archaeology)이며, 역사시대 특히 근대와 현대의 문화적 특징을 기록된 문헌자료와 현지조사 자료를 통하여 비교 분석하고 서술하는 학문이 좁은 뜻의 문화인류학 또는 민족학 (ethnology)이다. 때로는 인간의 문화적 특징 중에서 특히 언어를 연구하는 인류학 분야의 학문을 언어인류학(linguistic anthropology)이라고 분류하여, 넓은 뜻의 문화인류학 속에 고고학과 좁은 뜻의 문화인류학 또는 민족학과 언어인류학을 포함시키기도 한다. 이러한 후자의 분류방법은 특히 미국 인류학의 역사적 발전 과정에서 생겨난 것이다. 그리하여 미국에서는 인류학의 분야를 체질인류학, 고고학, 언어인류학, 문화인류학의 4개 분야로 나누는 것이 일반적인 경향이다. 실제로 미국의 대학에서는 인류학과에 위와 같은 4개 분야의 교수진과 대학원의 전공학생들이 공존하고 있다. 그러나 우리나라에서

| 시간의 차원 | | | |
|---|---|---|---|
| | | 과거 ◄———————————————————► 현재 | |
| 연구대상 | 체질적 특징 | 체 질 인 류 학<br>인류의 기원과 진화　　　　　　　인류의 다양성 | |
| | 문화적 특징 | 고 고 학<br>문화의 기원과 진화 | 문 화 인 류 학<br>문화의 복합성과 다양성 |

**그림 1-1.** 연구대상의 시간차원에 따른 인류학의 여러 분야

는 체질인류학의 연구가 대부분 의과대학 해부학 교실에서 이루어지고, 고고학의 연구는 인류학보다 역사학과 더 밀접한 관계를 가지며, 언어학의 연구도 인류학보다는 국어학과 외국어 연구와 더 긴밀한 유대를 가지고 있는 형편이다.

이 책에서 필자는 인류학의 분야를 체질인류학·고고학·문화인류학으로 3대 분야로 나누고, 언어인류학은 경제인류학이나 생태인류학 또는 정치인류학과 마찬가지로 문화인류학의 세분된 분야의 하나로 취급하겠다. <그림 1-1>은 연구대상의 시간차원에 따른 인류학의 3대 분야와 그 내용을 보여주고 있다.

**체질인류학**　　체질인류학은 생물체로서의 인간이 가지고 있는 체질적 특징을 자연과학적 방법으로 연구하는 학문이다. 그래서 체질인류학을 생물인류학(biological anthropology)이라고도 부른다. 체질인류학자들은 인류의 기원과 진화과정을 연구하기 위해서 수백만 년 전에 살았던 인간과 유인원의 화석을 발굴하여 비교하고 연대를 측정한다. 인류의 진화단계를 알기 위해서 그들은 또 시대를 달리하는 여러 종류의 화석을 비교할 뿐 아니라 그 시대에 살았을 것으로 추정되는 동식물과 환경 및 기후의 변화 등 지질학적 자료를 이용한다. 이러한 연구를 통해서 그들은 최초의 인간이 언제, 어디에서 살았으며, 우

리 인간의 조상이 언제 두 다리로 곧게 선 자세를 취하고 두 손을 자유롭게 사용했으며, 뇌 용적이 얼마나 컸는지를 밝혀 주고 있다.

인간이 출현하기 이전의 아주 오랜 과거로 거슬러 올라가면 인간의 형태가 존재하지 않았던 시대가 있었을 것이다. 그렇다면 최초의 인간은 무엇으로부터 생겨난 것일까? 인간의 형태를 갖추지 않은 동물조상으로부터 인간이 출현했다면, 그 동물조상의 신체적 특징은 어떤 모습을 하고 있었을까? 그리고 인간의 신체적 특징이 변화하고 진화하는 데는 무슨 요인들이 작용했을까? 이러한 질문들에 대한 해답을 우리는 체질인류학자들의 연구에서 얻을 수 있다. 체질인류학자들은 아주 오랜 과거에 살던 인간의 모습을 재구성하기 위해서 죽은 인간이나 유인원의 화석을 연구할 뿐만 아니라, 살아 있는 영장류 동물도 연구한다. 침팬지와 같은 영장류 동물은 그 행동과 신체적인 외모가 우리 인간과 비슷하고 혈액형과 질병에 걸리는 양상도 유사한 점이 많기 때문에, 체질인류학자들은 영장류 동물을 연구해서 인간의 조상과 그 이전의 동물조상을 유추해석하려고 노력한다. 그러한 영장류 동물의 연구에서 얻은 유추해석은 화석의 기록과 대조하여 검토되고 있다. 이런 점에서 인류의 기원과 진화를 연구하는 체질인류학의 영역은 인간고생물학, 영장류학, 지질학 등의 인접학문들과 중복되는 영역이 많다.

체질인류학자들은 또 오늘날 지구상의 인간집단들이 신체적인 특징의 면에서 어떻게 다르며 왜 다른지를 연구한다. 오늘날 지구상에 살고 있는 모든 사람들은 호모 사피엔스(Homo sapiens)라는 동일한 종(species)에 속한다. 그럼에도 불구하고 인간집단들이 다양한 신체적 특징을 나타내고 있는 것은 무엇 때문일까?

왜 여러 인종들 간에 피부 색깔이 다르고, 키와 몸의 털, 눈, 코, 입술의 모양이 다를까? 그러한 인간집단들의 신체적 특징의 다양성을 연구하기 위해서 체질인류학자들은 인간의 신체적 체질의 특징이 어떻게 유전되고, 신체적 특징에 미치는 환경의 영향이 무엇이며, 질병들이 상이한 인간집단에 서로 다른 방식으로 영향을 주는 까닭이 무엇인지를 밝히려고 노력한다. 이런 점에서 인류의 다양성을 연구하는 체질인류학의 영역은 인간전유학, 인간생태학, 역학(epidemiology) 등의 인접학문들과도 중복되는 영역이 많다. 서로 다른 인종 간에 혼혈이 있을 경우 어떤 현상이 일어날 것인가? 에스키모 사람들은 다른 사람들보다 추위에 더 잘 견딜 수 있도록 신체적으로 적응되어 있는가? 열대지방 사람들은 치명적인 말라리아로부터 어떻게 생존할 수 있는가? 이러한 문제들은 인류의 다양성을 연구하는 체질인류학자들이 인간유전학과 인간생태학 및 역학의 원리와 개념 및 기술들을 이용함으로써 해결할 수 있는 것이다.

우리는 여기서 체질인류학의 모든 문제들이나 방법들을 상세하게 다룰 수가 없다. 다만 여기서는 인류학의 한 분야로서 체질인류학의 대상과 범위, 접근방식을 간단하게 소개하는 데 그치고, 제4장에서 인류의 기원과 진화를 문화발달과 결부시켜 좀 더 상세하게 다루기로 하겠다.

**고고학**　고고학은 주로 기록이 없는 선사시대나 원사시대 또는 고대 사람들의 일상생활 및 관습을 그들이 남긴 유물과 유적을 통해서 복원하고 설명함으로써 문화의 기원과 성장 발달과정을 조사 연구하는 학문이다. 인류문화의 역사는 수백만 년 동안 계속되어 왔지만, 문자가 발명되어 인류생활의 기록을 남긴 것은 6000년이 채 못 된다. 그러므로 인류문화의 대부분은 기록되지 않은 상태에 있고 역사학자가 문헌에 의해서 다룰 수 있는 기록역사는 인류문화의 수백분의 일에 불과하다. 일찍이 문자를 사용했던 고대의 이집트나 중국 또는 우리나라의 고대문화처럼, 기록이 약간 있더라도 그것만으로는 원사시대나 고대의 문화를 복원하여 설명할 수 없을 경우에도, 그 당시의 인간생활은 역사고고학(historic archaeology)에 의하여 기록과 유물과 유적을 통해서 고증되고 재구성되어야 한다.

선사고고학(prehistoric archaeology)은 기록이 전혀 없는 아주 오랜 선사시대의 문화를 그 당시의 사람들이 남긴 동굴벽화, 조각, 주거지, 석기, 토기,

패총, 분묘, 기타 동식물의 잔존형태 등 유물과 유적에 의해서 재구성하는 학문이다. 그러나 이러한 고고학적 유물들은 대부분 파편에 불과하며, 그 당시 사람들의 생활양식을 직접 보여주지는 못한다. 고고학자는 문자 없는 선사시대 사람들의 언어를 알아낼 도리가 없고, 그들의 가족생활과 정치조직 또는 종교적 신앙을 유물과 유적만 가지고 설명할 수도 없다. 그래서 고고학자들은 문화인류학자들이 조사 연구한 원시미개민족을 포함한 세계의 다양한 민족과 문화에 대한 자료와 이론을 바탕으로 해서, 발굴된 고고학적 유물과 유적으로부터 선사시대 사람들의 생활양식을 추론한다. 가령 30만 년 전에 죽은 사람의 시체에 황토칠을 해서 매장했다는 사실로 미루어 그 당시 사람들의 주술적인 종교관을 엿볼 수 있다든가, 10만 년 전에 죽은 사람의 무덤에서 여러 가지 도구와 물건들을 발견했을 때 그것들을 죽은 사람이 사후에 쓰도록 부장품으로 넣은 것이라고 하여 그 당시의 사람들이 종교적인 내세신앙을 가지고 있었다고 추론하는 것은 그러한 예이다.

그 밖에도 고고학자들은 대략 언제쯤, 어디에서, 왜 인간이 특정한 도구를 처음으로 제작하여 사용했으며, 야생식물을 재배하여 농업을 시작하고, 야생동물을 길들여 가축을 사육하게 되었는가, 그리고 사람들이 도시에서 살기 시작한 것은 언제부터이며, 어디서, 왜 도시가 발달하게 되었는가에 대하여 필요한 고고학적 자료를 수집하고 분석하는 데 체질인류학과 문화인류학, 역사학, 지질학, 지리학, 생물학, 화학 등 인접과학들의 이론과 방법을 필요로 한다. 역사학자들은 사건을 기록할 때 정확한 절대연대를 사용하지만, 선사고고학자들은 사건들의 상대연대를 제시할 수 있을 뿐이다. 예를 들면 타제석기를 만들어 쓰고 동굴에 살면서 채집경제 생활을 하던 사람들의 문화가 토기를 만들어 쓰고 통나무집에 살면서 원시농업경제 생활을 하던 사람들의 문화보다 선행하였다는 것은 설명할 수 있으나, 각 단계의 문화가 정확하게 얼마나 오래 계속되었다든가, 새로운 문화의 요소가 언제, 누구에 의해서 발명 또는 발견되었는가에 대해 정확한 연대를 밝힐 수는 없다. 그러나 고고학의 연대측정 방법과 기술은 계속 향상되어 가고 있다. 우리는 제4장에서 인류의 문화발달 과정을 고고학적 측면에서 좀 더 상세하게 다룰 것이다.

**문화인류학**　문화인류학은 시간의 차원에서 볼 때 고고학이 다루는 범위 밖의 역사시대로부터 현대에 이르기까지 세계의 여러 민족과 그들의 문화를 사회과학적 방법으로 비교 연구하는 학문이다. 문화인류학의 주요 연구대상은 문화의 개념과 변동을 포함하는 문화이론을 비롯하여 가족, 친족, 혼인, 사회조직, 생산기술과 경제체계, 정치조직과 법질서, 종교, 인성, 언어, 예술, 환경 등을 모두 포괄한다. 그리고 이러한 내용들을 연구하는 관점과 방법의 특징은 첫째로 한 사회를 대상으로 하여 위에 열거한 여러 가지 관습과 제도, 기타의 사회문화적 현상들을 상호관련시켜서 종합적으로 연구하는 총체론과, 몇 개 지역 또는 세계의 여러 민족과 사회와 문화들을 대상으로 하여 사회문화적 현상들을 문화상대론의 관점에서 비교 연구하는 비교방법에 있으며, 둘째는 자료를 수집하고 분석하는 데 있어서 문헌조사와 더불어 현지조사방법을 쓴다는 것이다.

　문화인류학자가 현지조사를 할 때에는 자기가 연구하려는 인간집단의 사회에 들어가서 보통 1년가량 그 사람들과 함께 살면서 그들의 행동과 사고방식 및 생활양식을 관찰, 질문, 기록함으로써 자료를 수집한다. 이와 같이 현존하는 어떤 인간집단의 기본자료를 수집하여 그 사람들의 생활양식, 즉 문화의 여러 측면을 상세하고 정확하게 기술한 보고서를 민족지(ethnography)라고 한다. 문화인류학자가 여러 인간집단의 문화를 비교 연구하여 문화의 이론이나 가설을 정립할 때에는 민족지를 기본자료로 이용한다. 그러므로 민족지 그 자체에는 어떤 문화의 이론이나 가설 또는 비교의 관점이 포함되어 있지 않다.

　기록된 문헌이 있는 역사시대, 특히 근대와 현대에 있어서도 세계의 여러 민족과 문화는 끊임없는 변화를 거듭해 왔다. 그래서 문화인류학자들은 어느 특정한 인간집단의 생활양식, 즉 문화가 어떻게 변해 왔는가를 조사 연구할 필요성을 느낀다. 인류학자들이 과거에 작성한 민족지의 기록이나 선교사, 외교관, 여행자, 군인, 탐험가들의 견문록, 기타 관청의 공문서나 다른 여러 기관들 또는 개인의 사문서 등을 바탕으로 해서 어느 특정한 인간집단의 문화변동과정을 역사적으로 재구성하고 변화의 원인을 밝힌 것이 민족사 (ethnohistory)이다. 그러므로 민족사학자로서의 문화인류학자는 역사학자와 비슷한 연구를 한다고 볼 수 있다. 그러나 민족사학자로서의 문화인류학자가 역사학자와 다른 점은 전자가 주로 어느 특정한 인간집단의 역사를 재구성하고 변화의 원인을 밝힘에 있어서 연구대상인 인간집단 자체가 아무런 기록을 남겨 놓지 않은 상태에서 제3자인 다른 사람들의 보고서나 기록문서를 기본 자료로 이용한다는 것이다.

요컨대 민족지는 문화인류학자 자신이 특정한 인간집단의 생활양식을 직접 관찰하고 조사하여 얻은 자료를 바탕으로 한 보고서인 데 반하여, 민족사는 특정한 인간집단의 생활양식이 어떻게 변화하고 왜 변화했는가를 다른 사람들의 민족지나 기록문서를 통해 밝혀낸 것이다. 문화인류학자들은 또 민족지와 민족사의 자료를 이용하여 현재와 과거의 세계 여러 민족과 문화를 비교 연구한다. 다양한 여러 문화들이 어떻게 분포되어 있고 서로 관련되어 있으며, 다양한 여러 문화들 간의 유사점과 차이점이 무엇인가를 문화의 비교 연구를 통해서 파악한다. 예를 들면 일부다처혼과 일처다부혼을 포함하는 복혼제도의 관습이 어디에 얼마나 많이 분포되어 있고, 그런 관습이 어떤 사회에는 존재하는데 다른 사회에는 왜 없는지를 이해하려면 세계 여러 인간집단들의 혼인제도와 문화 전반에 관한 비교 연구를 해야 한다. 문화인류학자들은 지금까지 세계 여러 문화들의 비교 연구를 위해서 2,000개가량의 인간집단에 대한 비교문화자료를 수집하여 과학적인 분류와 통계적 처리를 가능하게 하였다.

문화인류학은 특히 현대사회의 인간생활과 문화의 여러 측면들을 상호관련시켜서 연구하기 때문에 사회학, 심리학, 경제학, 정치학, 역사학 등의 인접학문들과 중복되며 서로 밀접한 관계를 맺으면서 연구되고 있다. 우리는 문화인류학의 대상과 방법 및 인접과학들과의 관계 등에 대하여 본 장의 다음 절들에서 더 상세하게 다룰 것이다.

## 2. 문화인류학의 연구과제와 사회적 공헌

### 1) 문화인류학의 중심과제

문화인류학자들은 앞에서 본 바와 같이 현지조사를 하여 특정한 인간집단의 민족지를 기술하고, 문헌조사를 통해서 민족사를 재구성하며, 민족지와 민족사의 자료를 과학적으로 분류하고 통계적으로 분석하여 현재와 과거의 세계 여러 민족과 문화를 비교 연구한다. 그러나 문화인류학의 중심과제는 이 책의 주요내용이 보여주고 있는 것처럼 문화의 개념(제3장)과 변동(제15장)을 포함하는 문화이론, 혼인과 가족(제5장)과 친족(제6장), 기타의 사회적 범주와 조직을 포함하는 사회조직(제7장), 경제(제8장), 정치와 법(제9장), 종교(제10장), 인성(제11장), 언어(제12장), 예술(제13장), 문화와 환경의 관계(제14장) 등을 포함한다. 그리고 문화인류학자는 현대사회의 여러 가지 실제적인 문제들을 해결하기 위하여 응용인류학(제16장)에 연구와 노력을 기울인다. 이러한 문화인류학의 중심과제들을 좀 더 전문화된 영역별로 주요 항목들만 간추려 보면 다음과 같다.

**문화이론**　　문화의 본질 또는 개념과 문화변동의 과정, 특히 진화, 혁신, 전파, 접촉변화, 도시화, 공업화 등을 다루고 문화변동의 촉진요인과 저해요인 및 문화발전의 원리를 탐구한다.

**사회구조론**　　혼인과 가족 및 친족조직, 출계 및 거주율, 성별, 연령별 기타 사회적 속성에 따른 집단과 조직을 다루고, 사회적 지위와 역할 및 사회계층,

신분, 계급 등이 어떻게 상호관련을 맺으며 구성되어 있는가를 연구한다.

**경제인류학**  토지, 노동, 자본, 기술, 기타의 자원과 부와 재산의 소유, 화폐 등에 대한 기본개념과 미개사회, 농민사회, 산업사회의 생산, 분배(교환), 소비 양식을 다루며, 문화와 경제행위 및 경제발전의 여러 문제들을 집중적으로 연구한다.

**정치인류학**  여러 차원의 정치체계와 정치조직 및 정치과정을 서로 다른 문화의 맥락에서 비교 연구하며, 특히 지도자, 권위, 권력구조 및 국가의 기원과 전쟁 등에 강조점을 둔다. 원시정치체계의 연구가 인류학이론과 비교정치학의 연구에 공헌하는 바를 검토하고, 아울러 정치과정과 사회조직 및 사회변동과의 관련성도 고찰한다.

**법인류학**  사회마다 다양하게 나타나는 법의 성격과 개념을 그 문화의 맥락에서 파악한다. 구체적으로는 그러한 사회들이 정치·경제·종교·생태적 측면과 관련해서 갈등을 해결하는 전략 및 수단을 분석한다. 또한 다양한 민족지들에 나타난 사회통제 및 갈등의 해소방법과, 분쟁의 조정과 판결 및 사회적 제재의 위협을 이용한 갈등과 분쟁의 중재절차 등을 다루며, 한 사회 안에서 발생하는 폭력 또는 범죄와 사회 간의 전쟁을 예방하고 조정하는 공식적 비공식적 해결방식을 연구한다.

**종교인류학**  초자연적 존재의 형태와 특성 및 위계를 밝히고 종교적 중개자와 초자연에 영향을 미치는 행위들을 연구한다. 그 밖의 종교, 신앙, 주술, 의례, 행사들, 특히 조상숭배, 통과의례, 민간신앙, 무속신앙, 종교운동 등의 종교현상들과 사회구조와 변동을 상호관련시켜서 분석한다. 종교의 사회적 기능도 중요한 과제 중의 하나이다.

**심리인류학**  문화와 인성의 관계에 중점을 두면서 어린이의 양육 및 교육이 어른의 인성 형성에 미치는 영향, 민족성과 국민성 또는 사회적 성격 등 최빈인성(modal personality)의 특징을 분석한다. 그리고 문화가 인성에 미치는 영향과 인성이 문화에 미치는 영향을 고려하면서 급속한 문화변동과 도시화 과정에 있는 개인 또는 집단의 심리적 적응 및 정신위생 등을 연구한다. 심리인류학은 교육인류학과 밀접한 관계를 가지면서 여러 가지 인성 측정의 방법과 도구, 특히 투사적 방법과 도구를 개발하기도 한다.

**언어인류학**　문화의 중요한 측면 또는 구성요소인 동시에 문화의 전달과 발달에 중요한 역할을 하는 언어의 본질을 연구하고, 여러 가지 언어가 어떻게 발생하고 변화했으며, 그것들의 유사성과 상이성을 비교하여 체계를 찾는다. 이처럼 언어의 변화와 역사를 재구성하고 비교 연구하는 분야를 역사언어학 또는 비교언어학이라고 한다. 그리고 현대의 여러 가지 언어가 어떻게 구성되어 있으며, 말에 소리와 단어가 연결되는 방식을 결정해 주는 법칙을 발견하려고 노력한다. 이런 분야를 특히 기술언어학 또는 구조언어학이라고 한다. 또 인간관계나 사회적 맥락과 속성에 따라 사람들이 실생활에서 언어를 다른 방식으로 사용하는 것을 집중적으로 연구하는데, 그것을 사회언어학 또는 민족언어학이라고 한다.

**예술인류학**　미술, 조각, 음악, 무용, 연극, 문학, 특히 신화, 전설, 민담, 민요 등의 예술을 인간이 가지고 있는 감정, 사상, 신념의 정서적 표현과 미적 표현의 산물로 보고, 예술의 본질과 기원과 발달 및 사회적 기능을 주로 연구한다. 그리고 예술을 상징적 표현행위인 동시에 커뮤니케이션의 수단으로 보고 상이한 문화전통을 가진 예술들을 비교 연구한다. 민족음악학과 신화학 등은 예술인류학 중에서도 최근에 많이 연구되고 있는 분야들이다.

**생태인류학**　특정한 인간집단이 그들의 국지적 또는 지역적 자연환경에 적응하면서 도구, 특히 민구와 기술을 발전시켜 수렵, 어로, 채집, 목축, 농업 등의 생업을 영위하고 의식주 생활을 해 나가는 방식을 주로 연구한다. 특히 생태계의 개념에 초점을 두고 사회조직과 문화체계가 환경, 기술, 인구학적 요인들과 어떤 상호작용 관계에 있는가를 분석한다.

**응용인류학**　문화인류학자들은 현대의 다양한 사회문화적 상황에서 일어나는 현실적인 사회문제들을 해결하는 데에 여러 가지 인류학의 이론과 방법,

연구결과 및 연구경험들을 효과적으로 응용하려고 노력한다. 구체적으로 과거에는 식민지행정에 문화인류학이 가장 많이 응용되었으나, 최근에는 새로운 기술과 실행을 도입하여 전파시키려는 혁신자들의 역할과 그것을 받아들이는 수용자들의 반응 및 이에 수반되는 사회문화체계의 변화 등을 분석하여 각종 사회개발계획과 기술혁신, 농사, 보건, 의료, 교육, 기업경영(노동자와 경영자 간의 갈등해결 및 인간관계의 조화) 등의 사업들을 성공적으로 완수하도록 연구하고 자문하는 실천적인 노력을 경주한다. 최근에 발달한 의료인류학, 산업인류학, 교육인류학, 이민연구, 다문화연구 등은 응용인류학의 전문분야들이다.

그 밖의 다른 전문분야에서 인류학자들이 관심을 가지고 연구하는 과제는 위에서 열거한 것들 이외에도 인류학이론과 방법론, 학설사, 도시인류학, 상징인류학, 인지인류학, 영상인류학(또는 민족영화학), 물질문화론, 농민사회론, 소수민족론 등이 있고 한국, 중국, 일본, 동남아, 아프리카, 남미, 오스트레일리아, 남태평양, 중동, 북미, 인디언 등의 여러 민족과 문화에 대한 특정한 지역 전문연구분야들이 있다.

## 2) 문화인류학과 현대사회

현대사회는 매우 급속하게 변하고 있다. 그 변화는 우연한 것일 수도 있고 정부나 기업체 또는 다른 사회단체들이 계획한 것일 수도 있다. 이런 변화에 대해서 문화인류학자들은 응용인류학에서 본 것처럼 그들의 특유한 이론과 방법을 가지고 여러 가지 현실적인 문제들을 해결하기 위하여 현장을 파고든다. 이와 같이 현실적인 문제들을 해결하는 것은 문화인류학의 연구가 처음부터 그쪽에 관심을 가지고 있었기 때문이라고 볼 수는 없다. 그것은 마치 생물학에서 멘델의 유전법칙이 오늘날 유전학으로 발전해서 인간의 질병과 인공생식은 물론 동식물의 종자개량 등에 활용되고, 물리학에서 아인슈타인의 이론물리학이 오늘날 원자력 에너지를 갖게 하는 데 공헌한 것과 비슷하다고 하겠다. 문화인류학에서도 마찬가지로 인간과 사회문화적 현상에 대한 기본 원리를 연구해서 실제적인 현실의 문제들을 해결하는 데 공헌하고 있다.

**현대사회에 대한 문화인류학의 공헌**　문화인류학이 현대사회에 공헌하는 바는 첫째로 인류생활의 역사를 통해서 인간이 어떻게 환경에 적응해 왔으며 지구상의 주인공이 되었는가를 이해시키는 한편, 인간의 취약성을 이해시킴으로써 우리가 겸손한 자세를 가지고 미래에도 멸망하지 않고 생존할 수 있도록 공해와 과잉인구, 핵전쟁 등의 위협에 대처할 수 있는 지혜를 갖도록 하는 것이다. 둘째로 문화인류학은 문화상대주의의 입장에서 다양한 문화를 비교 연구함으로써 사람들로 하여금 다른 민족과 문화에 대해서 관대한 태도를 갖게한다. 인류의 생존을 위협하는 또 하나의 중요한 문제는 한 사회 내의 갈등과 여러 사회 간의 대립이라고 볼 수 있는데, 그 원인은 여러 가지가 있겠지만 자기를 최고의 표준으로 생각하고 남들을 자기의 기준에 따라 판단하는 절대적인 자기중심의 태도가 팽배하고 있기 때문이라고 하겠다. 이러한 태도와 관념을 없애는 데 있어서 문화인류학은 문화상대주의로써 갈등을 해소시키는 데 공헌하고 있다. 즉 서로 다른 환경과 사회문화적 조건에 대한 적응의 양상이 다르기 때문에 각 민족과 그들의 사회와 문화가 다르다는 것을 인식하게되면, 자기중심의 태도를 버리고 다른 민족과 문화에 대해서 관대한 태도를 가질 수 있는 것이다. 그렇게 되면 서로 다른 이념과 사회문화적 배경을 가진 민족, 국가, 사회 간의 갈등과 대립도 최소한으로 줄어들 수 있다고 본다.

이상과 같은 현대사회에 대한 문화인류학의 공헌을 우리는 인류의 역사를 통한 시련과 위기의 극복 및 인류가 미래에 생존할 수 있는 방향제시에서 구체적으로 살펴보기로 하자.

**인류의 시련과 위기의 극복**　인간은 개체로 볼 때 공격의 힘에 있어서나 방어의 힘에 있어서나 번식력에 있어서 다른 동물들에 비하여 훨씬 약한 것이 사실이다. 그럼에도 불구하고 무수한 생존경쟁을 거쳐 지구상의 주인이 된 것은

① 개체의 열성(劣性)을 보완할 수 있는 기술과 경제, ② 다수의 협력으로 개체의 총계를 능가하는 강력한 위력을 낼 수 있는 사회, ③ 감정을 제어하며 사회의 단결이나 상부상조에 이바지하는 종교, ④ 상징과 기호로써 의사소통을 용이하게 하며 지식의 축적을 가능케 한 언어와 문자 등의 문화를 가졌기 때문이다.

그러나 오늘의 인류와 문화가 있기까지는 인간이 많은 시련과 위기를 맞고 그것을 극복해야만 했었다. 약 400만 년 전부터 인간은 도구를 사용함으로써 약육강식의 생존경쟁에서 위기를 극복할 수 있었고, 100만 년 전부터 불을 이용함으로써 맹수와 대결하여 이길 수 있었을 뿐만 아니라, 음식물을 익혀서 먹을 수 있었기 때문에 먹이의 범위를 확대하고, 추운 지방에서도 적응하여 살 수 있게 되어 생활권을 넓히고 인간의 생존능력을 강하게 하였다.

그 뒤에 지구상의 기후가 따뜻해지고 건조해짐에 따라 인간의 주요 식료 대상이었던 매머드, 바이슨 등의 초식유제동물이 멸종의 위기에 처했을 때, 인간은 야생식물을 재배하고 야생동물을 길들여서 농경과 목축을 시작함으로써 식량의 공급원천을 확대하고 자연의 채집경제에서 인간의 노력에 의한 생산경제로 전환하여 생존의 위기를 극복하게 되었다. 그리고 식량의 잉여생산에 따른 분업과 계급 및 도시의 발생으로 고대문명이 싹트기 시작하였다. 그러나 국가가 형성된 뒤에도 자유의 향유와 문명의 혜택, 신, 법, 지식은 왕과 귀족 등의 소수만이 독점하여 대부분의 인간은 또다시 인간무시의 위기를 맞게 되었는데, 2600년 또는 2000년 전의 배화교와 불교, 기독교 등 세계종교의 출현이 민중을 보호하고 지식을 일반화함으로써 소수의 권력자에 의한 다수인의 희생으로부터 인류를 구원하였다.

그러나 유럽의 기독교는 나중에 성직자와 통치자가 결탁하여 신이 민중으로부터 떠나게 되고 대부분의 인간은 또다시 위기를 맞게 되었다. 이때에 합리주의와 경험적 실증주의를 기반으로 하는 과학과 여기에 방향을 제시해준 철학이 인간과 지식을 종교로부터 해방시키고 문명을 더욱 발전시켰다. 특히

250여 년 전에 일어난 산업혁명은 에너지와 기계의 혁명으로서 그 뒤에 계속해서 나타난 새로운 발견을 중심으로 현대 기계문명의 모체가 되었으며, 이때부터 의약의 발달로 인간의 평균수명이 연장되고 에너지의 소비량이 증가하는 동시에 세계 인구의 증가현상이 나타났다. 그리고 오늘날에는 원자핵 에너지의 비밀이 풀렸고, 지구상에서 단 하루 동안에 대륙과 대륙 간의 여행이 가능하게 되었으며, 인공위성이 발사되어 세계의 구석구석에서 일어나는 모든 일들을 어느 곳에서나 당장 듣고 볼 수 있게 되었다.

**미래의 생존을 위한 방향제시**　　　그러나 이와 같이 발달된 오늘의 과학기술도 역시 인류에게 또 하나의 위기를 던져 주고 있다. 핵무기나 세균병기, 공업화로 인한 환경오염 등이 한 종으로서의 인류를 순식간에 말살시킬 수도 있기 때문이다. 오늘날 우리가 직면하고 있는 과학기술에 의한 인류의 위기와 환경오염, 이데올로기의 대결, 국가 간의 전쟁 등 현대사회의 여러 가지 문제들은 근본적으로 인간이 불사신과 같은 자만심을 가지고 겸손하지 못한 데서 비롯된 것이라고 보아도 지나친 것이 아니다.

어느 특정한 인간집단 또는 인류가 무한하게 존속되리라는 보장은 없다. 환경이 변하고 지구가 변하며 인간성 그 자체도 변화하기 때문에, 오늘날 어느 특정한 인간집단 또는 인류가 생존하며 번영을 이룬다고 해서 미래에도 그렇게 되리라고는 아무도 보장할 수 없다. 우리는 5000년 전의 고대문명발상지가 오늘날 어떤 상황에 처해 있는지를 잘 알고 있다. 그리고 지금까지 지구상에 나타났던 모든 생물 중에서 99% 이상이 멸종되고 현재 생존하고 있는 것은 불과 1% 미만이라는 사실도 알고 있다.

우리가 현대사회의 여러 가지 문제들을 해결하고 위기를 극복하려면 인간 자신의 취약성을 이해하고 겸손한 자세로 돌아가서 상호협조하지 않으면 안 된다. 문화인류학은 인류의 역사와 세계의 다양한 민족과 문화를 상대주의적 관점에서 비교 연구함으로써 인류가 미래에 생존하기 위한 방향을 제시해 주고 있다.

### 3) 문화인류학의 전공과 진로

문화인류학을 전공하는 사람은 반드시 자기 나라, 자기 사회뿐만 아니라 다른 나라, 다른 사회 사람들의 생활양식과 사고방식에도 조예가 깊은 지역 전문가로서의 자격을 갖춰야 한다. 사회가 발전하고 전문화되어 갈수록 다양한 직분에 맞는 전문가들을 필요로 하게 되는 것은 당연한 이치이다. 그러면 대학과 대학원에서 문화인류학을 전공한 젊은 문화인류학도들에게 가장 적합한 진로는 무엇인가?

우리나라에서는 문화인류학이 소개된 지가 오래되지 않았지만, 문화인류학을 전공한 사람의 수가 급속히 증가했고 문화인류학 연구도 단기간에 빠른 속도로 진행되었다. 문화인류학을 전공한 학부와 대학원 졸업생들에게 적합한 일자리는 무엇인가? 미국인류학회에서 간행한 『인류학과 직업(Bernard and Sibley)』(1975)이라는 책자에 따르면, 문화인류학을 전공한 학부 졸업생에게 적합한 일자리는 여러 사회 또는 한 사회의 여러 계층이나 인간집단들의 행동유형과 사고방식 또는 생활양식 등 문화적 상이성에 대한 이해를 필요로 하는 직업이라고 한다. 예컨대 다문화사회의 정책결정, 시장조사, PR, 광고, 판매, 인사 등의 사업경영 분야에서는 문화인류학도들이 다른 어떤 분야에서보다도 그들의 능력을 충분히 발휘할 수 있다는 것이다.

대학원 이상의 수준에서 인류학을 전공한 문화인류학도들에게 적합한 직업의 기회는 매우 다양하다. 그러나 크게 두 가지로 나누어 보면, 첫째는 대학과 각종의 연구기관에서 가르치며 연구에 종사하는 학자로서의 진로이고, 둘째는 문화인류학의 이론과 방법 및 연구결과와 조사경험을 실제적인 현실문제를 해결하는 데 활용하는 응용인류학 분야이다. 특히 후자의 경우에는 정부의 사회·문화정책을 계획하고 시행하며 평가하는 일, 농업과 수산업 및 보건의료 분야에서 전통적인 관행과 기술의 혁신, 지역전문가로서의 해외파견 업무, 생산공장과 기업체 내부의 인간관계, 작업능률, 생산성과 관련된 여러 가지 요인들을 파악해서 운영의 합리적인 관리를 도모하는 일들이 포함된다.

그리고 UN의 여러 국제기구와 상이한 여러 민족과 사회를 대상으로 사업을 전개하는 기관들은 전문적인 문화인류학도들을 필요로 하고 있다. 각종의 판매업체와 무역회사에서도 국내와 외국인들의 생활양식 및 소비성향에 토대를 둔 시장조사와 새로운 시장개척의 일도 문화인류학도의 일자리가 된다. 더구나 요즘처럼 모든 기업이 자기 나라 안에서만 세력을 펴는 데 그치지 않고 해외로 진출하는 시대에 있어서는 그 지역에 관한 전문가를 현지에 파견해서 조정의 일을 맡기는 것이 반드시 필요하다.

우리가 앞에서 본 바와 같이 문화인류학에서는 현지조사가 거의 필수조건처럼 되어 있다. 자기 전문지역의 현지조사를 하기 위해서는 그 지역사람들의 언어를 익혀야 하고 조사에 필요한 자금과 현지주민들의 협조는 물론, 국제간의 협력도 필요하다. 자기 나라에서 필요로 하는 전문적인 문화인류학도들 양성하기 위해서 세계의 여러 나라에서는 대학과 정부기관, 학술재단, 기업체들이 협력하여 문화인류학도의 훈련과정을 뒷받침해 주고 있다. 그리고 훈련을 마친 다음에는 응분의 일자리를 주어 그들의 전문지식과 기술을 활용하도록 알선해 준다. 이러한 조치는 문화인류학의 광범한 산학협동이 전제되었기 때문이라고 생각된다.

이상과 같은 사회적 요구에 맞는 문화인류학도가 되려면 최소한 두 가지 전문가로서의 구비요건을 갖춰야 한다. 첫째는 언어인류학, 정치인류학, 경제인류학, 의료인류학 등의 특수한 이론전문가여야 하고, 둘째는 동아시아, 중동, 유럽, 아프리카, 동남아, 중남미 등의 특수한 지역전문가로서의 자격을 갖추는 것이다. 오늘의 정치·경제·외교·문화활동은 세계를 무대로 전개되고 있다. 앞으로 우리나라에서는 더 많은 이론 전문가와 지역 전문가를 필요로 할 것이다. 그러한 전문가들을 양성하기 위해서도 오늘날 문화인류학이 공헌할 바는 매우 크다고 하겠다.

## 3. 문화인류학의 방법

### 1) 문화인류학의 관점

우리는 앞에서 인류학의 인간연구가 다른 학문들의 인간연구와 다른 점을, 첫째 인간의 체질적 특징과 문화적 특징을 대상으로 한다는 것, 둘째 인류학의 범위가 다른 학문들보다 훨씬 더 광범하여 인간역사의 전 시대에 걸친 지구상의 모든 인간과 문화를 연구한다는 것, 셋째 인간생활경험의 모든 측면을 상호관련시켜서 총체적으로 보는 관점에서 고찰하였다. 여기서 우리는 문화인류학의 관점을 좀 더 명백하게 밝히기 위하여 총체론의 관점을 다시 한번 검토해 보고, 문화상대론의 관점과 비교론의 관점을 살펴보기로 하겠다.

**총체론의 관점**　문화인류학은 인간의 행동과 사고방식과 생활양식의 모든 측면을 상호관련시켜 총체적으로 연구함으로써 사회학, 사회심리학, 정치학, 경제학, 인문지리학, 역사학 등 별개의 학문분야로 갈라놓는 학문의 장벽을 터버리고 인간을 연구하는 여러 가지 다양하고 상이한 관점들을 통합시킨다. 물론 인간생활의 여러 가지 다른 측면들을 집중적으로 깊이 이해하려면 학문의 분화에 의한 연구의 분업이 절대적으로 필요하겠지만, 지나치게 세분된 전문화에 따른 폐단과 위험도 없지 않다. 그러한 폐단과 위험 중에서도 가장 염려스러운 것은 인간생활의 어떤 문제에 접근할 때 너무 좁은 시각으로 보아서 때로는 매우 중요한 것을 간과할 수도 있다는 사실이다.

가령 오늘날의 환경문제를 놓고 볼 때 생태학자들은 생태계를 구성하고 있는 동식물의 종들에 대해서 환경의 변화가 미치는 영향에 관심을 집중시킬 것이며, 정치학자들은 환경위기의 발생을 둘러싼 정치과정과 더불어 그 위기를 극복하기 위한 정책적인 대안을 강조함으로써 생태학자와는 다른 관점을 가질 것이다. 그리고 경제학자는 비용과 효과의 면에서 환경문제를 다루는 등 서로 다른 학문들이 제각기 나름대로 중요하다고 생각하는 측면만 강조함으로써 총체적인 환경문제의 실상을 파악하지 못하는 경향이 있다. 이처럼 환경문제의 모든 측면들이 어떻게 상호관련되는가를 고려하지 않고, 어느 하나의 측면만 보아서는 환경문제의 핵심을 파악한다는 것이 불가능하다. 그런데 문화인류학에서는 총체론의 관점을 가지고 인간과 문화에 대한 서로 다른 관점들을 통합함으로써 문제의 본질을 파악하려고 노력한다.

문화인류학의 기본 명제는 어떤 사물의 부분도 총체를 떠나서는 충분하고 정확하게 파악될 수 없다는 것이다. 그리고 반대로, 어떤 총체도 그것을 이루고 있는 부분들에 대한 치밀하고 전문적인 지식이 없으면 정확하게 인식될 수 없다는 것이 문화인류학의 관점이다. 그래서 문화인류학은 어떠한 명칭의 인문·사회과학 분야와도 모두 관련되며, 그러한 학문들로부터 도움을 받고 그 대신 도움을 주기도 한다. 그래서 문화인류학자의 관심은 매우 다양해야 하지만, 인간과 문화의 총체적 특성에 집중함으로써 그 학문의 통일이 지속된다.

**문화상대론의 관점**　어떤 사회에서나 사람들은 자기들에게 친숙한 일상적인 생활양식이나 관습은 옳고 좋은 것이며, 자기들에게 익숙하지 않은 다른 생활양식이나 관습은 잘못되고 나쁜 것이라고 생각하는 경향이 있다. 그러나 우리들 자신의 관습도 다른 관습을 가진 외국인들에게는 이상하고 야만적인 것으로 보일 수도 있다. 예를 들면 한국이나 중국 또는 멕시코와 필리핀의 민다나오 사람들은 전통적으로 개고기를 맛있는 음식으로 생각하고 잘 먹지만, 미국과 서양의 여러 나라 사람들은 먹을 수 없는 것으로 생각할 뿐만 아니라 개고기를 먹는 한국인이나 멕시코 사람들을 야만인으로 생각한다.

문화의 다양성을 고려한다면, 다른 문화에 접할 기회를 갖지 못한 사람들에게 이런 태도는 흔히 있을 수 있다. 그러나 다른 한편으로 자기 문화만을 자랑스럽게 여긴 나머지 다른 문화를 비도덕적이고 비윤리적인 것으로 평가하는 극단적인 경향도 흔히 발견된다. 우리가 다른 사회의 문화를 올바르게 이해하기 위해서는 그 사회의 맥락에서 그 문화를 이해할 필요가 있다. 그 이유는 어떤 사회의 문화라도 그것은 그 사회가 처해 있는 특수한 환경과 상황에 적응해 오는 역사적인 과정에서 축적된 결과이며, 따라서 그 나름대로의 가치를 가지고 있기 때문이다. 이처럼 어떤 특정한 사회의 관습과 문화를 그 사회의 특수한 환경과 상황 및 역사적 맥락에서 이해하고 평가하는 문화인류학의 관점을 문화상대론 또는 문화상대주의라고 한다.

그런데 문화상대주의의 관점은 흔히 다음과 같은 두 가지의 상반되면서도 공통으로 문화의 상대성에 어긋나는 견해에 의해서 흐려지는 경향이 있다. 그러한 견해의 하나는 문화국수주의 또는 자기 문화중심주의이며, 또 다른 하나의 견해는 문화사대주의 또는 다른 문화중심주의이다. 전자는 자기의 문화만을 가장 우수한 것으로 믿고 자기 문화를 중심으로 하는 관점에서 다른 문화를 부정적으로 평가하는 견해이다. 이것은 마치 개인의 자기중심주의와 마찬가지로 한 민족 내부에서 성원들을 단합시키려는 정치적 통합을 위한 도구, 즉 자민족중심주의(ethnocentrism)로서는 효과적으로 이용될 수 있을지는 모르지만, 국제간의 상호이해와 협조의 길을 모색하는 데에는 커다란 장애물로 작용한다. 뿐만 아니라 이러한 태도는 자기 문화 내부에서 발전을 위한 창조적인 통찰력을 얻는 데에도 저해의 요소로 작용한다.

문화사대주의 또는 다른 문화중심주의는 다른 문화만을 가장 좋은 것으로 믿고 그것을 동경하거나 숭상하는 나머지 자기의 문화를 업신여기거나 낮게 평가하는 견해이다. 예를 들면 복잡한 현대문명에 싫증을 느낀 나머지 단순하고 자연 상태에 좀 더 가깝다고 생각되는 원시 미개문화를 이상적인 것으로 간주하여 동경하거나, 반대로 자기보다 발전된 선진문화 또는 서구문화를 이상적인 것으로 생각하여 숭상하는 견해는 모두 다른 문화중심주의 또는 문화사대주의라고 볼 수 있다. 그러나 원시 미개문화나 발전된 서구문화는 그 문화들이 생겨난 역사적 배경과 환경 또는 특수한 상황에 적절한 것일지는 몰라도, 우리의 역사적 배경과 환경 및 특수한 상황에서 우리가 현재 직면하고 있는 문제들에 대한 해결의 열쇠는 될 수 없는 것이다. 그렇다고 해서 우리의 문화를 다른 문화와 비교하지 말자는 것은 아니다. 다만 우리가 여기서 강조하고자 하는 것은 다양한 여러 민족과 문화를 비교 연구하는 데 있어서 문화인류학자들은 자기 문화중심주의나 다른 문화중심주의를 떠나 문화상대주의의 관점을 가진다는 것이다.

**비교론의 관점**　　문화인류학자들이 민족지와 민족사의 자료를 이용하여 현재와 과거의 세계 여러 민족과 문화를 비교 연구한다는 것은 앞에서도 언급하였다. 이러한 문화의 비교 연구가 가능한 것은 세계의 여러 문화들이 다양할지라도, 그 모든 문화들이 보편적인 공분모를 가지고 있기 때문이다. 예를 들면 아무리 원시적인 미개사회나 발전된 문명사회라도 그 사회의 성원들이 생활에 필요한 물자를 얻을 수 있게 하는 물자와 용역의 생산·분배·소비를 결정해 주는 경제체계를 모두 가지고 있다. 그와 마찬가지로 모든 인간사회와 문화는 그 형태가 어떠하든 간에 가족, 친족, 혼인, 정치, 법, 종교, 언어, 예술 등의 보편적인 문화의 공분모를 가지고 있다.

　세계의 모든 문화를 비교할 수 있도록 비교문화자료(human relations area files)를 집대성하고, 그 분류체계를 확립한 미국의 인류학자 머독(George P. Murdock 1975·1982)은 모든 문화에서 발견되는 보편적인 문화의 공분모를 72개 항목으로 열거하고 많은 문화의 비교 연구를 시도하였다. 그리하여 오늘날 수백 개 문화의 자료를 통계적으로 처리할 수 있게 되었으며, 문화의 비교 연구에 컴퓨터를 활용하기까지에 이르렀다. 문화인류학에 있어서 비교론의 관점은 뿌리 깊은 오랜 전통을 가지고 있다. 일찍이 19세기 말에 영국의 인류학자 타일러(Edward B. Tylor 1889)는 여러 문화의 비교 연구를 통계적으로 처리하여 사회제도의 발달, 특히 혼인형태와 친족의 출계원리 간의 상관관계를 검토함으로써 고전적인 비교 연구방법을 제시하였다. 그 밖에도 화이팅(John M. Whiting)과 그의 동료들은 6개 문화에서 자녀훈련의 관행을 비교 연구함으로써 성인의 문화적 행동과 인성의 특성을 밝혔으며, 에건(Fred Eggan 1954)은 통제비교의 방법(method of controlled comparison)을 발전시켜 문화인류학에서 비교론의 관점을 더욱 세련시켰다.

　이처럼 문화인류학자들이 비교론의 관점을 가지는 것은 세계 인간 행동의 사회문화적 양상 중에서 보편성과 특수성을 확인하여 인간사회와 문화의 본질에 대한 일반화를 하기 위해서이다. 만약 어떤 문화인류학자가 자기 자신의 사회에서만 경험한 것을 토대로 하여 사회와 문화의 본질을 일반화했다면, 그 연구결과는 다른 동료 인류학자들에게 받아들여지지 않을 것이다. 그래서 문화인류학자들은 여러 민족과 문화를 비교 연구하여 유사성과 상이성을 발견하고, 어떤 특정한 인간집단의 사회문화적 특성을 더욱 뚜렷하게 밝히려고 노력한다. 가령 한국인과 한국문화의 특성을 발견하려면, 우리와 가까운 중국이나 일본 또는 다른 나라 사람들과 그들의 문화와 비교해 볼 때 우리의 특성을 더욱 명백하게 파악할 수 있는 것이다. 그리고 문화인류학에 있어서 비교론의 관점은 사람들이 흔히 내릴 수 있는 편견을 제거하는 데에 기여할 수 있을 뿐만 아니라, 인간사회에는 특정한 문제를 해결하는 데 다양한 접근방식이 있다는 점을 밝혀 줌으로써 문화상대성과 문화 상호 간의 이해에 공헌하고 있다.

## 2) 현지조사와 자료수집

　문화인류학의 방법 중에서 가장 특징적인 것은 자료를 수집하고 이론이나 가설을 검증하는 수단으로 현지조사(fieldwork) 방법을 쓴다는 것이다. 주로 자연과학을 포함하는 실험과학에서는 연구대상에 관한 어떤 가설을 검증하기 위하여 실험실에서 미리 통제되거나 설계된 실험을 행하지만, 사회과학, 특히 문화인류학에 있어서는 인간사회와 문화를 우리의 연구목적에 맞도록 미리 통제하거나 실험설계를 할 수가 없으므로 실험실의 대용으로 있는 그대로의 사회적 상황 속에 문화인류학자가 직접 들어가서 현지조사를 행한다. 사회적 상황을 구성하는 기본요소는 행위자(actor)와 장소(place) 및 활동(activity)이다. 문화인류학자는 그러한 사회적 상황 속에 들어가서 비교적 장기간(흔히

1년에서 2년)에 걸쳐 행위자들과 함께 살면서 그들이 일상적으로 생각하고 행동하며 상호작용하는 활동을 관찰하고 질문하며, 행위자들이 활동한 결과로 생겨난 인공물이나 예술작품 또는 지역사회 기타의 일체를 상세하게 기록함으로써 민족지 자료를 수집한다. 이것이 현지조사의 일반적인 형태이다.

그러나 문화인류학자들이 항상 그러한 방식으로 현장에서 직접 관찰하여 그들의 민족지 자료를 수집한 것은 아니다. 19세기의 문화인류학자들은 직접 현장에 들어가지 않고 연구실에 앉아서 선교사, 외교관, 여행자, 군인, 탐험가 등의 인상적인 견문록이나 여행기 또는 다른 역사적인 기록 등 간접 자료를 문화인류학의 연구 자료로 이용하였다. 그러나 오늘날 우리가 알고 있는 현대 문화인류학의 가장 중요한 민족지의 자료수집방법과 기술은 인류학자가 직접 행하는 현지조사이다. 그리고 문화인류학자의 주요 조사방법은 훈련된 관찰과 질문, 기록 및 그러한 민족지 자료의 체계적 해석과 비교 등이다. 여기서 우리는 문화인류학의 민족지 자료 수집을 위한 현지조사의 주요 측면을 현지조사의 계획과 현지조사의 기술로 나누어 살펴보기로 하겠다.

**현지조사의 계획**　　문화인류학자가 현지조사에 들어가기 전에 준비해야 할 가장 중요한 작업은 자기의 연구 과제를 정당화하고 전반적인 연구계획을 수립하는 일이다. 그러한 작업을 위해서는 자기가 연구하려는 문제의 소재와 자료의 종류 등을 포함한 문화인류학의 일반적인 배경을 충분히 알아야 한다. 과거에는 비교적 잘 알려지지 않은 원시 미개민족과 그들의 문화를 주로 연구했기 때문에 그럴 필요가 거의 없었지만, 현재는 대부분 잘 알려져 있는 인간집단과 그들의 문화를 주로 연구하기 때문에 조사의 대상을 선정할 때에는 미리 문제를 확인하고 연구계획을 수립해야 한다. 그러기 위해서는 자기의 연구대상에 관하여 다른 어떤 연구자가 연구를 했으며 무엇을 연구했는지, 그리고 이미 출판된 관계문헌으로는 어떤 것들이 있는지에 대하여 철저한 지식을 가져야 한다. 만일 그 인간집단의 언어가 연구자의 언어와 다르다면 그 집단의 언어를 미리 습득해야 한다.

또 과거에는 현지조사의 제1차적인 목표가 특정한 인간집단의 문화를 가능한 대로 충분하고 완전하게 기술하여 민족지를 작성하는 것이었지만, 현재는 대부분의 연구가 문제 중심적이다. 즉 요즈음의 문화인류학자들은 현재 논의의 대상이 되고 있는 중요한 이론적인 문제, 예컨대 자녀양육과 성인의 인성구조 간의 관계라든가 식료획득의 기술과 주거유형 간의 관계와 같은 문제 중심의 연구를 주로 한다. 그 이유는 첫째로 제한된 시간에 조사 연구자가 대상 집단의 문화에 대하여 모든 것을 다 조사한다는 것이 불가능하며, 어느 특정한 문제영역을 집중적으로 조사하면 더 정확하고 충분한 자료를 얻을 수 있기 때문이다. 그리고 둘째의 이유는 문화인류학자들이 그들의 연구초점을 과거의 단순하고 동질적인 미개사회에서보다 더 복잡하고 이질적인 농민사회 또는 도시사회로 옮겨 가고 있기 때문에, 자료수집이 더 복잡 미묘하고 어렵다는 것이다. 그렇다고 해서 문제 중심의 연구가 총체론의 관점을 버리는 것은 아니다. 예를 들어 자녀양육이나 식료획득의 기술이 그 자체로만 발생하는 것이 아니기 때문에 문제 중심의 현지조사를 하더라도 문화인류학자들은 자기가 연구하는 문화의 다른 측면들에 관한 자료를 수집해야 한다.

현지조사를 위한 문제를 설정할 때에는 연구주제에 관한 특수한 이론에 바탕을 둔 가설을 세워야 한다. 그리고 그 가설이 현지에서 검증될 수 있는지 없는지를 밝혀야 한다. 그러므로 현지조사를 위한 연구계획에서는 자기가 사용하는 주요 개념들을 명백하게 규정하고 조작할 필요가 있다. 그리고 나서 자료수집에 필요한 표본추출이나 관찰, 면접, 측정, 검증 등의 절차와 방법과 기술들을 구체적으로 밝혀야 한다.

이상과 같은 연구계획이 일단 수립된 다음에는 현지계획이 뒤따르게 마련이다. 특히 언어와 관습이 다른 인간집단에 들어가서 장기간에 걸친 현지조사를 하게 될 경우에는 현지에 들어가기 위한 정치와 행정상의 수속이 필요할 것이며, 그 지방 여러 기관의 협조를 얻어야 한다. 현지에서의 숙식과 필요한 물자의 조달, 건강과 질병에 대비한 의약품, 기타 체류기간 동안의 일체 경비를 마련해야 한다. 그리고 전혀 다른 관습과 문화 속에 들어갔을 때 흔히 겪게 마련인 심리적 긴장과 문화충격에도 견딜 수 있도록 마음의 준비를 갖춰야 한다. 친숙하지 않은 음식과 식사 관행은 물론, 변소와 목욕시설, 기타의 일상생활에서 처신하는 데 여러 가지 어려움이 있다는 것을 미리 알아두어야 한다. 특히 여성인류학자의 경우에는 짓궂은 남성을 다룰 줄도 알아야 하며 처신에 각별한 주의를 기울여야 한다. 이러한 여러 가지 어려운 현지상황 때문에 때로는 조사자가 정서적으로 불안하고 고독하며 공포에 사로잡혀 있어 음식도 먹을 수 없고 불면증에 걸리며 술을 과음함으로써 건강을 해치고 중독자가 되는 경우도 있다. 그러나 이러한 문제들을 미리 알고 마음의 준비태세를 갖추게 되면 그러한 상황을 극복하고 회복하는 데 도움이 될 것이다.

어떤 사람들은 그러한 현지조사의 상황에 잘 적응하지 못하고, 적성에 맞지 않을 수도 있다. 그래서 대학의 학부와 대학원에서는 인류학을 전공하는 학생들에게 단기간 동안 교수의 지도하에 현지조사실습과 훈련을 받도록 하여 현지조사의 여러 가지 절차와 방법 및 기술을 습득시키는 한편, 현지 상황에 적응하는 방법을 익히도록 한다. 기질적으로 현지상황에 맞지 않는 사람은 자기의 적성을 고려하여 현지조사를 하지 말거나 훈련을 통해서 이를 극복해야 할 것이다. 이상과 같은 현지조사의 계획과 준비는 현지에 들어가기 수개월 전에 이루어지는 것이 보통이며, 현지에 들어가서도 처음에는 상당한 시간을 그러한 계획과 적응에 소비해야 한다.

**현지조사의 기술과 자료수집방법**　　문화인류학자가 연구하는 문제의 범위가 광범하고 현지조사에서 수집하는 자료가 광범위하기 때문에, 그들이 사용하는 현지조사의 방법과 기술도 매우 다양하고 광범하다. 더구나 현지조사의 절차와 방법과 기술은 특수한 연구문제와 연구대상, 집단의 특성, 문화의 여러 양상들, 연구자의 개성 등에 따라 각기 다르게 선택될 수 있으므로, 어느 한 가지로 일반화해서 제시하기가 어렵다. 그러나 문화인류학의 현지조사를 처음 시작할 때에는 특히 참여관찰, 비공식적 면접, 주요 정보제공자 등의 세 가지 접근방법을 사용하는 것이 일반적인 경향이다.

참여관찰(participant observation)은 조사자가 현지에 들어가 장기간 그곳의 사람들과 함께 살면서 기회가 있을 때마다 되도록 많은 사회적 상황에 직접 참여하여 특정한 사회적 상황의 행위자와 장소 및 활동을 관찰하고 기록하는 것이다(Spradley 1980). 따라서 참여관찰은 문화인류학자가 현지에 들어가면서부터 시작되고, 조사자가 현지에 체류하는 기간 내내 계속된다. 그러나 관찰의 진행단계는 처음에 관찰대상의 여러 측면을 모두 포괄하는 기술관찰(descriptive observation)부터 시작하여, 조사자가 특별히 관심을 갖는 문제로 초점을 좁혀 집중관찰(focused observation)로 옮겼다가, 나중에는 관찰의 초점을 더욱 좁혀 정선관찰(selective observation)로 다시 옮겨간다. 이처럼 관찰의 초점은 점점 좁혀지지만 기술관찰과 집중관찰 및 정선관찰은 그 조사가 끝날 때까지 계속된다. 참여관찰에 의해서 보고 듣고 느낀 것들을 기록할 때에는, 첫째로 기록된 언어가 관찰자의 일상 언어인지 행위자의 언어인지 아니면 관찰자의 학술용어인지를 구별하는 언어 확인의 원칙(language identification principle)을 지켜야 하고, 둘째로 행위자의 말 한 마디 한 마디를 그대로 충실하게 기록하는 축어(逐語)의 원칙(verbatim principle)을 지켜야 하며, 셋째로 관찰된 상황 또는 사건들을 정확하고 상세하게 기록하는 구체의 원칙(concrete principle)을 지켜야 한다. 관찰된 사항은 잊기 전에 빨리 기록될수록 생생하고 정확하며 상세하다. 그러나 참여관찰의 현장에서는 기술할 수 없을 경우가 많으므로 잘 기억해 두거나 요점만을 기술해 두었다가 나중에 부연하여 자세히 기술하는 방식을 취하기도 한다.

면접은 현지조사에서 직접 관찰할 수 없는 행위와 사건들에 대하여 질문을 해서 응답을 얻는 것이다. 예를 들면 과거에 일어났던 사건이나 신념과 태도 등, 생각하고 느끼는 것, 조사자의 참여를 금지하여 관찰이 불가능한 행위와 사건들에 대해서는 면접을 통해서 자료를 얻을 수밖에 없다. 그러나 면접에는 한계가 있다. 응답자가 알고 있으며 말할 수 있는 것이어야 질문에 응답을 할 수 있고, 또 응답자가 기꺼이 말하려고 할 때에 면접이 가능하기 때문이다. 그리고 사람들이 자기 자신이 어떻게 행한다고 말하는 것과, 실제로 그들이 행하는 것 사이에는 상당한 차이가 있으므로 백문이 불여일견(百聞不如一見)일 수도 있다. 면접 중에서도 조사자가 미리 질문을 작성하여 조사표 또는 면접지침을 사용하는 형태를 공식적 면접(formal interview)이라 하고, 기회가 있을 때마다 자유롭게 수시로 적절한 질문을 하는 형태를 비공식적 면접(informal interview)이라고 한다. 문화인류학자들이 현지조사에서 비공식적 면접방법을 주로 쓰는 이유는 질문에 대한 응답 자체를 얻는 데도 목적이 있지만, 응답자가 이야기를 하도록 유도하는 데에 더 큰 목적이 있다. 그리고 면접방법과 참여관찰방법은 상호보완적으로 이용된다. 연구대상의 특성이 동질적이고 명백한 경우에는 관찰과 면접을 조금만 하여도 그 특성을 파악할 수 있지만, 그 특성이 아주 복잡하고 다양하여 이질적인 경우에는 관찰과 면접을 체계적으로 많이 해야 한다.

주요 정보제공자(key informant)란 자기 자신의 문화에 대해서 잘 알고, 또 그것에 대하여 조사자에게 기꺼이 얘기해 줄 수 있는 사람을 가리킨다. 그러한 사람들은 조사연구의 목적을 쉽게 이해하고, 전체문화의 예비적인 윤곽을 체계적으로 설명해 줄 수 있다. 그리고 더 집중적인 조사연구를 위해서는 어떤 문제를 어떻게 접근하는 것이 가장 효과적인가를 지적해 줄 수 있다. 그러므로 현지조사를 할 때에는 주요 정보제공자로부터 처음에는 일반적인 전체문화의 윤곽을 파악하고, 그 다음에 점차로 특수한 문제들을 구체적으로 도출해 나가야 한다. 뿐만 아니라 주요 자료제공자에게 접근할 때에는 그 사람이 이상성격자가 아닌가? 또는 파벌싸움에 깊이 관여하고 있지 않은가? 하는 점에 특히 유념해야 한다. 후자의 경우에 조사자가 그 사람과 너무 가까이 지내게 되면, 다른 반대파의 중요한 자료제공자로부터 반감을 사게 될 우려가 있다. 그러므로 현지조사의 초기단계에는 될 수 있는 대로 많은 사람들과 간단간단한 이야기를 나누면서 광범한 접촉을 가지며, 그 사람들의 전문적인 지식을 파악해 두었다가 현지조사의 후기단계에 가서 정치, 경제, 종교, 법률, 기술, 직업 등의 특수한 지식을 가진 사람들을 주요 정보제공자로 택하는 것이 유리하다.

그 밖에 현지조사에 사용되는 방법과 기술로는 가족구성, 혼인관계, 성별, 연령별 인구, 직업, 수입, 교육수준 등 기초적인 인구학적 사항들에 대한 가구조사 또는 센서스를 행하는 한편, 지도 작성, 녹음, 사진, 계보, 통계와 역사적 문서, 생활사, 투사적 심리검사, 표본추출 등의 방법과 기술을 사용하기도 한다. 대부분의 현지조사자들은 그때그때의 특수한 상황과 연구문제들에 따라서 위와 같은 여러 가지 방법과 기술들을 선택적으로 사용한다. 상이한 여러 가지 방법과 기술들을 사용하면 광범한 자료를 수집할 수 있을 뿐 아니라, 그러한 자료와 방법들을 대조하여 상호보완해 주기도 한다. 현지조사 전체의 과정을 통해서 연구대상 집단의 사람들과 친밀관계(rapport)를 형성하고 유지하는 일은 현지조사를 성공적으로 이끌어 가는 가장 기본적인 조사자의 임무이다. 그리고 현지조사를 통해서 수집된 자료는 그것이 질적이건 양적이건 간에 높은 신뢰도(reliability)와 타당도(validity)를 가져야만 가치를 인정받을 수 있다. 그런데 문화인류학의 현지조사 자료는 일반적으로 타당도가 높기 때문에, 신뢰도와 대표성(representativeness)을 높이는 데 더욱 주의를 기울여야 할 것이다.

## 3) 자료의 분석과 이론의 형성

문화인류학자가 일단 현지조사를 마치고 돌아오면, 자료를 분석하고 해석하여 이론을 형성하는 작업이 기다리고 있다. 인류학적 현지조사의 특징은 자료를 수집하는 동안에도 초기의 분석 작업이 병행된다는 사실이다. 예를 들면 조사연구 계획단계에서는 물론, 참여관찰을 할 때 제1단계로 기술관찰을 마치고 나면 의미상의 내용분석(domain analysis)을 행하여 그 결과에 따라 집중관찰로 들어가고, 집중관찰이 끝나면 분류상의 내용분석(taxonomic analysis)을 행하여 정선관찰의 대상을 선정하는 기초로 삼는다. 그러나 현지조사를 모두 마치고 돌아오면, 자료의 분석을 완결 짓고 해석하여 이론을 형성해야 한다.

현지조사자가 자료를 정리해서 연구보고서를 쓴다는 것은 단순히 현지에서 일어났던 일들을 보고하는 것이 아니다. 현지조사를 마치고 돌아오면 대부분의 조사자들은 현지 노트를 다시 훑어보면서 어떤 양식이 유형화될 수 있으며, 자료가 어떻게 조직될 수 있는가를 궁리하면서 1년가량을 소비하게 된다. 원래의 가설이 확인 또는 채택되었는가 아니면 거부되었는가, 어떤 새로운 문제가 제기되었는가, 조사결과가 다른 연구들과 어떻게 비교될 수 있는가, 인류학의 일반이론에 관해서는 어떤 결론을 도출해 낼 수 있으며, 조사대상 그 자체로부터는 어떤 결론을 이끌어 낼 수 있는가를 검토해야 한다. 이러한 문제들이 조사 자료를 분석하고 해석하여 이론을 형성하는 데 기본지침이 된다.

**자료의 분석과 해석**　　자료 분석의 제1단계 작업은 연구대상 인간집단의 문화가 어떤 특성을 가지고 있는지를 독자들에게 가장 정확하게 이해시키기 위해서 현지자료를 조직하는 일이다. 그러한 자료의 분류와 조직은 나중에 다른 연구자들이 더 복잡한 분석을 하는 데 이용될 수 있도록 정리되어야 한다. 그리하여 연구결과가 문화인류학이나 다른 사회과학들의 관점과 일반이론들을 지지 또는 수정하거나 반박할 수 있어야 한다.

문화인류학자가 현지조사를 해서 그 자료를 분석하는 궁극의 목적은 한 인간집단의 사회생활을 특징적으로 나타내는 일반적인 양상 또는 행동의 규칙성을 찾아 문화유형을 밝혀 줌으로써 나중에 문화의 비교 연구를 가능케 하는 데 있다. 문화유형은 관찰 자료를 단순히 요약만 해서는 밝힐 수 없고 그 관찰 자료를 바탕으로 해서 추론(inference)을 해야 밝혀낼 수 있다. 그러므로 문화인류학에서도 요즘에는 행동의 규칙성과 문화유형을 결정하는 도구로서 통계적 모델(statistical model)이 더욱더 중요성을 가지게 된다. 특히 서로 다른 종류의 사회현상들 간에 뚜렷한 관계를 알아내는 데는 통계분석이 매우 중요하다. 예를 들면 우리가 유목생활과 친사촌 간의 혼인 사이에 밀접한 관계가 있다는 결론을 내릴 때, 두 가지 요인 사이에 의미 있는 상관관계를 보여주는 통계적 결론을 제시한다면 더욱더 확실한 근거를 가지게 될 것이다. 더구나 인간사회에 대한 이론의 일반화를 검증하거나 문화의 비교 연구를 할 때에는 통계분석을 위한 양적인 측정이 무엇보다도 중요하다. 그래서 지난 수십 년 동안 문화인류학자들 간에는 통계적 방법을 사용하는 경향이 갑자기 늘어나게 되었다.

과학에 있어서 모든 종류의 검증방법은 어떤 특수한 해석이 옳은지 그른지를 발견하기 위해서 우리가 기대하는 바를 예측하고, 그 예측이 확증되는지 안 되는지를 알기 위해서 조사연구를 실시하는 것이다. 만약 그 예측이 확증되지 않는다면, 조사연구자는 그 해석이 잘못되었을 가능성을 받아들이지 않을 수 없다. 그러나 만약 그 예측이 들어맞는다면, 조사연구자는 그 이론을 지지할 수 있는 증거가 있다고 말할 자격이 있다. 그러므로 이론이나 가설을 검증하기 위한 조사연구는 최소한 잠정적으로 어떤 해석은 거부하고 다른 해석을 받아들이도록 하는 것이다

또 이론의 방향이 다르면 특정한 현상에 대한 설명이나 해석도 달라질 수 있다. 가령 남자의 성년식을 설명하는 데 있어서 어떤 심리적 해석은 다음과 같다. 즉 남자아이가 태어나서 처음 1년가량 어머니 품에서 잠을 자고 그 기간 동안 아버지는 따로 자도록 관습이 규정된 사회에서는 남자아이가 처음에는 여성일체감을 가지다가 성장하면서 남성일체감을 가지게 됨으로써 심리적 갈등을 느끼게 된다는 것이다. 그러므로 심리인류학자들의 해석에 따르면 성년식은 심리적으로 남성일체감을 강조함으로써 일체감의 갈등을 해소시켜 준다는 것이다.

그러나 기능적 해석은 남자 성년식이 강력한 남성조직의 단계를 가지는 사회에서 성인 남성의 연대의식을 유지하도록 하는 데 기능적으로 필요불가결

하다는 것이다. 결국 이러한 해석은 남자 아이들에게 성인의 지위와 역할을 빨리 배우도록 강조함으로써 성인 남성들 간의 협동과 연대의식을 갖게 하고, 그로 인하여 수렵이나 전쟁에서 성공을 거두게 한다는 것이다. 그래서 남성의 연대의식이 강한 사회일수록 남자 성년식이 더욱더 거창하고 정교하다는 것이다.

　이상의 두 가지 해석, 즉 심리적 해석이나 기능적 해석은 어느 것도 반드시 옳다고 말할 수는 없다. 다만 우리는 여기서 상이한 이론의 방향이 동일한 문제에 대하여 어떻게 상이한 해석을 내리게 하는가를 예시했을 뿐이다. 그러므로 우리는 문화인류학의 자료를 분석하고 해석하는 데에 이론의 방향을 적용할 때, 여러 가지의 많은 이론 중에서 가장 바람직하고 올바른 것을 선택하도록 주의를 기울여야 할 것이다.

**이론의 형성**　　문화인류학자가 현지조사를 해서 자료를 분석하고 해석하는 목적은 사회문화적 현상들을 경험적으로 일반화하여 궁극적으로는 그 현상들을 설명할 수 있는 이론을 형성하는 데 있다. 그런데 과거에 문화인류학의 이론들은 19세기의 자연과학자들이 불변의 보편법칙을 강조했던 사실에 근거하여 많은 비판을 받아 왔었다. 그러나 오늘날에 와서는 자연과학들도 불변의 법칙보다는 확률의 진술을 더 많이 다루게 되었고, 문화인류학에서도 복잡하고 항상 변화하는 사회문화적 현상들에 대한 법칙을 발견한다는 것이 불가능하다는 사실을 인정하고 개연성과 변수들의 상관관계를 바탕으로 하는 새로운 이론들을 도출해 내는 데 중점을 두고 있다.

　그러면 문화인류학자들이 어떻게 사회문화적 현상들을 설명할 수 있는 이론을 전개하는가? 그러한 이론을 전개하는 방법이나 절차를 구체적으로 자세하게 말하기는 어려운 일이다. 이론의 전개는 상상력과 창의적 활동을 요하기 때문이다. 그리고 이론발견의 절차 그 자체가 반드시 창의적 활동을 일으키지는 않기 때문이다. 그러나 문화인류학자가 사회문화적 현상을 설명하는 이론을 전개하는 데 도움이 될 수 있는 몇 가지 방법과 절차는 지적될 수 있을 것 같다. 첫째는 문화인류학자가 어느 특정한 사회에 들어가 현지조사를 행하여 단일사례분석(a single case analysis)을 함으로써 이론의 기초를 확립하는 것이고, 둘째는 다수의 사례들을 비교 연구(comparative study of multiple cases)하여 이론을 도출해 내는 것이다.

남미 볼리비아의 시리오노(Siriono)족에 대한 홈버그(Alan Holmberg 1969)의 연구는 그러한 과정을 잘 예시해 주고 있다(Pelto and Pelto 1978: 4-8). 홈버그는 시리오노족의 생활방식을 완전히 묘사하기 위하여 광범한 자료를 수집하고, 민족지를 기술하면서 여러 가지 일반화를 시도하였다. 시리오노족은 활과 화살로 수렵생활을 하고 채집경제를 영위하며, 불을 피울 줄 모르고, 배를 만들 줄 몰라 헤엄을 쳐서 강을 건너며, 추장은 일부다처의 혼인을 하고, 가족과 친족제도는 모계확대가족의 친족집단을 이루고 있었다. 그들은 먹이를 충분히 확보하지 못하여 만성적인 기아상태에서 식량의 불안정 때문에 항상 욕구불만을 느끼고 있었다. 그 밖의 여러 가지 관찰 자료를 기초로 해서 홈버그는 시리오노족이 이기적이고 식탐이 많으며, 비협동적이고 상호 불신감이 강하다고 일반적인 결론을 도출하였다. 이상과 같은 시리오노족의 단일사례분석에서 얻은 일반화를 바탕으로 해서 홈버그는 고도로 식량이 불안정한 조건하에 있는 모든 사회들에 관한 일반명제들을 다음과 같이 제시하였다. 즉 그러한 사회들에 있어서는 첫째로 공격행위가 일차적으로 음식물과 관련해서 나타나고, 둘째로 음식물을 가장 잘 공급하는 사람들이 권위와 세력을 쥐고 있으며, 셋째로 질병, 노약, 불구 등으로 인하여 음식물공급의 능력이 없는 사람들은 무시당하거나 버림받으며, 때로는 살해된다는 것이다. 이러한 명제들은 다수의 사례들을 비교 연구함으로써 검증된 바가 없다. 홈버그는 다만 시리오노족의 단일사례분석을 통하여 낮은 수준의 추상(low level of abstraction)을 시도하였고, 검증되지 않은 가설적인 명제들을 제시했을 뿐이다. 그러나 홈버그는 다른 사람들이 유사한 사회에서 비슷한 방법으로 조사 연구하면, 그러한 명제들을 검증할 수 있도록 자기의 일반화를 시도하였다.

만약 그런 명제들이 입증된다면, 문화인류학자들은 식량의 불안정과 조달체계, 환경, 사회제도, 인성 등의 특성들의 상관관계에 대한 더 높은 수준의 추상화(higher level of abstraction)가 이루어진 일반이론(general theory)을 전개할 수 있을 것이다.

　이론적인 모델은 단일사례에서 얻은 자료를 바탕으로 해서 단순히 성립되는 것이 아니다. 다수의 상이한 사례들을 비교 연구하여 더 높은 수준의 일반화가 가능할 때 이론이 형성될 수 있다. 그러므로 특수한 사회들에 대한 더 많은 연구들이 이루어져서 축적될 때 문화인류학자들은 다수의 상이한 문화들을 비교 연구함으로써 이론들을 검증하기 위한 방법과 기술들을 발전시키는 데 더 많은 관심을 기울이게 될 것이다. 이런 점에서 문화인류학의 방법과 이론은 서로 떼어서 생각할 수 없는 불가분의 관계에 있다고 말할 수 있다. 우리는 다음 장에서 문화인류학의 발달과 그 과정에서 형성되었던 여러 가지 이론들을 살펴볼 것이다.


## 더 읽을거리

김광억
　2000, 「양반과 상놈 그리고 토착인류학자: 한국사회의 민족지적 접근 방법론을 위하여」, 『한국문화인류학의 이론과 실천』, 내산 한상복 교수 정년기념 논집간행 위원회 편, 서울: 소화, pp. 157-182.
한국문화인류학회
　1998, 『낯선 곳에서 나를 만나다』, 서울: 일조각.
　2006, 『처음 만나는 문화 인류학』, 서울: 일조각.
한상복 편
　1976, 『인류와 문화: 문화인류학특강』, 서울: 서울대학교출판부.
Bernard, H. R., and W. E. Sibley
　1975, *Anthropology and Jobs: A Guide for Undergraduates*, Washington, D. C.:

American Anthropological Association.

Crane, Julia G., and Michael V. Angrosino

    1992, *Field Projects in Anthropology: A Student Handbook*, Prospect Heights, Illnois: Waveland Press. (한경구·김성례 공역, 『문화인류학 현지조사 방법: 인간과 문화에 대한 현장조사는 어떻게 하나?』, 서울: 일조각, 2000.)

Goldschmidt, Walter

    1970, *On Becoming an Anthropologist: A Career Pamphlet for Students*, Washington D. C.: American Anthropological Association.

Pelto, Pertti J., and Gretel H. Pelto

    1978, *Anthropological Research: The Structure of Inquiry*, Cambridge: Cambridge University Press.

# 제2장

# 인류학의 발달

　현대적인 의미의 인류학은 19세기에 와서 본격적으로 발달하기 시작하였다고 볼 수 있다. 따라서 인류학은 약 100여 년의 역사밖에 되지 않는 젊은 학문이지만 그 내용은 아주 광범하고 다양하다. 이 장에서는 먼저 인류학의 연구대상과 성격의 몇 가지 특징들을 중심으로 그것들이 19세기 때부터 오늘에 이르기까지 어떻게 변해 왔는가를 살펴본 다음, 중요 인물을 중심으로 문화에 접근하는 방법과 해석하는 관점들이 계발되어 온 흐름을 살펴보기로 한다.

　여기서 염두에 두어야 할 것은 여러 이론들과 방법론들이 시대의 변천에 따라 유행된 것처럼 소개되지만, 이것은 곧 새로운 학설에 의해 그 이전의 것들이 거부되거나 부정당했다는 것이 아니라 보완적인 것으로서 개발된 것들이라는 사실이다. 즉 기존의 이론들은 그 자체로서 세련되어 가는 동시에 새로운 안목과 해석의 틀이 개발되고 다양화되어 오는 것이다.

# 1. 인류학의 성격변화

## 1) 지적 환상과 편견에서의 해방

19세기의 사회과학자와 사상가들은 과학과 진보에 대한 확신 속에서 인류 발달의 보편적인 법칙을 찾는 작업에 참가하였다. 그들은 현존하는 서구인의 사회조직과 생활방식을 인류문명발달사에 있어서 최종단계로 보고 당시의 아프리카나 오스트레일리아 등지의 원주민들의 문화를 문명의 전(前) 단계에 대한 증거로 여겼다.

이들은 지구상의 인류를 크게 서구인과 비서구인으로 구분했고, 서구인들은 고등지식과 지능을 가졌고 과학적이고 이성적인 사고력과 발달된 기술을 누리며 강력한 행정부와 질서유지를 위한 잘 조직된 제도, 발달된 사유재산제도와 관념, 일부일처제와 엄격한 성 윤리, 그리고 유일신사상에 입각한 진지한 종교 등으로 대표되는 반면, 비서구인들은 보다 낮은 지식과 지능을 가졌으며 모든 면에서 서구인과 대조적인 특징을 가진 것으로 간주하였다. 즉 그들은 어린아이와 같은 단순하고 유치한 사고방식과 추론과정을 가지고 있고, 발명이나 기술개발의 능력이 없거나 극히 미약하며, 무정부상태의 불안정한 질서와 독재자에 의한 지배에 처해 있고, 성생활이나 경제생활이 모두 공산체제 상태에 있으며 도덕성이 결여된 의식과 감정에만 치우친 미신에 집착하고 종교에 대한 아무런 관념도 없는 것으로 묘사되었던 것이다. 그러나 이러한 착상은 항해자, 선교사, 탐험가 등의 단편적이고 일회적인 인상기와 경험담을 위주로 하여 안락의자에 편안히 앉아서 행한 사변적 연구이며 더 나아가서 유럽인들의 자민족중심주의(ethnocentrism)에 의한 편견임은 두말할 나위도 없다.

오늘날 인류학자들의 주된 임무 가운데 하나는 이러한 자기가 속한 세계와 다른 형태의 사회와 문화에 대하여 일반인들이 젖기 쉬운 편견과 오해의 배후에 숨어 있는 진실상과 진정한 의미의 체계를 밝혀내는 일이다. 이것은 무엇보다도 직접적인 관찰과 조사를 통하여 자료를 수집하는 일과, 자기가 속한 사회와 문화를 기준으로 하여 다른 문화를 평가하려는 태도에서 벗어나서 모든 문화를 그것이 운용되는 사회의 맥락 속에서 이해하는 안목을 통해서 이루어질 수 있는 것이다. 20세기 초에 계발된 현지조사방법(fieldwork method)은 바로 이러한 직접적 경험을 통한 자료의 수집과 공정한 해석의 안목을 키워 주었고 문화평가에는 절대적 기준 대신에 각각 그 상황에 따라 평가해야 한다는 문화상대주의(cultural relativism)의 주장을 통하여 이러한 초기 인류학의 오류를 극복하게 되었다.

## 2) 미개사회와 현대사회

오늘날 조사방법의 세련화와 조사영역의 확대를 통하여 서구인들이 가졌던 미개인과 그 사회에 대한 선입견은 진실과 매우 거리가 멀다는 사실과, 비록 기술문명이 단순하더라도 친족제도나 윤리관 등은 서구사회보다 더 발달된 면이 있다는 것을 발견하게 되었다. 그리고 사회제도나 생활방식의 여러 측면이 기술문명의 차이에도 불구하고 놀랍게도 비슷한 점이 많으며, 제도와 생활의 차이는 지능의 우열에서 생기는 것이 아니라 그들이 처한 환경의 차이에서 초래된 결과라는 것도 알게 되었다.

최근까지도 인류학의 특징 중 하나는 그 연구대상이 미개사회인 것으로 인식되어 왔다. 미개사회 연구만이 인류학은 아니지만 적어도 그것은 인류학의 중요한 대상임은 틀림없다.

여기서 왜 인류학자들은 미개사회에 대한 연구를 중요시하는가를 알아보자. 인류학에서 '미개사회(primitive society)'라는 말을 할 때 그것은 현대사회이전에 존재하는 사회라든가 또는 다른 사회보다 열등한 사회라든가 하는 의미가 아니다. '미개'라는 말은 다만 보다 단순한 기술을 가진 소규모의 사회를 지칭하는 것일 뿐이다. 따라서 미개사회란 많은 사회유형 중의 하나인 것이다. 이러한 사회를 연구하는 데는 몇 가지 이유가 있다. 우선 현대에 올수록 각 지역끼리 접촉이 빈번해지고 새로운 기술의 도입 및 외부로부터의 자극으로 인하여 이들 미개사회는 커다란 변화를 겪게 되므로 그렇게 완전히 변화되기 (또는 사라져 가기) 이전에 그러한 사회에 대한 철저한 조사를 해야 하며, 동시에 어떠한 상황에서 어떻게 변화하는가에 대한 사회 및 문화변동의 모델을 연구할 필요가 생긴다. 또 다른 이유는 이러한 사회의 제도들은 단순하므로 아주 구체적인 접근이 가능하며, 이를 바탕으로 점차 복잡한 제도의 연구로 발전시켜 나가는 것이 바람직한 방법으로 여겨지기 때문이다. 더욱이 모든 제도들이 상호연관 속에 존재한다는 기능주의적인 관점에서 볼 때 구조적으로 단순하며 문화적으로 동질적인 사회를 한 사람의 인류학자가 직접적으로 관찰할 수 있다는 것은 보다 복합적인 문명사회를 연구하는 데 있어서 필수적인 경험과 안목을 제공하게 되는 것이다.

그러나 인류학자는 이러한 단순 소규모사회에만 관심을 제한시키고 있는 것은 아니다. 특히 20세기 중반에 와서 많은 인류학자들이 새로운 유형의 사회를 연구하거나 혹은 단순 소규모사회 연구에서 나온 이론과 모델을 다른 지역의 사회에 적용함으로써 문화의 보편적 법칙을 찾아내려는 희망에서 다양한 형태의 사회를 조사하기 시작하였다. 그래서 동남아시아나 폴리네시아를 위시하여 아일랜드, 중국, 일본, 인도, 중남미, 지중해 일대, 멕시코 및 아랍 등 오랜 역사와 전통을 가진 복잡한 농촌사회에 관한 연구가 많이 이루어지게 되었고 최근에는 현대문명국가의 도시문제, 빈곤의 문제, 농촌사회의 변화문제, 민족성, 문화접변, 성별에 의한 구분 등과 같은 문제들을 연구하기도 한다.

이러한 분야의 연구에 있어서 흔히 사회학, 경제학, 정치학에서는 각각의 기준에 의하여 지구상의 모든 사회를 몇 개의 범주로 분류함으로써 같은 범주의 사회에서 동일한 분석의 틀이 적용될 수 있는 듯이 취급하고 있다. 그러나 인류학자들은 현대사회를 단순히 몇몇 기준으로 분류하기를 좋아하지 않는다. 경험에 입각한 그들의 연구결과들은 비록 정치제도나 경제구조가 비슷하더라도 문화, 역사, 환경의 배경이 다름으로 인하여 동일한 용어로 지칭되는 정치제도나 경제의 구조적 기능과 성격은 전혀 달라질 수 있음을 잘 알려주기 때문이다.

## 3) 다른 문화 연구와 자기 문화 연구

오늘날 인류학자는 더 나아가서 한 나라나 사회의 여러 부문(sector)들을 구별하고 이들이 어떤 양상과 성격으로 접합(articulate)되어 있는가도 살핀다. 이는 초기 인류학이 그 연구대상으로서의 사회를 하나의 통일되고 동질적인 단위(unit)로 처리하던 시각에서 벗어나 무수한 하위사회(sub-society)와 하위문화(sub-culture)를 통합시키는 체계를 규명하려는 시각의 확대와 세분화를 뜻한다. 따라서 계급, 계층 그리고 지역 간의 단절과 상호의존, 통합과 갈등의 문제가 점차 인류학자의 관심의 대상이 되고 있다.

지난 40여 년간 세계에서 가장 많이 읽힌 인류학 입문서의 하나가 그 제목을 『Other Cultures』(J. Beattie 1964)라고 했듯이, 대부분의 서구 인류학자들이 조사연구를 행한 대상은 모두 자기 나라가 아니며 동시에 거의 비서구 사회였다. 이러한 경향은 여전히 강하여 인류학의 특성을 결정짓는 한 요소로 거론되기도 한다.

그런데 다른 문화 연구의 중요성은 인류학이 성장해 온 서구 학문세계의 풍토 위에서 파악될 것이다. 즉 20세기에 들어오면서 서구의 여러 나라들은 식민지를 넓혀 감에 따라 식민지 사회와 문화에 대한 이해의 필요성을 인식하게 되었고, 이에 따라 인간 사회의 다양성을 이해하고 지식의 지평을 넓히는 작업이 유행되었다. 상대방의 문화에 대한 무지와 편견으로 인하여 발생하는 실수는 오늘날 우리들 가운데서도 흔히 일어나지만, 가장 대표적인 예를

1900년에 영국정부와 당시 영국의 식민통치를 받고 있던 아샨티(Ashanti)족(현재의 가나공화국)들 사이에 발생한 전쟁을 들 수 있을 것이다.

당시 '황금 해안(Gold Coast)'이라고 불렸던 현 아프리카의 가나공화국의 총독은 아샨티족들이 다른 모든 권력과 특권을 그에게 양도하면서 유독 그들이 가지고 있는 '황금 의자(Golden Stool)'에는 절대로 앉을 것을 권하지 않는 데에 대하여 관심을 갖게 되었다. 그 총독은 그 황금의자가 아샨티족들에게 최고의 권좌로 추앙되고 있다면 대영제국의 권위를 철저히 과시함으로써 완벽한 통치를 수행해 나갈 수 있으리라는 계산에서 그 황금의자에 올라앉았고, 그러자 무지몽매하고 양순하게 보였던 아샨티족 전체가 무력적으로 들고 일어나게 되었다. 영국정부는 식민지의 최고통치자인 총독이 최고의 의자에 앉는 것이 당연한 것임에도 불구하고 왜 아샨티족들이 그렇게 집요하고 강력한 반발을 하는지 이해할 수가 없었다. 그러나 곧 아샨티사회와 문화에 정통한 연구자의 설명에 의하여 그 문제는 해결되었다. 즉 그 황금의자는 왕이나 추장이 앉는 왕좌가 아니라 아샨티 사람들의 정신을 상징하는 것이며 아샨티족의 영혼이 깃들어 있는 최고의 사당(祠堂)이었던 것이다. 이 신성한 신의 전당이며 민족정신의 상징이 외국인에 의하여 더럽혀지고 따라서 파괴되었다는 것은 곧 아샨티인들에게 있어서는 민족의 정체(正體)와 정신적 지주, 그리고 문화와 역사로 해석되는 일체의 것이 파괴됨을 의미하는 것이므로 그러한 소요가 일어나게 된 것이다. 이러한 일이 있은 후 영국정부는 식민지에 대한 보다 철저한 연구를 뒷받침하는 한편, 모든 관리들은 식민지 정부로 부임하기 전에 반 년 혹은 일 년을 해당 사회에 관한 인류학적 특별훈련을 받도록 제도화하였다(제16장 참조).

일본 역시 우리나라를 식민지화하기 전후하여 각 분야의 전문학자들을 동원하여 우리나라의 사회와 문화에 대한 인류학적 연구를 추진하였다. 그들에 의하여 이루어진 한국의 농촌, 경제, 산업, 종교, 풍습, 관습법, 일상생활의 여러 측면에 관한 연구는 오늘날에도 학문적인 가치가 크지만 당시로서는 한국에 대한 가장 효과적인 식민지통치를 위한, 일본정부에게 있어서는 가장 중요한 자료가 되는 것이었다. 이런 식으로 20세기 중반까지 한국 및 중국에 관한 자료의 중심은 일본이, 아프리카·중동·인도·오스트레일리아와 서태평양 일대에 관한 연구는 영국이, 동남아시아 연구는 네덜란드가, 아프리카 중서부 및 북부에 대한 조사는 프랑스가, 그리고 북미·중남미와 태평양군도에 대한 조사는 미국 인류학자들의 주된 영역이 되어 왔다. 이러한 실용적인 가치에 따른 연구대상지역의 선정은 오늘날에도 여전하여 미국과 영국에서는 중국에 관한 연구가 새삼 활기를 띠고, 일본 역시 정치적·경제적인 세력진출과 관계된 지역에 대한 인류학 연구를 적극 지원하고 있다.

그러나 인류학자들이 다른 문화를 연구하는 가장 근본적인 이유는 그것이 문화를 공정하게 보는 안목을 주기 때문이다. 이 지구상의 무수히 많은 사회들은 실로 다양하다. 이 다양한 사회와 문화를 조사하여 비교 연구(comparative study)를 함으로써 한편으로는 인간행위의 보편성을 찾아내며, 또 한편으로는 다른 문화의 독특한 점을 살펴봄으로써 자기 문화의 특수성을 발견하게 된다. 이러한 생각의 배후에는 누구든지 자기 자신의 문화에 너무나 직접적으로 연관되어 있고, 또한 인식하는 안목이나 방법 자체가 이미 그 문화에 의해 형성된 것이니만큼 주관적인 해석에서 벗어나기 힘들다는 생각과, 또한 다른 문화에 대하여서는 객관적이고 공정한 접근을 할 수가 있다는 긍정적 믿음이 있기 때문이다.

그런데 제2차 세계대전의 종식과 함께 식민통치가 사라지고 정치적 관계와 연구조건의 변화로 인하여 서구 인류학자들의 참여가 줄어들면서 인류학 교육의 문호가 이들 신생국과 독립국의 신진학자들에게 상대적으로 넓어졌다. 교육의 기회가 많아진 것과 더불어 이들 독립국가 및 신생국가들은 새로운 국가상과 민족의 정체성을 확립하는 작업으로 전통문화에 대한 종합적인 연구가 필요하였고, 사회발전이나 문제의 해결을 위하여 사회에 대한 보다 정확한 연구와 변화의 유형에 대한 지식을 필요로 하게 되었다. 따라서 자기 나라의 전통과 전형적인 모습을 규명하는 작업으로서 그리고 응용분야의 인류학이 정책수립의 차원에서 요청됨에 따라서 토착인류학자(native anthropologist)들의 양성과 참여가 늘어나게 되었다.

특히 이들 신생국가들의 인류학자들은 자기 사회와 문화에 대해 외국의 학자들의 연구 가운데 오해를 했거나 상반된 해석을 내린 점을 발견하게 되었고, 동시에 정책수립자를 포함한 대부분의 국민들이 식민지교육에 의하여 스스로에 대한 부정적 사고를 하고 있는 점에 대해서도 시정을 시도하는 데 애를 써야 했다. 한 가지 예로서 일본정부는 한국인들의 많은 민속놀이나 공동의례들을 비과학적, 비합리적, 그리고 비경제적인 사고방식에서 나온 활동이라는 이유로 금지시켰다. 그러나 한국학자들은 이러한 제도와 활동을 통하여 마을 사람들이 공동체를 상징하고, 전통을 계승하고 나누어 가지며, 단결을 도모하는 기능을 수행할 뿐만 아니라, 그 근저에는 합리적이고 경제적인 사고방식도 깔려 있음을 밝혀내게 되었다. 그러나 자기 문화에 대한 이러한 긍정적인 해석은 식민지교육을 받은 정책수립자들과 중년기 이상의 국민들을 설득시키는 데 많은 어려움을 겪어야 했다. 왜냐하면 식민교육과 곧 이은 서구 근대화이론은 자기 문화에 대한 열등감과 부정적 평가를 갖게 만들었기 때문이다.

이와 아울러서 서구의 인류학자들 사이에도 종래의 연구들이 다른 문화에 치중된 나머지 자기 문화의 연구에 소홀했으며 따라서 인류학자가 자신이 속한 사회와 문화에 대해서는 별로 명확한 해석을 내리지 못한 모순을 느끼게 되었다. 이에 대한 반응으로 1960년대에 들어와서 서구사회에 대한 서구 인류학자들의 조사연구가 점차 시도되기 시작하였다.

이러한 변화에도 불구하고 다른 문화에 대한 연구는 여전히 인류학에서는 가장 근본적인 것으로 간주되고 있다. 전문적인 인류학자가 되기 위해서는 될 수 있는 대로 다른 문화를 먼저 연구하도록 권장이 된다. 다른 문화에 대한 연구경험과 이해는 결국 자기 문화를 객관적이고 공정하게 접근하는 능력을 길러줄 뿐만 아니라 그것을 통하여 자기 문화의 특징을 비교학적인 과정을 통하여 알게 되는 것이다.

## 4) 제도의 연구와 의미의 연구

현대인류학의 초기인 19세기에 인류학자들이 진화주의 관점에서 인간의 지능이나 윤리의 발달과정 및 단계를 탐구하였지만, 그러한 요소들이 구체적으로 표현되는 실체는 정치조직, 가족유형, 친족제도, 종교체계, 경제조직 등과 같은 사회적으로 형성된 제도인 것이다. 따라서 그 당시부터 오늘에 이르기까지 인류학의 연구대상은 궁극적으로 인간이라는 명제에도 불구하고 이러한 사회적 제도들이 되어 왔다. 왜냐하면 인류학에서 말하는 인간이란 어떤 집단의 한 구성원으로서 제도들과 밀접한 관계를 맺고 있기 때문이다. 사실 이러한 제도들이 어떻게 얽혀서 하나의 전체로서의 사회를 구성하고 또 유지되어 나가는가 하는 구조와 기능을 관찰하는 것이나, 각기 어떤 특징을 지니는가를 분석하는 것은 오늘날에도 인류학자들이 담당하는 가장 중요한 작업 중의 하나이다. 뿐만 아니라 어떤 특정의 제도가 각 사회마다 그 유형이나 속성을 달리할 때 왜 그러한 차이가 일어나는지를 역사적 배경이나 환경의 조건 또는 그 제도가 다른 제도들과 연결되어 있는 관계의 성격 등에 연관지어서 설명해 보는 것도 시도되었다. 이러한 제도의 유형, 구조, 기능의 올바른 해석을 위하여 채택된 방법으로 비교 연구라는 것이 있다. 즉, 한 제도의 다양성을 여러 사회를 비교함으로써 파악하는데, 이는 지식의 지평을 확장하는 것뿐만 아니라 상이한 점을 통하여 공통적인 것을 찾아내는 작업으로서 아주 효과적인 방법인 것이다. 그래서 아프리카의 정치구조와 유럽의 정치구조의 비교 연구는 두 사회의 차이를 설명하는 의미뿐만 아니라 오히려 공통성을 강조하는 작업도 될 수 있다. 이러한 제도에 초점을 맞춘 연구는 오늘날에도 여전히 주된 인류학적 작업이지만, 최근에 들어서는 이와 아울러 어떤 하나의 제도나 현상을, 전체사회의 한 부분의 기능을 담당하는 것 외에 무엇인가 인간의 가치관이나 논리체계를 표현하는 과정 및 결과로 보고자 하는 시도가 일어났다. 즉 사회구조, 사회제도 등의 말로 대표되는 대로 사회에 대한 관심으로부터 인간의 내면적인 분야로 관심이 확대된 것이다. 그래서 오늘날에는 지식의 체계화 또는 상징체계의 표현으로서 종교적 의례의 분석이 행해지며 신화나 전설은 인간의 의식구조를 보여주는 단서로서의 가치를 부여받기도 한다.

이러한 관심의 대두는 실상 전혀 새로운 것이 아니라 문화에 대한 철학적 바탕의 현대적 해석일 뿐이다. 즉 사회제도와 관습들이 그것을 담당하는 사람들의 실질적 욕구를 충족시키는 수단으로서 선택되고 만들어지는 것으로 보는 견해와, 문화란 경제적 수단의 차원을 넘어서 가치와 의미를 표현하는 상징체계로서 보는 견해의 대화인 것이다. 전자는 인간의 합리성(rationality), 문화의 실제성(praxis) 및 공리주의적 관점(utilitarianism)을 강조하는 반면 후자는 인류문화의 보편성, 상징성(symbol)과 의미의 체계(system of meaning), 인지구조(cognatic structure) 등에 관심을 기울인다.

## 2. 인류학의 이론과 방법의 발달

### 1) 19세기 인류학과 진화주의

계몽주의 사상의 토양 위에서 생시몽(Saint Simon 1760~1825), 콩트(Auguste Comte 1798~1857) 등 사회학의 시조들과 흄(David Hume 1711~1776), 스미스(Adam Smith 1723~1790), 퍼거슨(Adam Ferguson 1723~1816) 등의 철학자, 경제학자, 사학자들은 과학과 진보에 대한 긍정적인 신념 속에서 사회적인 여러 관계들도 생리학에서 말하는 인체의 각 기관이 서로 결합되어 있는 것처럼 상호 연결되어 있다고 생각하여 자연과학에서와 같이 사회도 실증과학으로 분석할 수 있다고 주장하였다. 이들의 특징은 사회적인 제도들에 대한 강조, 인간의 사회는 자연적인 제도라는 가정, 이것들에 대한 연구는 경험적이고 귀납적이어야 한다는 주장, 이러한 연구의 목적은 인간발전의 역사적 단계에 대한 보편적인 법칙과 규칙성을 찾아내고 규명하는 것이라는 기대, 그리고 이러한 모든 추구의 궁극적 목표는 윤리의 결정에 대한 과학적 탐구라는 말들로써 규정지어진다. 이러한 기본적인 개념들은 초기 인류학의 학문적 밑바탕을 마련해 주었으며 사실 현재에도 그 중요성은 인정되고 있다.

그러나 18세기 말에서 19세기 초에 이르는 시기의 학자들은 서구인이 당시 누리고 있었던 문명의 전(前) 단계에 대한 선험적인 이론을 미개인과 미개사회에 대한 사변적인 추론을 통하여 설명하며 진보의 과정을 규명함으로써 인류의 문화사를 편성할 수 있다고 믿었음에도, 실지 연구는 대개 인간의 본성 및 도덕률의 발전에 관한 고찰에 치중했으며, 19세기 중엽에 와서야 사회적인 제도에 대한 체계적 연구가 시도되었다. 그래서 1861년에서 1871년에 이르는 10여 년간은 인류학사상 고전적인 저작들이 나왔으니 메인(Henry Maine)의 『고대법』(1861), 바호펜(Bachofen)의 『모권』(母權, 1861), 쿨랑주(Fustel de Coulanges)의 『고대도시』(1864), 매클레넌(John McLennan)의 『원시혼인』(1865), 타일러(Edward B. Tylor)의 『인류의 초기역사에 대한 탐구』(1865)와 『원시문화』(1871), 그리고 모건(Lewis H. Morgan)의 『인류가족의 혈족과 인척에 대한 제도』(1871) 등이 그것이다. 이들 저작은 대부분 오늘날 거의 읽혀지지 않지만 가족과 종교를 주제로 삼아서 그 제도들의 발전단계를 상정하여 이에 준한 설명을 시도한 공통된 특징을 가지며 19세기 인류학자들의 이러한 관점을 통칭하여 진화주의(evolutionism)라고 한다.

그러나 대부분의 이 시대의 진화론자들은 여러 가지 문헌기록에서 더러 보이는 다른 사람들의 미개인에 대한 생각이나 지식과 경험담을 바탕으로 하여 상상을 한 것일 뿐으로 논의의 정당성이 희박하다. 이러한 점에 비추어 볼 때, 실제 자신이 행한 관찰과 조사를 근거로 진화주의적인 설명을 시도한 모건과 미개인의 여러 측면을 문화라는 개념을 사용하여 해석하기를 주장한 타일러를 가장 대표적인 초기 인류학자로 꼽게 된다.

미국의 모건(1818~1881)은 뉴욕주의 북동부에 있던 이로쿼이족과 장기간에 걸친 접촉을 통하여 그들에 대한 직접적인 조사와 자료수집을 할 수 있었다. 그는 『인류가족의 혈족과 인척에 대한 제도』(1871)라는 저서에서 인류의 가족과 결혼형태의 진화단계를 15개로 나누고 원시 난혼(亂婚)에서부터 일부일처제의 결혼과 서구인의 가족과 같은 형태로의 발전에 대한 설명을 하였다. 이 복잡한 진화과정을 대략 살펴보면 다음과 같다. 즉, 원시상태의 초기는 가족이 존재하지 않는 단순한 난혼 상태였고 여기서 최초의 가족(즉 어느 정도 일정한 대상자와 성적 관계를 맺고 함께 사는 것을 가족이라고 할 때)은 형제자매끼리 결혼하여 이루는 가족 — 이를 모건은 혈연가족(consanguine family)이라고 부른다 — 이며, 여기서 더 발전하면 친형제자매를 제외한 직계(直系)와 방계(傍系)에 속하는 여러 명의 자매들이 하나의 집단이 되어 역시 같은 원리로 이루어진 형제들의 집단과 결혼하며, 여기서 다시 원시적인 일부일처제 가족이 생긴다. 다음 단계에서는 가부장제 가족(patriarchal family)이 생겨서 가부장의 권위에 따라 대가족·핵가족 등의 유형이 결정되며 일부다처제의 실시도 결정된다. 이렇게 하여 마지막 진화의 단계는 서구인들이 가지고 있는 일부일처제 가족이다.

이 연구 역시 설명의 정당성이 문제가 되지만 그는 이로쿼이족들이 사용하는 친족 용어와 호칭을 사회적 제도의 설명과 관련지어 연구하였다. 그는 인디언들이 아버지 세대의 모든 남자 친척을 '아버지'라 부르고 어머니 세대의 모든 여자 친척을 '어머니'라고 부르며, 자기 세대의 남자 친척을 '형제' 그리고 모든 여자 친척을 '자매'로 부르는 점을 문명 이전의 원시단계에서 이들이 난혼상태에 가졌던 남녀관계를 반영하는 증거로서 설명하였다. 물론 이것은 잘못된 결론이었지만, 그는 친족제도와 친족호칭의 중요성을 최초로 사회구조의 연구에 연결시켰고, 그 이래로 친족연구는 인류학에서 가장 기본적인 조사의 한 분야가 되고 있는 것이다.

그는 사회제도의 기초가 되는 가족의 진화를 도식화하는 데 그치지 않고 이를 더욱 확대하여 정치제도, 경제구조, 종교, 언어 등보다 광범한 문화 현상들을 포괄한 『고대사회』(1877)라는 저서를 통하여 진화주의 이론을 더욱 확고히 하였다. 이 책에서 그는 기술의 발명과 생산형태의 변화를 문화진화의 결정요소로 보고 진화단계를 야만시대·미개시대·문명시대의 셋으로 나누고 야만시대와 미개시대는 다시 초기·중기·말기로 세분하였다. 그에 의하면 초기 야만시대는 별다른 지식이나 기술이 없었던 시기였으며, 중기 야만시대는 불의 발견, 후기 야만시대는 활이나 창의 발명으로 수렵경제생활이 이루어진 것으로 특징지어진다. 그 다음 초기 미개시대는 토기의 사용으로 식량저장과 재산에 대한 개념이 발생했으며, 중기 미개시대는 가축의 사육과 농경이 이루어졌고, 후기 미개시대는 철기시대가 된 것으로 구별된다. 그리고 마지막으로 문자의 발명에 의한 문명시대가 되는 것이다.

기술, 생산수단, 재산, 경제생활의 형태 등의 요소와 정치구조, 사회적 제도들과의 관계와 발전단계에 따른 변화의 설명을 시도한 그의 유물론적 문화진화론은 사회과학 전반에 영향을 끼쳤고, 특히 마르크스와 엥겔스의 유물사관에 기본적인 아이디어를 제공하게 되었다.

한편 영국의 인류학자 타일러는 현대문명인의 생활 속에는 원시문화적인 요소로 여겨지는 것들이 섞여 있다고 지적하고, 이것은 인간의 문화가 원시상태에서 문명상태로 진화, 발전하는 도중에 어떤 요소는 새로운 요소를 가미하여 발달하고 어떤 것은 그대로 남으며 또 어떤 것들은 소멸하여 버리는 과정의 결과로 해석하였다. 따라서 현대 문명사회를 이해하기 위해서는 원시사회의 여러 요소들에 대한 이해가 선행되어야 하며 이 원시사회는 당시에 존재하던 비서구사회, 특히 아프리카나 오스트레일리아 원주민들의 사회와 같은 것으로 보고, 이들을 비교 연구함으로써 인류문명과 문화의 발달과정을 알 수 있을 것이라고 주장하였다. 그는 이러한 문명의 진화단계를 단순한 것에서 복잡한 것으로의 진행으로 보고 야만(savagery), 미개(barbarism), 그리고 문명(civilization)의 세 단계로 나누었다.

그 당시 대부분의 연구가들이 가족과 결혼이라는 제도의 발전단계에 관심을 둔 데 비하여 타일러는 관념체계와 지능 및 종교의 발생과 발전에 관심을 기울였다. 그래서 원시인의 지적 능력은 어린이와 같은 정도의 유치한 것으로 자연과 초자연적인 것의 구별이 없다가, 차차 현실세계의 경험이 축적됨에 따라 지적 능력이 발달하고 그에 따라 초자연적인 힘에 대한 믿음으로서의 종교가 발생하고 진화하는 것으로 설명한다. 그는 인간에게 영혼이 있는 것처럼 자연의 모든 대상물에도 각기 영혼이 있다고 믿는 이른바 애니미즘(animism), 곧 정령숭배가 원시형태의 종교이며, 이로부터 주술을 거쳐 다신교로 발전되고 마지막에는 일신교의 종교로 된다는 종교발전의 단계를 설정하였다(이에 대하여 제10장을 참조).

이러한 진화주의적인 설명도식 외에 타일러는 처음으로 문화에 대한 개념을 정의하고 인류학의 연구대상은 바로 이 문화를 연구하는 것으로 규정하였다. 따라서 그를 현대 인류학의 아버지라고 부른다.

## 2) 진화주의의 개념과 비판

이상에서 살펴본 진화주의 인류학자들의 공통된 관점은, 첫째로 문화가 저차원에서 고차원으로, 단순에서 복잡으로, 불완전에서 완전으로 향하여 진화한다는 것이다. 둘째로, 이 진화는 인간이 심리적으로 동일하므로 어떤 문화든지 그것은 동일한 단계를 거쳐 단선적(單線的)·보편적 발전의 형태를 취한다는 개념이다. 셋째로, 문화의 파행성(跛行性)에 관한 개념으로서, 문화발전에는 속도의 차이가 있어서 동시에 발전으로의 출발을 했더라도 어떤 시점에서 각각 발전의 정도가 다르게 된다는 것이다.

이러한 개념들은 그들이 원시사회라고 생각했던 기술적으로 낙후되고 크기도 작은 여러 미개사회에 대한 직접적인 조사가 증가함에 따라서 비판을 받게 되었다. 즉 물질적인 면이나 기술적인 면에 대해서는 발전이란 것을 쉽게 평가할 수 있지만 사회적인 제도들, 종교, 윤리 등 비물질적 부분들은 어떤 상태의 것이 발달된 것이고 어떤 것이 그렇지 않은지를 평가할 수가 없다. 왜냐하면 ─ 나중에 더 자세히 설명되겠지만 ─ 모든 제도들은 사람들에게 이미 주어진 자연환경적 조건에서 가장 잘 대응해 나가는 수단으로써 조작된 것이며, 동시에 이런 요소들은 전체사회가 유지되도록 실질적이고 기능적으로 결합되어 있기 때문이다. 따라서 일견 동일하게 보이는 어떤 한 요소도 각 사회마다 다른 의미와 기능을 가질 수가 있으므로 우열의 기준을 적용할 수가 없다. 더구나 후세의 인류학자들은 제도가 단순하거나 기술이 뒤떨어졌다고 해서 윤리체계도 반드시 단순하거나 지식이 뒤떨어지는 것도 아님을 알게 되었다. 결국 이러한 진화주의 개념은 서구의 것을 진화의 표본으로 삼은 당시 서구인들의 편견과 자민족중심주의적 태도에도 원인이 있는 것이다.

또한 인간심리의 제일성(齊一性)에 대한 믿음도 문제가 된다. 즉 인간이 모두 같은 존재라는 것은 중요한 발견이지만 그렇다고 해서 문화도 모두 같은 방향과 같은 단계를 거쳐 발전한다는 논리는 한계가 있는 것이다. 환경, 전통, 구조의 차이에 따라 같은 자극이나 원인도 상이한 반응을 보이게 되는 것이며 이것이 문화의 다양성을 낳는 것이다.

다음으로 문화의 파행성에 관한 비판이 나온다. 예를 들어 두 문화 속에 어떤 동일한 요소가 발견되면 이 두 문화는 동일한 진화의 단계에 있는 것으로 평가하는 것은, 하필이면 왜 그 요소만 동일한 반면 다른 것들은 서로 틀리는지 설명하지 못한다. 즉 문화의 복합성을 간과하고 있는 것이다.

## 3. 20세기 초반: 인류학의 다양화

### 1) 보아스와 역사적 특수주의

20세기에 들어오면서 진화주의는 거의 부정당하게 되었다. 진화주의에 대한 가장 대표적인 비판자는 미국 인류학자 보아스(Franz Boas 1858~1942)였다. 진화론의 견해 가운데 그가 가장 비판을 가한 부분은 모든 인간문명에는 어떤 보편적인 발전의 법칙이 존재한다는 주장이다. 보아스는 19세기 인류학자들은 아무런 실증적인 자료 없이, 그리고 있어도 불충분하고 부정확한 자료를 바탕으로 하기 때문에 어떤 보편적인 공식을 만들어 낼 수 없다고 지적하였다.

그는 문화적 변수들이 사실 굉장히 복합적으로 얽혀 있다는 현상을 강조하였고, 이러한 이유에서 문화에 대한 일반적이고 보편적인 법칙을 만들어 내기를 거부하고 하나의 문화가 가지고 있는 여러 요소들을 각각 어떤 역사적인 특수성에 의하여 변천해 왔는가를 사회적 맥락 속에서 살펴보아야 한다고 제시하였다. 특히 그는 에스키모인들에 대한 현지조사를 통하여 동일한 민족이 동일한 환경조건에 있어도 문화적인 측면에서 볼 때 차이가 있음을 서술하면서 문화는 인종이나 인간의 지적 능력에 의해서 결정되거나(인종결정론), 지리적 환경에 의해서 결정되는 것(지리결정론)이 아니며, 각 집단의 특수한 역사적 배경과 과정에 의해서 결정된다(역사적 결정론)고 주장하였다. 이러한 각 집단의 특수한 역사적 맥락 속에서 문화의 차이를 이해해야 한다는 그의 주장을 역사적 특수주의(historical particularism)라고 부른다.

19세기의 인류학자들이 직접적이고 구체적인 자료에 의하지 않고 아주 단편적이고 다른 사람에 의하여 제공된 간접적인 자료를 가지고 자기 집의 안락의자에 앉아서 인간발달이나 문화의 진화 등에 대하여 연역적인 추리를 한 소위 안락의자 인류학자(armchair anthropologist)임을 비판하고, 문화에 대한 법칙은 될 수 있는 한 사실(facts)에 대한 풍부한 자료가 수집될 때에 추출이 가능하다는 생각에서 보아스는 인디언과 에스키모인에 대한 다방면에 걸친 세밀한 민족지적(ethnographical)인 자료 수집을 행하였고, 이론의 정립보다는 사실의 기술에 치중한 그의 태도는 이후 미국 인류학의 한 주류를 형성하였다.

## 2) 전파주의

19세기 말엽에서 20세기 초기에 이르는 기간에 타일러와 모건을 위시로 한 진화주의가 아직도 유행하고 있을 때 한편으로 많은 다른 인류학자들은 문화의 차이를 진화의 단계라는 관점에서가 아니라 전파과정의 관점에서 보고자 하여 이른바 전파주의(diffusionism)를 내세웠다. 이러한 견해의 대표적인 두 학파는 영국과 독일과 오스트리아의 문화연구가들이다.

전파주의의 영국학파의 대표적인 존재는 스미스(G. Elliot Smith 1871~1937), 페리(William J. Perry 1868~1949), 그리고 리버스(W. H. R. Rivers 1864~1922) 등이다. 그들은 고등문명의 대부분의 요소들은 원래 이집트에서 계발이 된 후에 이집트를 거쳐 간 사람들에 의하여 세계의 여러 지역으로 전파되어 갔다고 주장하고 이집트문화와 문명의 연구에 치중하였으므로 일명 이집트학파라고도 부른다. 이들 영국의 전파주의 학자들은 지리적으로 서로 떨어진 두 지역에서 어떤 문화의 한 요소가 독자적으로 나란히 진화, 발달한 예는 거의 없다고 지적한다. 사람들은 그렇게 발명의 능력이 있는 것도 아니며, 굳이 발명을 하기 위하여 애를 쓰는 것보다는 다른 문화로부터 좋은 것이 있으면 모방하고 차용하는 것을 더 좋아한다는 이들의 견해는 곧 많은 사람들로부터 비판을 받게 되었다.

한편 그래브너(Fritz Graebner 1877~1934)와 슈미트(Wilhelm Schmidt 1868~1954)를 중심으로 한 독일·오스트리아학파의 전파주의자들도 역시 문화는 어느 한 중심지에서 발달하여 다른 지역으로 전파된다는 견해를 가졌다. 즉 문화의 한 요소뿐만 아니라 여러 요소의 복합체로서 지역적으로 번져 나가는바 이를 문화권(Kulturkreise)이라고 하고, 영국의 전파주의자들이 이집트를 문화의 중심지로 간주한 데 비하여 이들은 세계는 여러 개의 문화권으로 나누어져 있고 이들 각 문화권 안에서 지역적 사회가 문화권의 중심으로부터 문화요소를 빌려 쓴다고 주장하였다.

이들과 별도로 미국에서도 위슬러(Clark Wissler 1870~1947)와 크로버(Alfred Kroeber 1876~1960) 등에 의한 전파주의 학설이 등장하였다. 그들의 견해와 설명방법은 독일·오스트리아학파와 비슷하지만 특히 이들은 문화중심(culture center)과 문화영역(culture area)이라는 개념을 주장하였다. 즉 문화영역이란 문화의 모든 요소가 일정한 복합적 영역 내에 분포되어 있는 것을 말하는데 이러한 지역적으로 설정된 문화영역 안에는 그 특유의 문화요소, 즉 문화특질(culture trait)이 집중되어 있는 곳이 있는바 이를 문화중심이라고 한다. 이렇게 하여 한 지리적인 영역 내에 있는 여러 사회는 그 문화중심으로부터 문화적 특색을 빌려 쓰는 데 중심으로부터 멀리 떨어진 지역은 자연히 문화특질이 적은 주변문화(marginal culture)를 지니고 있고, 더욱 멀어져서 문화영역의 경계선에 있는 지역은 인접 문화영역의 요소까지도 포함하는 혼합문화(mixed culture)를 이루기도 한다.

위에서 소개한 이들 전파주의 견해는 서로 다른 지역 간에 문화요소를 빌려 쓰는 현상에 착안하였지만 여러 가지로 비판을 받는다. 첫째로, 그들은 문화의 전파과정에 초점을 맞추지만 왜 다른 지역에 전파, 수용될 때 어떤 요소는 거절되고 어떤 것은 변형되는가 하는 점은 설명치 못한다. 둘째로, 왜 문화가 소위 문화중심에서만 발명, 발전되어야 하는지도 분명치 않다. 즉 그들은 문화의 발명과 전파과정에 대한 확실한 역사적 관계를 밝혀내지 못하고 있는 것이다. 셋째로, 동일한 요소도 지역에 따라서 기능과 의미를 달리할 때 이를 단순히 모양이나 물질적인 측면만을 가지고 전파관계로 설명할 수 있는가 하는 문제가 생긴다. 이집트의 피라미드와 중미 마야제국의 신전은 모양이 아주 흡사하지만 전자는 신격화된 왕의 무덤으로서 사후세계에 대한 신앙의 표현인 반면, 후자는 왕의 정치적 권력을 상징하는 현실세계에서의 기능적 의미를 지니는 것이다. 넷째로, 상이한 지역의 동일한 문화적 요소에 대한 관심은 일견 상이한 유형인 것처럼 보여도 동일한 지역으로부터 유래된 것이라는 사실을 간과하게 되었다. 아메리카 인디언이 몽골 인종으로서 시베리아 연안과 북미 서해안을 따라서 오랜 세월에 걸쳐 이주해 왔다고 할 때 그들의 천막집과 몽골의 천막집은 재료와 모양은 다르지만 동일한 기원을 가진 것으로 볼 수 있을 것이다. 여기서 문제가 되는 것은 이러한 차이에 대한 해석이다. 집의 모양과 재료와 색깔은 집의 경제적 용도뿐 아니라 종교적인 의미, 정치적인 목적 등에 따라 여러 가지로 변조되었는바 이것은 단순히 문화특질이 환경으로 적응을 위해 외형적 변형을 한 것으로 해석할 것인가 아니면 그것도 일종의 발명이라고 할 것인가에 대한 해석상의 문제가 발생한다. 요컨대 전파주의는 인간의 문화발명과 발달의 내적 창조성을 과소평가하며, 하나의 문화적 요소가 그 사회의 요소들의 전체와 갖는 기능과 의미의 관계를 보지 못한 결점이 근본적인 오류인 것이다.

## 3) 뒤르켐과 사회인류학의 기초

한편으로 20세기 초반에는 사회인류학에 중대한 영향을 미치게 될 사회학의 한 학파가 프랑스에서 나타나게 되었다. 즉 이들의 영향으로 당시까지 인류학의 중요한 부문들로 생각되어 왔던 체질인류학과 고고학을 분리시키고, 사회적 제도와 현상만을 인류학의 연구 대상으로 삼은 영국 사회인류학이 성립된 것이다. 이들 프랑스 사회학은 뒤르켐(Emile Durkheim 1858~1917)에 의하여 이끌어진 모스(Marcel Mauss 1872~1950), 위베르(Henry Hubert 1872~1927), 헤르츠(Robert Hertz 1881~1915), 레비브륄(Lucien Lévy-

Bruhl 1857~1939) 등의 학자들로 대표되는 경향으로서 그들은 스스로『사회학연보(L'année sociologique)』라는 학술지를 1898년에 창간하여 이를 통하여 주요한 저작활동을 해 나갔다.

뒤르켐은 원래 영국의 사회학자 스펜서(Herbert Spencer 1820~1903)의 영향을 받았다. 스펜서는 사회와 문화에 대한 포괄적인 과학을 추구했는데 그는 이러한 견해를 초유기체적인 관점(super-organic view)이라고 불렀다. 그에 의하면 사회는 그 구성원인 개인의 유기체적인 상태와 관계없이 그 자체 생성, 발전, 지속하여 나가는 이른바 초유기체적인 속성을 가지고 있다는 것이다. 사회를 개인이라는 유기체의 능력 밖에 있는 독자적인 존재로 보는 그의 견해는 사회적 제도들이 어떻게 상호 기능적으로 구조를 이루는가 하는 관심을 낳게 하였고, 이것은 오늘날에도 여전히 사회과학의 기본적 관점의 하나로 되어 있다. 뒤르켐은 여기서 개인에 우선하는 존재로서의 사회가 그 구성원인 개인을 결속시키는 데 어떤 영향력을 어떤 방식으로 미치는가에 대한 관심을 갖게 되었다.

『사회학적 방법의 법칙』(1895)에서 나타난 뒤르켐의 입장은 다음과 같다. 사회적 사실들(social facts)은 개인의 심정과는 관계가 없는 것이므로 개인의 심리학적인 관점으로는 설명될 수 없다. 언어를 예로 들면 그것은 한 개인이 이 사회에 태어나기 전부터 존재해 왔으며 그가 죽은 후에도 남을 것이며, 개인은 다만 그것을 배우고 사용할 뿐, 개인의 마음이나 능력에 의하여 마음대로 바뀔 수는 없는 것이다. 이러한 것이 사회적 사실이며 이것은 '수이 제너리(sui generis)'한 것으로서 같은 질서에 속해 있는 다른 사회적 사실들과의 관계에서, 다시 말하면 하나의 사회적 제도를 이루고 있는 요소들의 하나로서 갖는 기능을 이해함으로써 설명되는 것이다.

이러한 '사회적 사실'들은 보편성(그 사회의 구성원에게 공통적으로 적용되는)과 전달성(세대를 계속하여 그 구성원들에게 전달되는), 그리고 강제성(그 사회의 구성원이면 그것을 받아들이고, 그것에 의하여 행위를 결정해야 하는)

등의 세 가지 특성을 지닌다. 한 사회의 모든 구성원은 일반적으로 동일한 관습과 풍습, 언어, 윤리관을 공유하며 모두 공통된 법적·정치적·경제적 제도들의 틀 안에서 생활한다. 이러한 모든 것들은 어느 정도 변함없는 구조를 형성하고 있어서 세대를 거쳐서 전해 내려가면서 오랜 기간 동안 기본요소로 존재한다. 개인이란 언제나 그랬듯이 이러한 틀 속으로 태어나서 이 구조 속을 통과해 나갈 따름이며, 사회적 사실은 개인과 관계없이 계속 남아 있는 것이다. 그것은 개인의 의지나 의식과는 별개의 것인 집단적 의식을 가진 사회적 제도이며 심리적인 제도가 아니다. 이 구조를 형성하는 모든 '사회적 사실'들의 총체는 당위적인 것이며 강제성을 띤다. 그래서 그것을 무시하거나 그에 반대되는 행동을 하면 법적으로든 정신적으로든 벌을 받게 된다. 물론 사람에 따라서는 자신의 개성을 표현하기 위해서는 일시적 충동에 의해서 이러한 제도에 반대되는 행위를 하는 수도 있지만 그러나 사람들은 모두 어떤 것이 정상적인 행위이며 어떻게 행동하는 것이 올바른 것인지에 대한 이상을 가지고 있으며 이것은 개인적인 것인 아니라 사회적으로 결정되는 것이다.

이렇게 개인은 사회에 의해 부여된 규범만을 지키고 사회의 결속을 위해서 존재하는 것으로 보는 뒤르켐의 견해는 어떤 집단적인 의식의 총체가 있는 것을 전제로 한다고 비판을 받는다. 그가 집합표상(collective representation)이라 부르는 것은 결국 한 사회의 가치와 신념과 관습의 총체로서 개인은 그 사회에 태어나서 그것을 받아들이고 배우고 생활한다는 것이다.

그는 『자살론』(1897)에서 사회가 개인의 행위에 미치는 영향은 자살률과 자살의 성격을 결정한다고 제시하였고, 『분업론』(1893)에서는 분업의 정도에 따라 사회가 개인의 결속유형에 미치는 영향이 결정된다고 하였다. 즉 분업이 단순한 사회에서는 사람들이 기계적 결속(mechanical solidarity)을 이루지만, 분업이 고도화될수록 각 분야 간의 상호의존도가 그만큼 높아져 유기적 결속(organic solidarity)이 도모된다. 따라서 직업의 분화는 개인 간의 상호보완적인 관계를 강화하게 되어, 그 결과 사회는 개인의 결속력에 의하여 계속 유지되어 나간다는 것이다.

그는 또한 『종교생활의 기본형태』(1912)에서 종교도 개인을 사회에 결속시키는 목적에 의한 것으로서 그 사회의 이상적인 가치관과 윤리관들의 총합, 즉 집합표상을 설명하고 실현하는 행위로 보는 것이다(제10장 참조).

뒤르켐과 더불어 모스는 『증여론』(1924)에서 사람들의 선물행위는 단순한 물질의 교환이 아니라 감정, 의무, 가치관을 포함한 사회적 관계의 표현이며, 나아가서 모든 행위는 교환행위이며, 그 밑에는 호혜성(reciprocity)이 근본원리로 작용한다고 하였다. 이 관점은 그 후 문화현상과 사회구조와의 관계를 파악하려는 사회인류학자들과 레비스트로스의 결혼제도에 대한 교환법칙(exchange theory)과 동맹관계(alliance theory)를 설명하는 원리가 되었으며, 또한 방주네프(Arnold van Gennep)는 여러 가지 의례들에 관한 상징적인 해석을 하였다. 헤르츠(1909)와 모스(1903)에 의한 원시인의 분류체계에 대한 연구는 오늘날 상징인류학의 시작인 것이다.


## 4. 20세기 중반: 이론의 체계화와 경험주의 방법론의 확립

20세기 중반기에 접어들면서 인류학은 구조기능주의(structural functional-ism)라고 부르는 문화해석의 중요한 시각이 계발되었고 현지조사를 가장 근본적인 방법으로 간주하는 경험주의적인 전통이 확립되었다. 뒤르켐 이전의 인류학자들의 주된 관심은 사실 지역적으로 또는 시대적으로 나타나는 문화의 차이를 비교 검토함으로써 문화의 변천과정에 대한 보편적인 법칙을 찾아내는 것이었다. 그러나 현대에 와서 인류학자들은 한 사회의 여러 제도들과 문화적 요소들이 어떤 형태로 서로 관계지어져 있으며 그 의미들은 무엇인가를 파악하는 데에 관심을 돌리게 되었다. 이것은 특히 래드클리프브라운과 말리노프스키로 대표되는 당시의 영국 인류학자들에 의해서 구조기능주의라는 명칭으로 발전되어 그 이후 오늘날까지 인류학뿐만 아니라 사회학을 포함한 사회과학 전반에 걸쳐서 가장 영향력 있는 시각의 하나로서 사용되고 있다. 이러한 시각의 계발은 특히 인류학자들이 직접 연구의 대상지에 들어가서 오랜 기간의 생활을 통하여 피연구자들의 관점과 사회적 맥락 속에서 그들의 문화를 체험하는 이른바 현지조사(fieldwork)를 하게 되면서 얼마나 서구인들이 남의 사회와 문화를 해석하는 데 있어서 무지와 편견에 젖어서 오해를 했던가를 절감하게 된 데서 비롯한다. 이리하여 경험주의 해석은 인류학의 전통이 되었으며 현지조사는 인류학에서는 가장 중요한 조사방법으로 되었고 인류학자가 되기 위해서는 누구든지 행해야 하는 필수적인 과정이 되었다. 이러한 현지조사를 가장 이상적으로 행한 사람은 말리노프스키를 꼽을 수 있다.

## 1) 말리노프스키와 기능주의

말리노프스키(Bronislaw K. Malinowski 1884~1942)는 남태평양의 트로브리안드(Trobriand)군도에서 원주민과 함께 살면서 조사를 하였다. 즉 그는 트로브리안드 사람들과 같은 집에서 그들이 먹는 음식을 먹고 일상생활도 그들과 똑같이 하였다. 그래서 단순히 외부인 또는 이방인으로서 관찰만 하는 것이 아니라 트로브리안드 사회의 일원으로서 생활을 통한 이해를 해 나가는 것이었다. 이러한 방법을 참여관찰(participant observation)이라고 하며 이는 인류학적 현지조사의 가장 주된 방법이다. 그는 또한 트로브리안드 사람들의 언어를 배워서 그들의 언어로 대화하며 조사를 하였다. 언어는 단순한 의사소통의 수단이 아니라 감정과 독특한 의미가 포함되어 있는 것이므로 언어에 대한 이해는 곧 그 사람들의 생활감정이나 관념을 파악하는 가장 중요한 단서가 되는 것이다.

이렇게 장기간 그들의 언어를 사용하고 생활의 모든 영역에 그들 중의 한 사람으로서 직접 참여하여 경험을 통한 관찰을 시도하는 것이 현지조사의 방법이며, 말리노프스키는 이러한 의미에서 가장 이상적으로 조사를 행한 모범인 것이다.

이렇게 하여 파악한 문화를 해석함에 있어서 말리노프스키는 기능주의 (functionalism)라고 부르는 관점을 취하였다. 즉 모든 사회제도와 문화적 요소들은 통합적인 전체(integrated whole)를 구성하는 부분들이며, 그 전체를 형성하고 유지하기 위하여 각기 적절한 기능을 가지고 있다. 그런데 문화란 것은 그 사회구성원인 개개인의 심리적 및 생리적인 욕구를 충족시켜주기 위해서, 그리고 그렇게 해주기 때문에 존재하는 것이다. 이러한 욕구는 일차적인 것과 이차적인 것이 있으며 문화는 이러한 욕구충족의 과정을 통하여 형성되고 기능을 갖는다. 예를 들어 영양을 섭취하기 위한 일차적인 생리적 욕구로부터 음식물을 획득하기 위하여 협동을 통한 생산, 분배, 교환, 소비의 필요성이 생기고 이를 통제하기 위하여 정치조직과 사회조직 등이 필요하게 되는바, 이러한 이차적인 욕구를 어떻게 충족시키는가에 따라 문화의 특징이 이루어진다는 것이다. 이러한 그의 기능주의는 개인의 심리적 욕구를 중요시하므로 특히 심리적 기능주의라고도 한다.

그는 『서태평양의 항해자들』(1922)이라는 저서를 낸 이래 트로브리안드 사람들의 가족, 종교, 경제 등 생활 전반에 걸쳐 많은 저서를 내었는바, 광범하고 자세한 민족지적인 자료와 평이한 서술로 인류학을 일반대중에게 보급시키는 데에 큰 기여를 했다. 그의 기능주의적 해석을 알기 위해서 위의 저서에 나타난 트로브리안드군도 사람들이 행하는 '쿨라(Kula)'라고 부르는 의례적인 교환행위에 관한 그의 해석을 간단히 살펴보자. 이 쿨라는 주위 섬들끼리 카누를 타고 서로 방문하여 조개목걸이와 조개팔찌를 선물하는 일종의 의례적인 행사이다. 그러나 교환은 일정한 양식이 있어서 그 쿨라에 참여하는 섬들이 하나의 관계의 고리(환)로 연결되어 있을 때 목걸이는 시계방향으로, 팔찌는 그 반대의 방향으로 섬에서 섬으로 선사된다. 이 교환물은 사실 아무런 실질적인 가치는 없으나 의례적이고 특권적인 가치를 지닌다. 이 교환에 참가하는 사람들은 각자 자기들이 방문하는 섬의 주민들 가운데 자신과 교환을 행할 일정한 파트너를 가지고 있고 이 물건의 선사는 매우 격식을 갖추고 정중하게 이루어진다. 이와 아울러 그들은 다른 농산물도 가지고 가는데, 이 의례적인 교환이 끝나면 곧 농산물을 서로 바꾸는 교역활동이 뒤따른다. 이때는 서로 흥정도 하고 심하면 말다툼까지도 하게 되는 완전한 경제행위로서의 교역인 것이다.

이러한 활동은 우선 일정한 지역의 생산물들이 의례를 통하여 교환되고 분배되는 것으로 설명할 수 있지만(제8장 참조), 이것은 여러 가지 기능을 가진 요소가 합쳐서 이루어진 것이다. 즉 항해에 사용할 카누를 만드는 과정은 그들의 전통적 기술을 전수하는 것이며, 행사의 준비와 진행의 전 과정을 통하여 집단의 정치적 관계가 표현되고 확인된다. 또한 전 과정에서의 중요한 단계에는 주술적 종교의례가 행해지며, 이것은 그들의 지식을 체계화하고, 위험한 항해길에서 예견되는 위험에 대한 불안과 공포로부터 심리적인 안정감을 주며, 섬과 섬, 사람과 사람 간의 일정한 교환의 파트너 관계는 정치적·경제적·사회적인 동행관계를 형성하고 강화한다. 또한 이러한 전 과정을 통하여 사람들은 공동체의식을 새롭게 하고 사회의 결속력을 더욱 강화시킨다. 이런 모든 욕구를 충족시키기 위하여 쿨라라는 교환행위가 이루어지고, 그 과정에 동원되는 모든 관계와 행위와 사물은 각각 특정한 기능을 담당한다는 것이다.

## 2) 래드클리프브라운과 구조기능주의

말리노프스키가 현지조사자로서 더 알려졌다면 래드클리프브라운(Alfred R. Radcliffe-Brown 1881~1955)은 이론가로서 더 알려져 있다. 그도 말리노프스키와 비슷한 방식으로 인도의 동남쪽에 위치한 안다만(Andaman)이란 섬 주민에 관한 현지조사를 행했지만, 보다 중요한 그의 공헌은 인류학을 과학적인 차원에서 연구하도록 힘쓴 점이다. 즉 그는 사회제도 간의 관계와 그것들이 전체의 구성요소로서 지니는 기능의 분석을 통하여 자연과학과 같이 어떤 법칙을 정립할 수 있다고 주장하였다. 다시 말하면 모든 사회적 제도들과 관습들은 상호불가분의 관계에 놓여 있고, 그것들은 전체를 구성하는 부분들로서 각각의 기능을 가지고 있다는 것이다. 이 점에 있어서 그의 견해는 말리노프스키와 마찬가지로 기능주의적이라고 하겠다. 그러나 말리노프스키가 개인의 생리적·심리적인 욕구를 충족시키는 측면에서의 기능을 해석하는 데 비하여 래드클리프브라운은 심리적인 해석을 거부하고 사회적 제도들 사이에 존재하는 어떤 관계의 유형에 의하여 기능이 결정되는 것으로 보기 때문에 그의 기능주의를 특히 사회학적 기능주의라고 한다.

더욱이 그는 사회적 제도들 간에 존재한다고 가정되는 관계의 유형을 사회구조(social structure)라고 보고 이 사회구조는 그 사회 내에 존재하는 개개인의 대인관계 전체에서 파악된 기본적인 행위의 원리이며 이것에 의하여 표면으로 나타난 것이 문화적 현상이라고 한다. 따라서 그의 이론을 특히 고전적 의미에서 구조주의라고 하며 구조기능주의라고도 한다. 그는 사회인류학의 가장 대표적인 학자로서 그의 구조주의 관점은 사회제도들 밑에 숨어있는 관계의 법칙성을 연구하는 모든 사회과학자들에게 가장 중요한 이론적인 기반을 제공하게 되었다.

그는 인류학에서 유명한 '어머니의 오빠와 누이동생의 아들(MB/ZS)'이라는 용어와 '농담관계(joking relationship)'와 '회피의 규칙(rule of avoidance)' 등의 용어를 사용하여 구조주의적인 해석의 예를 보여주고 있다. 즉 부계사회에서 외삼촌과 생질(누이동생의 아들) 사이에는 아주 친근한 관계가 성립되어 농담도 주고받는다. 또한 할아버지와 손자 사이에는 친근감이 표시되지만 아들과 아버지 사이에는 오히려 정면으로 대하는 것을 회피하는 행동의 경향이 있다.

이러한 행위는 관계된 두 사람 간의 심리적인 상태가 아니라 그 두 사람 사이에 놓여 있는 관계, 즉 구조 때문에 결정되는 것이다. 모계사회에서는 계승이 외삼촌에서 누이의 아들로 이어지는 관계로 이 두 사람 간에는 항상 상속의 관계를 서로 확인해야 할 필요가 있으며 이런 관계를 표현하기 위해서 그들 사이에 회피의 법칙이 성립된다. 또한 부계사회에서는 아들은 아버지로부터 상속을 받게 되므로 항상 아버지의 권위를 존중하고 존경을 표시해야 하는 의무가 있다. 이러한 관계의 성격 때문에 부자 사이에는 회피의 규칙이 적용된다. 다시 말하자면 이는 애정의 정도에 의한 것이 아니라 부계사회의 구조에 의해 결정되는 것이다. 마찬가지로 사위와 장인 또는 시어머니와 며느리 사이에는 농담의 관계도 있고 회피의 규칙이 적용되기도 하는데 이것 역시 두 사람 사이의 심리적인 태도 때문이 아니라 각각 그 사회에서 적용되는 관계의 유지를 위해 요구되는 존경의 표시로서 채택되는 것이다.

이렇게 현상의 밑바탕에 존재한다고 가정되는 사회구조에 의하여 사회적 제도의 기능과 현상의 의미를 해석하는 그의 견해는 에번스프리처드(E. Evans-Pritchard), 포티스(Meyer Fortes), 퍼스(Raymond Firth), 글럭먼(Max Gluckman), 리치(Edmund Leach) 등 인류학자들에 의해 비판과 수정과 세련의 작업을 겪게 되면서 사회인류학의 큰 주류를 형성하게 되었다.

## 3) 구조기능주의에 대한 비판

추측에 의한 인류문명의 역사를 재구성하는 작업 대신에 현재의 상태에서 한 사회의 요소들이 어떤 구조를 가지고 어떤 기능을 하는가를 분석하는 것은 현대인류학의 가장 특징적인 것이다. 그러나 구조기능주의는 사회의 기능적인 유지에만 치중한 나머지 갈등의 현상과 가능성에 대한 연구는 소홀히 하였다. 갈등은 반드시 파괴적인 요소만을 갖는 것이 아니라 경우에 따라서는 기존의 구조를 강화하는 작용도 한다. 또한 구조는 고정적이 아니라 변화하는 것이지만 그러한 변화에 대한 연구는 없었으며, 현상을 기존의 구조에 의해서 설명하는 구조기능주의는 사회의 변화를 설명할 수 있는 이론적인 틀을 제시하지 못한다는 의미가 된다. 그리고 사회 내의 모든 요소가 반드시 기능을 갖는 것은 아니며, 동시에 어느 한 요소의 기능은 해석이 시도된 그 당시의 기능으로서 다른 기회에는 또 다른 기능을 할지도 모르는, 즉 한 요소가 복합적인 기능을 가지고 있음을 간파하지 못했다고 볼 수 있다.


## 5. 현대의 인류학


### 1) 레비스트로스와 구조주의

오늘날 문화해석에 있어서 가장 영향력이 있으면서 동시에 가장 비판을 많이 받고 있는 시각은 레비스트로스(Claude Lévi-Strauss)로 대표되는 프랑스의 구조주의이다. 이 구조주의는 래드클리프브라운의 구조주의와는 다르다. 즉 래드클리프브라운의 구조주의란 하나의 사회를 이루는 모든 요소들이 어떻게 구조적인 관계를 지니는가에 초점을 맞추는 데 비하여 레비스트로스는 그러한 관계의 기원에 관심을 둔다. 그에 의하면 예술, 종교적 의례, 또는 일상생활에 나타나는 행위의 유형들에 의해 표현되는 문화란 것은 인간의 심층 심리에 깔려 있는 구조가 겉으로 나타나는 것으로서, 역으로 문화의 여러 차원들을 통과하여 심층까지 파고 들어가면 그러한 문화현상을 결정짓는 인간의 의식구조를 발견할 수 있다는 것이다.

레비스트로스는 사람들의 인지구조, 즉 사람들이 주위세계의 사물들을 인식하고 분류하는 방식을 파악함으로써 문화를 해석하고자 한다. 그는 인간의 의식구조는 이분법적이며, 이 양자 간에는 호혜성에 입각한 교환이란 것이 항상 일어난다는 것이다. 따라서 결혼이란 것도 결국은 두 집단 간에 여자를 주고받는 행위로 설명할 수 있으며, 신화의 분석을 통해서도 항상 대칭되는 요소들이 짝을 지어서 나타나는바 이는 사람들의 무의식 속에 자리 잡고 있는 의식구조를 나타내는 것이라고 한다.

레비스트로스의 구조주의 시각은 가시적 차원에서 경험을 통하여 파악할 수 있는 영역으로부터 심층의 의식 수준까지 인류학의 관심을 확대했으며, 모든 민족이 동일한 인간으로서 공통의 의식구조를 가지고 있음을 강조함으로써 자민족중심주의의 편견을 극복하는 데 중요한 공헌을 했다. 그러나 그의 민족지적 자료의 특수성과 사회적 맥락을 무시한 해석은 인간의식의 보편적 구조에 대한 탐구로 미흡하다는 비판을 받기도 한다. 그에 대한 중요한 비판은 그러한 문화의 다양성과 변동을 외면한다는 데에 주어진다.

## 2) 신진화주의

19세기의 진화주의는 곧 미국의 보아스의 연관 속에서 문화의 차이를 봐야 한다는 소위 역사적 특수주의 이론에 의해 반박되었지만, 20세기 중반에 들어와서 특히 미국에서 스튜어드(Julian Steward)와 화이트(Leslie White) 등의 인류학자에 의해 다시 관심의 대상이 되었다. 즉 구조기능주의자들이 문화의 내용과 그 내용들이 어떤 관계로 맺어져 있는가에 집착한 나머지 문화란 사회와 더불어 분명히 변하고 있다는 명백한 사실을 간과했고, 19세기 진화론자들의 오류를 연상하여 문화의 변동, 더욱이 문화의 진화에 대한 연구는 의식적이든 무의식적이든 회피되거나 미미한 관심만 받아 왔다는 것이다. 이들 미국 인류학자들은 신진화주의(neo-evolutionism)라고 불리지만 19세기 타일러나 모건 등이 사회제도의 발달이나 지력의 진보 등에 관심을 둔 반면, 이들은 문화의 진화에 관심을 두기 때문에 문화진화론자라고 부르기도 한다.

화이트(1949)는 이른바 에너지이론을 제시했는데 그에 의하면 문화는 인간이 점차 더 효과적으로 에너지를 획득하고 사용하는 체제를 발전시킴에 따라 진화한다는 것이다. 즉 가축의 힘, 증기기관, 전력 등 여러 종류의 에너지 사용을 통하여 이루어지는 기술체계의 진화는 사회조직의 성격을 결정하고 이는 다시 이념과 종교체계의 성격을 결정하게 된다.

스튜어드(1955)는 화이트의 접근시각이 너무 일반적이어서 개개의 사회가 변천되는 특수한 과정을 논의할 수 없다고 보고, 각 사회가 그것이 처한 특수한 환경에 어떻게 적응하는가를 분석해야 한다고 주장한다. 즉 환경과 경제활동, 정치제도, 사회조직 등의 관계가 성립되어 문화핵심(核心, cultural core)을 이루며 그 밖의 나머지 문화 측면들을 문화잔재(殘滓, the rest of culture)라고 한다. 이들 문화핵심과 문화잔재에 의하여 문화형태(cultural type)가 발전하게 된다. 이때 각 사회는 각기 문화형태의 차이에 따라 상이한 진화과정을 거치게 된다. 스튜어드는 이러한 그의 견해를 19세기의 단선진화(unilineal evolution) 개념에 대비하여 다선진화(multilineal evolution)라고 하였다.

환경과 경제적 하부구조의 강조는 해리스(Marvin Harris)에 의해 대표되는 문화유물론(cultural materialism)에도 영향을 미쳤다. 문화가 그 환경에 어떤 적응기제로서 존재하는가를 해석하는 해리스의 시각은 문화적 제도들이 생태환경에 긍정적 적응을 할 경우에만 설명될 수 있다. 즉 문화적 제도들의 본질이 기술환경과 기술경제의 요소에 의해서 결정된다고 봄으로써 관념체계는 원인이 아니라 다만 결과로서만 설명되는 제한성이 있다.

한편으로 스튜어드의 설명이 한 문화의 특수성을 강조하는 결함이 있어서 살린스(Marshall Sahlins)와 서비스(Elman Service)는 화이트와 스튜어드의 이론을 절충하여 개별문화의 특수진화(specific evolution)와 전체문화의 일반진화(general evolution)로 구분하였다(제15장 참조).

기술·경제·생태를 진화의 기본요소로 간주하는 현대의 문화진화론은 미국 인류학의 주요 흐름을 형성하고 있으며 주로 문명과 국가의 형성과 발달 과정에 대한 연구업적을 내고 있다(제9장 참조).

## 3) 상징주의

  한편으로, 래드클리프브라운이 사회구조를 강조한 나머지 인간의 특성이 오히려 무시된 결과가 초래되었고, 여기서 에번스프리처드를 중심으로 한 일군의 인류학자들은 사회제도와 인간의 행위가 가지는 사회적 기능이 무엇인가 하는 질문 대신, 그것들의 의미가 무엇인가를 파악하는 데 관심을 두기 시작하였다. 즉 인간은 도구를 만드는 동물일 뿐만이 아니라 의미를 만드는 동물이라는 견해를 강력히 제창한 것이다. 이 의미는 개인적으로 만들어지는 것이 아니라 사회적으로 사용되는 것이다. 레비스트로스의 구조주의는 이러한 점에서 영국 전통의 사회인류학자들에게 큰 관심의 대상이 되었으나 곧 경험주의 전통에 입각한 이들에게는 그것은 실증하기 어려울 뿐 아니라, 실제 사회적 맥락에서 설명할 때 많은 제약과 오류가 있음을 발견하게 되었다. 그래서 이들은 의미의 체계, 즉 상징체계를 사회의 맥락 속에서 파악하는 일에 주력하게 되었다.

  한 예로서 에번스프리처드는 누에르(Nuer)족들이 '쌍둥이는 새(bird)다.'라고 말하는 것에 주목하게 되었다. 누에르족은 쌍둥이와 새를 동일시하지도 않으며 그렇게 부르지도 않는다. 결국 이 말은 쌍둥이가 갖는 비정상적인 의미가 새 중에서 날지 못하는 새가 갖는 비정상적인 의미와 결합한 것이다. 이러한 사물의 속성을 관념의 표현에 사용하는 것은 의미의 상징화 작업에 아주 기본이 된다. 더글러스(Mary Douglas) 역시 사람들이 주위세계를 어떻게 분류하며 그것을 어떻게 상징적으로 표현하는가, 그리고 순수한 것과 더러운 것의 분류에 어떤 상징적인 의미들이 동원되는가를 밝히고 그러한 모든 상징체계 밑에서 사회와 문화적인 의미가 숨어 있음을 보여준다. 또한 터너(Victor Turner)는 종교적 의례과정과 내용의 분석을 통하여 그것이 세계에 대한 지식과 일의 진행에 대한 그 사회 사람들의 관념들이 상징적으로 표현되는 과정임을 밝혀내었다(제10장 참조).

문화현상을 상징체계의 표현으로 보는 이러한 인류학자들은 그러한 행위를 행하는 사람들이 사용하는 의미와, 그것을 관찰하는 사람이 파악하는 의미를 구분해야 하며, 하나의 요소는 상황에 따라 여러 가지 상징적인 의미를 가질 수 있다는 점을 지적한다. 따라서 사회적인 상황과 구조와의 연관 속에서 상징을 파악한다는 점에서 여전히 영국 사회인류학의 구조주의 전통에서의 새로운 분야의 연구로 볼 수 있을 것이다. 이러한 경향의 연구는 문화를 단순히 물질적이거나 기능적인 것으로 보지 않고 의미의 체계로 보려는 많은 인류학자들의 관심을 끌고 있고 계속 계발되고 있다.

## 4) 마르크시스트 인류학

1960년대 후반부터 영국과 프랑스의 인류학계에서는 마르크시스트(Marxist) 인류학이라고 부르는 학파가 형성되기 시작하였다. 이들은 주로 경제에 관심을 둔 인류학자로서 마르크스의 상부구조와 하부구조의 구분에 관한 개념을 도입하였다. 특히 구조기능주의가 가시적이고 경험적 차원에서만 문화를 파악하고 설명하고 모든 요소가 평면적으로 구조되어 있는 것으로 전제함으로써 한계를 지니고 있다는 것과, 레비스트로스가 경험적 차원을 넘어서 비가시적 수준의 세계에 관심을 두었으나 의식구조의 제일성과 보편성에만 집착함으로써 변화 또는 발전을 포함한 역동적 측면을 무시한 한계성을 가지고 있음을 비판한 데서 출발한다. 따라서 상부구조와 하부구조로 나눔으로써 경험적 차원과 비경험적 차원을 포함하고 이들 구조 간의 갈등으로부터 변동의 원리를 찾아보려 한다.

고들리에(Maurice Godelier 1977), 메이야수(Claude Meillassoux) 등은 하부구조, 즉 경제를 비롯한 물질적 조건과 생산관계에 의하여 정치, 종교 등 상부구조가 결정되며 역으로 상부구조는 하부구조를 통제하기 위한 수단으로서 형성된다고 한다. 이러한 시각에서 그들은 정치와 경제와 이데올로기가 내적, 종적으로 결합되어 있고 사회에 따라 세 요소 중 하나가 대표적으로 상부구조로서 드러나게 된다는 것이다.

마르크시스트 시각은 구조 간의 모순과 갈등을 통하여 사회가 변동하는 점을 부각시킨 점에서 중요한 공헌을 하고 있다. 그러나 모든 것을 일단 경제의 차원으로 환원시켜서 설명함으로써 스스로 분석의 틀로서의 제약성을 지니며 또한 마르크스가 사용했던 용어의 개념을 실제 사회분석에 적용할 때, 무엇보다도 갈등을 계급 간의 착취관계로 인한 것으로 보며, 이데올로기와 정치와 사회적 제도가 지배계급의 착취를 정당화하기 위한 수단으로 존재하는 것으로 보는 시각의 적합성 여부가 문제가 된다. 이해관계의 상충으로 인한 해석의 차이는 어느 사회에도 있지만, 문화란 단순히 지배계급에 의하여 만들어지는 것은 아니며 자칫하면 피지배계급의 시각에서 해석하는 또 다른 유형의 계급중심주의(class centrism)를 낳을 위험이 있다.

더 읽을거리 _____

Barnard, Alan
    2000, *History and Theory in Anthropology*, Cambridge: Cambridge University Press. (김우영 역, 『인류학의 역사와 이론』, 서울: 한길사, 2003.)
Evans-Pritchard, E.
    1951, *Social Anthropology*, London: Routledge and Kegan Paul.
Garbarino, Merwyn S.
    1977, *Sociocultural Theory in Anthropology: A Short History*, New York: Holt, Rinehart and Winston. (한경구·임봉길 공역, 『문화인류학의 역사: 사회사상에서 문화의 과학에 이르기까지』, 서울: 일조각, 2001.)
Harris, M.
    1968, *The Rise of Anthropological Theory*, London: Routledge and Kegan Paul.
Kuper, Adam
    1996, *Anthropology and Anthropologists: The Modern British School*, London;

New York: Routledge. (박자영·박순영 공역, 『인류학과 인류학자들: 영국 사회인류학의 전통과 발전』, 서울: 한길사, 2005.)

Lévi-Strauss, C.

1955, *Tristes Tropiques*, Paris: Plon. [박옥줄 역, 『슬픈열대』, 서울: 중앙신서, 1995(2004).]

Mead, M.

1978, *Blackberry Winter: My Earlier Years,* New York: Morrow. (강신표·김봉영 역, 『누구를 위하여 그리고 무엇 때문에: 마가렛 미드, 나의 인류학적 자서전』, 서울: 문음사, 1980.)

Moore, Jerry D.

1997, *Visions of Culture: An Introduction to Anthropological Theories and Theorists*, Lanham, Maryland: AltaMira Press. (김우영 역, 『인류학의 거장들: 인물로 읽는 인류학의 역사와 이론』, 서울: 한길사, 2003.)

# 제3장

# 문화의 개념

‘문화’는 인류학의 가장 중요하고도 핵심을 이루고 있는 개념이면서도, 인류학자들 간에는 문화의 정확한 정의를 내리는 데에 의견의 일치를 보지 못하고 있다. 사실 사회과학 문헌 및 교과서들에서 우리는 극히 다양한 문화의 정의들을 접하게 된다. 특히 인류학자들 간에서도 다양한 의미로 사용되어 온 문화의 개념을 주시하여 약 70년 전에 크로버(Alfred Kroeber)와 클럭혼(Clyde Kluckhohn)은 하나의 표준이 될 만한 정의를 내릴 것을 시도한 바 있다. 그들의 공저 『문화: 개념과 정의의 한 비판적인 검토』(1952)에서 위의 두 인류학자는 문화에 대해 내린 무려 175개의 상이한 정의들을 검토하였으나, 결론적으로 얻은 문화의 정의마저 결국 인류학사에 또 하나의 추가적인 정의로 끝나고 말았다.

동물계에서 인간을 다른 종으로부터 구분 짓는 가장 중요한 특징으로 ‘인간은 문화를 가진 유일한 동물’이라는 점에 학자들은 의견을 모으고 있다. 바로 이것이 ‘인간과학’ 또는 ‘인간에 관한 학문(the science of man)’으로서의 인류학에서 문화가 가장 핵심적인 개념으로 간주되고 있는 이유이기도 하다.

이 장에서 우리는 인류학자들이 문화를 어떤 의미로 사용하고 있는지, 그리고 그것이 어떤 속성들을 갖고 있는지에 초점을 두고 문화의 개념을 알아보기로 한다.

## 1. 문화의 뜻

일상용어로서나 또는 전문 학술용어로 '문화'라는 단어만큼 흔히 사용되고 있으면서도, 그것이 무엇을 뜻하고 있는지에 대해서는 각양각색의 대답을 얻을 수 있는 개념도 아마 찾아보기 힘들 것이다. 문화인, 문화민족, 문화계, 문화시설, 문화유산, 문화영화, 대중문화, 고급문화, 한국문화, 동양문화, 서구문화 등 좁은 의미로 또는 넓은 의미로 '문화'라는 용어는 다양한 의미로 사용되고 있을 뿐만 아니라, 그 모두가 동일한 개념에 기초한 복합어들도 아니다. 때로는 문학 및 예술분야를 지칭하기도 하며, 때로는 '지성', '지식', '개화된 것', '발전된 것'을 의미하기도 하고, 특정한 인간집단 또는 한 지역이나 나라에서 특징적으로 나타나는 생활양식을 총괄해서 지칭하는 말로 사용되기도 한다.

### 1) 생활양식으로서의 문화

"문화란 무엇인가?"라는 질문을 던졌을 때 우리가 가장 간단히 얻을 수 있는 것은 아마도 "그것은 한 인간집단의 생활양식이다"라는 대답일 것이다. 이 점은 상이한 두 나라의 생활양식을 비교함으로써 쉽게 이해될 수 있다.

한국 사람과 인도사람의 일상생활을 상상해 보자. 우선 그들이 쓰는 말에 뚜렷한 차이가 있을 것이고, 주택, 의복, 음식의 종류, 요리방법, 음식을 먹는 방식, 친족조직, 신앙, 조상에 대한 태도 등 일상생활의 모든 측면에서 우리는 두 사람 사이에 분명한 차이를 발견할 것이다. 이 중에 그 어느 것도 그들이 선천적으로 가지고 태어난 것이 없고, 그들이 각기 그 사회에 태어나서 성장하는 과정에서 몸에 익힌 것들이다. 이 모두가 그들의 생존을 위해서도 필수적인 것들이고, 그들은 거의 무의식적으로 그 사회에서 통용되고 있는 전통 또는 규칙에 따라 행동하고 있다. 이와 같이 두 사람의 행동과 사고에서 나타나는 상이한 양식을 우리는 문화(culture)라고 부른다. 다시 말해서 이 두 사람은 각기 한국문화와 인도문화에 따라 행동하고 있으며, 그들의 행동은 바로 그들이 소속하고 있는 사회의 문화를 그대로 반영하고 있다.

이와 같이 우리는 일반적으로 한 사회의 구성원들 간에 찾아볼 수 있는 관습적인 행위와 그런 행위의 산물을 문화라고 부르고 있다. 그러나 인류학자들은 이 문화에 대한 정확한 정의를 내리는 데에 많은 어려움을 겪어 왔었다. 어떤 사람들은 문화란 외계에서 관찰될 수 있는 구체적인 사물과 사건들로 구성된다고 보고 있는 반면에, 또 어떤 사람들에게는 문화는 지각될 수도 없으며, 측정할 수도 없는 무형의 것이고 그에 참여하는 개인들에 의해서도 직접적으로 인지될 수가 없는, 또한 존재론적인 실체가 없는 하나의 추상에 불과하다고 보고 있다.

문화에 대해서 내려진 수많은 정의들을 여기에 일일이 소개할 필요는 없지만, 그 대부분은 총체론적 견해(totalist view)와 관념론적 견해(mentalist view)의 두 가지 범주로 분류될 수 있다.


## 2) 총체론적 견해

앞에서 언급한 '생활양식으로서의 문화'는 바로 이 범주에 속한다. 즉, 총체론적 견해에 의하면 문화는 '한 인간집단의 생활양식의 총체(totality)'를 가리키는 말로 사용된다. 이런 입장에 선 한 전형적인 예를 우리는 타일러(E. B. Tylor)의 고전적인 정의에서 찾아볼 수 있다.

**타일러의 정의**　타일러는 그의 저서 『원시문화(Primitive Culture)』(1871: 1)
에서 문화를 "지식, 신앙, 예술, 법률, 도덕, 관습 그리고 사회의 한 구성원으
로서의 인간에 의해 얻어진 다른 모든 능력이나 관습들을 포함하는 복합총
체"라고 규정하고 있다. 이 정의는 지금까지 문화에 관해서 내려진 수많은 정
의들 가운데 가장 오래된 것일 뿐만 아니라 가장 포괄적인 것으로 널리 인용
되고 있는 하나의 고전적인 정의에 속한다.

　타일러는 위의 정의에서 문화는 인간 고유의 것이라는 점을 암시하고 있고,
또 그의 다른 저서들에서 이 점을 분명히 밝히고 있다. 즉, 타일러에 의하면
문화는 신앙, 관습 등은 물론이고 손도끼, 쟁기 등의 구체적인 사물뿐만 아니
라 그릇을 만들고, 고기를 잡는 등의 기술까지를 포함하는 인간 고유의 모든
사물과 사건들을 가리키고 있다.

　이런 타일러의 입장을 현대 인류학에서 계승하여 발전시킨 사람으로 우리
는 화이트(Leslie A. White 1977)를 들 수 있다.

**화이트의 정의**　타일러가 그의 정의에서 문화란 인간 고유의 소유물임을 암
시하고 있는 점을 더욱 구체화시켜, 화이트는 우선 무엇이 동물계에서 인간의
행위를 다른 동물의 것으로부터 구별 짓는가에 주의를 돌리고 '인간은 상징
(symboling)을 할 수 있는 유일한 동물'임에 유의하여 이것이 바로 문화의 기
초라고 파악하고 있다.

　화이트에 의하면, 인간은 자유롭게 또한 인위적으로 의미를 창작하고 결정
하며, 이를 외계에 있는 사물과 사건들에 부여하는 능력뿐만 아니라, 또한 그
런 의미들을 포착하고 이해할 수 있는 능력을 가진 유일한 동물이라는 것이
다. 화이트가 즐겨 들고 있는 성수(聖水, holy water)는 이의 좋은 예가 될 수
있다. 성수는 보통의 물과 구별될 만한 아무런 화학적인 성분을 가지고 있지
않다. 그러나 성수는 보통의 물이 아니다. 여기에 인위적으로 부착된 의미는
감각으로 포착될 수가 없다. 예컨대 성수의 의미는 냄새로, 맛으로 또는 눈으
로 보아서나, 손으로 만져서 포착될 수 있는 성질의 것이 아니지만, 그 가치를

믿는 수많은 교인들에게는 어느 무엇보다도 큰 의미가 있고 강력한 초자연적인 힘을 발휘하는 것이다.

이와 같은 인간 고유의 상징행위에 기초한 사물과 사건들을 화이트는 상징물(symbolate)이라 부르고, 이것이 곧 문화를 구성한다는 것이다. 그러나 다른 한편으로 그런 사물과 사건들 자체가 바로 문화가 아니라 그것들이 어떠한 맥락에서 고려되느냐에 따라 의미가 달라진다는 점에 화이트는 주의를 환기시키고 있다. 즉, 상징물은 인간 유기체와 관련해서 신체적인 맥락에서 고려될 수도 있겠고 또한 인간 유기체와의 관련 없이 단지 한 상징물을 다른 상징물들과의 관련(신체 외적인 맥락)에서 고려될 수도 있다. 후자의 경우, 즉 신체 외적인 맥락에서 상징물들을 고려했을 때 화이트는 그것을 문화라고 부르고 있다. 이것을 다시 정리해 보면, 화이트는 "상징행위에 의거한 사물과 사건들을 신체 외적인 맥락, 즉 인간 유기체와의 관련에서보다는 다른 상징물들과의 관련에서 고려했을 때 그것을 문화"라고 부르고 있다.

화이트의 견해에서 좀 특이한 점은 어떤 상징물 그 자체가 문화인가 아닌가로 규정될 수 있는 것이 아니라, 그것이 어떤 맥락에서 고려되느냐가 문제라는 점이다. 한국의 전통사회에서 한 마을의 수호신으로 간주되고 있는 당(堂)나무를 예로 들어보자. 이 나무는 같은 종류의 다른 나무들과 아무런 차이가 없다. 우리는 신체적인 맥락에서 그 나무에 대한 사람들의 태도와 그 나무에 대해 어떻게 반응하는가를 생각할 수도 있고, 그와는 반대로 신체 외적인 맥락에서 마을 사람들의 복지, 마을 사람들의 생계양식, 생계활동에서 감수해야 하는 위험부담의 정도 등 다른 상징물들과의 관련해서 이 당나무와 그것을 둘러싼 신앙을 고려할 때 이것은 곧 한국문화의 한 부분으로 간주될 수 있다는 것이다.

총체론적 견해는 또한 적응 메커니즘으로서의 문화의 기능적인 중요성을 강조하고 있다. 즉, 인간은 문화적인 수단을 통하여 그들을 둘러싸고 있는 환경에 적응하면서 생을 영위한다. 생활과정에서 그들은 많은 효과적인 지식들을 터득하고 여러 세대를 거치면서 이런 지식들을 축적한다. 이렇게 환경에 적응하는 과정에서 축적된 지식들로서의 도구, 기술, 사회조직, 언어, 관습, 신앙 등의 복합총체를 '문화'라고 부르고 있다. 이런 입장에서의 문화는 외계에 있는 사물 및 사건들, 즉 관찰될 수 있는 현상의 영역을 가리키고 있다는 점이 다음에 언급할 관념론적인 견해와 다르다.

### 3) 관념론적 견해

지금까지 우리는 구체적으로 판단될 수 있는 현상까지를 문화에 포함시키는 입장을 소개하였지만, 다른 한편으로 우리는 문화의 총체론적인 견해로 본 문화의 한 부분인 주관적인 측면을 강조하여 관념적 영역에만 한정시켜 문화로 간주하는 입장에 선 많은 인류학자들을 발견하게 된다. 이 관념론적 입장의 이해를 돕기 위해 한 가지 예를 들어보자.

두 사람이 마주 앉아 이야기를 주고받고 있다. 그들은 서로 말(speech)로 의사소통을 하고 있다. 이 말은 구체적이고도 실제적인 행동이다. 그들이 사용하는 말에는 분명히 어떤 규칙이 있다. 즉 말은 어떤 규칙에 의거한 소리들이다. 만약 그것이 아무런 규칙도 없이 단어들만을 무질서하게 나열해 놓는다면 말의 뜻은 전달되지 않을 것이고, 대화는 더 이상 계속될 수가 없을 것이다. 이와 같이 이 두 사람의 대화에서 각기 우리는 말의 뜻을 듣는 사람이 이해하게 소리를 내고 그것들을 적절한 방식으로 배열하는 규칙 또는 원리를 발견할 수가 있다.

관념론적 견해로 문화를 보는 사람들은 실제적인 행동으로서의 말과 그것을 지배하는 규칙(문장에서의 문법에 해당) 또는 원리를 구별하여, 문화라는 말을 단지 후자만을 지칭하는 것으로 한정시키고 있다.

인류학의 다양한 전문분야 중 구조주의 인류학, 인지인류학과 상징인류학 등에서 우리는 주로 관념적 견해로 본 문화의 개념을 발견할 수가 있다. 인류학자 구디너프(Ward H. Goodenough 1961)의 견해는 이의 좋은 예가 될 수 있다. 구디너프에 의하면 문화란 사람의 행위나 구체적인 사물 그 자체가 아니라 사람들의 마음속에 있는 모델이요, 그 구체적인 현상으로부터 추출된 하나의 추상에 불과하다. 한 사회의 모든 구성원들이 꼭 똑같이 행동할 수는 없다는 점은 분명하다. 즉 그들 각자가 외계의 사물에 대해 어떻게 인식하는지, 어떻게 느끼고 어떠한 태도로 임하는지 또한 그것에 대해 어떻게 행동하는지는 꼭 같을 수가 없다. 그러나 우리는 사회마다 그 성원들의 행동에서 공통적으로 나타나는 기준 또는 규칙을 발견할 수 있다. 구디너프는 한 사회의 성원들의 생활양식이 기초하고 있는 관념체계 또는 개념체계를 문화로 간주하고 있다. 여기서 한 가지 분명히 해두어야 할 것은 구체적으로 관찰된 행동 그 자체(patterns of behavior)가 아니라, 그런 행위를 위한 또는 그런 행위를 규제하는 규칙의 체계(patterns for behavior)가 곧 문화라는 것으로 사람들은 이 규칙에 따라서 행동하게 된다.

한국인이 사용하고 있는 친족용어를 예로 들어보자. 우리는 사촌을 친사촌, 외사촌, 고종사촌, 이종사촌 등으로 구체적으로 구분하고 그냥 '사촌'이라고 했을 때에는 대체로 친사촌(아버지의 형제들의 자녀)을 지칭하고 있다. 영어권의 사회에서는 우리와 같은 네 가지 종류의 사촌들에 대한 구분이 발견되지 않는다. 우리의 경우에는 부계친족제도에 의거해서 나와 같은 친족집단에 소속한 친사촌을 다른 사촌들로부터 구별하는 규칙이 친족호칭에 반영되어 있지만, 서양 사람들에게는 그런 관념이 없기 때문에 네 가지 종류의 사촌들에게 똑같은 용어를 사용하고 똑같은 태도로 대한다. 여기에서 우리는 한국 사람들과 서양 사람들 사이에 상이한 행동규칙이 적용되고 있음을 발견할 수가 있다. 관념론적인 전망에 의하면, 이런 친족용어의 차이는 바로 그것이 기초하고 있는 규칙의 차이에서 나온 것임에 유의하여 그런 규칙들의 체제를 문화로 간주하고 있다.

이와 같이 관념론적 견해로 본 문화는 도구, 행동, 제도 등을 포함하지 않고, 단지 우리가 관찰할 수 있는 바의 그런 행동으로 이르게 하는 기준, 표준, 또는 규칙을 문화라고 부르고 있다. 예컨대 한국 사람들의 조상제사와 조선자기 그 자체는 한국문화가 아니지만, 그것을 가능케 한 관념체계 및 개념체제가 곧 한국문화라는 것이다. 이렇게 본다면 관념론적 견해를 가진 사람들은 앞에서 살펴본 총체론적 견해로 본 문화의 단지 한 부분만을 떼어내어 문화라 부르고 있음을 알 수 있다.

이상에서 우리는 문화의 개념에 관한 두 가지의 입장을 간단히 살펴보았지만, 여기에는 그 어느 것이 옳고, 어느 것이 틀린 것이라는 주장이 있을 수가 없다는 점을 명심해야 할 것이다. 이 두 가지의 입장은 그들이 각기 설명하려고 하는 대상에 따라서 견해를 달리하고 있을 뿐이다. 즉, 인간의 사고와 행위를 연구대상으로 하여 무엇이 그것을 가능하게 했는지에 초점을 두고, 그것을 가능케 한 기본적인 원리를 밝혀내려는 사람들에게는 관념론적 견해로 본 문화의 개념이 효과적일 것이고, 이와는 달리 사회 문화적인 현상들이 왜 우리가 관찰하는 바대로 그런 식으로 일어나고 있는지 또는 그것들은 각기 다른 현상들과 어떠한 관계를 맺고 있는지에 초점을 두어 문화과정 속의 다른 요소 간의 상호작용에 관심을 가진다면 총체론적 견해로 본 문화의 개념이 연구의 주제를 분명히 하는 데에 더 효과적일 것이다.

## 2. 문화의 속성

비록 학자에 따라서 문화를 서로 다르게 정의하고 있기는 하지만, 문화가 어떠한 속성들을 지니고 있는지에 대해서는 상당한 정도로 의견의 일치를 보이고 있다. 이제 거의 대부분의 인류학자들에 의해서 받아들여지고 있는 문화의 속성 몇 가지를 살펴보기로 하자.

## 1) 문화는 공유된 것이다

한 사회의 구성원들의 행동을 자세히 관찰하면 그 어느 사람도 꼭 같이 행동하지 않는다는 사실을 발견할 수가 있다. 어떤 사람은 매운 음식을 좋아하고 어떤 사람은 싫어하며, 어떤 사람들은 꽃 가꾸기를 좋아하는가 하면 또 어떤 사람들은 그런 것에 아무런 관심을 보이지 않는다. 이와 같이 사회의 구성원들 개개인은 나름대로의 독특한 취향 또는 버릇이 있을 수가 있다.

그러나 다른 한편으로 구체적인 행위에 있어서의 이런 개인차에도 불구하고 우리는 한 사회의 구성원들의 행위에서 다른 집단의 것과 구별될 만한 어떤 공통적인 경향을 발견할 수가 있다. 한 사회의 구성원들 개개인의 독특한 취향이나 버릇이 아닌, 이런 공통적인 경향을 우리는 문화라고 부르고 있다. 우리가 개성(individuality)을 아무리 값진 것이라고 강조하더라도, 우리가 실제로 하는 행동의 대부분은 우리가 소속하고 있는 집단의 행동양식을 따르고 있다. 이런 의미에서 우리는 '문화는 집단구성원들에 의해서 공유된(shared) 것'이라는 말을 할 수가 있다.

문화의 이런 속성은 집단의 구성원들에게 사회생활을 원활히 하기 위한 공동의 광장을 마련해 주고 있다. 우리는 사회의 다른 구성원들과 함께 공유하고 있는 언어로 의사소통을 할 수 있고, 특정한 상황에서 상대방이 어떻게 행동할 것인지 그리고 그들이 우리로부터 무엇을 기대할 것인지를 어느 정도 예측할 수 있기에 사회생활이 가능하다.

한 사회의 구성원들에 의하여 공유되고 있는 것으로서의 문화에 유의한다면, 우리는 또한 그 사회의 단위에 따라서 여러 가지 상이한 차원의 문화를 이야기할 수도 있다. 즉, 한국 사람들이 일반적으로 공유하고 있는 행동양식과 사고양식을 한국문화라고 부를 수 있는 반면, 한국사회를 구성하고 있는 수많은 하위집단들(subgroups)에 특징적으로 나타나는 생활양식으로의 하위문화(subculture)를 이야기할 수도 있다. 이 점에 대해서는 뒤에서 다시 언급하겠다.

## 2) 문화는 학습된 것이다

우리는 우리 사회의 다른 구성원들과 많은 것을 공유하고 있다. 우리의 체질적인 특성을 예로 들어도 좋겠다. 우리 한국인들은 몽골 인종으로 분류된다. 우리의 머리카락은 백인들의 금발과도 흑인들의 곱슬머리와도 다르다. 그러나 우리는 그것을 우리의 문화라고 말하지는 않는다. 우리는 또한 매일 식사를 하고 잠을 잔다. 그러나 식사하고 잠자는 것 그 자체를 우리는 문화라고 말하지는 않는다. 우리의 머리카락은 생물학적인 특성의 하나이고, 식사하고 잠자는 것은 본능적인 행동의 일부이다. 즉, 공유된 것이 모두 문화가 아니라 어떤 것이 문화적인 것으로 간주되기 위해서는 학습된(learned) 것이어야만 한다.

사람은 특정의 문화를 갖고 태어나는 것이 아니라, 단지 학습할 능력만을 갖고 태어난다. 그가 그런 능력으로 어떠한 문화를 학습할 것인지는 성장과정에서 그가 접한 문화적인 환경에 의하여 좌우된다. 우리가 사용하는 언어는 이의 좋은 예가 될 수 있다. 한국 사람은 한국어를 가지고 태어나는 것이 아니라, 단지 후천적으로 한국어를 배워 익힌다. 간혹 우리는 고국을 방문한 재일 또는 재미동포 2세들이 한국어를 전혀 모르거나 극히 서투른 한국어로 의사소통에 불편을 느끼는 경우를 발견한다. 그들은 일본어 또는 영어를 사용하는 문화 속에서 성장하였고 그들이 한국어를 배울 기회는 극히 제한되었기 때문에, 우리가 그들에게 한국어를 완벽하게 구사할 것을 기대할 수는 없는 일이다.

우리가 '문화는 학습된 것이다.'라는 점을 강조할 때 중요한 것은 그것이 비유전적인 수단에 의해서 습득된다는 사실이다. 즉, 행동양식으로서의 문화는 어떤 부모에게서 태어났는지 또는 부모로부터 어떤 유전자를 전해 받았는지 아무런 상관이 없다. 다른 동물들과 마찬가지로 인간은 음식물을 먹고 싶은 생물학적 욕구를 가지고 있고 또한 먹어야만 살 수 있다. 그러나 다른 한편으로 이런 욕구를 충족시키는 방식, 즉 '어떤' 음식물을 '어떻게' 요리해서 '언제' 먹는지는 나라에 따라 많은 차이를 보이고 있다. 이런 방식들은 결코 유전적으로 얻어진 것이 아니라, 유년기부터 사회화(socialization) 과정을 거치면서 학습된 것이다.

## 3) 문화는 축적된 것이다

인간행위의 대부분이 학습된 것이지만, 학습이 인간 고유의 것은 아니라는 점이 이제는 거의 부인할 수 없는 사실로 받아들여지고 있다. 비록 정도의 차이는 있지만 인간 이외의 다른 동물의 행위에서도 학습행위가 나타나고 있다. 특히 우리 인류와 체질적으로 가장 가까운 관계에 있는 원숭이와 유인원들의 사회에서 이런 학습행위가 많이 나타나고 있음이 밝혀졌다.

1953년에 일본의 원숭이 집단을 연구하던 학자들이 관찰한 원숭이들의 학습행위는 이미 학계에 널리 알려져 있다(Itani 1961). 그들은 원숭이들이 서식하고 있는 한 섬에서 연구를 계속하고 있었다. 연구자들은 이 원숭이들에게 정기적으로 모래와 흙이 묻은 고구마를 먹이로 던져 주었다. 그때마다 원숭이들은 고구마를 움켜쥐고 털에 문질러 흙과 모래를 닦아내고 나서 먹었다. 어느 날 그중의 한 마리가 던져 준 고구마를 움켜쥐고 달아나다가 해변의 바닷물에 떨어뜨려 흙과 모래는 깨끗이 씻기고 오히려 먹기 좋을 정도로 짭짤한 맛까지 추가된 고구마를 얻을 수 있었다. 이것은 우연하게 얻어진 하나의 사실적인 지식이었다.

그 후 고구마를 바닷물에 씻어 먹는 '관습'은 한 마리 두 마리씩 다른 원숭이들에게로 퍼져 나갔고, 수년 후에는 결국 그 원숭이 집단의 80~90%의 원숭이들이 먹이만 던져 주면 가능한 대로 많이 움켜쥐고 가까운 민물의 냇가를 두고도 멀리 바닷가로 달려가 씻어 먹더라는 것이다. 이것은 한 마리의 원숭이에 의해 얻어진 사실적인 지식이 그 집단의 다른 구성원들에 의하여 학습되었음을 분명히 말해 주고 있는 것이다.

그렇다면 원숭이들도 학습된 행위로서의 문화를 가지고 있다고 말할 수 있을까? 어떤 학자는 이것을 문화적인 행위로 보고, '원숭이의 문화'라고 부르기도 한다. 그러나 다른 한편, 이 원숭이들의 학습된 지식은 그것이 활용되는 구체적인 현장을 목격하지 않고는 결코 다른 원숭이들에게 전해지지 않는다는 점에서, 인간의 학습행위와는 근본적으로 차이가 있음을 알 수 있다. 원숭이의 경우에는 고구마를 씻어 먹는 현장을 목격하지 않은 새끼원숭이들이 그런 사실적인 지식을 터득하려면 윗세대가 거친 시행착오의 과정을 다시 반복해야만 하지만, 인간의 경우 윗세대의 경험적인 지식은 상징적인 수단인 언어를 통해서 다음 세대에 전해지고 축적된다.

이와 같이 인간의 지식은 한 세대에서 다음 세대로 전해져 내려가고, 시간이 지남에 따라 각 세대에서 이루어진 지식들이 추가되면서 문화의 저장 창고는 팽창되어 왔다. 문자가 없던 시기에는 사람들의 입을 통하여 문화가 한 세대에서 다음 세대로 전해져 내려왔지만, 문자의 등장으로 문화가 책이나 문서의 형식으로 저장될 수가 있게 되면서 비록 그것을 기억해 내는 사람이 한 사람도 없어도 그것은 여전히 이용될 수가 있다. 특히 컴퓨터 혁명이 일어나면서 점점 더 많은 지식이 기계 속에 저장되고 있어서 이제는 지시만 하면 필요한 지식을 골라내어 우리가 이용할 수 있도록 프린트해 주기도 한다.

## 4) 문화는 하나의 전체를 이루고 있다

한 사회집단의 문화는 타일러가 말하고 있는 바와 같이 지식, 신앙, 예술, 도덕, 법, 관습 등 수많은 부분들로 구성되어 있다. 그러나 한 사회의 문화를 구성하는 이런 부분들은 무작위로 또는 각기 독립적으로 존재하는 것이 아니라, 상호 긴밀한 관계를 유지하면서 하나의 전체(a whole) 또는 체계(system)를 이루고 있다.

우리는 문화를 자동차의 엔진에 비유해도 좋겠다. 자동차의 엔진은 수많은 부속들로 구성되어 있다. 이 부속들은 서로 간에 밀접한 관계를 맺으면서 전체로서의 엔진을 작동시킨다. 엔진의 부속품 하나가 정상적인 기능을 수행하지 못할 때 엔진은 결국 멈추게 된다. 엔진과 같이 한 사회의 문화를 구성하고 있는 부분은 복잡하고도 놀랄 만한 방식으로 상호 밀접한 관련을 맺고 있어서 그 어느 한 부분에 이상이 생기거나 변동이 일어나면 연쇄적으로 다른 부분에 영향을 미치게 된다.

과학기술 분야에서 이루어진 급속한 발전은 세계적으로 엄청난 변모를 수반하였다. 우리나라도 그 예외는 아니었다. 발전된 과학기술의 지식은 도시의 공업 분야에 응용되었고, 공업생산 부분에는 더 많은 노동력이 요구되었다. 한편 농촌의 유휴노동력은 생계수단 또는 더 좋은 생존기회를 찾아 도시로 모여들어 도시의 인구과밀현상을 빚어냈다. 인구의 도시집중현상으로 농촌은 영농에 필요한 노동력을 확보할 수 없는 심각한 인력부족현상에 직면하게 되었다. 농촌은 이의 해결방안을 적은 노동력으로 농사를 지을 수 있는 '농업의 기계화'와 '과학적인 영농'에서 찾을 수밖에 없었고, 현재 우리나라의 농업분야에서 이루어지고 있는 과정도 이를 잘 반영해 주고 있다.

다른 한편 과학기술의 발달, 공업화, 도시화 현상은 전통적인 사회구조, 특히 친족조직에도 크게 영향을 미치고 있다. 도시가 정치, 경제, 산업, 교육 등의 분야에서 중심적인 역할을 맡게 되면서, 일단 고등교육을 받기 위해 또는 생업의 기회를 찾아 도시로 옮겨 간 친족 성원들은 거의 대부분이 조상 대대로 살아온 농촌마을을 영영 떠나게 된다. 이런 과정을 거쳐 친족 성원들은 전국 각지로 흩어지게 되어 전통적인 친족조직은 약화될 수밖에 없을 것이다.

과학기술의 발달은 전통적인 신앙체계에도 영향을 미치고 있다. 현대의학의 발달로 질병의 원인들이 하나둘씩 밝혀지면서 주술적인 방식에 의해서 질병을 치료하려고 애써 왔던 사람들이 이제 현대의학의 지식에 도움을 청하고 있다. 이것은 질병의 원인을 악귀와 같은 초자연적인 존재의 탓으로 돌리거나, 질병으로부터 구해 줄 수 있는 어떤 초자연적인 존재에 호소함으로써 생명의 위기를 극복할 수 있다는 전통적인 신앙체계로부터의 근본적인 변화로 해석될 수도 있겠다. 그러나 현대의학은 아직도 모든 의학적인 문제에 대해서 완벽한 해답을 제공해 주고 있지는 않다. 현대의학이 해결해 주지 못하는 영역에서는 아직도 여전히 초자연적인 신앙에 마지막으로 호소하고 있는 예들도 흔히 있다.

이상에서 살펴본 바와 같이 과학기술의 발전은 결코 하나의 고립적인 현상이 아니라 문화의 거의 모든 영역에 부수적인 영향을 미치고 있다. 이것은 한 사회의 문화를 구성하고 있는 부분들은 상호 밀접한 관련을 맺고 있어서 한 영역에서의 변화는 그것으로만 끝나는 것이 아니라, 다른 영역들에서의 변화를 수반하고 있음을 보여주고 있다. 문화의 거의 모든 부분들을 하나로 묶고 있는 이 무수한 상호관계들을 풀어내기는 거의 불가능에 가깝다. 그러나 그것들은 엄연히 존재하고 있고, 우리가 그것들을 연구해 내기까지는 완전한 이해에 도달할 수 없을 것이다.

## 5) 문화는 항상 변한다

시간적인 차원에서 보면 문화는 결코 정체되지 않고, 항상 변하고 있다. 우리가 아무리 문화의 축적적인 성격과 연속적인 성격을 강조한다고 하더라도, 현재 우리의 문화가 100년, 200년 또는 1000년 전의 문화와 같다고 말할 사람은 아마도 없을 것이다. 그렇다고 해서 우리는 오늘의 문화가 어제의 문화와는 다르다거나, 우리는 매일 상이한 문화와 함께 살고 있다는 점을 지적하려는 것은 아니다. 사실 고대 로마문명이 하루아침에 생겨난 것도, 하루 만에 망한 것도 아닌 것과 마찬가지로 문화가 하루 만에 전혀 다른 형태로 바뀌어

나가는 것은 아니다. 그럼에도 불구하고 시각을 넓혀서 장기간에 걸친 문화과 정을 보면 문화는 점진적 변화 또는 변모를 거듭하고 있음을 알 수 있다.

우리는 앞에서 이미 한 사회의 문화는 수많은 부분들로 구성되어 있다는 점을 누누이 지적하였다. 이 구성 부분들을 음악의 연주곡목에 비유하여 인류 학자들은 '문화 목록(cultural repertoire)'이라고 부르기도 한다. 한 사회의 구 성원들은 이 목록에 의거하여 행동하고, 생각하며, 생활해 나간다. 그러나 시 간적인 차원에서 보면 그 사회의 목록은 변해간다. 즉, 역사상 특정시기의 목 록은 그 후 수백 년 후 어느 시기의 목록과 상이한 세트(set)를 이루고 있음을 발견할 수 있을 것이다. 물론 양자 간에는 극히 일부나마 동일한 문화요소들 을 포함하고 있는 경우도 있을 것이지만 이전에 있었던 문화요소가 이미 기 능을 상실하여 소멸되어 버렸거나 단지 '문화유산'으로만 기억되고 있는 경우 도 있을 것이고, 크게 변용된 형식으로 잔존하고 있는 경우도 있을 것이다. 또한 이전에 없었던 문화요소가 등장하여 후기의 목록의 한 중요한 부분을 차지하고 있는 경우도 있을 것이다. 이런 과정을 거쳐 두 시기의 문화적인 목 록은 상이한 양상을 보이게 된다.

그러면 문화변동은 왜 일어나는가. 사람들은 일상생활 과정에서 그들이 직 면하고 있는 문제들에 항시 새로운 해결방법을 시험한다. 어떤 사람에 의해 발견된 새로운 지식이 사회생활에 효과적으로 이용될 수 있다는 점이 밝혀지 면, 이것은 사회의 다른 구성원들에 의해서 학습되고 전체사회에 확산된다. 이런 식으로 혁신(innovation)들은 그 사회의 문화의 한 부분으로 수용되고 굳어진다. 뿐만 아니라 이런 혁신들은 문화의 다른 부분들과 상호 작용하는 과정에서 연쇄적인 변동을 유발하게 되어 전체로서의 문화변동이 일어나게 된다. 이런 현상은 변동의 원인이 한 사회 내부에서 발생하는 경우이지만, 문 화변동은 외부 요인에 의해 일어나기도 한다. 즉, 문화 간의 접촉으로 전파되 어 들어온 문화요소가 기존의 문화요소들과 접촉하는 과정에서 추가적인 변 동을 유발하기도 한다. 이와 같이 문화의 변동이 내부 요인에 의한 것이든,

외부 요인에 의한 것이든 간에 변동은 문화의 기본적인 속성의 하나임이 틀림없다.

이와 관련해서 우리는 모든 인간사회가 끊임없이 변동을 경험하고 있지만, 거기에는 안정을 유지하려는 경향도 있다는 점을 지적해 두어야만 하겠다. 변동은 항시 어느 정도의 위험을 안고 있기 때문에 사람들은 대체로 변동을 추구하거나 그것을 쉽게 받아들이려고 하지 않는다. 즉, 사람들은 그들의 관습적인 행동유형을 그대로 유지하려는 경향이 강해서, 모든 사회가 과거와 현재 사이의 문화의 연속성을 뚜렷이 보여주고 있다. 사람들의 이런 성향은 그들이 소속하고 있는 집단의 사회적 균형상태(social equilibrium)를 유지하는 데에 크게 기여하고 있다.


## 3. 문화의 구성


### 1) 체계로서의 문화

앞에서 이미 우리는 각 사회집단의 문화는 전체로서 하나의 통합된 체계를 이루고 있다는 점을 지적하였다. 그러면 이제 그 문화를 구성하고 있는 단위는 무엇인지에 주의를 돌려보기로 하자.

비교적 소규모의 단순사회들에 많은 관심을 두어 온 인류학의 전통—물론 오늘날의 인류학은 현대의 복잡한 사회들에도 크게 관심을 돌리고 있지만— 에 따라, 인류학자들은 비교적 관찰하기 쉬운 작은 규모의 사회들을 대상으로 생활양식의 거의 모든 면을 다루려고 노력해 왔다. 그 사회의 역사, 자연환경, 가족생활의 조직, 언어생활, 취락구조, 정치와 경제체제, 종교, 예술 등 인류학자들이 현지조사를 하면서 관찰하고 민족지 노트에 기록되는 항목과 내용들은 극히 다양하다. 이 모든 것들이 그 사회의 문화를 전체적으로 이해하는 데에 필요한 항목들이다.

그러나 어떤 인류학자도 특정문화의 모든 관습들 또는 모든 측면들을 다 밝혀낼 수는 없는 일이다. 다시 말한다면 그 전체로 기술될 만큼 단순한 문화란 존재하지 않는다. 그 대신에 인류학자들은 그 문화의 성격과 내용을 대표할 만한 몇 가지 특질들에 관심을 두고 접근한다. 재산상속, 생계양식, 분가, 조상제사, 특정의 질병에 대한 치료방법 등 수많은 특질에 따라 그 사회의 개개의 성원들이 어떤 식으로 반응하고 있는지를 추적한다. 어떤 것은 거의 모든 사람이 따르고 있는 관습이고, 또 어떤 것은 불과 몇 사람에게만 나타난다. 어떤 관습은 남녀 중 어느 한 편에만 한정된 것이어서 보편적인 것은 아닐 것이다. 어떤 것은 남자가 전담하고 어떤 것은 여자가, 또 어떤 것은 소년들만으로 수행될 것이다. 이런 식으로 특정문화를 완벽하게 기술하려면 수천, 수만 개의 관습들을 추적해야 할지도 모른다. 물론 이런 식의 기술은 불가능하다.

사실 문화의 개념이 유용한 가장 중요한 이유 중의 하나는 그것이 각 개인의 사회적으로 학습된 인성의 특질들을 완전하게 연구하지 않고도 그 사회의 많은 성원들을 다룰 수 있다는 점이다. 같은 사회의 수많은 성원들의 개인적인 습관들에 나타나는 고도의 유사성들은 인류학자들로 하여금 문화특질의 개념을 적용시키게 해주고 있다는 점을 기억해 둘 필요가 있다. 만약 이런 유사성들이 나타나지 않는다면 ― 또는 만약 각 개인들이 같은 사회의 다른 성원들과는 대체로 다른 식으로 행동하고 있다면 ― 인간의 세계는 현재의 형태와는 완전히 달랐을 것이고 인간의 행위를 연구하는 과제는 거의 불가능할 것이다.

## 2) 문화특질

한 문화의 가장 작고, 가장 기본적인 요소를 문화특질(cultural trait)이라고 한다. 인류학자들이 특질이라고 부르는 많은 문화요소들은 문화적으로 의미 있는 더 작은 부분들 — 이것들도 또한 문화특질이라고 불리기도 한다 — 로 나누어질 수도 있다는 점을 알아둘 필요가 있다.

예컨대 몇몇 인디언 사회들에서 나타나는 평화를 선언하는 하나의 상징으로 의례적인 파이프 담배를 피우는 관습은 문화의 한 기본적인 단위인 것 같지만, 그것은 사람들이 원형을 이루어 둘러앉는 것, 파이프를 시계방향으로 돌리는 것, 담배를 피우는 도중에 노래하고 춤추기 그리고 또 많은 요소들과 같은 그 사회의 성원들에게 의미 있는 부분들로 나뉘어서 분석될 수 있고, 그 모두가 각기 독립적인 문화특질들로 간주될 수도 있다. 조상제사도 하나의 문화특질이지만, 여기에 관련된 조상에 대한 태도, 제물, 제사지내는 사람들이 입는 옷, 거기에 모이는 친척들은 모두 각기 하나의 문화특질로 간주될 수도 있겠다.

이런 문제를 해결하는 하나의 방도는 '문화특질'이라는 용어를 그 사회의 성원들에게 의미 있는 부분들로 더 이상 쪼개질 수 없는 요소들에만 적용하는 것이다. 그러나 특정의 문화요소가 어떤 상황에서는 더 이상 쪼개질 수 없는 것으로 간주되지만, 다른 상황들에서는 여러 부분들로 나누어질 수 있는 것으로 간주되기도 한다는 점에서 위와 같은 방식도 별로 유용한 것 같지 않다. 예컨대 오스트레일리아의 아룬타(Arunta)족에서 사람들은 캥거루가 어떻게 살해되는지를 설명할 때, 그들은 더 이상 나누어질 수 없는 단위로 창을 지적할 것이다. 그러나 그들이 창은 어떻게 만들어지는지를 기술할 때, 그것을 창끝의 쇠, 화살대, 이 두 가지를 묶는 줄 등으로 나눌 것이다. 이와 같이 어떤 것이 문화특질이냐 아니냐는 관찰자가 특정의 상황에서 그것을 어떻게 보느냐에 달려 있다. 범위의 측면에서 생각한다면 어떤 시기에, 어떤 맥락에서 사람들에 의하여 관습적으로 더 이상 나누어질 수 없는 하나의 단위로 간주되는 것을 문화특질로 규정하는 것이 가장 유용한 견해일 것 같다. 분명히 한 특질의 범위는 그것 자체의 객관적 속성보다는 특정의 시기에 그것의 맥락에 의해서 좌우된다.

## 3) 문화복합

많은 문화특질들이 사실상 더 작은 범위의 특질들로 분석될 수 있는 복합체로 존재하고 있는 것이 분명하지만, 그런 관습을 따르고 있는 사람들에 의하여 보통 더 이상 쪼개질 수 없는 단위로 간주되고 있기 때문에 그것들은 특질로 불리어지고 있다. 많은 특질들은 어떤 의미에서는 복합을 이루고 있어서, 특질과 복합을 정확히 구분한다는 것은 거의 불가능하다. 이런 의미에서 위슬러(C. Wissler)와 같은 사람은 '특질복합(trait complex)'이라는 용어를 사용하기도 했다. 이런 어려움에도 불구하고 인류학자들은 '문화복합(cultural complex)'이라는 용어가 상호관련된 많은 특질들로 구성된 것이 분명한 문화적인 단위를 가리키는 데에 유용하다고 생각해 왔다. 그 용어는 여러 상호의존관계에 있는 특질들이 하나의 복합으로서의 문화유형을 구성하고 있다는 사실에 특별한 주의를 환기시키는 데에 사용되어 왔다. 크로우(Crow) 인디언을 포함한 북미주 대평원의 인디언 사회들에서 나타나고 있는 아메리카 들소 사냥은 그런 복합의 한 예가 될 수 있다. 이 복합을 구성하고 있는 요소들 중에는 일 년 중의 특정시기, 들소의 무리가 어디에 있는지를 확인하는 방법, 사냥무기들과 그것을 다루는 방법 등이 포함된다.

자동차는 그 자체가 수많은 부분품으로 구성되어 있지만 또한 넓은 의미에서 하나의 문화특질로 간주될 수 있겠다. 그것은 다시 고속도로, 주유소와 자동차 정비공장, 자동차 제조산업, 자동차 판매업, 자가용차를 가진 사람들의 사회적인 위세와 사회적 지위의 상징, 자동차보험 그리고 관광산업 등 자동차와 관련된 여러 영역 또는 부분들을 포함하는 문화복합의 한 부분을 점하고 있다. 이런 문화복합의 개념은 인류학자들로 하여금 문화 특질들뿐만 아니라 특질들의 복합으로 구성된 문화체계를 기술하는 데에 유용한 관점을 제공해 주고 있다.

## 4) 하위문화

위에서 우리는 문화를 구성요소별로 나누어 보았지만, 지역과 계층별로 나타나는 생활양식의 차이에 따라서 문화를 나누어 볼 수도 있겠다. 이때 우리는 하위문화(subculture)의 개념을 사용한다. 한 사회집단의 특수한 부분 또는 영역에서 다른 것과는 구분될 만큼 특이하게 나타나는 생활양식을 우리는 하위문화라고 한다. 예컨대 우리는 도시문화와 농촌문화를 이야기할 수도 있고, 연령집단에 따라 청년문화와 노인문화, 특정 사회집단의 것인 대학문화, 지역적으로 도서문화, 산촌문화 등도 이야기할 수 있으며, 호남문화, 영남문화 등과 같은 특정지역의 문화를 거론하기도 한다. 그러나 비록 그 각각에 고유의 또는 지배적인 어떤 요소들이 있기는 하지만, 더 높은 수준에서 보면 그것들이 모두 한국문화라는 큰 우산 밑에 있으며 한국문화의 일반적인 요소들, 예컨대 언어, 의식주 생활 등과 같은 전통문화 요소들을 공유하고 있다는 점에서 우리는 그것들을 모두 전체로서의 한국문화 중 하위문화로 규정할 수가 있을 것이다.

이 하위문화의 개념은 인류학자들에게 한 사회집단의 각 부분들 또는 영역에서 특징적으로 나타나는 행위양식과 사고양식을 포함한 생활양식을 파악하고, 그것들 간에 각기 어떤 차이가 나타나며, 왜 그런 차이들이 나타나는지에 주의를 돌리게 하는 데에 유용한 전망을 제공해 주고 있다.

오랫동안 라틴아메리카 지역의 빈민지역들을 연구하고 많은 저작들을 남긴 인류학자 오스카 루이스(Oscar Lewis 1978)가 제시한 개념인 '빈곤의 문화'도 사실은 '빈민들의 하위문화'를 가리키고 있는 것이었다. 그에 의하면 빈민촌에서는 사회의 다른 부분에서와는 상이한 특유의 생활양식이 있다는 것이며, 루이스는 그의 학문적인 생애를 통해 이런 빈민들 사회에서 나타나는 하위문화를 기술하고, 분석하며, 해석해 내려고 노력하였다. 우리의 전통사회에서도 양반들의 생활양식으로는 손으로 하는 일에는 관심을 쏟지 말 것이며, 특히 남

자들의 경우 오직 글을 읽어 벼슬하는 데에만 몰두할 것이 요구된 '양반문화'
도 '상민문화'와는 뚜렷한 차이가 있었다. 그럼에도 불구하고 양자는 모두 역
시 한국문화의 테두리 속에서 존재하였고, 이것은 중국문화, 일본문화 등과
같은 다른 문화와는 확연하게 구별될 만한 것이었다.


## 4. 인간과 문화

### 1) 문화의 다양성

우리가 문화를 어떤 식으로 이해하든 또는 그것을 어떤 식으로 정의하든
간에, 인간은 문화라는 메커니즘을 통해서 환경 ─ 자연환경과 사회적인 환
경 ─ 에 적응하고 있는 것임이 틀림없다. 대부분의 인류학자들이 인간 이외
의 다른 동물들의 행위에까지 문화의 개념을 적용하는 데에는 동의하지 않고
있다. 인간만이 문화를 가지고 있고 문화적 행위를 할 수 있다고는 하지만,
그렇다고 해서 인간의 모든 행위가 모두 문화적 행위라고 말할 수는 없다. 본
능적이고 생리적인 행위들은 문화적인 것이 아니다. 다만 그런 것이 표현되는
양식들 또는 생물학적 욕구들이 충족되는 양식은 선천적인 것이 아니라 후천
적으로 학습된 것이기에 문화의 범주 속에 포함된다.

앞에서 살펴본 문화의 개념에서도 어느 정도 분명해졌을 것으로 생각하지
만, 문화와 인간 사이에는 불가분의 관계가 있다. 인간은 문화 없이는 살 수
없고, 인간 없는 문화는 존재할 수도 없는 일이다. 어떤 점에서는 문화란 인간
과 환경의 중간에 위치한 매개체라고 말해도 좋겠다. 기술과 도구를 통해서
인간은 외계의 자연환경에 존재하는 식량자원을 채취해서 우선 먹고 싶은 욕
구를 충족하며, 사회조직을 통해 환경에 적응하는 과정에서의 공격과 방어를
원만하게 수행해 내고, 종교와 신앙을 통해 특정의 환경에 대처해 나가는 과

정에서 인간이 직면하는 모든 근심, 걱정, 불안, 긴장 등을 제거해 나가고 생을 영위할 수 있다. 이 모두가 문화적 항목들이다.

그러나 다른 한편, 인간과 문화 간에 긴밀한 불가분의 관제가 있다는 말은 특정의 인간 또는 특정의 인간집단(또는 사회)과 특정의 문화형식 간에 상관관계가 있다는 것을 의미하는 진술은 아니다. 인간은 문화라는 수단을 통해서 환경에 적응하는 것이지만, 그 적응수단으로서의 문화는 단지 한 가지의 방법만이 있는 것이 아니라 다양한 방식으로 나타난다는 점을 기억해 둘 필요가 있다. 이런 점에서 우리는 문화의 다양성(cultural variation)을 이야기할 수 있고, 인류학의 모든 분야들이 이런 문제를 중점적으로 다루고 있다.

각 사회마다 사람들은 일상생활상의 문제들을 다른 식으로 해결해 나간다. 물론 여기에는 개인적인 차이도 있지만, 같은 사회 내의 사람들에게는 고도의 규칙성이 나타나고 있다. 어떤 사회에서는 길에서 친지를 만나면 정열적으로 끌어안고 얼굴을 부비기도 하지만, 일본 사람들같이 정중히 거의 90도의 절을 하기도 한다. 여기에서 분명하게 말할 수 있는 것은 그 어느 식의 인사방법도 최선의 방법이라고 말할 수는 없다는 점이다. 일본 사람들은 선천적으로 그런 인사방법을 갖고 태어난 것이 아니라 다만 그런 전통이 있는 나라에 태어나서 그것을 학습한 결과에 불과하다. 이것을 다른 식으로 표현한다면 특정 문화의 사람들은 바로 지금 그가 따르고 있는 그런 문화를 가지고 태어난 것이 아니라 후천적으로 학습한 것이어서, 특정 문화와 특정 인간집단 간에는 직접적인 상관관계가 없다고 말해도 좋겠다. 이것은 해외의 한국인 교포 2세, 3세들이 모국의 관습에 불편을 느끼고 있는 데에서도 잘 나타나고 있다.

사람들은 흔히 자기네들의 관습적인 행동과 태도가 가장 옳은 것이고, 다른 나라의 관습은 비도덕적인 것 또는 비윤리적인 것이라고 간주하고 있는 경향이 있다. 이와는 반대로 다른 나라 사람들이 우리의 관습을 볼 때 똑같은 식으로 부정적 평가를 내릴지도 모른다.

특정의 음식물을 먹을 수 있는지 없는지는 영양학적인 칼로리 함유량에 의해서 결정되는 것도 아니고, 의복도 인체를 보호하려는 목적 이상의 것이다. 거의 모든 인간사회에서 특정의 음식물을 꼭 사용해야만 하고 또 어떤 것을 금지해야만 하는 규정, 즉 음식에 대한 금기 또는 터부(taboo) 현상이 나타나고 있다. 힌두교도들은 쇠고기를 먹지 않으며, 회교도들은 돼지고기 먹기를 금지하고, 미국 사람들은 개고기와 말고기를 터부로 규정하고 있다. 유대인들은 물고기 중에서도 비늘을 가진 것만을 먹지만, 오스트레일리아의 원주민 태즈메이니아(Tasmanian)족은 비늘을 가진 물고기를 먹는 것을 금하고 있다. 이런 식으로 사실상 인간이 소화시킬 수 있는 모든 음식물은 어디에선가 사람들에 의하여 식량으로 소모되고 있다. 그러나 다른 한편 모든 먹을 수 있는 동물은 어디에선가 누구에게는 터부로 규정되어 먹는 것이 금지되어 있다. 의복의 경우에도 마찬가지이다. 사람들은 그들이 착용한 의복에 의하여 다른 사람 또는 다른 계급이나 계층의 사람과 구별되고 있으며, 추운 지방에도 거의 벌거벗고 사는 민족이 있는가 하면, 뜨거운 열대지방에서도 옷을 많이 걸쳐 입고 사는 민족도 있다.

이와 같이 다양한 문화들 간에는 그 어느 것이 더 좋고 옳은 것이며, 또 어떤 것이 더 나쁘다거나 틀린 것이란 평가를 내릴 수는 없다. 단순한 예로 우리나라의 여성들이 치마저고리를 입고, 일본의 여성들이 기모노를 입지만, 그중 어느 것도 옳다거나 틀렸다는 평가를 내릴 수는 없는 일이다. 사촌 간의 혼인을 금하는 관습을 가진 우리가 사촌 간에 혼인하는 것을 용인하는 어떤 다른 나라 사람보다 더 선진적인 것도, 더 개화된 것도 아니다. 그런 나라에서는 그럴 만한 이유가 있고, 이에 관련된 다른 문화요소들이 그런 특정의 관습을 허용하게 짜여 있다. 이와 같이 각 사회의 문화 간의 차이는 상대적이다. 그 사회의 문화는 그 사회의 성원들에게는 가치가 있지만 다른 형식의 문화를 가진 사람들에게는 기이한 것으로 보일지 모른다. 문화 간의 비교 연구에 많은 관심을 두고 있는 인류학자들에게는 반드시 이런 문화의 상대성(cultural relativity)을 인정할 것이 요구되고 있다.

## 2) 문화의 초유기체성

마지막으로 우리는 문화의 초유기체적(superorganic) 성격에 대해 잠깐 언급해 둘 필요가 있다. 몇몇 사회과학자들은 문화가 초유기체적 성격을 가지고 있다고 주장하고 있다. 이것은 비록 인간과 문화는 불가분의 관계에 있지만, 문화는 생물적인 것 또는 심리적인 것과는 다른 수준의 것이라는 의미이다. 이 견해에 따르면 유기체적인 것이 무기체적인 것과 다른 것과 같이 또는 증기가 물과는 다른 것과 같이, 문화는 유기체적인 것과는 다르다는 것이다. 문화는 사람들의 생물적인 것 또는 심리적인 것에 기초하고 있다기보다는 초유기체적인 원리들에 의하여 작동되고 있다는 주장이다.

초유기체적 견해를 가진 사람들은 그들의 입장을 뒷받침하기 위해 많은 점들을 지적하고 있다. 즉, 모든 문화는 거기에 참여하고 있는 사람들의 사망과 출생으로 세대에 따라 성원들의 교체현상이 끊임없이 일어나고 있지만 그래도 문화는 존속된다. 이런 점에서 문화는 일종의 독자적인 생명을 갖고 있고, 또한 모든 문화는 각기 어떤 특정의 개인이 이해하고 참여할 수 있는 것 이상으로 해석된다. 개인은 그의 생활양식을 바꾸는 데 별로 또는 아무런 힘을 발휘할 수도 없고, 다만 그는 그런 문화의 흐름(stream of culture) 속에서 태어나서, 그 흐름을 따라가면서 생활해 가고, 그의 문화는 그대로 남겨 두고 자신의 일생을 마친다는 점들이 지적되고 있다.

'초유기체'라는 용어는 사회학자 스펜서(Herbert Spencer)에 의해서 처음으로 사회현상의 연구와 관련하여 사용되었고, 그 후 인류학자 크로버(A. Kroeber)의 「초유기체론」(1917)이란 한 고전적인 논문에서 문화의 개념과 관련하여 더욱 정교하게 정리되었다. 다시 이 개념은 사회학자 오그번(W. Ogburn)에 의하여 그의 저작 『사회변동』(1922)에서 구체적으로 과학기술적인 혁신들에 적용되어 분석되면서 문화현상의 분석을 위한 유용한 개념임이 입증되었다.

오그번은 위의 저작에서 세계문화사에 나타난 과학기술의 발명과 발견의 사례들 중에서, 두 사람 이상에 의해 거의 동시에 그리고 독립적으로 이루어진 사례로써 무려 148개의 목록을 제시하고 있다. 예컨대 생물학적 진화론의 핵심을 이루는 자연선택의 이론은 같은 해인 1858년에 다윈(C. Darwin)과 월리스(Alfred Wallace) 두 사람에 의해서 각기 독립적으로 정립되었고, 전화는 벨(Bell)과 그레이(Gray) 두 사람에 의해서 발명되어 같은 해인 1876년 그것도 같은 날에 미국 특허국에 특허신청서가 제출되었으며, 태양에 흑점이 있다는 사실은 같은 해인 1611년에 갈릴레오를 포함한 무려 네 사람에 의하여 독립적으로 발견되는 등 이런 동시적이며 독립적인 발명과 발견의 사례는 무수히 많다.

이런 사례들에 기초하여 오그번은 또 다른 사회학자 토마스(Dorothy Thomas)와 함께 「같은 해에 발명들은 불가피한 것인가?」(1922)라는 제목으로 공동논문을 발표하였다. 이 논문에서 그들은 발명이 이루어지기 위해서는 개인의 정신적 또는 지적 능력과 기존의 문화적 상황을 포함하는 두 가지의 요인이 필수적이지만, 이런 동시적이고 독립적인 발견들로 미루어보아 전자의 요인보다는 후자의 요인, 즉 문화적인 준비상황이 더욱 중요하다는 점을 지적하면서 발명은 불가피하게 일어난다는 결론에 도달하고 있다. 여러 사람에 의한 동시적이고 독립적인 발명과 발견들은 그 어느 한 사람의 성취가 알려지지 않았어도 다른 사람을 통해서 세상에 알려질 수 있는 것이기에, 왜 그런 혁신이 그 시기에 그런 나라에서 일어났는지가 문제이지 누구에 의해서 이루어졌느냐 하는 문제는 특정의 혁신을 이해하는 데에 별로 중요한 문제가 아니라는 것이다. 다시 말하면 하나의 발명과 발견이 이루어지기 위한 부분들이 모두 이미 존재하는 문화적인 상황에서 누구의 손에 의해서 이루어지든 간에 그것들이 종합되어 하나의 새로운 문화요소로 나타나는 것은 시간문제라는 것이다.

문화의 초유기체론적 개념에 기초하여 문화현상을 다루는 학자들은 개인의 생물학적 특성을 무시하고 다만 문화현상을 문화체계를 구성하고 있는 부분들 간의 상호작용 관계에서 해석하려는 입장을 취한다. 이런 입장은 흔히 '문화결정론(cultural determinism)'이라고 불리는데, 현대인류학에서 화이트(L. A. White 1949)의 '문화학(culturology)'은 바로 이런 입장에서 문화현상을 파악하려는 한 대표적인 예라고 하겠다.

## 더 읽을거리

김광억 외
  1998, 『문화의 다학문적 접근』, 서울: 서울대학교출판부.
Clifford, James, and George E. Marcus (eds.)
  1986, *Writing Culture: The Poetics and Politics of Ethnography*, Berkeley: University of California Press. (이기우 역, 『문화를 쓴다: 민족지의 시학과 정치학』, 서울: 한국문화사, 2000.)
Geertz, Clifford
  1973, *The Interpretation of Cultures: Selected Essays*, New York: Basic Books. [문옥표 역, 『문화의 해석』, 서울: 까치, 1998(2009).]
Kroeber, A. L.
  1917, "The Superorganic", *American Anthropologis*, 19: 163-213.
Kroeber, A. L., and C. Kluckhohn
  1952, *Culture: A Critical Review of Concepts and Definitions*, New York: Vintage Books.
Lewis, Oscar
  1961, *The Children of Sanchez: Autobiography of a Mexican Family*, New York: Random House. (박현수 역, 『산체스네 아이들』(1-3), 서울: 지식공작소, 1997.)
Wagner, Roy
  1981, *The Invention of Culture*, Chicago: University of Chicago Press.
White, Leslie A.
  1973, *The Concept of Culture*, Minneapolis: Burgess Publishing Co. (이문웅 역, 『문화의 개념: 문화결정론과 문화진화론의 입장』, 서울: 일지사, 1977.)

# 제4장

# 인류의 진화와 문화의 발달

　인간의 체질적 특징과 문화적 특징은 별개인 것같이 생각되지만, 문화의 출현과 발달은 인류의 생물학적 진화과정과 불가분의 관계를 가지고 있으며 후자는 전자의 기초를 제공해 주었다. 문화가 발생하기까지는 그 이전에 상당히 오랜 기간 동안의 준비과정이 필요했고, 일단 문화가 발생한 뒤에는 가속도적으로 변화해 왔다. 그러나 인류의 진화와 문화의 발달은 우주와 항성, 태양계 그리고 생명의 진화과정에 비하면 극히 단기간의 미세한 부분에 지나지 않는다. 우주는 지금으로부터 약 180억 년 전에 한 덩어리의 물질로부터 대폭발을 일으켜 형성된 이래로 계속 팽창하면서 진화해 왔다. 그 과정에서 행성과 항성, 은하계와 태양계가 진화했고, 20억 년 전에 지구상에 세포가 탄생하였으며, 2억 년 전에 파충류에서 포유류로 진화하였다. 1억 년 전에 최초의 영장류 동물이 발생하여 진화한 것에 비하면 상대적으로 인류의 진화와 문화의 발달은 그 역사가 아주 짧다고 하겠다.

## 1. 인류와 문화의 진화원리

인류와 문화가 어떻게 발생하여 진화해 왔는가를 이해하려면 먼저 인류의 기원과 신체적 진화를 알아보고 그것이 문화발달과 어떻게 관련되는가를 알아야 한다. 그러면 왜 인간은 신체적으로 진화하고 문화도 진화해 왔는가?

### 1) 인류의 진화원리

인간의 생물유기체적 진화의 원리를 우리는 유전과 환경의 측면에서 고찰해 볼 수 있다. 유전적 진화는 유전자풀(gene pool)의 변화에 의해서 생기는데, 유전자풀의 변화는 또 다음과 같은 경우에 일어난다. 첫째로 돌연변이(mutation)로 새로운 유전자가 생길 때, 둘째로 다른 집단과의 교접을 통해서 유전자 이동(gene flow)이 발생할 때, 셋째로 자연선택의 압력에 따라 불리한 유전자의 제거(gene elimination)가 생길 때, 넷째로 생식과정의 우연한 사고로 인해서 유전자의 유실(gene drift)이 일어날 때, 유전자풀에 변화가 일어나서 인간의 생물학적 진화현상이 나타나는 것이다.

환경에 대한 적응의 면에서 인간의 진화를 보면 인간뿐만 아니라 모든 생물은 동물이든 식물이든 간에 그들의 생존을 위해서는 환경에서 먹이와 에너지를 얻어야 한다. 그런데 환경이 생물유기체를 수용할 수 있는 능력에는 한계가 있다. 그 한계를 초과해서 생물이 번식할 때 그들 상호 간에 생존경쟁이 일어나며, 거기서 살아남을 수 있는 것은 그 환경에 가장 잘 적응하는 최적자(最適者)이다. 이와 같은 생존경쟁과 적자생존의 현상 때문에 지금까지 지구상에 나타났던 모든 생물 중에서 99% 이상이 멸종되고 현재 남아 있는 것은 불과 1% 미만이라고 한다. 그런데 환경이 변하면 그에 따라 생물의 적응양식도 변해야 생존하기 때문에 생물의 진화현상이 일어난다. 이러한 환경적 요인과 자연선택의 압력 때문에 오늘날의 인간도 신체상의 많은 진화과정을 겪어 왔다.

인간은 모든 생물 중에서 생활환경에 가장 잘 적응한 최적자이다. 우선 식성에서 예를 들어보면 인간은 각종의 식물(예컨대 봄에 싹튼 식물은 무엇이든 간에 유독식물까지도 나물로 먹을 수 있고, 그것들이 성장하면서는 뿌리와 줄기, 잎, 열매, 즙 등을 모두 먹는다)과 동물(예컨대 물속의 각종 어류와 조개류는 물론 미생물로부터 거대동물, 심지어는 구더기, 번데기까지도 먹는다), 그밖의 무기물까지 웬만한 것을 다 먹으며 정교한 소화기관이 발달하여 그러한 음식물을 먹고서도 잘 소화해 낼 수 있도록 신체의 구조와 기능이 진화되었다. 온도와 습도에도 잘 적응하며, 직립보행을 하게 되면서부터 양손이 자유로워지고 눈과 손의 조정이 잘 이루어진 데다가 특히 엄지손가락과 다른 손가락들을 맞잡을 수 있게 되어 있어 도구를 제작하고 이용할 수 있게 된 것이다. 이와 같은 손의 구조는 고등동물에서만 볼 수 있다. 인간도 처음에는 네발로 기어 다니며 나무 위에서 생활하다가 지상의 초원으로 내려와 살게 되면서 자기를 해치려는 적을 빨리 발견하고 신속히 피하려는 위험에 대한 반응이 필요하게 되었다. 이와 같이 환경에 적응하기 위한 신체상의 진화가 바로 시각의 발달과 직립보행에 적합한 팔, 다리, 척추, 머리, 기타 신체 각 부분의 분화로 나타났다. 특히 대뇌의 증대와 우월한 신경계통의 발달은 인간에게 연상능력과 상징능력을 발전시킬 소지를 마련해 주었으며, 구강구조의 변화로 언어를 갖게 되고, 도구와 기술의 발달과 문자의 발명 등 인류문화의 창조와 진화발전이 모두 위에서 본 인간의 신체적 진화와 밀접한 관련하에서 가능했던 것이다.

## 2) 문화의 진화원리

문화의 진화도 역시 생물의 진화와 비유해서 설명될 수 있다. 문화변동은 다음과 같은 경우에 일어난다. 첫째, 생물진화의 돌연변이처럼 그 문화체계

안에서 새로운 문화요소의 발명(invention) 또는 발견(discovery)이 있어 이미 존재하는 문화에 추가됨으로써 일어난다. 둘째, 유전자의 이동처럼 서로 다른 두 문화가 접촉함으로써 한 문화에서 다른 문화로 어떤 문화요소의 전파 (diffusion)가 생길 때 그 문화요소를 받아들인 사회의 문화에 변화가 일어난 다. 셋째, 유전자 제거처럼 어떤 문화요소가 그 사회의 환경에 부적합할 때 그 문화요소를 버리고(abandon) 더 적합한 다른 문화요소로 대치(replace)시 킬 때 문화변동을 일으킨다. 넷째, 유전자 유실처럼 어떤 문화요소가 한 세대 에서 다음 세대로 전달될 때 잘못되어 그 문화요소가 후세에 전해지지 못하 고 단절되거나 소멸(extinction)될 때 문화변동이 일어난다. 그러나 생물 유기 체의 진화원리를 너무나 지나치게 문화의 진화에 그대로 비유해서는 안 될 것이다. 문화는 유기체가 아니라 초유기체이기 때문이다. 문화가 한 세대에서 다음 세대로 이어지는 메커니즘이 생식과정에 의해서 유전되는 것이 아니라 학습과 모방에 의해서 이루어지기 때문이다.

## 2. 인류의 등장

### 1) 드리오피테쿠스의 진화

인류의 조상은 1억 년 전부터 진화해 온 영장류 가운데서 우리 인류에 가 장 가까운 유인원으로부터 갈라져 나온 생명체에서 찾아보아야 할 것이다. 특 히 인류의 기원과 진화과정을 알아보려면 그 화석을 조사해 보아야 한다. 그 런데 우리는 약 1400만 년 전에 살았던 그러한 생명체의 턱뼈 화석을 가지고 있다. 그리고 우리가 이 생명체에 대하여 알게 된 사연이야말로 흥미 있는 과 학사 이야깃거리다. 그러나 유인원 드리오피테쿠스(Dryopithecus)는 인과(人 科)와 원과(猿科)가 갈라지기 이전의 것이기 때문에 인류만의 조상이라고는 볼 수 없다. 그러나 토머스 헉슬리(Huxley 1890)는 여러 가지 면에서 우리 인간이 유인원과 얼마나 흡사한가를 보여주었다. 사실 그는 유인원이 원숭이보다는 우리 인간에 훨씬 가깝다고 말했다. 이러한 견해는 처음에 웃음거리도 되고 우리 인간이 유인원의 자손이라는 낙담도 안겨 주어 일반 대중뿐 아니라 과학자들로부터도 사방에서 반발을 샀다. 그러나 오늘날 해부학이나 단백질의 분자구조에 대한 연구결과들은 점차 헉슬리의 이론이 옳았음을 입증하고 있다.

사실 우리는 헉슬리보다 한 걸음 더 나아가 아프리카 유인원이나 고릴라, 침팬지 같은 것들이 인도네시아의 오랑우탄보다는 인류에 더 가깝다고도 말할 수 있다. 헉슬리 이후로 몇몇 해부학자들은 유인원이 팔로 매달려 흔들거릴 수 있도록 그 체형이 적응되었다는 사실을 지적해 왔다. 이것은 커다란 동물이 나무에서 이동하기에 매우 편리하고 안전한 방법인데, 해부학자들은 우리 인간의 넓은 어깨라든가 편편하고 넓은 가슴 그리고 팔꿈치와 손목의 미세한 뼈마디 부분 또는 근육의 모습 등을 보건대 예전에 팔로 나뭇가지에 매달리거나 나무 위에서 생활하는 데 상당히 편리했을 것이라는 점을 알 수 있다고 주장한다. 그러나 한편 다른 해부학자들은 이러한 유사성이라는 것이 그리 대수로운 것은 아니라고 이 견해를 반박하면서, 아마도 유인원과 인류는 평행진화를 했을 것이라는 주장을 편다. 이들은 오랫동안 인류가 유인원과 별도로 진화과정을 밟아 왔다고 생각한 것이다. 그 배후에는 유인원을 단순히 인간과 구별되는 '짐승'이라고 보아, 이들의 뇌 용적이 얼마나 크며 지능이 얼마나 발달하였는지를 살펴보지도 않고 우리 인간을 그런 동물과 연결시키려는 견해에 대한 무의식적인 강한 반발이 개입된 것 같다.

실제로 우리는 두 다리로 직립보행을 하고 있으며 우리의 발은 유인원의 발과 매우 다르다. 턱도 전혀 다르며 특히 송곳니가 작고 유인원처럼 다른 이빨 위로 튀어나올 정도로 크지도 않다. 그렇게 큰 이빨이 조그만 송곳니로 거꾸로 진화할 수 있겠는가? 또 마치 손처럼 생긴 유인원의 발이 인간의 발로 변할 수 있었겠는가? 그러나 이러한 변화도 그다지 어려운 것은 아니다. 퇴화도 동물의 진화에서 흔히 있을 수 있기 때문이다. 이빨은 퇴화하거나 없어지기도 하며 손발은 예기치 않은 방향으로 변하기도 한다.

그러나 우리가 알아둬야 할 것은 인류의 공동조상을 침팬지나 고릴라로 상상해서는 안 된다는 것이다. 왜냐하면 이런 동물들도 역시 인간과는 다른 갈래로 진화해 온 결과이기 때문이다. 새로운 발견과 연구가 진척됨에 따라 대부분의 인류학자들은 우리 조상이 나무에서 살기보다는 주로 숲속 땅바닥에서 사는 아프리카 유인원들처럼 살았으리라고 믿게 되었다.

유인원 드리오피테쿠스의 턱뼈 화석을 보면 그 어금니가 인간이나 현생 유인원의 것과 매우 유사하다는 데 주목하게 된다. 드리오피테쿠스는 1856년 프랑스에서 처음 발견되었으나 20세기 초엽에 와서 제8기 중신세와 최신세 사이, 지금부터 2000만 년 전에서 800만 년 전에 이르는 시대의 화석 포함층에서 다량으로 발굴되었다. 이러한 화석은 유럽의 다른 지역과 인도 그리고 나중에는 동아프리카와 코카서스 지방의 조지아(Georgia), 그리고 중국 등지에서도 발견되어 인류와 유인원의 관련성을 다져가게 되었다. 드리오피테쿠스는 분명 원과와 인과의 공동조상이라고 볼 수 있으며, 그러한 증거로 예일대학의 루이스(Lewis 1934: 165)는 인도에서 발견된 드리오피테쿠스 화석의 위턱에 대해 설명하면서 인간과 비슷한 다음 몇 가지 큰 특징들을 지적하였다.

> "독자들의 입도 이러한 특징을 가지고 있으므로 손가락으로 더듬어 보면 이해가 빠를 것이다. 당신의 치열은 짧고 앞면이 둥근 반면, 현생 유인원의 것은 점점 더 길고 앞이 넓적하며 송곳니가 크고 앞니가 넓적하다. 또 당신의 어금니는 드리오피테쿠스처럼 끝이 뾰족하며 골이 파지고 네모진 모양인 데 비해 현생 유인원은 더 길어서 얼굴이 자연히 앞으로 튀어나오는 반면, 당신은 곧은 얼굴을 하고 있는 것이다."

## 2) 오스트랄로피테쿠스와 도구사용

이상과 같이 조심스럽게 화석들을 비교 연구한 결과 우리는 인과와 원과가 갈라져 진화하는 분기점을 알게 되었다. 지금까지 발견된 화석 중에서 가장 오래된 인과의 화석은 약 400만 년에서 300만 년 전의 오스트랄로피테쿠스 (Australopithecus)이다. 이 화석은 두뇌용량이 500cc가량이며 직립보행을 했고 자갈과 나무를 도구로 사용하고 집단수렵을 했던 것으로 알려져 있다.

남아프리카의 요하네스버그 근처의 타웅에서 드 브륀(M. de Bruyn)이 1924년에 처음 발견한 화석 중에서 어린아이의 두개골을 레이먼드 다트(R. Dart)가 처음 확인한 것은 1925년이었다. 그는 얼굴과 이빨로 미루어 보아 사람과 유인원의 중간단계라고 생각하고 남방의 유인원이란 뜻으로 오스트랄로피테쿠스라는 이름을 붙였다. 화석의 유골은 오늘날 아프리카의 피그미족처럼 작고 가볍기 때문에 나중에 아프리카누스(Australopithecus africanus)라고 부르게 되었다. 그러나 다트는 연대를 정확히 추정할 수 있는 완전한 성인의 두개골을 발견해 내지 못하였기 때문에 100만 년 전쯤의 것이라고만 생각하였다. 동료학자들도 아직 젖니를 갖고 있는 이 유아가 흥미롭지만 새로운 유인원에 지나지 않을 것이라고만 생각하였다.

그 뒤에 브룸(R. Broom)과 로빈슨(J. T. Robinson)은 남아프리카에서 더 많은 화석들을 발견하였고, 동아프리카에서의 하웰스(C. Howells)를 위시하여 루이스 리키(L. S. B. Leakey) 박사와 그 부인은 올두바이 협곡에서, 아들 리처드 리키(R. Leakey)는 북부 케냐에서 매년 새로운 화석들을 찾아내기에 이르렀다. 즉, 브룸은 1938년에 남아프리카 요하네스버그 근처 스터크폰테인에서 다트가 발견했던 것보다 더 크고 무거운 화석유골을 발견하여 파란트로푸스(Paranthropus)라는 이름을 붙였다. 이것이 오스트랄로피테쿠스 아프리카누스와 대조되는 파란트로푸스 로부스투스(Paranthropus robustus)이다. 파란트로푸스는 턱이 고릴라처럼 강하지는 않았지만 뒤쪽 이빨이 음식을 부수기

좋게 짧고 깊었으며, 숲에서 자라는 야생동물의 껍질을 벗기기 위해 길지는 않지만 송곳니가 고릴라처럼 컸다. 루이스 리키 부부는 1957년에 동아프리카의 탄자니아 올두바이 협곡에서 200만 년 전의 것으로 생각되는 오스트랄로피테쿠스 화석을 발견하고 진잔트로푸스 보이세이(Zinjanthropus boisei)라 명명했으며, 아들 리처드 리키는 1968년부터 1972년까지 5년간 케냐의 루돌프 호수 동쪽 쿠비 포라와 일러트에서 78개의 화석인골을 발견하여 원형을 복원하고 연대를 측정해 본 결과, 300만 년 전의 것임을 확인하였다.

거기서는 단순한 형태의 자갈 석기(pebble tool)도 함께 나왔는데 그것은 오스트랄로피테쿠스의 작품으로 볼 수밖에 없다. 또 그들은 나뭇가지도 작은 동물을 잡아먹는 도구로 사용되었을 가능성을 보여주었다. 오늘날의 개코 원숭이(baboon)는 작은 불개미를 잡아먹는데 나뭇가지를 꺾어 잎을 훑어내고 그 나뭇가지에 침을 발라서 개미굴에 넣었다가 수천 마리의 개미들이 달라붙은 다음에 한꺼번에 훑어 먹고 있기 때문이다. 다만 그러한 나뭇가지는 썩어서 없어지고 썩지 않는 석기만 남아 있기 때문에 우리는 나무도구를 무시하고 석기만 중요시하고 있을 뿐이다. 아무튼 이들의 석기와 목기의 도구는 오스트랄로피테쿠스가 '인간'이 되게 도와주는 역할을 했다고 생각되며, 손재주와 뇌의 크기가 상승작용을 했다는 것을 말해 주는 것이기도 하다. 그러한 석기가 발견되기 전에 이미 루이스 리키 박사는 오스트랄로피테쿠스를 초기의 '인간'이나 호모 속으로 분류하였고, 다트 교수의 제안에 따라 '손재주가 좋다'는 뜻으로 호모 하빌리스(Homo habilis)라고 명명하기도 했다.

이렇게 화석인골이 새로 계속해서 발견됨에 따라서 1950년대까지 인류의 기원을 100만 년 전이라고만 믿던 것이 1960년대에는 200만 년 전으로, 1970년대에는 300만 년 전까지, 그리고 현재는 400만 년 전까지 거슬러 올라간 사실들을 상기할 때, 앞으로 새롭고 더 오래된 화석인골이 더 많이 나오게 되면 진화과정에 있어서 인류의 기원은 더 오랜 과거로 거슬러 올라갈 수 있을 가능성도 있는 것이다. 실제로 어떤 인류학자들은 인류의 기원을 500만 년 전으로 주장하기도 한다.


## 3. 초기 인류와 구석기문화


### 1) 호모 에렉투스의 진화와 전기 구석기문화

　다음 단계로의 진화는 호모 에렉투스(Homo erectus)에 의해 이루어졌다. 지금으로부터 약 100만 년 전에 나타나서 35만 년 전까지 지구상의 여러 곳에서 살았던 것으로 추정되는 이들은 오스트랄로피테쿠스와의 차이점이 뚜렷하여 진화기록상 또 하나의 작은 단절을 보여주고 있다. 호모 속의 인골은 차이가 명백하여 새로운 무리(群)를 이루고 있다. 이들은 오스트랄로피테쿠스에 비하여 두뇌의 용적이 더 크고(대략 1,000cc 내외) 두 발이 더 발달되었으며, 조잡한 타제석기와 불을 사용했고 수렵에 능했던 것으로 알려져 있다. 그리고 노정골(顱頂骨)이 있어 언어 중추가 발달한 흔적을 볼 수 있기 때문에 그들이 원시적인 언어를 사용했을 가능성도 보여주고 있다. 흔히 호모 에렉투스를 최초의 '진정한 인간'이라고 하나 그러한 표현이 꼭 옳다고 볼 수는 없을 것이다. 왜냐하면 그의 특징들 중에는 이미 전대(前代)에 도구를 사용하던 오스트랄로피테쿠스에도 나타났던 것이 많기 때문이다. 어쨌든 이 새로운 인류는 몸의 크기라든가 두개골의 일반적 특징이 우리와 흡사해서 현대인과 더욱 유사했던 것이 확실하다. 이들의 머리를 보더라도 대뇌가 커짐에 따라 얼굴이 작아지고 턱이 튀어나와 더욱 '현대인'에 가까운 것이 되었다. 또 두개골은 두껍고 두뇌 용적은 오스트랄로피테쿠스와 현대인의 중간단계에 이르렀다.

　최초로 발견된 호모 에렉투스는 1891년에 네덜란드 군의관 외젠 뒤부아(E. Dubois)가 자바의 솔로강 근처 트리닐에서 발견한 자바인(원명은 피테칸트로푸스, Pithecanthropus)이었다. 발견자 자신도 나무를 이용하여 사는 커다란 유인원(자바 원인)이라고만 생각했을 정도로 최초의 진짜 원시인이 나타나자 학계에 큰 소동이 일어났다. 사실 중국 북부의 베이징(北京) 근처 저우커우덴(周口店) 동굴을 발굴하다가 1927년에 캐나다의 해부학 교수 앤더슨(D. Anderson)이 불에 탄 어금니를 비롯하여 40명 이상의 화석 베이징인을 발견하기 전까지는 오로지 자바 원인만이 호모 에렉투스인 줄 알았다. 그러나 독일 마우어 근처의 채석장에서 인부 두 사람이 큰 턱뼈를 발견하여 하이델베르크인이 확인되고, 아프리카의 동부와 서부 그리고 헝가리에 걸쳐 최근에 많이 나타나고 있는 호모 에렉투스의 화석 인골로 그들이 지구상에 널리 퍼져 살고 있었다는 사실을 잘 알게 되었다.

우리는 어디서 어떻게 호모 에렉투스로 진화했는지 거의 모른다. 혹자는 '인류의 고향이 아프리카나 아시아라고 하지만 이는 별로 중요한 문제가 아니다. 드리오피테쿠스는 적어도 1천만 년 전에 아프리카에서 인도에 걸쳐 존재하였고, 그 후 양 대륙에는 오스트랄로피테쿠스 단계의 인과동물이 살았음을 우리는 잘 알고 있다. 지금까지 그 유골들은 우연히 대개 아프리카, 특히 올두바이 협곡처럼 조건이 좋은 곳에서만 발견되었다. 따라서 현재로서는 오스트랄로피테쿠스 갈래가 대략 400만 년 전에 간단한 도구를 만들기 시작했으며, 화석이 거의 발견되지 않는 동안에는 몸집이 점점 커져서 호모 에렉투스 단계로 발달했을 것이라고 볼 수밖에 없다.

지금은 좀 알게 되었지만 호모 에렉투스인 자바 원인이 처음 발견된 당시에는 인간 이하의 것이라고 생각하였다. 그러나 오늘날 우리가 알기에는 호모 에렉투스는 아프리카나 유럽 그리고 아시아의 여러 지역에서 돌로 주먹도끼를 만들어 사용했으며 그 모양은 자갈석기에 비하여 많이 세련되었다. 특히 조잡한 양면절단기와 불을 쓰고, 언어를 사용한 문화를 가리켜 우리는 아베빌리안(Abbevillian) 문화 또는 쉘리안(Chellean) 문화라고 하며, 주먹도끼와 석핵(石核)으로 만든 도구들을 가리켜 아슐리안(Acheulian) 문화라고 부른다. 오스트랄로피테쿠스의 자갈석기문화(pebble tool tradition)와 호모 에렉투스의 아베빌리안과 아슐리안 문화를 합하여 구석기 중에서도 특히 전기 구석기문화(Lower Paleolithic culture)라고 한다.

## 2) 네안데르탈인의 중기 구석기문화

호모 사피엔스(Homo sapiens)는 인류 진화의 제3단계에 해당되는 것으로서 호모 속의 사피엔스 종에 속하는 화석인과 현생인류를 통틀어 말하는 것이다. 여기에는 호모 사피엔스 네안데르탈렌시스(H. S. neanderthalensis)와 호모 사피엔스 사피엔스(H. S. sapiens)의 2개 아종(亞種)이 포함된다. 호모 사피엔스 네안데르탈렌시스는 지금부터 35만 년 전을 상한으로 4만 년 전까지 독일, 프랑스, 영국 등 서부 유럽을 중심으로 널리 퍼져 살았던 화석인류를 통틀어 말하는데 눈두덩과 턱이 현생인류보다 더 큰 것이 특징이다. 뇌 용적은 1,300~1,400cc였다. 네안데르탈렌시스의 명칭은 독일의 네안데르 협곡에서 나왔기 때문에 붙여진 것이다. 그러나 이들이 호모 에렉투스에서 직접 진화된 것인가에 대해서는 아직도 의문의 여지가 남아 있다. 예를 들면 쿤(C. Coon 1962)은 이들의 진화경로에 대하여 독립평행 진화를 주장하지만, 브레이스(L. Brace 1967)는 직접적인 진화를 주장한다.

1856년에 독일의 네안데르 협곡 어느 동굴에서 두 사람의 노동자가 처음으로 네안데르탈인의 화석유골을 발견했을 때, 어떤 사람들은 그것이 인간 이하라고 생각했지만 다른 사람들(지금은 잊힌 최초의 논쟁자들)은 병으로 죽은 극히 예외적인 현대인이라고 믿었다. 네안데르탈인의 두개골은 매우 길고 낮은 편으로 이마 아래에 눈구멍이 잘 발달되어 있고 눈두덩 뼈가 툭 튀어나와 있어 매우 예외적이다. 그러나 두개골의 윤곽은 호모 에렉투스와 다르고 뇌용량도 거의 현대인만큼 크다. 네안데르탈인의 얼굴 또한 특이하다. 얼굴이 코끝에서 턱까지의 중간선이 뾰족하게 앞으로 튀어나와 있으며, 코만 넓지 않았더라면 얼굴이 갸름하다고 할 수도 있을 정도이다. 그러나 얼굴이 갸름한 북

유럽인의 몸집은 크고 홀쭉한 데 비해 유럽의 네안데르탈인은 땅딸하다.

우리는 지금까지 네안데르탈인의 특징에 대해 지나칠 정도로 간단명료하게 언급했는데 그 이유는 다른 것들과 대비시키기 위해서였다. 네안데르탈렌시스에 속하는 다른 화석유골로서는 1905년에 프랑스의 도르도뉴에 있는 르 무스티에 동굴에서 제4빙하기의 인류화석으로 생각되는 르 무스티에 유골이 전형적인 무스테리안(Mousterian) 문화의 유물들과 함께 발견되었고, 1935년에는 영국의 템스강 하류에서 스완스콤(Swanscombe) 유골이 돌도끼와 숯 조각들과 함께 나왔다. 그리고 북아프리카에서는 전형적인 유럽인의 얼굴 굴곡과는 다르지만 네안데르탈인과 비슷하나 몇 가지 점에서 더욱 현대화된 인류의 유골이 나왔는데, 이 또한 그와 비슷한 시기에 동쪽에서 이동해 온 것으로 보이는 체격이 튼튼한 현생인류에게 바통을 이어주고 있다.

중동의 경우는 더욱 복잡하다. 얼굴과 골격이 네안데르탈인과 비슷하고 제4빙하기 초기에 무스테리안석기를 사용하던 인류가 있었는데, 그들의 두개골은 유럽에서처럼 고전 형이 아니며, 이 중에 몇은 이스라엘의 아무드인처럼 유난히 키가 크다. 여기서 우리는 현생인류가 각양각색이라는 것을 염두에 둘 필요가 있으며, 몸집으로 볼 때 스코틀랜드인과 에스키모인이 이러한 네안데르탈인에 비유될 수 있다.

네안데르탈인이 유럽 등지에서 실제로 새로운 후기 구석기식 도구를 사용하는 침입자에 의해서 짧은 기간 동안에 밀려났는가, 아니면 그냥 현생인류로 진화하면서 새로운 석기제작 기술을 채택함으로써 무스테리안에서 후기 구석기사회로 이행했는가에 대해서는 논란이 많다. 이것은 복잡한 문제여서 그냥 '그럴 것이다.'라는 가정에 근거를 두고 있을 뿐이다. 우리의 지식을 모두 동원해도 상대편을 설복시킬 만한 이론은 아직 나오지 않고 있는데 어떤 고고학자는 도구제작의 변천을 강조하고, 다른 고고학자는 무스테리안 문화가 프랑스의 후기 구석기시대 초기의 페리고르디안(Perigordian) 문화에 남아 있는 것이 중요하다고 말한다. 그러나 다음에 도래하는 문화, 즉 아주 다른 도구제작방법과 전에 없던 많은 장식품을 갖고 있는 오리냐시안 문화와는 불연속을 이룬다. 이것은 단순히 문화의 진화로 보기엔 무리가 있으며 거의 새로운 변화, 즉 침입자로 보는 것이 타당하다.

또한 몇천 년이라는 짧은 시간 안에 네안데르탈인과 같은 얼굴과 두개골이 그렇게 빨리 현생인류의 모습으로 신체적 진화를 할 수 있었을까 하는 것은 확실히 문제를 안고 있다. 또 다른 사람은 기간이 짧다는 것에 이의를 제기하고, 특히 동방에서는 네안데르탈인과 현생인류의 모습이 유사하다는 관련성을 지적하면서 대치가 아니라 진화라고 보는 것이 더 타당하다고 주장한다. 즉, 침입에 의해서 대치가 되었다면 현대적인 후기 구석기인의 선조가 발견되지 않았을 것이며, 유럽의 네안데르탈인이 특수성을 갖고 있다 해도 중동의 네안데르탈인은 더욱 중간적인 형태로서 진보된 모습을 하고 있으므로 대치설에는 많은 문제점이 있다고 지적한다.

이러한 학자들은 좀 지나칠 정도로 인류의 역사를 간단한 도식으로 나타내는 경향이 있다. 그들은 모두가 현생인류로 진화하는 마지막 빙하기에는 어디서나 네안데르탈인 단계가 있었다고 말한다. 이렇게 넓게 보는 사람들은 유럽과 그 주변지역에서 뚜렷이 보이는 바와 같이 구대륙 전체에 네안데르탈인이 존재했었을 것이라고 가정한다. 커얼리튼 쿤은 그의 저서 『인종의 기원』에서 다음과 같은 또 다른 이론을 전개한다. 즉, 현생인류는 단일 네안데르탈 집단이나 네안데르탈인 단계로부터 출현한 것이 아니라 구대륙의 여러 곳에서 이미 존재하고 있던 여러 종의 호모 에렉투스가 발전해서 된 것이라고 주장한다. 이러한 주장에는 문제점이 많지만 다른 학자들이 간과하고 있는 중요한 점을 지적하고 있다고 볼 수 있다. 즉, 빙하시대에는 자바의 솔로인이나 브로큰힐의 로데시아인과 같은 여러 종류의 인류가 있었으며, 이들은 네안데르탈인과 공통되는 원시적인 특징을 몇 가지 지니고 있었지만 실제로는 네안데르탈인과 전혀 다르다는 것이다. 다만 이들은 아직 잘 알려지지 않아 설명하기 어려울 뿐이다.

어쨌든 우리는 오늘날 네안데르탈인이 유럽에서 제3빙하기와 제4빙하기의 대부분에 걸쳐 살았으며 돌로 만든 주먹도끼보다는 훨씬 기술적으로 발달된 무스테리안기의 여러 가지 2차 박편석기를 남긴 장본인임을 잘 알고 있다. 그들은 석기를 만드는 데 압력을 가하는 가압법과 2차적인 가공으로 다듬는 리터치법을 사용했고 동굴에서 살았으며, 시체에 붉은 황토 칠을 하여 매장하는 등 원시적 종교 관념을 가졌던 것으로 추측된다. 이러한 네안데르탈렌시스의 무스테리안 문화를 우리는 중기 구석기문화(Middle Paleolithic culture)라고 구분하고 있다. 여러모로 보아 이러한 중기 구석기문화는 후기 구석기시대의 크로마뇽(Cromagnon)인들이 칼날 모양의 돌조각으로 만든 석기의 예고편이라 할 수 있다.

### 3) 호모 사피엔스 사피엔스의 후기 구석기문화

우리는 과연 현생인류에 대하여 무엇을 알고 있는가? 현존하는 인류를 살펴보아도 어떤 인종은 피부가 검고 머리가 금발이며, 또 다른 인종은 눈이 가늘어 그 종류가 매우 다양하다. 그러나 두개골의 모양(원시인과 비교할 수 있는 점은 바로 이것이다)에 있어서 모두가 비슷비슷하여 얼굴이 좀 작다거나 두개골의 폭이 좁다든가 하는 정도밖에는 차이가 없다. 이것이 지구의 전 지역으로부터 수집한 두개골을 연구한 결과 얻게 된 결론이다.

약 4만 년 전부터 살았던 것으로 추정되는 호모 사피엔스 사피엔스 화석은 아프리카, 아시아, 유럽 전역에 널리 분포되어 있으며 오늘날의 우리들 현생인류와 같은 속(屬)과 종(種)에 속한다. 두뇌의 용량도 우리와 비슷한 1,500~1,600cc에 이른다. 이들은 정교한 목기, 골각기를 만들어 썼고, 반지하식 가옥에 살며 짐승의 가죽으로 의복을 만들어 입고 동굴벽화와 조각을 남기기도 했다. 특히 3만 5천 년에서 2만 2천 년 전에 이르는 동안 나무나 짐승의 뼈와 뿔, 상아로 만든 장식용 조각과 돌칼, 끌, 정과 같은 유물들은 오리냐시안(Aurignasian) 문화라고 불리며, 1만 8천 년에서 1만 5천 년 전에 이르는 월계수잎 칼날과 집단수렵 문화를 솔루트레안(Solutrean) 문화라하고, 1만 5천 년에서 8천 년 전에 이르는 동안에 세석기(細石器), 동굴벽화, 골침, 송곳, 가죽옷, 반지하식 가옥 등을 남긴 문화를 막달레니안(Magdalenian) 문화라고 칭한다. 그리고 이러한 호모 사피엔스 사피엔스의 오리냐시안, 솔루트레안, 막달레니안 문화들을 통틀어 후기 구석기문화(Upper Paleolithic culture)라고 부르고 있다.

그러면 이들 호모 사피엔스 사피엔스는 언제 어디서 살았을까? 최근의 놀랄 만한 여러 발견은 현생인류가 4만 년 전부터 유럽뿐만 아니라 아프리카와 아시아 등 여러 지역에서 살았음을 보여주고 있다. 1868년 프랑스의 도르도뉴에 있는 크로마뇽에서 철도공사를 하다가 우연히 발견한 후기 구석기시대 인류인 크로마뇽인은 현생인류와 거의 다름없다. 1929년 남아프리카의 북부 트란스발에 있는 스프링복에서 도로공사를 하다가 인부가 발견한 스프링복 (Springbok)인은 1만 5천 년 전의 인류 유골이며, 1889년 자바의 트리닐동굴에서 발견된 와자크(Wajak)인은 최신세후기의 인류 유골로서 그들은 호모 에렉투스 자바인 피테칸트로푸스의 후예인 동시에 오늘날 오스트레일리아 원주민들의 선조라고 생각된다.

이들은 우리가 앞에서 살펴본 진보된 네안데르탈인과는 다르다. 이스라엘의 카프제 동굴에서 발견된 인류의 유골은 그 층위나 함께 나온 유물로 보아 마지막 빙하시대의 4만 년 전 것으로 생각되는데, 그 두개골 모양은 놀라울 정도로 현대인과 비슷하다. 물론 현대인과 완전히 닮지는 않았으나 네안데르탈인과는 아주 다르다. 다만 이 중에 몇 개는 눈두덩 뼈가 크고 앞니가 커서 네안데르탈인과 비슷하지만, 현재 우리가 알고 있는 한 대부분의 호모 사피엔스 사피엔스 유골들은 두뇌 용적과 이빨, 눈두덩, 얼굴 모양이 현대인과 거의 다를 바 없다.

리처드 리키가 케냐에서 발견한 호모 사피엔스 사피엔스 유골 두 개는 족히 3만 7천 년은 더 오래된 것이다. 학자들 중에는 훨씬 더 오래되었다고 생각하는 사람도 있다. 말레이시아의 보르네오 사라왁 니아동굴에서 발견된 두개골 한 개는 두 가지 방법으로 연대를 측정한 결과 4만 년 전까지 거슬러 올라가는데, 그것은 멜라네시아인이나 호주인의 것처럼 보인다. 이들 현생인류가 험난한 해양횡단 끝에 오스트레일리아로 건너간 것은 기원전 약 3만 년 전의 일이었으며, 최근의 발굴에 따르면 호주나 뉴기니에서 이와 같은 인류가 그 후에도 1만 년 이상 존재했음이 입증되고 있다. 또한 신대륙의 경우 우리가 흔히 생각하는 것보다 훨씬 오래된 약 2만 년 전에 남미에 이미 인디언이 살고 있었으며, 그보다 아마 수만 년 전에 아시아로부터 몽골 인종이 베링 육교(오늘의 해협)를 건너 아메리카로 갔다는 것이 최근의 발견을 통해 확실시되고 있다. 그러나 이만큼 오래된 아메리카인의 유골이 발견된 적은 없다. 다만 그 당시 초기의 인류도 후세의 인류와 비슷했을 것이라고 상상할 수 있을 뿐이다.

지금까지 우리는 현생인류의 모습을 보여주는 인골을 나열했으나 유럽의 후기 구석기인들도 또한 후세의 유럽인들과 같은 특징을 지녔으며, 초기의 호주인은 후세의 호주인이나 멜라네시아인과 매우 닮았고, 아메리카대륙 최초의 인디언들도 비록 상상이지만 오늘날의 인디언 가운데 보이는 원시몽골 인종과 같은 종족일 것이라고 말할 수 있다. 그러나 우리는 그러한 일들이 어떻게 생기게 되었는가에 관해서는 아직 말할 수 있는 처지가 못 된다. 우리가 가장 가까운 조상에 대하여 아는 바가 거의 없다는 것은 이상한 노릇이지만 겨우 1백 년에 걸친 조사연구로 그 전체의 줄거리를 알 수는 없는 것이다. 지금 우리의 진화사에는 공백이 많지만 수백 년의 탐색작업을 앞에 두고 있기에 언젠가는 메워질 것이라고 믿는다.

## 4. 신석기시대의 혁명과 고대문명의 출현

　인류가 신체적으로 진화하고 문화를 발달시킴에 따라 먹이를 획득해 온 기술과 방법도 바뀌어 왔다. 그중에서 가장 원시적인 방법은 구석기시대부터 중석기시대에 걸친 수렵과 어로와 채집 생활이었다. 당시의 사람들은 산과 들에서 야생동물을 사냥하거나 강과 바닷가에서 조개 또는 물고기를 잡아먹고 살았으며, 야생식물이나 그 열매를 채집하여 먹었다. 따라서 그들의 경제는 자연에만 의존하는 자원의 약탈경제였으며 생활도구도 조잡한 석기와 목기, 골각기 등을 사용하였다. 이러한 증거를 우리는 구석기시대의 유물, 유적, 패총에서 볼 수 있으며, 오늘날까지도 수렵, 어로, 채집생활을 계속하고 있는 미개인들의 생활을 통해서도 간접적으로 볼 수 있다.

　수렵, 어로, 채집을 위해 이동하던 사람들의 집단은 규모가 작고 고립되어 있었다. 따라서 분업을 비롯한 사회의 분화가 이루어지지 않았고, 인구밀도가 낮은 것이 특징이었다. 그들은 대개 동굴에 살면서 추위를 막아내기 위하여 입구에 불을 피우기도 했고 짐승의 가죽으로 옷을 만들어 입기도 하였다. 또 죽은 사람을 매장하고 거기에 그들이 쓰던 도구나 음식물을 부장(副葬)하기도 하였다. 그러나 자연환경이 좋고 먹이가 풍부한 곳에서는 정착하여 마을을 이루고 살던 흔적을 볼 수 있으며, 수렵, 어로, 채집생활을 그림이나 조각으로 나타내기도 하였다.

### 1) 신석기시대의 혁명

　구석기시대의 빙하기가 끝나고 기후가 따뜻해짐에 따라 동식물의 생활환경이 바뀌었다. 이에 따라 신석기시대의 인류생활은 환경에 대한 새로운 적응의 양상을 나타냈다. 특히 중동지역을 비롯해서 인간생활에 유리한 몇몇 지역에서는 약 1만 년 전부터 야생식물을 재배하고, 야생동물을 길들여 사육을 시도하였다. 인류생활에 있어서 농경과 목축은 자원의 약탈경제를 생산경제로 바꾸는 계기가 되었다. 그러나 초기의 원시농경에는 쟁기가 사용되지 않고 뒤지개(digging stick), 따비, 괭이 등이 사용되었다. 사육동물은 있었지만 그것이 짐과 쟁기를 끄는 힘의 원천이나 중요한 식료의 원천으로 이용되지는 않았다. 따라서 원시농경은 생산력이 높지는 않았다.

동물의 힘을 이용하여 쟁기를 사용하는 집약농경시대에 이르러 비로소 농업생산력이 높아졌으며, 식량의 잉여생산이 가능하게 되었다. 이와 같은 농업에 의한 생산기술의 개발을 고든 차일드(V. G. Childe) 같은 고고학자는 신석기시대의 혁명(neolithic revolution)이라고 말하고 있다. 그 이유는 이 시대의 문화가 그때까지 전혀 없었던 새로운 생활양식으로 들어가는 전환의 계기를 마련해 주었기 때문이다. 집약농경을 시작하면서부터 인간은 한 지역에 정착하여 농업촌락을 이루게 되었고, 사회의 규모도 커졌으며 토기를 사용하게 되었다.

목축은 주로 농사를 짓기 어려운 건조지대나 반(半)건조지대에서 행하여졌다. 그러한 곳에서는 사육동물이 한번 목초를 뜯어 먹으면 다시 자라는 데 오랜 시간이 걸리고, 사람과 동물이 마실 수 있는 물도 흔하지 않았기 때문에 목축민은 목초와 물을 찾아 이동하는 것이 특징이었다. 목축사회는 농경사회에 비하여 생산력이 낮고 사회의 규모도 작은 것이 특징이었다. 그리고 대부분 목축민들은 자급자족을 할 수 없기 때문에 농경민에 의존하면서 교역관계를 맺고 있었다. 또 목축민들은 계절적으로 이동생활을 했기 때문에 지도력과 기동력이 매우 강할 뿐 아니라 자치와 단결의 사회적 특징도 가지고 있었다.

농경과 목축으로 인하여 식량의 잉여생산이 이루어지자 부의 축적이 가능하게 되었으며 분업화와 전문화, 교역이 발생하였고 계급이 분화되었다. 이때부터 농업이 아닌 분야의 전문직에 종사하는 사람들은 농업에 의존하지 않고도 생활할 수 있게 되어 교역이 편리한 곳으로 모여 살게 되었다.

한편, 인구가 증가함에 따라 사회조직과 정치제도가 복잡해졌다. 가족을 단위로 하여 집단생활을 하던 사람들이 같은 조상의 자손끼리는 서로 혼인하지 않는 족외혼의 범위로 혈연을 중심으로 한 씨족공동체를 형성하였다. 그리고 특유한 문화와 지역적인 특징을 가지고 정치적으로 독립된 지연 중심의 부족 사회로 성장, 발전했으며, 다시 여러 부족들의 세력과 지배, 복종 관계에 의해서 부족연맹체를 이루었고, 더 나아가 고대국가를 형성하게 되었다. 그와 같은 고대국가가 집약적인 농업을 더욱 발전시키기 위해서 많은 인력을 동원하여 대규모의 수리·관개사업을 전개하는 동안에 전제군주정치가 발달하기도 하였다.

## 2) 고대문명의 출현

지금부터 약 5천여 년 전에는 문자가 발명되어 지식의 축적이 가능하게 되었고 야금술이 발달하여 보다 새롭고 편리한 도구와 용기(容器)를 제작할 수 있게 되었다. 또 바퀴가 발명되어 교통과 운수의 발달이 촉진되었고 교역이 확대되었으며, 이에 따라 지역 간의 접촉과 문화교류가 많아지게 되었다. 그 밖에 여러 가지 발명과 기술혁신을 포함한 도시혁명(urban revolution)이 일어나서 고대문명의 기틀을 마련하였다. 고대도시의 형성은 지금으로부터 약 5천 년 전에 이루어졌으며, 고대문명의 중심지가 구세계에서는 메소포타미아의 티그리스강과 유프라테스강 유역, 이집트의 나일강 하류, 인도의 갠지스강과 인더스강 계곡과 중국 북부의 황허(黃河) 유역이었고, 신세계에서는 잉카, 마야, 아즈텍이 고대문명의 중심지였다. 이와 같이 고대문명의 출현은 신석기시대의 혁명인 농업을 바탕으로 하여 비옥한 농토와 물이라는 자연환경의 조건에서 시작되었다고 보아도 지나친 해석은 아닐 것이다. 특히 관개와 수리시설의 발달은 고대문명의 발달을 더욱 촉진시키는 작용을 하였다.

더 읽을거리 _____

Brace, C. Loring

    1967, *The Stages of Human Evolution: Human and Cultural Original*, Englewood Cliffs, New Jersey: Prentice-Hall. (권이구 역, 『인류의 진화단계』, 서울: 탐구당, 1982.)

Leakey, Richard E., and Roger Lewin

    1977, *Origins: What the New Discoveries Reveal About the Emergence of Our Species and Its Possible Future*, New York: Dutton. (김광억 역, 『오리진』, 서울: 학원사, 1987.)

Richerson, Peter J., and Robert Boyd

    2005, *Not by Genes Alone: How Culture Transformed Human Evolution*, Chicago: University of Chicago Press. (김준홍 역, 『유전자만이 아니다: 문화가 어떻게 인간 진화의 경로를 바꾸었는가』, 서울: 이음, 2009.)

Roberts, Alice M.

    2010, *The Incredible Human Journey: The Story of How We Colonised the Planet,* London: Bloomsbury. (진주현 역, 『인류의 위대한 여행』, 서울: 책과함께, 2011.)

# 제5장

# 혼인과 가족

혼인과 가족이 모든 사회에서 보편적으로 나타나는 제도라는 점에는 학자들 간에 의견의 일치를 보이고 있다. 그러나 그것이 모든 사회에서 똑같은 형태로 나타나고 있다는 것을 말해 주는 것은 아니다. 이와는 반대로 가족의 구성과 형태, 그리고 혼인의 관습은 사회에 따라 극히 다양하다. 이것들이 각기 그 사회의 문화의 다른 영역들과 어떻게 관련되어 있고, 또한 전체사회의 유지·존속을 위해 어떤 기능을 하고 있는지에 인류학자들은 특별한 관심을 두고 있다.

가족은 사회의 기본적인 구성단위일 뿐만 아니라, 새로 태어난 구성원들에게 그 문화 목록을 학습할 수 있는 기회를 제공해 주고 있다는 점에서 사회문화체계의 가장 핵심적인 부분을 차지하고 있는 셈이다. 개인은 태어나면서 한 가족의 구성원이 되지만, 또한 자신의 혼인으로 새로운 가족을 창설하게 된다. 언뜻 생각하기에는 혼인이 남녀 두 사람의 결합인 것 같지만, 사실상 혼인은 그 이상의 것이다. 즉, 많은 경우에 혼인은 당사자만의 문제가 아니라 그들이 소속한 집단의 중요한 관심사이고 사실 그것은 집단들을 인척관계로 연결시키는 하나의 중요한 제도적 장치이기도 하다.

이 장에서는 혼인과 가족의 영역에서 나타나는 문화 간의 다양성과 함께, 여기에 어떤 규칙성들이 나타나는지를 알아보기로 한다.


## 1. 성(性)과 혼인

혼인은 사회적으로 인정된 남녀 간의 성관계를 수반한다는 점에서, 혼인에 관한 논의에 앞서 여러 사회들이 어떠한 양식으로 성을 규제하고 있는지를 잠깐 살펴보기로 하자.


### 1) 성의 규제

성에 대한 태도와 성을 규제하는 양식은 사회에 따라 차이가 있다. 그러나 인류학자들이 세계의 다양한 문화들을 비교 연구하여 얻은 결론의 하나는 구성원들에게 무제한의 자유분방한 성행위를 허용하는 인간사회는 없다는 점이다. 즉, 모든 사회가 구성원의 성행위를 어떤 식으로든지 규제하고 있다는 사실이다. 세계의 여러 문화로부터 보고된 민족지들에 의하면 혼전과 혼외의 성행위에 대한 태도는 극히 관용적인 것에서부터 엄격히 규제하는 것에 이르기까지 각양각색이고, 이런 규제는 또한 반드시 일관성 있게 적용되는 것도 아니다. 예컨대 몇몇 사회에서는 청소년들의 혼전 성행위에 대해서는 관대하지만, 일단 결혼하고 난 뒤에는 배우자 이외의 다른 사람과 성관계를 가지는 것을 허용하지 않는다. 또 어떤 사회에서는 혼전의 성행위는 결코 받아들일 수 없는 것으로 간주되고 있다.

예컨대 서부 태평양지역의 트로브리안드(Trobriand)군도 섬 사람들 간에는 혼전의 성행위를 장차 결혼할 젊은이들의 한 중요한 준비과정의 하나로 간주한 나머지 이것을 인정하거나 권장하는 풍습이 있다. 사춘기에 이르면 소년, 소녀들은 모든 형태의 성적인 표현들에 관한 지식을 얻게 되고, 서로 간에 친해질 수 있는 기회들이 주어진다. 또 어떤 사회들에서는 혼전의 성행위가 단지 허용될 뿐만 아니라, 혼기에 달한 젊은이들의 실험적인 동거생활이 특히 장려되기도 한다. 일라(Ila)어를 사용하는 아프리카의 여러 종족들이 바로 이런 관습을 가지고 있다. 그곳의 처녀들은 가을 수확기에 가족과 떨어져 따로 살면서 그들이 선택한 소년들과 각기 부부놀이를 하면서 한동안 지낸다고 한다. 이런 관습으로 그곳의 청소년들은 10세를 넘으면 거의 모두가 성경험을 한다고 한다(Ford and Beach 1951: 191).

다른 한편 많은 사회에서는 혼전의 성행위가 엄격히 금지되고 있다. 멕시코의 테포스틀란(Tepoztlan) 인디언사회의 처녀들은 첫 생리경험을 한 이후로는 바깥 사회로부터 거의 격리된 생활이 강요되는데, 소녀들과 절대로 말을 해서는 안 되고, 이런 규율을 어기는 것은 명예를 손상하는 것으로 간주되고 있다. 우리나라의 관습에도 전통적으로 '남녀칠세부동석(男女七歲不同席)'이란 규범이 어린이들의 사회화 과정에서 특히 강조되었던바, 이것은 혼전의 성행위를 비도덕적인 것으로 간주하여 이런 가능성을 사전에 예방하기 위한 제도적 장치였음이 틀림없다. 중동지역의 많은 무슬림사회들에서는 처녀들이 결혼 전에 순결을 지킬 것이 엄격히 요구되고 있어서 결혼 후에 테스트되기도 한다. 즉, 결혼식을 마치고 첫날밤을 지낸 그 이튿날 신혼부부가 사용한 침구의 시트에 묻은 피를 전시함으로써 신부는 그의 순결을 증명하게 된다. 그러나 남자의 경우에는 그가 혼전에 순결을 지켰는지 않았는지는 아무런 문제도 삼지 않는다. 이런 관습은 약간 극단적인 예에 속한다고 하겠지만, 철저한 남성 위주의 무슬림사회의 일면을 잘 보여주고 있다.

거의 대부분의 사회들에서 혼외의 성행위가 금지되고 있고, 비도덕적인 것으로 간주되고 있다. 때로는 이를 금지하는 관습이 종교에 의하여 뒷받침되고 있기도 한다. 예컨대 이슬람교의 꾸란과 기독교의 성서로 혼외의 모든 성행위를 엄격히 금지하고 있다. 많은 사회에서 이런 관습을 가장 이상적인 것으로 간주하고 있다고도 하지만, 실제에 있어서는 혼외의 성행위가 거의 모든 사회에서 적지 않게 일어나고 있다는 점도 부인할 수 없는 일이다.

그러나 몇몇 사회에서는 이런 혼외의 성행위가 공공연히 관습적으로 허용되고 있다. 인도의 토다(Toda)족과 시베리아의 척치(Chukchee)족은 그 전형적인 예에 속한다. 토다족의 경우, 자기의 부인을 다른 남자에게 빌려주기를 꺼려하는 남편은 아예 비도덕적인 사람이라는 비난을 면치 못한다고 한다. 추운 지방에 간혹 아주 먼 거리를 여행하면서 생활하는 척치족의 경우에는 기혼의 남자가 자기 집을 방문했을 때 남편은 그의 손님이 자기의 부인과 동침하는 것을 허락하는 관습이 있는데, 이렇게 함으로써 추후에 그가 바로 그 손님의 집을 방문했을 때 그는 똑같은 대접을 받을 수가 있게 된다. 이것은 척치족의 한 예외적인 특수한 사례가 아니라, 그 사회에서 널리 통용되고 있는 관습적인 행위에서 '아내 빌려주기'라는 이름으로 학계에 널리 알려진 관습이다.

때로는 결혼생활을 하는 부부간에도 관습적으로 성관계가 규제되기도 한다. 부부간의 성생활은 당사자만의 개인적인 문제로 간주되어 다른 사람으로부터 아무런 규제의 대상이 되지 않는다는 것이 현대사회의 일반적인 관념이지만, 이것이 관습적으로 규제되고 있는 사회도 적지 않다. 인도의 첸추(Chenchu)족에서는 만약 밤에 성관계를 맺어서 임신을 하면 태어난 아기는 장님이 될지도 모른다고 믿고 있어서 밤에는 성행위를 피하고 있다.

생활과정에서 특정의 시기에 부부간의 성행위를 피하는 관습은 거의 대부분의 사회에서 나타나고 있다. 가장 흔히 나타나는 것으로는 부인의 생리기간과 임신기간 중의 어느 한동안 성관계를 피하는 관습이다. 뉴기니에서 약간 떨어져 있는 뉴아일랜드(New Ireland)섬의 레수(Lesu)족에서는 부락 내의 어떤 사람이 사망하면 일단 장례식이 끝날 때까지 부락 내 모든 사람이 성행위를 억제해야 할 것이 요구되고 있다. 또 어떤 사회들에서는 사냥, 전쟁, 파종,

술 담그기, 철 제련 등과 같은 활동을 시작하기 직전에 성관계를 금지하기도 한다. 우리나라에서도 이와 비슷한 관습을 찾아볼 수 있는데, 농촌에서 마을 단위로 수호신에게 제사를 올리는 시기에 제사를 주제하는 제주(祭主)는 일단 제삿날이 결정된 뒤부터 제사가 끝나는 날까지 금욕할 것이 요구되고 있다.

## 2) 근친상간금제(禁制)

위에서 살펴본 바와 같이 사회에 따라 성에 대한 규제양식이 다양하게 나타나지만, 적어도 성과 관련해서 모든 사회에서 보편적으로 나타나고 있는 한 가지 관습은 근친들 간의 성관계를 금지하고 있다는 점이다. 물론 여기서 말하고 있는 금지된 성관계는 혼인에까지 연장, 적용되어 근친들 간에는 혼인이 금지되어 있다. 이런 관습을 근친상간금제(incest taboo)라고 부른다. 때로는 이것을 근친금혼으로 부르기도 하지만, 이 제도가 단지 혼인을 금하고 있을 뿐만 아니라 근친들 간에는 여하한 경우에도 성관계마저 금하고 있다는 점에서 근친상간금제는 근친금혼 이상의 것으로 파악되어야 할 것이다.

근친상간금제가 모든 사회에서 보편적으로 나타나고 있다는 말은 그것이 적용되는 근친의 범위가 사회마다 똑같다는 것을 뜻하는 것은 아니다. 사실은 사회마다 그것이 적용되는 범위에 있어서는 엄청난 차이가 있다. 예컨대 어떤 사회에서는 사촌 간의 성행위와 혼인이 금지되고 있지만, 다른 사회에서는 허용되거나 오히려 반드시 그렇게 해야 하는 것으로 강제되기도 한다.

여기서 우리가 특히 주의해야 될 점은 근친상간의 개념이다. 근친상간은 제도적·관습적으로 금지되어 있는 성관계를 말한다. 흔히 우리는 고대 이집트, 잉카제국과 고대 하와이의 왕실에서 형제자매간에 결혼이 있었다는 예를 들면서 "근친상간이 허용된 문화도 있었다"고 말하기도 한다. 그러나 인류학을 포함한 사회과학적인 학술용어로서의 근친상간이란 단지 '금지된 성관계와 혼인'을 뜻하는 것이어서, 위의 예에서와 같이 금지된 것이 아니라 제도적으로 허용된 형제자매간의 혼인은 근친상간이 아니다. 그러나 비록 그런 사회에서도 부모와 자식 간의 성관계는 여전히 금지되고 있어서 만약 그런 규범을 어긴다면 근친상간으로 규정될 것이다. 이와 같이 '근친상간이 허용된 사회'란 존재하지 않고, 비록 금지의 범위가 다르기는 하지만 모든 사회에서 근친상간금제의 관습이 나타나고 있다.

우리나라에서는 예로부터 '동성불혼(同姓不婚)'의 관습이 철저히 지켜지고 있어서 근친상간금제의 범위는 극히 넓다. 우리가 흔히 동성불혼이라고 하는 것은 엄격히 말한다면 '동성동본불혼'을 뜻하고 있다. 즉, 과거에는 성(姓)과 본(本)을 같이하는 사람들 간의 결혼은 금지되어 있었다. 혹시 그런 결혼이 발생하더라도 당시의 법으로는 혼인신고조차 할 수 없게 되어 있었다. 사실상 동성동본을 가진 사람들의 규모는 문자 그대로 근친이라고 부르기에는 너무나도 크다. 그러나 법적으로도, 관습적으로도 그들 간의 결혼은 허용되지 않고 있다는 점에서 우리는 근친상간금제가 적용되었던 있는 범위임을 알 수 있다.*

그러면 근친상간금제가 모든 사회에서 보편적으로 나타나고 있는 이유는 무엇일까? 이런 관습은 분명히 사회체계의 유지하고 존속시키기 위해 어떤 식으로든지 기여해 왔기에 하나의 보편적인 관습으로 굳어졌을 것으로 생각할 수도 있다. 이제 근친상간금제의 보편성을 설명하는 이론으로 제시되었던 것들 중에서 몇 가지를 알아보기로 하자(Ember and Ember 1977: 148-151).

**웨스터마크의 이론**　　1920년대 초반에 웨스터마크(Westermarck)에 의해서 제기된 이론으로 형제자매들과 같이 유아기부터 함께 자란 사람들 간에는 성적인 매력을 잃게 된다는 점에 근거를 두고 있다. 초기에 널리 받아들여졌던 이 이론은 그 후 여러 학자들에 의해서 형제자매간에도 성적인 매력을 느끼게

---

* 동성동본불혼의 원칙은 동성동본인 혈족 사이의 혼인을 금지한 민법 제809조 1항에 의해 유지되어왔으나, 1997년 7월 헌법재판소가 이 조항에 대해 헌법 불합치 결정을 내리면서 폐지되었다. 이로 인해 현재는 한국사회에서도 동성동본 간의 결혼이 자유롭게 이루어지고 있다.

되는 경우도 적지 않다는 사실이 밝혀지면서 거부되었다. 그러나 최근에 이루어진 몇몇 연구결과들은 초기의 웨스터마크 이론을 뒷받침하고 있다. 예컨대 한 인류학자는 이스라엘의 집단농장인 키부츠(kibbutz)출신 2세들의 결혼유형을 연구한 바 있다. 이 키부츠에서는 어린이들은 가족과는 떨어져서 집단적으로 양육되고 있어서 부모와의 접촉은 단지 정기적으로 어린이를 방문해서 잠시 같이 놀아 주는 정도에 그친다. 그 대신 어린이들은 출생에서부터 결혼하여 독립할 때까지 그들 또래의 집단과 함께 양육된다. 위의 연구에 의하면 조사대상 125쌍의 부부 중에서 같은 또래 집단의 남녀 간에 맺어진 부부는 한 쌍도 없었다. 부모들은 가능하면 자녀들이 서로 잘 알고 있는 또래 집단의 친구들 중에서 배우자를 선택하도록 권장했지만, 어려서부터 같이 자란 그들은 서로 간에 너무나도 잘 알고 있었기 때문에 성적인 매력을 잃고 결혼할 의사도 없어질 뿐만 아니라 심지어는 성관계를 가지려는 관심도 없었다는 것이다. 그 대신에 그들은 새로 키부츠에 들어오는 사람들이나 바깥사람들에게 더 많은 흥미를 보이고 있었다고 한다.

그러나 만약 이런 설명이 옳다고 하더라도, 근친상간이 왜 모든 사회에서 보편적으로 나타나고 있는지 그리고 다양한 양식으로 나타나고 있는지는 여전히 의문으로 남는다. 예컨대 우리나라의 경우와 같이 전혀 알지도 못하는 사람이 단지 동성동본이라는 이유만으로 혼인이 금지되는 예들은 이 이론으로 설명이 되지 않는다. 또한 이에 추가해서 유아기부터 너무 친숙하기 때문에 성적인 매력을 잃게 된다고 하지만, 그렇다면 자연적으로 피하게 될 근친들 간의 혼인이나 성관계를 왜 '금지'시키는 관습이 필요한지는 여전히 의문으로 남게 된다.

**프로이트의 정신분석학이론**　정신분석이론 프로이트(Sigmund Freud)는 모든 인간이 가지고 있는 근친들 간에 성행위를 하고 싶은 욕망에 대한 하나의 반작용으로 근친상간금제가 생겼다고 설명하고 있다. 즉, 아들은 그의 어머니에게 (그리고 딸은 그의 아버지에게) 성적인 매력을 느끼게 되고, 그 결과로 아버지에 대한 질투와 반목의 감정이 생기게 된다는 것이다. 만약 아들이 이런 감정을 계속 갖는다면 아버지가 언젠가는 보복을 할지도 모른다는 점을 알고 있기 때문에, 그는 그런 감정을 억제해야만 한다. 보통 그런 감정은 무의식 속으로 잠입하게 되지만, 근친과 성행위를 하고 싶은 충동은 여전히 무의식 속에 남아 있게 된다는 것이다. 프로이트에 의하면 근친상간이 일어날지도 모른다는 공포감은 바로 이런 금지된 무의식적인 충동에 대한 하나의 반작용이라는 것이다. 그러나 프로이트의 이론은 근친상간이 이미 금지되었다는 점을 전제로 하고 있고, 그런 금지의 관습이 어떻게 생겨났는지를 설명하는 데에는 실패하였다. 또한 프로이트의 이론은 여러 사회에서 다양하게 나타나는 금지의 범위를 설명하는 데에는 아무런 도움을 주고 있지 못한다는 점에서 결정적인 약점을 지니고 있다.

**말리노프스키의 이론**    흔히 가족분열이론(family disruption theory)으로 알려진 이 이론은 말리노프스키(B. Malinowski)에 의해서 제기되었다. 이 이론에 의하면 가족성원들 간의 성적인 경쟁관계는 질투, 반목, 긴장을 초래하게 되어 결과적으로 가족이 하나의 효과적인 사회단위로 기능할 수가 없게 된다는 것이다. 사회가 존속하기 위해서는 가족이 효과적으로 기능해야 되기 때문에, 사회는 가족 내부에서 일어나는 경쟁관계를 종식시켜야만 한다. 예컨대 가족 내부에서 한 여동생을 중심으로 여러 명의 형제가 성적으로 경쟁을 하게 된다면, 그런 가족에는 갈등과 반목이 그칠 사이가 없을 것이고 결과적으로 가정생활은 파탄에 이를 것이다. 근친상간금제의 관습은 이와 같이 가족을 효과적인 사회단위로 유지·존속시키고, 내부적인 갈등 또는 분열을 조장하는 요인을 배제하기 위한 제도적인 장치로 설명되고 있다.

그러나 위의 다른 이론들과 마찬가지로 이 이론도 문화적인 다양성을 설명하는 데에는 실패하였다. 형제자매간의 성적인 결합이 과연 가족의 분열을 가져올 것인가? 우리는 몇몇 사회에서 형제자매간의 혼인이 엄연히 관습적으로 받아들여지고 있었음을 알고 있다. 그런 사회에서도 자녀들에게 성적인 경쟁관계를 허용하지 않다가 단지 성장한 후에 비로소 혼인을 허용한다면, 형제자매간의 혼인도 부모의 권위를 약화시키거나 가족분열의 요인이 되지는 않을 것이다.

**협동이론**　　초기의 인류학자 타일러(Edward B. Tylor)에 의해 제기된 이 협동이론(cooperation theory)은 그 후 화이트(Leslie A. White 1949: 11)에 의하여 더욱 정교하게 되었다. 이 이론은 근친상간금제가 가족집단 간의 협동을 증진시키고 결과적으로 사회의 존속에 기여할 수 있는 하나의 제도적인 장치라는 점을 강조하고 있다. 수많은 사람들이 서로 협동하면서 살아나간다면 결국 이것은 전체사회의 복지에 기여할 것이다. 여러 가족들 사이에 생길지도 모르는 불화와 반목을 미연에 방지하고 협동을 증진시키기 위해서, 초기의 인류는 각 개인이 다른 가족의 성원과 결혼할 것을 보장하는 근친상간금제의 관습을 개발하였다는 것이다. 즉, 혼인을 통해서 한 가족과 다른 가족이 인척관계를 맺는다면 이는 결국 전체사회의 단합을 가져올 것이다. 초기의 인류가 근친상간금제의 이러한 이점을 파악하고 인척관계를 확산시키기 위해 그런 관습을 개발하였다는 식의 해석은 목적론적 논리에 의거하고 있다는 점에서 무리가 있다. 그러나 약간 다른 식으로 해석해서, 그런 관습을 따르는 집단은 다른 집단들과 많은 인척관계를 맺어 협동관계를 형성하기 때문에 전쟁이나 천재지변과 같은 위기에 직면했을 때 이를 극복할 수 있는 가능성이 높다는 점에서, 결국 집단의 생존가치를 높여 주는 이점을 가진 이런 관습이 오랜 문화과정에서 살아남게 되었다고 볼 수도 있다. 바꾸어 말한다면, 인척관계를 집단 외부로 넓게 뻗어 놓은 집단은 위기에 직면했을 때 주위의 인척들로부터 구원을 청할 수가 있지만, 그렇지 못하고 고립되어 있는 집단은 사멸하고 말 가능성이 높다. 이와 같이 근친상간금제는 사람들로 하여금 일정한 범위 밖으로 결혼하게 하여 인척집단 간의 협동을 증진시키기 때문에, 이런 관습은 사회의 진화과정에서 선택적인 이점으로 작용하여 사회의 유지·존속에 기여하였다는 것이다.

그러나 집단 간의 협동관계를 증진시키는 제도적인 장치가 이와 같은 근친상간금제의 관습뿐만이 아니라는 점에서 약점도 있지만, 이 이론은 근친상간금제에 수반되는 집단 간의 결연과 협동의 선택적인 이점을 지적하고 있다는 점에서 많은 지지를 얻고 있다.

**생물학적 이론**　　근친상간금제는 하나의 문화적 현상이지만, 왜 이런 관습이 모든 사회에서 보편적으로 나타나고 있는지를 생물학적으로 설명하려는 노력은 오랫동안 많은 지지를 얻어 왔었다. 이 이론은 근친혼, 특히 한 가족의 성원들 간에 혼인이 일어나면 유전적으로 해로운 결과를 빚어낸다는 점에 초점을 두고 있다. 같은 가족 내의 사람들은 똑같은 해로운 열성인자를 가지고 있을 확률이 높아서 만약 그들 간에 혼인이 일어나면, 근친혼이 아닐 경우보다 일찍 사망할 확률이 높은 자식을 낳게 되는 경향이 있다는 것이다. 만약 이것이 사실이라면, 근친혼이 계속되는 사회에서는 세대가 지남에 따라 성원들을 재충원할 수 있는 길이 막히게 되므로 결국 그런 사회는 사멸하고 만다는 주장이다.

이런 이론을 거부하고 있는 측에서는 근친혼 그 자체는 아무런 해로운 결과를 초래하지 않는다고 주장하면서 흔히 고대의 하와이, 잉카, 이집트의 왕실에서 형제자매간에 혼인했던 관습이 있었음을 예로 들고 있다. 또한 이집트 왕실의 경우에는 클레오파트라와 같은 절세의 미인도 십여 세대에 걸쳐서 형제자매간의 결혼을 관습으로 삼아온 가문의 출신이었고, 그녀 자신도 형제 중의 한 사람과 혼인하였음을 예로 들기도 한다. 그러나 최근에 와서 이 방면에서 이루어진 연구업적들은 근친혼에 의한 자식들은 열성인자를 물려받을 확률이 높고, 결국 자연선택과정에서 불리한 결과를 초래하게 된다는 점을 뒷받침해 주고 있다. 즉 사람들이 이런 근친혼의 해로운 결과를 인식하고 있었든 않았든 간에, 근친혼을 금하고 있는 집단은 성원들의 충원을 원활히 할 수 있는 이점이 있었다는 점에서 근친상간금제의 인구학적인 결과가 그런 관습의 보편성을 설명해 주고 있다고 주장하고 있다.

비록 이런 생물학적인 해석을 그대로 받아들인다고 하더라도, 여러 문화에서 극히 다양한 형식으로 나타나고 있는 근친상간금제는 도저히 설명할 수가 없다. 형제자매간의 혼인은 유전적으로 해로운 결과를 초래한다고 하자. 그러나 어떤 사회에서는 어머니 쪽의 외사촌과는 결혼할 수 있어도 아버지 쪽의 친사촌과는 결혼할 수가 없다고 규정하고 있다. 이런 사회에서는 친사촌끼리 결혼하면 근친상간으로 간주되어 사회적인 제재가 가해진다. 유전학적으로 보면 모계의 외사촌과 부계의 친사촌은 같은 거리에 있는 셈이다. 이와 같은 관습은 생물학적으로 설명되지도 않는 문제이고, 외사촌이 아닌 친사촌과의 혼인이 유전적으로 더 해로운 결과를 낳는다는 증거도 없다. 다시 말해서 이것은 '문화적 문제'이지 생물학적 문제는 아닌 것이며 이런 문제를 설명하는 데에 생물학은 아무 상관도 없다. 이와 같이 문화적 다양성을 설명하는 데에 생물학적 이론은 아무런 도움도 주지 못하고 있다.

## 3) 혼인의 정의

모든 사회에서 혼인이라는 과정을 거쳐서 새로운 가족이 창설되고, 기존의 가족이 확대되어 나간다. 남녀 두 사람의 결합은 새로운 가족의 출범이라는 점에서 혼인식을 하고 축하해 주며 사회적으로 인정을 받게 된다. 어떤 점에서는 혼인이란 함께 살며, 성행위를 독점하고, 자녀들을 낳을 수 있는 사회적인 허가장을 얻는 것이라고 보아도 좋겠다. 부부 중 어느 한 사람이 상대방을 저버린다든가 배우자 이외의 어떤 사람과 성관계를 맺는 것은 이혼의 정당한 사유가 되기도 하고, 혼외에 낳은 아이는 사생아 또는 적출(摘出)이 아닌 것으로 규정되기도 한다. 또한 혼인은 부부간의 호혜적인 경제적 의무관계를 수립한다. 전통적으로 부인은 가사를 돌보고 남편은 가족을 부양할 것이 요구되었다.

그러나 여러 문화들에서 나타나는 혼인의 양식과 이에 수반되는 권리와 의무는 너무나도 다양해서 오랫동안 인류학자들은 혼인을 어떻게 정의할 것인지에 대해 크게 고심해 왔다.

그중에서도 가장 널리 받아들여지고 있는 것으로는 "혼인이란 한 남자와 한 여자의 결합으로, 그 여자에게 태어난 아이는 그 부부의 합법적인 자녀로 인정된다"는 영국 왕립인류학회(Notes and Queries on Anthropology 1929)의 정의를 들 수 있다. 또 흔히 사용되고 있는 간단한 정의에 의하면 "혼인이란 남녀 두 사람이 사회적으로 인정된 성적·경제적 결합"으로 규정되고 있다. 우리나라의 혼인을 염두에 둔다면 위의 두 가지 정의는 별로 무리가 없다. 즉, 첫째 혼인은 한 남자와 한 여자의 결합이며, 둘째 이 결합에서 태어난 자녀에게 합법성이 부여되고, 셋째 부부는 성적으로뿐만 아니라 경제적으로 결합되며, 마지막으로 이런 결합은 사회적으로 인정된 것이어야 한다.

그러나 만약 우리가 이런 전형적인 혼인을 표준으로 삼고 정의를 내린다면 혼인 제도를 결여하고 있다고 간주될 수 있는 사회는 적지 않다. 혼인의 개념에서 가장 중심적인 부분이라고 볼 수 있는 '한 남자와 한 여자의 결합'이라는 점마저도 어떤 사회에서는 지켜지지 않는 사례가 있다. 이의 전형적인 예를 아프리카의 수단에 있는 목축민인 누에르(Nuer)족에서 찾아볼 수 있다. 비록 예외적이기는 하지만 누에르족에서는 한 남자가 실제로는 '혼인'을 하지 않으면서도 어떤 미혼모에게 신부대(bride-price)를 치르고, 그 여자가 연인과의 사이에서 낳은 아이를 자신의 합법적인 자식으로 맞아들이는 풍습이 있다. 때로는 이러한 논리가 극에 달하여 나이가 많고 지위가 높은 부인이 그 자신의 이름으로 신부대를 치르고 젊은 부인을 '아내'로 맞아들여, 그 젊은 부인이 연인들과의 성관계로 아이를 낳으면 그를 합법적인 자식으로 받아들이고 재산상속권을 부여하는 관습이 있다. 이와 같이 누에르족의 관습에는 한 남자가 혼인을 않고도 어떤 부인이 낳은 아이에게 합법성을 부여하기도 하고, 남녀 두 사람이 아닌 두 여자 간에 '혼인'이 일어나기도 한다(Evans-Pritchard 1951).

누에르족의 이런 관습은 그 사회의 지배적 혼인형태가 아니라 단지 예외적 사례에 불과하다. 그러나 어떤 사회에서는 지배적 관습이 부부간의 영속적 결합, 성적·경제적 결합 등이 일반적으로 인정되고 있는 혼인의 기본적인 속성들을 결여하고 있어서, 흔히 혼인이 모든 사회에서 보편적으로 나타나는 제도 자체가 아니라는 증거로 제시되기도 하였다. 그런 관습이 나야르(Nayar)족의 사례에서 나타나고 있다(E. K. Gough 1959).

나야르족은 남부 인도의 한 카스트집단으로, 성인 남자들은 주로 전사들로서 전쟁에 동원되거나 군사훈련을 위해 집을 떠나서 많은 시간을 보낸다. 지금은 많이 약화되었지만 19세기 말까지만 해도 나야르족은 남녀 간의 성관계와 경제관계는 혼인과는 별개의 것으로 간주하는 관습이 있었다. 이 사회의 기본적인 친족집단은 한 여자조상의 모계자손인 남녀들로 구성되어 있고 어린이들은 그들의 아버지의 친족집단이 아니라, 어머니의 친족집단 성원으로 남아 있게 된다.

나야르족의 소녀들은 사춘기에 이르기 전에 '혼인식'에 해당하는 하나의 의식을 거치게 된다. 즉, 몇 년마다 한 번씩 친족집단별로 아직 의식을 거치지 않은 약 3세에서부터 12세의 소녀들을 대상으로 각기 다른 친족집단에서 신랑감을 골라 '혼인식'을 거행한다. 이 의식에서는 신랑이 금으로 만든 장식품을 신부의 목에다 걸어주고 나서 3일간 한적한 방에서 같이 지낸다. 이때 그들은 성관계를 맺을 수도 있으나 그렇지 않은 경우가 많다고 한다.

그러나 이 한 쌍의 '부부간에는 이 의식을 끝으로 더 이상 아무런 권리와 의무관계도 없어진다. 보통 이런 '부부'는 그 후 다시 만나지도 못하고 영원히 헤어지게 되는 경우가 많다고 한다. 이 의식은 그 소녀에서 사회적인 지위의 변동, 즉 사회적으로 성숙했고 이제는 성관계를 맺고 자식을 낳을 수 있음을 집단적 성원들로부터 인정받는 계기가 된다. 이후로 그녀는 수많은 '연인들'과 성관계를 맺을 수가 있다. 그러나 여기에도 제한은 있다. 그녀는 반드시 다른 모계친족집단에 속한 같은 카스트의 남자와만 성관계를 맺을 수가 있고, 만약 이를 어기고 같은 모계친족집단에 속한 남자나 다른 카스트출신의 남자와 성관계를 맺는다면 그녀의 친족집단으로부터 쫓겨나는 벌을 받게 된다.

이와 같은 자격이 있는 남자라면 누구나 여자가 동의하는 한 성관계를 맺을 수가 있고, 단지 남자가 여자를 방문할 때 머릿기름, 목욕기름 등의 작은 선물을 제공하는 것 이외에는 아무런 책임도 의무도 없이 성적인 욕구의 충족에만 그친다. 그러나 여자가 임신을 했을 때에는 친족집단 밖의 같은 카스트출신의 남자(또는 한 사람 이상인 경우도 있다)가 그 아이의 '아버지'임을 인정하고 출산의 비용과 아기 옷을 구입할 비용을 지불해야만 한다. 만약 '아버지'라고 나설 사람이 없는 경우에는 그 아이의 생물학적 아버지가 다른 카스트의 사람이거나, 기독교도 또는 회교도이기 때문이라고 간주되어 임산부는 친족집단으로부터 쫓겨나거나 심하게는 살해되기도 한다는 것이다.

이렇게 하여 나야르족의 어린이들은 그들의 생물학적 아버지가 누구인지도 모른 채 어머니의 친족집단에 편입되어 살게 된다. 이런 관습으로 나야르족의 가족은 한 남자와 그의 누이와 누이의 자녀들로 구성되고, 부인의 형제들이 아이들의 양육을 돕게 되는 형식을 취하고 있다.

이와 같은 나야르족의 사례는 그것이 과연 혼인이라고 부를 수 있을 것인가라는 의문을 끊임없이 제기하였지만, 다음과 같은 두 가지의 측면에서 혼인의 범주 속에 넣어야 한다는 주장도 넓게 받아들여지고 있다. 즉, 남녀의 성적인 결합이 독점적이지도 배타적이지도 않지만, 그렇다고 해서 여자는 무질서하게 누구와도 성관계를 맺을 수 있는 것은 아니다. 그 대신에 성관계를 맺을 수 있는 사람과 그럴 수 없는 사람의 구분은 엄격하고, 이런 규칙을 어긴 자는 심한 벌을 받게 된다. 둘째로 부인은 비록 의례적으로나마 '혼인식'에 해당하는 과정을 거쳐 '의례적인 남편'을 가져야만 하고, 임신했을 때에는 누군가가 아이의 '아버지'라고 나서야만 출생한 아이는 합법적인 자식으로 모계집단의 성원이 될 수 있다는 점이다. 다시 말해서 어떤 부인이 낳은 아기가 적자로 간주될 것인지 아니면 적자가 아닌 것으로 규정될 것인지의 기준이 명확하고, 그 기준은 극히 중요하다는 점이다. 이 두 가지의 측면에서 나야르족의 사례도 넓은 의미에서의 혼인으로 규정되고 있다. 이렇게 보면 나야르족을 포함해서 지금까지 알려진 모든 사회들이 혼인관습을 가지고 있다.

## 4) 혼인의 기능

혼인이 모든 사회에서 거의 보편적으로 나타나고 있는 관습이라면, 분명히 어떤 적응적인 이점을 가지고 있을 것이다. 혼인이 그렇게도 중요한 것으로 간주되는 이유는 무엇일까? 나야르족의 경우와 같이 혼인이 부부간의 독점적인 성관계의 확립을 의미하지 않는 예외적인 것도 있기는 하지만, 혼인을 거쳐 부부가 된 두 사람은 상호 간에 성적인 욕구를 충족시킬 수 있는 권리를 사회적으로 인정받게 된다. 그러나 혼인은 분명히 성적인 욕구충족 이상의 것이다.

혼인을 통해 당사자는 배우자를 얻게 될 뿐만 아니라 장인, 장모, 처남, 처제 또는 시부모, 시동생, 시누이 등과 인척관계를 맺게 된다. 이와 같이 혼인은 당사자의 결합뿐만 아니라 그들이 소속한 두 가족의 결합을 가져오게 된다. 예로부터 혼인을 통한 가족 간의 결합은 사회집단의 유지·존속에 아주 중요한 적응 메커니즘으로서의 기능을 맡고 있어서, 기독교의 구약성서에도 "우리 딸을 너희에게 주며, 너희 딸을 우리가 취하며, 너희와 함께 살면서 우리는 모두 한 민족이 될 것이다"(창세기 34장 16절)라고 기록하고 있다.

혼인을 통해서 집단 간에 결연 또는 동맹관계(marital alliance)가 성립되고, 여러 집단들이 체계적인 양식으로 배우자를 교환하고 있다는 점에 유의하여, 인류학자들은 오랫동안 혼인을 하나의 교환체계로 파악하여 왔다. 극히 드물기는 하지만 서부 아프리카의 티브(Tiv)족에서와 같이 두 가족 간에 신붓감을 직접 교환하는 관습도 있다. 그러나 많은 경우에는 한 친족집단이 하나 또는 그 이상의 친족집단들과 혼인관계를 맺어 동맹체계를 넓혀 나간다.

흔히 혼인에는 재화와 노력봉사 등의 물질적 보상이 뒤따르고 이것이 새로 이루어지는 결연관계를 더욱 공고히 하는 뒷받침이 되기도 한다. 가장 흔히 나타나는 것으로는 신랑 쪽에서 신부의 가족에게 지불하는 '신부대' (bride-price 또는 bride-wealth)를 들 수 있다. 돈이나 재화의 형식으로 신부대를 지불함으로써 신랑은 신부와 결혼할 권리와 신부가 낳은 아이에 대한 권리를 허락받게 된다. 지불되는 품목에 있어서도 화폐, 소, 돼지, 말 등의 가축, 음식, 담요 등 사회에 따라서 다양하고, 그 규모에 있어서도 차이가 많다. 또 그 지불방법도 혼인 이전에 끝내야 하는 사회가 많지만, 또 어떤 사회에서는 혼인하고 나서 수년 내로 지불을 마쳐야 할 것이 요구되기도 한다.

이런 관습은 여자의 지위가 아주 낮은 사회에서 마치 시장에서 물건을 사듯이 신부대를 치르고 여자를 구입하는 것같이 보일지도 모른다. 그러나 사실 신부대는 혼인으로 한 사람의 일손을 잃게 되는 신부집에 대한 물질적 보상이기도 하며, 이것은 그 집에서 장차 며느리를 볼 때 지불해야 하는 신부대에 충당하기도 한다. 또한 이런 신부대를 받음으로써 신부는 그 자신과 그 가족의 위세를 얻기도 한다. 다른 한편 신부대는 결혼생활을 보장하는 기능도 하고 있다. 만약 신부의 잘못이 아닌 어떤 이유로 결혼생활에 파탄이 생긴다면, 신부는 신부대를 되돌려줄 필요 없이 친정으로 되돌아올 것이며, 혹시 신부에게 잘못이 있었다면 신부대를 되돌려주지 않기 위해서라도 친정식구들은 신부에게 시집으로 돌아가게 압력을 넣게 된다.

신부대를 지불하는 관습과 비슷하지만, 단지 노력봉사에만 그치는 관습을 가진 사회도 있다. 북부 알래스카의 에스키모사회에서는 혼처가 정해지면 신랑감은 장래의 장인을 위해 일정한 노력봉사를 해야 한다. 또 어떤 사회에서는 신부대 대신에 노력봉사를 하기도 하고, 신부대의 양을 줄이기 위해 노력봉사를 해주기도 한다.

이와는 정반대로 혼인과 함께 신부의 가족에서 신랑 쪽으로 재화 또는 돈을 지불해야 하는 관습도 있다. 이것을 일반적으로 '지참금(dowry)'이라고 하지만 반드시 돈에만 한정된 것이 아니라 보석, 가재도구, 의복, 침구 또는 심지어는 토지와 노예 등도 포함된다. 이런 관습은 중세와 르네상스기의 유럽에서 성했고, 지금도 동부 유럽의 일부 지역과 남부 이탈리아와 프랑스의 일부 지역에 남아 있다. 이런 관습도 신부대의 경우와 비슷한 기능을 하고 있다. 즉, 만약 신랑이 신부를 학대한다든가 저버릴 경우에 그는 신부의 지참금을 모두 되돌려주어야 한다. 또한 이런 관습은 오늘날까지도 부자들이 돈 없는 집안출신이면서도 장래가 촉망되는 신랑감을 구해 사위를 보는 데에 효과적으로 이용되고 있다고 한다.

또 많은 인류학자들은 혼인이 가져다주는 경제적인 이점을 강조하면서 혼인의 기능을 논의하기도 한다. 이 견해에 의하면 혼인은 경제적으로 상호보완적인 관계에 있는 남녀 두 사람을 결합시킨다는 것이다. 성적인 욕구충족의 결과로 여자는 임신, 출산, 산후조리, 자녀양육의 과정을 거치면서 육체적으로 활동이 제한된다. 그러나 남자는 이런 제약을 받지 않고 식량채취, 식량생산, 교역을 위한 장거리 여행 등의 온갖 힘든 일을 해낼 수 있어서, 남녀 간의 성적인 분업으로 상보적인 관계에 있는 두 사람의 결합은 경제적인 협동이라는 이점을 가지게 된다는 것이다. 물론 이런 성적인 분업은 출산과 관련된 것을 제외하고는 불가피한 것도 아니고, 오늘날에는 급속도로 변해가고 있기는 하다. 그러나 과거에는 혼인이 이런 경제적 협동을 위한 편리한 제도적인 장치로서의 기능을 맡아왔었다.


## 2. 혼인규정


### 1) 배우자의 선택

앞에서 우리는 일반적으로 혼인이 남녀 당사자 두 사람만의 성적인 그리고 경제적인 결합 이상의 것이라는 점을 지적하였다. 혼인의 이러한 속성은 배우자의 선택에도 잘 나타나고 있어서 많은 사회들이 혼인 당사자가 임의로 배우자를 선택하도록 내버려두지는 않는다.

배우자가 선택되는 방식에 있어서 혼인을 중매혼과 연애혼의 두 가지로 크게 나눌 수가 있겠다. 중매혼은 배우자의 선택과정에서 제3자인 중매인을 통해서 신랑, 신부 양 후보자 측의 의견이 조정된다는 점에서 붙여진 용어이지만, 실은 당사자의 의견이 아니라 양측 부모의 의사에 의하여 배우자선택이 좌우되는 것을 뜻하고 있다. 연애혼은 혼인 당사자의 자유로운 의사결정에 의하여 배우자선택이 이루어진다는 점에서 자유혼이라고도 불리어진다. 그러나 실제로는 이 두 가지 형태를 양극으로 하여 절충식의 혼인이 있을 수도 있다. 즉, 부모의 의사에 따라 중매에 의하여 일단 배우자가 선택되고 나서 당사자의 연애과정을 거쳐 합의에 도달하는 형태와 당사자만의 연애과정을 거쳐서 어느 시기에 양측 부모의 허락을 받아 배우자를 확정 짓는 형태가 있다. 사실 과거에 중매혼을 가장 이상적인 것으로 엄격히 지켜 오는 많은 사회에서도 오늘날에는 순수한 중매혼과 연애혼보다는 이런 절충식의 배우자선택이 더욱 높은 빈도로 나타나고 있다. 우리나라도 예외는 아닌 것 같다.

중매혼은 친족집단의 중요성이 크게 강조되고 있어서 혼인을 통해 한 구성원이 다른 집단으로부터 배우자를 데려오는 것을 혼인 당사자만의 일로 보지 않는 사회에서 많이 나타나고 있다. 우리나라의 전통적인 관습에서도 바로 이런 중매혼이 이상적인 것으로 간주되어, 심지어는 남녀 두 사람이 혼례식장에서 처음으로 상대방의 얼굴을 보는 경우가 적지 않았고, 장래의 배우자감은 당사자가 어려서부터 부모들의 의사대로 결정해 놓기도 하였다.

이런 중매혼은 혼인에 의해 결합되는 두 개의 친족집단 간의 사회·경제적인 유대가 너무나도 중요시되는 나머지 이것이 연애에 의한 배우자의 자유로운 선택으로 혹시 위협을 받을지도 모른다는 생각에 의거하고 있다. 또한 중매혼은 배우자의 선택을 당사자들의 자유로운 의사에 맡김으로써 혹시 사회적으로 받아들여질 수 없는 결합이 발생하는 것을 미연에 방지하는 하나의 제도적인 장치이기도 하다.


## 2) 외혼과 내혼

배우자를 어느 집단 또는 지역에서 선택할 것이냐에 따라서 우리는 혼인의 규칙을 외혼(外婚, exogamy)과 내혼(內婚, endogamy)으로 나눌 수 있다. 외혼은 자기가 소속한 친족집단이나 살고 있는 지역 밖에서 배우자를 선택하는 것이고, 내혼은 그 안에서 배우자를 선택하는 것을 말한다.

앞에서 이미 우리는 근친상간금제에 대해서 살펴보았다. 거기에 작용하는 규칙이 바로 외혼율(外婚律)이다. 즉, 사회마다 일정범위의 근친과는 성관계도, 혼인도 할 수 없다고 엄격히 규제하고 있어서 개인은 반드시 그 범위를 넘어서 배우자를 선택할 것이 요구되고 있다. 그러므로 사회마다 외혼의 범위는 다르게 규정되고 있다. 우리나라에서는 누구나 동성동본이 아닌 사람과만 혼인할 수 있다는 원칙이 지켜지고 있어서, 바로 이 동성동본집단이 금혼의 범위라고 할 수 있다. 또한 제주도를 포함한 일부 도서지역을 제외하고는 같은 마을의 사람들 간에 혼인하는 것을 되도록이면 피하는 부락외혼의 관습도 강하게 나타나고 있다.

또 많은 사회에서는 혼인이 어떤 집단 안에서만 이루어져야 한다고 규정하고 있다. 지금은 적어도 법률상으로는 폐지되었지만 여전히 관습적으로는 뿌리 깊게 남아 있는 인도의 카스트(caste)제도는 내혼율(內婚律)의 전형적인 예에 속한다. 즉, 각 카스트집단은 내혼율을 철저히 준수할 것이 요구되어서 한 카스트집단과 다른 카스트집단 간에 혼인이 일어나는 것을 엄격히 금하였다. 인도의 카스트집단에서 나타나는 바와 같은 계급내혼제는 기존의 계급체제에 기초한 위계질서를 그대로 유지하는 데에 크게 기여하고 있다. 만약 계급 간에 혼인이 일어난다면 계급 간의 위계질서는 약화될 것이고, 결국 계급체제 자체가 붕괴될 위험이 있다. 이런 점에서 인도의 경우, 높은 카스트의 사람이 낮은 카스트의 사람과 혼인한다면 그것은 곧 피 또는 혈통을 오염시키는 것으로 간주되고 있다는 점은 내혼율이 관념적으로 어떻게 정당화되고 있는지를 잘 말해 주고 있다.

우리는 흔히 어떤 사회가 내혼제를 따르고 있는지 아니면 외혼제를 따르고 있는지 이분법적인 생각을 하는 경향이 있다. 그러나 사실상 한 사회를 이 두 가지 중의 어느 하나로 규정하는 데에는 무리가 있다. 거의 대부분의 사회들이 엄밀히 말한다면 외혼율과 내혼율 두 가지를 모두 따르고 있다. 즉 사회성원들로 하여금 일정 범위의 집단 내에서는 혼인하지 말 것이며, 그렇다고 해서 너무 멀리 또는 전혀 다른 사회나 다른 인종집단의 사람과 혼인하는 것을 금하고 있는 현상을 우리는 흔히 볼 수 있다. 예컨대 우리나라의 경우, 과거에 동성동본집단은 외혼의 단위인 반면 한민족은 내혼의 단위로 여겨지기도 하였다. 흔히 어떤 한국 사람이 외국인과 혼인했을 때 이런 결합을 우리 사회는 아직 자연스러운 것으로 받아들이지 않은 때도 있었다. 이것은 곧 한민족이 하나의 내혼단위를 형성하고 있었음을 말해 주고 있다. 이와 같이 대체로 각 사회마다 외혼단위가 있는가 하면 내혼의 단위도 있어서 이 두 가지는 마치 동전의 안팎과 같이 함께 나타나고 있다.

### 3) 이차적 혼인

보통 부부 중 어느 한 사람이 사망하고 나면 남은 사람은 홀로 살거나 아니면 재혼해서 새로운 부부관계를 맺는다. 이런 재혼의 경우에는 이전의 부부관계가 사실상 종결되고 새로운 부부관계가 형성되는 것으로 간주될 수 있다. 그러나 많은 사회에서 '이차적 혼인(secondary marriage)'으로 불릴 정도로 비록 부부 중의 어느 한 사람이 사망하더라도 이전의 부부관계는 지속되면서, 단지 사망한 배우자의 지위가 친척 중의 어느 한 사람에 의하여 대체되는 것으로 이런 문제를 해결하기도 한다. 이런 이차적 혼인으로는 레비레이트

(levirate)와 소로레이트(sororate)를 들 수 있겠다.

레비레이트는 형이 죽고 난 뒤에 동생이 형을 대신하여 형수와 부부생활을 계속하는 관습이다. 우리나라에서도 고구려시대에는 형이 사망하면 남동생이 형수를 아내로 맞아들인다는 형사취수(兄死娶嫂)의 관습이 있었다는 기록이 있는 것을 보면 이것이 단지 몇몇의 예외적인 사례는 아니었던 것 같다. 시베리아의 척치족에서도 이런 관습이 있어서 형이 죽으면 남동생들 중에서 가장 나이가 많은 자가 형의 자리를 계승하여 형수와 조카들을 돌보게 된다. 그는 형수와 부부생활을 할 뿐만 아니라 형의 재산을 자신의 것과 합쳐서 형의 자식들의 이름으로 그 재산을 유지한다. 만약 죽은 남편에게 동생이 없으면, 남편의 사촌 중에서 한 사람이 그 자리를 이어받게 된다. 일반적으로 척치족의 이런 관습은 하나의 권리라기보다는 죽은 사람의 부인과 유자녀를 돌보는 것이 가장 가까운 친척의 의무로 간주하고 있다.

여기서 한 가지 지적해 두어야 할 사실은 동생이 형수를 취하는 것이 재혼으로 간주되지 않고 있다는 점이다. 즉, 레비레이트의 관습에 의하면 형수와 그의 시동생 간에 낳은 자식은 시동생의 자식이 아니라 죽은 남편의 자식으로 간주된다. 이 경우 사실 시동생은 '생물학적 아버지(genitor)'이지만 이런 생물학적인 관계는 중요시되지 않고, 다만 '사회적 아버지(pater)'로서의 죽은 남편이 중요시되고 있다는 점에 주의할 필요가 있다. 이런 레비레이트의 관습에 의하면 처음의 혼인으로 맺어진 결연은 비록 남편의 사망으로도 깨어지지 않고 그의 지위와 역할만이 가까운 친척에 의해 대체되면서 처음의 결연관계가 그대로 지속된다.

소로레이트는 이와 반대로 부인이 죽으면 남편은 처제를 맞아들여 부부생활을 계속하는 관습이다. 여기서도 역시 처음의 혼인으로 맺어진 결연관계가 깨어지지 않고, 시집간 딸이 죽으면 처가는 이를 대체할 다른 부인을 제공할 의무를 지게 되고, 남편은 그의 처가로부터 둘째 부인을 요구할 권리를 가지고 있다.

이 두 가지의 이차적 혼인에서 한 가지 공통적인 사실은 한번 맺어진 혼인 관계는 어느 한 쪽 배우자의 사망에도 불구하고 그 자리가 가까운 친척 중의 한 사람에 의해 대신 되면서 지속된다는 점이다. 이것은 곧 혼인이 당사자만의 문제가 아니라 한 집단과 다른 집단 간의 문제라는 점과 함께 혼인의 집단적인 측면을 말해 주고 있다.

## 3. 혼인형태

"한 사람이 몇 명의 배우자와 혼인하는가?"라는 질문은 우선 의아스럽게 들릴지도 모르지만, 현실적으로 던져질 수 있는 질문이다. 배우자의 수에 따라 혼인형태를 단혼 또는 일부일처제(monogamy)와 복혼제(polygamy)의 두 가지로 나눌 수가 있겠다. 복혼제는 다시 일부다처제(polygyny)와 일처다부제(polyandry)로 나누어진다.

### 1) 일부일처제

초기의 인류학자들, 특히 진화론자들은 서구의 공업사회들이 일부일처제를 이상적인 것으로 받아들이고 있다는 점에 착안하여 이것이 바로 인류문명이 도달할 수 있는 마지막 단계의 혼인형태로 간주하였고, 세계 여러 문화들에서 나타나는 복혼제의 관습들은 결국 이 목표를 향해 변화될 것으로 예측하였다. 그러나 이런 주장과는 달리 민족지적인 증거들은 사실 이를 뒷받침해 주지 못하고 있다. 즉 문화발달의 가장 초기단계에 살고 있다고 간주되는 현대의 수렵·채취단계의 원시사회들에서 일부일처제가 지배적인 혼인형태로 나타나고 있다. 사실 현대인들이 일부일처제를 가장 이상적인 것으로 또는 가장 윤리적인 것으로 간주하고, 이와는 반대로 복혼제를 미개한 것으로 평가하고 있는 것 같다. 그러나 일부일처제는 반드시 문명의 징표이고, 복혼제가 야만의 징표라고 말할 수도 없을 것 같다.

오랫동안 비교문화연구에 종사해 온 인류학자 머독(G. P. Murdock 1949)의 조사에 의하면 그의 표본 565개의 사회 중에 약 4분의 1 정도만이 엄격하게 일부일처제를 지키고 있는 것으로 나타났다. 그러나 이런 통계적인 수치도 정확한 것이라고는 말할 수 없다. 복혼제를 허용하는 사회에서도 대다수의 사람들은 실제로 일부일처제를 따르고 있다. 그것은 모든 사회에서 남녀의 출생률에 큰 차이가 없기 때문이기도 하다.

일부일처제는 일반적으로 남녀 두 사람의 백년가약을 이상으로 삼고 있지만, 혼인을 통한 부부간의 애정관계가 더욱 중요시되고 있는 많은 사회에서는 부부간에 불화가 생기면 쉽게 이혼하고 다시 재혼하여 새 출발을 꾀하기도 한다. 이와 같이 어느 한 시점에서 보면 분명히 일부일처제를 유지하고 있기는 하지만, 이혼과 재혼이 쉽게 이루어지면서 비록 배우자는 달라도 여전히 일부일처제의 관습을 지키고 있는 것을 '연속적 또는 순차적 일부일처제(serial monogamy)'라고도 한다. 대체로 이런 연속적인 일부일처제가 흔히 나타나고 있는 사회에서도 이것을 하나의 이상적 혼인형태로 간주하고 있지는 않지만 일생 동안 한 배우자와만 혼인생활을 계속해야 하는 데에 대한 하나의 대안으로 받아들여지고 있다.

비록 공식적 복혼제는 아니지만, 일부일처제에 대한 또 하나의 대안으로는 첩(妾)제도를 들 수 있겠다. 이것은 첫 배우자인 본처와의 혼인관계는 그대로 지속시키면서 비공식적으로 첩을 두고 있는 관습인데, 이런 사실이 본처에게는 비밀로 붙여지는 경우도 있고 공공연히 드러내는 경우도 있다. 우리의 전통사회에서도 공식적으로는 일부일처제를 이상적인 것으로 간주하였지만, 첩제도는 사회적으로 거의 용납되었던 것 같다. 물론 일반적으로 첩의 자식은 법적으로 또는 사회적으로 차별의 대상이 되었지만, 일부 지역에서는 조상제사에도 참여하고 재산상속도 받는 등 본처의 자식들과는 별다른 차별대우를 받지 않은 경우도 있었다.

## 2) 일부다처제

복혼제의 한 형태로서의 일부다처제(polygyny)는 머독의 조사에 의하면 그의 표본 중 약 70% 이상의 사회들에서 나타나고 있다. 물론 이런 사회들에서도 모든 남자들이 한 명 이상의 부인을 가지는 것은 불가능한 일이다. 대부분의 일부다처제사회에서는 사실상 일부의 부유한 자나 권력을 가진 자만이 여러 부인들을 거느리고 있다. 이런 점에서 본다면 일부다처제는 한 남자의 부(富) 또는 높은 지위의 한 상징이기도 하다.

일부다처제는 그 나름대로의 이점을 지니고 있다. 만약 그것이 문화의 진화과정에서 아무런 선택적인 이점을 갖고 있지 못했다면 그렇게도 많은 사회에서 하나의 관습으로 뿌리 깊게 남아 있으리라고 생각할 수가 없을 것이다.

일부다처제의 이점으로는 흔히 여러 부인들에 의한 경제적인 기여도가 지적되고 있다. 즉, 많은 미개사회에서 부인들은 하나의 경제적인 재산으로 간주되고 있다. 부인들은 식량의 채취와 생산을 위해 많은 양의 일을 해낼 뿐만 아니라 정치적인 투쟁에서 남편을 도와줄 아들을 낳아 주고, 장차 신부대를 받고 교환될 딸을 낳아 준다. 남태평양의 시와이(Siwai)족의 일부다처제에서는 이런 경향이 더욱 분명히 나타나고 있다(Oliver 1955: 352-353). 많은 부인을 거느릴수록 밭농사를 더 많이 지을 수가 있고, 돼지의 사료를 더 많이 얻을 수가 있다. 돼지를 더 많이 기르게 되면 잔치를 더 자주 베풀 수가 있고, 그럴수록 더 많은 사람들이 그가 필요할 때 그를 도와주도록 의무감을 갖게 된다. 이와 같이 부인을 많이 갖게 되는 것은 부와 권력과 사회적 지위의 원천이 된다.

일부다처제는 제를 올리는 기간이나 여자들의 생리기간 그리고 출산 후의 일정기간에 성행위가 엄격히 금지된 사회에서는 남편들에게 성적인 욕구를 충족시킬 수 있는 이점을 지니고 있다. 또한 전쟁을 포함한 어떤 이유로 여자의 인구가 남자보다 많은 곳에서도 모든 여자들이 성적인 욕구를 충족할 수 있는 이점을 지니고 있다.

그러나 대부분의 일부다처제 사회에서는 한 남편을 공유하고 있는 부인들 간의 질투와 갈등이라는 문제를 수반하고 있다. 이런 갈등과 경쟁관계를 최소한으로 유지하기 위해 일부다처제의 남편들은 대체로 각 부인들과 그들의 자녀들에게 독립가옥을 제공하고 딴살림을 차리고 있다. 또 하나의 대안으로는 한 남편이 자매간의 여인들과 동시에 혼인하는 자매형태의 일부다처제(sororal polygyny)도 가끔 나타나고 있다. 그들은 모두 어려서부터 같은 가정에서 함께 자라났기 때문에 혼인과 함께 같은 주거와 남편을 공유하더라도 서로 협조하면서 생활해 나간다.

이제 일부다처제가 지배적인 사회들에서 부인들 간의 갈등과 경쟁을 최소한으로 줄이기 위한 제도적인 장치들의 몇 가지 예를 들어보기로 하자(Stephens 1963: 63-67).

① 부인들이 자매간인 경우에는 거의 대부분의 경우 함께 살고, 자매간이 아닌 경우에는 따로 사는 경향이 있다. 아프리카의 플라토우 통가(Plateau Tonga)족의 관습은 후자에 속하는데, 부인들은 딴 집에서 살면서 엄격한 균등의 원칙에 따라 남편의 재산과 애정을 공유하고 있다. 반면 북미주의 크로우(Crow)인디언들은 전자의 관습을 가지고 있어서, 자매간인 부인들은 보통 같은 천막에서 함께 살고 있다.

② 같은 남편의 부인들은 성, 경제와 개인적인 소유물에 있어서 동등한 권리를 규정하고 있다. 예컨대 마다가스카르의 타날라(Tanala)족에서는 남편이 각 부인들과 순차적으로 하루씩 지낼 것이 요구되고 있다. 만약 남편이 이를 어기면 불만을 품은 다른 부인이 재판을 걸어 남편이 소유한 재산의 3분의 1까지 배상을 청구할 수가 있다. 또한 토지는 모든 부인들에게 균등하게 분배되고, 남편이 방문했을 때 농사를 도와줄 것이 기대

된다.

③ 가장 연상의 부인이 특권을 가지는 경우가 간혹 있다. 예컨대 폴리네시아의 통가(Tonga)족에서는 첫째 부인에게 가장 우두머리의 지위를 부여하고 그녀의 집은 남편이 주로 머무는 집의 오른쪽에 위치하고 있다. 한편 다른 부인들은 '작은 부인'으로 불리고 남편 집의 왼쪽에 위치한 집들에서 산다. 집안의 모든 문제는 우선 첫째 부인과 상의할 것이 요구되고, 남편은 먼 곳을 여행하기 직전과 직후에 첫째 부인의 집에서 하룻밤을 보내야만 한다. 대체로 첫째 부인을 제외한 다른 부인들은 젊고 매력적이어서 남편도 그들을 더 가까이하는 경향이 있지만, 이미 늙고 육체적인 매력도 상실한 첫째 부인은 이와 같은 위세의 상승에 의하여 보상되고 심리적 위안감을 얻게 된다.


## 3) 일처다부제

한 부인이 복수의 남편과 한 가정을 이루고 혼인생활을 계속하는 일처다부(polyandry)의 관습은 극히 드물게 나타나고 있어서, 머독의 비교문화연구의 자료로 사용된 565개의 사회 중 1%도 못 되는 4개에 불과했다. 대부분의 사회에서 부부 중 남편이 주도권을 잡고 있다는 점에서 일부다처제는 쉽게 이해될 수도 있겠지만, 한 부인이 복수의 남편들을 거느리는 복혼제가 어떻게 가능할 것인가에 대해서 많은 사람들이 의아하게 생각하고 있다. 또한 일부다처제의 사회에서와 같은 논리로 일처다부제의 사회에서는 부인이 주도적인 권리를 행사할 것으로 믿는 사람들도 많다. 그러나 인류학적 연구들은 이런 주장을 뒷받침할 만한 근거를 찾아내지 못했다. 그와는 반대로 이런 사회에서도 역시 부인의 지위는 남편들보다 낮은 수준에 머물러 있다.

일처다부제에도 한 아내가 형제간의 남성들과 동시에 혼인하는 형제형태의 일처다부제(fraternal polyandry)도 있고, 전혀 친척관계가 없는 경우도 있다.

인도의 토다(Toda)족과 티베트인들 간에는 형제들이 한 부인을 공유하는 일처다부제의 관습이 있다. 이 경우 형제들 중에 한 사람의 아내는 곧 그의 모든 형제들의 아내로 받아들여진다. 심지어는 큰 형이 혼인하고 난 뒤에 출생한 동생도 장차 커서 그의 형수와 성관계를 맺을 수가 있는 등 같은 세대의 형제들은 그 집안에 들어온 한 사람의 아내에 대한 공동 남편인 셈이 된다. 일반적으로 이런 가족은 한집에서 살고 있다. 그러나 티베트에서도 경제적으로 여유가 있다면 남편들은 각기 딴 방을 차지하고, 그들의 아내가 언제 그들의 방에 와서 잘 것인지를 상의해서 결정한다.

그러면 이런 사회들이 왜 일처다부제의 관습을 가지고 있을까. 이런 관습이 가진 이점은 무엇일까. 하나의 가능한 대답은 그것이 한 사회의 여자의 수를 제한하기 위한 여유아살해(female infanticide)의 관습과 관련되어 있다는 점이다. 이것은 아기를 낳아 아들이면 키우고, 만약 딸이면 그중의 일부는 곧 살해하는 관습으로 세계의 몇몇 사회에서 이런 관습이 나타나고 있다. 그러나 왜 그들이 여아를 살해하는지는 아직도 분명한 대답을 얻어내지 못하고 있다. 토다족과 티베트인들이 이런 여아살해의 관습을 가지고 있어서 아마도 인구 비율로 보아 여자가 절대적으로 부족한 현상에 대한 하나의 반응으로 일처다부제의 관습이 나타나고 있는 것 같다(Stephens 1963: 45).

또 하나의 해석으로는 특히 티베트의 경우, 일처다부제는 농노(農奴)와 같은 어떤 계급이 직면하고 있는 정치적, 경제적인 조건에 대한 반응이라는 것이다. 이 농노들은 그들의 주인들로부터 일정한 양의 농토를 할당받고, 그들의 아들에게 그것을 물려줄 수가 있다. 만약 자식들의 혼인으로 토지를 분할한다면 모두가 생계를 유지할 수 없다는 점에서, 그들은 가족 공동의 토지가 분할되는 것을 미연에 방지하기 위한 제도적인 장치로 일처다부제의 관습을 따르고 있다는 것이다. 즉 적은 양의 토지를 나누기보다는 형제들이 한 아내와 혼인하면 토지와 가정을 쪼개지 않고 그대로 유지할 수 있는 이점이 있다. 다른 한편 티베트에서는 토지를 많이 가진 지주계급이나 상속할 땅을 갖지 못한 사람들은 이런 일처다부제의 관습을 따르지 않고 있다고 한다. 이 점은 바로 위와 같은 해석을 뒷받침해 주고 있다.


## 4. 가족


### 1) 가족의 개념

가족은 부부와 그들의 자녀로 구성되는 하나의 사회적인 단위이며, 사회의 가장 기본적인 구성단위이기도 하다. 가족을 이런 식으로 정의한다면, 혼인의 경우와 같이 모든 사회에서 거의 보편적으로 나타나고 있다. 그러나 사회과학에서 사용되는 많은 다른 개념들과 마찬가지로 가족도 비교문화적으로 모든 사회의 상이한 사례들에 적용될 만한 엄밀한 정의를 내리기란 힘든 일이다. 널리 인용되고 있는 머독(G. P. Murdock 1949: 1)의 정의에 의하면, 가족(family)이란 "주거를 같이하고, 경제적 협동과 자녀의 생산으로 특징지어지는 하나의 사회집단"으로 규정되고 있다. 이런 정의는 우리가 일상적으로 생각하는 가족의 정의와 일치한다. 즉 대체로 가족의 구성원들은 하나의 가정을 이루고 생활을 같이하고 있고, 경제적 협동체로서의 기능을 하며, 부부간에는 사회적으로 인정된 성관계로 자녀를 출산하게 된다.

그러나 세계의 많은 다른 사회들로부터 얻어진 민족지의 자료들을 보면 이런 정의에 맞지 않은 사례들도 적지 않다. 앞에서 우리가 인용해 본 인도의 나야르족에서는 부인이 성관계를 하는 남편들 또는 연인들이 고정되어 있지도 않고 같이 살지도 않는다. 물론 그들 간에는 경제적인 협동도 있을 수가 없다. 또한 이스라엘의 집단농장인 키부츠에서는 부부가 같은 방에서 살기는 하지만 작업은 생산조직에 따라서 수행되고 자녀들은 부모와 떨어져서 생활하게 된다(Spiro 1954). 이런 경우 어떤 의미로 하나의 사회집단으로서의 '가족'을 이야기할 수 있을까.

　나야르족의 경우(Gough 1959)에는 부인이 여러 연인들과 성관계를 맺더라도, 그녀가 관습적으로 규정된 의례적인 혼인식을 거쳤고, 동일한 카스트의 남자만을 상대해야 한다는 성관계의 규제범위를 위반하지 않았을 때에는 낳은 아이의 생물학적 아버지가 누구든 간에 합법적 자녀로 받아들여지고 있다. 또한 부인과 그의 자녀들은 부인의 형제와 함께 살면서 하나의 주거집단을 형성하고 있다. 즉, 일반적으로 가정에서의 자녀들에 대한 아버지의 역할을 이곳에서는 외삼촌들이 맡고 있는 셈이다. 이와 같이 한 가족에서 아버지와 자식 간의 관계가 결여되어 있는 사례에 주의하여 어떤 인류학자는 가족을 "어머니와 그의 자녀들로 구성된 하나의 친족단위"로 규정하기도 한다. 이런 정의는 생물학적 아버지든 사회적 아버지든 간에 자녀들의 아버지는 반드시 이 친족단위에 포함될 필요가 없다는 점에 유의하고 있다. 그러나 실제로는 대부분의 사회에서 부부와 그들의 자식으로 가족이 구성되어 있는 반면에 어머니와 자식들만으로 하나의 독립적인 단위를 구성하고 있는 사회는 없다는 점에서 만족스러운 정의라고 볼 수 없을 것이다.

　또한 키부츠의 경우에도 부부와 그들의 자녀들이 하나의 주거집단을 형성하지도 않고, 경제적 협동도 결여하고 있다는 점에서 하나의 가족으로 볼 수 없다는 주장도 있다. 그러나 부부는 그들의 자녀들을 정기적으로 방문하고 긴밀한 유대를 유지하고 있으며, 비록 자녀들의 사회화의 과업이 주로 농장의 전문적인 양육기관에서 수행되지만, 최적인 책임은 부모에게 있다는 점에서 키부츠의 부모와 자식들도 하나의 가족을 구성하고 있다는 해석이 널리 받아들여지고 있다.

　대체로 가족원들은 함께 살면서 하나의 생활단위를 구성하고 있지만, 때로는 가족원이 유학, 군복무 등과 같은 어떤 이유로 장기간 떨어져 사는 경우도 있고, 가족원이 아닌 사람이 장기간 함께 살게 되는 경우도 있다. 이와 같이 하나의 친족단위로서의 가족이 생활을 같이 하는 주거집단과 일치하지 않는 경우, 후자를 가족(family)과 구별하여 가구(household)라고 부른다. 대개 가족과 가구의 구성원이 일치하지만 그렇지 않은 경우도 적지 않다.

가족의 구성원들은 대체로 하나의 가구를 형성하면서 생활해 나가고, 특히 경제적 활동과 관련하여 서로 간에 어떤 호혜적 권리와 의무를 인정한다. 모든 사람들은 일반적으로 각기 그의 일생 동안 적어도 하나의 가족, 즉 그가 태어난 가족(natal family 또는 family of orientation)에 소속되고, 그 후 혼인과 함께 새로운 가족(conjugal family 또는 family of procreation)을 형성하게 된다. 앞에서 우리가 이미 살펴본 근친상간금제가 바로 개인으로 하여금 한 가족에서 출생하여 성장하고 나를 가족에서는 부모가 되는 것을 요구하고 있다. 바깥에서 보면 이 두 가족은 형태와 기능이 비슷하다. 그러나 이 두 가족 내에서 개인의 지위는 아주 다르고, 각각에서 그의 역할 경험들 또한 분명한 차이를 보이고 있다.

가족은 자녀들에게 학습 환경을 제공해 준다. 모든 동물이 출생 시부터 자립할 수는 없지만, 인간은 성장 속도가 아주 느릴 뿐만 아니라 그 기간이 길다는 점에서 예외적이다. 이런 생물학적 특성으로 인하여 어린이들은 오랫동안 가족에 의해 양육되어야만 하고 보호되어야만 한다. 이 기간에 그들은 장차 정상적인 사회생활을 영위하는 데에 필요한 신념과 관습과 같은 문화적 목록을 배워야만 하는 등 가족의 교육적인 기능은 사회의 존속을 위한 필수적 부분이기도 하다.


## 2) 가족의 형태

**핵가족**　다양한 형태의 가족 중에서 가장 단순한 것으로는 부부 두 사람만으로 독립해서 하나의 가구를 형성해서 살고 있는 부부가족을 들 수 있겠지만, 이것은 혼인 후 자녀를 출산하기까지의 잠정적인 또는 과도기적인 일세대가족이라는 점에서 가족형태의 하나로 보기는 어렵다. 자식을 낳는 대로 떼어 놓고 부부만 함께 사는 관습을 가진 사회란 존재하지 않는다는 점은 부부가족이 하나의 과도기적 형태에 불과하다는 점을 말해 주고 있다.

가장 단순한 형태의 가족은 부부와 미성년의 자녀들로 구성된 것으로 이것을 핵가족(nuclear family)이라고 부른다. 이 핵가족에서는 자녀들이 성장하면 결혼과 함께 그들이 태어난 가족을 떠나 독립해서 새로운 가족을 형성하게 된다. 이 점은 핵가족의 성격에 중요한 의미를 지니고 있다. 즉 핵가족의 자녀들에게 혼인이란 결국 태어난 핵가족으로부터의 독립을 의미하게 된다. 이것은 뒤에서 언급될 확대가족에서와 같이 한 구성원의 혼인으로 배우자가 들어와서 기존가족의 한 구성원으로 합류하는 형태와는 전혀 다르다. 이런 점에서 핵가족을 '독립가족'이라고 부르기도 한다.

우리는 흔히 이런 핵가족을 현대의 공업사회에 특징적인 것으로 간주하고 있지만, 사실은 인류문화의 진화과정의 양끝, 즉 원시수렵, 채취사회와 공업사회에 모두 핵가족이 가장 지배적인 가족형태로 나타나고 있음을 발견한다. 이 양자에서 모두 가족은 스스로 생활을 영위해 나가야 하는 하나의 독립적인 단위를 이루고 있다. 이런 가족에서는 구성원들 간의 강한 상호의존성이 특징적으로 나타나고, 생활과정에서 어떤 위기에 직면했을 때에도 외부로부터 별로 도움을 받지 못한다. 이런 형태의 가족은 고도의 이동성이 요구되는 생활환경에 잘 적응할 수 있는 이점을 지니고 있다.

예컨대 서남아프리카의 칼라하리(Kalahari)사막에서는 사람들이 이용할 수 있는 자연자원들이 넓은 지역에 흩어져 있을 뿐만 아니라, 한 지역에 큰 인구 또는 큰 영구적 취락의 형성을 허용하기에는 자원이 너무 희소하다. 즉 많은 사람들이 한군데 모여 산다면 짧은 시일 내에 식량자원과 물이 고갈되어 버릴 것이다. 이런 환경에 살아남기 위해 이 지역의 부시맨(Bushman)족들은 일년 중 대부분을 작은 규모의 이동성이 높은 자급자족적인 가족집단별로 흩어져 살아간다. 이와 같이 독립적 가족은 그런 집단에 특히 적응적이다. 북극의 에스키모인들도 핵가족을 단위로 사냥감을 찾아 넓은 지역으로 흩어져 독립생활을 영위한다.

수렵, 채취인들이 음식물을 찾아 핵가족을 단위로 흩어져 살고 있는 것과 유사하게, 현대의 공업사회에서는 직장과 더 높은 사회적 지위를 찾아서 옮겨 다니는 생활조건이 이동성 있는 형태의 가족단위를 요구하고 있다. 전통적 농경사회에서는 자식들은 비록 혼인을 하더라도 독립적 가계를 형성하기보다는 부모의 대를 이어 조상 대대로 물려 내려온 농업에 종사하는 것이 일반적이다. 그러나 현대도시사회에서는 자식이 부모의 대를 이어 같은 직업에 종사하는 예가 드물고 각자 더 좋은 고용의 기회를 찾아 쉽게 이동한다. 도시사회의 이런 성격은 개인의 부모와 친족에 대한 의존성을 감소시키고 가족의 형태를 더욱 단순화시킨다.

하나의 가족형태로서의 핵가족을 이야기할 때 우리는 단지 가족원의 구성만을 문제 삼는 것은 아니다. 구미(歐美)사회의 전형적 핵가족은 혼인에 의해 결합된 부부로부터 출발하여 자녀를 낳고, 모든 자녀들이 혼인하여 독립해 나가면 다시 부부만이 남아 여생을 보내게 된다. 이런 사회에서는 가계의 계승과 연속성이 중요시되고 있지 않기 때문에 부부의 사망이나 이혼으로 가족이 해체되는 등 핵가족은 불안정성을 내포하고 있다. 적어도 가족원의 구성이라는 측면에서 본다면 우리나라에서도 핵가족은 지배적인 형태로 나타나고 있다. 자식들은 혼인과 함께 분가해 나가 독립적인 가구를 형성하지만, 대부분의 경우 이들 중 한 사람은 혼인해서 부모의 집에 남아 함께 산다. 이렇게 보면 비록 분가해 나가 핵가족을 형성한 아들들도 결국 그들의 아들이 혼인하여 함께 살기까지의 과도기적인 것에 불과하다는 점에서, 이런 형태의 핵가족은 구미사회의 핵가족의 이념과는 상당한 차이가 있다고 말할 수 있다. 결혼과 함께 분가해 나간 아들들도 부모와 긴밀한 접촉을 유지하며, 때로는 경제적으로 부모의 생계를 지원하기도 하고, 부모가 생존하는 한 부모와 부모가 살고 있는 집은 분가해 나간 자식들을 하나의 사회적인 집단으로 통합시키는 또는 묶어 놓고 있는 구심점이 된다. 그러나 구미의 핵가족에서는 이런 성격을 거의 찾아볼 수가 없다.

**확대가족** 가계의 연속성이 강조되고 있는 많은 사회에서는 가족이 핵가족의 범위를 넘어서 확대된다. 구성면에서 보아 부모가 기혼의 자녀와 함께 사는 것을 확대가족(extended family)이라고 부른다. 어떤 점에서 본다면 이런 형태의 가족은 두 개 또는 그 이상의 핵가족을 포함하여 하나의 가족단위를 구성하는 것이기도 하다. 부모와 그들의 아들 부부 그리고 손자녀로 이루어진 가족을 생각해 보자. 중간 세대인 아들의 입장에서 본다면, 혼인하기까지 그는 부모와 함께 핵가족을 이루고 있었다. 그 후 혼인하여 자녀를 가지면서 그는 자신의 핵가족을 형성하게 된다. 이 두 개의 핵가족이 한집에서 살면서 하나의 가구를 형성하였을 때 이것은 두 개의 핵가족이 중첩되면서 하나의 확대가족을 이루게 된다. 이것은 확대가족의 일반적 형태로 두 개의 핵가족이 부모와 자식 간의 관계에 의해서 연결되어 있는 경우이다. 그러나 때로는 형제자매간의 관계에 의하여 연결되어 있는 확대가족도 있다. 예컨대 기혼의 형제들과 그들의 부인들과 자녀들이 모여 살면서 하나의 가족을 형성하고 있는 경우도 있다. 인도의 힌두교 전통에서 나타나는 '결합가족(joint family)'은 이의 전형적인 예에 속한다. 이 결합가족은 가족의 공동소유재산에 대한 권리를 가진 어느 세대의 형제들과 그들의 부계 자손들로 구성되어 있다. 즉 이것은 같은 부계조상의 직계자손인 각 세대의 형제들로 구성되며, 세대의 수는 그것이 하나의 사회적인 단위로 유지될 수 있는 데까지 포함된다. 이런 가족에서는 형제간의 관계가 특히 강조되는데, 이것은 모든 아들은 출생으로부터 가족재산에 대한 권리를 주장할 수 있는 힌두교의 전통에 기인한 것 같다. 생활단위로서의 가구에 포함되어 있는 구성원은 중국의 확대가족과 별다름이 없지만, 가족의 재산이 처리되는 방식에서는 차이가 있다. 즉 중국의 확대가족에서는 가장이 사망하면 재산은 보통 모든 아들들에게 분할되지만, 힌두의 결합가족에서는 재산을 분할하지 않고 수세대에 걸쳐서 그대로 유지한다. 비록 형제들이 따로 살더라도, 그들은 장남을 주축으로 하여 재산을 공동관리하고,

살림살이를 공동으로 하고 있다. 또한 장남이 가장의 역할을 맡고 있기는 하지만, 그는 모든 형제들의 동의 없이 자신의 마음대로 재산을 처분할 수 없는 등 결합가족은 형제간의 유대를 기초로 하여 이룩된 확대가족의 한 형태이다.

확대가족을 이념으로 하는 사회에서의 혼인은 핵가족이 지배적인 사회에서와 같은 가족생활의 큰 변화를 초래하지는 않는다. 후자의 경우에는 신혼부부는 대체로 부모들이 살고 있는 집에서 떨어져 나와 새로운 독립된 가족단위를 형성하지만, 확대가족의 신혼부부들은 기존의 가족 단위로 흡수되어 버린다. 이런 성격으로 인하여 부부관계 그 자체는 별로 중요시되지 않고 부모와 자식 간의 관계가 중요시되고 있다.

우리의 전통사회에서도 확대가족이 이상적인 것으로 간주되었다. 아들이 여럿이면, 그중 적어도 한 사람(대개는 장남)은 결혼 후에 부모를 모시고 살게 된다. 다른 아들들은 결혼 후 분가하지만, 그들도 역시 자신의 아들들이 결혼하면 그중의 한 아들의 가족과 함께 살 것을 기대한다. 이런 형태의 확대가족에 새로운 성원으로 들어오는 며느리는 '아들의 아내'로서보다는 '시부모의 며느리'로서의 역할이 더욱 중요시된다. 이런 점은 흔히 한국의 부모들이 아들의 혼인을 일컬어 '며느리 본다.'라고 표현하고 있는 데에서도 잘 나타나고 있다.

확대가족에서는 일반적으로 가계를 운영하는 책임이 가장인 아버지에게 있고, 아들 부부는 별로 의사결정권이 없다. 다만 부모의 사망으로 아들은 가장의 지위에 올라서게 되고, 다시 그들의 아들이 성장하여 결혼하고 함께 살면 이전과 같은 확대가족이 재현된다. 이와 같이 확대가족은 그 자체로 하나의 사회적 단위로 영속하는 경향이 있다. 이것은 핵가족 또는 독립가족이 가장 부부의 사망으로 해체되어 버리고 단절되는 것과는 다르다. 즉 확대가족은 항상 다음 세대의 직계자손들을 추가시키고, 가장 윗세대의 사람이 사망함으로써 그의 지위는 다음 세대에 의해 대체된다.

확대가족은 세계의 대다수의 사회에서 나타나고 있는 가족형태다. 왜 많은 사회의 가족이 이런 형태를 취하고 있을까. 그것이 정착농경사회에서 가장 흔히 나타나고 있음은 경제적 요인이 가족의 형태를 결정짓는 데에 중요한 역할을 하고 있을지도 모른다는 점을 암시해 주고 있다. 영속적인 확대가족은 사유재산이 중요한 것으로 간주되는 사회에서 가족소유의 재산을 나누지 않고 그대로 유지하는 하나의 제도적 장치이기도 하다. 재산이 별로 중요하지 않은 수렵, 채취사회에서는 이동을 필요로 하고 있어서, 특정한 계절에는 핵가족단위로 넓은 지역에 분산되므로 확대가족은 아무런 이점을 갖지 못하고 있다.

다른 한편 확대가족은 반드시 농경과 관련된 것 같지는 않다. 즉 이런 형태의 가족을 갖지 않은 농경사회도 있고, 확대가족을 가진 비농경사회들도 적지 않다. 그렇다면 확대가족은 직업 및 생업활동과 긴밀한 관련을 맺고 있을지도 모른다. 즉 부부가 가정 밖에서 생업활동에 종사하는 데에 많은 시간을 소비해야 한다면 어린들을 돌봐줄 일손이 필요할 것이고, 남편이 전쟁, 노역, 임금노동 등으로 가정 밖에서 많은 시간을 보내야 한다면 생업활동을 수행할 추가적인 일손이 요구될 것이다. 이와 같이 그 사회가 농경사회이든 아니든 간에 집안일과 바깥일을 모두 담당해야 하는 가족은 확대가족의 형태를 취할 경향이 높다는 것이다.

## 3) 거주율

혼인한 부부가 장차 어디에 가서 살림을 차릴 것인지는 대체로 그 사회의 관습을 따르고 있는데 이것을 거주규정 또는 거주율(居住律)이라고 한다. 이 경우 부부가 어디에 가서 살 것이냐는 말은 크게 두 가지로 나누어서 부부가 남편이 살고 있는 곳에서 생활할 것인지, 아니면 부인 쪽으로 가서 살 것인지를 뜻한다. 혼인과 함께 부인이 남편의 아버지 집으로 옮겨와서 사는 것을 부거제(父居制, patrilocal residence)라고 한다. 그러나 부거제는 반드시 부인이 남편과 그의 부모가 살고 있는 집에 들어가서 사는 것만을 의미하지는 않는다. 다만 적어도 부인이 남편의 거주 지역으로 옮겨가서 남편의 가족과 함께 살거나, 아니면 남편의 친족들 가까이에서 산다면 부거제로 간주된다. 이런 부거제에서는 신혼부부는 남편의 집에 속한 한 방을 사용하기도 하고, 그 집의 울타리 안에 새로운 집을 지어 사용하기도 하며, 때로는 남편의 부모가 살고 있는 마을에 따로 집을 지어 분가해 나와 살기도 한다. 그러나 어떤 형식을 취하든 간에 부거제에서는 부인은 남편의 친족집단에 흡수되고, 그 집단의 권위에 종속되는 특징을 보이고 있다.

반면 혼인과 함께 남편이 부인의 어머니 쪽으로 옮겨가서 처가살이를 하는 관습을 모거제(母居制, matrilocal residence)라고 부른다. 모거제는 모계친족 제도를 가진 사회에서 많이 나타나고, 부락내혼으로 한마을에 살고 있는 사람들끼리 혼인하는 관습을 가진 사회에서 이런 거주율이 흔히 나타나고 있다. 이 경우에는 남자가 혼인하면 한마을에 있는 처가로 옮겨가서 생활하게 되고, 모계친족집단의 남자성원들은 대체로 이웃에 머물러 있게 된다.

어떤 모계사회들에서는 아들이 혼인하면 그의 외삼촌 댁으로 옮겨가서 살게 하는 외숙거제(外叔居制, avunculocal residence)의 관습을 가지고 있다. 뒤에서 언급되겠지만 모계사회에서는 가계운영의 통솔권이 외삼촌에게 있고, 모계친족집단의 통솔자로서의 외삼촌은 그의 권위를 결국 그의 누이의 아들에게 물려주어야 하기 때문에 아들들은 혼인과 함께 외삼촌 댁으로 옮겨가서 장차 그의 지위를 이어받게 된다.

이상의 거주율들은 모두 남편과 부인의 친족집단 중 어느 쪽으로 흡수되는지를 보여주고 있지만, 현대의 공업사회에서는 이런 성격과는 달리 부부가 혼인과 함께 양쪽의 친족집단이나 가족으로부터 독립하여 전혀 새로운 곳에서 살림을 차리는 경우가 많다. 이런 것을 신거제(新居制, neolocal residence)라고 한다. 이 신거제는 부부가 그들만을 위한 새로운 가정을 창설해서 산다는 의미를 내포하고 있고, 핵가족사회에서는 이런 거주율을 이상으로 삼고 있다.

즉 사회적인 이동성이 높고, 상업경제가 지배적인 사회에서는 신혼부부들은 그들의 부모들이나 친족집단에 의지하기보다는 독립적으로 생계활동에 종사하면서 그들이 살기에 편리한 곳에서 새로운 가구를 창설하기 때문에 대체로 신거제의 형식을 취하게 된다. 현재 우리나라의 도시사회에서도 혼인한 부부들이 따로 독립해서 살림을 차리는 것을 신거제로 간주할지도 모른다. 그러나 우리 사회에서는 아직 전통적인 부거제의 관습이 뿌리 깊게 남아 있고, 비록 신혼부부가 따로 살기는 하지만 남편 쪽 친족집단의 한 구성원으로 머물러 있게 된다는 점에서 서구의 핵가족사회에서 나타나는 신거제와는 차이가 있는 것 같다. 이런 점은 딸의 혼인을 일컬어 '시집 보낸다.'라고 표현하는 '출가외인'의 관념에서도 잘 표현되고 있다.

마지막으로 몇몇의 사회에서 나타나고 있는 양자택일적인 관습을 들 수 있다. 양거제(兩居制, bilocal residence)로도 불리는 이 관습은 거주규정이 분명하지는 않지만, 부부가 남편 또는 부인 쪽의 어느 한쪽의 친척들과 함께 사는 관습이다. 이런 관습은 대부분의 경우, 미개사회가 서구의 공업사회와의 접촉으로 인구가 급격히 감소되거나 경제적 안정을 잃어서 전통적인 관습을 포기하고 사회조직이 재편성되는 상황에서 흔히 나타나게 된다. 즉 위기를 극복하기 위해 남편 쪽이나 부인 쪽으로 편리한 어느 한곳에 옮겨가서 사는 관습이다.

이상에서 살펴본 바와 같이 대부분의 사회는 혼인 후에 부부가 어디에 가서 살아야 할지에 관해 분명한 규정을 갖고 있지만, 일상생활에서는 어느 정도 선택의 자유가 허용되고 있다. 부거제를 이상으로 하는 우리나라에서도 만약 처가에 다른 아들이 없거나 장인이 더 많은 도움을 줄 수 있다면 처가살이를 하는 남자들도 있지만, 일반적으로 이런 처가살이는 바람직하지 않은 것으로 간주되고 있다.

수렵사회의 사람들은 대체로 부거제를 따르는 경향이 있는데, 이것은 아마도 채취사회의 경우보다 사냥을 주로 하는 사회에서는 영토 내의 사정에 더

밝은 남편 쪽으로 부인이 옮겨가서 살기 때문인 것 같다. 이와는 반대로 동물을 사육하지 않는 원시농경, 즉 화전민 사회에서는 모거제를 따르는 경향이 있다. 밭을 가꾸는 일은 주로 부인들이 하고, 또한 밭에 대한 권리도 부인들이 가지고 있기 때문에 딸들은 혼인한 후에도 어머니의 집에 머물러 있게 된다. 그러나 이런 사회에서도 종종 예외는 있다.


## 더 읽을거리

김광억

  2002, 「국가와 사회, 그리고 문화: 가족과 종족 연구를 위한 한국인류학의 패러다임 모색」, 『한국문화인류학』, 35(2): 303-336.

김은희

  1995, 「문화적 관념체로서의 가족: 한국 도시 중산층을 중심으로」, 『한국문화인류학』, 27: 183-214.

문옥표

  2007, 「가정 제례 변용을 통해 본 현대 한국인의 가족관계와 젠더」, 『한국문화인류학』, 40(2): 287-319.

최재석

  1982(1990), 『한국가족연구』, 서울: 일지사.

한국문화인류학회

  1997, 『성, 가족, 그리고 문화』, 서울: 집문당.

Beattie, John

  1964, *Other Cultures: Aims, Methods and Achievements in Social Anthropology*, New York: The Free Press. [최재석 역, 『사회인류학』, 서울: 일지사, 1978(1995).]

Bohannan, Paul, and John Middleton (eds.)

  1968, *Marriage, Family, and Residence*, Garden City, New York: The Natural.

Fox, Robin

  1967, *Kinship and Marriage: An Anthropological Perspective*, Baltimore:

Penguin Books.

Hart, C. W. M., and Arnold R. Pilling

    1960, *The Tiwi of North Australia*, New York: Holt, Rinehart and Winston. (왕한석 역, 『티위사람들: 북 호주 원주민의 문화』, 서울: 교문사, 1993.)

Murdock, George Peter

    1949, *Social Structure*, New York: Macmillan. (조승연 역, 『사회구조: 친족 인류학의 이해』, 서울: 서경문화사, 2004.)

Shostak, Marjorie

    1981, *Nisa, The Life and Words of a !Kung Woman*, Cambridge, Massachusetts: Harvard University Press. (유나영 역, 『니샤: 칼라하리 사막의 !쿵족 여성 이야기』, 서울: 삼인, 2008.)

Stephens, William N.

    1963, *The Family in Cross-Cultural Perspective*, New York: Holt, Rinehart and Winston.

Yan, Yunxiang

    2003, *Private Life Under Socialism: Love, Intimacy, and Family Change in a Chinese Village 1949-1999*, Stanford, California: Stanford University Press.

# 제6장

# 친 족

친족, 친족관계와 친족집단은 인류학의 가장 오래된 연구 분야의 하나이며, 아마도 가장 많은 관심의 대상이 되었던 주제이기도 하다. 인류학의 이런 전통은 오늘날까지도 그대로 계속되고 있다. 초기의 인류학이 소규모의 단순사회들에 더 많은 관심을 쏟았고, 그런 사회일수록 모든 사회관계들이 주로 친족관계에 의해서 좌우되었기 때문에, 인류학자들은 한 사회의 문화체계를 이해하기 위한 핵심적인 부분의 하나로 친족연구에 많은 관심을 기울여 왔다. 이제 앞 장에서 검토해 본 혼인과 가족을 배경으로 가족의 범위를 넘어서 형성되는 한 사회집단으로서의 친족에 대해서 알아보기로 하자.

# 1. 친족의 개념과 범위

## 1) 혈족과 인척

우리가 흔히 친족(kinship)이라는 용어를 쓸 때 그것은 친족관계를 말할 수도 있고, 하나의 사회집단으로서의 친족집단을 가리킬 수도 있다. 우선 두 사람이 친족관계에 있다고 말할 때 그것은 어떤 관계를 말하는 것인지를 알아보기로 하자. 이를 위해서 우리는 혈족과 인척을 구분할 필요가 있다.

혈족(血族, consanguine)은 부모와 자식 간의 관계와 형제자매의 관계를 포함하여 혈연관계를 맺고 있는 사람을 가리킨다. 반면에 인척(姻戚, affine)이란 혼인에 의하여 나와 관련된 사람을 말한다. 한 가족의 구성원들을 예로 들어보자. 아버지, 어머니, 할아버지, 할머니 등은 모두 혈족이다. 만약 형의 가족과 함께 산다면 조카들과는 혈연관계에 있지만, 형수는 인척으로 나와는 아무런 혈연관계가 없다. 즉 형수는 혈족인 형과의 혼인으로 비로소 나와 관련된 사람이다. 이런 식으로 가족의 안팎에 있는 근친인 백모, 숙모, 며느리, 사위, 장인, 장모 등은 모두 인척에 속한다.

우리의 사회가 부계친족제도를 따르고 있기 때문에, 흔히 우리는 혈족을 아버지 쪽의 사람들에게만 국한시키고 어머니 쪽의 소위 외척들은 마치 인척으로 간주하기 쉽다. 그러나 엄밀한 의미에서 나의 어머니 쪽의 근친들인 외삼촌, 이모, 외조부모 등도 모두 나와 혈연관계를 맺고 있는 혈족들이다. 그러나 한 가지 유의할 점은 나의 외가의 혈족들은 나의 아버지에게는 인척이라는 점이다. 즉 그들은 모두 나의 아버지가 어머니와의 혼인으로 비로소 아버지와 관련을 맺게 된 사람들이기 때문에 아버지와는 아무런 혈연관계가 없는 인척들이다.

## 2) 친족의 의미

친족은 위에서 살펴본 바의 혈연관계와 인척관계에 의해서 결합된 사람들을 말한다. 대체로 우리가 하나의 사회집단으로서의 친족을 말할 때에는 혈족을 주축으로 하여 인척 중에서 긴밀한 접촉관계를 유지하고 있는 사람들을 포함한 집단을 가리킨다.

우리의 친족제도가 부계의 연속성을 강조하고 있어서 우리는 일상생활에서 어머니 쪽의 사람들보다 아버지 쪽의 혈족들과 더 많은 접촉을 하며 긴밀한 관계를 유지하고 있다. 이런 문화에 익숙한 우리는 흔히 친족을 바로 혈족과 동일시하는 경향이 있지만, 이미 앞에서 지적한 대로 인척도 친족에 포함된다.

친족을 구성하는 혈족은 기본적으로 생물학적인 관계에 있는 사람들이다. 예컨대 부모와 자식 간의 관계는 출산에 의하여 맺어진 관계이고, 아버지와 어머니는 혼인과 함께 동거하면서 자식을 낳았다는 사실에 의해 관계된 분들이고, 형제자매들은 모두 같은 부모의 자식들이라는 사실에 의하여 관계된 사람들이다. 친족의 기본적인 구성단위인 가족에서 나타나는 이런 관계들은 모두 생물학적 요인에 의해 맺어진 것이다.

그러나 이러한 생물학적 관계들이 반드시 친족을 구성하고 있는 것은 아니라는 점을 지적해 둘 필요가 있다. 친족은 이런 생물학적 관계를 바탕으로 하고 있는 점은 부인할 수 없는 사실이지만, 기본적으로는 사회학적 관계이다. 이 두 가지는 대개는 일치한다고 하더라도, 반드시 일치하는 것은 아니다. 사실 친족은 상이한 사회들에서 상이한 양식으로 규정되고 있다. 생물학적 관계도 친족을 규정하는 데에 하나의 출발점이 되고 있을 뿐이다. 입양의 관습은 이런 점을 분명하게 말해 주고 있다. 우리나라에서와같이 관습적으로는 가까운 부계친족원 중에서 양자를 선택하는 경우, 양자는 어느 정도 혈연관계에 있는 사람이긴 하다. 그러나 이런 경우에도 양자의 생부모와의 관계는 무시되고 양부모와의 관계가 중요시된다. 또한 전혀 혈연관계가 없는 비친족원을 양자로 삼는 경우에는 이 점이 더욱 분명하게 드러난다. 즉 그의 생부모가 누구든지를 불문하고 양부모의 자식으로 사회적으로 인정을 받게 되며, 부모와 자식 간의 관계에 상응하는 행동을 하게 된다. 이와 같이 친족관계는 사회학적으로 규정된 관계이며, 그것이 생물학적 관계와 일치할 때도 많지만, 반드시 그렇지는 않다. 인류학자들이 친족관계를 다룰 때, 그들은 생물학적 관계에 관심을 두는 것이 아니라 바로 이런 사회학적 관계에 관심을 두고 있다.

### 3) 친족의 범위

우리가 친족을 하나의 사회적인 집단으로 문제 삼을 때, 그 집단에는 어느 범위까지의 사람들이 포함되어 있느냐라는 질문을 던질 수가 있다. 그러나 사실상 이런 질문에 적절한 대답을 찾아내기란 쉬운 일도 아니고, 별로 의미 있는 것도 아니다. 사회에 따라서 관습이 다르고 같은 사회 내에서도 지역에 따라 또는 친족집단에 따라 그 범위는 다르기 때문이다.

우리나라를 포함하여 여러 나라에서는 친족의 범위를 법률로 규정하고 있다. 이는 아마도 상속법과 관련이 있는 것 같다. 참고로 우리나라의 친족법에서 규정하고 있는 친족의 범위를 알아보기로 하자.

현재의 친족법으로 바뀌기 전까지만 해도 우리나라의 법제상 친족 범위는 부계친족제도를 잘 반영하고 있었다. 즉 친족의 범위를 ① 8촌 이내의 부계혈족, ② 4촌 이내의 모계혈족, ③ 남편의 8촌 이내의 부계혈족, ④ 남편의 4촌 이내의 모계혈족, ⑤ 처의 부모, 그리고 ⑥ 배우자로 규정하고 있었다.

아버지 쪽과 어머니 쪽 간의 이런 차이는 이제 적어도 법제상으로는 시정되었다. 즉 1991년 1월 1일부터 시행된 민법 제777조에 규정된 범위는 부계와 모계를 따지지 않고, ① 8촌 이내의 혈족, ② 4촌 이내의 인척, 그리고 ③ 배우자만으로 규정하고 있다. 이 수정된 내용은 단지 성에 따른 차이는 없앴지만, 실제적인 친족의 범위는 종래의 '4촌 이내의 모계혈족'이 '8촌 이내의 모계혈족'으로 확대되는 등 넓어지게 되었다.

그러나 이런 법제상의 친족범위는 사실상의 친족의 범위, 즉 일상생활의 한 사회집단으로서의 친족범위와는 거리가 멀다는 점에서 인류학자들은 법제상의 규정에 별로 관심을 기울이지 않는다. 예컨대 부계의 8촌 이내에 있는 사람이라고 할지라도 서로 멀리 떨어져 살고 있어서 거의 접촉이 없다면 사실적인 친족원은 아닐 것이며, 비록 촌수가 멀더라도 가까이 살면서 친족집단의 제반 행사에 적극적으로 참여하는 사람은 그 집단의 성원으로 간주되어야 할 것이다. 또한 대부분의 경우 기혼남자들은 장인·장모뿐만 아니라 처가의 성원들과 근친들과도 긴밀한 관계를 유지하고 있다.

우리는 흔히 친족과 같은 어떤 사회집단의 범위를 말할 때, 마치 그 집단의 성원권이 분명한 것으로 생각하기 쉽다. 그러나 친족의 경우 개인 또는 그의 가족은 여러 범위의 다양한 친족집단에 소속하고 있다는 점에서 친족의 범위를 일괄적으로 말하기는 사실상 어려운 일이다. 이것은 군대의 조직에 비유해도 좋겠다. 한 육군병사가 소속하고 있는 집단을 잠깐 생각해 보자. 그는 순서대로 분대, 소대, 중대, 대대, 연대, 사단, 군단 그리고 마지막으로 육군의 한 구성원이다. 그와는 다른 분대에 소속한 사람이 같은 소대원일 수도 있고, 다른 중대에 소속한 사람과는 같은 대대의 대원일 수도 있다.

부계친족제도를 따르고 있는 우리나라의 친족조직도 위와 같은 양상을 보이고 있다. 즉 몇 대 조상의 부계자손들로 구성된 집단을 말하는 것인가에 따라 개인은 수많은 친족집단에 성원권을 갖게 된다. 우선 같은 부모의 자녀들은 혼인한 후에 분가해서 흩어져 살더라도 부모를 중심으로 단합하고 긴밀한 유대를 가지면서 하나의 친족집단을 형성한다. 그러나 가족의 범위를 넘어서 가장 뚜렷한 범위의 친족단위는 아마도 우리의 전통적인 조상제사의 관습과 관련된 '당내(堂內)'집단이 아닌가 생각된다. 이것은 같은 고조의 부계자손들로 이루어진 집단이다. 우리의 전통적인 제사 관습에 의하면 사대(四代)조상인 고조까지만 기일에 제사를 올린다. 사대조를 넘으면 기제(忌祭)를 더 이상 지내지 않고 다른 윗대 조상들과 함께 일 년 중 수확이 끝난 가을 어느 일정한 날에 자손들이 해당 조상의 묘지에 모여서 묘제(墓祭)를 올린다. 이와 같이 사대봉사의 관습으로 인해서 고조의 자손들인 8촌 이내의 자손들은 기제를 중심으로 하여 잘 단합된 하나의 사회집단인 당내집단을 형성하게 된다.

이 당내의 범위를 넘으면 친족집단의 응집력은 비교적 약화되지만 묘제를 같이 지내는 부계자손들로 더 넓은 범위의 친족집단들이 존재한다. 대체로 같은 지방에 살고 있는 자손들로 과거에 명망이 있었던 어떤 유명한 조상의 자손들로 '문중(門中)' 집단이 형성되기도 한다. 이것은 당내의 범위를 넘어 조직된 집단으로 대개 문중에는 결합의 중심인물인 특정 조상의 제사를 위해 공동재산을 가진 경우가 많다. 가문에 따라서 다르기는 하지만 문중의 범위를 넘어서 종중(宗中)이 형성되기도 하고, 어떤 가문에서는 문중 대신에 종중이라는 용어를 사용하기도 한다.

종중의 최정상에 있는 조상이 유명한 인물이었거나 또는 다른 지역으로 옮겨간 정착시조인 경우에는 그의 자손들만으로 전체 동성동본집단의 한 파(派)를 형성하여 파보(派譜)를 가지기도 한다. 이 파보는 이 집단의 단합을 위한 하나의 수단이 되고, 다른 집단으로부터 구별 짓는 하나의 계기가 된다.

마지막으로 가장 넓은 범위의 친족집단으로 우리나라에서는 동성동본집단을 들 수 있겠다. 규모가 큰 성씨의 경우 이 집단에는 수백만의 사람들이 포함되어 있고, 전국적으로 흩어져 살고 있어서 단일의 통합된 친족집단으로 간주하기에는 어려운 점도 있다. 그러나 많은 경우에 전국적인 규모의 '화수회', '종친회' 등과 같은 조직을 갖기도 하고, 때로는 법인체를 형성하여 동족들 간의 상호친목을 도모하기도 한다. 아마도 이 집단의 가장 뚜렷한 기능은 그것이 하나의 외혼집단이라는 점일 것이다. 아무리 촌수가 멀고 알지 못하는 사람일지라도 동성동본의 사람들 간에는 혼인하지 않는 우리의 관습은 이 씨족의식의 위력을 그대로 말해 주고 있다.

이상에서 우리는 부계친족에만 국한하여 한국사회에서 형성된 친족집단들의 범위에 관해서 잠깐 살펴보았지만, 이런 경향은 많은 다른 사회에서도 적용되어 통합의 정도에 따라 친족의 범위는 극히 다양하게 나타나고 있다. 마지막으로 우리는 한국사회에서와 같이 가계계승이 중요시되는 사회에서는 상당히 넓은 범위의 친족집단이 형성되지만 그렇지 못한 사회들에서는 극히 좁은 범위의 근친들만을 포함하고 있다는 점을 지적해 둘 필요가 있다. 구미사회의 친족제도는 이의 좋은 예가 될 수 있다. 즉 구미의 핵가족사회들에서는 부부의 결합으로 하나의 가족이 생성되고, 자녀들이 혼인해 나간 후에 부부의 사망으로 그 가족은 끝난다. 이런 순환을 되풀이하면서 새로운 가족이 끊임없이 생성되고 소멸되는 등, 거기에는 가계의 연속성이 결여되어 있다. 이런 사회에서는 어떤 조상의 직계자손들로 구성된 친족집단이 없고, 단지 개인은 자신을 중심으로 가까운 친족관계에 있는 사람들과만 긴밀한 유대를 유지하고 있다. 또한 이런 사회에서는 아버지 쪽과 어머니 쪽의 친족들에게 똑같은 비중을 둔다. 이렇게 하여 사람들은 그들의 아버지와 어머니의 형제자매와 그들의 배우자들을 단지 남녀로만 구분하여 '아저씨', '아주머니'로 부르고, 자기 세대의 사촌들을 고종사촌, 이종사촌, 외사촌 등의 구분 없이 모두 한꺼번에 '사촌(cousin)'으로 부르고 있다. 이와 같이 부모 양쪽의 형제자매, 그들의 배우자들과 그들의 자녀들 그리고 자신의 형제자매, 그들의 배우자들과 자녀들은 출생 및 혼인과 같은 경사에나, 병환 및 사망과 같은 위기를 당했을 때에 함께 모여 기쁨과 슬픔을 같이 나누는 사람들이다. 인류학자들은 이런 범주에 드는 사람들을 좁은 의미의 '친척(kindred)'이라고 부르고 있다. 우리말에서는 친척이라는 용어를 넓은 의미에서 친족관계가 있는 사람을 가리킬 때 사용하고 있지만 이것과는 구분할 필요가 있다.

　이런 좁은 의미의 친척들은 대개 둘 또는 세 세대에 한정되어 있다. 그들은 일반적으로 개인의 욕구를 충족시키는 데에 기여하고 있다. 세대마다 새로운 친척이 형성되어 이전의 친척을 대체한다. 간단히 말해서 친척은 아무런 지속적인 의무를 수행할 수도 없고, 영구적인 목적을 수행하는 데에 기여할 수도 없다. 그렇지만 친척은 당사자에게는 양쪽의 가족으로부터 모두 도움을 받을 수 있다는 점에서도 여전히 중요한 친족원으로 남아 있다.

## 2. 친족체계

### 1) 출계율

친족은 혈연과 인척관계에 의하여 무한히 확대될 수 있는 사람들을 포함하고 있어서, 사실상 각 개인은 무수히 많은 사람과 친족관계를 맺고 있다고 말할 수 있다. 그러나 실제로는 각 개인은 이 많은 사람들과 함께 하나의 집단을 형성하는 것이 아니라, 같은 조상의 자손이라고 인정하는 친족원들만으로 잘 단합된 친족집단을 이루고 있으며, 그것을 자기 집단으로 간주하고 다른 집단들로부터 구분 짓는다. 이때 자기의 소속 친족집단을 규정하는 관건은 혈통을 어떻게 따지느냐에 달려 있다. 이와 같이 세대 간의 관계, 즉 부모와 자식 간의 관계 또는 조상과 자손 간의 관계를 추적하여 혈통을 따지고, 개인을 그 혈통에 따라 형성된 친족집단의 일원으로 귀속시키는 것을 출계(出系, descent)라고 부르며, 여기에 적용되는 원칙을 출계율(出系律, descent rule)이라고 한다. 바꾸어 말한다면 출계율이란 혈통을 따지는 규칙 또는 원칙이다. 이런 출계율은 그것이 친족조직의 원리를 제공해 주고 있다는 점에서 인류학자들의 주요한 관심사가 되어 왔다.

출계의 개념을 더욱 분명히 하기 위해 우리나라의 친족체계를 예로 들어 보기로 하자. 우리는 조상을 남자 쪽, 즉 부계로 따지면서, 부계조상의 직계자손들로 이루어진 친족집단을 자기 집단으로 간주하고 있다. 일상생활에서 비록 우리가 외가의 친척들과 긴밀한 접촉을 유지하더라도, 우리는 외조부 또는 외증조부를 우리의 직계조상으로 간주하지는 않는다. 이것은 곧 우리 사회가 관습적으로 출계를 남자 쪽, 즉 부계로만 따지기 때문이다.

친족관계가 중요시되는 사회에서는 개인은 출생과 함께 그 사회의 출계율에 따라 특정 출계집단에 소속되고 일상생활과정에서 어떤 어려운 문제들에 직면했을 때 바로 그의 출계집단에 도움을 청하게 된다.

언뜻 생각하기에는 출계율에는 혈통을 남자 쪽으로 따지든가 아니면 여자 쪽으로 따지든가 두 가지 중의 어느 하나를 따를 수밖에 없는 것 같지만, 세계의 여러 문화에서 보고된 바의 출계율을 검토해 보면 그렇게 간단한 것 같지도 않다. 단지 한 가지 분명한 사실은 위의 두 가지 대안 중에서 어느 한 가지를 따르고 있는 단계(單系, unilineal descent)의 사회가 지배적이라는 점이다. 단계에는 출계를 부계로 따지느냐 아니면 모계로 따지느냐에 따라 크게 두 가지로 나눌 수가 있겠다. 또한 제3의 원칙으로 각 세대에 부계와 모계 중에서 어느 한 가지를 선택할 수 있는 출계율을 가진 사회들도 적지 않다. 이 각각에서 출계를 어떤 식으로 따지는지를 잠시 미루어 두고, 우선 단계의 반대 개념으로서의 부계와 모계 모두를 포함하는 양계의 출계율이 가능한지를 알아보기로 하자.


## 2) 단계와 양계

출계율을 남자 쪽이든 여자 쪽이든 어느 한쪽으로 따지는 단계의 사회가 있다면, 이들 양쪽으로 모두 따지는 양계(兩系, bilineal descent)의 원칙을 따르는 사회도 논리적으로 있을 것 같다. 그리하여 많은 인류학자들이 양계의 출계 원칙을 가진 사회들이 있다는 주장을 하였고, 그 대표적인 예로 부계친족과 모계 친족에게 똑같은 비중을 두는 구미의 친족제도를 들기도 하였다.

앞에서 이미 우리가 살펴본 구미사회의 '친척(kindred)'이 바로 여기에 해당한다. 그러나 이런 친척은 개인을 중심으로 한 근친의 범위를 말하는 것이지, 그것이 혈통을 따지는 출계율에 의거한 하나의 영속적인 집단을 말하는 것은 아니라는 점에서 양계의 친족체계를 가진 사회의 존재는 의문시되고 있다. 예컨대 링컨의 양계자손들을 생각해 보자. 지금으로부터 100여 년 전에 생존한 링컨의 자손이라고 주장하는 사람은 수없이 많을 것이다. 그들은 우리 사회에서와는 달리 각 세대에서 어머니 쪽 또는 아버지 쪽으로 따져서 여하튼 어느 세대에 링컨과 관련되었으면, 그들은 링컨의 자손이라고 주장할 것이다. 그러나 한 가지 분명한 것은 이들 링컨의 양계자손들이 하나의 통합된 사회집단으로서의 영속적인 친족집단을 구성하고 있지 않다는 점이다. 이런 식으로 그들이 각 세대에 남자 쪽과 여자 쪽의 출계를 모두 따진다면 부의 세대에는 2명의 조상, 조부의 세대에는 조부모와 외조부모를 포함하는 4명의 조상, 증조부의 세대에는 8명의 조상들을 갖게 되는 셈이지만, 사실상 그 각각의 조상들의 양계자손들로 이루어진 친족집단은 존재하지도 않을 뿐만 아니라, 가계의 연속성을 강조하는 관념도 구미사회에서는 아예 찾아볼 수가 없다. 이와 같이 같은 세대의 남녀 양쪽으로 출계를 따지는 관습은 존재하지도 않고, 존재할 수도 없다는 점은 이제 인류학자들에게 거의 받아들여지고 있는 것 같다.

이렇게 보면 우리는 출계를 따지는 데에 남자 쪽이든 여자 쪽이든 어느 한쪽만을 따지는 단계의 원칙만이 존재한다는 결론을 얻게 된다. 그러나 여기에도 문제는 있다. 즉 우리가 흔히 생각하고 있는 단계친족은 모든 세대에서 남녀 중 어느 한쪽만으로 혈통이 이어지는 경우이지만, 어떤 사회에서는 그것이 모든 세대에 고정되어 있지 않고 남자 쪽으로 따질까 아니면 여자 쪽으로 따질까 선택의 여지가 주어지는 경우가 있다. 이런 세 가지의 출계 원칙을 차례로 알아보기로 하자.

## 3) 부계율

출계를 한쪽으로만 따지는 단계율 중에서도 가장 흔히 나타나는 것이 부계율(父系律, patrilineal rule of descent)이다. 이 원칙에 따르면, 모든 세대에서 가계가 남자, 즉 아들을 따라서 이어진다. 우리나라의 친족제도가 바로 이런 부계율을 따르고 있다. 즉 나는 위로는 아버지, 할아버지, 증조할아버지, 고조할아버지를 따라 혈통을 따지고, 또한 아래로 나의 혈통은 아들, 손자, 증손자, 고손자들까지 이어질 것으로 기대한다.

이제 인류학에서 거의 공통적으로 사용하고 있는 기호들을 사용하면서, 출계의 원칙이 어떻게 작용하고 있는지를 알아보기로 하자. 여기에서 사용되고 있는 기호들 중에서 △표는 남자, ○표는 여자, =표는 부부관계, 아래로 그어진 선은 부모와 자식 간의 관계, 옆으로 그어진 선은 같은 부모의 자식들인 형제자매관계를 가리키고 있다. 또한 이 그림들에서 검게 칠해진 사람들은 각기 해당 출계집단의 성원으로 간주되는 사람들이고, 검은 칠이 없는 사람들은 출계집단의 성원이 아닌 사람들이다. <그림 6-1> 부계율에 따라서 출계집단

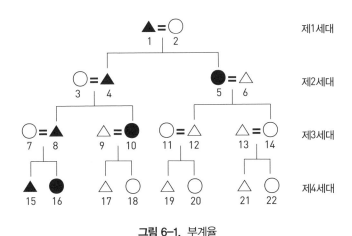

**그림 6-1.** 부계율

의 성원으로 간주되고 사람이 누구인지를 보여주고 있다. 이 그림에서 우리는 편의상 4세대에 국한하였고, 각 세대에 아들과 딸 두 사람만을 그림에 포함시켰다.

<그림 6-1>에 의하면 제1세대의 두 사람(1, 2)의 혼인으로 출발한 자손들의 수는 각 세대에 아들과 딸 두 사람만을 계산하더라도 제4세대에 가면 벌써 8명(15에서 22까지)이 된다. 이것은 각 세대에서 아들과 딸 양쪽으로 따진 자손들의 수이다. 만약 앞에서 이미 언급한 바와 같이 아들과 딸 양계로 따지는 출계가 가능하다면 이 그림의 제4세대에 나타난 8명의 증손자녀들은 하나의 출계집단에 속할 것이지만, 사실 그런 식으로 출계를 따지는 사회는 없다. 다만 부계율을 따르면 제4세대의 8명의 증손 중에서 단지 부계로 연결된 두 사람(15와 16)만이 부계집단에 남게 되고 다른 사람들은 각기 그들의 부계집단에 소속되므로 여기에서 제외된다.

또한 이 그림에서 나타난 바와 같이 제1세대의 남자(1)의 딸(5)과 친손녀(10)의 경우 그들 자신은 이 부계집단에 성원으로 남게 되지만, 그들의 자식들은 모두 각기 남편의 부계집단에 소속되므로 이 도표의 부계집단에서는 제외되고 만다. 우리나라의 친족제도에 비추어서 말한다면 아버지의 누이인 고모와 할아버지의 누이는 나의 부계친족집단에 소속되지만, 그들의 자식들은 각기 그들의 남편의 부계집단에 소속된다.

## 4) 모계율

출계를 여자계통을 따라 어머니 쪽으로 따지는 것을 모계율(母系律, matrilineal rule of descent)이라고 부른다. 이 규칙은 적어도 구성 면에서 본다면 부계율과 정반대의 현상을 보이고 있다.

<그림 6-2>에 나타난 모계율에 의한 친족조직을 잠깐 살펴보기로 하자. 각 세대의 형제자매들도 어머니의 모계친족집단에 소속된다. 그러나 다음 세

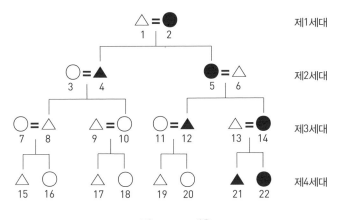

**그림 6-2.** 모계율

대에서 자매의 자녀들은 이 모계집단에 그대로 남지만, 형제의 자녀들은 그들 자신의 어머니들의 모계집단에 소속되므로 여기에서 제외된다. 그림에 나타난 바와 같이 제1세대의 부부(1, 2)간에 출생한 자녀들 중에서 아들(4)은 어머니의 모계집단에 소속되지만 그의 자식들은 아내의 모계집단에 소속되므로 원래의 모계집단에서는 제외된다. 그러나 딸의 자식들은 모두 어머니의 모계집단에 소속된다. 이것을 우리의 친족호칭으로 표현한다면 어머니의 모계집단은 제2세대의 딸에서 제3세대의 외손녀로, 그리고 제4세대에서는 외손녀의 딸로 이어져 나가고, 각 세대의 형제들은 이 모계집단에 소속되기도 하지만 그들의 자식들은 제외된다.

이런 모계율이 어떻게 나타나고 있는지를 알아보기 위해 북미주의 중부 평원에 위치한 호피(Hopi) 인디언의 친족조직을 예로 들어 보기로 하자. 이 사회의 주요한 출계집단은 모계씨족집단들이고, 이것들은 모두 외혼의 단위이기도 하다. 이 씨족들은 다시 작은 규모의 모계친족집단들로 나누어지고 그것들은 각기 특정지역을 거점으로 하여 모계로 연결된 부인들을 주축으로 형성되어 있다. 호피족의 남편들은 부인 쪽으로 옮겨가서 생활한다. 이렇게 하여 전형적인 가구는 한 노파와 그녀의 남편, 딸들과 그들의 남편들과 자식들로 구성되며, 노파의 아직 혼인하지 않은 아들들이 여기에 포함된다. 이 집단의 남편들은 이방인들인 셈이고, 노파의 장성한 아들들도 모두 결혼하여 처가살이를 하러 떠나게 된다. 이렇게 하여 모계친족집단은 부인들과 그들의 자식들로 단합되어 있지만, 장성한 남자들은 흩어져서 이방인으로서의 처가살이를 하게 된다. 그러나 남자들은 대체로 같은 지역의 처녀들과 혼인하기 때문에 실은 멀리 떠나버리는 것은 아니고 그들이 여전히 성원권을 가지고 있는 어머니의 모계집단과는 긴밀한 접촉관계를 유지하게 된다. 뿐만 아니라 그들은 그들의 어머니와 누이들이 남아 있는 모계집단에 권위를 행사하게 되며, 그들이 비록 흩어져서 살더라도 모계집단의 중요한 문제들에 관해서는 마치 주인 노릇을 한다.

앞에서 우리는 친족원의 구성이라는 측면에서 보면 모계친족집단은 부계율을 따르는 집단과는 정반대의 현상을 보이고 있다는 점을 지적하였다. 그러나 다른 한편으로 기능 면에서 본다면 부계와 모계는 정반대의 현상을 보이는 것만은 아니라는 점이 분명해진다. 즉 두 제도에서 수행되는 아버지의 역할에는 뚜렷한 차이가 있다. 부계친족사회에서는 출계가 남편, 즉 남자를 통해서 이루어지고 가족원과 가족 일반에 대한 권위를 행사하는 사람도 바로 남편이다. 그는 자신의 자식들, 특히 아들들은 바로 자신의 가계를 계승할 후계자들이기 때문에 자녀들의 사회화에 적극적으로 참여하고 훈육을 담당하는 중심인물이기도 하다. 만약 모계사회와 부계사회가 기능 면에서 정반대로 운영된다고 가정한다면, 모계사회에서는 부인에서 딸을 통해 혈통과 가계가 이어진다는 점에서 부인 또는 어머니가 자식들에게 권위를 행사하는 중심인물로 생각될지도 모른다. 그러나 실제로는 모계사회에서도 권위를 행사하는 사람은 남자이지만 그는 남편이 아닌 부인의 형제들이다. 즉, 아이들의 입장에서 보면 외삼촌이 권위를 행사하고 있다. 이렇게 하여 모계사회에서의 아버지의 지위는 모호하다. 그는 자기의 자식에 대해서는 권위를 행사하지 못하고, 그 대신 그의 주요관심은 자신의 모계집단의 구성원인 누이의 자식들에게 권위를 행사하는 일이다. 그는 그가 실제로 살고 있는 처가에서는 하나의 이방인에 불과하고, 그의 자식들은 처가의 가계를 잇게 된다. 이와 같이 부계사회에서는 남편이 자기의 출계집단에 남아 있고 자기의 자식들에 권위를 행사하지만, 모계사회의 남편들은 아내의 출계집단에 가서 살면서 실은 그가 권위를 행사하는 집단은 그의 누이들이 살고 있는 모계친족집단이다. 이런 성격을 지적하면서 어떤 인류학자는 모계사회의 남편이란 두 개의 상이한 세계의 경계선에 살고 있는 사람으로 표현하기도 한다. 그 자신의 모계집단에서 그는 주인 노릇을 하지만, 자신의 자식들이 살고 있는 처가에서는 별로 쓸모없는 '이방인'에 불과하다.

## 5) 선계율

부계율과 모계율은 남녀 어느 한쪽으로 혈통을 따지고 새로 출생하는 성원들을 기존의 출계집단에 귀속시킨다. 또한 이 두 가지는 모두 출계의 원칙이 모든 세대에 똑같이 적용된다는 점에서 일치하고 있다. 그러나 남녀 어느 쪽으로 따지느냐가 위와 같이 고정되어 있지 않고 융통성이 있을 뿐만 아니라, 어떤 점에서는 상황에 따라 어느 쪽으로 따질 것인지에 대해 선택의 여지가 있는 출계율도 있다. 이와 같이 출계의 원칙이 고정되어 있지 않고 선택적인 것을 선계율(選系律, ambilineal or cognatic rule of descent)이라고 부른다. <그림 6-3>은 하나의 가상적인 선계친족집단의 조직을 보여주고 있다.

이 그림에서 나타난 바와 같이 제1세대에서 제2세대로 이어질 때에는 부계 쪽을 따랐다. 그러나 제2세대에서 제3세대로 넘어갈 때에는 모계를 따랐고, 제4세대로 이어질 때에는 다시 부계를 따라 가계가 이어졌다. 다른 식으로 표현한다면, 각 세대에서 가계와 재산을 아들 쪽으로 물려줄 것인지 아니면 딸쪽으로 물려줄 것인지가 고정되어 있지 않고 형편대로 선정하는 것이다. 그러

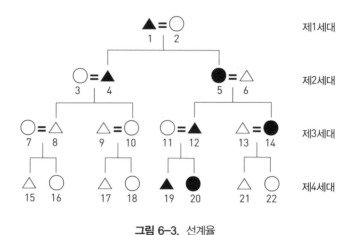

제1세대
제2세대
제3세대
제4세대

**그림 6-3.** 선계율

나 여기에서도 한 가지 분명한 점은 가상적인 양계와 같이 각 세대에서 아들과 딸, 또는 아버지와 어머니 양쪽으로 출계를 따지는 것은 아니라는 점에서 선계의 원칙도 역시 넓은 의미에서의 단계의 원칙을 따르고 있다고 말할 수 있다.

남태평양의 사모아(Samoa)섬 사람들의 친족조직은 이런 선계율을 따르고 있다(M. Ember 1959). 이들은 수많은 출계집단들로 조직되어 있고, 이 집단들은 각기 외혼단위를 이루고 있다. 각 개인은 아버지 또는 어머니 쪽의 어느 한 출계집단에 귀속될 수가 있다. 그러나 실제로는 각 개인은 그가 살고 있고 경작하는 땅을 소유한 출계집단에 귀속된다. 만약 아버지가 처가살이로 들어가서 살게 되었다면 그는 외가의 출계집단에 소속될 것이고, 그가 혼인하여 다시 처가살이로 들어간다면 그의 자녀들은 처가의 출계집단의 성원이 될 것이며, 반대로 아내를 데려와서 부모의 집에서 그대로 눌러산다면 그의 자녀들은 부계로 이어질 것이다.

이런 형태의 선계율에 의거한 친족조직은 인도네시아, 필리핀을 비롯한 동남아시아에서도 흔히 나타나고 있다. 대체로 이런 출계집단은 작은 규모의 토지를 중심으로 어떤 세대에는 남자계통으로, 또 어떤 세대에서는 여자계통으로 이어지면서 여전히 공통조상의 자손들이라고 믿고 있는 사람들로 이루어진 집단들이다.

## 6) 이중출계율

친족관계가 중요시되고 있는 대부분의 사회들이 출계를 남자든 여자든 어느 한쪽만으로 따지는 단계친족조직을 가지고 있다. 이때의 단계란 말은 각 세대에 어느 한쪽만으로 출계를 따진다는 것이지만, 몇몇 사회들에서는 부계와 모계 두 가지를 모두 인정하고 있다. 이와 같이 부계와 모계를 병합한 출계형식을 이중출계(double descent)라고 부른다. 이것은 앞에서 이미 언급한 가상적인 양계와는 구분할 필요가 있다. 양계라면 각 세대의 남자와 여자의 모든 연결을 전부 인정하는 것이겠지만, 이중출계에서는 아버지 쪽으로는 부계만을, 그리고 어머니 쪽으로는 모계만을 인정하는 출계율이 적용된다. <그림 6-4>는 이런 이중출계율이 어떻게 적용되고 있는지를 보여주고 있다. 이 그림의 제4세대에 있는 형제자매는 모두 그들의 아버지를 통한 부계출계집단에 소속됨과 동시에 어머니를 통한 모계집단에도 소속된다. 그러나 가상적인 양계의 경우와 같이 아버지의 어머니(즉 할머니) 쪽으로나 어머니의 아버지(외할아버지) 쪽으로는 출계를 따지지 않는다는 점을 유의해야겠다. 이런 점에서 이중출계율은 사실은 '이중적인 단계의 원칙'이 적용되는 것으로 보아야 할 것이다.

아프리카의 나이지리아에 살고 있는 야퀘(Yakö)족의 친족조직은 이런 이중출계율이 적용되고 있는 전형적인 예에 속한다. 그들은 인구규모가 약 11,000명 정도나 되고 몇몇 큰 도읍들에서 수많은 작은 규모의 부계친족집단별로 모여 살고 있다. 몇 개의 작은 부계친족집단들이 모여 큰 지역집단을 형성하고 이것들이 공동으로 토지를 소유하고 있다. 또한 이런 지역집단들이 몇

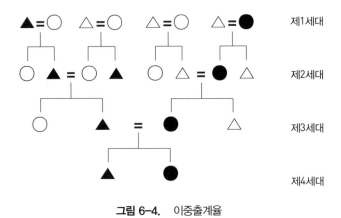

제1세대

제2세대

제3세대

제4세대

**그림 6-4.**　이중출계율

개 모여서 대(大) 씨족집단을 형성하고 있는데, 이것은 외혼단위로서의 기능
을 하고 있다.

이와 함께 야퀘족들은 또한 모계 쪽으로도 혈통을 따지고 있어서 모든 사
람들은 각기 그의 모계친족집단에 성원자격을 가진다. 부계친족집단은 토지
와 과일의 첫 수확과 관련된 의례행사, 부동산의 관리 등과 관련되어 있는 반
면에, 모계집단은 주로 동산의 관리와 상속, 그리고 출산에 관련된 의례행사
등과 관계를 맺고 있다. 그래서 각 개인은 그의 부계집단으로부터 부동산을
물려받고, 모계집단으로부터는 동산을 물려받으며 이에 추가해서 각 집단의
제사를 물려받게 된다. 이와 같은 부계와 모계의 상이한 출계양식은 야퀘족의
일상생활의 상이한 영역들에서 상호보완적인 기능을 수행하고 있다. 이 제도
에 의하면 단지 같은 부모의 자식들인 형제자매들만이 같은 부계집단과 모계
집단에 소속되어 있기 때문에 이 사회의 사람들은 어떤 상황에서는 적대관계
에 있다가도 다른 상황에서는 같은 친족집단의 구성원으로 동맹자가 되기도
한다. 그러나 결과적으로는 이런 이중출계율은 야퀘족을 하나의 통합된 사회
로 묶는 데에 크게 기여하고 있다.

마지막으로 한 가지 지적해 두어야 할 것은 <그림 6-4>에서는 한 개인과

그의 형제자매가 위로 3세대에 걸쳐서 두 개의 출계집단, 즉 모계와 부계집단의 계통을 이어받고 있다는 점만을 보여주고 있다. 그렇다면 그 후의 세대, 즉 제5세대와 제6세대에서는 어떻게 된 것인가. 그림에서는 나타나지 않았지만 앞에서와 똑같은 원리가 적용된다. 즉 부계로 내려온 계통은 제4세대의 아들에서 그다음 세대에서 손자로, 또 제6세대의 증손자로 전해질 것이고, 모계로 내려온 계통은 딸에서 제5세대의 외손녀로, 또 그다음 세대에서는 외손녀의 딸로 전해져 내려갈 것이다. 이렇게 본다면 두 개의 출계가 제4세대의 형제와의 집단에서 합류되었다가 다시 나누어져서 각기 남자계통과 여자계통으로 갈라져서 흘러 내려간다. 그러므로 아버지와 아들은 같은 부계집단에 소속되지만, 그들은 각기 상이한 모계집단에 성원권을 갖게 되면서 야퀘사회는 출계의 관계들로 얽히고설켜 하나의 통합된 전체를 이루고 있다.

## 3. 친족집단의 조직과 기능

### 1) 혼인과 출계집단

앞 장에서 우리는 이미 혼인에 관해서 알아보았지만, 친족관계가 사회생활에서 중요한 역할을 담당하고 있는 대부분의 사회에서는 혼인이란 당사자 두 사람만의 문제가 아니라 신랑의 가족과 신부의 가족, 또는 두 친족집단 간의 문제이고, 이들 간의 결연(結緣)관계를 의미하고 있다. 또한 우리는 앞에서 이미 모든 사회들이 일정한 범위의 근친들 간에는 혼인과 성관계를 금하는 근친상간금제의 관습을 가지고 있다는 점을 지적하였다. 바꾸어 말한다면 이것은 사람들이 자기의 친족집단이라고 간주하는 집단의 밖으로 혼인하는 관습, 즉 외혼의 관습이다.

어떤 친족집단이 외혼제를 엄격하게 지키고 있다면, 이것은 출계집단을 형성하고 유지할 기본적인 조건을 제공해 주고 있는 셈이 된다. 한 가족에서 출발하여 아들만이 아버지의 가족과 함께 남고, 딸들은 모두 혼인해서 밖으로 나가는 경우를 생각해 보자. 이 가족에서는 세대가 누적되면서 아버지, 아들들, 손자들, 증손자들만이 남게 되고, 각 세대의 딸들은 그들 자신은 본가(친정에 해당)와 긴밀한 관계를 유지하지만 그들의 자식들은 모두 다른 집단에 소속하게 된다. 또한 세대가 누적될수록 이들 외손들은 원래의 가족집단으로부터 멀어져 가고 결국에는 거의 잊혀 버리게 된다. 한편 원래의 가족은 남계의 후손들만으로 가계가 이어지면서 하나의 단합된 출계집단을 형성하게 된다. 이 집단의 딸들은 모두 출가해서 떠나고 그 대신 다른 집단의 딸들이 며느리로 들어와서 다음 세대를 이을 후계자를 낳아 준다.

위의 예는 출계가 남자계통으로 이어지면서 하나의 부계친족집단이 형성되는 경우이지만, 이런 과정은 모계친족집단에도 그대로 적용될 수가 있을 것이다. 단지 우리가 지적해 두어야 할 것은 외혼제(exogamy)가 하나의 출계집단을 형성하고 유지하는 데에 결정적인 역할을 하고 있다는 점이다. 만약 이와는 반대로 근친들 간에 내혼(endogamy)의 관습을 취한다면 남계든 여계든 어느 한쪽으로 이어지는 출계집단은 형성되지 않을 것이다. 어떤 사람이 어머니 쪽으로도 친족관계에 있고 아버지 쪽으로도 친족관계에 있는 식으로 서로 간에 그 계보를 따질 필요조차 없을 정도로 인척관계가 무질서하다면, 같은 조상의 자손들만으로 다른 친족집단들과는 구분될 만한 하나의 출계집단이 형성될 가능성은 극히 희박하다.


## 2) 반족

소규모의 단순사회들에서는 반족(半族, moiety)이라고 불리는 친족조직이 흔히 발견되고 있다. 이런 조직은 혼인의 규칙과 깊은 관련을 맺고 있기 때문에 여기에서 잠깐 살펴볼 필요가 있다.

반족은 하나의 사회가 두 개의 출계집단으로 구성되어 있는 것을 말하며, 이때 각 출계집단은 외혼단위를 이루고 있다. 때로는 반족을 구성하고 있는 두 개의 출계집단이 다시 각기 여러 개의 소집단으로 나누어지기도 하지만, 어떻든 간에 혼인의 경우에는 반드시 상대편에 있는 출계집단에서 배우자를 구하는 것을 특징으로 한다.

반족을 형성하고 있는 A와 B 두 개의 출계집단을 예로 들어 친족의 조직과 그것이 어떤 의미를 가지고 있는지를 잠깐 살펴보기로 하자. 우선 A와 B는 각기 부계친족집단이고 거주율은 부거제를 따르고 있다고 가정하자. 즉 출계는 남자계통을 따르고, 아들은 혼인한 뒤에도 아버지의 친족집단과 함께 살지만, 딸들은 혼인과 함께 친정을 떠나 남편 집으로 옮겨가서 살고 그녀의 자식들은 남편의 출계집단의 성원으로 귀속된다.

이 경우 A집단의 아들들은 반드시 B집단에서 배우자를 선택해야만 한다. 만약 그들이 같은 A집단의 여성과 혼인하거나 성관계를 맺으면 그것은 근친상간(incest)으로 간주될 것이고, 그 집단으로부터 벌을 받게 된다. 다시 말해서 A집단의 며느리들은 모두 B집단 출신이고, 그들은 모두 친정이 있는 B집단을 떠나 A집단에 와서 결혼생활을 한다. 반면에 A집단의 딸들은 모두 B집단에서만 신랑감을 골라야 하고, 혼인과 함께 B집단으로 옮겨가서 살게 된다. 이와 똑같은 현상이 B집단에서도 벌어진다.

그러면 이런 반족사회의 근친들은 각기 어느 집단에 소속되는지를 알아보자. <그림 6-5>는 반족의 성원권을 나타내 주고 있다. 우선 자기를 중심으로 보면 아버지와 삼촌 그리고 고모는 A집단의 구성원들이고, 그들의 배우자들인 어머니, 숙모, 고모부 등은 모두 B집단의 성원들이다. 또한 이모와 외삼촌은 어머니와 함께 B집단의 성원이지만, 그들의 배우자들인 이모부와 외숙모는 A집단의 성원들이다. 아버지 쪽의 부계집단의 남자들인 아버지와 삼촌은 그대로 A집단에 남고 고모는 결국 B집단으로 시집가게 된다. 또한 어머니 쪽의 부계집단의 남자인 외삼촌은 그 집단에 남지만, 이모는 어머니와 같이

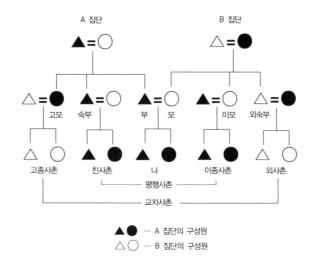

A 집단                      B 집단

고모  숙부   부  모      이모  외숙부

고종사촌   친사촌  나    이종사촌   외사촌

평행사촌

교차사촌

▲ ● … A 집단의 구성원
△ ○ … B 집단의 구성원

**그림 6–5.** 반족의 성원권과 사촌의 구분

A집단으로 시집올 수밖에 없다.

자기의 세대에 속하는 사촌들의 성원권을 보면 반족의 구성은 더욱 명확해 진다. 즉 친사촌은 모두 삼촌을 따라 A집단에 소속되지만, 고모의 자식들은 고모부가 B집단 사람이기 때문에 집단의 성원이 된다. 또한 외사촌들은 외삼 촌을 따라 B집단의 성원으로 되지만, 이모의 자식들의 경우, 이모가 A집단으 로 시집왔고 이모부는 바로 A집단의 사람이기에 이종사촌들은 모두 자기의 집단인 A의 구성원이 된다.

우리나라의 친족호칭으로는 사촌들을 네 가지로 구분한다. 즉 사촌 또는 친사촌, 고종사촌, 이종사촌 그리고 외사촌이 각기 다른 식으로 친족관계를 맺고 있는 사촌들이다. 인류학자들은 흔히 이런 네 가지의 사촌들을 평행사촌 (parallel-cousin)과 교차사촌(cross-cousin) 두 가지의 그룹으로 나눈다. 평행 사촌이란 부모와 같은 성의 형제자매들로 연결된 사촌들을 말한다. 즉 아버지 와 같은 성의 형제들인 삼촌의 자녀들인 친사촌들, 그리고 어머니와 같은 성의 자매들인 이모의 자녀들인 이종사촌을 평행사촌이라고 한다. 교차사촌은 부모와 성(性)을 달리하는 형제자매로 연결된 사촌을 가리킨다. 즉 아버지의 자매인 고모와, 어머니의 형제인 외삼촌의 자녀들인 고종사촌과 외사촌은 모두 교차사촌들이다. <그림 6-5>는 이 두 가지의 사촌을 구분해 주고 있다.

평행사촌과 교차사촌의 구분은 친족연구에서 중요한 분석도구로 사용되고 있다. 이런 구분은 단지 형식적인 것이 아니라 중요한 의미를 지니고 있다. 그림에서 보는 바대로 평행사촌들은 자기와 같은 집단(A)에 소속되어 있고 반면에 교차사촌들은 모두 상대방 집단(B)의 구성원들이다. 이런 구분의 의미가 가장 분명하게 나타나는 것이 반족의 경우이다. 이 그림에서와 같이 부계 친족제도를 따르는 반족에서는 자기의 친사촌들은 물론 자기의 부계친족집단 성원이겠지만, 어머니를 통해서 맺어진 평행사촌인 이종사촌의 경우, 이모가 외가 쪽 집단의 성원이지만 그는 결국 자기 집단(A) 쪽으로 시집온 사람이기 때문에 이모가 낳은 자식들인 이종사촌은 모두 자기와는 같은 출계집단에 속하게 된다. 교우사촌의 경우에도 외사촌은 물론 외가의 출계집단(B)에 소속될 것이지만, 고종사촌의 경우에는 A집단의 성원인 고모는 결국 B집단으로 시집 가게 되므로 그녀가 낳은 자식들은 고모부가 소속하고 있는 B집단의 성원이 된다. 이를 종합해 보면 평행사촌들은 나와 같은 출계집단에 속하는 소위 '우리 편'인 셈이고, 교차사촌들은 나와는 다른 출계집단에 속하는 소위 '남' 또는 '이방인'인 것이다. 두 가지 종류의 사촌들 간의 이런 성격 차는 다시 혼인의 관습에 반영되어 여러 사회들에서 교차사촌들 간의 혼인(cross-cousin marriage)이 허용되고 있으며, 또 몇몇 사회에서는 반드시 교차사촌들 간에 혼인할 것이 요구되고 있기도 하다. 그러나 구조 면에서 보아 자기와 같은 집단에 속할 수가 있는 평행사촌 간에는 혼인이 거의 일어나지 않고, 혹시 있다고 해도 극히 드물다.

### 3) 단계집단의 여러 형태

단계집단(unilineal descent group)은 그 결합의 범위에 따라 여러 가지의 형태를 취한다. 우리나라의 당내(堂內) 집단과 같이 누가 누구와 어떤 친족관계에 있는지 또는 몇 촌 관계에 있는지를 어느 정도 확실히 알고 있는 사람들로 구성되어 있으면서, 어느 일정한 지역에 모여 살고 일상생활에 긴밀한 접촉을 유지하는 집단을 좁은 의미에서 종족(宗族, lineage)이라고 부른다. 이 집단은 일반적으로 같은 조상의 단계 자손들로 이루어진 지역적인 집단이며 하나의 협동집단이기도 하다.

이 범위를 넘어서는 우리나라의 경우, 하나의 족보 또는 파보를 형성할 정도의 규모로 여러 지역에 흩어져있는 동족들이 공통의 조상을 중심으로 결합된 것을 씨족(clan)이라고 부른다. 이 씨족의 성원들 간에는 주의 깊게 족보상의 계보를 따지지 않는 이상 서로가 어떻게 관련되어 있는지를 거의 모르지만 그들도 단지 같은 조상의 자손이라는 점만은 분명히 믿고 있다. 한 가지 특이한 현상은 많은 미개사회에서 볼 수 있는 관습으로 씨족은 보통 '토템(totem)'을 가지고 있다. 이 토템은 대체로 동물이나 풀의 이름을 가지고 있는데 이것들은 씨족의 구성원들에게 특별한 의미를 가지고 있을 뿐만 아니라 씨족집단의 상징이기도 하다. 토템이란 용어 자체는 원래 '오토테만(ototeman)'이라는 미국의 오지브와(Ojibwa) 인디언의 말에서 나온 것으로 '나의 친척'이라는 뜻이다. 마치 스포츠세계에서 '청룡'팀, '사자'팀 등과 같이, 어떤 낯선 사람이 '곰', '늑대', '거북' 또는 '사슴'을 토템으로 삼고 있는 씨족의 성원이라는 것을 알게 되면 그가 자기와 같은 씨족의 성원인지 아닌지를 곧 확인할 수가 있다. 우리나라의 동성동본집단도 이 씨족의 범주 속에 넣어도 좋겠다. 동성동본집단에서는 고유의 본을 가지고 있고 여기에는 또한 항렬이 있어서 이 항렬만 파악되면 그 사람이 어느 세대에 속해 있는지를 알 수 있어서 '아저씨뻘'이다 또는 '나의 조카뻘'이다라는 말을 우리는 흔히 듣는다. 씨족의 토템에는 흔히 금기가 적용되기도 한다. 즉 씨족의 성원들은 그 씨족의 상징인 동물을 죽이거나 먹는 것을 엄격히 금지하고 있는 관습을 가진 경우가 많다.

다시 몇 개의 씨족들이 결합되어 하나의 포족(胞族, phratry)을 형성하기도 한다. 많은 경우에 포족의 구성단위인 씨족들은 분명한 실제 인물로서의 공동조상을 갖지는 않지만 막연하나마 과거에 어떤 식으로든지 친족 관련이 있었다고 믿고 있어서 서로 간에 혼인하지 않는 관습이 있다. 즉 포족도 하나의 외혼단위로 기능하게 된다. 대개는 여러 씨족들이 하나의 신화적인 인물을 공동조상으로 하여 결합되어 있고, 분명히 어떤 계보관계는 따질 수가 없지만 동일조상의 단계 자손들이라고 믿고 있다.

## 4) 단계집단의 기능

사회의 다른 제도와 마찬가지로 출계를 단계로 따진 공동조상의 자손들로 하나의 단합된 사회집단을 이루고 있는 관습은 어떤 기능적인 이점을 가졌을 것임에 틀림없다. 비록 위에서 살펴본 바의 여러 단계집단들이 모두 똑같은 기능을 하고 있다고 말할 수는 없겠지만, 그중 일반적으로 추출될 수 있는 몇 가지 기능만을 소개해 보기로 하자.

**혼인의 규제**　　단계친족집단의 성원들은 대개 자기 집단의 사람들과 혼인하는 것을 허용하지 않는다. 앞에서 반족을 설명할 때에도 이런 측면이 분명히 드러났지만, 만약 단계집단이 외혼단위가 아니라면 그것이 단계집단으로 존속하기는 어렵다. 우리나라에서도 혼인할 때 배우자는 분명히 동성동본집단 밖에서 골라야 할 것이 요구되고 있다. 우리는 단지 외혼만을 규정하고 있지만, 어떤 사회에서는 내외종(內外從) 간에만 혼인해야 한다는 등 어떤 특정집단과 인척관계를 맺어야만 한다고 분명히 규정하고 있다.

만약 우리가 인류학자 말리노프스키(B. Malinowski)의 가설을 따른다면,

단계친족집단 밖으로 혼인하게 하는 외혼율은 그 집단의 구성원들 간에 일어날지도 모르는 성적인 경쟁관계를 일단 배제함으로써 집단의 응집력을 높이고 단합을 증진하는 하나의 자기방어적인 장치라고 볼 수도 있다. 그러나 다른 한편 이것은 한 단계집단을 다른 집단과 인척관계를 맺게 함으로써 동맹관계(marital alliance)를 넓힐 수 있다는 추가적인 이점을 가지고 있기도 하다.

**경제적인 기능**　많은 경우에 단계친족집단은 하나의 경제적인 협동체를 이루고 있다. 이런 현상은 규모가 작고 특정지역에 집중적으로 모여 살고 있는 친족원들로 구성된 출계집단에서 더욱 분명히 나타나고 있다. 그들은 일상생활에서 상호부조하고, 어떤 위기에 직면했을 때에 모든 성원들이 한 몸이 되어 돕는다. 중국의 동족은 부유한 집은 가난한 친족원들을 도와주고 유망한 젊은 친족원에게는 고등교육을 받을 수 있도록 재정적인 지원을 해주기도 한다.

단계친족집단은 경작할 토지를 공동으로 소유하는 하나의 단위일 경우도 적지 않다. 일상생활에서 친족원들은 공동으로 농사를 돕고, 서로 간에 집안에 출산, 혼례, 사망 등의 어떤 큰일이 있을 때에는 일손을 제공한다든가 아니면 재정적으로 도움을 주는 등 지원을 아끼지 않는다.

**정치적인 기능**　동족이나 씨족의 구성원들은 자기 친족원이 관련된 분쟁이나 법률적인 문제에서 흔히 친족원의 편을 들게 된다. 친족집단의 우두머리나 장로는 공동소유의 토지를 누가 경작할 것인지를 결정할 권리를 가지기도 하고, 집단 내부에서 발생하는 분쟁을 해결하는 데에 결정적인 역할을 담당할 권리를 가지기도 한다. 또한 그들은 자기 친족집단과 다른 친족집단 사람들 간의 분쟁에서 자기 친족을 대표하여 중재자의 역할을 맡기도 한다.

아마도 단계친족집단의 정치적인 기능 중에서 가장 중요한 것으로는 전쟁에서 수행하는 역할일 것이다. 많은 소규모의 단순사회들에서 전쟁은 주로 단계친족집단 단위로 일어난다. 전쟁이 일어났을 때 어떤 무기로 싸울 것인지, 누구로부터 지원을 청한 것인지는 대항할 친족집단이 어느 것인지에 따라서 결정된다. 중부 나이지리아의 티브(Tiv)족에서는 만약 적대시하는 친족집단의 한 성원이 밤에 밭에 들어와 식량을 훔치는 것을 잡으면, 밭 주인은 그를 죽인다. 피살자의 친족원들은 다시 밭 주인의 친족집단성원을 살해하면서 이에 보복하고, 이런 식으로 보복적인 행위는 양 친족집단 간에 계속된다. 여기서 중요한 점은 하나의 사건은 개인적인 문제가 아니라 친족집단들 간의 문제이고, 행동의 단위가 바로 친족집단이라는 점이다. 개인에게 어떤 문제가 생겼을 때 우선 그가 의지하고 원조를 청하는 곳은 그가 소속한 친족집단이다.

**종교적인 기능**　대개 동족은 조상신들을 포함하여 독자적이고 초자연적인 존재들을 가지고 이들에게 집단의 수호를 기구하기도 하고, 독자적인 목적을 위해 초자연적인 세계를 통제하려는 종교적인 관습을 가지고 있기도 한다. 우리나라에서도 이런 측면은 뚜렷하여, 부계친족집단들은 어떤 의미에서는 제사집단이라고 말할 수도 있겠다. 즉 사대봉사를 같이 하는 공동조상의 부계자손들이 모여 당내집단이 형성되고 유명한 조상의 자손들로 묘제 또는 시향제(時享祭)를 같이 지내면서 동족집단의 한 파를 형성하기도 한다.

서부 아프리카의 탈렌시(Tallensi)족은 수많은 다른 아프리카 종족들과 마찬가지로 조상제사의 관습을 가지고 있고, 조상의 혼을 편안하게 해주려고 온갖 노력을 경주한다. 그들은 인생이란 인간존재의 단지 한 부분으로 간주하고 있다. 즉 그들은 인생이란 출생하기 전에도 존재하였고, 죽은 후에도 존재할 것이라고 믿고 있다. 이리하여 탈렌시족들은 그들의 조상은 계속해서 친족집단 내부에서 일어나고 있는 모든 일에 관심을 보이고 있다고 믿고 있다. 조상들은 어떤 급작스런 재앙을 일으키면서 자손들에 대한 불만을 표시하기도 하고, 기대하지 않은 행운을 가져다줌으로써 기쁨을 표시하기도 한다는 것이다. 그러나 이 조상들을 기쁘게 해드릴 방도를 자손들은 알지 못하기 때문에, 탈렌시족의 사람은 설명할 수 없는 사건들의 원인을 이 조상신들에게로 돌리면서 그들을 경건히 모신다. 그들의 조상신에 대한 믿음은 그들에게 안정을 가져다주고 있다. 그들이 다른 집단의 조상들에게는 일체 관심이 없고, 다만 그들 자신의 조상들만이 그들을 항상 보호해 줄 것으로 믿고 있는 점은 탈렌시의 조상숭배가 출계집단에 기초한 하나의 종교임을 말해 주고 있다(M. Fortes 1949).

이와 같은 예는 다른 사람들에서도 흔히 볼 수 있는 현상이다. 그러나 이것은 출계집단이 조상제사와 같은 종교적인 행사를 수행하기 위해서 존재한다는 것을 의미하는 것은 아니다. 다만 이런 의례행사를 공동으로 수행하면서 출계집단은 하나의 사회집단으로 더욱 단합되고, 전체사회 속에서 하나의 통합된 단위로 기능하게 된다.

## 4. 친족용어

친족용어(kinship terminology)에 대한 연구는 인류학에서 중요한 부분을 차지하고 있다. 이것은 친족용어가 사회구조, 특히 친족의 구조를 잘 반영하고 있을 뿐만 아니라, 사람들이 그들의 친족들을 어떻게 분류하며 또한 평가하고 있는지를 잘 말해 주고 있기 때문이다. 예컨대 우리나라에서는 아버지의 형제의 자녀들을 사촌 또는 친사촌이라고 부르지만, 어머니의 형제들의 자녀들을 '외(外)'사촌이라고 한다. 이것은 곧 친사촌은 나와 같은 부계집단에 소속한 사람인 반면, 외사촌은 나의 부계집단 밖에 있는 사촌이라는 뜻이 이미 친족호칭에 그대로 반영되어 있다. 다른 한편 미국 사람들은 친사촌과 외사촌을 구분하지 않고 모두 '사촌(cousin)'으로 분류하고 있다. 그들은 부계집단 또는 모계집단과 같은 출계의 개념을 결여하고 있기 때문에 이 두 가지의 사촌을 구분할 필요도 없고, 구분하지도 않는다. 같은 식으로 그들은 고모, 숙모, 이모, 외숙모 등을 모두 '아주머니(aunt)'로만 분류하고 있다.

친족용어는 호칭(呼稱, terms of address)과 지칭(指稱, terms of reference)의 두 가지로 크게 구분된다. 호칭은 우리가 대화에서 친족원을 직접 부를 때 쓰는 용어이다. 우리는 사촌형을 직접 부를 때 그냥 '형' 또는 '형님'이라고만 부른다. 이것은 호칭이다. 지칭은 다른 말로 관계호칭이라고도 한다. 어떤 사람과 대화 도중에 자기의 친족원을 가리키거나 인용할 때 우리는 지칭을 사용한다. 위의 예에서 '사촌형'은 지칭이다. 비록 그를 직접 부를 때에는 '형'이라고 호칭을 쓰지만, 누가 "저 사람이 누구냐"고 물었을 때 우리는 "나의 사촌형이야"라고 지칭으로 대답한다.

친족용어를 다룰 때, 우리는 직계(lineal) 친족원과 방계(collateral) 친족원을 구분할 필요가 있다. 직계 친족원은 부모와 자식 간의 관계로 연결된 친족원을 말하고, 직계 친족원의 형제자매로 연결된 사람을 방계 친족원이라고 한다. 위 세대의 부모, 조부모와 아래 세대의 자녀, 손자녀들은 모두 직계 친족원이다. 그러나 사촌, 오촌, 육촌들은 모두 방계 친족원들이다. 예컨대 사촌은 아버지의 형제의 자녀이기 때문에 나와 친족관계가 있는 것이므로 방계 친족원으로 분류된다.

친족용어의 체계는 위의 직계와 방계의 구분에 초점을 두어 '유별적 친족용어(classificatory kinship terminology)'와 '기술적 친족용어(descriptive kinship terminology)'의 두 가지로 구분되기도 한다. 유별적 친족용어는 방계 친족원의 전부 또는 그 일부를 친족용어상으로 직계 친족원과 같은 범주로 구분하는 체계를 말한다. 예컨대 어떤 사회에서는 아버지(직계)와 삼촌(방계)에게 같은 친족용어를 사용하고, 어머니(직계)와 이모(방계)에게 같은 용어를 사용하고 있는데 이것은 곧 유별적 친족용어체계이다. 이런 현상은 앞에서 이미 소개한 반족 사회에서 흔히 찾아볼 수 있는데, 아마도 같은 친족집단에 속한 같은 세대의 사람들에게 단지 남녀의 성별만을 구분한 용어를 사용하기 때문이다. 기술적 친족용어는 직계와 방계를 엄격히 구분한 용어체계이다. 대부분의 사회에서 이런 체계를 따르고 있다.

친족용어체계는 너무 다양해서 전부 소개하기는 어렵지만, 단지 여기에서는 인류학에서 흔히 다루어지고 있는 주요한 몇 가지 체계만을 소개함으로써, 여러 사회에서 친족을 구분하는 범주가 친족용어체계에 어떤 식으로 반영되어 있는지를 알아보기로 하자. 또한 우리는 여기에서 호칭보다는 지칭에만 초점을 둘 것이다. 그것은 친족관계를 명시하고 있기 때문이다.

## 1) 하와이형 친족용어

친족용어체계 중에서 가장 단순하고도 용어의 수가 가장 적은 것이 하와이형(Hawaiian) 친족용어이다. 이것은 하와이의 토착민들이 따르는 용어체계에서 나온 명칭이다. 하와이형의 용어체계에 의하면 자기의 친족원들을 세대별로만 구분하여 모든 남자와 여자들에게 각기 동일한 명칭을 사용하는 것이 특징이다. <그림 6-6>에서 나타내고 있는 바와 같이 아버지와 삼촌, 외삼촌 등 아버지의 세대에 있는 모든 남자들에게 아버지에게 사용하는 것과 똑같은 용어를 사용한다. 똑같은 식으로 어머니, 이모, 고모에게도 동일한 용어를 사용하고 있다. 그림에서는 단지 '부', '모'라고만 표시하였지만, 이것은 아버지 또는 어머니에게 사용되는 실제의 용어가 누구에게 적용될 수 있는 것인지를 명시하기 위한 것이다.

또한 자기의 세대에서도 사촌들을 자신의 형제자매들과 용어상 구분하지 않고, 같은 용어를 사용하고 있다. 직계와 방계에 대한 용어를 구분하지 않고 있다는 점에서 유별적 친족용어체계에 속한다고 볼 수 있다.

이런 친족체계는 앞에서 살펴본 선계율과 깊은 관련을 맺고 있다. 즉 선계

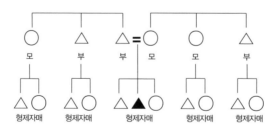

**그림 6-6.** 하와이형 친족용어

율을 따르는 사회에서는 각 세대에서 부계 또는 모계 어느 한쪽으로 '선택해서' 가계가 이어진다. 이로 인하여 아버지 쪽의 친족과 어머니 쪽의 친족이 구분되지도 않은 채 혼합되어 있고, 그것이 용어체계에 그대로 반영되어 있다.

## 2) 이로쿼이형 친족용어

북미주의 동북부에 살고 있는 이로쿼이(Iroquois) 인디언들을 따라 이로쿼이형으로 불리고 있는 이 친족용어체계는 앞에서 이미 살펴본 반족의 구조를 잘 반영하고 있다. 즉 이 용어체계에 의하면, 아버지와 삼촌이 같은 용어로, 그리고 어머니와 이모가 같은 용어로 사용된다. 그러나 하와이형과는 달리 고모와 외삼촌은 각기 어머니와 아버지의 용어와는 구분되고 있다. 자기의 세대에서는 평행사촌인 친사촌과 이종사촌은 자기의 형제자매와 같은 용어로 사용하고, 교차사촌들에게는 형제자매와는 구분되는 용어가 사용된다. 이를 종합해 보면 자기와 같은 친족집단에 소속한 평행사촌과 삼촌 및 이모에게는 각기 자기의 형제자매와 부모에게 사용하는 용어를 적용하지만, 다른 친족집단에 소속한 고모, 외삼촌 및 교차사촌들에게는 자기 집단의 사람들과는 다른 용어를 사용하고 있다.

이로쿼이형도 역시 직계와 방계를 구분하지 않고 있다는 점에서 유별적 친족용어체계에 속한다고 볼 수 있다. 그러나 자기의 출계집단 사람들과 다른 집단의 사람들을 분명히 구분하여 사용하고 있는 점은 하와이형과는 다르다.

이와 같은 이로쿼이형은 반족사회의 친족구조를 반영하고 있다는 점에서 인류학자들로부터 많은 주목을 받아 왔다. 이 친족용어체계가 초기의 인류학자인 모건(L. H. Morgan)에 의하여 처음 알려졌을 때, 그는 아버지와 삼촌이, 그리고 어머니와 이모가 용어상 구분되지 않고 있다는 점에서 이것은 바로 옛날에는 부부의 쌍이 고정되어 있지 않고 난혼제(亂婚制)를 따랐기 때문에

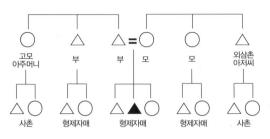

고모
아주머니　부　부　모　모　외삼촌
　　　　　　　아저씨

사촌　형제자매　형제자매　형제자매　사촌

**그림 6-7.** 이로쿼이형 친족용어

자식들은 사실 누가 실제의 아버지 또는 어머니인지 알지 못해서 이런 용어 체계가 나왔을 것이라고 해석했었다. 즉 이로쿼이족의 친족체계는 원시 난혼 제의 흔적이라고 해석되었다. 그러나 지금 이런 해석은 더 이상 받아들여지지 않는다. 이로쿼이의 어린이들도 분명히 그들의 부모가 누구인지를 알고 있으 나, 용어상 혼동이 오고 있는 것은 단지 그들이 자기 집단의 사람들을 한 가 지 용어로 부르고 이들을 다른 집단의 성원들로부터 구분하는 데에서 나온 것이다.

### 3) 에스키모형 친족용어

에스키모(Eskimo)족에서 나타나고 있는 친족용어체계로 미국을 비롯한 서 구사회들이 이런 형태를 취하고 있다. <그림 6-8>에서 나타난 바와 같이 에 스키모형의 친족용어는 직계와 방계를 분명히 구분하고 있다는 점에서 기술 적인 친족용어체계를 따르고 있는 셈이지만, 아버지 쪽의 친족을 어머니 쪽의 친족과 구별하지 않고 있음이 특징적이다. 즉 부모의 세대에서는 부모를 제외 하고는 모두 남녀만 구분하여 아저씨, 아주머니로 부르고 있다. 자기의 세대 에도 이런 형식을 따르고 있어서 자기의 형제자매만을 구분하고, 다른 사촌들 은 모두 '사촌(cousin)'이라는 한 가지 용어를 쓰고 있다.

이런 용어체계는 출계의 개념, 즉 동일조상의 직계자손들로 하나의 단합된

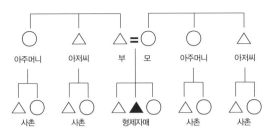

**그림 6-8.** 에스키모형 친족용어

출계집단을 형성하고 가계를 영속시킨다는 개념이 없는 서구사회의 성격을 잘 반영하고 있다. 그리하여 어머니 쪽의 친척과 아버지 쪽의 친척을 구분할 필요도 없고, 그들을 각기 똑같은 거리상의 친족원으로 평가하고 있다. 즉 그들에게는 친사촌은 내 집단의 사람이요, 외사촌은 바깥사람이라는 관념이 없고 양자를 똑같은 비중의 사촌으로 보고 있다. 이런 의미가 에스키모형의 친족용어에 그대로 반영되어 있다.

## 4) 우리나라의 친족용어

기본적으로 하나의 친족체계에는 여러 가지의 원칙들이 적용된다. 즉 사람들은 어떤 원칙들에 의거하여 그들의 친족들을 분류하고 있느냐는 것이 친족용어체계에 반영되어 있다. 우리는 이미 앞에서 세 가지의 친족용어체계를 소개하면서 여러 가지 원칙들이 적용된 결과들을 보았다. 이제 구체적으로 우리나라의 친족용어에는 어떤 원칙들이 적용되고 있는지를 간단히 정리해 보기로 하자. 우리는 아래에서 각각의 원칙들이 적용되는 간단한 예를 몇 개씩만 소개할 것이다.

**직계와 방계 친족원의 구분**　조부모, 부모, 자녀, 손자녀 등의 직계 친족원들은 각기 종조부모, 숙부, 숙모, 조카, 종손자녀 등의 방계 친족원들로부터 구분된다.

**세대의 원칙**　　우리나라의 친족호칭에서는 상이한 세대의 사람에게 같은 용어가 적용되는 예가 없고, 모든 친족용어가 어느 세대의 친족원을 가리키는지를 분명히 말해 준다.

**같은 세대의 친족원의 연령**　　연령은 친족용어에도 반영되어 있어서 형제 자매 중에도 형님, 누님과 동생, 누이동생 등으로 연령의 차이를 밝히고 있으며, 아버지의 세대에도 백부, 숙부 등으로 아버지와의 연령 차이가 용어에 고려되어 있다.

**관계 짓는 사람의 연령**　　인척의 경우에 그 사람의 배우자를 통해 그는 나와 친족관계를 맺게 된 셈이다. 예컨대 형수의 경우에 그녀는 나의 형과 혼인함으로써 나와는 친족관계를 맺게 된 셈이다. 이때 관계 짓는 사람이란 바로 형을 가리킨다. 형은 나보다 나이가 많기에 그의 부인은 형수가 되고, 나보다 어린 동생의 부인은 제수 또는 계수가 된다. 숙모와 백모의 경우에도 이런 원칙이 적용되고 있다. 즉 아버지의 형의 부인은 백모, 아버지의 동생의 부인에게는 숙모로 용어가 사용된다. 그러나 백모 또는 숙모와 나의 아버지와의 연령 차이는 고려되지 않는다.

**친족원의 성**　　동생, 조카 등과 같이 몇 가지를 제외하고는 거의 모든 용어들이 친족원의 성을 밝히고 있다. 사촌이란 용어도 그런 예에 속하지만 더 구체적으로 밝힐 때에는 사촌형, 사촌누이 등과 같이 성을 분명히 할 수도 있다.

**말하는 사람의 성**　　말하는 사람이 남자이냐 여자이냐가 용어에 반영된다. 예컨대 같은 사람을 가리키면서도 남자는 '형'으로, 여자는 '오빠'라는 용어를 써야 하고, 남자의 '누님'이 여동생에게는 '언니'가 된다. 영어권의 사회에서는 그런 원칙이 적용되지 않는다.

**관계 짓는 사람의 성**　　나의 친사촌들과 고종사촌들은 각기 삼촌과 고모를 통해서 나와 관계를 맺고 있다. 삼촌과 고모는 아버지의 형제자매들이다. 이들의 성에 따라 그들의 자식들이 친사촌과 고종사촌으로 구분되고 있다. 또한 이모와 외사촌의 경우도 마찬가지이다. 물론 이런 원칙도 영어권의 친족체계에서는 적용되지 않는다.

**아버지 쪽의 친족원과 어머니 쪽의 친족원의 구분**     아버지 쪽의 친족원들은 어머니 쪽의 친족원들, 즉 외가의 사람들로부터 분명히 구분되어, 우리나라의 친족용어에서는 편리하게도 '외-'라는 접두어를 모두 붙이고 있다. 즉 외삼촌, 외숙모, 외사촌형 등과 같이 외척임을 분명히 밝혀 주고 있다.

**혈족과 인척의 구분**     자기가 소속한 출계집단인 부계집단의 사람들은 인척인 처가 쪽의 사람들과는 용어상 구분된다. 이것은 남편 쪽에서도 아내 쪽에서도 모두 적용되는 원칙이다. 즉 남편은 아내의 친족들을 가리킬 때 대체로 처조부, 처남, 처제 등과 같이 접두어 '처-'를 붙이고, 아내는 시댁의 친척들을 지칭할 때 시아버지, 시숙 등과 같이 주로 접두어 '시-'를 붙인다.

**혈연관계의 정도**     우리나라에서는 혈연관계의 농도가 얼마나 깊으냐를 가리키는 하나의 지표이기도 한 촌수가 친족용어로 사용되기도 한다. 3촌, 4촌, 5촌, 6촌 등 촌수는 얼마든지 넓게 따질 수는 있지만 대체로 같은 고조의 자손들인 자기 세대의 8촌까지를 이 촌수에 의거하여 친족용어로 대신하고 있다. 이런 촌수의 관습은 아마도 세계 어느 나라에도 찾아볼 수 없는 우리나라 고유의 것인 것 같다.


## 더 읽을거리

김광억
    1986, 「조상숭배와 사회조직의 원리: 한국과 중국의 비교」, 『한국문화인류학』, 18: 109-128.

이광규
    2000, 『가족과 친족』, 서울: 일조각.

Collier, Jane Fishburne, and Junko Yanagisako
    1990, *Gender and Kinship: Essays toward a Unified Analysis*, Stanford,

California: Stanford University Press.

Fortes, M.

1949, *The Web of Kinship among the Tallensi*, New York: Oxford University Press.

Freedman, Maurice

1958, *Lineage Organization in Southeastern China*, London: University of London. (김광억 역, 『동남부 중국의 종족조직』, 서울: 일조각, 1996.)

Morgan, L. H.

1877, *Ancient Society*, New York: World Publishing. (최달곤·정동호 공역, 『고대 사회』, 서울: 문화문고, 2000.)

# 제7장

# 사회조직

  이 장에서는 사람들이 형성하는 여러 집단의 형태들을 그 구성 원리에 따라 나누어 살펴보기로 한다. 그래서 성, 연령 등의 생물학적인 기준과 사회적 요소와 종교적 관념과 특정의 목적들에 의하여 하나의 사회가 어떻게 수직적, 수평적으로 분류되고 사람들이 그 속으로 배치되는가를 알아본다. 이러한 사회조직의 여러 원리를 살펴본다는 것은 사회의 유형을 파악한다는 것 외에, 한 개인은 여러 차원에서의 관계를 동시에 가지고 있어서 행위의 다양성을 보여준다는 사실을 미리 알게 함으로써 공정한 이해를 할 수 있는 여유를 제공해 준다는 데 의의가 있는 것이다.

  어떤 사회에서나 사람들은 완전한 자연인으로서 개인생활을 하는 것이 아니라 집단 속으로 조직되어 들어가서 그 일원으로서 행동한다. 이 집단조직은 공동의 관심과 공동의 지도력을 기반으로 한 사람들로 이루어진 실체로서, 한 사회에는 무수한 그리고 다양한 형태의 조직들이 있다. 인류학자들이 인간을 연구할 때 관찰의 대상과 분석의 단위로 사용하는 것은 바로 이 조직된 집단인 것이다.

우리는 아무렇게나 사람들이 모여 있다고 해서 집단이라고 부르지 않는다. 확실히 서울역에는 '표를 산다'는 공통된 목적을 가지고 경찰이나 역 직원들의 지시에 따라 질서를 지키고 정당한 매매행위를 이루는 사람들로 모여 있지만 그것을 집단이라고 하지 않는다. 그것은 일회적인 모임이며 아무런 조직도 없기 때문이다. 그러나 서울역에 근무를 하고 있는 사람들은 서울역, 철도공사, 국토교통부, 그리고 나아가서는 행정부라는 명칭의 조직적인 집단의 성원이 된다. 그들 사이에는 일정한 능력과 자격에 따라 역할분담이 있고 상하계급적인 차이에 따라 취해야 할 행동의 규범이 있고 공통의 법칙이 있다. 또한 부산역의 직원들과 자신들을 구분하는 '우리'라고 하는 감정과 자기 집단과 다른 집단을 구분하는 어떤 기준을 가지고 있다.

이렇게 사람들이 자기와 남, 우리 편과 상대편 등을 어떻게 구분하며 그렇게 구분되어 이루어진 집단 내부에는 또한 어떤 구분이 수직적 혹은 수평적인 차원에서 형성되는지 그 원리를 알아보는 것은 인간집단의 이해에 선결되어야 할 문제인 것이다. 이러한 조직을 형성하고 사람끼리의 분류를 이루는 원리로서는 혈통을 가장 기본적인 것으로 들 수 있다. 즉 친족관계가 사회구조를 결정짓는 가장 기본요소이지만 그렇다고 한 사회가 반드시 친족집단으로만 구성된다는 것은 아니다. 한 사회에는 실제로 친족 외의 요소에 의한 집단이나 조직이 다양하게 존재하며 사람들은 여러 범주(category)에 의하여 분류된다.

# 1. 성(性)에 의한 구분

## 1) 성에 따른 역할분담

어디에서나 남녀의 성적 차이는 사람들을 사회적으로 분류하는 데 있어서 가장 기본적인 요소의 하나로 작용한다. 남녀 간의 역할분담은, 특히 여자는 아이를 낳고 기르며 대부분의 시간을 집안일에 종사하게 된다는 사실에서 비롯된다. 특히 자기들이 주위환경에서 직접 식량을 획득하며 경제생활이 생계유지에 급급한 상태(이를 subsistence economy라 한다)에 있는 사회에서는 이러한 채취농업의 많은 부분이 또는 전부가 여자의 할 일로 되어 있으나, 경우에 따라서 남자가 여자의 일을 도와줄 수도 있고 여자가 남자의 일을 할 수도 있다. 그러나 여기서 문제 삼는 것은 일종의 관습으로 되어 있는 것으로서 성에 따른 역할분담이 그대로 시행되지 않을 때 다른 사람들로부터 비정상적이라고 비판받거나 웃음거리가 되는 사회를 말한다. 마치 남자가 부엌일을 하고 있는 동안 여자가 신문을 보거나 텔레비전을 보고 있으면 아주 이상하게 생각했던 과거의 우리나라처럼 어떤 사회에서는 나무를 베어 쓰러뜨리는 일은 반드시 남자가 해야 하며 그 나무를 태워서 재를 만들고 그 터에 씨를 뿌리는 것은 반드시 여자가 해야 한다고 믿는다. 또는 소나 가축들을 들판에 데리고 나가서 풀을 먹이고 다른 동물의 습격으로부터 보호하는 일은 남자가 하지만 소젖을 짜는 일은 여자가 해야 하는 사회도 있다. 만약에 여자가 나무를 쓰러뜨리거나 남자가 젖을 짜는 일을 하면 농사가 잘되지 않는다거나 소가 젖이 말라 버린다거나 한다는 관념이 그들에게 있는 것이다.

많은 사회에서 성에 따른 역할분담이 일종의 제도처럼 명확히 구분되어 있는데 남자는 대부분 큰 힘이 들거나 또는 전쟁, 사냥, 목축, 고기잡이 등등 집에서 멀리 떠난 곳에서 하는 일을 담당한다. 그뿐 아니라 정치나 법의 분야에서도 권리와 의무에 관계된 권위는 남자가 차지하며, 집안, 친척집단, 정치집단 등에서는 남자가 우두머리가 되는 것이 보통이다. 여자는 이에 대신하여 남자로부터 보살핌을 받는 존재가 된다. 그래서 결혼하기 전에는 아버지의 보호를 받거나 어떤 후견인을 가지며, 결혼 후에는 남편이 그 역할을 담당한다. 사회적으로 중요하다고 여겨지는 일을 남자들이 담당함으로써 여성의 지위는 상대적으로 낮게 평가된다. 이는 또한 아주 중요한 종교적 의례 역시 남자에 의해서 이루어짐으로써 더욱 강화된다. 그러나 경우에 따라서 여자들만이 참가하는 종교적 의례도 있다. 또한 신흥종교나 사회에서 공인되지 않은 종교적 집단에 여성의 참여가 많은 것도 볼 수 있다. 이는 여자들의 낮은 사회적 지위를 종교적인 지위를 통하여 높이려는 시도로 해석될 수 있을 것이다.

대부분 보수적인 농업사회에서는 남녀가 함께 집 바깥으로 나다니거나 가정이라는 테두리 이외의 사회에서 어떤 교제를 하는 것을 온당한 행위로 보지 않는다. 심지어 집안에서도 남자와 여자는 될 수 있는 대로 같이 앉아 있거나 정면으로 마주치는 일을 피하며 식사도 따로 하고 경우에 따라서는 부인과 사이가 너무 좋으면 다른 사람들로부터 조롱이나 비판을 받기도 한다. 이러한 사회에서는 배우자가 아닌 남녀의 관계는 의심의 대상이 되기 쉽고, 따라서 부부가 아닌 남녀의 교제는 비밀스런 애정관계나 간통관계로 몰아세우기가 십상이다.

남녀세계의 이러한 사회문화적 구분은 종종 공간적인 구분으로 구체화된다. 전통적인 한국의 가옥구조는 남자들에 의하여 독점되는 사랑방과 사랑채와 여자들의 영역인 부엌과 안방으로 나누어져 있어서 이를 잘 반영하고 있다. 시장에 간다든가 외부손님을 맞이할 경우에도 이는 남자의 소관사항이었으며 여자는 외출과 외부와의 접촉이 통제되었다. 남녀의 사회문화적 지위의 차이가 현격하고 지위이동의 기회가 제한되어 있었던 전통사회에서도 물론 여성만의 모임과 놀이가 존재하였다. 그러나 대부분 이들 여성의 모임과 결사체는 비공식적인 것으로 존재하였으며, 따라서 남성들의 결사체에 비하여 공개적이지 못하였다(김진명 1984).

## 2) 성에 따른 조직체

한편으로 성적 구별이 적용되어 조직된 특수집단이나 사회도 존재한다. 종교적 집단으로서 우리는 비구승과 비구니, 신부의 수도원과 수녀들의 수녀원,

그리고 여군 등을 주위에서 쉽게 찾아볼 수 있다. 성차에 의거한 조직체로서 서아프리카의 포로(Poro)라고 부르는 남자의 비밀결사체를 들 수 있다. 포로 사회는 라이베리아의 마노(Mano)족과 골라(Gola)족, 그리고 시에라리온의 멘데(Mende)족과 템네(Temne)족 사이에 조직되는 것으로서 이 조직체의 비밀은 여자와 아직 성인식을 거치지 않은 소년에게는 절대로 알려져서는 안 되는 것으로 지켜지고 있다. 이 사회에 입회하려면 먼저 소년들이 일련의 성인식 의식절차를 거쳐야 하며, 그럼으로써 우선 포로사회의 최하층계급에 소속된다. 소년들은 자기의 마을로부터 격리되어서 '숲속의 학교'라는 외부세계와 차단되어 있는 학습지로 들어가서 몇 개월을 지내게 된다. 이 시기 동안 그들은 집짓기, 농사방법뿐만 아니라 앞으로 추구할 직업, 남자로서 알아야 할 모든 지식과 기술을 배운다. 그들은 상징적 의례를 통하여 죽은 자로 취급받으며 포경수술을 받고, 모든 필요한 절차를 밟으며 숲속의 학교로부터 다시 일상의 영역으로 '다시 태어난다.' 이때 얼굴이나 가슴에 상처를 내어서 표시한다. 같은 통과의례를 행한 소년들은 하나의 연배(年輩, age-set)를 구성하여 일생 동안 하나의 단위로서 행동하게 된다.

포로사회의 고위층은 몇 등급의 사제(司祭)들로 구성된다. 전체사회는 최고의 사제 혹은 대사범을 그 정점으로 하는 일종의 피라미드 모양을 갖는다. 보다 상위의 지위는 세습적인 권리와 많은 액수의 대가를 지불함으로써 획득할 수 있다. 고위층의 사제들은 가면을 쓰고 나와서 회원의 잘못이나 범죄에 대한 판결을 내리며 숲속의 학교를 운영하고 농업의 풍요를 기원하는 의식을 담당한다.

포로사회가 순전히 남성으로 구성되므로 남성과 여성 간의 근본적 구별이 조직의 원리가 된다. 여성 역시 산데(Sande)회라고 부르는 여성만의 비밀결사체를 가진다. 산데 사회도 그들만의 숲속의 학교를 가지고 있어서 소녀들을 교육시키고 훈련시킨다. 그들은 클리토리스 제거 수술을 하며 요리, 노래, 춤, 약초, 독약 만드는 법 등을 배운다. 그리고 나서 포로와 마찬가지로 고위층의 지도자들에 의해 행동의 지시를 받는다.

## 3) 성차와 문화

그러나 성차(性差, gender)에 의한 남녀의 사회적 구분은 대부분 문화적 요소에 의하여 이루어진 것이며 따라서 이러한 문화적 왜곡을 시정함으로써 생활의 모든 영역에서 남녀차별이 없어져야 한다는 주장이 근래에 점차 활발하게 전개되고 있다. 즉, 생물학적 특성에 의한 역할구분과 문화적 분류체계에 의한 남녀세계의 구분은 구별되어야 할 것이다. 따라서 문화적 편견을 극복하는 작업을 통하여 남녀의 관계는 불평등이 아닌 상호보완적 관계가 이루어질 것이며 남녀가 공유할 수 있는 영역과 분업의 원리에 의하여 서로 구분해야 할 영역이 적절히 설정될 수 있을 것이다.

흔히 사회마다 남성다운 것과 여성다운 것에 대한 규범이 있어서 이에 따른 행동과 가치관을 갖도록 학습된다. 우리나라에서도 삼종지도(三從之道), 여필종부(女必從夫), 칠거지악(七去之惡) 등 여성의 사회적 지위를 억제하기 위한 장치와 다량의 흡연과 음주는 남성 특유의 것이라는 관념이 뿌리 깊게 남아있다. 이러한 문화적 규범은 사실 남녀의 생리적 특징을 기준으로 한 역할구분과는 별개의 것이다. 실제로 사회변동에 따라 여성의 역할과 지위도 변화하고 있다. 서구의 많은 나라들도 여성에게 참정권을 주었거나 평등한 직업기회를 보장한 것은 거의 제2차 대전 이후의 일이다. 특히 전쟁 중 후방을 지키고 공장에서의 생산 작업과 사무일의 대부분을 여성들이 담당하게 됨으로써 여성의 역할과 능력에 대한 재평가를 촉구하게 되었다. 더욱이 오늘날 도시에서 주거생활의 변화, 새로운 기계의 보급, 취업기회의 개방과 취업분야의 다양화와 증대 등은 여성을 가사로부터 벗어나게 하며 농업과 공업부문에서 남자가 담당했던 많은 일들이 여성의 할 일이 되었다. 즉 남녀의 성차에 의해 설정되었던 전통적인 역할구분의 관념이 많이 변하고 있다. 여기서 우리가 문제시해야 할 것은 남녀역할에 대한 전면적인 개편이 아니라 여성에게 할당된 역할에 대해서 공평한 가치와 의미를 부여해야 한다는 점이다. 문화적 개념이란 그것에 의해서 남녀 사이에 상대방의 희생을 당연시하고 요구함으로써 일방적인 이익이 생기는 관계를 성립시키는 기반이 되어서는 안 된다.

## 2. 연령에 의한 구분

### 1) 연령에 대한 문화적 관념

어떤 사회든지 거기에는 연령에 의하여 사람들을 구별하는 관습과 제도가 있다. 일차적으로 이런 구별은 성에 의한 구별과 마찬가지로 생물학적인 기준에 의한다. 즉, 아이들은 어른의 일을 할 능력이 아직 없으며 늙은 사람은 역시 과중한 일을 해 나갈 힘이 없다는 사실이다. 많은 나라에서 이러한 구분이 개인의 능력과 관계없이 나이만 계산하여 이루어지는 경우가 많다. 우리나라의 경우에도 몇 살에는 초등학교에 취학해야 한다든가, 군대는 몇 살에 가며 얼마 후에 제대를 한다든가, 부모의 동의 없이 법적으로 결혼할 수 있는 나이는 몇 살이며, 투표권을 행사하기 시작하는 나이, 스스로 모든 재산에 책임을 지는 나이, 연금을 타게 되는 나이 등이 정해져 있으며 동시에 능력과 관계없이 직책에서 퇴직해야만 하는 정년제(停年制)가 있다. 이러한 구분과 더불어 사람들은 보다 나이가 많은 사람에게 존경을 표시해야 한다는 규범도 가지고 있다. 이러한 윤리적 감정은 종종 강하게 작용하여 어떤 집단이나 사회의 지도자의 연령에 준거하여 부하들에 대한 인사이동이 뒤따르게 된다. 즉, 보다 나이가 많은 사람이 보다 젊은 사람의 지휘를 받는 입장에 있게 되면 피차가 불편하다는 이유가 있는데, 바로 이 불편을 느끼거나 또는 느껴야만 하는 것이 곧 그 사회의 연령에 대한 관념에서 기인하는 것이다.

그런데 미개사회는 문자기록이 없으므로 정확한 연령을 알 수가 없으며 또한 그러한 사항에 대해서도 별 관심을 갖지 않는다. 그러면서도 그들은 일반적으로 노인 또는 나이가 든 사람을 중요하게 여긴다. 외부세계와 접촉이 적고 지식의 전수가 개방되어 있지 않은 사회에서는 인간의 지혜는 일생의 경험을 통하여 얻어지는 것이므로 노인은 그만큼 지혜를 가진 존재로 존경을 받으며, 한편으로는 그들은 곧 신이나 조상신을 만나게 되는 입장(죽음에 가까운 입장)에 있다는 이유로 특별대우를 받기도 한다.

## 2) 성인식과 연령집단

이러한 사회에서는 신체적인 외모에 의해서 나이가 든 것을 아는 것 외에 특별히 어른으로서의 자격을 갖추는 과정이 있다. 즉, 생물학적으로 어떤 일정한 성숙기에 들었다고 판단되는 사람들은 성인식(initiation)이라고 부르는 특정의 의식(儀式)을 거침으로써 완전한 성인이라는 사회적인 인정을 받고 사회적인 연령집단(age-group)에 소속된다. 이 성인식은 소년과 소녀가 각각 따로 격리되어서 각각 성적 차이와 사회적인 역할에 관한 특별교육과정을 거치게 된다. 즉, 소녀들은 성생활과 가정생활에 관한 교육을 받으며 소년들은 지혜, 용기, 인내, 힘을 필요로 하는 여러 가지 사회적인 일을 처리하거나 전쟁과 사냥 등의 수행을 훈련받는다.

이러한 사회에서는 누구든지 신체적으로 사춘기가 시작되기 전에는 성인식에 참가할 수 없는 반면, 사춘기에 들어가도 어떤 이유로 인하여 성인식이 지연될 수가 있다. 그러므로 생물학적인 연령과 사회학적인 성인의 지위는 반드시 일치하지는 않는다. 이 성인식은 대부분 집단적으로 그리고 몇 년간의 간격을 두고 행해지며 각각 특유한 명칭이 있어서 같은 성인식을 행한 사람들은 그 사회에서 일생 동안 그 성인식의 명칭에 의하여 사회적인 연령을 인정받게 된다. 아프리카의 여러 사회에서는 인구 전체가 몇 개의 연배(age-set)에 속하고, 이 연배는 연령단계(age-grade)를 구성한다. 즉, 연배란 동일한 성인식을 거친 사람들의 모임으로 구성된 것이고 연령단계란 이 연배의 구성원이 일생을 통하여 지나가게 되는 지위의 연속체인 것이다. 사회유지에 필요한 책임과 의무와 권리가 연령단계에 분배되어 있으므로 한 연배가 그들이 속한 연령단계에 부여된 책임과 의무를 담당하게 된다. 예를 들어 몇 개의 연배들은 전사의 역할을 담당하고 그 연령단계를 지나면 일선에서 은퇴하여 그 사회의 정치나 윤리 등에 관한 일에 자문역할을 담당하며 중요한 의사결정에 영향력을 행사하는 장로의 연령단계로 들어간다. 물론 이렇게 간단히 연령집단이 몇 개의 단계로 나누어지고 역할이 분명하게 분담되는 것은 아니며 훨씬 더 복잡한 여러 단계로 나누어진다. 그러나 보편적인 원칙에 있어서는 젊은 사람들은 육체적인 힘을 필요로 하는 일 ─ 예를 들어 전투, 경비, 기타 공공사업 ─ 을 담당하도록 요구되는 반면, 늙은 사람들은 지혜를 필요로 하는 일 ─ 공공에 관한 일의 토의와 소송과 다툼의 중재 등 ─ 과 각각의 나이에 상응하는 종교적 역할을 담당한다.

사회구조를 결정하는 요소로서의 연령단계 제도의 역할에 대하여 케냐의 난디(Nandi)족을 예로 들어 보자. 이들은 남자의 일생주기를 일곱 단계로 나누어 그에 준한 일곱 개의 연령단계제도를 가지고 있다. 매 15년마다 남자들은 한 연령단계에서 다음 연령단계로 상승이동을 한다. 이러한 변화는 난디 영역 전역에 걸쳐 많은 지역에서 동시에 거행되는 의식에 의해 이루어진다(이 의식의 시기는 매 7년 반마다 꽃이 피는 어떤 식물을 기준으로 하여 두 번째 꽃피는 해를 정한다). 첫 번째의 의식과 그다음 번의 의식이 거행되는 기간 동안에 출생한 모든 소년들은 하나의 동일한 연배에 속하게 되며, 이 연배에게는 특정의 명칭이 주어진다. 그 연배는 일곱 개의 연령단계를 통과할 때까지, 즉 일생 동안 그 명칭을 지니게 된다. 가장 연로한 연배의 최후의 성원이 죽게 되면 그 연배에게 주어졌던 명칭은 새롭게 만들어질 다음 연배에게로 주어진다. 따라서 일곱 개의 명칭이 있고 각각은 105년을 주기로 하여 되돌아간다.

연령단계의 가장 아래 연배는 어린 소년으로 되어 있다(1~15세). 그다음 두 번째 연배는 성인식을 하게 될 소년들로서, 이들은 포경수술을 받게 된다. 포경수술을 하는 평균연령은 15세이며 성인식은 오랫동안에 걸친 일련의 의식들로 이루어진다. 이 시기 동안 소년들은 다음 연배에 들어가면 당당하게 되는 전사의 역할에 대한 학습을 한다. 세 번째 연령단계는 전사의 단계로서 가장 강한 권력을 행사하는 연배가 된다. 그들은 난디 사회에서 이웃부족을 습격하는 것을 포함하는 모든 군사행동을 수행한다. 전사들은 특별한 총각의 집(bachelor house)에서 기숙하며 성인식을 아직 행하지 않은 소녀들과 자유롭게 성관계를 가질 수 있도록 허락된다. 그들은 또한 그 아래 연령단계로 들어오는 소년들의 성인식에서 포경수술을 행하며 그들의 남자로서의 용감성과 능력을 시험하는 시험관이 된다. 전사단계는 세 연배인바 성인식을 행한 직후의 연배는 전사단계 중 하위의 직무를 담당한다. 그리고 그들의 가장 늙은 연배는 부인을 맞이하고 전사로서의 실제 전투로부터 은퇴한다. 그리하여 전사단계를 넘어서 네 개의 장로 단계의 첫 연배로 들어간다.

난디 사회에서 여성에 대해서는 연령단계나 연배제도가 별로 정교화되어 있지 않다. 대신에 여자는 소녀와 기혼녀의 두 부류로 나누어진다. 나이가 든 소녀에게는 소년의 포경수술에 해당하는 클리토리스에 대한 수술이 행해진다. 전사계급이 미혼소녀와 자유로운 성관계가 허용되므로 성인식을 치를 당시 처녀인 경우는 거의 없다.

난디 사회의 이러한 정교한 연령단계제도는 가족, 출계집단, 씨족 등 친족 혹은 혈연에 바탕을 둔 다른 사회집단과 동시에 병존한다. 연령단계제도는 난디 사회를 7층 건물처럼 층위적 구조를 짓게 하여 각각의 단계에 특정의 기능을 부여하는 것이다.

탄자니아의 냐큐사(Nyakyusa)족은 연령에 따른 분류를 상이한 종류의 연령단계제도의 바탕으로 사용한다. 같은 또래의 아이들은 자라면서 한데 모여 새로운 촌락을 형성한다. 즉 10세 정도가 되면 소년들은 부모의 촌락 변두리에 한데 모여 각각의 집을 만든다. 그들은 식사 때면 어머니에게 가서 식사를 하고, 낮에는 아버지의 농사를 돕지만 나머지 시간은 이 새로운 집에서 보낸다. 트로브리안드군도에서는 사춘기의 남자를 총각의 집으로 이사하도록 하는 제도가 있는 데 비하여 냐큐사는 총각의 집의 개념을 더욱 확대시켜서 아예 새로운 촌락을 형성케 하는 것이다.

소년들이 15세가 되면 더 이상 다른 소년들이 이 새로운 촌락으로 들어오는 것이 금지된다. 25세경이 되면 그들은 결혼을 하여 부인을 새 집으로 데리고 들어오며 그때부터는 식사를 위해 부모의 집에 가지 않아도 된다.

동아프리카의 마사이(Masai)족이나 남아프리카 에스와티니의 줄루(Zulu)족들은 잠정적인 전사의 촌락이나 병영을 짓지만 냐큐사족들은 부인과 자녀와 더불어 영구적인 촌락을 설립하는 것이다.

세대가 바뀜에 따라 대대적인 의식을 통하여 행정 권력과 군사적 지도권은 늙은 세대에서 젊은 세대로 이양된다. 은퇴세대의 사람들은 한쪽으로 물러나고 이 젊은 세대의 새로운 촌락들이 공식적으로 설립되며, 이때 구부족장은 아들들에게 냐큐사 사회를 구성하는 여러 부족의 장의 직위를 물려준다.

냐큐사 사회 전역에 걸쳐서 언제나 세 종류의 연령단계에 의한 촌락이 존재한다. 즉 할아버지들의 촌락들이 그 하나인바, 이 할아버지들은 지도자 지위로부터 은퇴하였지만 여전히 특정의 의례적 기능을 담당한다. 두 번째는 아버지들의 촌락인데, 아버지들은 그 사회를 직접 다스리며 외부세력으로부터 사회를 보호하고 행정적으로 유지시켜 나가는 역할을 담당한다. 셋째로 아들들의 촌락인바, 아들들은 아직 충분히 사회에 정립되지 못하고 있지만 필요한 경우에는 아버지세대의 지휘하에 전투에도 참가한다. 경우에 따라서는 증조부세대의 촌락도 발견되는데 소수의 아주 늙은 세대의 사람들이 조그마한 촌락을 형성하고 사는 것이다. 냐큐사인들은 젊은 남자와 그의 아버지의 부인들, 즉 젊은 계모들 사이에 성관계가 발생하는 것을 극도로 경계한다. 마찬가지로 시아버지와 며느리 사이에 성관계가 발생하는 것도 경계한다.

연령 혹은 세대에 의하여 독립된 촌락을 형성하는 제도는 세대들은 서로 격리시킴으로써 이러한 반사회적 성관계의 발생가능성을 제거한다고 볼 수 있을 것이다. 긍정적인 측면에서 보면 냐큐사인들은 같은 또래집단 내에서의 친구의식이나 동료의식을 강조하며 그럼으로써 촌락의 결속력을 증진시킨다고 해석할 수 있다. 비록 그들은 부계출계율을 취하고 있지만 출계집단의 구성원들은 여러 개의 다른 촌락에 흩어져 있다. 냐큐사와는 대조적으로 부계율을 시행하는 다른 많은 부족들은 동족이나 씨족(clan)조직을 기반으로 한 소위 동족촌락과 씨족촌락을 형성한다. 이에 대하여 냐큐사인들은 같은 핏줄보다는 같은 세대의 사람들과 함께 삶으로써 쉽게 서로 의사소통을 하고 마음 맞게 살아갈 수 있다고 대답한다. 즉 같은 핏줄이지만 서로 다른 세대가 함께 살게 되면 연소자는 연장자에 대하여 형식적인 존중과 예의의 속박 속에서 지내게 된다는 것이다.

### 3) 복합사회의 연령집단

이러한 또래집단이 종종 혈연을 기반으로 한 집단의 영향력을 넘어서 기능을 하는 것은 우리나라와 같은 현대사회에서도 마찬가지이다. 그리고 영국의 상류계층에서는 자녀를 6살만 되면 기숙학교(boarding school)에 보내며, 여러 소년·소녀단체가 때때로 자기들만의 행사를 갖는 것도 이러한 맥락에서 이해될 것이다.

우리 사회에서 연령단계와 동일한 제도는 없지만 연령에 의한 차별은 관습적으로 존재한다. 특히 동창회에서 선후배관계는 특징적이다. 서로 면식이 없는 사이에서도 선후배관계가 추정되어서 서열이 정해지고 이에 관한 규범에 따른 행동이 취해진다. 이러한 행동은 술좌석이나 음식을 먹는 자리나 여러 공식석상에서의 좌석의 배열 등에서도 취해진다. 보다 높은 연배에 대한 존경은 그들과 의견이 맞지 않을 때 그것을 직접적으로나 공개적으로 표현해서는 안 되며 더욱이 그들과 언쟁을 하거나 불손한 언동을 해서는 안 된다. 누에르(Nuer)족의 경우에서와 같이 연배가 다른 두 사람이나 집단 간에 의견이 맞지 않을 경우에는 주로 높은 연배의 의견이 옳은 것으로 받아들여진다. 평화로운 사회질서를 유지하기 위한 제도들이 발달되지 않은 사회에서는 이러한 연배 간에 논쟁을 할 자유를 제한시키는 것은 폭력으로 번질 위험을 감소시키는 데 아주 중요한 기능을 한다고 보겠다.

## 3. 등급·위계·계층

앞서 언급한 연령에 의한 집단의 분류는 한편으로 사람과 사람 사이에 상하 관계를 설정하는 방법의 하나라고도 할 수 있다. 종적인 인간관계를 나타내는 말로서 등급(rank), 위계(hierarchy), 계층(stratification) 등이 있다. 이 용어들은 상당히 비슷한 속성을 가지고 있어서 얼핏 구분하기가 쉽지 않지만 자세히 분석해 보면 차이점이 있다. 그리고 사회에 따라서는 전체 구성원의 관계가 이러한 용어가 지니는 성격으로 이루어져 있다.

### 1) 등급

등급이란 전통시대의 우리나라 사회에서도 볼 수 있는 것으로서, 다른 상속(相續)처럼 출계율을 기반으로 하여 계승되는 것이다. 즉, 왕의 등급은 계속 그 자손을 통하여 상속되는 것이며 귀족의 여러 등급도 아들에게 상속된다. 이렇게 어떤 특정의 지위와 결합되어 있는 집단은 그렇지 못한 집단보다 우월한 것으로 간주되며, 특별한 칭호와 그 칭호에 적합한 형식적인 존경의 표시를 받게 되고 여러 가지 특권을 누리게 된다. 소위 세습되는 등급은 왕·귀족·평민의 셋으로 구분되는 사회도 있지만, 보다 더 분화된 등급들로 구성된 사회도 많이 있다. 예를 들어, 티코피아(Tikopia)나 사모아(Samoa) 사회는 전체 인구가 수많은 등급에 의하여 나누어진다. 즉, 집집마다 어떤 세습적인 등급에 대한 권리를 가지고 있어서, 공식적인 기회에 동원이 되는 그 등급을 중심으로 하여, 그 사람들이 갖는 친족관계의 거리에 따라 계급이 정해지는 것이다.

보다 복합적인 등급사회를 이해하기 위하여 아프리카 보츠와나(Botswana)의 츠와나(Tswana)족의 예를 들어 보자. 그들은 아주 정교한 등급 제도를 가지고 있어서 모든 사람을 그 속에 배치시킨다. 원래 츠와나족은 다른 부족출신의 사람들 위에 정치적으로 군림하고 있다. 오늘날의 츠와나족의 여러 분파들은 역사를 통해 내려오면서, 기존의 정통 추장의 직계가족들을 각기 세분된 부족의 한 파의 우두머리로 하여 부족연맹을 형성하기 위하여 끊임없는 분열을 겪어 나온 결과이다. 그들은 독립해 나올 때 각각 자기에게 종속된 여러 사람들을 데리고 나왔다. 그 후 정복을 당한 부족이나 자기들을 보호해 주는 대가로 바친 외부인들이 더욱 츠와나 부족국들의 지배하에 들어오게 되었는데, 이들 출신배경이 각각 다른 사람들 사이의 차이는 '추장의 아들들', '추장의 하인들' 그리고 '피난민'이라고 하는 말들에 의해서 나타난다. 즉, '추장의 아들들'이라고 불리는 부류는 추장의 자손들을 가리키는데 이들은 족보상의 관계에 의하여 각자의 계급이 정해진다. 그리고 추장은 각각 아들들이 있는데 그중에서 한 명이 추장의 직위를 세습하게 된다. 나머지 세습하지 못한 형제들의 자손은 바로 이 형제들의 지위에 의하여 결정된다. 어떤 추장이든지 그의 형제들은 이 추장의 아버지의 형제보다 우위에 놓여진다. 그리고 중요한 공식적인 토의장에서는 나이가 많은 순서를 따라 차례로 발언을 하며, 어디서든지 츠와나 사람끼리 모이게 되면 누가 더 나이가 많은지를 따져 보게 되고 그러고 나서 고령자가 지도자로서 받아들여진다.

## 2) 위계

등급이 있는 체제를 위계(hierarchy)라고 부른다. 이 말은 권위(authority)와 복종(obedience), 우위(superiority)와 하위(subordination)의 관계를 암시하고 있지만 한편으로 등급 그 자체는 단순히 지위(status)를 의미한다. 등급과 권위는 보통 하나가 되지만 반드시 그래야 할 필요는 없다. 누에르(Nuer)족들은 각자가 어떤 연배에 속하는가에 따라서 사회 속에서의 등급을 받아들이지만, 그렇다고 해서 누군가가 자기보다 높은 연배에 속했다는 이유로 어떤 명령을 받을 수 있다고는 꿈에서조차 생각할 수 없는 일로 간주하게 마련이다.

우리는 흔히 사회계층(social stratification)이란 말을 쓴다. 실제로 사회는 여러 계층으로 나누어져 있다. 이것은 사회의 구성원들이 불평등한 지위관계에 놓여져 있다는 뜻과 한 사회는 여러 계층이 지층처럼 쌓여 있다는 상징적인 뜻이 있다.

아주 간단한 예를 들면, 한 사회에서 완전한 자유권을 가진 시민계층과 어느 정도 자유를 제한받는 사람들의 두 계층으로 나누어져 있는 것을 생각할 수 있다. 과거 역사에서 우리는 이러한 계층의 분리를 자유인이라고 부르는 시민과 농노, 노예로 이루어진 유럽사회에서 볼 수 있다. 노예(slave)와 농노(serf)는 또 다른 계급으로서, 전자는 실제로 그 주인의 소유재산의 하나로서 물건과 같이 취급당하는 것이다. 즉, 주인은 노예를 아무런 법의 저촉을 받지 않고 죽일 수 있으며 가축을 매매하듯이 노예도 인신매매를 할 수 있다. 농노는 물론 여러 가지 자유가 제한되어 있지만 반드시 노예처럼 취급받는 것은 아니다. 오늘날 우리가 노예라고 하면 미국이나 중미의 플랜테이션(plantation)을 연상하고 여기서 혹사당하던 아프리카 노예들을 생각한다. 이러한 노예는 대규모 상업경제에서의 노예인 것이다.

소규모 사회에서는 노예와 농노의 차이는 가끔 모호해진다. 사실은 농노라는 기술적인 용어 'serf'는 노예를 뜻하는 라틴어에서 온 것이다. 아주 단순한 사회에서는 노예는 전쟁포로들이었고 상업적인 목적에 이용할 대상이 아니었다. 그러한 사회에서는 살인을 처벌하는 국가적인 조직이 없으며, 다만 살인자를 살해당한 사람의 친척이 죽임으로써 보복을 행하는데, 아무런 친척이 없이 외부에서 들어온 사람은 자기를 위해 복수해 줄 사람도 없이 허무하게 죽음을 당할 수가 있는 것이다. 그러나 통상적으로 노예는 주인의 집에서 거주하며 여러 가지 잡일들 — 여자들이 해야 할 나무를 하거나 물을 긷거나 — 을 한다. 이렇게 하며 살다가 마침내 그 또는 그의 자녀들은 주인집 식구와 결혼하게 되며 점차 그 사회에서 다른 사람들과 아무런 차이를 갖지 않게 된다. 아프리카 수단의 누에르족은 툭하면 이웃 딩카족의 영역을 습격하여 가축뿐만 아니라 사람까지도 잡아와서 노예로 사용하였다. 그래서 현재 인구의 삼분의 일은 아마도 원래 딩카족 출신일 것이라고 믿어지는 정도이다. 그러나 이들 소위 순수 누에르족과 딩카 출신 누에르족 사이에는 아무런 차이를 발견할 수 없다. 이와는 달리 어떤 사회에서는 노예는 보통 사람들과 사회적으로 차별대우를 받고 여러 가지 법적인 제약을 받는다. 특히 그들은 정치적인 사회이동이나 중요한 종교적 의례로부터 제외된다. 경우에 따라서는 한 노예의 자손은 계속 그 원주인의 집에 대를 이어 소속되어서 마치 재산처럼 상속되기도 한다.

여기서 노예와 농노를 정확히 구분하기가 힘들게 된다. 위에서 언급했던 츠와나족들의 영역에는 사르와(Sarwa)라고 불리는 사람들이 살고 있는 지역이 있다. 이들은 모두 츠와나 추장에 종속되어 있으며 그 지역 내에서 츠와나 사람들을 위하여 사냥, 목축, 경작과 집안일 등을 담당하도록 요구되며 아무런 허가 없이 주인의 집을 떠나서는 안 된다. 그리고 주인이 그가 싫으면 집에서 내쫓으며, 주인이 그를 학대하거나 나쁘게 취급해도 아무런 항거를 할수가 없다. 이 사르와 사람들은 츠와나 사회에서 가장 중요한 의미와 기능을 가진 정치적 집회에 참여할 수 없을 뿐 아니라, 그 사회의 방어와 공공의 활동을 담당하는 연배 구성에도 참가하지 못한다. 그럼에도 불구하고 이들은 노예가 아니라 농노라고 한다.

결국 노예와 농노의 근본적인 차이는 노예는 재산의 한 목록인 반면, 농노는 그렇지 않다는 점이며, 따라서 농노에게 부과된 자유의 제약은 노예에게 부과된 자유의 제약보다 그 정도가 약하다. 위에서 살펴본 민족지적 사례는 사실 소규모 단순사회에서는 노예와 농노의 구별이 그렇게 간단명료하지 않다는 것을 보여준다.

## 3) 계층

아프리카 동부의 빅토리아호수 서북쪽에 있는 반투(Bantu)족의 사회는 소위 일등시민과 이등시민의 두 계층으로 나누어져 있는 흥미로운 사실을 보여준다. 여기서 이등시민을 학자들은 농노라고 부르기도 했고 또는 천민계급이라고도 불렀으며 어떤 학자들은 농노인 동시에 천민이라고도 했다. 이러한 용어의 불일치를 보더라도 사회계층이란 말이 얼마나 모호하게 사용되고 있는가를 알 수 있을 것이다. 이 반투왕국에서는 농업에 종사하는 인구는 외부로부터 이주해 온 목축을 담당하는 집단에 의해 지배를 당하게 되었다. 그러는 동안에 두 개의 집단 일부에서는 서로 융합이 이루어졌지만 한편에서는 여전히 목축담당계급은 농업을 낮추어 보고 농업에 종사하는 사람들을 멸시하였다. 그래서 이 목축담당계급은 자기들의 여자가 농업에 종사하는 사람들과 혼인하는 것을 금지함으로써 농업인구와 스스로를 격리시켰고 자신들의 우위성을 표현했으며 유지시켜 왔다. 이러한 두 계층 간의 마찰은 르완다(Rwanda) 왕국에서 보듯이 벨기에로부터 독립한 후에 마침내 분열이 극에 달하여 다수의 농민들이 지배층을 이루고 있던 이 소수의 목축인들을 축출하게 된 사례에서 볼 수 있을 것이다.

# 4. 카스트

## 1) 카스트와 문화

사회계층의 가장 정교한 예는 힌두인들 사회에서 보는 카스트(caste)라고 하는 제도일 것이다. 힌두교는 부정(不淨)의 개념에 대한 강한 관심을 가지고 있으며, 카스트제도의 근본개념은 따라서 사람들 가운데에서 부정한 것으로부터 멀리 격리되어 있는 사람일수록 더 지위가 높다는 것이다. 그런데 부정이란 어떤 일이나 물건, 대상에 따라 그 정도가 달라서 아주 부정한 일과 대상을 직접 취급해야 하는 사람은 따라서 가장 천한 계급으로 고정된다. 그리고 카스트의 각 계급에는 그것에 해당하는 직업이 있어서 그 직업에 의하여 카스트의 이름이 정해지지만 그렇다고 그 계급에 속한 사람이 모두 그 직업에 종사한다는 뜻은 아니다. 카스트의 성원권은 세습적으로 계승되는 것으로서, 결혼도 자기가 속한 카스트계급 내에서만 해야 한다. 힌두교의 교리에 의하면 모든 사회에는 네 개의 주된 카스트가 있는데 제일 위에서부터 아래로 브라만(Brahman, 승려), 크샤트리아(Kshatriya, 전사), 바이샤(Vaisya, 상인), 수드라(Sudra, 하인) 등으로 층이 지어지고, 제일 아래에는 접촉을 해서는 안 되는 소위 불가촉천민(不可觸賤民, Chandala)이 있다고 한다. 즉, 이들 천민은 누구든지 그들과 손이 닿거나 심지어 그들의 그림자에 닿기만 해도 부정을 타게 된다고 간주되는 극단적인 천민인 것이다. 위에서 본 바와 같이 힌두사회는 이 다섯 개의 카스트로 구성되어 있는 것 같지만 이 다섯 계층의 각각에는 쟈티(Jati)라고 부르는 수많은 하위 카스트(sub-caste)로 세분되어 있어서 지역과 부족에 따라서는 수십 혹은 수백에 이르는 잡다한 카스트로 나누어져 있다. 이 카스트의 위계(hierarchy)가 문화적인 차원에서 나타나는 것은 공통적인바, 보다 우위의 카스트에 속한 사람은 보다 낮은 카스트 사람들이 담당하도록 되어 있는 일에 종사하지 않을뿐더러 그들과 결혼도 안하며 절대로 음식을 받아먹지 않는다는 것 등이다.

　일반적으로 한 마을은 여러 개의 구역으로 나누어져 있고 사람들은 자기의 카스트 신분에 따라 마을 내의 일정한 구역에 거주하며, 지역에 따라서 어느 하나의 카스트가 토지를 소유하고 있어서 주도적인 세력을 행사하게 된다. 그러면 다른 카스트의 사람들은 이들을 위하여 부정과 연결되어 있다고 간주되는 여러 가지 노동을 하거나 이발사, 청소부 등의 일을 담당하고 그 대가로 수확이 끝나면 얼마간의 곡식을 얻는다.

　카스트제도에 대한 일반적인 해석은 기능주의 시각에서 이루어졌다. 리치 (Leach 1960)에 의하면 인도의 카스트는 다른 사회에서 인종(race) 혹은 민족 집단(ethnic group) 간의 구조적 차별과는 다르다고 한다. 왜냐하면 인도에서는 상위의 카스트는 하위 카스트들의 봉사를 확보하기 위하여 그들끼리 경쟁을 하기 때문이다.

　전통적으로 각 하위의 종속적인 카스트들은 일정한 세습적 직업이나 경제 활동으로 연결되어 있고 상위 카스트들에 의하여 상당한 정도의 신변보장을 받으며, 단순히 착취를 당하는 것이 아니라 위계질서 속에서 자신의 위치를 신성한 신의 의사에 의하여 주어진 것으로 믿고 있다는 것이다. 즉 종교적 관념 위에서 사회경제적으로 후견인-피후견인(patron-client)관계를 형성한다는 것이다.

　그러나 이러한 해석은 지배적 카스트의 이데올로기에 의한 소위 '위에서 아래로 향한' 눈에 의해 해석되는 것이며 실제 하위 카스트에 속한 사람들의 입장에서 보면 이것은 하나의 착취제도라는 비판적 해석이 대두된다. 즉 실제로 그들 하위 카스트와 직업적 분류가 철저히 연결되어 있지 않으며 상위 카스트가 하위 카스트에 대한 보호와 후원의 역할을 충실히 담당하지도 않는다는 것이다. 촌락사회의 관찰을 통하여 하위의 쟈티는 신분계급에 관한 힌두교의 종교적 해석을 그대로 받아들이지 않으며 끊임없이 정치·경제적 지위의 획득을 통하여 종교적 지위를 높이려고 애를 쓴다는 사실이 발견되었다. 그러나 그들에게 정치·경제적 지위향상의 기회가 거의 주어지지 않으며 지위향상에 대한 그들의 갈등과 불만은 때때로 폭동사태까지 유발한다.

구조적인 계급관계에 의한 갈등과 알력은 인도에만 국한된 것이 아니다. 미국의 계급구조 내에서 흑인, 인디언, 유대인의 위치와 그들의 '고통과 투쟁의 모습은 인도의 천민집단의 경험과 비슷하며 푸에르토리코인, 멕시코인, 동양인에 대한 멸시와 편견도 이에 준한다고 할 것이다. 물론 이 경우에는 카스트에서처럼 차별대우에 대한 종교적 정당성은 없다. 그러나 대신에 문화적 차이가 정당성의 근거로서 작용한다. 복합사회에서 이들 소수집단(minority) ― 인구의 수뿐만 아니라 정치·경제적으로 하위에 속하며 문화적으로도 중심이 되지 못하는 의미에서 ― 은 지배집단(dominant group)과 다른 언어, 관습법, 결혼형태, 종교, 음식, 의상, 출계율 등 라이프스타일(life-style)을 갖고 있다. 이들은 경제적 지위를 스스로 향상시킬 기회가 보장되기도 하지만 그것만으로 계급상승 이동이 가능한 것은 아니다. 소수집단이나 천민집단(outcaste)들은 이웃끼리의 사교모임, 클럽, 파티 등 사회적 기회에 비록 그들이 경제적으로 비용을 감당할 수 있다 하더라도 지배집단에 의하여 의도적으로 제외되고 소외된다.

일본에는 '에타(穢多)' 또는 '부라쿠민(部落民)'이라고 불리는 천민집단이 있어서 인도의 불가촉천민과 같은 지위와 대우를 받고 있다. 이들은 자기들에게 부과된 지위의 특수성, 차별 등을 폐지하고 상향이동을 요구하며 지배계급은 이를 저해하고 억압하려 든다. 이러한 이해관계의 상충은 모든 카스트사회에 사회적 폭발의 가능성을 지니게 된다(G. De Vos, and H. Wagatsuma 1966).

## 2) 현대사회와 카스트

그런데 우리는 집단이라는 말과 함께 계급(class)이란 말을 또한 자주 사용한다. 그러나 이 말이 하나의 기술적인 용어로 사용되기 위해서는 특별한 주의를 요한다. 이 말은 사회학자들이 전근대적인 사회와 구별하여 현대 산업사회에서 나타나는 사람들 간의 등급관계를 지칭하는 데에 독자적으로 사용해 왔다. 사실 마르크스도 '계급투쟁'이란 말을 즐겨 썼지만 계급이란 말의 정확한 의미를 심각하게 생각해 본 것 같지가 않다. 마르크스는 사회란 생산수단에 연결된 관계의 성격에 따라 사람들이 몇몇 계급으로 나누어져서 구성되어 있는 것으로 생각하였다. 아주 간단하게 말하자면, 어떤 한 계급이 토지와 기계 또는 무엇이든 간에 생산수단을 점유하고 다른 계급의 사람들은 이 계급에 의해 착취를 당한다는 것이다. 인도의 농촌에서 어느 한 카스트계급이 토지를 전부 소유하고 있고 하층 카스트들이 그 땅으로부터 생산물을 얻기 위해 여러 가지 천한 일을 담당하는 것은 마르크스의 견해에 따르면 전형적인 계급분화(class division)가 될 것이다. 마르크스는 이렇게 모든 역사를 통하여 사회가 착취하는 계급과 착취당하는 계급으로 나누어져 있고, 역사란 이 두 계급 간의 끊임없는 갈등으로 이루어졌다고 보았다. 그러나 현대의 사회학자들은 전(前) 산업사회에서의 계층분류를 할 때는 이와는 다른 말을 사용하기를 더 좋아한다. 즉, 복합적인 현대 산업사회에서는 사람들은 각자 자기와는 다른 종류의 직업을 가지고 있는 사람들과 구별되는 독특한 생활방식과 결합된 직업을 추구하는 사람들로 분류할 수 있고 이러한 것을 계급이라고 부르고자 한다. 그래서 전문직에 종사하는 계급, 노동자계급 등등의 용어를 사용한다. 기술적인 의미에서 계급과 다른 계층화된(stratified) 사회의 가장 근본적인 차이는, 계급에 의한 분류는 직업과 경제적 수입을 바탕으로 한다는 점이다. 한편 아프리카의 여러 계층화된 사회나 법적으로 인종차별을 했던 남아프리카공화국이나 미국의 앨라배마주와 같은 사회는 인종(race)을 계층화의 근본요소로 삼고 있다. 물론 이들 사회에서도 각각 다른 사회계층에 속하는 사람들은 특별한 직업이 부과되거나 그것에 종사하게 되는 것도 사실이다. 그러나 후자의 사회, 즉 계층화된 사회에서는 신분적 지위가 직업을 결정하지만 계급제도(class system)의 사회에서는 직업이 신분을 결정하는 것이며, 이러한 사회에서는 개인이 보다 더 높은 신분으로 올라가거나 또는 낮은 신분으로 떨어지는 사회적 이동의 기회가 더 많은 것이 특징이다.

　문제는 어느 한 사회가 계급사회인가 아닌가 또는 어느 정도로 정교한 계층들도 구조지어 있는가의 여부가 아니라 그 구성원의 계급이동이 어느 정도로 원활하며 개방되어 있는가의 여부인 것이다. 그 정도에 따라서 우리는 상대적으로 폐쇄된 계급사회(closed class society)와 개방된 계급사회(open class society)로 분류하게 된다. 계급의 성원자격이 세습적인 생득지위(ascribed status)의 성격으로 이루어질 때 이를 폐쇄적 계급제도라 하며 그 극단적인 예를 인도의 카스트에서 찾을 수 있고 고대 동양의 전제군주국가의 지배계급, 17세기 유럽의 귀족계급, 오늘날 미국의 수백억 달러의 재벌계급이 이의 전형일 것이다. 폐쇄적 계급의 특징은 계급내혼(class endogamy)을 실시하고 자기들만의 특권적이고 독특한 생활방식을 가진다는 점이다.

　같은 계급 안에서 결혼을 통한 동맹관계를 수립함으로써 그들이 누려오던 정치적 권력과 경제적 특권을 계속적으로 집중하고 재생산하는 데 필요한 자연과 문화적 자원을 통제하는 체제를 강화하는 것이다. 따라서 낮은 계급의 사람이 계급적으로 상향 결혼하거나 높은 계급의 일원이 낮은 계급의 일원을 그들의 특권적 영역에 가입시키는 것은 상당히 꺼리게 된다.

　현대 산업 혹은 민주사회에서는 개인의 능력과 노력에 의하여 스스로 성취한 지위(achieved status)를 보장함으로써 계급이동이 상대적으로 개방되어 있다. 그러나 실제로 계급의 상승이동을 성취하는 사람의 숫자는 많지 않다. 기득권의 원리에 의하여 먼저 온 사람들이 상위계급을 확보하는 데 필요한 문화와 물질적 자원을 점유하므로 나중에 온 사람들은 성취의 가능성을 그만큼 적게 지니게 된다. 대부분 식민통치를 겪은 사회에서는 정치권력과 경제적 특권과 교육의 기회가 서로 밀접히 연결되어 있어서 기득권을 가진 집단의 계급이 상대적으로 고정되어 있다. 여기서 우리가 분석해야 할 것은 상향적 계급이동의 비율(rate)과 폭(distance)이다. 대부분 하위계급들 사이에는 계급이

동의 비율은 높지만 그 이동의 폭은 좁다. 이에 비하여 중산층에서의 상향이동의 폭은 크며, 최하층계급에서 최고의 계층으로 이동한다는 것은 거의 불가능하다.

인류학자들은 계급구조 자체보다 그 계급에 속한 사람들의 삶의 모습에 더관심을 기울인다. 더욱이 주된 계급으로부터 소외되고 일반인들에 의해서 잊혀진 채로 존재하는 소수집단과 소외집단에 대한 관심을 기울이는바, 새로운 용어를 유행시키기 좋아하는 사람들은 이를 제4세계라고 부른다.

## 5. 이원적 분화

어떤 사회들은 두 편으로 양분되며 이 양분된 부분을 인류학의 용어로는 반족 또는 모이어티(moieties)라고 부른다. 이 말은 단순히 반쪽이란 뜻의 구식 영어단어이다. 처음 이 말이 인류학자들에 의하여 사용되었을 때는 그것은 출계율에 따라 형성되는 집단의 성원권에 기반을 둔 분화를 의미하였다. 예를들어 북미 인디언이나 오스트레일리아 원주민들 가운데는 외혼(exogamy)을 행하는 반족으로 나누어져 있는 족속들이 있다. 즉, 그 부족에 속하는 모든 사람들은 태어나면서부터 반으로 나누어진 편의 어느 한 쪽에 소속되고 상대되는 다른 반쪽의 집단으로부터 결혼상대자를 구하는 것이다.

이러한 반족으로 사회를 나누는 데는 사회마다 여러 가지 다른 원칙을 적용하고 있다. 아프리카 동부의 여러 부족들은 반족사회를 구성하는 데에 오스트레일리아 원주민과는 다른 유형을 보인다. 즉, 이들은 교대(交代)의 원칙 (principle of alternation)을 적용한다. 예를 들어 북부 케냐의 투르카나족 사이에서는 각자가 자기 아버지가 속했던 반족의 상대방 반족에 소속되며 그다음 세대는 또 자기 아버지의 반족과 반대되는 반족, 즉 할아버지가 소속되었던 반족에 들어간다. 그러나 세대 간에 소속이 달라진다고 해서 세대를 격한 반족 간에 서로 반대세력의 관계가 성립되는 것은 아니다. 양쪽 반족들은 매 세대마다 그 나름대로 대표되는 것이 있으며 모든 성인식에서는 각각 반족에 따른 두 개의 연배가 만들어진다. 이들 반족의 하나는 '바위'라고 부르고 다른 하나는 '표범'이라고 부르는데, 그 교대의 원칙에 의하여 모든 '바위'의 자식들은 '표범'이 되고 다시 '표범'의 자식들은 '바위'가 된다. 젊은이들이 집단으로 사냥을 나가게 되면 각 반족에 속한 젊은이들이 끼리끼리 집단을 이루어 양쪽 끝에 갈라서서 포위망을 형성하고 동시에 포위망을 압축하여 들어온다. 사냥이 끝나면 이들은 잡은 짐승을 똑같이 반으로 나누어 각 반족의 몫으로 분배한 후 한 반족이 다른 상대방 반족에게 자기들의 몫을 선사한다. 그런 후 사냥한 것을 먹을 때는 각각 자기 반쪽끼리만 둘러앉아서 먹는다.

탄자니아의 메루산맥의 고원지대에 살고 있는 아루샤(Arusha)족은 연배에 따른 교대제도와 이중의 출계에 의한 집단의 원리를 동시에 적용하여 반족을 만든다. 연령에 의한 사회집단을 구성하는 여느 사회와 마찬가지로 아루샤족들도 전사의 연배와 장로의 연배로 대분하는데 각각 선후배의 두 기준으로 다시 나누어서 젊은 전사와 선배 전사, 보다 젊은 장로와 늙은 장로의 네 등급이 형성되어 사람들은 성인식을 치른 후 일생을 통하여 이 네 단계를 거치게 된다. 이 모든 과정에서 각 집단은 자기 바로 위에 있는 등급의 집단과는 경쟁의 관계를 가지며 하나 건너 등급과는 동맹의 관계를 가진다. 따라서 각 집단은 자기들보다 두 등급 아래의 집단에 대한 공식적으로 인정된 후견인으로서 개인에 대한 조언이나 충고도 하고 적절한 시기가 오면 보다 높은 등급으로의 승진을 하도록 처리해 준다. 이러한 교대의 원칙에 의하여 연결된 일련의 집단 간에는 과거로부터 시작되는 어떤 일체감 또는 결속력 같은 것이 존재한다. 이들 각 파 또는 맥(脈)을 달리하는 무리들은 다른 파에 비하며 자기들이 우월하며 과거의 역사 가운데에서 영광스럽고 좋은 것은 전부 자기들 파와 관계되어 있다고 서로 주장한다. 그러나 이들 간의 경쟁관계는 적대적인 것이 아니라 우호적인 것으로서, 사회를 분열시키고 파괴하는 것이 아니라 기존의 체계를 유지시켜 나간다. 즉, 래드클리프브라운이 말한바 '반대를 통한 통합'을 실행하는 것이다.

그러나 이 아루샤 사회는 동시에 또 다른 종류의 반족으로 나누어진다. 즉 사람은 각자 태어나면서 전체 부족을 반으로 나눈 어느 한 편에 속하게 되는데 이들은 또다시 각각 둘로 나누어지고 다시 둘로 더 나누어져 나간다. 이러한 분화의 중요한 의미는 누군가가 어떤 권리에 관하여 다툼이 발생했을 경우 각각 자기가 속한 편의 사람들을 소환하여 자기의 주장이 옳음을 지지하도록 할 권리를 가지게 된다는 것이다. 행정관이나 경찰 또는 법을 다루는 어떤 공식적인 권한을 가진 사람이나 지위가 마련되어 있지 않는 이러한 사회에서 이렇게 분파의 관계에 의해 소송이나 싸움을 처리하는 것은 사회에 받아들여진 관습적인 규율을 존중하도록 하는 수단으로서 가치를 지닌다(제9장 참조).

나이지리아의 이보(Ibo)족에서는 젊은 사람들로 구성되어 있는 연배들의 가장 중요한 의무는 싸움이 아니라 지역사회를 위하여 행하는 공동노동이다. 즉 이보족들은 전통적으로 각 연배가 번갈아가며 두 반족 가운데 어느 한쪽에 소속되는데, 집단이 자주 형성되므로 젊은 사람들은 여러 연배로 되어 각각 반족을 형성한다. 그래서 마을의 길을 고친다든가 교량을 건설한다든가 하는 공동작업이 필요할 때는 그 일을 감당할 능력이 있는 연배들이 양쪽 반족으로부터 선정이 되고 이들은 서로 어느 편이 더 빨리 그리고 효과적으로 일을 수행하는가 경쟁을 하게 된다. 이들 반족의 젊은 연배들은 마을의 일을 번갈아 하며 늙은 연배들은 주요한 경제적인 자원을 반족 간에 분배하는 책임을 진다. 그래서 이들의 지시와 결정에 의하여 각각의 반족은 한쪽이 야자나무를 관리하면 다른 한쪽은 베텔넛(betel nut)나무의 관리를 담당하게 된다.

# 6. 결사

## 1) 사회변동과 결사체

친족관계를 기반으로 하지 않은 또 다른 유형의 조직체로서 결사(association)를 들 수 있다. 이 결사체는 우리 사회에만 하더라도 수없이 많이 있다. 즉, 같은 업종에 종사하는 사람끼리 또는 같은 정치적인 견해를 가진 사람끼리 또는 어떤 특별한 여가선용을 목적으로 또는 여성해방이라든가 사형제의 폐지라든가 하는 목적을 달성하기 위한 수단으로 함께 뭉쳐서 공동의 관심사를 해결하기 위하여 집단을 구성하고 협력을 위한 조직을 갖는다. 이러한 결사체는 한 가지 목적을 가진 것들이다.

전근대적인 사회나 미개사회에서는 사람들은 주로 자신들의 관심과 이익을 친족과 인감 또는 정치적인 동맹체에 대하여 갖는 의무(obligation)에 호소함으로써 성취하였고, 이 의무들은 보통 하나의 보편적인 성격, 즉 어떠한 상황에 처하더라도 협력과 방어를 제공한다는 성격을 갖는다. 그러나 때로는 사람들은 이러한 원칙과 관계없는 결사체에 들어감으로써 목적을 달성한다. 결사체의 발생과 다양화는 도시화와 밀접한 관계가 있다. 즉 결사체는 사람들로 하여금 복잡하고 거대한 도시에서의 적응을 하는 기제를 제공한다. 남미의 도시인구는 농촌으로부터의 이주자들에 의하여 급격히 팽창하는데 이주민의 정착유형의 특징은 대개 자기와 같은 촌락이나 지역에서 먼저 도시로 나간 사람의 집을 도시진출의 발판으로 삼는다는 점이다. 도시의 변두리에는 따라서 동향 출신의 사람들의 집단거주구역이 생겨난다. 여기에는 고향의 이름을 딴 동향회가 결성되어서 이의 가입을 통하여 새로 이주해 온 사람들은 도시문화에 통합되는 훈련을 받고 직업알선과 사람들과의 사회적 관계의 망을 구축하며, 고향의 문화를 가끔씩 나누어 갖는 행사를 통하여 내적 결속력과 상부상조의 체제를 확립한다. 나아가서 이를 새로운 지역의 명칭을 딴 결사체가 조직되어 보다 나은 생활환경과 복지시설의 보장을 받기 위한 제반 정치적·사회적 활동을 시도하기도 한다.

도시에서의 결사체의 종류와 기능에 대한 연구는 리틀의 『서아프리카의 도시화: 사회변동에 있어서의 자원결사체의 연구』(K. Little 1965)에서 자세히 시도되었다. 라고스(Lagos), 아크라(Accra), 프리타운(Freetown) 등 서아프리카의 현대적 도시들은 서구 식민통치세력에 의하여 건설된 상업과 행정 및 산업의 중심지로서 서구 식민통치 이전에 발달한 왕국의 수도이며 교역의 중심지로서의 전통적인 도시들과 대조적이다. 따라서 각 지역으로부터 일자리를 찾아 젊은 사람들이 이들 도시로 몰려들고 있으며, 인구팽창과 더불어 수많은 자원결사체(voluntary association)들이 형성되었다. 그리하여 1952년 조사 당시 시에라리온의 프리타운에는 130개의 결사체가, 1960년 조사 당시 말리의 바마코(Bamako)시에는 149개의 결사체가 발견되었다. 이러한 결사체는 수뿐만 아니라 그 형태에 있어서도 아주 다양하다.

첫째 유형은 부족결사체(tribal association)이다. 이것은 동일한 문중이나 씨족, 촌락 또는 부족 출신에 의해서 형성되는 전통적인 사회조직의 성원권을 기반으로 하여 만들어진다. 부족결사체를 통하여 그들은 실직을 하거나 병이 나거나 경제적으로 곤란에 처할 때 상부상조하며 부족 전통의식에 따른 장례식이나 기타 축제와 의례를 행한다. 남미의 도시결사체들이 주로 도시문화를 흡수하고 통합되어 가기 위한 기제로서의 역할을 하는 데에 비하여 아프리카 도시의 부족결사체는 현대적 맥락에서 전통문화와 전통적 사회조직을 지속시키는 기제로서의 기능을 담당한다.

두 번째 유형은 종교적 분파의 성격을 지닌 결사체이다. 이것은 농촌의 종교적 의식이 도시로 유입되어 이루어진 것들이 대부분이며 초자연적 수단에 의하여 질병을 치료하는 것이 주된 매력이다. 경제적으로나 지식과 기술적으로도 아무런 준비 없이 전혀 낯선 도시의 생활환경 속에 처해짐으로써 많은 이주자들은 정신적·심리적 압박과 좌절로 인한 정신적 질환을 겪게 되며, 신체적인 질병이 발생할 경우에도 병원이나 기타 현대 의료시술을 감당할 만한 경제적 능력이 없다. 따라서 이러한 종교적 결사체는 단순히 부족의 동질성보다는 공동의 신앙을 바탕으로 하여 여러 상이한 부족 출신들이 참여한다.

세 번째로 주로 경제적 활동을 위한 결사체를 들 수 있다. 나이지리아의 요루바(Yoruba)족들이 에수수(esusu)라고 부르는 조직체는 일종의 소액의 자본을 형성하기 위한 저축제도이다. 회원은 정해진 날짜에 각기 특정한 금액의 돈을 내고 그 총액을 회원끼리 순번대로 돌아가면서 갖게 되는, 우리나라의 계(契)와 같은 것이다. 이 결사체는 부족이나 집안을 기반으로 하여 회원을 모집한다. 서아프리카에는 이외에도 푸줏간 경영자, 어물상, 재단사 등 직업을 바탕으로 한 노동조합과 직업결사체가 많이 있다. 이러한 결사체는 부족과 종교의 테두리를 넘어서 직업에 따라 회원이 충당된다.

네 번째로 오락과 여가선용을 위한 결사체가 있다. 이는 전통적인 성격을 지닌 노래와 무용공연을 위한 조직들이며, 또한 각 계층을 망라하여 참여하는 축구회나 고등교육을 받은 상류계층 출신들만이 회원이 되는 크리켓 클럽이 있다. 그 외에도 서구로부터 들어온 단체들, 예를 들어 교회의 여러 클럽과 YMCA 등의 조직체가 있다.

남미의 지역적 결사체와 마찬가지로 위에서 본 서아프리카의 자원결사체들은 농촌으로부터의 이주민들이 도시생활에 적응하는 데 필수불가결한 도움을 제공한다. 그러나 서아프리카의 결사체들은 전통적인 사회조직의 형태를 기반으로 하여 형성되며 그것이 도시라는 맥락 속에서 새롭게 작용한다는 점이 특징이다. 전통적민 친족집단의 기능들 — 예컨대 구성원을 초자연적 힘을 통해서 보호하고 사회적 통제를 하는 — 을 이 자원적 결사체들이 대신 담당하는 것이다. 처음 도시로 이주해 온 사람들은 부족결사체로 우선적으로 집중하는바, 이들 부족결사체들은 부족 간의 민족적 차이를 강조함으로써 도시 내에서 서로 다른 출신 부족 배경을 가진 사람들 사이에 격차를 만들게 된다. 한편으로 그중에서도 서구화가 된 사람들은 대부분 서구로부터 연유하거나 부족 전체의 결사체에 가입하는 경향을 보인다. 이들 후자에 속하는 결사체들은 부족적인 차이를 극복하고 대신에 일종의 초기적인 사회계급적 차이를 강조하게 된다. 대개 이 범주에 속하는 사람들은 도시에서 태어났거나 오랫동안 도시에서 살아온 사람들이다.

한편으로 메이야수는 『아프리카 지역사회의 도시화』(C. Meillassoux 1968)라는 저서를 통하여 도시화가 진행됨에 따른 자원결사체의 발전과 변화를 역사적 맥락에서 분석하였다. 1888년 프랑스에 의해 식민통치를 받기 시작했을 때 오늘날의 말리공화국의 바마코(Bamako)시는 800명에서 1,000명의 인구를 가진 밤바라(Bambara)족의 부족연맹체의 중심인 조그마한 지역사회에 불과하였으며 인근 부족들에게는 하나의 상업과 교역의 장소였을 뿐이다. 프랑스의 식민지가 되면서 바마코는 곧 식민행정의 중심지가 되었으며 이와 관련하여 중요한 교역지가 되었다. 프랑스의 식민지가 되기 전 바마코의 전통적인 사회조직은 부계씨족의 제도를 가졌고, 제일 위에는 귀족이 있고, 중간에는 대장장이, 음악가와 같이 카스트유형의 직업에 따른 계층화된 집단이 있었으며, 하층에는 노예와 그들의 자손으로 구성되었다. 이와 아울러 일련의 성인식을 통한 비밀사회(secret society)가 있었다. 식민통치의 중심지로서 바마코는 많은 농촌인구의 집중이민의 대상이 되어 급격히 팽창하였다. 인구의 급격한 팽창은 곧 자원결사체의 급격한 증가를 수반하였다. 그리하여 앞서 서아프리카의 경우처럼 많은 부족결사체, 문화와 예술활동을 위한 결사체, 노동조합, 상부상조를 위한 결사체 그리고 스포츠를 위한 결사체 등 다양한 조직들이 나타나게 되었다. 즉 식민통치기간은 자원결사체의 홍수를 이루었던 시기였다.

식민통치가 끝나고 말리공화국이 수립된 후 이러한 결사체들은 변화를 겪게 되었다. 새 정부의 정책은 국가적 통합(national unity)을 강조하였고 지역주의(regionalism)와 부족주의(tribalism)의 영향력을 약화시키는 데에 주력하게 되었다. 따라서 지역적 결사체와 부족결사체는 국가 차원에서의 단결을 저해하는 요소로서 의심을 받았고 그들의 활동은 여러 가지 제약을 받게 되었다. 말리의 일당독재정부는 모든 시민이면 반드시 소속되어야 하는 강제적인 조직체를 도입하였다. 그러나 상부상조를 위한 자원결사체는 공식적인 정부 주도의 조직체와 병존할 수 있었다. 그 이유는 여전히 여러 지역으로부터 이주민들이 바마코로 유입해 들어왔으므로 그들의 출신 부족이나 출신지를 기반으로 한 상부상조 결사체의 역할이 중요했기 때문이었다.

그러나 이 시기 동안 이주 1세대의 자녀들은 바마코에서 태어나서 바마코에서 성장하게 되었는데, 이 젊은이들은 부모세대들이 즐겨 가입하는 부족결사체 대신에 범(汎)부족결사체와 청년클럽 및 무용집단 등에 가입하는 강한 경향을 보이기 시작하였다. 즉 이주 1세대는 자신의 아이덴티티를 출신 부족이나 고향을 매개로 하여 확인하지만, 2세대는 자신이 생장한 바마코에 아이덴티티의 기반을 찾게 된 것이다. 바마코의 결사체 연구는 부족과 지역결사체가 필요성에 따라 계속 존재하는 한편, 일정 기간 동안 유럽 모델과 범부족적 성원권에 기반을 둔 새로운 유형의 자원결사체가 생성하는 과정을 보여준다.

유럽에서의 자원결사체에 대한 연구도 드라고르(Dragor)라는 덴마크의 한 촌락을 조사한 앤더슨의 『사라져 가는 마을』(R. Anderson 1964)에서 보인다. 이 연구는 19세기 말에서 현재에 이르는 기간 동안 자원결사체의 변화에 초점을 맞춘 것이다. 조사대상지인 드라고르라고 불리는 한 섬은 처음에는 경직된 계급구조를 가진 외부와 단절된 어촌이었다. 계급구조는 배의 선장과 사관을 상위에 두고, 선원과 어부를 중간에 두고, 비숙련, 육지노동자를 제일 하위에 두는 세 개의 계급으로 이루어진다. 이 계급들은 고정적으로 정해져 있고 동질적이며 계급내혼을 행하고 각 계급의 사람들은 특이한 복장을 한다. 상위 계급은 자체 자원결사체를 조직하여 중간계급은 이와는 다른 결사체를 가지며 하위계급은 아무런 조직체도 갖지 않는다. 그 외에도 또 다른 네 개의 결사체가 있었다. 그중 하나는 선원과 어부들이 병으로 인하여 수입원을 잃게 되거나 장례 비용을 필요로 하는 경우에 대비한 보험제도의 기능을 하는 것이며, 또 하나는 선교활동을 후원하는 것이다. 그리고 세 번째로는 드라고르의 경제발전을 증진시키는 영향을 담당하였고 나머지 네 번째는 젊은이들의 견진성사(堅振聖事, confirmation) 의례에 드는 비용을 보태 주는 것이었다.

그러나 20세기로 접어들면서 어업의 몰락과 현대적 형태의 운송체계의 발전으로 경제적 변화가 발생하면서 드라고르섬의 경직된 계급구조가 와해되기 시작하였다. 즉, 교통의 발달과 더불어 드라고르는 8마일 떨어진 코펜하겐의 도시체계로 점증적으로 편입되어 갔다. 그리하여 초기단계에 형성되었던 결사체들은 소멸해 가기 시작하였고 그중 수공업자 보험기제의 역할을 했던 결사체만이 오늘날까지 존재해 오게 되었다. 한편 기존의 결사체들이 소멸해 감에 따라 새로운 결사체들이 형성되어 가고 있었던 것이다. 이 새로운 결사체들은 어업협동조합이나 노동조합의 지역분회, 그리고 거위를 기르는 사람들로 이루어진 드라고르 양계업자연합회까지도 포함하였다. 오늘날 존재하는 드라고르의 자원결사체들은 스포츠클럽, 취미클럽, 보이스카우트, 걸스카우트, 박물관협회, 기타 시민생활의 향상을 목적으로 한 여러 결사체들이 포함되어 있다.

자원결사체들은 그것들이 쉽게 형성되며 동시에 쉽게 해체된다는 점에서 융통성 있는 사회적 실체라고 할 수 있을 것이다. 이러한 조직의 융통성은 곧 사람들을 사회변동이라는 상황에 아주 적절하게 적응하도록 도와주는 것이다.

상기한 바마코와 드라고르의 연구가 보여주듯이 중요한 사회적·경제적·정치적 변화가 전체사회에 영향을 미칠 때 새로운 종류의 자원결사체가 형성되어, 새로운 상황에 더 이상 적응기제의 기능을 하지 못하는 기존의 결사체를 대신하게 되는 것이다.

결사체는 항상 새로운 것에 의하여 기존의 것이 대체되는 것은 아니다. 새로운 상황에 대응하여 기존의 결사체가 새로운 의미와 기능을 담당할 수도 있다. 일본에는 신사(神社)를 중심으로 하여 마츠리(祭り)라고 부르는 축제의

성격을 띤 종교적 행사가 조직된다. 원래 이것은 일정지역의 수호신에 대한 제례였으나, 오늘날에는 마을이나 지역의 아이덴티티를 강화하고 이웃 마츠리 집단과 사회·경제적 지위의 경쟁의 의미를 가지며, 외지로 나갔던 사람들이 되돌아와서 재결합을 경험하는 대축제가 되었다. 이는 특히 대도시에서 마츠리 연합체나 연결망을 파악함으로써 일본인들이 도시생활에 어떤 적응을 하는가에 대한 이해의 단서를 제공한다. 중국에서도 어떤 특정한 신이 특정지역출신의 사람이나 특정직업에 종사하는 사람을 보호해 준다고 믿으며 이를 중심으로 각종 결사체가 조직된다. 그들은 전국에 걸쳐서 이 신을 매개로 한 연결망을 가지며 순례활동을 벌인다.

우리 주위에는 낚시회, 등산회, 일요화가회, 조기축구회, 향토문화연구회 등의 동호회나 학연과 지연을 바탕으로 한 동창회와 향우회, 심지어 성경공부모임을 비롯한 각종 종교단체후원회 등이 있지만 이들은 그것이 표방하는 특정목적 외에도 사회적·심리적 기능을 담당함으로써 다기능의 조직체(multi-functional body)가 된다. 특히 우리나라의 계는 소자본 형성을 위한 것이나 특정물품의 구입을 위한 단일한 경제적 목적의 것뿐만 아니라 상두계(喪頭契), 동계(洞契), 혼상계(婚喪契) 등 상부상조체제로서의 계, 동갑계(同甲契), 화전계(花田契), 문우계(文友契) 등 친목을 목적으로 한 계 등이 다양하다(최은영 1984). 이는 제반 보장제도가 확립되지 않은 사회에서 그리고 복잡한 사회에서 자기의 정체성을 상실하는 위협 속에서 또한 이민사회에서 보듯이 기존의 사회적 관계나 문화적 자원과는 전혀 다른 생소한 사회에서 적응해야 할 때 더욱 잘 나타난다.

## 2) 비밀결사

어떤 결사체는 그 목적과 활동을 회원만이 비밀로 지키며 절대로 남에게 알려져서는 안 된다는 엄중한 경고와 규율을 가지고 있다. 결사체의 입회도 예비훈련과 시험의 과정을 거쳐서 비밀스러운 종교적 의식을 통하여 이루어진다. 결사체의 지도자와 지도자급 인물은 다른 보통 회원과 접촉이 없으며 그 존재는 신비에 싸여 있다. 이들 지도자는 신성하고 신비한 지식(sacred knowledge)을 가지고 있어서 회원들을 도와주며 동시에 배반자에게는 신의 응징만큼 철저한 보복을 한다고 믿는다.

이러한 비밀결사체(secret association)는 미국의 KKK(Ku Klux Klan)나 마피아(Mafia)단과 같은 것에서부터 청소년들의 비밀클럽에 이르기까지 다양하다. 그들은 자기들만이 알고 있는 암호와 독특한 몸짓, 복장, 장식, 언어를 통하여 의사소통을 한다. 이들 비밀결사는 자기들의 존재를 단순히 비밀로 하거나 그 회원임을 감추도록 요구하는 규율을 가진 것만 아니라 경우에 따라서는 정치적인 압력단체로서도 작용한다. 요루바(Yoruba)부족 연맹사회에서는 새로 임명된 추장이 마음에 들지 않을 경우에는 이들 결사체들에 의하여 거부당하기도 하는데, 왜냐하면 이들 비밀결사체는 민중에게 가장 큰 영향력을 행사하고 있어서 어떠한 통치자도 이들의 도움과 지지가 없이는 그 사회를 제대로 다스려 나갈 수가 없기 때문이다. 18세기와 19세기의 유럽사회에서 유행했고 오늘날에도 여전히 존재하는 프리메이슨(Freemason)결사체는 이러한 예가 될 것이다.

오늘날 극단적 백인우월주의자들의 비밀결사체인 미국 남부지방의 KKK단은 누가 그 회원인지 절대 비밀이며 집회나 의식도 비밀로 행한다. 그들은 큰 고깔로 얼굴을 가린 제복을 입고 대중 앞에 나타나며, 가끔 십자가를 불태우고 그들이 요구하는 바와 입장을 달리하는 사업가나 정치가의 집을 파괴하는 등 위협적이고 폭력적인 활동을 통하여 주위 사람들에게 압력을 가하는 동시에 자신들의 목적을 달성하기도 한다. 과거의 어떤 지역에서는 KKK단에 가입함으로써 정치적·사업상의 지위를 성취한 사람도 있었다.

비밀결사는 또한 식민세력에 항거하는 민중운동의 바탕이 되었으며 독립운동의 실체가 되기도 한다. 케냐가 독립하기 전 영국통치하에서 게릴라식의 무력투쟁을 한 마우마우(Mau Mau)단, 일제 강점기에 활약했던 우리나라의 의열단이나 백의사(白衣社), 청조(淸朝) 말기 중국의 의화단(義和團) 등이 대표적이다. 종종 비밀결사체는 그 이념과 조직에 있어서 종교적 색채를 띤다. 따라서 토착사회에서 일어나는 많은 신흥종교나 밀교(密敎)단체는 식민통치세력에 위협적인 존재로 평가되어 미신타파와 혹세무민하는 비생산적 활동의 근절이라는 명목하에 무력적으로 분쇄당하기 일쑤다. 이러한 맥락에서 비밀결사체에 대한 연구는 그 사회의 정치와 사회사의 일면을 이해하는 데 도움이 된다.

## 더 읽을거리

정진웅
  2006, 『노년의 문화인류학』, 파주: 한울아카데미.
한경구
  1991, 「왜 "일본은 계급사회가 아니다"라고 하는가: 카스트에 대한 논의에 비추어 본 일본사회 무계급론」, 『한국문화인류학』, 23(1): 173-191.
황익주
  2008, 「사회분화와 사회계급」, 『세상 읽기와 세상 만들기: 사회과학의 이해』, 김광억 편, 서울: 서울대학교출판부, pp. 106-228.
Dumont, Louis
  1970, *Homo Hierarchicus*, London: Weidenfeld & Nicolson, Ltd.
Eisenstadt, S. N.
  1956, *From Generation to Generation: Age Group sand Social Structure*, Glencoe, Illinois: The Free Press.
Little, Kenneth
  1965, *West African Urbanization: A Study of Voluntary Associations in Social Change*, Cambridge: Cambridge University Press.
Mead, Margaret

1935, *Sex and Temperament in Three Primitive Societies*, New York: William Morrow and Company, Inc. (조혜정 역, 『세 부족사회에서의 성과 기질』, 서울: 이화여자대학교출판부, 2004.)

Rosaldo, Michelle Zimbalist, and Louise Lamphere (eds.)

1974, *Woman, Culture and Society*, Stanford, California: Stanford University Press. (권숙인·김현미 공역, 『여성·문화·사회』, 파주: 한길사, 2008.)

Willis, Paul

1981, *Learning to Labor: How Working Class Kids Get Working Class Jobs*, New York: Columbia University Press. (김찬호·김영훈 공역, 『학교와 계급 재생산: 반학교문화, 일상, 저항』, 서울: 이매진, 2004.)

# 제8장

# 경제체계

경제체계란 물자와 용역이 생산·분배·소비되는 양식을 말한다. 즉 자연(환경)으로부터 자원을 개발(제1차 산업)하여, 그것을 인간의 요구에 맞도록 변형(제2차 산업)하고, 또 생산된 물자와 용역을 그 사회의 관습과 법에 따라 생산에 참여한 사람 또는 그 물자와 용역을 필요로 하는 사람들에게 전달(제3차 산업)함으로써 분배와 교환이 이루어져서 사람들이 그것을 이용하고 소비하는 양식을 경제체계라고 하며, 그 과정을 경제과정이라고 한다. 이런 경제체계와 경제과정은 가장 원시적인 미개사회로부터 문명이 가장 발달된 현대사회에 이르기까지 모든 인간사회가 다 같이 가지고 있는 인간 활동의 기본적인 양상이다.

그래서 인류학자들은 그 학문의 초창기부터 여러 인간사회에서 물자와 용역이 생산되고 분배 또는 교환되며 소비되는 양식에 관심을 가지고 다양한 사회의 경제체계를 비교 연구해 왔다. 경제학과 인류학은 전통과 방법이 다르지만 협동연구가 요청된다. 그러나 서구공업사회의 시장경제를 분석하기 위하여 발전된 경제학의 이론을 원시경제나 농민경제 또는 제3세계의 경제연구에 그대로 적용시킬 수 있는지의 여부에 관해서는 인류학자들 간의 논쟁이 치열하였다.

경제인류학의 관점에서 볼 때 생산·분배·소비의 경제과정은 원시경제와 농민경제 및 공업경제에서 각기 다르게 나타난다. 우선 생산부문에서는 자연에서 자원을 개발하여 인간의 욕구에 맞도록 변형시키는 인간의 활동이 생산양식에 따라 각기 다르고, 어떤 물자와 용역을 얼마나 생산할 것인가를 선택하고 결정하는 방식이 다르며, 토지·자본·노동·기술 등의 생산요소를 결합하는 비율이 각기 다르다. 그리고 분배와 교환에 있어서도 사회 내의 호혜성과 재분배와 시장교환의 형태가 각기 다르며, 사회 간의 침묵교역, 의례적 예물교환과 무역항에서 이루어지는 교역의 메커니즘도 서로 다르다. 이용과 소비의 부문에서는 자본의 이용형태가 원시경제와 농민경제 및 공업경제에서 각기 다르고, 자본의 형성과 저축과 재산과 부의 이용방식이 서로 다르며, 오늘날의 경제발전에 따른 소비경제체제와 가치관과 소비유형도 경제체계에 따라 각기 다르다.

# 1. 경제에 대한 인류학적 관심

## 1) 인류학자들의 경제연구

인류학자들은 초창기부터 오늘에 이르기까지 민족지를 기술할 때 반드시 어느 한 부분에 경제라는 명칭을 붙여서 쓰곤 했는데, 과거에는 그 내용이 주로 환경과 자원 및 기술에 관한 것이었다.

그리고 생산·분배·소비에 관한 내용은 문화체계의 다른 측면에서 산발적으로 간단히 논의되곤 하였다. 그 이유는 초창기의 인류학자들이 주로 수렵·채집사회와 같은 원시미개사회를 대상으로 하여 민족지를 기술하였고, 그런 사회에서는 인간과 환경의 상호작용 과정에서 단순한 기술로 필요한 물자를 획득 또는 생산해서 직접 이용하고 소비하였으므로 분배나 교환의 체계가 발달하지 않았기 때문이다. 경제학의 개념과 이론들이 인류학적 분석에 얼마나 도움이 되고, 인류학의 연구결과가 경제학의 발전에 얼마나 공헌을 할 수 있을 것인가를 인류학자들이 진지하게 생각하여 경제현상을 따로 깊이 다루기 시작한 것은 1920년대 이후의 일이다. 그 뒤부터 오늘에 이르기까지 거의 100년 동안 경제에 관한 인류학적 연구가 문화인류학의 한 새로운 분야로 발전하여 경제인류학이라는 명칭을 가지게 되었다(Cook 1973: 795-796).

　1960년대까지 연구되어 온 경제인류학은 원시경제와 농민경제 및 그 변화에 대한 연구였다. 경제인류학자들의 관심은 주로 상이한 여러 사회들 간에 생산·분배·소비조직의 상이성과 유사성이 무엇이며, 상이한 여러 사회의 사람들이 물자를 생산하고 분배 또는 교환하며 소비하는 동기가 무엇인가를 파악하는 것이었다. 예컨대 살린스(M. Sahlins 1960: 408)는 미개인의 원시경제에서 발견되는 특징을 다음과 같이 말하고 있다. 즉 미개인의 원시경제에서는 생산의 목적이 교환과 이윤획득에 있다기보다는 대체로 생산자가 스스로 이용하거나 친족 간의 의무를 수행하는 데 있다는 것이다. 그러므로 미개사회에서는 생산수단의 통제가 사실상 분산적이고 국지적이며 가족적이다. 따라서 다음과 같은 명제가 성립된다. 첫째 그런 경제체제하에서는 강제적 착취의 경제관계나 이에 대응하는 지배와 복종이라는 사회관계가 성립되지 않으며, 둘째 그런 경제체제하에서는 생산물을 가지고 시장에 나가서 많은 양의 상품과 교환하려는 데서 생기는 경제적 유인(誘引)이 없으므로 생산자가 직접 이용할 수 있는 물자만 생산하려는 경향이 있다는 것이다.

　또 울프(Wolf 1957: 18-19)는 농민의 경제적 측면을 다음과 같이 세 부분으로 나누어 다루고 있다. 첫째 부분에서는 고금을 막론하고 토지에서 양식을 생산하고 잉여를 얻어내는 기본적인 영농방식들에 관해서 서술하고 고찰한다. 여기서는 동물들의 힘을 이용하여 쟁기로 밭을 갈고 들판을 일구어 벼를 수확하는 농민들의 활동을 분석한다. 둘째 부분에서는 농민들의 직접 생산이 불가능한 물자나 용역을 어떻게 취득하는가를 살펴본다. 여기서는 농가와 농가의 생계·대체·의례에 대한 요구에 초점을 두고, 농민들이 스스로 생산하는 물자와 자기의 기술 외에 필요한 물자나 용역을 어떤 방법으로 보충하는지를 집중적으로 다룬다. 셋째 부분에서 다루고 있는 문제는 농민과 농민의 잉여에 대한 취득권을 행사하며 농민에게 얹혀사는 사람들과의 연관 관계이다. 여기서는 농민들의 지대와 이윤이 어떻게 그러한 사람들에게 흘러가는가 하는 것에 초점을 맞추고 있다. 그리고 세계 각처에서 나타나는 그러한 관계의 주요 유형들을 분석하여 그것이 농민의 생존에 어떤 의미를 가지는지에 대하여 소상하게 다루고 있다.

그러나 1970년대에 들어오면서부터 일부의 신진 경제인류학자들은 제3세계 도시경제의 비공식부문에 새로운 관심을 가지고 연구를 추진시켜 왔다. 특히 제3세계의 경제들은 다양한 생산·분배·교환의 형태들이 공존하고 결합되어 있어서 이질성을 나타내고 있기 때문에, 이러한 다중구조의 경제들을 분석하기 위하여 시도한 접근의 하나가 바로 도시경제의 비공식부문에 관한 연구로 등장하였다. 「비공식부문과 소상품생산 및 영세기업의 사회관계」를 분석한 롱과 리처드슨(N. Long and P. Richardson 1978: 178)은 지금까지의 비공식부문에 관한 연구들이 일반적으로 다음과 같은 세 가지 관련된 차원들을 다루어 왔다고 지적한다. 즉, 첫째는 노동력의 특성으로, 여기에는 일자리의 성격과 그것에 관련된 사회인구학적 특성들이 포함되고, 둘째는 기업들의 특성이며, 셋째는 구조적 결정요인들의 특성이다. 이러한 문제들에 대한 마르크스주의적 접근은 일반적으로 자본제 생산양식과 비자본제 생산양식들 간의 접합과정을 강조하면서, 종속자본주의를 재생산하는 데에 비자본제 생산관계들의 역할이 크다는 것을 강조한다. 한국에서도 사회학 분야(허석열 1982)와 인류학 분야(박계영 1983)에서 이러한 연구들이 시도된 바 있다.

## 2) 실재론과 형식론의 접근

지금까지 경제인류학은 경제학의 이론과 관련해서 여러 가지 중요한 문제들을 제기해 왔다. 예를 들면 경제학이 인간의 경제행위에 관해서 상정했던 기본가정은 얼마나 보편적인가? 비서구사회의 경제를 이해하는 데 서구산업사회를 기준으로 발전시킨 경제학의 이론이 어느 정도나 유용한가? 비산업사회의 경제체계는 산업사회의 경제체계와 본질적으로 다른 것인가, 아니면 규모나 복잡성에 있어서 정도의 차이만 있는 것인가? 경제체계는 문화의 다른 여러 측면과 어떻게 관련되며, 경제인류학에서 그것을 따로 떼어서 다룰 수 있을 것인가?

이와 같은 경제인류학의 여러 문제들은 특히 제3세계의 발전문제를 생각할 때 더욱 실제적인 중요성을 가지게 된다. 제2차 세계대전 이후 여러 가지 형태의 경제원조와 제3세계의 경제정책 또는 경제발전의 계획들이 수립된 배경에는 다음과 같은 가정을 바탕으로 삼았던 것 같다. 즉 서구모델의 경제정책이나 발전계획을 도입하면 제3세계 경제발전의 목표를 달성할 수 있을 것이라는 가정이었다. 그러나 실제로 그러한 사업계획들은 대부분 실패로 돌아갔는데, 그 잘못이 적용된 경제이론이나 모델에 있었는가, 아니면 서로 다른 사회문화적 체계에 주의를 기울이지 않았기 때문인가 하는 문제가 제기되었다. 이 문제에 대해서 우리는 지금까지 연구되고 논의된 경제인류학의 흐름에 나타나는 두 가지 별개의 경향을 찾아볼 수 있다(Cook 1973: 799-801). 그중의 첫째가 실재론의 경향이고, 둘째가 형식론의 경향이다.

우선 실재론(實在論, substantivism)은 접근방법에 있어 경제인류학이 비교 국민경제의 계통적 원리로 가장 잘 연구될 수 있다는 입장을 취하고 있다. 그리고 경제인류학의 범위는 현존하는 모든 경제체계는 물론 소멸된 선사시대와 역사시대의 경제체계와 가설적인 경제체계까지도 모두 포함해야 한다는 것이다. 따라서 실재론자들의 지향은 다분히 역사적이고 상대주의적이며, 경제체계의 유형을 사실로부터 귀납적으로 분류해서 비교하고 총체론을 강조하는 문화인류학의 관점을 지키려는 경향이 있다. 실재론자들은 또 별개의 경제영역을 거부하고, 경제활동이 특정한 사회문화체계 속에서 다른 영역들과 제도적으로 상호 밀접한 관계를 갖는 방식을 강조한다. 특히 원시미개사회와 농민사회에 있어서는 경제제도를 따로 분리시켜서 생각할 수 없을 만큼 경제적 측면과 비경제적 측면이 서로 밀접하게 연결되어 있음을 강조한다. 요컨대 경제인류학자가 그런 원시미개사회나 농민사회를 연구할 때에는 서구산업사회의 시장경제를 분석하기 위해서 발전시킨 경제학의 원리를 적용시킬 수 없다는 것이 실재론자들의 견해이다.

이에 반하여 형식론(形式論, formalism)은 신고전경제학의 원리가 모든 사회에 적용될 수 있다는 입장을 취하고 있다. 산업사회의 시장경제뿐만 아니라 농민사회와 원시미개사회에 있어서도 경제영역은 따로 분리시켜서 다룰 수 있고, 한정된 자원을 이용하려면 경제행위의 합리적 결정을 내려야 하기 때문에, 그 과정을 설명하고 예측할 수 있는 원리를 찾아야 한다는 것이 형식론자들의 견해이다. 따라서 그들의 오리엔테이션은 다분히 비역사적이고 분석적이며, 연역적 방법을 써서 추상의 일반원리를 논리적으로 조작하는 경향이 있다. 이러한 형식론자들의 분석 작업은 여러 형태의 사회문화체계에서 경제과정을 체계적으로 분석하여 미래를 예측할 수 있는 모델구성에 궁극적인 목표를 두고 있다.

이상과 같은 실재론과 형식론의 구분은 베버(M. Weber 1947)가 합리성을 다루면서, "규범체계의 도덕적인 요구에 따라 인간집단에게 물자와 용역을 적절하게 공급하는 것"을 실재합리성(substantive rationality)이라 하고, "경제행위의 방향을 정하는 데 적절한 합리적 양의 계산과 그러한 계산의 결과에 따른 인간 활동"을 형식합리성(formal rationality)이라고 규정한 데서부터 시작된다. 이러한 베버의 합리성에 대한 구분을 폴라니는 공업화 이전의 경제를 해석하는 데 적용함으로써 1960년대에 실재론과 형식론의 논쟁을 불러일으

컸다.

경제사학자인 폴라니(K. Polanyi 1957)는 고전고대사회 또는 고대문명사회의 경제를 다루면서 원시미개사회의 경제와 현대산업사회의 경제 사이에는 정도의 차이가 아니라 본질적인 차이가 있음을 강조하고 그에 대한 접근방법도 달라야 한다는 것을 강력하게 주장하였다. 고대문명사회에도 시장경제와 관련된 특성, 예컨대 분업과 교역, 중개인, 은행의 형태는 있었지만 대부분의 거래는 사치품이었으며 국가에 의해서 운영되었다는 것이다. 그리고 제조업자는 이미 알고 있는 구매자를 위해서 알고 있는 상품의 양을 생산하는 것이지 미지의 불확실한 시장에서 경쟁을 하지 않는다는 것이다. 따라서 그들의 생산을 결정하는 요인은 상품의 수요나 시장경기의 변동에 크게 영향을 받지 않는다는 것이다. 그러니까 시장경제와 무시장경제의 구분도 중요하지만, 그보다 더 중요한 것은 시장원리가 지배하는 경제와 그렇지 않은 경제의 구분이며, 신고전경제학의 이론은 시장경제 또는 시장원리가 지배하는 경제 과정을 설명하기 위해서 고안된 것이지 보편적인 것이 될 수 없다는 것이 폴라니의 입장이다.

폴라니의 실재론적 입장을 더욱 발전시킨 것은 달튼(G. Dalton 1961)이다. 그는 자본주의 산업사회의 경제체계와 원시·미개·농민사회의 경제체계를 다음과 같이 비교하고 있다. 분업이 고도로 발달한 자본주의 산업사회에서는 대부분의 개인이 자기의 노동을 팔아 욕구를 만족시킬 수 있다. 그들의 욕구는 다양하기 때문에 현물지급이 불가능하며, 모든 목적의 완전화폐경제가 발생한다. 그리고 소비상품의 수요와 공급이 변함에 따라 생산요소의 시장에도 변화가 일어난다. 그런데 이와 같은 자본주의 산업사회의 화폐경제체계는 보통 인류학자들이 연구하는 원시·미개·농민사회의 경제체계와 판이하게 다르다는 것이다. 후자에서는 개인들이 협동생산과 공동소비로 욕구를 만족시키며 교환을 위해서 생산하지 않고 잉여생산이 있다고 하더라도 대부분은 예물로 나누어 준다. 이런 경제체계를 분석하는 데는 호혜성의 원리가 타당하고 공급과 수요의 시장원리는 부적합하다는 것이다. 보해넌과 달튼(Bohannan and Dalton 1962)은 이런 논지를 실제로 응용하여 경제체제를 무(無)시장경제·말초시장경제·완전시장경제의 세 가지 형태로 구분하고, 앞의 두 가지 형태를 아프리카의 고유한 경계체계로 규정하였다. 이런 경제체계하에서는 생산자가 동시에 교역자이며 또한 가격의 변동이 생산요소에 영향을 주지 않는 것이 특징이다.

이상과 같은 폴라니, 달튼, 보해넌을 중심으로 한 실재론자들은 공통적으로 경제체계를 생계경제와 시장경제로 구분하고 전자에서는 교환 또는 분배의 형태가 호혜성과 재분배로 나타나고, 후자에서는 시장교환으로 나타난다고 한다. 또 생계경제에서는 사람들의 협동관계가 적대감을 줄이고 연대감을 조장시키는 데 반하여, 시장경제에서는 개인의 이득을 목적으로 상호 간의 만족스러운 가격에 도달하기 위해서 흥정을 하게 되므로 적대감과 불안이 항상 따른다는 것이다.

순수형식론의 입장에서 실재론을 날카롭게 비판하고 본격적인 논쟁을 전개한 사람은 쿡(S. Cook)이다. 그는 여러 논문(1966a, 1966b, 1969)을 통해서 실재론자들이 원시미개사회와 농민사회의 생계경제를 지나치게 낭만적으로 이상화시키는 반면에 여러 가지 사회적 불편과 모순을 시장경제에 돌리고 있다고 지적하였다. 그에 따르면 그 당시까지 실재론자와 형식론자들은 모두가 본질적으로 상대방의 관점을 무시한 채, 토론을 전개하기보다는 서로 과거를 이야기했을 뿐이라는 것이다. 그리고 현재 대부분의 단순농민사회에서는 시장의 원리가 작용하고 있기 때문에, 비시장경제를 들고 나온 실재론자들의 주장은 오늘날의 현지조사와 그 자료 분석을 위한 지침으로서는 별로 중요하지 않다고 지적하였다. 쿡의 이러한 비판들은 1960년대 후반의 인류학계에 크게 물의를 일으켜 한편에서는 형식론자들의 대호응을 받고 또 다른 한편에서는 실재론자들의 반론이 쏟아져 나왔다. 이러한 반론과 재론의 치열한 논쟁은 결국 지양(止揚)을 위한 경제인류학의 공동과제로 귀결되었다.

르 클레어(Le Clair 1962, 1969)는 순수형식론자의 입장을 지키면서도 다음과 같은 대안을 제시하였다. 즉, 일반경제이론은 경제인류학에 적용될 수 있지만, 현대경제이론은 지나치게 폐쇄적으로 서구공업경제의 특수한 경우에 바탕을 두고 있기 때문에 그 적용이 부적합할 수도 있다는 것이다. 그래서 그 적용이 가능한 방도로서, 비서구경제들이 현존하는 경제이론에 흡수될 수 없는 특수한 경우들이라는 것을 충분히 과시하거나, 그 이론들을 써서 새로운 이론 또는 확충된 이론을 발전시키는 작업이 요구된다는 것이다. 이런 관점에서 볼 때 경제인류학의 과제는 그 특수사례들을 충분히 조사 연구해서 그 결과를 경제이론과 관련시켜 보는 것이다.

## 2. 생산

### 1) 생산의 의미

생산은 자연으로부터 자원을 개발하여 인간의 욕구에 맞도록 변형시키는 활동이다. 그런데 자연환경과 자원은 한정되어 있고 인구는 점점 증가하기 때문에 인간이 환경에 적응하며 생존하기 위하여 기술을 발전시키지 않을 수 없다. 그러므로 우리가 생산을 말할 때에는 자원과 기술 및 노동을 포함하는 에너지를 관련시키게 된다. 그리고 원시미개사회나 문명사회를 막론하고 어느 사회에 있어서나 자원을 개발하고 이용하는 행위 또는 그 권리를 규제하는 관습이 있게 마련이다.

종래의 경제인류학자들은 분배와 교환을 주로 다루고 생산부문을 등한시해 온 경향이 있다. 그런데 마르크스(Marx 1904)는 처음부터 경제에서 생산의 역할을 중요시하고 생산과정이 경제의 중심역할을 담당한다고 강조하였다. 그는 생산과정으로부터 분배와 교환 및 소비의 다른 경제과정이 발생하고 순환된다는 것을 지적하면서, 인간이 다른 동물과 다른 점은 자기가 직접 생계수단을 생산함으로써 실제의 물질적 생활을 영위할 수 있는 것이라고 생산의 중요성을 역설하였다.

그러나 마르크스나 엥겔스는 생산 그 자체에 깊은 관심을 가졌다기보다는 정치경제 또는 정치세력과 더 나아가서는 궁극적으로 사회의 구조를 분석하기 위한 출발점으로 생산을 중요시했던 것이다. 그들은 사회구조와 정치구조 및 이데올로기적인 상부구조와 관련된 생산양식에 우선적인 관심을 가졌지만, 이러한 역사유물론의 접근은 인과론의 면에서나 진화론의 면에서나 다 같이 큰 오류를 범하고 있다.

첫째로, 인과론의 면에서는 하부구조가 상부구조를 지배한다는 생각이다. 생산양식을 결정하는 요소 중에서 경제활동의 물리적·기술적 관계를 나타내는 생산력이 경제활동의 개인 또는 집단 상호 간의 관계를 나타내는 생산의 사회적 관계를 지배한다는 것은 결국 생산기술의 관계가 생산, 노동조직, 이데올로기의 관계를 지배한다는 것으로 요약될 수 있다. 그러나 사회학자 파슨스와 스멜서(Parsons and Smelser 1956)나 문화유물론의 인류학을 주장하는 해리스(Harris 1968)와 다른 인류학자들의 면밀한 검토에 따르면 하부구조와 상부구조의 설정 자체에도 문제가 있을 뿐 아니라 단순한 일방적 인과관계의 설명은 더욱더 모순을 보여주는 것으로 비판되고 있다.

둘째로, 진화론의 면에서는 19세기의 문화진화론자들처럼 단선진화의 단계도식을 써서 재산 형태에 기초를 둔 보편적 역사를 기술하고자 시도했다는 사실이다. 즉, 제1단계에서는 부족소유와 생산의 저개발단계 및 가족과 그것이 확대된 사회구조에서 생산의 증가 때문에 계급이 발생하고 노예제도가 발달했으며, 제2단계에서는 고대의 공동체와 국가의 소유를 특징으로 하는데, 처음에는 토지와 노예를 공유했다가 점차로 사유화되면서, 부족연맹이 붕괴되고 고대도시국가가 발달되었다는 것이다. 제3단계에서는 봉건신분제의 재산소유형태를 취하면서, 농촌에서는 봉건영주가 토지를 집합적으로 소유하고 그것을 농노가 경작했고, 도시에서는 길드가 생겨서 숙련된 장인과 상인들이 지배하게 되었다. 그리고 제4단계에서는 자본주의 시민계급이 발생하여 상업과 제조업을 장악하였으나, 최후의 단계에서는 완전공산주의로 발전하여 종막을 내린다는 것이다. 그러나 이런 이론의 전개는 스튜어드, 살린스, 서비스 등의 다선진화론에 의해서 배격될 뿐만 아니라, 재산진화론 그 자체가 너무나 단순한 발상에서 전개된 것이라고 비판을 받고 있다.

고들리에(Maurice Godelier 1972: 263-268)는 경제인류학에서 생산의 개념을 다른 시각에서 다루고 있다. 그는 생산을 한 사회가 존재하도록 물질적 수단을 그 사회에 제공하는 일체라고 규정함으로써, 경제를 공시적(논리적)으로는 물론, 통시적(역사적)으로도 분석하는 출발점으로 삼고 있다. 이런 생산의 개념 또는 분석의 접근은 발전된 공업경제는 물론, 농업경제와 원시적 채집경제까지도 모두 포괄하는 것이다. 예를 들면 수렵·채집·어로경제에 있어서는 자연에서 자원을 획득하여 아무런 변형 또는 제조의 과정을 거치지 않고 이용하는 약탈의 형태를 취하며, 농업과 공업경제에서는 자연에서 자원을 획득하여 일단 변형 또는 제조함으로써 필요한 물자를 생산해 내는 형태를 취한다. 형식적인 면에서 볼 때 이러한 여러 가지 경제체제의 생산양식들은 각기 생산요소인 자원(R)·도구(I)·인간(M)을 일정한 기술적 규칙들(T)에 따라 조합하여 투입함으로써 그에 상응하는 생산물(P)을 산출해 내는 것이다. 경제학자들은 이런 관계를 생산함수라고 부르며, 특히 기업에 있어서 생산물의 양(X)은 노동의 양(L)과 자본의 양(K)의 함수(f)라고 하여 $X=f(L \cdot K)$의 공식으로 나타낸다.

경제인류학에서 중요한 생산의 또 한 가지 측면은 생산의 형태를 분류하고 분석하는 것이다. 그런데 우디(Udy 1959)는 150개 전 산업사회들(preindustrial societies)에 관한 문헌들에 나타난 비교문화자료를 분석하여 인간사회의 기본적인 생산의 형태를 수렵, 채집, 어로, 농경, 축산, 건설, 제조의 일곱 가지로 분류하였다. 이러한 생산형태의 분류는 우선 인간사회와 문화가 발달함에 따라서 그에 대응하는 식료채집 또는 식료생산의 문제와 그것들의 시대별 발달과정을 이해하는 데 매우 중요하다. 예컨대 단순사회에 있어서는 수렵, 채집, 어로의 생산형태가 섞여서 나타나며, 복합사회에 있어서는 농경과 축산이 섞여서 나타난다. 그리고 건설과 제조는 모든 사회에 있어서 생산형태를 규정하고 특징지어주는 기본요소이기도 하다. 건설과 제조의 과정을 통해서 생산자본, 즉 도구와 시설, 장비 등을 생산할 수 있는 능력은 산업경제체제의 기능적 전제요건이기도 하다.

식료생산에 소요되는 시간과 에너지의 양이 식료생산이 아닌 부문에 소요되는 노동시간과 에너지의 양에 대하여 차지하는 상대적인 비율이 상이한 여러 사회에서 어떻게 다르게 나타나는가 하는 것은 경제적으로나 생태적으로 매우 중요한 의미를 갖는다(제14장 참조). 그러나 아직까지는 이에 대한 일반화된 비교문화의 연구가 이루어지지 않은 상태에 있다. 다만 뚜렷한 것은 원시농경의 자본산출과 그에 따르는 분업과 전문화의 절대적인 수준이 수렵이나 채집의 그것보다 더 높고, 집약농경의 수준은 원시농경에서보다 더 높다는 것이다. 생산활동을 분석하는 데 있어서는 노동시간의 배분, 노동의 분화와 조직, 생산된 물자의 양과 질, 생산의 효율 등 네 가지 분석차원이 매우 중요하다. 경제학자들은 현대공업사회의 기업생산에서 이런 문제들의 효율을 극대화하기 위하여 여러 가지 생산요소들을 고려하여 생산함수에서 기술적 효율과 경제적 효율을 계산하고, 비용함수에서 평균비용과 한계비용을 측정하며, 기술진보에서 자본절약의 기술진보와 노동절약의 기술진보를 항상 계산하고 있다. 이런 관계들은 농가나 공장 또는 회사와 같은 경영단위의 맥락에서 가장 잘 관찰될 수 있는데, 특히 우리들 관심의 초점이 되는 것은 희소자원을 이용함에 있어서 그 경영단위의 개별성원들이 선택과 결정을 행사함으로써 생기는 가치의 순환과 변형이다. 기회비용 또는 기회원가의 문제는 바로 선택과 결정에 직결되는 문제이기 때문이다.

## 2) 생산의 결정

어떤 물자와 용역을 얼마나 생산할 것인가를 선택하고 결정하는 문제는 대부분의 사회가 직면하는 핵심적인 것이다. 이런 문제는 어떤 사회에서나 그 사회가 원하는 모든 것을 생산할 수 없고, 그 사회가 원하는 만큼 전부를 생산할 수도 없다는 사실에 기인한다. 사회가 원하는 것을 모두 생산할 수 없다면 그중에 어떤 것을 희생시켜야 한다. 여기서 무엇을 희생시킬 것인가 하는 것이 문제이다. 또 사회가 어떤 한 가지의 총생산을 증가시키기 위해서는 다른 어떤 것의 생산을 감소시켜야 한다. 한 사회가 생산해 낼 수 있는 총량은 여러 가지 생산요소에 따라 한정되어 있기 때문이다. 그러므로 어떤 물자와 용역을 얼마나 생산할 것인가를 선택하고 결정하는 것은 그 한정된 범위에서 이루어져야 한다.

무엇을 생산할 것인가를 결정할 때에 우리는 소비의 차원과 생산의 차원에서 생각해 볼 필요가 있다. 소비의 차원에서는 사회성원들이 가지는 소비자 선호의 체계를 분석해야 하고, 생산의 차원에서는 그 분석에 따라 생산물의 구성을 결정해야 한다. 그런데 고전경제학의 분석에서는 소비자 기호의 체계에 대하여 별로 주의를 기울이지 않았다. 또 고전적인 시장분석도 암암리에 다음과 같은 가정을 전제로 하고 있었다. 즉 소비자는 그들이 소비하는 상품을 생산하지 않고, 생산자는 그들이 생산하는 상품을 소비하지 않는다는 가정을 암암리에 가지고 있었다. 그래서 르 클레어(Le Clair 1959)는 생산물의 구성문제를 해결하는 데에 별개의 두 결정자(決定者)가 있다고 지적한다. 즉 소비결정은 소비자에 의해서 이루어지고 생산결정은 생산자에 의해서 이루어진다는 것이다. 그런데 소비자는 생산되지 않는 것을 소비할 수 없고 생산자는 소비되지 않는 것을 생산할 수 없으니까 소비결정과 생산결정은 잘 조정되어야 한다. 이 두 가지 결정이 조정되는 메커니즘이 바로 시장이다.

이처럼 두 가지 별개의 생산결정과 소비결정을 가정할 때 그것은 공업경제에는 적절하게 들어맞지만, 모든 경제에 다 들어맞는다고는 볼 수 없다. 이런 생각은 어디까지나 앞에서 전제한 고전적인 시장분석의 가정하에서만 들어맞는다. 그러나 실제로 그런 결정이 이루어지는 것은 생산물에 따라 각기 다르다. 왜냐하면 어느 사회에서나 어떤 특정한 상품은 단일결정자 조건하에서 생산되고, 다른 상품은 이중결정자 조건하에서 생산되며, 또 다른 어떤 상품은 상황에 따라 단일결정자 또는 이중결정자 조건하에서 생산되기 때문이다. 이중결정자 조건이 존재하는 경우에 우리가 더 깊이 생각하고 더 분석해야 될 것은 첫째로 생산결정과 소비결정을 조정하는 데 어떤 메커니즘을 쓸 것인가 하는 문제이고, 둘째로는 그 메커니즘이 생산물의 구성에 어떤 영향을 줄 것인가 하는 문제이다.

생산물의 종류와 양을 결정하는 권한은 어디에 있는가? 그것은 첫째 소비자 집단일 수도 있고, 둘째 생산자도 소비자도 아닌 제3의 권력자일 수도 있으며, 셋째 자율적으로 경제행위를 하는 생산자일 수도 있다. 권위주의 체제에서는 어떤 개인 또는 집단이 특정한 상품이나 생산 가능한 물자의 전역에 걸친 생산을 요구하거나 금지시킬 권한을 가지고 있다. 그런 권위는 어떤 상품의 생산을 금지시킴으로써 소비를 막을 수도 있고 소비 이상의 초과생산을 요구할 수도 있다.

그러나 생산자가 자율적인 생산의 결정권을 가지는 것은 시장경제의 특징이다. 여기서 시장은 생산자에게 그들의 결정을 내리는 데 필요한 자료를 제공해 주는 메커니즘으로 간주될 수 있다. 이처럼 결정이 생산자에 의해서 자율적으로 이루어지는 곳에서는 경제인류학자가 조사 연구할 가장 중요한 문제가 생산자 결정의 기초이다. 그러나 장기적으로 볼 때 생산자는 그들의 생산결정과 소비결정을 잘 조정하게 된다. 결국 그들은 생산결정을 내리는 데 필요한 메커니즘으로 시장을 가지고 있기 때문이다. 그러므로 경제인류학자는 시장의 구조와 기능을 잘 연구해야 한다. 그리고 시장 메커니즘의 역할을 평가하는 데 있어서 경제인류학자는 생산물의 실제적인 구성에 관한 사례를 많이 조사해서 여러 사회의 자료를 비교 연구해 보면, 거기서 어떤 합리적 선택의 메커니즘 또는 생산물의 이상적인 구성을 찾아낼 수 있다.

이런 원칙에 따라서 경제민족지의 자료가 많이 수집될 때 그것들을 비교 연구함으로써 경제인류학자는 각 사회에 바람직한 생산물의 구성을 찾아낼 수 있다. 그 구성의 결정과정을 분석하기 위한 단계를 구체적으로 살펴보면 다음과 같다. 제1단계에서는 단일생산결정자가 있는가, 아니면 소비결정과 생산결정이 따로 이루어지는가를 확인해야 한다. 그리고 제2단계에서는 만약 두 가지 결정이 따로 이루어진다면, 생산결정자가 누구인가를 확인해야 한다. 그것이 소비자 집단이라면, 생산참여자의 지배적 의견을 보장하는 메커니즘은 무엇이고 참여자들 간에 생산물의 분할을 결정하는 방법이 무엇인가를 확인해야 한다. 생산결정의 권한이 한 권위자에게 있다면 그 결정을 내리는 기준이 무엇인가를 확인해야 한다. 끝으로 그 권한이 자율적으로 경제행위를 하는 생산자에게 있다면 그 생산자는 자기의 생산결정과 소비결정을 어떻게 조정하는가를 조사 연구해야 한다. 제3의 단계에서는 그러한 메커니즘이 생산물의 구성에 어떤 영향을 주는지 확인해야 한다.

### 3) 생산의 요소

가장 기본적인 생산의 요소는 토지와 노동 및 자본이다. 토지는 사실상 모든 종류의 천연 그대로의 자연자원이고, 노동은 인간의 노력이며, 자본은 소비에 사용하지 않고 현재 또는 미래의 생산에 이용하도록 정해진 과거생산의 결과 즉 도구라고 말할 수 있다. 그런데 생산요소는 공업경제와 공업경제가 아닌 경우에 다르게 나타난다. 원시미개사회나 농민사회에서는 공업사회에서보다도 생산요소와 노동자 간의 관계가 더 밀접하다. 그러나 토지소유, 노동의 분화와 조직, 자본의 양상은 각 사회의 관습과 문화에 따라 다르게 나타난다.

예를 들면 토지자원만 보더라도 그것의 이용권과 처분권 또는 소유권의 관습이 사회마다 각기 다르다. 수렵과 채집사회에서는 토지 그 자체보다도 거기에 서식하는 동식물의 존재가 더 중요성을 가진다. 그 이유는 동물이 어떤 토지의 영역 밖으로 도망가거나 식물이 고갈되면 토지가 무용지물이 되기 때문이다. 그러므로 이런 사회에서는 토지뿐만 아니라 대부분의 자원을 공동으로 소유하고 관리하는 경향이 있다. 그러나 원시농경사회에서는 북태평양의 카롤린군도의 트루크(Truk)섬 사람들처럼 가족별로 특정한 토지에 빵나무를 심어서 개별가족 또는 친족집단이 그것을 소유하기도 한다(Goodenough 1951). 빵나무는 15년 동안 자라면 열매가 열리기 시작하여 150년 동안이나 계속 열리는데, 그것을 가족이 소유하고 자녀들에게 상속시킬 수도 있지만 그들이 원하지 않을 경우에는 다른 사람에게 팔거나 양도하는 등의 처분권은 그 가족에게 없고 친족집단에게 돌아가 그것을 원하는 다른 친족원들에게 주도록 되어 있다. 그리고 유목사회에서 목초지는 유목집단별로 공유하지만 동물들은 가족의 사유로 되어 있으며, 집약농경사회에서는 토지의 이용권과 처분권을 포함하는 소유권이 경제력뿐만 아니라 정치적 권력의 원천이 되므로 그것을 규제하는 관습이 사회마다 다르다. 가령 한국에서는 토지의 사유가 절대적으로 인정되기 때문에 농민들이 자유롭게 팔고 살 수 있을 뿐만 아니라 토지의 이용도 원칙적으로는 자유롭다고 할 수 있다. 그러나 1990년대 이전에 사회주의 국가였던 러시아나 중국에서는 콜호즈 또는 인민공사 등의 집단농장을 만들어 토지를 상부에서 중앙집권으로 관리하고 있었다(Wolf 1966: 93). 현대의 공업사회에 있어서도 토지를 비롯한 여러 가지 자원의 소유권이 그 사회의 관행이나 법에 따라 개인이나 여러 형태의 집단 또는 국가에 귀속된다.

도구를 비롯한 여러 가지 생산설비와 자본의 소유 이용방식도 사회마다 다르고 노동의 분화, 즉 분업과 기술의 전문화도 다양하다. 어느 사회에나 연령별, 성별 분업은 존재하지만, 자원이 풍부하고 기술이 발달된 사회일수록 더 많은 잉여생산이 가능하므로 많은 사회성원들이 식량생산으로부터 해방되어 다른 전문직에 종사함으로써 분업이 더욱더 발달된다. 노동의 형태와 조직도 기술과 밀접한 관계를 가지고 있다. 기술이 단순하고 그것을 습득하는 데 단기간을 요하는 작업은 일의 전체과정을 한 사람이 해낼 수 있으며 분업이 덜 필요하다. 그러나 기술이 복잡하고 그것을 습득하는 데 장기간을 요하는 작업은 대규모의 복잡한 노동조직과 고도의 분업을 필요로 한다.

이상과 같은 토지·노동·자본의 생산요소를 어떤 비율로 섞어서 생산할 것인가는 환경과 기술에 따라 크게 좌우된다. 그러한 선택과 결정의 기초는 첫째가 생산요소의 상대적인 이용가능성이고, 둘째는 생산의 규모이다. 예를 들면 만약 토지에 비하여 상대적으로 노동력의 이용가능성이 높을 때에는 노동력을 더 많이 이용할 수 있지만 노동력이 상대적으로 희소할 때에는 집약노동이 불가능하다. 이 경우에는 기술수준이 본질적으로 동등하다는 것을 전제로 한다. 또 생산의 규모에 있어서 오늘날 미국의 자동차생산은 그 수요가 엄청나게 많으므로 자본이 많이 드는 설비와 기술을 많이 이용하지만, 만약 몇천 대의 자동차만 생산한다면 소규모의 생산을 위하여 설비와 기술 및 많은 자본을 들이지 않고 수공업노동에 의해 자동차를 생산할 것이다.

그 밖에도 생산요소의 비율을 결정하는 데는 앞에서 본 바와 같은 생산함수와 비용함수 및 기술진보에 따르는 기술적 효율과 경제적 효율, 최저생산비측정, 자본절약적 기술진보와 노동절약적 기술진보 등이 고려되어야 할 것이다. 그리고 자본재 생산요소의 비율을 결정하는 권한의 소재를 생산물구성의 결정에서 본 것처럼 조사하고 확인할 필요가 있다.

## 3. 분배와 교환

분배와 교환은 흔히 한꺼번에 합쳐서 취급되는 별개의 두 가지 경제과정이다. 분배는 우선 개인 또는 집단이 총생산량 중에서 얼마만큼의 비율을 받게될 것인가를 결정한다. 다시 말하면 생산과정에 제공된 개인이나 집단의 노동력의 대가 또는 생산의 다른 요소들에 대한 통제 때문에 그 개인이나 집단에 생산물이 돌아가는 배당 또는 보수체계를 의미한다. 이에 반하여 교환이란 분배에 의해서 개인에게 배당된 몫을 그가 소비 이외의 다른 목적으로 전환하고자 하는 물자와 용역의 순환을 뜻한다. 다시 말하면 물자와 용역이 개인들이나 집단 사이에서 순환되는 여러 가지 형태의 과정을 의미한다. 벨쇼(Belshaw 1965: 7)에 따르면 그러한 교환의 한 형태가 바로 시장체계이다.

기능분석의 입장에서 볼 때 이 두 가지 과정은 모든 사회에서 밀접하게 서로 관련되어 있다. 그러나 발전된 공업사회보다는 원시미개사회에서 그 두 가지 과정은 더욱 일치하는 경향이 있다. 그리고 농업사회나 공업사회에 있어서 물자와 용역이 순환되는 교환에 직접적으로 관여하는 개인들이나 집단의 관계는 기본적으로 생산자와 소비자, 증여자와 수혜자, 생산자와 거래자, 거래자와 거래자, 거래자와 소비자 등의 관계형태를 취한다.

## 1) 사회 내의 분배와 교환

모든 사회에 있어서 일단 생산과정이 끝나면 생산자와 생산물의 관계는 생산자의 생산물 소유관계로만 결정되지는 않는다. 개인에게 돌아가는 생산물의 분배는 생산자와 다른 개인 또는 집단의 관계에 따라 결정된다. 그런데 어느 사회에서나 생산의 총량을 그 사회성원들에게 분배하는 일정한 사회적 관습 또는 규범이 있으며 분배의 체계가 있다. 우선 특정한 생산물의 생산자는 자기의 생산물에 대한 제1차적 권리를 가지고 있다. 그러나 제1차적 권리주장자가 반드시 생산자라고는 말할 수 없다. 오히려 생산자가 아닌 경우가 더 많다. 예를 들면 부족의 족장이나 독재군주, 행정가, 각종의 재산소유주와 그 재산의 관리인 등이 생산물의 제1차적인 권리주장자일 경우가 많다.

이와 같이 생산물에 대한 권리주장은 첫째 생산자의 권리주장(자작농가), 둘째 생산과정에 대한 권리주장자들의 관계에서 생기는 권리주장(수렵, 어로), 셋째 생산자와 생산 이외의 다른 권리주장자의 비생산적 관계에서 생기는 권리주장(친족관계), 넷째 그 사회 전체에 대한 권리주장자가 가지는 권리주장(족장, 군주 등), 다섯째 다른 모든 특수 권리주장이 만족되고 난 뒤의 나머지의 잔여권리주장(기업의 이윤) 등으로 다양하다. 여기서 개별 생산자들은 그들의 전체생산물 또는 그 일부를 위와 같은 권리주장자들에게 바쳐야 될 의무가 있다. 따라서 생산물의 분배기준은 반드시 그 생산활동에 공헌한 시간과 노력, 기술, 토지, 자본 등의 생산요소에 비례하는 것이 아니다. 다시 말하면 반드시 경제적 조건에 의해서만 생산물의 분배가 결정되지 않고 비경제적 조건, 즉 정치·사회·문화의 조건들에 따라 결정되는 예가 많다. 그래서 이런 점에 착안한 경제인류학자 투른발트(Thurnwald 1932: 107)는 계급이 분화된 사회에서는 분배의 특권이 영향력 있는 사람들, 예컨대 권세가족, 지배귀족계급, 행정관료 등에게 있다고 지적하였다. 그리고 폴라니(Polanyi 1957: vii-ix)는 한 사회 내에서 물자와 용역이 분배되고 교환되는 형태를 호혜적 교환과 재분배와 시장교환의 세 가지로 분류하여 설명하고 있다.

**호혜적 교환**(reciprocative exchange)　　이것은 어떤 사회적 유대나 의무로 맺어진 사람들이 물자와 용역을 서로 주고받는 일종의 상호등가교환이다. 여기에는 보통 화폐가 개입되지 않고 공급과 수요가 작용하지 않으며 흥정도 없다. 대부분의 경우에 비슷한 처지의 사람들끼리 정해진 상대방과 선물이나 노동을 직접 교환하는 형태를 취하며, 장기간에 걸친 사회적 유대와 신용을 기반으로 하기 때문에, 그 교환의 형태는 비공식적이지만 받은 것에 대해서는 되돌려주어야 하는 호혜적 의무를 수반한다. 그러므로 호혜적 교환의 주요기능은 쌍방 간에 기존의 사회적 유대관계를 재확인하는 것이다. 그러므로 대체적인 등가의 호혜원칙을 어느 한 편에서 계속 어길 때에는 호혜적 교환이 중단될 뿐만 아니라 기존의 친밀한 유대관계도 단절된다.

마셜 살린스(Sahlins 1972: 191-196)는 사회적 유대관계의 친밀도에 따라 호혜성을 일반적 호혜성과 균형적 호혜성, 부정적 호혜성의 세 가지 형태로 구분하였다. 첫째, 일반적 호혜성(generalized reciprocity)은 한편에서 상대방에게 물자와 용역을 주되 그 종류와 양 또는 가치를 계산하거나 특정한 시간을 정하여 등량등가(等量等價)로 되돌려 갚을 것을 요구하지 않는 호혜성이다. 그러나 당장에 직접 되돌려 갚지는 않는다 하더라도 장기간에 걸쳐서 보면 어떤 형식으로든지 받은 혜택을 되돌려 갚는 것이 보통이다. 가령 어떤 사람이 이타적(利他的) 동기에서 상대방에게 은혜를 베풀거나 예물을 주었을 경우, 그것을 받은 사람은 나중에 기회가 있을 때 은혜를 갚거나 답례 또는 반례(返禮)를 함으로써 되돌려 갚을 수도 있고 존경을 표시함으로써 사회적 위세가 준 사람에게 돌아가게 할 수도 있다. 그러므로 일반적 호혜성은 친밀도가 아주 가까운 부부간이나 부모, 형제, 사제 간 또는 가까운 친척 사이에서 흔히 나타난다.

둘째, 균형적 호혜성(balanced reciprocity)은 한편에서 상대방에게 물자와 용역을 줄 때 주는 사람이나 받는 사람이 모두 받은 것만큼 되돌려 갚아야 한다는 것을 인정하고 또 그렇게 행하는 호혜성이다. 되돌려 갚는 기간도 아주 장기간에 걸친 것이 아니고 비교적 단기간에 교환이 이루어져야 한다. 이 호혜성의 특징은 등량등가(等量等價) 교환을 원칙으로 하지만 실제로 되돌려 갚을 때에는 그 종류의 양과 가치를 대등하게 하는 것은 그 사회의 관습과 도덕에 따라 정해진다. 가령 한국의 혼례나 상례, 기타의 통과의례에 축의금이나 부의금를 받을 경우 흔히 그것을 일일이 기록해 두었다가 나중에 상대방에게 그런 일이 있을 때, 축의나 부의 또는 다른 형태로 갚는 것이 일반적인 관행이지만 그 종류의 양과 가치는 반드시 똑같지 않은 것이 보통이다. 각자의 사회적 지위나 형편에 따라 대등가치가 정해지기 때문이다.

균형적 호혜성의 형태는 통과의례 때의 축의금이나 부의금 이외에도 그런 때 비공식적으로 일을 돌봐주는 경우와 우리나라의 품앗이 같은 노력과 봉사의 교환형태가 있다(이문웅 1977). 특히 농경사회에서는 모심고, 김매고, 추수를 할 때 이웃 또는 친척 간에 노동력을 교환한다. 수렵사회에서는 큰 짐승을 사냥해서 잡았을 때 상하기 쉬운 고기를 저장할 만한 수단이 없으므로 즉시 그것을 함께 사냥 나갔던 사람들에게 나누어 주고, 그 사람들은 또 자기의 몫을 사냥하지 못한 친척이나 이웃과 함께 나누어 먹는다. 그리고 나중에 친척이나 이웃 사람들이 사냥을 해서 짐승을 잡고 자기는 잡지 못했을 때 고기를 나누어 먹음으로써 호혜성의 균형이 이루어지는 것이다. 과거 우리나라의 농촌에서도 가을에 고사떡을 많이 장만해서 친척과 이웃이 함께 나누어 먹으면, 다른 집에서 떡을 장만했을 때 따뜻한 떡을 자주 얻어먹을 수 있어 그런 경우에도 호혜성의 균형이 이루어졌다. 제사나 잔치의 음식을 나누어 먹는 것도 역시 마찬가지이다(Chun 1984: 5장). 그리고 봄이나 여름에 절량농가(絶糧農家)가 생겼을 때 부잣집의 창고에 있는 식량을 나누어 주었다가 추수가 끝난

다음 신곡(新穀)을 받아들이는 것이라든가, 과거에 우리나라의 구휼제도로서 고구려의 진대법(賑貸法), 고려의 흑창(黑倉)·의창(義倉)·상평창(常平倉), 그리고 조선시대의 환곡제도(還穀制度) 등은 모두 균형적 호혜성에 해당된다고 볼 수 있다. 이렇게 볼 때 균형적 호혜성의 기능은 보험이나 사회보장의 역할과 같은 것이다

셋째, 부정적 호혜성(negative reciprocity)은 한편에서 상대방에게 주는 것보다 더 많은 것을 얻으려는 호혜성이다. 그러므로 이런 교환의 당사자 쌍방은 서로 상반된 이해관계를 가지고 있다. 즉 상대방을 희생시켜서 자기의 이득을 극대화하려는 의도를 쌍방이 모두 가지고 있다. 그 형태는 가장 극단적인 경우, 상대방에게 아무것도 주지 않고 강제로 남의 것을 뺏으려는 노골적인 강도로부터, 좀 덜 심한 것으로 상대방에게 기만과 사기수단을 써서 자기의 이득을 얻으려는 것이 있으며, 그보다 덜 심한 형태가 상대방의 것을 깎고 자기의 것을 에누리하는 흥정이다. 따라서 세 가지 형태의 호혜성 중에서 당사자들의 친밀도가 가장 낮고 서로 모르는 사람들 사이에 행하여지는 것이 부정적 호혜성이다. 이상과 같은 여러 가지 특징으로 볼 때 엄밀한 의미에서 그것은 호혜성이라고 말할 수 없는 성질의 것이다.

**재분배**(redistribution)　　이것은 물자와 용역이 개인들이나 집단들 사이에서 분배 또는 교환되는 것이 아니고, 어떤 중심적 위치에 있는 한 사람 또는 기관으로 주변에 있는 다수인의 물자와 용역이 집중되었다가 다시 분산되는 일종의 분배형태이다. 가령 어떤 부족이나 국가의 성원들이 추장이나 왕 또는 정부와 같은 중심기관에 현물이나 현금과 같은 물자와 노력, 봉사를 의무적으로 바치고, 중심기관에서 그것들의 일부를 다시 바친 사람들에게 비상원조, 특별보상, 기타의 공공시설이나 서비스의 명목으로 분배해 줄 때 그것을 우리는 재분배라고 한다. 그러므로 재분배는 정치와 경제의 중앙집권이 이루어져 있고 분업과 계층, 추장이나 왕의 지위와 같은 권력의 차등과 위계서열이 확립된 사회에서 일어난다.

부족사회나 과거의 왕국에서는 추장이나 왕이 예물이나 공물, 조세, 노역, 기타 전쟁의 노획물 등의 형태로 물자와 용역을 거둬들여서 그것을 다시 재분배하였는데, 그 이면에는 다음과 같은 동기가 있었다고 생각된다. 첫째는 부를 과시함으로써 특권과 지위를 유지하는 것이고, 둘째는 자기를 옹호하고 지지하는 사람들의 적절한 생활수준을 보장해 주는 것이며, 셋째는 자기 영토 밖의 외부사회와 동맹관계를 확립하는 것이었다. 그런 사회에서는 인구와 자원에 대한 국세조사를 해서 물자와 노역 또는 군역(軍役)의 형태로 조공과 의무를 부과하였다. 때로는 농사나 채광(採鑛) 또는 도로, 교량건설과 같은 공적 사업에 강제노동과 봉사를 시키기 위하여 인력을 충원하기도 하였다.

현대공업사회에서는 국민들이 정부에 각종의 세금을 내서 그중의 일부는 국가의 기구를 유지하고 운영하는 데 쓰고, 나머지는 각종 공공시설과 서비스, 사회복지기금, 정부융자 등의 명목으로 재분배된다. 이러한 재분배제도의 가장 중요한 기능은 그 사회의 모든 성원들에게 적절한 생계를 보장해 주는 것이다. 그러나 앞에서 본 바와 같이 부족사회나 왕국에서는 추장이나 왕의 권위와 위세를 높이는 것이 더 중요한 기능이었다.

**시장교환**(market exchange)　　호혜적 교환이나 재분배와는 달리 시장교환에는 특정한 사람들이 개입하지 않고 판매자와 구매자가 완전히 공개되어 있는 순수한 상업적인 거래이다. 즉 시장교환이란 공급과 수요의 원리에 따라 화폐가격으로 팔고 사는 조직적인 과정이다. 그러므로 시장교환에 관여하는 사람들은 판매자와 구매자 쌍방 간에 아무런 사회적 의무나 특별한 유대관계가 없고 흥정과 경쟁이 자유롭게 이루어진다. 그리고 시장교환을 가능하게 하는 것은 교환의 매체인 화폐이다.

우리가 시장이라고 말할 때 명백하게 구별해야 될 사항은 시장의 원리와 장소로서의 시장(장터)개념이다. 전자는 장소나 배분체계와 상관없이 다수의 거래자 간에 정규거래에 의해서 생기는 하나의 제도로서 현대공업사회의 시장경제를 특징지어주는 원리인 데 반하여, 후자는 실물상품이 교환되는 상설

시장이나 정기시장과 같은 특정한 장소를 의미한다. 그러므로 농민이 직접 생산한 농산물이나 가축 또는 수공업품을 팔고 자기가 생산할 수 없는 필요한 상품을 사는 것은 장소로서의 시장에서 거래하는 교환행위이지만, 토지나 노동 또는 직업을 팔고 사는 것은 장소로서의 시장이 아니라 시장의 원리에 의해서 교환행위를 하는 것이다. 시장의 원리는 특히 공급과 수요에 의한 가격 결정의 체계를 바탕으로 하고 있다.

분석적인 측면에서 보면 장소로서의 시장(장터)이 가지는 지역적인 차원은 지방조직(sectional organization)과 밀접한 관계를 가지고 있으며, 거래의 상호작용과 배분의 차원은 유통망조직(network organization)과 더 밀접한 관계를 가지고 있다. 그리고 지역적 차원에서는 분석의 초점을 생산지에서 교환지를 거쳐 소비지로 물자를 공간적으로 순환시키는 데 두고 있다. 그 시장권의 양상은 중심점이 되는 장터와 의존지역이 혼합된 형태, 즉 태양계와 같은 형태로 중심지와 의존지역이 거미줄과 같은 망상(網狀)으로 결합된 형태이며 중국과 한국의 지방시장들이 그 대표적인 예라고 볼 수 있다(Skinner 1964와 이덕성 1976). 또 거래의 상호작용과 배분의 차원에서는 분석의 초점을 거래자 간의 사회적 관계에 두고 있다. 이것은 거래관계의 동태적 측면을 문제 삼는 것이다. 그러므로 분석대상이 되는 체계는 장터의 결합체계가 아니라 시장 행위들 간의 비지역적 유통망이다. 이러한 분석수준에서 적정매개변수는 시간과 장소에 국한되지 않고 가격과 물량, 공급에 관련된 것이 포함된다.

특정한 판매자와 구매자 간의 관계가 단 한 번의 거래 이상으로 지속될 때에는 '단골(trading partnership)'이 형성된다. 특히 경쟁적인 거래에서 투기성과 불확실성에 대한 적응의 수단으로 거래당사자의 어느 한 편에서 신용을 확대해 줄 때 단골관계가 발생한다. 그런데 거래당사자들의 사회경제적 지위가 불평등할 때에는 비대칭의 단골관계가 형성되고, 그 지위가 평등할 때는 대칭의 단골관계가 형성된다. 전자에서는 거래관계, 즉 가격이 보통 공개시장의 시가에 비해서 상위자에게 유리하고 하위자에게 불리한데, 그 대표적인 예가 한국의 어민과 어물객주의 관계이다(한상복 1975b: 144와 Han 1977: 49-50). 어민들은 자기의 생산품을 싸게 팔고 생활의 필수품과 어로도구를 비싸게 사들임으로써 이중의 손실이 있는데 반하여, 객주는 어물을 싸게 사고 자기네 상품을 비싸게 팔아 이중의 이득을 본다. 그러면서도 어민들이 울며 겨자 먹기로 단골관계를 지속하는 이유는 객주로부터 어업전도금을 빌려 쓰고 생활필수품을 외상으로 가져다가 쓰거나 그 밖에도 고립된 도서지방의 어민일 경우, 육지의 항구에 오면 객주가 숙식을 제공해 주기 때문이다.

대칭의 단골관계에서는 거래당사자 피차간에 시가를 기준으로 거래한다. 그 대표적인 예를 우리는 시드니 민츠(Mintz 1967)가 조사한 아이티(Haiti) 상인들의 프라틱(pratik)에서 볼 수 있다. 그들은 주로 청과물과 채소를 거래하는데 상하기 쉬운 상품이기 때문에 거래당사자 쌍방이 서로 위험성을 줄이고 전혀 상품을 못 팔거나 전혀 공급이 끊어지는 모험에 대한 안전을 보장하기 위해서 단골관계를 맺고 있다.


## 2) 사회 간의 교역

이것은 따로 떨어진 별개의 두 사회 간에 물자를 수출하고 수입하는 거래를 말한다. 특히 수입사회에서 구할 수 없는 물자를 얻기 위해서 사회 간의 교역이 주로 이루어진다. 다시 말하면 두 개 부족 또는 사회에서 생산의 특화 또는 전문화가 서로 다르게 발달했을 때 상호 간의 이익을 얻기 위해서 사회 간의 교역이 이루어진다고 볼 수 있다. 그러한 예를 민족지의 자료에서 찾아볼 것 같으면 침묵교역과 방문교역, 협정교역의 세 가지를 들 수 있을 것 같다.

**침묵교역**(silent trade)    이것은 서로 다른 두 사회의 교역당사자가 직접 만나서 대면 거래를 하지 않고 관례의 교환율로 거래하는 형태이다. 민족지의 자료 중에서 가장 잘 알려진 예가 중앙아프리카의 피그미(Pygmies)족과 반투

(Bantu)족 간의 교역관계이다(Herskovits 1952: 185-187). 피그미족은 수렵과 채집생활을 하고, 반투족은 원시농경생활을 하는 부족들이다. 피그미족은 반투족에게 사냥한 짐승의 고기와 가죽과 야생의 과실, 기타 물자들을 공급하고, 그 대가로 반투족은 피그미족에게 재배한 곡물과 철기류를 공급한다. 그런데 그들 교역당사자들 간에 접촉이 거의 없거나 전무한 상태에서 물자의 교환이 이루어지므로 우리는 그것을 침묵교역이라고 부르는 것이다.

그 교역의 절차 또는 방식은 다음과 같다. 교역의 물자는 반투족의 주거지 근처에 있는 특정한 장소에 두기로 쌍방 간에 미리 약속이 되어 있다. 그래서 반투족이 그곳에 자기네의 생산물을 놓아두면, 밤중에 피그미족이 숲 속에서 나와 그것들을 가져가고 그 대신 반투족에게 필요한 물자를 대등한 가치만큼 가져다 놓는다. 피그미족이 다시 숲 속으로 돌아간 다음에 반투족이 그 물자를 가져감으로써 쌍방 간에 대면과 말 한마디 없이 교역이 이루어진다. 이와 비슷한 침묵교역의 예는 아주 고전적인 것으로 아프리카 북부해안의 고대 항구도시였던 카르타고(Carthago)인과 아프리카의 다른 부족들 간에 있었다는 것이 헤로도토스(Herodotus)에 의해서 기록되었으며, 실론(Ceylon)사람들의 유럽 상품과 베다(Vedda)족이 생산한 꿀과 육포가 19세기 중엽까지 침묵교역으로 교환되었다는 사실이 셀리그먼(C. G. Seligman)에 의해서 밝혀졌다. 그 밖에도 알타이산맥과 지브롤터, 중국, 수마트라, 시베리아, 모로코, 가나 등지에서도 그러한 사례들이 있었다고 한다(Thurnwald 1932: 149-150).

**방문교역**(visiting trade)  이것은 주로 시장경제가 발달하지 않은 부족사회들 간에서 흔히 행하여진다. 특히 의례 및 친족관계와 결부되어 기념품과 상징적 물자를 물물교환으로서보다는 예물로서 교환하는 형식을 취한다. 그런데 즉석에서 예물을 교환하는 것이 아니라 장기간에 걸쳐서 교환이 이루어지므로 연기된 일반호혜성의 원리에 기초를 두고 있다고 말할 수 있다.

민족지의 자료에서 볼 수 있는 예는 두 가지 차원에서 분류되고 비교될 수 있다. 첫째로, 거래의 내용 면에서는 각 지역의 특산물[시베리아 내륙지방 척치(Chukchee)족의 순록과 해안지방 척치족의 해표, 북미 대평원 인디언의 들소고기나 가죽과 푸에블로(Pueblo) 인디언의 농산물과 직물 등], 영구교역물자[암플렛(Amphletts)섬의 돌로 만든 절구나 맷돌 등], 수시로 변경되는 교역물자(식량이 부족할 때나 잉여생산이 있을 때의 음식물), 상징적인 물자(쿨라환에 사용되는 예물) 등이 교환된다. 그리고 둘째로, 거래의 양식 면에서는 대등한 거래당사자들 간에 번갈아가면서 방문하는 형태(쿨라원정), 불평등한 지위를 가진 거래당사자들 간에 어느 한 쪽에서만 일방적으로 방문하는 형태(카롤린 제도의 공물헌납), 거래당사자들이 서로 약속한 시간에 특정한 장소에서 만나 물자를 교환하는 랑데부의 행태(오스트레일리아 원주민의 지역적 의례) 등이 있다. 여기서 우리는 트로브리안드 섬사람들의 쿨라환(環)에 대하여 좀 더 자세하게 살펴보기로 하자.

**쿨라환(Kula ring)**　　쿨라는 의례적 예물교환과 위세의 경쟁 및 희귀물자의 교환을 포함하는 사회 간의 교역체계이다(Malinowski 1922). 가장 중요한 의례적 예물은 빨간색 조개껍질로 만든 목걸이와 흰색 조개껍데기로 만든 팔찌이다. 그중에서도 최고급의 목걸이와 팔찌는 스트라디바리우스의 바이올린처럼 특유한 명칭과 역사를 가지고 있어서 그것들이 어느 고장에 나타나기만 하면 큰 센세이션을 일으킨다. 이 교역은 뉴기니의 동북쪽에 있는 트로브리안드(Trobriand)섬을　비롯하여　도부(Dobu)섬,　와리(Wari)섬, 투베투베(Tubetube)섬, 미시마(Misima)섬, 라플란(Laughlan)섬, 우드라크(Woodlark)섬 등의 여러 섬들 사이에서 이루어지는데 목걸이의 순환방향은 시계바늘 돌아가는 방향이고, 팔찌의 순환방향은 그 반대방향이다. 그 귀중품을 가지고 있는 동안 소유자는 위세가 높지만 누구도 이 귀중품을 너무 오랫동안 가지고 있을 수 없으며, 한 사람이 소유하고 있는 기간은 1년에서 2년에 불과하다. 그러나 그것이 여러 섬들을 한 바퀴 도는 데는 최대 10년까지도 걸린다.

쿨라에 참여하는 사람들은 각 섬에 몇 사람뿐이며 그들은 다른 섬에 있는 참여자들과 교역의 상대관계를 가진다. 쿨라 교역의 상대관계는 한번 맺어지면 평생 동안 계속되는데 교역의 상대가 보통은 소수의 사람에 불과하지만 추장은 100명이 넘는 상대를 가지고 있다. 그중에 어떤 쿨라교역의 상대자가 항해원정을 해서 자기의 고장에 오면 일정한 의례와 주술적인 행사를 거행하고 쿨라의 귀중품을 상대방에게 예물로서 준다. 그것을 받은 사람은 그 자리에서 반례 또는 답례를 하지 않고, 나중에 그 교역의 상대자를 맞이할 때 그에 상당한 가치의 귀중품을 반례할 의무를 가지고 있다. 상대방이 유명한 귀중품을 가지고 있을 때에는 그것을 양도받기 위하여 자기의 예물을 추가하기도 한다. 그래서 교역의 상대자들 간에 유명한 귀중품을 양도받기 위한 위세의 경쟁이 일어난다.

50마일 이상이나 되는 쿨라의 항해원정은 목걸이와 팔찌의 예물교환 외에도 직접적인 현물교환의 이차적인 교역을 수반한다. 원정대는 자기 섬의 특산물을 배에 가득 싣고 기항지에서 다른 섬의 특산물과 교환한다. 이러한 물물교환에는 주술, 의례적인 행사가 따르지 않는다. 이처럼 쿨라는 의례적 예물교환과 경제적 교역뿐만 아니라 여러 가지 사회관계와 원정, 주술, 사회통합 등이 상호관련된 하나의 정교한 복합이라고 볼 수 있다. 그러므로 오로지 경제적인 측면만을 따로 떼어서 본다면 그것을 완전히 이해할 수 없다. 여기서도 우리는 문화인류학의 총체적인 관점을 잊어서는 안 될 것이다.

예물교환은 한 사회 안에서나, 여러 사회들 간에서나 예물이 가고 오는 거래이기 때문에 교환의 당사자들 간에 특정한 의무가 생긴다. 모스(Mauss 1925)는 『증여론(Essai sur le don)』에서 예물의 거래가 이루어지는 주기(週期)에 세 가지 의무가 있다는 것을 확인하였다. 첫째, 주어야 할 의무로서 가진 자는 여러 가지 사회적 압력으로 타인에게 주어야 하며, 그 의무를 지키지 않으면 사회적 비난을 받고 위신을 잃게 된다. 둘째, 받아야 할 의무로서 사회적으로 받아야 할 사람이 주는 것을 거절하면 친밀한 사회관계를 끊는 격이 된다. 셋째, 갚아야 할 의무로서 받은 예물에 대해서는 어떤 형식으로든지 반례 또는 답례를 해야 예물의 거래가 일단 끝을 맺게 된다.

**협정교역(administered trade)**　　　이것은 교역사회들의 정치담당자들 간에 행하여지는 교역의 형태이다. 이런 교역은 주로 무역항에서 이루어지고 있다.

물자가 교역되는 조건은 장기간의 등가결정에 따라 행하되 교역물자의 질과 양 및 지불수단은 정치담당자들의 협정에 의해서 미리 정해둠으로써 쌍방 간에 흥정과 그로 인한 갈등을 최소한으로 줄이고 있다. 그런 경우에 특히 고대에 있어서는 두 사회의 주요 이해관계가 수출에 대한 관심보다 수입에 대한 관심이 압도적으로 우세하다.

교역물자가 장거리를 통하여 운반되어야 하므로 그 통과지역은 정치적으로 단속이 없어야 한다. 가령 대상들이 낙타에 짐을 싣고 사막을 통과하거나 상선들이 화물을 배에 싣고 바다를 건너 정치적인 중립지점에서 협정교역을 하는 것은 그러한 이유 때문이다. 그러한 무역항은 주로 강이나 바다와 육지가 맞닿는 지점, 고지와 저지 사이의 중간지대, 사막과 정글지대의 중간지점, 사반나지역과 삼림지대가 연결되는 지점 등 생태적 경계지점에 위치한다. 이런 형태의 협정교역은 공업화 과정과 그 이전의 국가 간에 많이 이루어졌는데, 예를 들면 아시아에서는 중국의 홍콩이나 마카오, 콜롬보, 양곤, 콜카타, 마드리드, 소아시아와 흑해 주변 그리스의 여러 도시국가와 북부 시리아의 해안, 중앙아메리카의 아즈텍, 마야 그리고 아프리카의 다호메이를 비롯한 황금해안 등은 역사적으로 이름난 무역항들이다(Chapman 1957).


## 4. 이용과 소비

생산과 분배 및 교환이 아주 단순한 사회에서는 사실상 생산, 분배, 소비를 포함하는 모든 경제과정이 가족이나 친족 또는 지역공동체, 기타 부족과 같은 하나의 소집단 내에서 이루어진다. 또 분업이 발달되지 않고 분배와 교환이 원활하지 않은 사회에서는 소비유형이 전체사회를 통하여 대체로 균일하다.

그런 사회에서는 잉여생산이 거의 없으므로 부의 축적이 불가능하고 사회의 각 단위 간에 경제적 차등이 별로 없으며, 계층에 따른 소비유형이 나타나지 않는다. 과거에는 문화인류학자들이 이렇게 단순하고 원시적인 미개사회를 주로 연구해 왔으므로, 그런 사회의 경제문제에 대하여 생산과 분배 및 교환에 관심을 기울인 만큼 소비에 별로 관심을 기울이지 않았다.

그러나 오늘날처럼 인류학자들이 농민사회나 공업사회, 그리고 자기사회를 연구할 때에는 경제과정에서 소비영역을 무시할 수 없다. 우리가 관심을 갖기에 따라서는 원시미개사회에 있어서도 소비의 측면은 경제인류학적으로 많은 시사점을 주고 있다. 더구나 복잡한 기술과 노동의 전문화가 일어나고 분배와 교환의 양상이 복잡해짐에 따라 사회계층이 뚜렷하게 나타나면 사회의 각 층마다 서로 다른 소비유형을 가지기 때문에 소비물자의 양과 질은 물론, 소비행위의 양식이 경제인류학의 주요 관심의 대상이 된다.

## 1) 자원의 이용과 저축

이론상으로 볼 때 자원의 이용은 두 가지 목적에서 이루어진다고 말할 수 있다. 첫째는 지금 당장의 현재 욕구를 직접 만족시키기 위한 소비의 목적이고, 둘째는 미래의 욕구를 간접적으로 만족시키기 위한 저축의 목적이다. 특히 후자의 경우, 직접적인 소비에 이용되지 않고 생산과정 또는 유통과정을 통해서 직간접적으로 미래의 소비량을 증가시키기 위하여 특정한 시기에 축적되어 이용될 수 있는 물자와 용역을 우리는 자본이라고 한다.

이러한 자본의 개념에서 우리는 몇 가지 인류학적 과제를 찾아볼 수 있을 것 같다. 미래의 소비량을 증가시킨다는 것은 지금 저축하고 나중에 소비한다는 것을 의미한다. 이것은 다분히 후일을 기대하는 미래지향적인 경제행위라고 볼 수 있다. 그러면 어떤 형태의 물자와 용역을 저축한 것인가? 여기에는 물질적 자산과 지식 및 기술이 포함된다. 그러면 또 미래의 기대는 어떤 종류의 것인가? 여기에는 장기적인 미래와 단기적인 미래에 기대하는 바가 다를 것이다. 이러한 여러 가지 문제들에는 개인의 성향과 가족의 관심 및 일반적인 사회규범 등을 포함하는 사회문화적 요인들이 작용한다. 우리가 지금까지 초등학교와 중학교, 고등학교의 교육을 받고 또 대학에서 공부하는 것도 엄밀하게 따지고 보면 미래의 효율적인 이용을 위하여 현재 다른 것을 희생하면서 지식과 기술을 축적하는 것으로 해석된다. 그러므로 교육도 사회적 자본의 축적과정이라고 말할 수 있다.

경제과정에서 자본이 이용되는 방식에는 생산요소로서 이용되는 경우와 구매력의 통제를 촉진시키는 수단으로 이용되는 경우 및 투자를 위한 자금으로 이용되는 경우가 있다. 그러한 자본의 기능은 퍼스(Firth 1939)의 티코피아(Tikopia)인들에 대한 민족지에서 볼 수 있다. 그들은 1930년대에 겨우 화폐를 쓰기 시작했지만, 다음과 같이 재산 또는 자본을 이용하고 있었다. 우선 동산(動産)으로는 뒤지개와 손도끼를 농경의 생산 도구로 썼고 카누와 노, 어망 등을 어로의 생산 장비로 이용했으며, 부동산(不動産)으로는 토지가 여러 세대에 걸쳐서 개량되고 경작되었다. 이런 것들은 그 자체가 생산적 기능을 하는 자본이라고 볼 수 있다. 음식물, 나무껍질로 만든 옷감, 돗자리, 코코넛 노끈, 목기 등은 여러 가지 종류의 물자와 용역을 얻기 위하여 선물로 주거나 또는 직접 교환하는 데 이용함으로써 구매력의 통제를 촉진시키는 수단, 즉 교환수단으로서의 자본으로 이용되었다. 티코피아인들은 또 이러한 물자들을 일정한 기간 동안 축적함으로써 투자를 위한 자금으로 이용하였다. 예를 들면 그러한 물자를 카누 제작에 이용함으로써 미래에 더 많은 생산을 기대할 수 있도록 하는 생산재를 증가시켰다. 이런 점에서 그들이 이용한 물자는 투자의 기능을 하는 자본이라고 볼 수 있다.

이러한 티코피아인들의 물자가 성년식이나 장례식과 같은 의례에 예물로서 이용될 경우에도 그것은 받는 사람으로 하여금 나중에 그에 대응하는 적절한 물자와 용역을 반례 또는 답례하도록 하는 의무를 지워 주기 때문에 역시 보험처럼 투자의 기능을 하는 것으로 볼 수 있다. 실제로 티코피아인들은 그러한 의무를 의식적으로 기대하고, 미리 수개월 동안 음식물과 옷감 등등의 물자를 생산해서 축적하고 있었다.

요컨대 원시미개사회와 농민사회에서는 물자가 이용되는 방식 여하에 따라 자본이 될 수도 있고 그렇지 않을 수도 있다. 예를 들면 멕시코의 자포텍 (Zapotec) 농민들과 중앙아메리카의 다른 인디언 사회에서는 메타테(metate)라는 맷돌이 내구적인 소비물자로 이용되어 삶은 옥수수를 갈아서 토르티야 (tortillas)라는 얇은 전병을 만드는 데 주로 사용하지만, 양질의 석재를 써서 고도로 정교하게 잘 만든 메타테는 결혼식에서 대부(代父)가 신부에게 의례적으로 주는 위세표시의 물자이기도 하며, 상업적으로 토르티야를 만들어 파는 직업적인 부인들이 그것을 이용할 때에는 생산자의 물자로서 자본이 되기도 한다(Foster 1942). 농민들이 생산하는 곡물도 역시 마찬가지이다. 가을에 추수해서 저장했다가 가족의 식량이나 가축의 사료로 이용되기도 하고, 직간접으로 다른 물자와 교환하는 데 쓰이기도 한다.

퍼스(Firth eds. 1964)는 농민의 자본형성과 이용에 관하여 인류학에서 연구가 가장 덜된 부분이라고 지적하면서, 농민들은 소득이 낮고 빈곤하기 때문에 저축과 자본형성에 불리하다는 것을 예증하였다. 그러므로 전통적인 관습에 따라 농민 스스로가 자본을 형성하여 경제수준을 높인다는 것은 크게 기대할 수 없는 일이고, 그보다는 새로운 형태의 시장조건을 제공하고 외부자본을 제공함으로써만 농민경제의 수준을 개선할 수 있다고 주장하였다. 그리고 농민의 저축은 순수하게 개인소관이 될 수 없고 자본형성에 관한 그 사회의 일반적인 관념이나 가치관에 의해서 유도되어야 한다고 제안하였다.

실제로 한국농민의 생계구조를 분석해 보아도 빈농과 중농층은 물론 부농층에서도 농민의 자본형성은 거의 불가능한 것으로 나타났다(김춘동 1983과 양희왕 1984). 이러한 현상은 도시의 농민가족과 소농적인 농촌가족의 생계비를 모두 농촌에 전가시켰기 때문이라고 해석되었다.

262

## 2) 재산과 부의 이용

잉여생산이 있는 사회에서는 부의 이용이 사회적 위세와 밀접한 관계를 가지고 있다. 특히 베블런(T. Veblen)이 말하는 소위 '과시적 소비(conspicuous consumption)'는 위세를 보이기 위하여 개인 또는 집단들이 서로 경쟁하는 소비행위에서 매우 중요한 역할을 하고 있다. 민족지의 자료에서 그러한 소비행위를 보여주는 가장 대표적인 예는 북미의 서북해안에 있는 브리티시컬럼비아의 콰키우틀(Kwakiutl) 인디언과 하이다(Haida) 인디언 사회에서 볼 수 있는 포틀래치(potlatch)이다(Rohner and Rohner 1970).

콰키우틀족과 하이다족이 살고 있는 지역은 1년을 통해서 기후의 변동이 거의 없고 따뜻한데다 육지와 해양의 동식물 상이 아주 풍부했기 때문에 수렵과 어로와 채집생활을 하면서도 많은 재산과 부를 축적할 수 있었으며 정착 생활을 하고 복잡한 사회조직을 가지고 특이한 의례를 행하고 있었다. 특히 섬에 사는 하이다족은 두 개의 반족으로 구성되어 있으며 각 반족은 20개가량의 씨족으로 구성되어 있다.

그들이 재산을 축적하는 것은 비단 수렵, 어로, 채집, 수공업에 의해서만이 아니고, 다른 사람들에게 100퍼센트의 이자로 대부를 해주며 육지에 있는 다른 이웃 부족들과 교역 및 전쟁을 함으로써 저장할 수 있는 식료와 유지(油脂), 모피, 모포, 구리방패, 노예 등의 재산을 더욱더 축적할 수 있다. 그러나 이렇게 해서 축적된 재산은 사회 내의 교역에는 절대로 사용되지 않았다. 실제로 그 사회에서는 분업이 발달되지 않았기 때문에 사회 내의 교역은 필요하지 않았고 가족별로 필요한 것은 스스로 조달하였다. 그와 같이 축적된 잉여물자는 포틀래치라고 불리는 풍요하고 소비적인 축제와 잔치에 소비되었다.

포틀래치는 중요한 사건들을 알리고 위계서열의 명칭과 특권 및 물려받은 권리를 주장하기 위한 가장 중요한 공적인 의례행사이다. 그러한 발표와 주장을 할 때에는 항상 주인이 초대받을 손님에게 음식을 대접하고 돌아갈 때 남은 음식과 예물을 그들의 위계등급에 따라 나누어 주도록 되어 있었다. 포틀 래치에 초대되는 손님은 다른 편의 반족 사람들이었다. 그들이 초대되는 이유는 주인의 발표와 주장을 직접 목격하고 입증하여 나중에 정당함을 인정하도록 하기 위해서이다. 손님이 많이 오고 잔치가 푸짐하며 많은 예물을 나누어 줄수록 주인의 위세가 더 높아졌다. 포틀래치의 기간은 며칠씩 계속되었는데 그동안에 연설과 노래와 춤을 섞어서 축제와 잔치가 벌어졌다. 포틀래치에서 손님에게 나누어 주는 예물들은 음식물과 유지, 모피, 모포, 구리방패이며, 옛 날에는 노예까지 주었으며 요즘에는 재봉틀과 가구도 나누어 준다고 한다. 상 대방의 손님들은 그것을 받아들일 의무가 있으며, 또 나중에 그 이상으로 더 크게 포틀래치를 거행해야 자기의 위신을 지키게 된다고 믿고 있다.

포틀래치는 출생과 혼인, 사망, 입양, 성년식 등의 통과의례를 알리기 위해서도 거행되지만 그보다 더 중요한 것은 돌아간 선친의 지위를 후계자가 계 승할 때(장례 포틀래치), 새 집을 짓기 시작할 때(신축 포틀래치), 공적인 굴욕을 당한 뒤에 위엄을 되찾기 위해서(체면유지 포틀래치), 그리고 명예의 침해와 오명을 씻기 위해서(복수 포틀래치) 포틀래치를 거행한다. 이들 대부분의 포틀래치는 앞에서 본 바와 같이 축제와 잔치 그리고 예물을 나누어 주는 것으로 끝나지만, 체면유지 포틀래치와 복수 포틀래치에서는 재산을 모두 파괴해 버린다.

이러한 포틀래치의 낭비와 파괴적 소비형태는 결국 사회적 위세를 그만큼 중요시하는 데서 생긴 것이다. 하이다족의 사회에서는 최고의 귀족으로부터 최하의 노예까지 그 중간에 많은 신분의 등급이 있다. 그러나 그 지위는 자동적으로 세습되는 것도 아니고 자기 당대에 스스로 얻는 것도 아니었다. 오로지 자기의 부모가 포틀래치를 성대하게 거행한 사람만이 그에 상당한 지위를 인정받을 수 있는 것이었다. 따라서 포틀래치는 모든 사람들에게 필요불가결한 것이었다. 높은 지위에 있는 사람은 자녀에게 그 지위를 그대로 유지시켜

주기 위해서 포틀래치를 거행해야 했고, 낮은 지위에 있는 사람은 자녀들의 사회적 지위를 높여 주기 위해서 그것이 필요했다. 그들에게는 생존을 위해서나 교역을 위해서 재산의 축적이 필요하지 않지만 포틀래치는 콰키우틀족과 하이다족에게 부지런히 일해서 재산을 축적하도록 유인하는 기능을 했다. 포틀래치와 그것에 관련된 경제활동은 오로지 콰키우틀족과 하이다족이 가지고 있는 문화의 논리에 의해서만 그 의미를 찾을 수 있다. 그래서 캐나다정부는 한때 법으로 포틀래치를 금지시켰지만, 콰키우틀족과 하이다족에서는 오늘날 그것이 다시 법으로 인정을 받아 지속되고 있다.

### 3) 소비의 유형과 규범

소비과정을 이해하는 데 중요한 개념은 개인, 가구, 친족, 기업과 같은 소비단위와 소비유형이다. 그런데 이들 단위의 소비유형과 규범은 그 사회의 문화적 소비선호 또는 선호의 척도에 달려 있다. 예를 들면 개인의 욕구를 만족시켜 주는 소비유형이 같은 소비단위 내에서는 연령과 성별에 따라 다르고 서로 다른 소비단위 간에서는 사회적 지위와 계층 또는 직업에 따라 다르다. 농민사회나 공업사회를 막론하고 오늘날 흔히 볼 수 있는 과시효과는 소비유형에 나타나는 가장 뚜렷한 현상이다. 그리고 소비유형은 생활수준과 아주 밀접한 관련을 가지고 있으며, 생활수준은 또 부의 분배와 소유 및 통제의 불평등과 밀접하게 관련된다. 그래서 사회문화적 체제와 가치는 소비행위에 직접적으로 표현된다. 그러면 여기서 우리는 소득수준과 소비행위를 통하여 소비경제체제와 가치관을 살펴보기로 하자.

케인스(J. M. Keynes)의 소비함수를 예로 들지 않더라도 일정한 소득수준에 있는 사람들은 그 사회의 다른 사람들이 낮은 소득수준에 있을 때에는 높은 소득수준에 있을 때보다도 소득의 낮은 비율만을 소비하게 된다는 것은 분명하다. 결국 한 사람의 소비수준은 그 사람의 소득수준에 의해서만 결정되는 것이 아니고 그 사회에 있는 다른 사람들의 소득수준에 의해서도 영향을 받는다는 것을 우리는 잘 알고 있다. 그 증거가 바로 듀젠베리(Duesenberry)의 과시효과라고 볼 수 있으며, 우리 주위 사람들의 높은 소비유형이 바로 우리들의 부가적인 소비욕구를 자극시키는 것이다. 이에 따라 저축이 둔화되는 것은 물론이다.

도시와 농촌의 지역 간에 그리고 중상층과 하층 간의 계층별 격차가 심화되면 농촌의 하층 사람들은 도시로 빠져나가 일자리를 구하더라도 그들은 도시에서 여전히 하층에 머물러 있으면서 농촌에서는 가지지 않았던 새롭고 높은 기대수준을 가지게 된다. 그것이 현실적으로 실현불가능하기 때문에 그들의 사회에 대한 불만과 좌절감이 커지기 쉽다. 도시의 하층 사람들도 마찬가지로 기대수준은 높고 경쟁심은 있는데다가 현실적으로 그것을 성취할 수 있는 여건이 마련되어 있지 않으므로 역시 사회에 대한 불만과 좌절감을 가지고 사회를 불신하게 되며, 때로는 다른 요인들이 복합적으로 작용하여 여러 가지 사회병리적인 행동을 일으킬 가능성도 있다. 실제로 그러한 사회병리적 행동의 동기 중에서 두드러지게 눈에 띄는 것은 실현 불가능한 기대수준을 성취하고 일부 중상층 사람들의 사치성 소비생활을 모방하기 위한 것이 상당히 많다는 것은 주목할 만하다(한상복 1980: 217-218).

소비욕구의 만족에 있어서 미래지향적인 가치는 확실히 경제발전과 밀접한 관계에 있다는 사실을 우리는 경험적 연구로 확인할 수 있다. 터너(Turner 1971: 126-136)는 경제발전기간 동안에 가치관의 변화가 경제발전 과정의 단계에 따라 어떻게 다르게 나타나는가를 경험적으로 조사한 바 있다. 즉 경제발전 과정의 단계에 따라 생계농업사회, 급속히 공업화되어 가는 농업사회, 안정된 공업사회, 전문적 관료제사회에서 가치관의 변화양상을 조사한 결과, 경제발전의 초기단계에서는 개인주의와 현실적 능동주의가 증가하는 반면에, 미래지향적 가치는 서서히 증가하다가 경제발전의 후기단계에 가서는 미래지향적 가치관이 지배적으로 나타났음을 확인하였다. 그러므로 미래지향적 가치관을 앞당겨 확립하기 위해서는 국민들에게 당장 눈앞에 보이는 현시적 물질의 추구와 직접적인 욕구만족을 연기하는 데 충분한 정신적 보상으로 장래에 더 큰 보람을 기대할 수 있는 신념과 생활의 원리를 마련해 주고 이를 제도적 장치로서 뒷받침해 주는 것이 필요하다.

## 더 읽을거리 _____

오명석
    2010, 「선물의 혼과 신화적 상상력: 모스 『증여론』의 재해석」, 『한국문화인류학』, 43(1): 3-46.
진필수
    1998, 「1990년대 한국 의류산업에서의 생산과 유통: 비공식적 경제(informal economy)를 중심으로」, 『한국문화인류학』, 31(1): 189-245.
황익주
    1998, 「세계화와 노동부문의 변화: 경기도 성남 지방 공장노동자들의 사례연구」, 『한국문화인류학』, 31(1): 119-149.
Cook, Scott
    1973, "Economic Anthropology: Problems in Theory, Method, and Analysis", John J. Honigmann (ed.), *Hand book of Social and Cultural Anthropology*, Chicago: Rand McNally College Pub., pp. 795-860.
Dalton, George (ed.)
    1971, *Traditional tribal and Peasant Economies: An Introductory Survey of Economic Anthropology*, Reading, Massachusetts: Addison Wesley.
Firth, Raymond (ed.)
    1967, *Themes in Economic Anthropology*, London: Tavistock.
Graeber, David
    2001, *Toward an Anthropological Theory of Value: The False Coin of our own Dreams*, New York: Palgrave. (서정은 역, 『가치이론에 대한 인류학적 접근: 교환과 가치, 사회의 재구성』, 서울: 그린비, 2009.)
Le Clair, E. E. Jr., and H. K. Schneider (eds.)

  1968, *Economic Anthropology: Readings in Theory and Analysis*, New York: Holt, Rinehart and Winston.

Mauss, Marcel

  1925, "Essai sur le don", *L'Année Sociologique* (n. s. t.) I: 30-186, *The Gift: Forms and Functions of Exchange in Archaic Societies*, Glencoe, Illinois: Free Press. (이상률 역, 『증여론』, 서울: 한길사, 2002.)

Polanyi, Karl

  1944, *The Great Transformation*, New York: Rinehart and Company. (홍기빈 역, 『거대한 전환: 우리 시대의 정치·경제적 기원』, 서울: 길, 2009.)

Schneider, Harold K.

  1974, *Economic Man: The Anthropology of Economics*, New York: Free Press.

Wilk, Richard R., and Lisa C. Cliggett

  2007, *Economies and Cultures: Foundations of Economic Anthropology*, Boulder, Colo.: Westview Press. (홍성흡·정문영 공역, 『경제 인류학을 생각한다』, 서울: 일조각, 2010.)

# 제9장

# 정치와 법

우리는 종종 약육강식과 적자생존의 법칙이 예외 없이 인간사회에도 적용된다는 말을 듣게 된다. 발전과 개선이라는 말로서 사회의 변화가 이루어짐에도 불구하고 여전히 불평등관계가 존재하고 때로는 그것이 더욱 심화되기도 하며, 비합법적인 수단과 불합리한 방법이 어느 특정 개인이나 집단에 의해 사용되고 그것이 합리적인 것과 합법적인 과정을 능가하는 경우에 이러한 말은 은유적인 효과를 갖게 된다. 그러나 인간사회는 다른 동물과 달라서 생물학적인 법칙이 통용되는 것이 아니다. 약육강식이란 말은 권리의 분배나 제도의 운영이 평등하게 이루어지지 않고 있다는 사회적 의미에서 쓰이는 것이다.

인간이 집단사회를 형성하여 생존을 영위해 나갈 때 각자의 이해관계의 상충을 어떻게 조절하고 통제함으로써 공동의 이익을 추구하고 질서를 유지해 나가는가에 관한 문제는 사회를 연구하는 데 있어서 가장 중심이 되는 동시에 기본적인 질문이다. 따라서 사회의 모든 구성원들이 지위와 역할을 분담하고 공동의 가치관에 의하여 합법성을 만들어 내고 그것에 의하여 사회를 유지해 나가는 한편, 기존의 질서체제를 파괴하거나 위협하는 요소를 제거해 나가는 제도와 행위를 정치와 법에 대한 분석을 통하여 연구한다.

# 1. 정치의 개념

## 1) 제도적 차원에서의 정치

우리는 정치라는 말을 할 때 어떤 일정한 지역에 거주하며 그 안에서 공동의 문화를 소유하는 사람들의 집단을 설정하고, 그들이 대외적으로 자신들의 집단을 다른 집단과 구분하며 자기 집단 안에서 질서를 유지하기 위한 제도를 갖게 되는 것을 연상한다. 여기에 정치라는 개념이 직결된다. 사회에 따라서는 집단생활이 어떻게 영위되며 질서체제가 어떻게 이루어져 있는가에 관심을 둔 인류학자나 정치학자들이 정치를 일정한 영역(영토) 내에 거주하는 사람들(국민)의 생명과 재산을 보호하는 합법적인 기관(정부)의 세 요소에 의하여 파악되는 실체로 보았다. 그런데 사회마다 그 특수성으로 인하여 정부의 형태에도 차이가 있다는 가정하에 인류학자들은 이 정부의 다양성을 사회의 다양성과 연관 지어 이해하는 시도를 했고, 이러한 이유에서 정치인류학은 비교정치학의 역할을 하게 되었다.

동시에 진화론자들은 정치체제의 발달 또는 정부의 기원에 대한 추측을 했으며, 정부가 없는 소위 미개사회는 혼란과 무질서 속에 있는 것으로 생각하였다. 그러나 인류학자들의 아프리카에 대한 연구는 이 지역에는 서구의 정부와 같은 조직도 없고 더욱이 어떤 구체적이고 공식적인 중앙집권적 통치기구가 없음에도 불구하고 여전히 사회 전체가 질서와 평화 속에 유지되고 있다는 것을 증명하였다. 그렇다고 해서 이들 사회에 아무런 갈등이 없다는 것은 아니다. 여전히 투쟁과 갈등과 질서파괴의 요소가 끊임없이 존재하지만, 서구의 정부 못지않게 이를 통제하고 처리하는 어떤 비형식적인 과정과 권위체제가 존재한다는 것을 알게 된 것이다. 그래서 마이어 포티스(Meyer Fortes)와 에번스프리처드(Evans-Pritchard)는 『아프리카의 정치제도들(African Political Systems)』(1940)에서 "모든 사회가 정부라는 조직을 갖는 것은 아니며, 국가라는 형태를 갖춘 사회만이 정부를 가지고 있다"고 지적했다. 이 정부는 특히 중앙집권적인 통치체제와 일정한 영역 안에서 영향력을 구사하는 행정체제, 그리고 법적인 제도들로 특징지어진다고 한다.

이러한 제도가 없어도 결국 정치제도라는 것은 존재한다고 하는데, 래드클리프브라운은 정치제도란 사회라는 전체적인 조직의 한 부분으로서 어떤 지역적인 틀 안에서 물리적인 힘을 사용하거나 또는 사용할 가능성에 대하여 강제적인 권위를 조직적으로 행함으로써 사회질서의 유지나 형성을 담당하는 것으로 정의를 내린다. 따라서 정치제도란 어떠한 사회든지 사회로서 존재하기 위해서는 반드시 가져야 할 권리와 의무의 제도에 관여하는 것이다. 이러한 의미에서 정치제도란 반드시 어떤 구체적인 기구만을 뜻하는 것은 아니다. 어떤 비형식적인 권위체제가 있어서 사회체제를 유지해 나가는 것도 있으며 따라서 정치조직, 특히 정부형태가 없어도 정치 그 자체는 존재한다. 이는 다시 말하면 반드시 국가적인 차원이 아니라도 정치현상과 정치적인 제도 또는 조직이 있다는 뜻도 된다. 즉 하나의 국가사회 내에서도 지역사회나 지방의 정치제도가 존재하며, 이런 것들이 모두 인류학의 연구대상이 되는 것이다.

## 2) 행위의 차원에서의 정치

앞에서 본 바와 같이 어떤 공식적인 기구나 조직이 없어도 정치는 존재한다. 즉 정치라는 것은 일종의 과정이며, 행동의 차원에서 파악되어야 할 것이다. 오늘날 인류학자들은 정치조직이나 제도에 대한 비교학적인 연구뿐만 아니라, 어떤 목적을 정해 놓고 그것을 성취하기 위해 경쟁을 하거나 전략적으로 접근해 나가는 일체의 행위나 과정을 모두 정치라고 규정한다. 특히 정치가 권력(power)을 획득하는 과정과 이에 동원되는 수단을 지칭할 때, 거기에는 권력에 대한 개념과 정치적 지도자의 자격과 권위에 대한 관념 등이 연구되어야 할 것이다. 이러한 요소에 대한 개념은 사회적으로 형성되는 것으로서 각 사회마다 차이를 보인다. 그러나 어떤 사회이든지 권력은 신성한 것이며, 실질적인 힘, 즉 정치적 폭력(그것은 합법적인 것이다)을 사용하는 것인 동시에 상징적인 속성을 가진다. 그래서 코헨(Abner Cohen 1974)이나 베일리(Frederik G. Baily 1970) 등은 정치를 상징행위로 보기도 한다. 이들에 의하면 정치란 권력의 획득, 체제의 확립과 유지, 정체성의 확인 등등을 위한 모든 전략적인 행동을 말하는 것이며, 따라서 어떠한 차원에서도 정치란 것이 존재한다는 것이다. 어떠한 단위의 사회를 대상으로 하든지 거기에는 또한 기존의 권력구조를 유지하려는 노력과 그것을 파괴시키고 새로운 구조를 형성하려는 노력과 관념이 공존하며, 이 두 세력 간에는 공공연한 갈등과 암투 그리고 타협 등이 이루어진다. 정치는 바로 이러한 실제 행위의 차원에서 이루어지며 표현되는 것이다. 그리고 이러한 행위는 그 사회에서 공인된 규율에 따라 행해져야 한다. 그러므로 어떠한 정치적 규율이 있는가를 규명하는 것은 인류학자의 중요한 관심의 대상이 된다.

### 3) 권력·권위·불평등

정치적 권력(power)이란 그 개념이 그리 간단하지 않을 뿐만 아니라 상당히 모호하지만, 대체로 설득에서부터 협박에 이르는 모든 수단들을 사용하여 사람이나 사건에 영향력을 행사할 수 있는 능력으로 정의된다. 이 권력이란 것은 어떤 사회에나 존재하며, 그 사회의 관습이나 법에 의해 유지되는 사회구조에 의하여 결정되므로 결국 사회적 맥락에 따라 그 개념도 다르다. 그러나 그것은 외적인 필요성보다는 내적 결속과 유지를 위한 것으로서 상징적인 면도 지닌다. 즉 권력이란 그 획득과정에 있어서는 정치적 경쟁자의 연령, 재력, 능력, 성(性), 명망 등등의 세속적인 요소가 동원되지만 동시에 그것은 신성한 점도 지닌다. 왜냐하면 사회의 단위를 지키고 질서유지를 이루기 위해서는 그 가치가 절대적으로 중요시되기 때문이다.

정치권력의 신성함은 그것이 아무에게나 함부로 주어지는 것이 아니라는 점을 일반 대중에게 인식시킴으로써 강화된다. 즉 그것은 초자연적인 힘이나 존재와 연결되어 있고 지지를 받는 것으로서, 그 권력에 의해 다스려지는 사회의 건강과 풍요는 바로 그 권력이 가지고 있는 신성한 힘에 의한다는 것이다. 따라서 한 사회의 풍요와 안녕은 최고의 지도자가 가지고 있는 권력의 신성한 힘 때문인 것으로 해석되며, 거듭되는 재난이나 흉년과 혼란 등 사회가 부정적인 방향으로 나가는 것은 그 권력의 신성한 힘이 쇠약해진 것이며, 따라서 지도자가 초자연적 존재로부터 더 이상 지지를 받지 못한 것으로 해석되어 새로운 건강한 힘을 가진 지도자로 대체되어야 한다는 논리를 제공해 준다. 이러한 권력의 신성함은 일반 대중에게는 허용되지 않는 행동을 통하여 재확인되는데, 이집트 왕가나 잉카제국의 지배자에게서 보이듯이 형제자매간의 혼인은 신의 아들인 왕에게만 허락된 특권인 것이다.

권력은 그 효과와 신성함으로 인하여 권위를 수반하게 되지만, 권력과 권위가 반드시 필수불가결하게 합치되거나 결합되는 것은 아니다. 권력은 사실 권위적이지만, 그것은 권력을 가지지 않은 사람들의 동의와 지지를 얻어야 하고, 그러기 위해서는 갈등을 해소하고 평화를 실현하여 사회의 풍요와 피지배자에게 아량을 베푸는 등 일련의 수단과 방법을 동원해야 한다. 다시 말하면 그것은 질서와 안녕의 보호자이며 보증인으로서 용납되어야 하며 그 성스러운 속성에 의하여 존경되어야 한다. 그러나 경우에 따라서 권력은 존경받지 않고 안녕과 질서에 대한 아무런 보장도 없이 존재할 수 있다. 이런 경우에는, 만약 권력이 없어진다면 기존의 체제가 붕괴되고 혼란과 파괴가 올 것이라는 공포를 예감하게 함으로써 경외의 대상이 되어서 지속된다.

이러한 권력의 지속은 사회 내에 불평등이 존재함을 전제로 한다. 즉 사회가 정치적 권력의 불균등한 분배에 의하여 구분이 지어져 있을 때 권력의 가치와 매력이 생기는 것이며, 그것을 획득하기 위한 경쟁이 일어나는 것이다. 이때 권력의 성격을 구체적으로 파악할 수는 없다. 다만 지도자의 자격과 능력에 대한 기대와 평가, 지도자와 사회현상과의 관계를 설명하는 데 동원되는 가치관, 종교적 의의 등등의 요소를 분석함으로써 각 사회마다 권력이란 것이 어떻게 구성되며 어떤 개념을 가지고 있는지를 이해할 수 있을 것이다.


## 2. 정치의 여러 차원


### 1) 정치제도 및 조직

**분권적 정치제도**(decentralized political system)　　앞서 정치는 사회 내의 불평등관계의 존재를 전제로 한다고 했다. 그렇다면 평등사회(egalitarian society)는 정치 혹은 정치제도가 없을까. 아프리카의 피그미족이나 칼라하리 사막에 살고 있는 부시맨(Bushman)들은 아무런 정치적 조직도 없고 모두 평등한 사회이다. 그럼에도 불구하고 그들은 집단으로 생활하며 어떤 질서를 유지하고 있다. 부시맨들은 오십 명에서 백여 명에 이르는 여러 소규모의 집단으로 이루어져서 함께 사냥을 하며 지역적 이동을 한다. 이를 밴드(band)사회라 한다. 여기에는 특정의 정치적인 지도자도 없고 단원들 간에 아무런 차별이나 계급이 없다. 물론 그들 가운데에는 이동의 경로와 방향을 제시하는 사람들이 있게 마련이지만, 그러나 이 사람을 엄밀한 의미에서 지도자라고 할 수는 없다. 왜냐하면 그는 자기 의사를 단원에게 강요하지 못하기 때문이다. 즉 그는 자신의 경험과 사냥에 대한 기술로 인하여 동료들로부터 사냥을 위한 활동에서 길을 안내한다든가 사냥감을 공격할 때 지휘를 하도록 위임받았을 뿐이다. 종교적 의례를 행할 때는 또 누군가 그 의례를 잘해 나갈 수 있는 사람이 맡게 된다. 이렇게 그들은 평등한 관계 속에서 그때그때 필요한 일의 성격에 따라 가장 적합한 사람의 지시와 안내를 받음으로써 사회생활을 유지해 나간다. 그럼에도 불구하고 어느 정도의 기간 동안은 대외적으로 다른 밴드와 교섭을 한다든가 잡은 사냥감을 분배한다든가 하는 일을 한 사람이 맡아서 한다. 그러나 어떤 이유로 해서 그 사람이 적당치 않으면 다른 사람에 의해 대체되며, 이러한 과정에는 아무런 마찰도 일어나지 않고 또한 아무런 특별권위나 특권 같은 것이 없다. 즉 밴드사회에서의 지도력은 설득능력에 의해 인정될 뿐 강제력을 행사하는 기반은 아니다.

정부의 조직이나 최고의 통치자가 없으면서 사회체제가 유지되는 대표적인 예로 남부 수단의 누에르(Nuer)족을 들 수 있다. 이들은 여러 지역에 무리지어서 완전히 자치적인 단위로 존재한다. 한 지역에는 여러 다른 친족관계의 사람들이 거주하므로, 사람들은 같은 출계집단의 일원(lineage membership)과 지역집단의 일원이라는 개념(sense of communal identity)을 사용하여 서로를 인식한다. 이들은 누구든지 타인으로부터 상해를 입거나 심한 경우 죽임을 당하면 한 마을 안에서는 친족단위로, 그리고 이웃마을 사람 간에 그런 일이 발생하면 마을을 단위로 하여 복수를 한다. 누에르족에게는 살인을 당하면 피살된 사람과 친족관계이거나 동료관계에 있는 사람도 동일한 운명을 당할지도 모른다는 관념 때문에 반드시 복수를 해야 한다. 그런데 이렇게 복수에 다시 복수를 되풀이해 나가면 전체 누에르사회가 보복행위에 들어가게 될 것이다. 이를 막기 위해서는 그 보복에 참가하는 범위가 어느 정도 확대되면, 가축으로써 피해자 편에 참가한 친족 또는 마을집단들에게 보상을 하는 제도가 사용된다. 이렇게 가축으로 보상이 결정되는 정도의 집단의 연합체가 부족집단(tribal group)이다. 부족의 범위를 넘어서면 가축에 의한 보상은 소용없으며 이때는 전쟁이 일어난다. 이 경우에는 표범 가죽을 어깨에 걸친 평화의 사자(使者)가 와서 전쟁을 그만둘 것을 종용함으로써 적당한 보상이 이루어지고 평화를 되찾는다. 이렇게 중앙집권적인 조직이나 제도가 없어도 질서의 유지는 가능한 것이다. 이 보복의 제도는 집단의 결속이 강력한 상태에서만 가능하며, 동시에 보복의 심각성을 누구나 알고 있기 때문에 사람들은 서로 다른 이해타산이나 감정을 폭력적 수단에 의해서 해결하려는 충동을 스스로 억제하고 될 수 있는 한 평화적 교섭과 타협을 통하여 조절하려고 노력하게 된다. 그래서 실제로 피의 보복이나 이를 낳을 만한 분쟁은 오히려 드문 편이다.

이러한 비공식적 통제제도 외에 주로 부족사회에서는 연배제도(age-set system)가 곧 정치체제가 된다. 성인식을 거친 후 연배에 따라 전사연배와 장로연배 세대의 등급이 매겨진 대로 들어가서, 보다 높은 연령집단 혹은 연배의 권위 밑에서 위계질서를 지켜나가는 것이다. 이러한 사회에서는 누구든지 성인식을 못한 사람은 소속이 정해지지 않음으로써 정치로부터 완전히 소외당하며, 연장자 세대는 일상생활과 공공의 일에 대한 지시와 조언을 하고 연하의 세대는 거기에 준하여 행동하게 된다.

연배집단제도의 사회와 정치적 중요성은 다음과 같은 네 가지로 요약될 수 있다. 첫째 그것은 협동집단을 확립하는 수단을 제공한다. 둘째, 개인의 정치 및 사회적 지위와 역할의 이동을 공식적으로 합법화하는 과정을 제공한다. 셋째, 그것은 정치적 권위를 조직적으로 행사하는 기세를 제공한다. 넷째, 연배집단제는 다른 어떤 방법보다도 훨씬 광범위하고 강력한 부족적 통일과 단결의 이념을 수립하는 수단이 된다. 특히 동일 부족이 여러 지역에 산재해 있을 때 관계의 망을 통하여 신속한 연결 체제를 구축함으로써 전쟁을 효과적으로 수행해 나갈 수 있다.

나이지리아의 야퀘(Yakö)족에서 보이듯이 정치적인 책임들을 연령집단과 다른 결사체들에게 공동으로 분배하는 제도가 있다. 즉 연장자들이 정치적인 결정권을 행사하는 동시에 몇 개의 친족을 중심으로 한 그룹을 만들고, 이들은 일종의 친여적 반대당(royal opposition party)을 형성하게 된다. 즉 이는 단순한 반대당으로서가 아니라 마을의 보호, 청소, 건설 등의 일을 담당하는 집단과 경찰의 역할을 담당하는 집단 등으로 나뉘면서 정치적 결정에는 참여하지 못하게 되어 있다. 대신에 그들은 정치적으로 소외된 사람들의 보호자 역할을 하게 됨으로써 정치권력의 소유자와 그로부터 소외된 사람들과의 결합을 담당하게 된다.

**빅맨(big man)**    멜라네시아의 여러 사회에서는 빅맨이라고 부르는 지도자의 유형이 있다. 이것은 부족의 복지에 어느 정도 공헌을 함으로써 개인의 정치적 이득을 극대화하는 계산적 행위의 전형적인 예가 될 것이다. 빅맨은 특정한 제도적 직위를 갖는 것도 아니고 선출되는 것도 아니다. 즉 그의 권위는 사람들로 하여금 자기를 추종하도록 하는 지극히 개인적인 활동의 결과로 얻어지는 것이다. 이러한 예를 서뉴기니의 카파우쿠(Kapauku)족에 대한 포스피실의 연구에서 살펴보자(L. Pospisil 1963).

카파우쿠족 사회에서 빅맨은 부자라는 뜻의 토노위(tonowi)라고 불린다. 이 토노위의 지위를 획득하기 위해서는 남자이며 경제적으로 부유하고 아량이 넓고 관대하며 언변이 좋아야 한다는 요소를 갖추어야 한다. 여기서 아량이란 포틀래치에서처럼 자신의 부를 일방적으로, 선물의 형식을 띤 증여가 아니라 누구에게든 기꺼이 빌려 주는 자세를 의미한다. 만약 부자가 자기의 재화를 남에게 빌려 주기를 거절하면, 그는 조롱을 받고 고립이나 소외되며 심한 경우에는 전사들에 의하여 살해까지 당한다. 이러한 사회적 압력으로 인하여 경제적인 부는 끊임없이 개인에게 축적되는 것이 아니라 사회로 분배되어진다. 토노위로 하여금 정치권력을 획득하게 하는 것은 바로 이 돈을 빌려 주는 행위이다. 마을 사람들은 그에게 빚을 지고 있으므로 그가 요구하는 대로 응해 주게 된다. 더욱이 이 빚은 이자를 지불하지 않을 뿐만 아니라 영원히 갚지 않아도 된다. 다시 말하자면 빚을 지고 있는 한 채권자에게 정치적 지지를 보내며, 정치적 지지자가 되고 싶은 한 빚을 갚을 필요는 없는 것이다. 그리고 그에게 아직 빚을 얻지 못한 사람은 언젠가는 빚을 지게 될 일이 있을 것이므로 토노위와 평소에 우호적 관계를 유지하려 한다.

토노위는 또한 그의 추종자가 되고 싶은 사람에게 자기 집에서 숙식을 제공하며 자기의 사업방식을 가르쳐 주고 그가 결혼할 때는 배우자를 살 돈까지 준다. 그 대가로 이들은 토노위의 심부름꾼과 경호원의 역할을 담당하며 독립하여 나간 후에도 계속 은혜로운 감정의 유대로 그와 결속된다.

이 토노위는 여러 다양한 상황에서 지도자로서의 기능을 한다. 그는 외부인과 다른 마을과의 접촉에서 대표자가 되며, 자기의 추종자들 사이에 분쟁이 발생하면 심판관이나 해결자로서의 역할을 담당한다. 사실 이 빅맨의 기능은 정치나 법적인 분야에만 국한되지 않는다. 그의 말은 경제와 다른 사회적 문제에도 영향력을 행사하고 특히, 돼지고기를 나누어 먹는 축제나 돼지 매매를 위한 시장을 언제 개최할 것인지를 정하며, 특정인물을 그가 개최하는 축제의 보조후원자로 선정하고, 도랑을 파거나 울타리를 치고 교량을 건설하는 등 마을전체의 공동노동력을 필요로 하는 대규모 사업을 추진하는 데 있어서 거의 절대적인 영향력을 행사한다.

그런데 이 토노위의 재력은 돼지사육으로부터 나온다. 카파우쿠 사회의 경제는 전적으로 돼지사육에 의존되어 있는바 돼지를 성공적으로 키운다는 것은 힘, 기술과 행운을 요하는 일이다. 따라서 사육의 실패로 인하여 한 토노위가 정치권력의 바탕이 되는 경제력을 잃어버리게 되는 예는 아주 빈번하다. 한 사람의 실패는 동시에 다른 사람의 성공을 의미하는 것으로서, 돼지사육을 성공적으로 한 사람이 새로운 빅맨이 되는 일은 아주 흔하다. 이러한 변화는 결국 정치조직에 있어서 고도의 유동성을 가져오게 되며 장기간에 걸친 계획적 사육을 할 수 없으므로 한 특정의 빅맨이 오랫동안 또는 전 지역에 걸쳐서 정치적 권력을 점유하는 일은 없다.

**집권적 정치제도**(centralized political system)    인구의 증가와 기술의 복잡화에 따라 사회생활이 다양화됨에 따라서 노동의 전문화와 교역망의 확대를 통한 잉여생산이 나타나게 된다. 이에 따라 보다 공식적이고 안정되고 영속적인 지도력의 중요성이 증대된다. 이러한 사회에서는 정치권력과 권위가 한 개인에게 집중되거나 여러 사람의 조직에 주어진다. 전자를 흔히 족장(chief)이라하고 후자를 국가(state)라고 한다.

**부족연맹**(chiefdom)　　부족연맹은 소속원이 하나의 위계(hierarchy) 속에 각각 특정의 지위를 갖는 일종의 등급사회(rank society)이다. 이러한 사회에서 개인의 지위는 출계집단(descent group)의 성원권에 의하여 결정된다. 그리하여 족장과 가장 가까운 거리에 있는 가장 높은 등급에 속한 사람은 공식적으로 우위에 놓이며, 보다 낮은 등급의 사람들로부터 특별대우를 받게 된다.

족장의 지위는 대개 세습적이지만 그렇지 않은 경우도 많다. 밴드나 출계집단의 장과 달리 이 족장은 일반적으로 실질적인 권위의 실체로서 그의 권위에 의하여 모든 경우에 그의 영역 내의 집단들을 결속시킨다. 예를 들어 족장은 자기의 부하와 백성들에게 토지를 분배해 주고 그들 중에서 군사를 차출한다. 부족연맹체는 여러 하위 체제가 있는바, 이를 각각 관장하는 하위의 권위체제들로써 구성된다. 이러한 체제는 족장을 정점으로 하여 모든 차원의 부족집단의 지도자들을 일사불란한 위계질서 속에 연결시키게 된다.

경제적 차원에서 족장은 자기 신민들의 생산활동을 통제한다. 부족연맹체는 재분배 경제체제(redistributive economic system)의 전형인바, 족장은 잉여생산뿐만 아니라 노동력까지도 통제 조절한다. 따라서 그는 수조권(收租權)을 사용하여 농업종사자들로부터 일정한 양의 생산물을 거두어 들여서 이를 다시 모든 백성에게 재분배한다. 마찬가지로 그는 노동력을 동원하여 관개시설을 만들거나 궁전이나 사원을 축조한다. 족장은 또한 개인적으로 부를 축적하여 후계자에게 상속시킨다. 즉 토지, 가축, 전문 장인이 만든 여러 가지 사치품 등을 징수함으로써 그의 정치적 권력의 기반을 구축하는 것이다. 물론 족장의 가까운 친족들도 비슷한 방법으로 경제적 부를 획득함으로써 지위를 과시한다.

이런 체제는 폴리네시아 지역에서 많이 보이는데 전통적인 하와이 사회가 대표적이다. 이 사회에는 귀족계급이 있는바 이들은 엄격히 제정된 등급을 누리고 이에 따라 군대를 통솔하며 종교와 정치에 관계된 전문적인 직책을 맡는다. 그들의 지위는 세습적으로 전수되며 지위의 등급은 아주 정교하고 엄격하여 동일한 부모의 자녀라도 출생 순서에 따라 등급이 달라진다. 특히 위계체제의 정상에 가까운 귀족일수록 그의 중요성과 권력이 커서 평민들은 그가 지나가면 얼굴을 완전히 땅에 대고 있어야 한다. 귀족들의 위계질서의 정상이 곧 족장으로서, 그는 신과 특별 관계에 있어서 신으로부터 지배의 권위와 권력을 부여받았다고 믿어진다. 각 족장의 주위에는 그와 친족관계에 있는 귀족들이 있어서 정치, 전쟁과 종교에 관계된 제반 사항을 관장한다. 이들 귀족들은 족장에게 재화를 비롯한 각종 공물(供物)을 바친다. 이러한 공물은 하위의 귀족들에게서 거두어들이는 것으로서 하위의 귀족은 또한 평민으로부터 그것을 거두어들인다.

이러한 제도는 일견 아주 공고한 것 같지만 실제에 있어서 정치적 권력은 자주 바뀌었다. 왜냐하면 보다 넓은 영토와 정치권력의 확보를 위하여 그들은 전쟁을 하게 되었던 것이다. 즉 일대의 모든 섬의 부족집단을 망라한 최고의 부족연맹장(paramount chief)이 되기 위하여 세력이 큰 족장들을 자주 정복하면 패자와 그의 부하 귀족들은 생명과 재산을 박탈당하게 마련이었다. 새로운 정복자는 자기의 추종자들을 새로운 정치권력의 직위에 임명하였다. 따라서 이 사회에서는 정부나 종교적인 행정의 장기적인 지속이 있을 수 없었다.

그런데 분절적인 출계집단의 구조(segmentary lineage structure)가 기본이 되어 있는 사회에서는 빅맨 제도와 부족 연맹체의 형태가 연관되어 나타나기도 한다. 미얀마의 북부 고산지대에 사는 카친(Kachin)족은 부계출계(patrilineal descent)와 분절적 출계집단의 구조를 바탕으로 한다. 카친족의 영역에서 어떤 지역에는 부족연맹체와 같은 정치조직이 있는 반면 또 다른 지역에는 빅맨 유형의 분절적 출계집단의 제도(segmentary lineage system)가 보인다. 리치는 이들의 정치제도에 대한 분석(E. Leach 1965)에서 카친의 빅맨 유형의 정치체제가 어떻게 부족연맹형태의 체제로 발전하며, 또한 부족연맹형태가 어떻게 빅맨 형태로 와해되는지 그 과정을 보여주고 있다. 따라서 카친족의 연구는 실제로 일어나는 정치체제의 변형과정을 예증한다.

카친족의 주된 정치적 영역은 여러 개의 부계종족(父系宗族, patrilineage)으로 이루어진 촌락들의 모임으로 구성된다. 주민들은 모두 부계 족보에 의하여 서로 연결되지만, 이들 사이에 어떤 지위의 격차는 없으며 모두 평등하다. 각 촌락에는 촌장이 있지만, 이 촌장의 지위가 엄격히 부계계승원칙에 의해 상속되는 것은 아니다. 그리고 각 종족은 가장 나이가 많은 남자에 의해서 대표되는바, 마을마다 이들 출계집단의 장들로 구성된 소위 장로협의체(council of elders)가 있어서 마을전체의 공동 관심사를 의논하고 처리한다. 각 마을은 독자적으로 그 마을 특유의 의식과 특유의 신에게 제물을 바치고 축제를 거행한다. 주민에 대한 영향력이 개인적인 능력에 의거하는 이러한 빅맨 형태의 정치구조를 카친사회에서는 굼라오(gumlao)라고 부른다. 카친족은 고종사촌남자(FZS, Father's Sister's Son)와 외사촌여자(MBD, Mother's Brother's Daughter)가 결혼하는 것을 이상(理想)으로 하는 결혼율을 가지고 있다. 이것은 자신이 속한 종족의 입장에서 볼 때, 출계집단들을 부인을 선택하는 집단(wife-taker)과 부인을 공급하는 집단(wife-giver)으로 나누게 된다. 굼라오 형태의 정치구조에서는 이 양자 사이에 아무런 등급의 차이가 없으며 신부대(bride price)도 낮고 별로 중요하게 여겨지지 않는다. 그리고 같은 마을 내의 여러 종족들은, A집단은 B집단에게, B집단은 C집단에게, 그리고 C집단은 A집단에게 여자를 공급하는 식으로 일종의 순환체계 속에서 결혼관계를 맺는다. 그러다가 한 마을 내에서 어느 특정 종족이 다른 종족보다 더 부유해지고 세력이 강해지면, 이 부강해진 집단은 보다 높은 신부대를 지불할 것을 제의하고 그 마을 테두리를 벗어나서 다른 마을의 고위 등급의 종족으로부터 신붓감을 찾음으로써 스스로의 지위를 높이려는 시도를 하게 된다. 이러한 시도가 성공적으로 수행되면 이제 그 종족은 마을 내의 다른 종족을 지배하는 우두머리 집단으로 변신하게 되는 것이다. 지위가 향상되는 이 집단은 풍족한 경제력을 이용하여 마을의 축제를 재정적으로 보조함으로써 더욱더 명성

(prestige)을 높인다. 이 종족은 그 마을에서 가장 높은 등급을 누리고 귀족집단이 되므로, 그 우두머리는 자연히 마을의 최고 우두머리가 된다. 일단 이렇게 되면, 빅맨 제도 성격의 굼라오 구조에서 개인의 성취에 의해 획득되던 리더십은 이제 법적으로 계승되도록 정해져서 생득지위로 변한다. 카친사회에서 이 지위계승의 법칙은 말자상속제(ultimogeniture)이다. 즉 종족에서 가장 막내아들이 우두머리의 지위를 계승하는 것이다. 그리하여 막내아들의 계열은 다른 아들들의 계열에 대하여 우위를 위치하며, 우두머리의 지위는 항상 이 우위의 계열에서 담당하게 된다. 한 마을의 귀족 종족은 점차 영향력을 확대하여 인근의 다른 마을들에 대한 통제력을 획득하게 된다. 이렇게 하여 새롭게 형성되는 정치영역에 속하는 모든 마을들은 최고의 종족에 종속된다. 이 때의 정치적 형태를 카친 사회에서는 굼사(gumsa) 유형이라고 부른다. 즉 굼사는 부족연맹체의 성격인 것이다.

굼사 체계에서 두와(duwa)라고 부르는 족장의 지위는 정치와 종교에 공히 관계된다. 비록 여전히 각 종족의 대표로 구성되는 협의체가 존재하지만 최고의 족장만이 그 영향하에 있는 전체집단을 대표하여 자기의 조상신에게 제물을 바친다. 족장의 조상신은 현실 세계에서 족장의 지위와 마찬가지로 전체집단의 조상신들을 대표하는 것이다. 족장은 '허벅지 살을 먹는 사람'으로 불리어지는데 그 이유는, 그가 자기가 속한 종족을 제외한 모든 종족이 사냥을 했거나 제물로 바치는 동물의 뒷다리를 차지하는 특권을 갖기 때문이다. 이 동물의 뒷다리를 갖는다는 것은 경제적으로 별 중요성이 없지만 상징적 가치는 아주 크다. 이 외에도 족장의 지위를 상징적으로 표현하는 기제는 집 앞에 세워 두는 특별히 고안된 기둥을 포함하여 많이 있다. 그의 권위는 자신의 지배권 안에 있는 모든 사람들을, 자기의 집을 짓고 자기의 토지에 농사를 짓도록 동원할 수 있는 권리에서 구체적으로 증명된다. 경우에 따라서는 족장은 매년 각 집에서 일정량의 곡식을 거두어들이기도 한다. 이전의 굼라오 체제에서는 모든 종족이 등급에 있어서 평등했으며, 부인을 주는 집단과 받는 집단 간에 아무런 지위상의 차별이 없었음에 비하여 이 굼사 체제에서는 부인을 공급해 주는 집단이 부인을 맞아들이는 집단에 대하여 우월한 지위를 갖는다. 각 종족이 순환체계 속에서 혼인관계를 맺는 대신에, 굼사 체제에서는 각 종족에 등급이 매겨져서 높은 등급에서 낮은 등급의 집단으로 신붓감이 계단식으로 공급되어 나간다. 종족의 등급서열은 분절적인 종족의 족보상 등급과 일치한다. 물론 신부대도 출신 집단의 지위에 따라 등급이 매겨진다. 신붓감을 한 단계 낮은 집단으로 공급하는 법칙에 따라 최고의 귀족계급의 집단에서는 신붓감을 공급받을 수가 없다. 따라서 족장의 종족은 자기의 지배영역이 아닌 다른 영역의 귀족집단으로부터 신붓감을 찾게 된다.

그런데 평등한 굼라오 체제로부터 부족연맹체인 굼사 체제로의 정치구조의 변천만 일어나는 것이 아니라 그 반대 방향으로의 변화도 일어난다. 즉 굼사 체제가 사람들에게 경제적인 긴장을 고조시키게 되고 더 이상 사람들이 그러한 긴장과 부담을 견딜 수 없을 정도가 되면 반란이 일어나게 되는 것이다. 족장이 자신의 지배영역 확장을 시도하고 그에 따라 백성들로부터 재화를 계속적으로 수탈하여 마침내 더 이상 거두어 갈 것이 없을 정도까지 가면 사람들은 반란을 일으켜서 족장을 제거하고 나아가서 평등한 굼라오 체제를 재구축하는 것이다. 이렇게 하여 정치체제는 굼라오에서 굼사로, 그리고 다시 굼사에서 굼라오로 반복되는 변화과정을 겪는다.

정치조직의 변형을 결정짓는 가장 중요한 요인은 분절적 사회구조 내에서 집단의 등급화가 발전됨으로써 족장을 정점으로 한 리더십의 등급화가 발생하는 것이다. 카친사회의 경우 여자를 교환하는 모든 출계집단들이 평등한 상태로부터 지위의 차별을 야기하는 혼인유형의 출현이 곧 그 변형 요인인 것이다. 그러한 등급의 차별이 발생할 때 그로부터 부족연맹체가 발생하게 된다.

**국가(state)**    정치체제의 다섯 번째 형태는 우리가 말하는 국가이다. 국가는 여러 사회계급과 경제적 기능 및 부의 불평등한 분배체제를 가지고 있으며,

또한 법에 의하여 다양하고 이질적인 집단을 하나의 체계로 묶으며 특히 사회적 통제를 위하여 합법화된 물리적 폭력을 독점한다. 권위의 위임기구들, 즉 정부와 그 하위조직인 군대, 경찰, 민병대 등에 의해 합법적 폭력의 독점은 구체화되며 이들 기구는 영토 내의 질서유지와 외국과의 관계를 담당한다. 물론 부족연맹체에도 사회계급과 경제적 불평등, 합법적 폭력이 있지만 이는 통치자 개인에게 연관되어 있고 그를 정점으로 한 친족이념과 조직이 정치제도의 기본이 되고 있음에 비하여, 국가는 권위체계가 개인에 달려 있는 것이 아니며, 친족조직의 구성원이 아닌 시민(citizen)이나 신민으로 이루어진다.

정치인류학자인 프리드(M. Fried 1960)는 국가라는 정치조직의 기능을 두 가지로 정의한다. 첫째 현 상태의 경제적 제도를 그것의 불평등적 요소에 관계없이 그대로 유지하는 기능과, 둘째 내부의 무질서를 통제하고 외부로부터의 위협에 대항하여 체제를 유지해 나가는 기능이다. 그리고 이러한 목적을 수행하기 위하여 다음의 네 가지 이차적인 기능을 담당한다. 첫째로, 국가는 영토를 유지하고 행정조직의 세분화와 시민자격의 결정권을 행사함으로써 국민을 통제한다. 둘째로, 국가는 법률을 제정하고 법정을 설치하고 재판관으로 하여금 국민의 행위와 사상을 통제한다. 셋째로, 법정에서의 판결과 결정을 법의 시행기구를 통하여 수행한다. 넷째로, 국가는 재정체제를 확립하여 국가 수행과 국가가 추진하는 제반사업에 필요한 경비를 부담한다.

이러한 국가에 대한 인류학적 연구는 크게 세 분야로 나누어진다. 첫째는 고대국가가 형성된 조건에 관한 고고학적 접근이다. 이는 특히 서비스(E. Service)를 위시한 미국의 신진화론자의 관심분야로서, 그들은 수리시설과 농업의 발달 및 도시와 문명의 출현을 국가형성의 기본배경으로 본다. 둘째는 영국 전통의 사회인류학자들의 연구로서 그들은 현존하는 고대국가형태의 사회에 초점을 맞추어 국가의 조직과 기능을 분석한다. 셋째는 현대의 국민국가(nation-state)에 대한 연구이다. 이 분야에서는 주로 지방정치(local level politics)와 권력의 개념과 이의 획득을 위한 경쟁, 그리고 각 사회집단에서의 정치적 제도와 행위가 전체 국가 정치구조와 어떤 연관을 맺는가를 분석한다.

그런데 국가의 행정기능은 통치자에 의하여 대표되는 관료체제(bureaucracy)에 의해 수행된다. 관료체제는 국가가 확대됨에 따라 더욱 비대해지고 관할 분야도 다양해진다. 종종 관료체제의 비대화와 권위주의적 경향으로 말미암아 국가권력 정당성의 기반이 모호해진다. 왜냐하면 권력 기반의 많은 부문이 국민으로부터 관료체제로 이양되며, 심지어 여러 제도적 장치에 의하여 관료적 권위가 폐쇄적으로 작용하기 때문이다.

전통국가가 현대에 어떻게 기능을 하는가를 북부 나이지리아의 카누리(Kanuri)족의 국가인 보르누(Bornu) 제국의 예를 통해 살펴보자. 나이지리아가 영국의 식민지가 되었을 때 보르누 제국은 부분적으로 붕괴되고 있었다. 영국정부는 간접통치의 원칙에 의해 이들을 통치하기 위하여 보르누 제국의 전통적 국가구조를 재생시켰다. 그리고 보르누 왕인 셰후(Shehu)를 국가의 수반에 앉혔다.

전통 보르누 사회는 고도로 계층화된 사회로서 왕가 밑에는 귀족, 평민, 노예계급이 있었다. 셰후는 귀족들에게 작위를 수여했고, 이는 그 집안에 대대로 전승되었다. 작위에는 일종의 식읍(食邑)으로서 일정지역의 모든 토지와 촌락들이 주어졌다. 대부분의 평민계층은 촌락거주의 농민들이었고, 기타 수공업자, 장인, 상인 등 각종 직업에 종사하는 사람들이었다. 그보다 더 낮은 지위에 속하는 업종으로는 도살업, 가죽제조업, 악사 등이었다. 노예는 전쟁포로와 노예의 자녀로 구성되었다. 전쟁포로의 대부분은 셰후 자신의 개인 재산으로 되었으며, 계속 노예 신분으로 남아 있으면서 셰후로부터 귀족의 작위를 받을 수도 있었다.

보르누 제국은 지중해로부터 시작하여 사하라사막을 거쳐서 인구가 집중된 서부 아프리카의 여러 나라들에 이르는 전략적인 카라반 통로의 요충지대에 위치하였다. 카라반은 리비아로부터 상품들을 보르누의 수도로 가져오고, 대신에 노예와 상아 및 여러 가지 원료들을 가지고 간다. 수도에는 정부에 의해서 통제되는 거대한 시장이 있어서 여기서 모든 교역이 이루어졌다.

　카라반 교역을 통하여 또한 군대제도가 도입되었다. 보르누의 군대는 셰후에 의하여 전적으로 지휘·통제되었고, 장군들은 셰후의 노예임을 의미하는 높은 작위를 부여받았다. 이는 군대의 사병화로서 병권의 독점은 왕권강화의 필수적인 조건이 되었다. 셰후의 군대는 이웃 부족을 정복하고 노예조달을 위하여 인근 부족을 습격·약탈하는 것 외에도 다른 국가, 특히 서쪽의 하우사(Hausa) 제국의 침입으로부터 국방의 의무를 담당하였다.

　14세기에 와서 이슬람교가 카라반의 통로를 따라서 보르누에 전파되었고 셰후는 백성을 모두 이슬람교로 개종시켰다. 이에 따라 이슬람의 율법은 보르누의 법률이 되었고, 재판관은 코란과 이슬람 율법으로 훈련받은 자 가운데서 셰후가 임명하였다. 그러나 셰후와 그가 임명한 행정관리들, 행정지역의 책임자들은 개인적이거나 가정적인 분쟁들을 접수하여 해결해 주는 일을 담당하였다. 카누리 사람들은 권위를 지니고 있는 사람은 누구든지 언제나 그의 신민들의 분쟁과 불평을 들어주어야 한다고 믿은 것이다.

　보르누 국가의 행정구조는 수도에는 셰후의 궁전이 있고 국가 전제의 통치의 중심지가 된다. 그 밑에는 전체지역이 몇 개의 행정구역으로 나누어져서 각 지방의 수도를 중심으로 구역장(district head)에 의하여 다스려진다. 이 구역장은 작위를 가진 귀족으로서 그의 직위, 직책과 담당 구역은 그의 가족을 통하여 계승되는 것이 보통이지만, 그 임면권(任免權)은 궁극적으로 셰후의 손에 있다. 하나의 행정구역에는 많은 촌락이 포함되며, 각 촌락에는 구역장이 임명하는 촌장이 있다. 촌장의 지위 역시 세습될 수 있지만, 그 인사권은 어디까지나 구역장이 가진다. 셰후는 구역장에게 자기를 대표하며 구역을 다스리고 세금을 징수하는 권리를 위임한다. 구역장은 자유민과 노예 출신 가운데에서 자신이 기용하는 측근 보좌관과 심복부하들을 거느리는바 그중 한두 명은 각 촌락과 유목민들로부터 세금을 징수한다. 유목민들은 풀라니(Fulani)족으로서 그들이 소유한 가축의 양에 따라서 출계집단별로 세금을 낸다. 그 이전에는 카누리족도 부계출계집단 단위로 세금을 냈었는데, 19세기에 들어오면서 각 마을이나 구역과 같은 지역단위로 세금을 내게 되었다. 오늘날 카누리족들은 자기가 어떤 출계집단에 소속되었는지 아는 바 없다. 그들이 하나의 국가의 일부이기 때문에 카누리 사회집단은 이제는 더 이상 부계친족을 기준으로 하여 이루어지지는 않으며, 오히려 지역경계를 바탕으로 삼는다.

비록 보르누 정부가 셰후를 정점으로 하는 경직된 위계적 구조를 지녔다 하더라도 거기에도 정치는 여전히 존재한다. 특히 셰후의 지위를 계승하기 위한 정치적 각축전은 격렬하다. 셰후는 그것을 역임했던 사람의 아들만이 후보 자격이 있다. 그런데 셰후는 노예출신의 부인을 포함하여 여러 명의 부인을 거느리므로, 그 지위에 대한 잠재적 경쟁자는 항상 많이 있게 마련이다. 셰후가 사망하면 귀족협의체가 구성되어 계승자를 물색하는데, 장자상속 (primogeniture)이나 말자상속(ultimogeniture)의 뚜렷한 제도가 없기 때문에 셰후의 모든 왕자들은 동등한 자격으로 이 귀족협의체로부터 지지를 얻기 위해 열띤 각축전을 벌이고, 최후로 계승자가 결정될 때까지 정치는 극도로 활발해진다. 한편으로 구역장들은 셰후의 호감과 신임을 얻기 위하여 경쟁하지만, 국왕의 궁전에 관심을 집중시킬 시간적 여유가 없다. 왜냐하면 먼저 자신의 지역이 잘 통치되고 있는지를 확인해야 하기 때문이다. 새로운 셰후가 정권을 장악하면 구역장은 이 새로운 셰후에게 충성을 맹세해야 한다. 한편으로 새 셰후는 될 수 있는 대로 자기의 지지자들을 많이 구역장으로 임명하려 한다. 지역 수준에서 권력구조를 완전히 새로 바꾸는 작업은 촌장의 교체에까지 파급된다.

이상에서 살펴본바 보르누 제국은 지방분권제를 실시하여 셰후의 권력에 도전 가능한 경쟁자들로 하여금 정치적 욕구를 충족시켜 주는 동시에 외국과의 교역과 국내의 유통구조와 군대를 중앙의 최고통치자에게 전속시키고, 이슬람교를 통하여 이데올로기의 통합과 사법 및 행정담당자의 임면권을 셰후의 개인적 관계에 바탕을 두어 행사케 함으로써 강력한 위계적 구조의 국가를 유지해 나갈 수 있었던 것이다. 일단 정권담당자의 지위에 제한된 범위에서나마 공개적 경쟁을 하고 정권이 교체되면 중앙에서 지방의 최하위 행정단위에 이르는 전반적인 인사개편을 하며, 가족이나 이웃 간의 분쟁과 같은 개인적인 일을 세후와 그의 관료들이 직접 해결해 줌으로써 백성들을 감정적으로 결속시킨다. 그러나 이렇게 강력하게 위계적으로 조직된 국가에서는 집권자에 대한 반대의사는 간접적이고 은밀한 방법으로 표현될 수 있을 뿐이다.

## 2) 정치영역

실제로 정치행위가 이루어지는 것은 공식적인 정치제도나 조직 내에서만이 아니다. 어떤 목적의 달성을 위하여 전략적인 경쟁이나 타협, 토의가 이루어지는 것을 정치라고 한다면 그것은 비정치적인 단체 즉 학교, 교회, 병원에서까지도 정치를 발견할 수 있을 것이다.

정치인류학자들은 국가 차원에서뿐만 아니라 촌락 수준이나 지역사회의 수준에서 정치적인 활동이나 이를 목적으로 한 조직 등을 분석하며, 마을을 단위로 정치를 보는 경우에는 마을의 정치적 집단 또는 지도자를 연구한다. 이 지도자는 공식적 지도자(formal leader)와 비공식적 지도자(informal leader)로 나누어지는데, 대부분 비공식적 지도자는 나이도 많고 덕망이 있는, 그래서 마을을 대변하여 여론조성에 영향력을 미치는 사람들이 담당한다. 그리고 마을의 공동사업을 의논, 결정하기 위한 공식적인 장소와 공식토의기구가 있지만 이것은 실질적으로 큰 역할을 못 한다. 모든 사람들이 오랜 기간 동안 동일한 세계에서 동일한 경험을 겪으면서 살아오고 있는 촌락에서는 공식적이고 몰인격적인 일의 처리는 동질의식과 깊은 개인적인 관계에 손상을 가져오기 쉬우므로, 중요한 일은 비공식적인 모임에서 비공식적으로 토의된다. 이러한 과정은 실질적으로 정치적인 과정을 겪고 있는 것으로서, 어느 정도 토의가 충분히 되었을 때 공식적인 절차를 취하게 되는 것이다. 따라서 사람들이 비록 토론이나 결정을 내리기를 표방한 어떤 공식적인 회합이 아니라도 공통의 정치적인 문제를 가지고 모이는 어떠한 비공식적인 모임도 곧 정치적인 영역이 되는 것이며, 몇몇 영향력 있는 비공식 지도자들의 모임도 정치적인 영역으로 해석할 수 있는 것이다(김광억 1984).

또한 종교적 의례가 어떤 특정한 정치적 목적을 위한 수단으로 이용될 경우(우리는 종교집단의 지도체제를 둘러싼 여러 가지 갈등과 타협을 자주 본다)에도 그것은 정치영역(political area)이 된다. 이렇게 정치가 아닌 분야의 정치영역화나 지역사회의 차원에서 행해지는 정치과정과 활동은 각 촌락의 전체적인 체면과 이해관계가 얽혀 있는 관계로서 보다 더 세련된 정치적 행동이 요구된다. 주로 어느 한곳에 한꺼번에 모여서 일을 토의하기도 하지만, 집단을 대표하는 사람들끼리 비공식적인 접촉을 더 많이 하게 된다. 따라서 정치활동이 이루어지는 비공식적 영역이 공식적인 영역보다 더 많고 세련되어 있으므로, 인류학에서는 어떤 경우이든 일단 정치적인 흥정이 담겼던 모임은 정치영역으로 삼는다. 따라서 이러한 정치영역은 상황분석(situational analysis)에 의한 해석을 요하므로 현지조사의 방법이 없이는 파악하기가 극히 어렵다.

## 3) 정치과정

정치조직과 정치영역은 실제로 정치적 행위를 하는 차원, 즉 정치과정(political process)을 통해서 파악된다. 또한 어떠한 정치제도나 조직도 그 구성원들의 행동을 어느 정도 제약시키며 그에 따른 규칙과 행동의 유형이 만들어지지만, 실제 정치과정에서는 예측할 수 없는 다양한 형태의 활동이 나타난다.

이 정치적 과정은 특히 그 사회의 구조와 성격에 의하여 영향을 받는다. 흔히 정치라는 것은 냉혹한 것이라고 말하지만, 그것은 어떤 가치기준과 규범의 테두리 안에서 존재하는 것이다. 그래서 우리는 용기 있고 강경한 태도와 융통성 없이 경직된 행동을 구별하며, 어떠한 정치적 처리는 엄격하고 공정하다고 평가하면서도 어떠한 처리에 대해서는 너무 지나치게 포용력이 없는 소인배나 독재자 같은 행동이라고 비난한다. 이러한 기준은 권력을 가진 사람의 자격은 어떠해야 한다는 소위 정치지도자에 대한 개념과 관련이 있으며, 권력에 대한 그 사회의 관념의 표현으로 볼 수 있다.

그런데 권력이나 정치적인 수단을 가지고 있는 사람이 그 지위를 계속 유지하거나 그 권력을 사용하는 데에 어떠한 방법과 과정을 사용하는가와 함께 권력을 획득하기 위한 과정도 중요한 관심거리이다. 사실 정치인류학자들의 가장 큰 관심은 권력의 획득과정, 의사결정의 과정 등의 분석에 있다고 할 수 있다. 이 정치적 과정은 몇 가지 특성을 지닌다. 첫째로, 그것은 개인적인 것이 아니라 공공연하게 일어나는 것이다. 즉 그것은 여러 사람 또는 요소가 공개적으로 참여함으로써 성립된다. 그리고 그것은 어떤 집단이나 사회 전체에 관련이 되는 소위 공동의 관심사가 되어야 한다. 둘째로, 정치적 과정이란 어떤 목적을 설정하고 그것을 성취하기 위한 일련의 활동으로 형성된다. 이러한 목적은 단순히 정치권력을 획득한다거나 타인으로부터 호감을 산다거나 직접적인 동맹관계를 성립한다거나, 심지어 경쟁과 투쟁에서 승리를 한다거나, 보다 높은 지위와 강력한 권력을 획득한다거나 여러 가지가 있을 것이다. 즉 아무도 원하지 않고 아무도 관심을 두지 않는 것을 가지기 위해 혼자서 노력하는 것을 정치과정이라고 하지는 않는다. 셋째로, 이 정치과정은 구체적으로 표현되든 아니면 모호한 상태에서 추측만 가능하게 하든, 그 정치적 활동에 참여한 사람들이 알고 있는 진행과정의 성격을 갖는다. 이러한 과정에는 경쟁, 호소, 지지의 획득, 정치브로커, 중매자, 동맹관계, 타협 등등으로 묘사되는 활동들이 포함된다.

이러한 정치과정은 단일한 목적을 위한 단기간의 활동으로 이루어지는 것도 있고 제도화되어 오랜 기간을 통하여 이루어지는 것도 있다. 오랜 기간을 통하여 이루어지는 과정에는 제도화된 과정이 있게 마련이다. 예로서 아프리카의 여러 전통국가에서 보이는 'king maker'라고 하는 기구를 들 수 있다. 이것은 상설기구는 아니지만 왕을 선정할 경우에 반드시 이루어지는 일종의 협의기구이다. 즉 왕위를 두고 세력 있는 왕자들이나 왕족들이 각축을 벌이는 일이 생긴다. 이러한 사태를 방지하기 위하여 장자세습제와 같은 제도가 있지만, 장자가 능력이 없거나 또는 왕이 아주 어린 왕자를 남기고 죽었을 경우에는 세력 있는 왕자들의 왕위쟁탈전이 노골화된다. 따라서 지위의 공백기는 권력의 소재가 정해지지 않는 상태로서, 이때는 전임 왕으로부터 후계자의 선정과 보필을 특별히 부탁을 받은 원로와 귀족들이 협의를 거쳐서 전임 왕이 가장 이상적이라고 생각했다는 인물을 선출하게 된다. 물론 이 협의체가 실질적인 왕의 선출기구는 아니다. 오히려 그것은 여러 가지 치열한 경쟁을 은폐시키고 최후의 승리자에 대하여 전임 왕의 권위를 결합시켜 줌으로써 권력의 정당성(legitimacy)을 부여해 주는 역할을 담당하는 것이다. 따라서 왕의 선출을 위한 명목을 가진 이 협의체의 결정은 실제 경쟁자들의 세력이 판가름날 때까지 연기되며, 이 지위의 공백 기간은 따라서 일정하지 않다. 앞에서 말한 바와 같이 통치와 관계된 권력은 신성한 것으로서 국가의 안녕과 번영이 이것에서 비롯된다고 사람들은 믿는다. 그러므로 권력은 국가를 정지시키거나 마비시키지 않게 하기 위하여 지체 없이 새로운 담당자에 의해 계승되어야 한다. 그러나 권력의 계승자가 뚜렷이 정해져 있지 않거나 계승자가 있어도 그 사회 구성원 전반으로부터 지지를 받을 수 있는지가 확실하지 않을 때에는 권력의 공백기가 생기게 되며, 왕의 선출을 위한 협의체가 그 공백기를 담당한다. 이러한 공백기 또는 권력의 진공상태(power vacuum)가 계속됨에 따라서 권력의 획득을 원하는 후보자들이 표면적으로 나타나게 되어 정치적 경쟁을 벌이거나 이미 내정된 계승자에 의하여 하나씩 제거되어 최후에 그 계승자만이 유일한 적격자로서 부각되게 된다. 이러한 작업이 완료될 때까지 공백 기간은 조절된다.

그러나 평상시에는 권력을 가진 사람은 자신의 권위와 권력에 위협적인 존재를 조절함으로써 지위를 강화한다. 이것은 반대자를 정치적 지위나 어떠한 정치적 무대로부터 완전히 소외시킴으로써도 달성되지만, 또한 나이지리아의 전통국가에서 보듯이 인질제도를 사용함으로써 이루어지기도 한다. 즉 지방 호족의 자제를 인질로 중앙집권자에게 맡겨 둠으로써 그들이 반대세력으로 대립하는 것을 억제하는 제도와 달리, 여기에서는 왕의 부인들이 각각 자기 친정으로 가서 아이를 낳고 이 왕자는 외가에서 성장하게 된다. 이러한 제도는 얼핏 각 부족의 세력이 왕자를 내세워 권력투쟁에 뛰어들 여지를 주는 것 같지만, 그러한 위험보다는 왕자를 가진 각 부족들 간에 견제를 유지하게 하고 왕자를 기화로 하여 중앙정권과 끊임없는 교류와 특별한 배려를 받을 수 있는 보장을 해줌으로써 통치자의 권력체계를 강화하는 효과가 더 크다는 사실이 증명되었다.

최고의 권력을 획득하거나 획득된 권력의 유지를 위한 전략과 제도 외에도 신하들이 지배자의 신임과 호의를 획득하기 위한 경쟁을 벌이는 것도 있다. 베버(Max Weber)에 의하면 신하들이 최고 권력자를 위하여 이루어 놓은 업적에 대하여 특권과 지위로 보상을 받는 것이 제도화되면, 이들 신하들은 이 업적을 이룰 수 있는 영역을 자기들끼리 결탁하여 독점함으로써 다른 새로운 세력의 등장을 막고, 모든 기회와 가능성을 자기 집단에 세습시킨다. 만약 통치자가 계속 자신의 체제를 현 상태로 유지시키기를 원할 때는 이러한 기회의 독점을 인정하지만, 만약 그렇지 않을 경우에는 이러한 독점 제도를 인정하지 않고 해체시키게 된다. 여기서 최고 권력자와 그를 위한 신하의 세력 사이에는 충성과 저항의 알력이 긴장상태에서 존재하는 것이다. 이러한 제도가 사회 전체를 규정지을 때 우리는 봉건사회(feudal society)라고 부른다. 이 봉건제도는 중세 유럽의 특징적인 것이지만 다소간의 차이를 보이면서 여러 사회에 존재한다.

그러나 앞서 말한 바와 같이 정치란 것은 그 내용을 어떻게 규정하는가에 따라서 여러 차원에서 볼 수 있다. 사회 전체라는 차원뿐만 아니라 한 사회 내의 여러 세분된 분야나 차원에서도 정치적인 행위와 과정은 존재한다. 즉 어떠한 단체나 집단에서 권력을 획득하거나 자신의 주장대로 일을 결정하기 위한 여러 전략적인 행동에서 이루어지는 동맹, 정당, 파벌, 타협 등등은 그 자체가 정치적 행위이며 과정인 것이다. 거기에다 친족관계, 동창관계, 동업관계, 종교관계 등등 여러 가지 요소가 동원된다. 뿐만 아니라 공동으로 소유하는 가치관은 정치과정을 결정하는 데 중요한 영향을 미친다.

한 가지 예로서 인도의 어느 농촌에서는 촌장을 선출하거나 마을의 도로를 수리하거나 이웃마을과 공동으로 하는 일을 결정해야 할 경우 상당한 시일이 경과되며 공식적인 정치기구가 별 뚜렷한 효과적인 활동을 하지 못하는 것이 발견되었다. 정치학자의 눈에는 이 마을이 조직적이고 효율적인 토론과 투표에 의한 의사결정을 하지 않고 터무니없이 시간을 오래 끌면서 아무런 실질적인 성과를 내지 못하는 이 과정을 정치의 미발달과 비민주적인 단계의 결과로 해석할지 모른다. 그러나 인류학자의 조사에 의하면 이들에게 가장 이상적인 정치란 만장일치의 지지 속에서 이루어지는 것이어야 한다. 따라서 만장일치의 결정을 내리기 위하여 의견을 달리하는 사람들 간의 막후교섭과 토론을 통한 타협과 조정이 이루어지고 어느 정도 전체적인 합의(consensus)가 이루어지면 공식적인 의사결정의 과정에 내놓아서 결정을 하게 된다. 따라서 마을의 회의는 토론의 장이 아니라 어느 정도 결정된 사항에 대한 인준의 절차이며, 이 인준은 거의 만장일치의 형태로 이루어진다. 이러한 결정이 있기까지에는 여러 파벌간의 알력, 소문, 협박, 회유, 토의 등이 이루어지고 마을에서 영향력 있는 비공식적 지도자들에 의해 의견이 수렴되고 방향이 결정되는 것이다. 이러한 일련의 과정은 공식적인 회의를 통해서 이루어지는 것이 아니므로, 사람들은 마치 이러한 일이 없는 것으로 여기며 따라서 의견의 불일치나 때로는 격렬한 논쟁이 있더라도 쌍방 간의 체면손상으로는 여겨지지 않는다. 또한 농사일에 바쁘고 모여서 토론할 시간적 여유가 많지 않으므로, 몇몇 지혜와 지도력 있는 사람들이 보다 많은 시간을 할애하여 검토하고 연구한다는 것은 주민들의 부담을 덜어 줄 뿐만 아니라 보다 효율적인 결론을 내릴 수 있게 되는 장점이 있다. 이렇게 하여 만장일치를 통한 결정을 함으로써 사람들은 동질의식을 강화하고 그 일이 공동의 일임을 확인한다. 이러한 과정은 어느 정도 폐쇄적이고 모든 구성원들이 서로 잘 알고 개인적인 유대관계가 일상생활의 여러 측면에 영향을 미치고 있는 사회에서 흔히 사용된다.

## 3. 비정치적 영역의 정치적 측면

### 1) 친족제도와 정치

친족 개념과 조직은 그 자체가 정치적 의미와 성격을 지니고 있으며 동시에 정치에 이용되기도 한다. 사람들이 공동의 조상을 중심으로 같은 핏줄에 의하여 연결되어 있다고 하는 관념은 여러 가지 공동 활동을 통하여 강화되며 상부상조의 정신은 정치적인 지지세력과 동조세력을 형성하는 데 큰 역할을 한다. 앞의 누에르족의 경우에서 보았듯이 어떤 공식적인 사회통제의 기구가 존재하지 않는 사회에서는 이 친족조직이 정치와 경제활동에 있어서 제도적인 역할을 하는 것이다.

특히 문중조직이나 동족이념은 그 자체가 최초의 조상으로부터 시작하는 상하의 위계질서체계로 형성되어서 누구든지 태어나면서 그 체계 속에서 특정한 지위와 역할을 부여받는다. 그리하여 족장이나 종손은 특별한 존재로서 사회적인 특권을 부여받으며 조상과의 접촉에서 가장 신성한 역할을 담당한다. 공동의 조상을 가졌다는 동질의식과 특정한 위계질서에 의해 상하로 연결되었다는 관념은, 자기보다 위 항렬에 대한 존경과 위로부터 내려오는 전통에 대한 복종을 훈련시킨다. 뿐만 아니라 동족조직의 공동재산은 동족구성원의 경제적인 뒷받침을 해줌으로써 사회적인 이동을 도와주는 역할도 한다. 즉 조상숭배라는 종교적 의식은 동족의 관계와 구조를 확인하게 하고 위계질서를 존중하도록 이념적인 교육을 시키며, 공동재산은 친족집단의 활동을 뒷받침해 줌으로써 지역사회에서의 집단의 지위를 높이고 구성원의 사회진출을 배후에서 후원해 주는 역할을 한다. 그뿐만 아니라 가난한 친족으로 하여금 경제적인 혜택을 입게 해줌으로써 집단의 결속력이 강화된다. 이러한 모든 요소로 인하여 특히 전통사회에서는 지역사회 수준에서의 정치에 세력 있는 동족조직의 영향력이 절대적인 중요성을 가진다.

그러나 친족의 개념은 정치권력의 신성화작업에도 응용된다. 즉 친족집단이 조상의 배려와 후원을 얻어서 번창하며, 종손은 신성한 조상의 힘과 연결되어 있다고 하는 개념은 지도자가 가지고 있는 정치권력이 초자연적인 존재로부터 부여받은 신성함과 합법성이 있다고 믿게 만든다. 때로 정치지도자는 전통의 수호자이며 사회의 풍요를 담당할 신성한 의무를 하늘로부터 부여받았음을 강조하려 한다. 그래서 친족의 조상이 비범한 인물이며 전설적인 영웅의 성격을 띤 것으로 미화, 찬미되는 것과 마찬가지로, 정치지도자 역시 그 권력을 획득하는 과정이 신화화된다. 경우에 따라서는 지도자는 가장과 동일시되며, 집단구성원 사이의 계급은 친족호칭을 사용함으로써 보다 감정적이고 심리적인 결속을 도모한다.

## 2) 경제와 정치

경제적인 부와 정치적인 권력과 권위와의 관계는 아주 밀접하다. 그러나 부의 축적이 사회적인 지위와 정치적인 영향력을 높여 주는 조건이지만, 어느 정도 경제적인 지위에 다다르면 보다 못한 사람들에게 혜택을 나누어 주는 아량(generosity)을 베풂으로써 그로 인한 부수적인 자신의 정치적 지위를 인정받고 지지를 획득해야 하는 것이다. 앞에서 언급한 멜라네시아의 여러 섬

사회에서 정치적 지도자의 지위를 누리는 빅맨들은 바로 이러한 자신의 경제적 부를 남에게 나누어 주는 정도에 따라 얻게 되는 명성과 지위의 소유자들인 것이다.

북미 서해안의 콰키우틀(Kwakiutl) 인디언 사회에서 보이는 포틀래치(potlatch)라는 의식적 행위는 이런 점에서 아주 흥미롭다. 즉 이들 인디언들은 추장의 권한에 속하는 일정한 영역에 살면서 생산에 종사하는데, 수확기가 되면 생산물을 추장에게 바치고 추장은 이를 다시 부하들에게 재분배해 준다. 이런 과정에서 추장은 여러 가지 재물을 축적하게 되는데 대체로 수확기가 끝나면 추장은 이웃 집단의 추장들을 포함하여 자기의 부하 인디언들을 전부 초대한 자리에서 포틀래치 의식을 행한다. 이 행사에는 추장은 자기의 재물을 될 수 있는 대로 많이 쌓아 놓고 그 자리에 모인 사람들에게 구경시킨 후 각자에게 무료로 나누어 주고, 나머지는 불에 태우거나 두드려 부숴 버린다. 사람들은 그 추장의 아량에 고마워하며 그 많은 재물을 파괴하는, 소위 통이 큰 마음에 칭찬과 찬탄을 보낸다. 이웃 추장들도 이와 같은 포틀래치를 행하며 이러한 과정에서 보다 더 많은 재물을 파괴할수록 사회적인 명망이 높아진다.

이러한 행위를 경제인류학적 측면에서 본다면 재화의 재분배이며 특별한 소비형태라고 할 것이다. 정치인류학적 관점에서 본다면 이것은 명백히 정치적인 행위이다. 즉 물질적인 혜택을 베푸는 대가로 추장은 자신의 권력과 지위에 대한 지지를 확보하는 것이며, 재화의 파괴는 그렇게 함으로써 가진 자와 가지지 못한 자의 불평등의 차이를 조절하는 것이다. 다시 말하면 경제적인 불평등은 정치적 불평등의 전제조건이지만 이 불평등의 격차가 너무 심하면 하위의 사람들은 불만으로 인하여 상위의 사람에게 반항과 심지어 반란까지도 시도하게 될 것이며, 그 격차가 너무 작으면 정치적 지위의 권위와 가치가 그만큼 적어진다. 따라서 항상 재화의 파괴를 통하여 '적절한 정도의 격차'를 유지함으로써 아량의 베풂과 지지의 획득이 평형을 이루는 것이다.

경제적인 격차를 어느 정도 유지하기 위해 정치적으로 통제, 조절하는 또 다른 형태는 파키스탄의 스왓(Swat)지방의 파탄(Pathan)족 사회에서도 볼 수 있다(F. Barth 1959). 이 사회에서는 경작이 가능한 토지가 동족집단의 단위로 분배되어 있고 각자 자기 능력껏 토지를 경작한다. 농업은 가장 중요한 경제적 수입원으로서 토지 소유량은 곧 경제적 기반의 크기가 된다. 그런데 세력이 큰 사람은 이웃의 토지를 조금씩 잠식해 들어가고 따라서 항상 토지로 인한 분쟁이 끊일 사이가 없다. 이렇게 하여 세력 있는 사람은 계속 토지를 증대시켜 가지만 어느 정도 커지면 그 세력으로 인하여 동족집단의 지도자의 권한에 도전적인 세력으로 변할 가능성이 생긴다. 따라서 이때에는 그 집단의 우두머리는 모든 토지를 다시 몰수하여 재분배를 함으로써 경제적인 격차에 의한 불평등관계를 재조정한다. 이는 경제적 부가 어느 특정한 인물이나 세력에 의해 고정화되는 것을 방지하는 기능을 가짐으로써 정치에 있어서 융통성을 만들어 내는 것이다.

　개인이나 특정의 집단이 정치적인 지위를 획득하고 표면화하는 과정은 대체적으로 몇 가지 공통된 단계를 거친다. 즉 우선 경제적인 부를 축적해야 한다. 그런 후에는 축적된 부의 처리를 통하여 다른 사람들로부터 호감과 지지를 얻음으로써 사회적 관계를 넓혀 가고 자신의 경제력에 의존하거나 유지되는 사람들을 만들어 낸다. 특히 신흥재벌이나 관료가 된 사람들이 갑자기 조상의 묘를 확장하고 사당을 신축하며 종친회의 일에 적극적으로 참가함으로써 자신이 속한 동족조직 내에서의 인정을 받게 되는 것은 이 단계에 속한다. 셋째 단계에서는 이러한 여러 가지 활동을 통하여 명망과 영향력을 축적하고 확대시킨다. 그래서 어느 정도 확실한 지위를 갖게 되면 과감히 이때까지 속해 있던 집단으로부터 독립해 나오게 되는 것이다. 이러한 것은 특히 동족조직에 있어서 새로운 지파(支派)가 발생하거나 정치적인 집단에서 분파가 형성되는 과정의 특징인 것이다.

## 3) 종교와 정치

종교가 정치적인 제도는 아니지만 경우에 따라서는 정치와 결합하기도 하고 정치적인 역할을 담당하기도 한다. 흔히 정치권력을 획득한 후 사회적 공인을 받기 위한 의식절차에 종교의 성직자가 참석하며 의식 자체도 종교적인 형식을 취하는 것을 볼 수 있다. 이러한 현상 밑에는 권력과 지위의 신성화작업의 목적이 숨어 있는 것이다. 어떤 사회에서건 최고의 지도자에게는 그 지위와 권력이 변함없으며, 그 지위와 관계된 분야가 신의 힘을 입어 계속 번창하기를 비는 종교적 모임이 동반된다. 즉 지도자는 신에게 (자신이 신자이건 아니건) 자신의 지위와 책임을 고하고 성실히 수행할 것을 선서하며 아울러 신의 도움이 있기를 빈다. 따라서 지도자의 권력은 신으로부터 주어진 것으로서 정당하고 신성하며 함부로 획득하기 위한 시도를 해서는 안 되는 것으로 인식되는 것이다. 기존의 권력이나 권위에 대하여 회의를 품거나 대항하는 것은 신성모독과 같은 정도의 불경죄에 속하며, 권력의 강화와 사회의 질서와 안녕의 강화는 일치하는 것으로 여겨져서 때로는 질서체제에 대한 부정적 요소를 제거하거나 기존의 권력체제가 없어지고 진공상태가 되면 극히 혼란이 야기될 것임을 미리 체험시킴으로써 기존질서체계를 더욱 강화하는 작업에는 종교적 의례가 동원되거나 이용된다.

나이지리아의 누프(Nupe)사회에서는 특별한 마녀사냥(witch hunting)과 정화의례(purifying ritual)가 있다(S. Nadel 1954). 즉 촌락사회에 어떤 질병이 생기거나 바람직하지 못한 일이 발생하면 그것이 누군가에 의한 마술의 결과로 보고 그 마술의 근원을 찾아내는 과정이 있다. 아주 이른 새벽에 각 집을 대표하는 여자 한 사람씩 모두 마을의 뒷산이나 숲에 모이며 남자와 아이들은 각자의 집에 들어앉아 있어야 하고 절대로 집 밖으로 나와서는 안 된다. 이윽고 온몸을 하얗게 덮어쓴 '하늘로부터 온 사자(使者)'가 숲에서 나타나 출석자들의 머리를 빗자루로 쓸어 가면서 전원 빠짐없이 출석했는지를 확인한다. 얼마 후 또 다른 정체가 완전히 가려져 있는 '심판관'이 나타나 그 중의 어떤 여자를 지적하고 숲속으로 사라진다. 사람들은 일단 마을로 돌아오고 혐의를 받은 여자는 남편과 함께 산속에 특별히 지정된 장소에 가서 맨손으로 흙구덩이를 판다. 어느 정도까지 깊이 파들어 가는 동안 손가락 끝에서 피가 나지 않으면 그들의 결백이 증명되어 혐의는 풀어지게 된다. 그러나 피가 나면(거의 모두 피가 나게 마련인데) 그들이 마술의 장본인임이 증명되어 이 부부는 곧 격리된 장소에 가서 마을의 종교지도자에 의하여 정화의례를 행하고 한동안 이들은 자기 집안에만 있고 모든 사회적·정치적인 생활로부터 소외된다. 이러한 격리기간은 그들이 완전히 정화가 되었다는 판단이 날 때까지 계속되는 것이다. 이러한 의례과정을 인류학자는 종교의식을 이용한 정치행위로 해석하였다. 즉 자신을 완전히 가렸기 때문에 그 정체가 무엇인지가 마을 사람들에게는 전혀 알려지지 않았고 그 후에도 알 수 없지만 그 정체는 정치권력을 가진 장본인이었을 것이며, 질병의 발생이 누군가의 마술에 의한 것이라고 사람들이 믿도록 여론의 조장이 이루어지는 데에 결정적인 역할을 한 사람도 그 지도자였고, 그리고 마술의 장본인이라고 지적당한 사람은 권력의 소유자에 대해 정치적으로 위협적인 그리고 경쟁자의 가능성을 가진 사람이었다는 것이 통계적으로 밝혀지기 때문이다. 즉 그 사회의 권력구조에 대항하거나 경쟁자의 가능성이 있거나 질서체계를 파괴하는 가능성이 있는 존재를 이러한 기회를 이용하여 제거함으로써 기존의 체제를 계속 유지시켜 나가는 것을 도모하게 된다.

그런데 정치체제라는 것은 항상 확고부동한 것이 아니며 좀 더 자세히 관찰하면 오히려 끊임없는 갈등 속에서 안정과 불안정의 두 가능성 가운데에 놓여 있다는 것을 발견하게 된다. 사실 갈등(conflict)이라는 것과 반대의견 및 반대세력(opposition)이라는 것은 기존의 질서체계를 위협하는 부정적인 요소이지만, 동시에 그 사회에 내재해 있는 모순과 문제점들을 표현함으로써 오히려 기존 체제의 강화를 위한 계기와 방법을 제공해 주게 되는 것이다. 그러나 이러한 반대세력과 갈등이 통제되지 않을 때에는 그것은 새로운 체계의 수립이나 기존의 체계에 변혁을 초래하는 반란(rebellion)으로 변하게 된다.

그러나 이러한 반란의 가능성은 반란의 의례(ritual of rebellion)라는 행사에 의하여 해소된다. 맥스 글럭먼(Max Gluckman 1963)은 아프리카 국가들이 일견 항상 불안정하고 지배-피지배계급 간에 갈등이 존재하고 있어서 안정된 질서의 유지가 위협당하고 있는 듯이 보이지만, 오히려 이 불안정한 요소들이 제도적으로 조직되므로 그 사회를 변혁시키기보다는 유지하는 데 더 공헌을 한다는 점을 밝혀내었다. 이러한 예는 그가 분석한 스와지 왕국(Swazi, 現 에스와티니)에서 행하는 인츠왈라(incwala)라는 연례 국가적 행사에서 볼 수 있다. 이것은 매년 첫 번째 추수기 동안에 행해지는 의식화된 행사로서, 두 단계를 거친다. 첫 번째 단계는 사악하고 무질서한 군중을 상징하는 대다수의 집단과 질서와 강력한 힘을 상징하는 일군의 집단으로 나누어져서 일종의 노래로 엮는 의식이다. 군중을 상징하는 집단은 노래를 통하여 왕이 살고 있는 수도를 약탈, 방화, 파괴하는 행위를 묘사한다. 그리고 계속하여 왕을 증오하는 노래를 부른다. 여기에는 노래를 이끌어 나가는 지도자와 대중이 집단적으로 서로 이야기를 주고받는 형식을 통하여 왕이란 얼마나 착취와 교만과 독재자로서 증오의 대상인지를 노골적으로 표현한다. 관중들은 노래가 끝날 때마다 함성을 지르고 웃고 맞장구친다. 이러한 노래가 다 끝나면 신성한 힘을 상징하는 또 하나의 노래집단이 한쪽 숲으로부터 나타나서 왕과 질서와 풍요를 찬양하며 조금씩 조금씩 군중, 즉 폭도들을 몰아낸다. 마침내 그들 파괴적이고 사악한 무리들이 완전히 패배하고 왕은 용감하고 튼튼하며 신성한 존재임이 확인된다. 두 번째 단계는 그 해 처음으로 수확된 농산물을 먹는 의식으로 시작된다. 가장 좋은 수확물을 차려 놓고 왕을 선두로 하여 세력과 지위의 크기에 따라 차례로 추장들이 뒤를 따라 제단으로 올라와서 음식을 먹는다. 이 과정에서 정치적 지위의 서열이 표현되고 재확인되며 풍요로운 수확이 곧 이들 왕과 추장의 신성한 힘에 의한 것임을 확인함으로써 인간과 자연과 우주와의 관계가 결합되고 그러한 순간 스와지 사회가 새로 태어나는 것이다. 왕은 이때 풍요한 건강과 번영과 신성한 힘의 원천으로서 찬양된다. 그러나 곧 그는 군중들이 부르는 노래에 의해 아무런 생산활동에 참여하지도 않은 채 가장 좋은 것만 모두 차지하는 착취자이며 사기꾼이며 독재자 등등의 말로써 비난받기 시작한다.

  그는 그러한 노래와 더불어 왕의 좌석에서 물러나서 뒤에 앉으며, 군중들은 무질서하게 약탈과 방종을 일삼고 외설적인 말과 음란한 행동을 해 보이고 갖가지 불평불만을 노래로써 표현한다. 이제 왕의 지위는 비어 있고 세상의 질서는 완전히 뒤바뀌어서 가장 미천하고 파괴적인 자가 왕이 되고 사람들은 완전히 혼란과 타락의 지경에 이른다. 이러한 혼란의 절정에서 기존의 왕을 상징하는 집단이 나타나서 이들을 진압시키고 다시 옛 질서를 회복한다. 추장들이 왕에게 왕좌에 앉기를 요청하면 왕은 이를 사양한다. 그리고 국민들이 하는 두 번째의 권고도 사양한다. 세 번째 왕의 정예부대(스와지 왕국은 전사가 중심이 된다)로부터 강력하고 위협적인 권고에 못 이겨 왕은 비로소 왕좌에 앉는다. 이렇게 하여 권력과 질서가 원상 복구되고 사회의 단일성이 반복되며 왕과 국민 간의 일치가 다시 이루어지는 것으로 모든 의식은 끝난다. 이 인츠왈라 의식은 정권에 대한 반발과 견제세력을 의식적으로 해체시켜서 통합, 안전과 번영을 위한 요소로 변질시키는 기능을 한다. 여기에는 세계질서의 모형으로서의 사회질서가 강조되며 어떠한 현재 상태의 파괴나 부정도 결국은 사회를 혼란으로 몰고 갈 위험한 것임을 간접적인 경험을 통하여 인식하게 함으로써 사회질서와 국가질서 그리고 세계질서를 동일시하도록 연결시키는 것이다.

## 4. 법과 사회통제

### 1) 법의 개념과 종류

사회질서를 유지하기 위하여 합법적인 폭력을 본다는 점에 있어서 정치와 법은 구별하기가 쉽지 않다. 더구나 이들은 많은 부분에서 중복되며 또한 상호관계는 밀접하다. 엄밀히 따진다면 정치란 권력, 즉 폭력과 수단을 합법화하고 획득하는 과정에 관계된 것이고, 법이란 합법화된 힘을 질서유지를 위하여 정해진 범주 내에서 사용하는 것을 말한다. 우리는 가정이나 단체나 어떠한 크기와 차원에서의 집단의 우두머리가 질서유지의 명목하에서 상을 주거나 벌을 주고 강제적인 명령을 내리는 것을 본다. 그러나 이러한 것이 모두 법의 내용으로 간주되는 것은 아니다. 즉 권력을 가진 사람이 임의로 강제력을 사용한다고 해서 그것을 법의 집행으로 볼 수는 없다. 적어도 그 상벌에는 일정한 기준이 있어서 지속적이며 공정하게 (적어도 이념상으로는) 적용되어야 하는 것이다. 이러한 기준과 공정성과 일률성은 개인에 의해서 마음대로 정해지는 것이 아니라 그 사회에서 공인되어야 한다. 따라서 반드시 성문화되어 있는 규칙이나 법률만이 아니라 비형식적이고 관습적인 것이라도 공인된, 따라서 합법적인 것으로 간주된 모든 형태의 강제력 사용을 법이라고 규정한다. 각 사회는 질서가 지켜지고 확립되는 데에 공헌하는 소위 바람직한 행위에 대한 규범(norm)이 있어서 이를 잘 지키는 사람에게는 보상이 주어지고 이를 어기는 사람에게는 처벌이 내린다. 그렇게 하여 보상과 처벌은 모두 사회통제(social control)를 목적으로 한다. 사회통제의 수단은 양심, 윤리관, 가치관 또는 초자연적 존재에 대한 믿음 등에 의하여 사회적 규범을 깨뜨리는 행위를 스스로 억제하게 하는 것이 있다. 이를 내면화된 통제(internalized control)라 한다. 이와 달리 통제의 수단이 겉으로 드러나고 다른 사람에 의하여 가해지는 것을 외부로 표현되는 통제(externalized control)라 한다. 후자의 경우를 특히 법적 강제력 또는 제재(sanction)라고 하는데 이 제재에는 긍정적 제재(positive sanction)와 부정적인 제재(negative sanction)가 있다. 사회에서 바람직한 것을 권장하고 이를 행한 사람에게 응분의 보상을 함으로써 그와 반대되는 부정적인 행위의 가능성을 억제하거나 배제하는 것을 긍정적 제재라고 하며, 반사회적인 행위나 파괴적인 행위를 처벌함으로써 또다시 그러한 일이 일어날 가능성을 배제하는 기제를 부정적 제재라고 한다. 전자는 포상, 작위나 특정명칭을 부여하거나 주위로부터의 인정을 받도록 유도하는 것 등이며 후자는 투옥을 한다든가 공동의 벌을 준다든가 지역사회로부터 추방을 한다는 협박 등이다. 그리고 법학자나 법인류학자들이 관심을 더 갖는 부분은 바로 이 부정적 제재의 내용과 과정에 있다.

제재는 또한 법률적 근거의 개입 여부에 따라 공식적인 것(formal sanction)과 비공식적인 것(informal sanction)으로 나누어지기도 한다. 예를 들어 누구든 값비싼 식사 대접을 받고 나서 되갚지 않으면 심리적으로 부담을 느끼게 되지만 그렇다고 법적 처벌을 받지는 않는다. 그러나 그가 가게에서 물건을 가지고 나오면서 대금을 지불하지 않았다면 그는 즉각 법(law)에 의한 공식적인 처벌을 받게 된다.

공식적 제재는 사람들의 행위를 정확하고 명료하게 규율화해야 하므로 법과 같이 반드시 조직적으로 적용된다. 이 조직된 제재는 긍정적인 측면에서는 훈장, 포상금, 현상금 등의 수여이며 부정적인 제재로서는 계급강등, 직위해제, 특권과 사회적 활동으로부터의 격리, 재산압류, 투옥, 심지어 체형과 사형 등이 속한다. 비공식적 제재는 그 내용과 성격이 일정하지 않고 그때그때 집단으로부터 받는 인정의 성격에 따라 결정된다. 이러한 제재는 많은 사람들로 하여금 일견 중요하지 않게 보이는 관습들을 받아들이게 하는 데에 아주 효과적이다. 마술(witchcraft)에 관한 믿음도 강력한 사회통제의 기제가 된다. 에번스프리처드의 연구에 의하면(E. Evans-Pritchard 1937), 잔데(Zande) 사람들은 남의 감정을 해치지 않으려고 조심하는데, 왜냐하면 상대방이 자기에게 마술을 사용하여 해악을 끼쳐올 것을 두려워하기 때문이다. 동시에 그들은, 남의 불행이나 재앙에 자신이 마술을 가한 탓이라는 혐의를 받지 않으려고 애를 쓴다. 그들은 만약 마술의 탓이라고 생각되는 일이 발생하면 신탁 (oracle)을 통하여 마술의 위치를 알아낸다. 이에 의하여 장본인으로 지적된 사람은 기꺼이 필요한 의례를 치르는 데 협조를 한다. 만약 그 마술의 희생자가 죽게 되면 친척들은 마술을 부린 혐의를 받은 사람에 대하여 보복적인 마술을 행사한다. 잔데 사람들에게 있어서 마술은 반사회적 행위에 대한 제재수단일 뿐만 아니라 증오와 죽음을 처리하는 수단이 된다. 아무도 자신이 마술사로 지적받기를 원치 않으며 또한 마술의 희생이 되고 싶지도 않은 것이다. 이렇게 감정적 반응을 제도화함으로써 잔데 사람들은 성공적으로 사회질서를 유지해 나갈 수 있는 것이다.

그런데 통제수단의 제도화된 기제로서의 법을 포스피실(Leopold Pospisil 1963)은 다음의 네 가지로 정의를 내린다. 첫째, 법적 결정은 권위에 의하여 뒷받침된다. 개인이나 몇몇 개인의 집단은 분쟁관계에 있는 양측을 결정에 순응할 것을 확인할 만큼 충분한 영향력을 가져야 한다. 둘째, 법적 결정은 보편적인 적용 가능성을 갖기 위하여 이루어진다. 즉 오늘 만든 법적 결정은 미래의 비슷할 상황에서도 그대로 적용되어야 한다. 셋째, 법적 결정은 한쪽의 권리와 다른 쪽의 의무를 정한다. 법이란 모든 분쟁이 두 가지 상반된 면을 동시에 가지고 있다는 사실을 인정한다. 넷째, 법적 결정은 체제의 성격과 정도를 정한다. 법적 제재는 감옥에 넣거나 재산의 압류 같은 물리적인 것, 대중의 조롱거리가 되거나 외면당하는 것처럼 심리적인 것일 수도 있다.

이러한 법적 처리에 대한 개념은 문화적 배경과 사회적 맥락에서 다양하게 나타나고 적용된다. 인류학자는 개념의 보편타당한 정의를 추구하기에 앞서 문화의 다양성과 법의 다양성을 연관 지어 살펴보는 데 보다 관심을 기울인다.

## 2) 법적 제재의 대상

지켜야 할 규율과 규범을 위반하는 행위는 법적인 제재를 받게 된다. 그러나 모든 그러한 행위가 반드시 법적인 제재를 받는 것은 아니다. 비록 부모에게 효도를 하고 형제간에 우애가 있는 것이 우리 사회의 규범이지만 아들이 아버지에게 불손한 태도를 취한다거나 형제간에 싸움을 한다고 해서 어떤 제재가 가해지는 것은 아니다. 물론 가정 내부에서 그러한 행위는 비판받고 억제를 받지만, 그것이 사회적으로 영향을 미치지 않는 한 가정 내의 문제이며 사회적인 문제는 아닌 것이다. 그러나 전통사회에서 보는 바와 같이 아들이 아주 불효막심하여 그 사회에서 도저히 용납될 수 없는 경우에는 그 사회에서 체벌을 받거나 추방당하는 경우도 있다. 따라서 어떠한 행위를 개인적인 문제로 보며 어느 정도를 사회에 관계된 문제로 보는가는 사회마다 그리고 시대에 따라 다르다고 하겠다. 이렇게 사회의 규범체계에 벗어난 행위를 일탈(deviance)이라고 하며, 그 일탈행위가 사회 전체의 존속에 직접 영향을 미치게 되는 것을 범죄(crime)라고 하여 특별한 제재가 가해진다.

그런데 범죄에 대한 기준은 사회와 문화의 차이에 따라 다르다. 우리나라 전통사회에서는 외간남자와 이야기를 나누었다는 이유 하나만으로 가족과 이웃으로부터 간통이나 다름없는 행위로 낙인찍혀 스스로 자살한 부녀자의 이야기가 종종 있었다. 이에 비하여 미국의 어느 선교사가 에스키모사회에서 겪은 일화는 아주 대조적이다. 그는 에스키모사회에서의 선교활동을 통하여 많은 에스키모인들과 친분이 두터웠고 존경의 대상이 되었다. 그가 어느 에스키모인의 집에서 하루를 묵게 되었을 때 그 집의 여자 주인이 선교사와 동침을 하러 들어왔다. 당황한 선교사는 처음에는 이 여자가 정숙치 못한 것으로 생각하고 자신의 선교활동이 결국 아무런 소용이 없었다는 자책감과 패배감에 젖었고 완강한 거절을 하였다. 그러자 그 여자는 이 일은 자기의 의사일 뿐만 아니라 남편의 의사이기도 하다는 말로써 선교사를 설득시키려 하였다. 그러나 이 선교사는 주민까지 합세한 이 추잡스럽고 동물 같은 행동에 치를 떨었고 사람들이 자신을 함정에 빠뜨리려는 음흉한 계획이며 자신의 하나님을 비웃으려는 시도로 생각하여 굴욕감과 공포심에 더 이상 견딜 수 없어서 그 집을 뛰쳐나와 버렸다. 그러자 주인과 그의 부인 그리고 그 이웃 사람까지 쫓아오며 욕을 퍼붓고 심지어는 몽둥이까지 휘두르는 것이었다. 에스키모사회에서는 귀한 손님에 대한 최대의 대접은 자기 부인과 동침을 시키는 것이며, 이러한 대접을 손님은 절대로 거절해서는 안 되는 것이다. 따라서 이 선교사의 태도는 모든 에스키모인들에 대한 모욕적인 행동이었을 뿐만 아니라 주인의 체면을 손상시켜 앞으로 그 사회에서 조롱의 대상이 되게 하는 것이었다. 이 사건은 바로 문화적인 차이에서 초래된 결과인 것이다.

동일한 행위에 대한 상반된 정가는 혼전 성관계에 있어서도 나타난다. 대부분의 사회에서 혼전 성관계는 바람직하지 못할 뿐만 아니라 사회적으로 가장 심한 제재를 받게 되는 죄악의 하나이지만, 사모아나 트로브리안드를 위시한 남태평양의 여러 섬사회에서는 이것은 지극히 자연스러운 일이며 얼마든지 상대를 바꾸어 가며 성관계를 가질 수 있다. 그리고 나서 마음에 맞는 두 남녀가 사람들에게 부부가 되기로 합의를 봤음을 공표하는 것으로 결혼이 성립되는 것이다.

그러나 같은 사회에서 같은 행위라도 상황에 따라서 제재의 대상이 분류된다. 혼전 성관계가 자유스러운 사모아섬에서도 일단 결혼을 한 후에는 배우자 이외의 사람과 성관계를 맺는 것이 금지되며 이를 범했을 때는 간통죄로 처벌을 받게 된다. 이와 같은 기준은 살인에 대해서도 마찬가지로 적용된다. 즉 아프리카 여러 사회에서는 살인은 일단 가장 큰 범죄행위이지만 살해당한 사람의 친족이나 친척이 가해자를 죽이는 행위는 정당할 뿐만 아니라 해야 할 일을 훌륭히 수행한 모범적인 처사로 인정되고 영웅시된다. 그러한 사회에서는 친족에 대한 피의 복수(blood revenge)는 죽은 친족의 영혼이 살고 있는 저세상과의 관계에 의한 종교적인 의무에 의한 것으로 반드시 해야 할 일이며, 이렇게 복수를 맹세한 두 사람 혹은 두 집단의 관계는 그 사회의 모든 정치적·사회적·종교적 생활의 기본적 관계를 이루는 바탕이 된다.

이러한 사회적·문화적 차이에 따른 행위규범의 차이와 함께, 동일 사회 내에서도 신분계급이나 두 사람 간의 관계의 성격에 따라서 일탈행위의 평가나 처벌의 성격이 다를 수도 있다. 즉 반드시 "법은 만인에게 평등하다"라는 말이 현실적으로는 그렇지 않은 경우가 있는 것이다. 전통사회의 우리나라에서는 남자는 축첩(蓄妾)을 하는 것이 허용되며 심지어 사회적 신분의 표시로서 권장되기까지 하지만, 여자가 남편이 아닌 다른 남자와 관계를 갖는다는 것은 패가망신하는 최대의 범죄가 된다. 더구나 여자에게는 소위 칠거지악(七去之惡)이란 규칙이 적용되었다. 마찬가지로 신분의 차이에 따라 죄의 정도도 달라서 양반은 노비에게 상해를 입히거나 심지어 죽이기까지 하여도 별문제가 되지 않았으나, 만약 노비나 천민이 양민을 해치면 이는 극형에 처하였다. 동일 신분이라도 관계에 따라 처벌은 달라진다. 즉 아버지가 자식을 심하게 상해를 입혀도 문제시되지 않았지만, 동생이 형을 때린다거나 아들이 아버지를 구타한다거나 하는 것은 살인죄나 다름없이 취급되었다.

범죄에 대한 개념은 시대에 따라서도 차이가 있다. 즉 전통사회에서는 결혼한 남녀가 배우자 이외의 사람과 접촉(반드시 성관계가 아니더라도)을 하는 것이 간통으로 간주되고 본인의 의사와 관계없이 타인들에 의하여 제재를 받았지만 오늘날에 와서는 엄연한 간통사실이라도 당사자가 문제 삼지 않는 한, 그리고 그 사람의 배우자가 문제 삼지 않는 한 별다른 처벌을 받지 않는다. 마찬가지로 신분제도의 폐지와 함께 범죄에 대한 기준의 차별적인 적용은 없어졌을 뿐 아니라 부부싸움은 큰 문제가 되지 않으며, 여자의 질투는 이제는 오히려 당연한 것으로서 동정을 받게 되었고, 부모가 자녀를 구타한다거나 심지어 개나 고양이를 때리면 아동학대죄나 동물학대죄로 처벌을 받게 된다. 따라서 무엇이 범법행위이며 어떻게 법적인 제재를 가하는가 하는 것은 문화적 차이, 시대적 상황과 사회적 맥락 속에서 이해해야 한다.

## 3) 사회통제의 종류

사회질서를 파괴하는 행위나 기존질서 유지에 위협을 주는 분쟁 등을 제재하는 데는 크게 나누어 물리적인 강제력을 동원하는 방법과 폭력을 사용하지 않는 방법의 두 가지가 있다. 강제적인 힘을 사용하는 것으로는 사형, 투옥, 감금, 중노동 또는 체형 등 직접적인 보복을 하는 것이 있으면 집단사회에서 추방시키는 방법이 있다. 체형이나 투옥 등은 그에 비견되는 다른 수단, 즉 벌금이나 보석금, 보상금을 지불함으로써 면죄되는 수도 있다. 추방은 공동체적인 성격이 강한 사회에서 사용되는 방법으로서 우리나라에서도 옛날에는 불효자나 간통한 자 등을 마을의 경계 바깥으로 축출하고 다시는 그 마을에 들어오지 못하게 함으로써 그 사회에서 제거하는 것이다. 이 과정에는 심리적 압박감을 주는 것과 물리적 압력을 가하는 강제적 집행이 있다. 즉 범법행위를 했거나 사회에서 용납할 수 없는 사람에 대해서는 일단 모든 사회적 관계를 단절시키고 여러 행사로부터 소외시킴으로써 본인으로 하여금 스스로 그 사회를 떠나도록 하며, 그래도 버티면 동네 사람들이 그 집을 파괴하거나 사람을 강제로 끌어내서 들것에 떠메어 마을 바깥으로 가서 내려놓는다. 이러한 사람은 대부분 친척들로부터도 축출이 되어 족보에서 삭제되고 동족활동의 참가도 거부된다. 인간관계가 모든 생활의 기본이 되어 있고 지역사회가 생활의 단위가 되어 있던 전통사회에서 이 추방제도는 가장 효과 있는 제재의 방법이었다.

비록 폭력을 사용하지 않더라도 범법자를 응징하는 수단으로는 사회로부터 소외를 시키거나 모든 행사로부터 축출을 하며 소문으로 수모감을 느끼게 하는 것이다. 인도의 어느 사회에서는 밤이 되면 여러 사람들이 범법자의 집을 둘러싸고 밤새껏 욕을 하고 큰소리로 소요를 계속 벌임으로써 마침내 그 사람이 마을을 떠나도록 하는 경우도 있다. 이것은 모든 사람들이 친족이나 이웃관계로 연결되어 있는 사회에서, 노골적이고 직접적인 처벌을 할 수 없는 사회에서 기존의 인간관계들을 깨뜨리지 않고 범법자를 제거하는 아주 효과적인 방법이다.

## 4) 제재의 형식과 과정

어떤 제재를 가할 것인가를 결정하는 과정은 공식적인 것과 비공식적인 방법으로 나누어진다. 전자는 우리가 흔히 생각할 수 있는 피고인과 공소인 그리고 재판관으로 구성되는 '재판'이란 것이며, 후자는 '재판 바깥'에서 이루어지는 해결방법이다. 우리 사회에서는 이 두 가지 방법이 모두 존재하고 경우에 따라서는 동시에 사용되기도 한다. 그래서 특히 민사사건인 경우에는 한편으로는 재판을 진행하면서도 다른 한편으로는 쌍방의 타협을 시도하여 원만한 타협이 이루어지면 공식적인 재판이 취소되고 개인과 개인의 차원에서 해결이 된다. 그러나 이러한 경우에도 개인과 개인은 변호사를 통하여 또는 일정한 법적 절차를 통하여 타협과 해결을 하는 것이므로 여전히 공식절차의 한 부분으로 볼 수 있다.

이와는 달리 많은 사회가 이러한 공식적인 판결의 기구를 가지고 있지 않다. 이러한 사회에서는 왕이나 추장, 정치적인 협의체(council), 장로회 또는 비공식적 지도자들의 모임 등이 사회통제에 관한 모든 일을 관장하며 심지어는 이러한 조직조차 없거나, 있어도 그러한 일을 담당하지 않는 경우도 많다. 그러나 그럼에도 불구하고 이런 사회에도 일탈행위를 처벌하고 죄의 유무와 정도를 판단하며 분쟁을 해결하는 일정한 절차가 존재한다는 점을 잊어서는 안 된다.

글럭먼은 아프리카의 잠비아에 있는 로지(Lozi)라는 부족사회는 아무런 강력한 정치체제나 사법기구가 없음에도 일종의 재판과정이 있어서 질서유지와 분쟁의 조절이 이루어진다는 사실을 연구하였다(M. Gluckman 1967). 즉 두 사람이 어떤 일로 분쟁을 하여 쌍방 간에 해결이 되지 않고 다시 마을의 지도자에 의해서도 해결이 안 될 때는 두 당사자와 그들의 지지자들은 부족장과 영향력 있는 장로들의 모임에 나간다. 이들 장로들은 현대사회의 재판소에서 보듯이 "피고는 과연 어떤 특별히 규정된 법을 어긴 사실이 있는가, 없는가" 하는 식으로 따지지 않는다. 그들은 잠자코 듣고만 있고 피고인 혹은 분쟁의 당사자들은 될 수 있는 대로 자세히 자기의 의견을 진술한다. 이 진술에는 현재 문제가 되고 있는 분쟁과는 전혀 관계가 없는 과거의 이야기, 상대방 혹은 자기에 관한 신상 이야기 등등이 포함되며 따라서 청취의 시간은 상당히 길어져서 며칠씩 계속되기도 한다. 판결을 담당한 사람은 당사자들에 대한 지식이 없이 공정하고 냉정하게 사건을 처리하기보다는 오히려 모든 것을 다 들어서 많이 알수록 그만큼 더 '좋은' 판결을 내릴 수 있다는 것이다.

글럭먼이 행한 해석에 따르면 이러한 과정은 로지사회의 성격에 아주 적합한 방법이라고 한다. 즉 소규모의 로지사회는 그 구성원들이 대개 친족 관계로 얽혀 있을 뿐 아니라 개인과 개인은 여러 가지 다양한 방식으로 연관되어 있다. 촌장은 정치적 권위뿐만 아니라 종교적인 권위자이며 토지경작권과 연못이나 강물에서 고기잡이를 할 수 있는 권한은 모두 이 촌장에 속해 있다. 그리고 누구든지 그 마을에 살기 위해서는 그 마을에 먼저 들어와서 사는 사람과 친족관계가 있음을 증명해야 받아들여지며 토지의 경작과 물고기를 잡는 것이 허락되므로, 결국 촌장의 권위 밑에 있는 모든 사람과 친족관계로 들어가는 것이다. 누구든지 자신에게 주어진 여러 가지 역할 가운데 어느 하나를 잘못했다는 이유로 고소를 당하게 되면 촌장은 이 고소당한 사람이 다른 여러 가지 역할들을 얼마나 잘 수행했는가를 따져 보며 동시에 그를 고소한 사람이 자신의 여러 가지 역할을 어떻게 수행했는지를 검토한다. 따라서 문제가 된 일은 원칙적으로는 어떤 한 가지 특별한 문제에 대한 불만으로서 제기된 것이지만 이제는 전체적인 분쟁의 한 측면으로서 취급되는 것이다. 따라서 두 당사자 간에 존재하는 관계의 성격으로 인하여 이러한 처리가 불가피해지는 것이다. 재판관은 다른 일에 관계없이 오직 문제 된 그 측면만을 따지지 않고 옳고 그름의 전체적인 균형을 고려하여 판단을 내리게 된다. 이것은 서구의 재판관 등이 어느 한 사람의 행위를 재판할 때 만약 이성 있는 사람이라면 어떻게 행동했을 것인가를 참조하는 것과 똑같은 원리를 적용하는 것이다. 다만 서구의 제도와 달리 여기서는 두 당사자 사이에 존재하는 모든 관계의 전체 영역을 참작하고 그 관계 속에서 판단을 내리는 것이다.

분쟁이 생겼을 때 자신의 정당성과 상대방의 부당함을 인정받기 위한 행위로서 '노래시합(song contest)'이라는 익살맞은 명칭의 과정이 나이지리아의 티브족 사회나 에스키모 사회에서 나타난다. 즉 분쟁의 당사자 가운데 한쪽이 일종의 합창단을 조직하여 상대방을 비난하고 야유하는 가사로 노래를 지어서 부르게 한다. 이 노래는 아주 익살맞고 풍자적이며 비판적인 것으로서 곧 그 마을 전체 사람들에게 들려진다. 그러면 당사자의 또 다른 한 사람도 노래를 잘하는 사람들을 인근 지역에서 초청하여 마찬가지로 자신의 정당함과 결백함을 선전하고 상대방의 나쁜 점을 호소하는 내용의 노래를 부르게 한다. 이 두 합창단은 갈수록 수가 늘어나고 따라서 노랫소리도 커져서 곧 인근 지역뿐만 아니라 아주 멀리 떨어진 지역에서도 들을 수 있게 된다. 시일이 경과할수록 노래는 길어지고 내용도 더욱 다양해지며 점차 널리 알려지게 된다. 그런 후 심판관으로 선정된 사람들 앞에서 이 두 노래 팀은 경연을 벌이게 되고 모든 사람들은 노래를 즐긴다. 노래가 끝나면 심판관들은 어느 편의 노래가 더 재미있었으며 더 잘 불렀다는 평과 함께 누가 옳다는 판단을 내리게 된다. 물론 노래의 재미와 일의 옳고 그름은 별개의 문제이다.

이 '노래시합'의 의미는 여러 지역에 소규모집단으로 흩어져 살고 있는 그들의 친척과 동료들에게 사건의 내용을 알리고 관심을 끌어 지지 세력을 확보하는 동시에 평소의 모든 불평, 불만 등을 노래를 통하여 표현함으로써 억압된 감정을 해소할 뿐만 아니라 그러한 부정적인 요소들을 모든 사람들이 나누어 가짐으로써(노래를 즐긴다는 것은 함께 공유하는 의미를 지닌다) 더이상 문제가 되지 않도록 중화시켜 가는 기능을 한다. 따라서 하나의 분쟁해결의 과정은 해당된 특별한 문제의 해결뿐만 아니라 그 밑에 복합적으로 깔려 있는 모든 문제들을 해결하는 이중의 효과를 수행하는 것이다.

그런데 판단과 해결을 담당하는 측이 따로 정해져 있는 위와 같은 경우 외에 아프리카의 복수제도에서 보듯이 법과 정의의 집행이 개인의 차원에서 이루어지기도 한다. 즉 피살자의 형제나 친족 또는 복수를 맹세한 관계를 가진 친구에 의해서 가해자에 대한 처벌이 이루어진다. 그러나 이러한 가해와 보복은 또다시 보복을 불러일으키고 마침내는 끊임없는 보복의 연속으로 발전하게 된다. 따라서 이때에는 재장이나 추장 혹은 전문적인 중재자(mediator)에 의해서 피의 복수가 아닌 다른 방법에 의한 해결이 시도된다. 이들 중재자는 양쪽을 내왕하면서 가해자 측이 피해자 측에 가축이나 기타 경제적인 것으로 보상을 하도록 주선하고 양쪽 모두 보복이 어느 정도 평준화되는 선에서 타협이 이루어진다.

이러한 중재자에 의한 타협은 중국사회의 가장 특징적인 해결방법이다. 전통 중국사회에서뿐만 아니라 현재의 중국이나 대만에서도 이 중재 또는 타협의 과정은 공식적이고 제도화되어 있다. 그래서 웬만큼 중요한 사건이 아닌 사소한 것은 경찰의 수사에서 법원으로 넘어가기 전에 지역사회의 명망 있는 사람들로 구성되는 해당 지역의 조해위원회(mediation committee)에 의해서 해결된다. 이 조해위원회는 경찰에 의하여 의뢰된 사건뿐만 아니라 해당 지역사회의 주민으로부터 진정을 받아서 자문에 응하기도 하고 조언과 타협안을 제시해 주기도 하며 관련된 사람들을 접촉하여 원만한 해결을 보도록 한다. 이러한 중재자의 존재는 까다롭고 성가신 법절차로부터 사람들을 해방시켜 줄 뿐만 아니라 상부의 공식 사법기관으로 하여금 사소한 일에 시간을 낭비하는 것을 방지해 주는 역할을 한다. 그러나 이 제도가 지니는 무엇보다도 중요한 의미는 전통과 관습이 지역적으로 다양한 중국이라는 사회에서 일률적으로 법률을 적용한다는 무리를 감행하는 대신에 지역사회의 특성과 문화적 맥락 속에서 사건의 성격을 파악하여 처리함으로써 질서유지를 보다 더 효과적으로 수행한다는 데 있다. 이러한 제도는, 특히 서로서로 너무나 잘 알고 밀접한 인간관계를 맺은 사람끼리 집단을 이루는 사회에서, 불미스러운 일의 표면화를 방지함으로써 개인의 체면은 물론 그 사회의 명예도 보존하게 해주는 데에 보다 중요한 의미가 있는 것이다.


## 더 읽을거리

김광억
  1996, 「'지방'의 생산과 그 정치적 이용」, 『한국문화인류학』, 29(1): 3-35.
김광억 외
  2005, 『종족과 민족: 그 단일과 보편의 신화를 넘어서』, 서울: 아카넷.
남영호
  2006, 「러시아 공장 작업장에서의 시간과 공간, 신체」, 『비교문화연구』, 12(1): 43-80.
박지환
  2007, 「정치인류학에 대한 일 고찰: 국가연구의 중요성 확대」, 『한국문화인류학』, 40(2): 163-203.
장정아
  2003, 「타자의 의미: "홍콩인" 정체성을 둘러싼 싸움」, 『한국문화인류학』, 36(1): 43-82.
채수홍
  2003, 「호치민시 다국적 공장의 정치과정에 대한 연구」, 『한국문화인류학』, 36(2): 143-183.
Barth, F.
  1959, *Political Leadership Among Swat Pathan*, London: Athlone Press.
Clastres, Pierre
  1974, *La Société contre l'Etat: recherches d'anthropologie politique*, Paris: Éditions de minuit. (홍성흡 역, 『국가에 대항하는 사회: 정치인류학 논고』, 서울: 이학사, 2005.)
Evans-Pritchard, E.

1940, *The Nuer*, Oxford: Clarendon Press. (권이구·강지현 공역, 『누어인』, 서울: 탐구당, 1994.)

Foucault, Michel

1975, *Surveiller et punir: Naissance de la prison*, Paris: Gallimard. (오생근 역, 『감시와 처벌: 감옥의 역사』, 서울: 나남, 2004.)

Fried, M.

1967, *The Evolution of Political Society*, New York: Random House.

Leach, E.

1965, *Political Systems of Highland Burma*, Boston: Beacon Press.

Lewellen, Ted C.

1983, *Political Anthropology: An Introduction*, South Hadley, Massachusetts: Bergin & Garvey. (한경구·임봉길 공역, 『정치인류학』, 서울: 일조각, 1998.)

Mair, L.

1966, *Primitive Government*, Hammond worth: Penguin Books.

Nader, L. (ed.)

1969, *Law in Culture and Society*, Chicago: Aldine Publishing Co.

Pospisil, L.

1971, *Anthropology of Law*, New Haven: Yale University Press. (이문웅 역, 『법인류학』, 서울: 민음사, 1992.)

Vincent, Joan (ed.)

2002, *The Anthropology of Politics: A Reader in Ethnography, Theory, and Critique*, Malden, Massachusetts: Blackwell Publishers.

# 제10장

# 문화와 종교

    인류학에서는 불교, 기독교, 이슬람교와 같은 세계적인 종교만을 그 연구 대상으로 하지 않는다. 여러 가지 종교와 사이비종교를 구별하는 기준들을 신학자나 종교학자들이 제시하지만, 실제 종교적 행위나 종교행사에 참여하는 사람들의 설명을 종합해 보면 이러한 기준이 아무런 의미가 없으며 문화적인 차이에 따라 같은 종교도 그 형태를 달리한다는 사실과 서로 다른 종교에도 공통된 점이 많다는 사실을 발견하게 된다. 따라서 초자연적인 존재나 힘을 상정해 놓고 그것과 관련지은 관념체계와 행위들을 모두 종교연구의 영역에 포함시켜서 이를 문화적 맥락 속에서 이해하는 것이 필요하다. 인류학에서의 종교연구는 종교적인 의례행위뿐만 아니라 사람들의 우주관, 신앙체계, 지식의 습득과정, 의미의 상징화 과정 등 소위 사회의 모든 형이상학적인 측면을 다룬다.

# 1. 종교에 대한 인류학적 접근

## 1) 종교의 개념

인류학에서 말하는 종교는 다른 학문분야, 특히 신학이나 종교학에서 사용하는 정의보다 훨씬 포괄적인 개념을 가진다. 각 사회나 사람마다 신앙의 대상과 내용은 다르며, 흔히 종교와 비종교 혹은 사이비종교, 미신 등을 구분하지만 이것은 각기 나름대로의 기준을 사용하여 평가내리는 것일 뿐이다. 따라서 인류학에서는 '초자연적인 힘이나 존재에 대한 신앙'을 통틀어 종교라고 일단 정의를 내린다. 이 신앙체계(belief system)는 단순히 제약성을 가진 인간이 무한한 가능성과 전지전능한 초월자적인 존재에 대해 복종과 의지만 나타내는 것이 아니라 인간의 숙명, 사후세계에 대한 묘사, 영혼에 대한 관념, 인간과 자연 혹은 자연과 초자연의 관계가 표현되고 있다. 그러므로 어떤 사회가 하나의 종교로 대표될 때 우리는 그 사회의 구성원들 또는 그 종교의 신봉자들이 가지고 있는 세계관(world view) 또는 우주관(cosmology)을 이해할 수 있으며 나아가서는 상징과 의미의 체계도 파악할 수 있는 것이다. 다시 말하면 인류학자는 어느 종교가 보다 우월하며 보다 과학적 ― 종교와 과학은 끊임없이 대립하고 갈등을 일으켜 왔지만 ― 인가 하는 식의 문제에 관심을 쏟기보다는 어떠한 사회적 상황에서 어떤 형태의 종교가 형성되는가 하는 문제, 즉 종교적 행위의 유형과 의미를 사회적 맥락 속에서 설명하는 데에 더 흥미를 갖는다. 그러나 종교를 연구하는 인류학자는 무엇보다도 초자연적인 존재에 대한 설명이나 인간과 신과의 관계에 대한 설명, 그리고 이와 관련된 종교적 행위와 태도, 종교적 의례의 여러 측면과 이에 동원되는 여러 요소들의 분석을 통하여 사람들이 자신을 둘러싸고 있는 우주를 어떻게 인식하며, 경험적 세계에서 얻는 지식과 비경험적 세계에 대한 추측을 어떻게 연관시키는가 하는 사고방식이나 의미의 체제화 과정 등을 이해하려고 노력한다. 우리는 앞서 살펴본 바와 같이 정치, 경제, 과학 등등이 물리적·사회적 환경 속에서의 인간의 문제를 해결하는 데 필요한 제도와 기술이라고 한다면 종교인류학의 영역은 관념과 상징체계라고 할 것이다. 이러한 관점에서 종교는 한 사회의 문화적 요소들의 결합으로 나타나는바 기어츠(Clifford Geertz 1966)는 종교를 문화체계의 표현으로 해석하고자 제의한다.

## 2) 종교의 다양성과 보편성

위에서 말한 초자연적 존재에 대한 신앙과 그에 관련된 행위를 종교로 규정한다면 종교는 인류역사상 그리고 지구상 어디에든지 보편적으로 존재한다고 할 수 있다. 우리는 선사시대 유적의 발굴을 통하여, 오늘날 여러 종교에서 사용하는 것과 마찬가지로, 풍요를 기원한다든가 액운을 방지하거나 쫓아내거나 현재와 미래에 관한 해답을 얻기 위해 사용했던 여러 가지 종교적 의미를 지닌 유물들을 발견하며, 고대도시나 주거지에서도 어느 특정한 종교적 의미를 지닌 장소가 따로 설정되어 있었음을 알게 된다.

이렇게 시대적으로나 지역적으로나 종교현상의 보편적인 존재를 볼 때 우리는 어느 한 사회나 시대의 기준을 적용하여 종교의 우월이나 존재 유무를 논할 수 없다는 것을 깨닫게 된다. 흔히 사용하는 '원시종교(primitive religion)'라는 말은 한편으로 문명사회 이전의 단계에 있는 사회에서 발견되는 종교를 일컬으며 또 다른 한편으로는 '민속신앙(folk religion)'이라는 말과 함께 기독교, 불교, 이슬람교를 제외한 모든 종교현상을 일컫는 의미에서 사용되어 오고 있지만, 이는 명백히 잘못된 용어일 것이다. 왜냐하면 교리의 세련됨과 복잡한 의식절차를 기준으로 삼는다면, 현대사회 이전에도 잘 정비되고 복잡한 의식을 가진 종교가 있었으며 오늘날에도 단순한 교리와 세련되지 못한 의식을 행하는 종교는 얼마든지 있기 때문이다. 더욱이 아프리카 원주민의 소위 민속신앙이나 중국의 도교, 한국의 무속신앙 또는 일본의 신도 등이 불교나 기독교보다 열등한 것으로 취급받아야 할 아무런 이유도 없는 것이다. 왜냐하면 이것들은 각각 특유한 관념과 신앙체계를 가지고 있기 때문이다. 그리고 불교나 기독교의 역사에서 볼 수 있듯이 동일 종교도 시대와 사회의 변천에 따라 의미와 의식의 형태가 변모하며, 심지어 외래종교와 민속신앙의 융합현상이나 하나의 종교가 그 교회의 해석이나 의식의 유형을 달리하여 여러 분파로 나누어지는 것을 볼 때, 종교의 다양성에 대한 동일한 기준을 적용하기 어려운 것이다.

학자에 따라서는 종교와 유사종교의 구분기준으로서 교리를 담은 경전(Bible), 신자들이 종교적 의식을 행하는 성역으로서의 교회(church), 그리고 의식을 담당하는 사제(priest)의 세 요소의 유무를 제시하고 있다. 그러나 교리는 기록되지 않고 노래, 가사, 교리문답 등의 형식을 취하여 구전되는 것이 오히려 더 많다. 또한 성역도 건물 없이 어떤 공간을 상징화함으로써 만들 수 있다. 즉 사당이나 당나무가 있는 곳과 같이 어떤 일정한 지역을 초자연적 힘이나 존재가 있는 곳으로 하거나, 또는 그것과 접촉을 할 수 있는 곳으로 표지를 해놓음으로써 성역화하거나, 또는 평소에는 특별한 의미를 가지지 않는 지극히 일상적인 생활이 이루어지는 장소일지라도 제사를 지낼 때 마루에 향을 피우거나, 산신제, 부락제 등을 지낼 경우에 일정한 지역을 성스러운 곳으로 삼아서 새끼줄을 친다든가 황토를 깔아서 표지를 하기도 한다. 또한 사제를 어떻게 정의하느냐에 따라서 적용 가능 범위도 정해지겠지만 일정한 의식절차를 알고 있고 초자연적 존재와 통신을 전담하는 능력을 가지고 있는 사람으로 본다면 이러한 역할은 반드시 승려나 목사나 신부에만 국한된 것이 아니라 다른 유형의 사제가 있을 수 있으며, 경우에 따라서는 제사에서 보듯이 전혀 전문적 지식이나 훈련 없는 개인이 담당할 수도 있는 것이다.

이와 같이 종교적 현상의 다양성에 대하여 인류학자는 어떤 가치기준을 설정하여 평가하려는 대신에 각 종교를 그 사회적 맥락(social context) 속에서 해석하는 데 일차적으로 초점을 맞춘다. 어떠한 사회적 조건에서 어떤 특정한

318

종교가 발생하는가 뿐만 아니라 동일한 종교라도 사회마다 수용과정과 형태가 다른 이유를 규명하며, 그 종교의 사회적 기능이나 그것에 반영된 사회구조를 분석한다.

또한 인류학자들은 종종 인간들이 주위환경과 세계에 대하여 가지고 있는 그들의 지식과 인간의 운명에 대한 관념들을 표현하기 위하여 각각 독특한 모습의 종교를 만들어 내는 사실을 밝혀냈다. 이러한 다양성에 대한 이해의 과정을 통하여 궁극적으로는 종교행위를 통한 인간의 사고활동에 대해 보편적인 법칙과 의미를 찾아내는 것이다.


## 2. 종교연구의 대상


### 1) 초자연적 존재에 대한 개념

종교에 대한 연구의 첫 단계는 초자연적인 힘이나 존재에 대한 사람들의 개념을 분석하는 일이다. 그러한 존재의 분류와 성격 그리고 능력뿐만 아니라 그것들과 인간과의 관계 등을 이해하고 이러한 설명의 배후에 숨어 있는 의미를 어떻게 해석하는가에 따라 종교해석의 여러 관점이 나오게 된다.

먼저 초자연적인 존재는 어떤 형상을 갖지 않고 다만 '힘'으로 파악되는 것이 있다. 대표적인 예로서 멜라네시아군도에서 말하는 '마나(mana)'라는 것을 들 수 있다. 그들은 '마나'라는 초자연적인 힘이 어떤 물체나 어떤 사람에게 있다고 믿는다. 그래서 '마나'가 깃들어 있는 물건을 몸에 지니거나 집이나 방의 한구석에 놓아둠으로써 액운으로부터 자신과 집안을 보호하고 풍요한 성공을 보장받는다. 이러한 관념은 우리가 운동시합을 할 때 어떤 색깔의 유니폼을 입음으로써 보다 더 많은 점수를 딸 수 있을 것이라고 생각한다든가, 어떤 라켓이 더 신비한 힘이 있다든가, 어떤 기구를 사용하면 번번이 실패한다든가 하는 생각에서도 찾아볼 수 있을 것이다. 네잎클로버는 행복을 가져온다고 믿는 것이나 먼 길을 떠날 때 낯선 곳에서 당할지도 모를 액운을 예방하기 위하여 부적을 지닌다든가, 초상집에 갈 때는 옷깃에 바늘을 꽂는다든가 하는 것도 모두 이러한 초자연적인 힘이 존재한다는 믿음의 표현인 것이다.

'마나'는 또한 어떤 사람에게 소유되기도 해서 폴리네시아 섬들의 추장들은 다른 보통 사람들과 달리 이 '마나'를 몸속에 지니고 있음으로써 그들이 누리는 정치적·경제적인 특권에 대한 정당성을 부여받는다. 즉 집단이나 사회의 지도자는 특별한 신령의 힘을 가지고 있어서 그 힘의 크기에 따라서 그 사회의 풍요와 번영과 안녕이 이룩된다는 것이다.

이 초자연적인 힘은 어떤 물체나 사람에게 항구불변하게 남아 있는 것도 있고 이리저리 옮겨 다니는 것도 있다. 그래서 부적이나 어떤 물체가 갖는 신통력은 효과가 감소되거나 상실되어 버리기도 한다. 이러한 원리는 사람에게도 적용이 되어서 역사적으로 볼 때 새로운 지도자가 나타나면 그 지도자의 신통력이 찬양되고 왕조가 바뀌면 구(舊) 왕조에 관련되었던 초자연적인 힘이 쇠퇴하여 새로운 힘을 가진 사람에게 그 사회의 건강과 번영을 맡겨야 한다는 믿음에 호소하여 해석하려 한다.

그러나 이러한 믿음은 어떤 초자연적인 존재에 의해서 더 체계화되고 구체화된다. 유령(ghost), 귀신(spirit), 영적인 존재와 신(god)이라는 말들로서 불리는 이 초자연적 존재들은 크게 인간의 영혼에서 비롯된 것과 그렇지 않은 것의 두 부류로 나누어진다. 창조신(God)이나 농사나 수렵, 어로 등을 관장하는 여러 신들 혹은 산신, 바다신, 토지신 등과 같이 어떤 특정의 세계를 지배하는 신들은 처음부터 존재하는 것들이며 조상신(ancestral spirit), 유령, 귀신 등은 인간의 영혼에서 연유된 것들이다.

이 신들은 경우에 따라서는 어떤 특정의 동물이나 식물 또는 물체로서 나타나기도 하지만 대부분의 경우 인간과 같은 모습과 성격을 갖는 것으로 인식된다. 이러한 신의 인격화(anthropomorphy)는 인간이 자신에 대하여 어떤 개념을 가지고 있는가를 나타낸다. 우리는 이 신들의 성격이 인간과 같이 희로애락의 감정을 가지고 있으며, 어떤 신은 포용력 있고 관대하며 인간에게 선의로 대하지만 어떤 신은 변덕스럽고 인간에게 항상 무엇을 요구하기만 하고 악의로 해석하며 무섭게 대하는 것으로 설명된다. 프리드먼(M. Freedman 1967)은 중국인들이 갖는 조상신에 대한 인상은 항상 근엄하고 화를 잘 내며 두려운 존재라고 파악하고, 이런 것은 중국인들이 갖는 연장자나 윗사람과 연소자와 아랫사람 사이에 존재하는 유교 이념에 의한 관계의 특성이 조상신과 자손과의 관계에 투영된 것이 아닌가 하는 설명을 시도했다. 한편으로 미들턴(J. Middleton 1960)은 죽음의 상태·조건, 생전의 감정과 사회적 관계에 따라서 조상신과 자손 간의 관계의 성격은 다양하게 결정된다고 하였다. 어느 쪽이나 이러한 신의 성격에 대한 인식은 현실의 사회적인 요인에 의해 이루어진다는 점에서는 일치하는 것이다.

신들은 또한 능력이나 역할이 각각 다른 것으로 나타나기도 한다. 전지전능한 신이 있는가 하면 농사나 수렵이나 질병만 관장하는 신들이 있으며, 일정한 영역 안에서만 존재하는 신이 있는 반면 어떤 곳이든지 마음대로 움직이는 신도 있다. 이러한 능력의 차이와 역할의 구분은 신들 사이에서도 어떤 위계질서가 존재함을 암시한다. 이러한 신들 사이에 존재하는 차이는 한편으로 사회구조의 반영으로 해석할 수도 있으며 또 한편으로는 세계관을 표현하는 것으로 해석할 수도 있다. 즉 신들의 역할분담에 따른 영역구분이나 신들 사이에 존재하는 관계의 유형은 결국 환경과 우주를 어떻게 분류하는가에 대한 인식체계를 알 수 있는 것이다. 울프(Arthur Wolf 1974)는 중국의 종교에 대한 연구를 통하여 신에 대한 관념과 사회구조와의 연관성을 분석하였다. 그에 의하면 옥황상제를 필두로 하여 성황신(이것은 토지공이라고도 부른다)에 이르기까지 여러 신들의 역할과 능력과 지위는 중국의 천자에서 시작하여 파출소 순경에 이르는 현실세계의 각 직위와 역할을 그대로 보여준다는 것이다. 또한 사람의 영혼도 단순한 유령이나 귀신에서 조상신이 있고 그 위에는 신으로서 완전한 자격과 지위를 갖는 것이 있는바, 이러한 인간 영혼의 지위부여나 변화는 현실사회에서 이루어진다. 즉 미혼자의 죽음이나 죄인 등 사회적으로 인정받지 못한 죽음을 당한 사람의 영혼은 유령이나 잡귀로 되지만, 그것이 망령결혼을 하거나 누명이 벗겨지고 죄가 사해지면 보통 조상신이 되어서 자손들로부터 제사를 받게 된다. 사회적으로 아주 특출한 인물은 죽어서도 저 세상에서 높은 지위와 권력을 누릴 뿐 아니라 관운장(關雲長)의 경우처럼 문신(文神)이 되기도 하고 악비(岳飛)처럼 무신(武神)이 되기도 한다는 것이다.

사회·역사적 배경에 의하여 신의 지위가 변천하는 것은 유대교에서도 볼 수 있다. 즉 구약성서를 분석하면 유대인들은 각각 조상신을 모시는 씨족집단으로 나누어져 있었고 끊임없는 집단 간의 투쟁을 벌여 왔다. 이러한 투쟁에서 승리한 집단의 조상신은 패배하여 통합된 집단의 조상신의 우위에 서게 되었으며 이러한 수없는 투쟁과 통합의 과정을 거쳐서 마지막으로 예호바(야훼)를 신으로 삼은 부족집단이 최후 승리와 함께 유대민족의 통일을 이룩함으로써 예호바는 유대교에서 최고의 신이 된 것이다. 이렇게 신 또는 신적인 존재들의 종류, 성격, 능력, 역할, 관계 등에 대한 연구는 그러한 종교가 형성된 사회의 유형과 어떠한 상관관계가 있으리라는 가정에서 시도될 수 있을 것이다.

## 2) 주술·마술·요술

초자연적인 존재와 인간이 상호연관을 맺는 방법은 여러 가지로 다양하다. 그러한 것 중의 하나는 인간이 얼마만큼 초자연적인 존재에 의지하거나 호소를 하여 자기들의 원하는 바를 성취하는가에 주목해 보는 일이다. 즉 사람들이 자기의 목적을 달성하기 위하여 초자연적인 힘이나 존재를 동원할 수 있다고 믿을 때 이와 관련된 행위를 인류학에서는 주술(magic)이라고 부른다. 이 주술은 질병을 치료한다든가 현재 시도하고 있는 일의 성공을 이룩한다든가 하는 목적으로 사용되는 긍정적인 백주술(white magic)과, 반대로 남을 해치기 위한 파괴적이고 부정적인 목적으로 사용되는 흑주술(black magic)로 나누어진다. 이의 대표적인 예는 해를 가하고자 하는 상대방을 대신하는 인형이나 그림에 활을 쏜다거나 바늘을 꽂음으로써 그 사람의 신체에 이상을 일으키거나 어떤 형태로든 불행이 야기되도록 하는 것이다.

이러한 점에 착안하여 학자에 따라서는 종교와 주술을 구분하는 사람도 있다. 즉 주술은 당장의, 직접적인 목적을 달성하기 위하여 특수한 테크닉을 사용하는 행위이며, 종교는 구체적이고 실질적인 목적을 달성하기 위한 수단이 아니라 오랜 참여를 통하여 심성의 평안과 인간의 힘으로 제어할 수 없는 우주에 대하여 직면할 수 있는 확신성을 보장받는 것이라고 한다. 그러나 많은 인류학자들은 주술과 종교는 하나의 복합적인 현상에 속한 것으로 보는 견해를 지닌다. 왜냐하면 비록 주술과 분리한 종교행위에서도 주술적인 요소가 실제로 응용되기 때문이다. 기독교를 예를 들어 볼 때, 십자가의 형상을 사용하여 악마나 나쁜 신령을 축출한다든가, 풍년을 기도한다든가, 심지어 국가 전체가 하느님의 은총을 받아 번영을 누릴 수 있게 해 달라고 기원하는 것은 분명히 특별한 목적을 향한 행위로 간주할 수 있을 것이다. 개인적인 차원에서 보더라도 자녀가 입학시험에서 합격을 하도록 보살펴 주거나 자신의 사업이 성공적으로 되도록 도와주기를 기도할 때, 또는 다른 사람에게 주어지지 않는 어떤 특별한 혜택이 자신에게만 주어지기를 기대할 때 그것은 주술과 다를 바 없는 것이다. 개인적인 목적의 달성을 위하여 신에게 호소하는 행위와 더불어 질병을 고치기 위하여 제물을 바치고 특별기도를 올리는 행위는 어떠한 종교에서도 흔히 있는 일이다. 따라서 주술과 종교를 구분한다는 것은 쉬운 일이 아니며 더욱이 그러한 구분은 우리가 종교행위와 현상을 이해하는 데 별로 유용한 것이 되지 못한다.

주술은 그것이 이루어지는 데 동원되는 수단과 방법에 따라 요술(sorcery)과 마술(witchcraft)로 나누어진다. 이 둘은 일반적으로 남에게 해를 입히는 부정적인 것이 많지만 반드시 그런 것만은 아니다. 치병이나 액막이를 위한 주술의 동원도 흔히 있는 일이다. 요술은 어떤 물건이나 물질과 약을 사용함으로써 초자연적인 힘을 동원하여 어떤 목적을 달성하고자 시도하는 것으로서 요술사는 두려움의 대상이며 누가 저주를 시도했는지는 요술에 사용되는 것으로 여겨지는 물건이나 약을 증거로 삼아서 밝혀낼 수가 있다. 이와 대조적으로 마술은 남에게 해를 끼치고자 하는 마음과 생각만으로도 그러한 목적을 달성하는 것이다. 구체적인 증거가 없기 때문에 누가 그러한 마술을 일으켰는지 찾아내기도 어려울 뿐 아니라 일단 의심을 받은 사람은 자신의 결백을 증명하는 것도 어렵다. 요술에 속하는 것으로서 인형에 바늘을 꽂는 행위나 양 밥을 뿌리는 것 등을 들 수 있으며, 마술에 속하는 것으로는 살기(殺氣), 액 등의 말로써 설명하는 여러 현상을 들 수가 있을 것이다.

그러나 마술적인 현상을 요술과 마술로 분류하는 자체는 그렇게 중요한 작업이 아니다. 인류학자가 보다 더 관심을 기울이는 것은 어떠한 요소들이 어떠한 과정으로 요술에 동원되며, 마술의 근원을 어떤 방식으로 규명하며, 어떠한 상황을 이러한 요술과 마술의 탓인 것으로 해석하는가 하는 문제이다. 그것은 사람들의 사고유형(mode of thought)과 사고과정을 이해하는 단서가 되기도 하며 사회적 상황의 설명도 된다. 사회적 긴장과 불안의 정도와 이러한 부정적인 면에서의 마술의 발생이 비례한다든가, 반사회적이거나 기존의 질서체제에 위험한 인물을 제거하기 위하여 마녀사냥(witch hunting)의 방법을 사용하는 경우들을 생각할 때, 마술의 정치적 의미와 사회적 기능을 살펴보는 것이 인류학자들의 주된 작업 중의 하나가 되는 것이다.

### 3) 의례의 과정과 내용

종교적인 관념과 신앙체계가 일정한 행위의 양식을 통하여 표현될 때 이를 의례(ritual)라고 한다. 이것 역시 성격과 형태에 있어서 사회마다 다른 양상을 띠고 있지만 몇 가지 유형으로 분류될 수 있다.

우선 종교적 의례는 그 의도하는 바에 따라서 신을 감동시키고 신의 호의를 얻고자 하는 목적(propitiation ritual)과 자신의 과오로 인하여 초래될 바람직하지 못한 결과를 예방하기 위하여 부정을 씻고 속죄를 하려는 목적에 의한 의례(piacular ritual)로 나눌 수 있다. 사냥을 떠날 때 혹은 질병을 치료하기 위하여 제물을 바치고 기도를 드리거나, 마을의 안녕과 번영을 위하여 부락제를 지내는 것 등은 전자에 속하며 간통한 사람이나 다른 사회적인 금기사항을 깨뜨린 사람들이 제물을 바치고 일정한 절차를 밟아서 정화를 시도하는 것은 후자에 속한다. 또한 어떤 의례를 통하여 참가자들이나 또는 어떤 제삼자의 심리적이나 정신적 상태의 고양 혹은 평화를 추구하는 경우(sacramental ritual)가 있다. 이것은 믿음의 대상인 초자연적인 존재의 속성이나 공동의 이념에 보다 가까워지거나 확인하는 경험을 가짐으로써 신과 인간, 그리고 참가자들 간에 어떤 일체감을 형성하는 의례를 말한다. 기독교에서 포도주와 빵을 먹음으로써 예수의 피와 살이 각자의 몸 안에 다시 살아나고 그럼으로써 예수와 일체가 되는 간접경험을 하는 것이나, 토템신앙을 갖는 집단들 가운데 토템인 동물을 잡아서 의식적으로 나누어 먹는 것은, 뉴기니 원주민사회에서 아버지가 죽으면 부인과 자녀들이 죽은 아버지의 살을 의식적으로 먹음으로써 동물과 또는 사망한 사람이 일체가 되는 것과 같다. 또한 우리나라에서 제사를 지내고 음복을 한다는 것은 죽은 사람과 산 사람들이 음식을 함께 나누어 먹음으로써 동질감을 강화하는 의미로 해석할 수 있을 것이다. 이와 반대로 참가자의 내적 상태와는 관계없이 외부요소의 상태에 변화를 가져오기 위한 목적으로 행해지는 의례도 있다. 그래서 마을의 농사가 잘되고 여러 가지 나쁜 운명으로부터 보호받을 수 있는 힘이 생기기를 기원하는 것이다.

이와 달리 사람들은 일생을 통하여 끊임없이 하나의 사회적인 지위나 어떤 상징적인 상태에서 다음의 상태로 옮겨가고 있으며, 이러한 상태의 변천은 일정한 의례적인 절차를 통하여 이루어지고 확인된다는 사실에 주목하게 되었다. 이러한 의례에 대한 가장 전형적인 연구는 프랑스 인류학자 방주네프

(Arnold van Gennep 1919)의 저작인 『통과의례(The Rites of Passage)』에서 찾아볼 수 있다. 방주네프는 사람들이 집에서 바깥으로 나가거나 마을을 출입하거나 어떤 공간적인 이동을 할 때에는 구체적으로 제시를 했건 관념적으로 설정했건 일정한 경계선을 만들어 놓고 그 경계선을 넘어서는 일정한 의례적인 절차를 밟는다는 점에 착안하였고, 더욱 나아가서 이러한 공간적인 이동뿐만 아니라 사람은 태어나서 죽는 전 일생을 통하여 임신, 출산, 성인식, 결혼, 장례식 등등 사회적인 지위와 인정을 받기 위한 여러 단계들을 거치고 이때에 특별한 의례를 행한다는 사실을 연구하게 되었다. 그는 이러한 모든 통과의례들이 공통적으로 세 단계의 구조를 갖는다고 지적한다. 즉 격리(separation), 과도기(transition)와 통합(incorporation)의 의례로 이루어진다. 하나의 단계 혹은 상태에서 다음의 것으로 옮겨가기 위해서는 먼저 그 사람을 이전 상태로부터 상징적으로 격리시키는 의례를 밟게 된다. 그러나 이 격리된 상태는 아직 완전히 새로운 상태로 들어간 것은 아니므로 이 중간상태에 있음을 상징하는 과도기적 의례를 거치게 되고 마지막으로 새로운 상태와 정체성을 갖게 됨을 상징하는 통합의 의례가 있게 된다. 이 세 단계의 기간이나 내용은 사회마다 그리고 그 통과의례의 성격에 따라 다양하다.

인류학자는 이러한 의례의 다양성을 이해할 뿐만 아니라, 왜 그러한 의례를 행하는지보다 심층에 숨어 있는 의미와 이유를 밝히는 데 관심을 둔다. 예를 들어 글럭먼은 한 사람이 사회 내에서 가지고 있는 역할은 여러 가지이므로 상황에 따라 그에 적절히 관계된 역할을 수행해야 혼란이 방지될 수 있는바, 통과의례는 역할의 변화나 새로운 역할을 부여함을 확인시키는 기능을 한다고 해석하며, 레비스트로스(Lévi-Strauss)는 그러한 3단계적 구조를 가진 통과의례는 곧 인간이 사회와 자연적 환경을 분류하는 사고구조를 표현하는 것으로 보기도 한다.

종교의례의 유형이나 성격에 대한 연구와 함께 의례과정(ritual process)에 대한 집중적인 분석이 종교인류학의 중요한 부분의 하나가 된다. 종교의례의 모든 과정에는 그 준비과정과 마무리과정까지도 포함하여 어떠한 물질적인 요소와 관념적인 요소들이 동원되고 연관 지어지는가를 살피며 의례행위에 대한 자세한 관찰이 행해진다. 동제든 조상숭배의 제의든 혹은 기우제든지 간에 모든 종교적 의례는 그 준비과정에서 참가자들의 생활면에서 특별한 금기가 부과되며, 제의가 끝난 후에도 참가자 모두가 공통적인 의미를 나누어 갖는 특별활동을 가진다. 종종 의례 자체보다도 이러한 전·후 단계가 더 중요한 의미를 지닐 수도 있다. 의례 자체에는 참가자들 사이에 역할분담이 이루어지고 진행의 모든 과정을 통하여 참가자들 사이의 정치적·경제적·사회적 관계가 작용하게 된다. 그래서 동제(洞祭)를 예로 들어 봐도 그것이 단순히 마을의 풍요와 안녕을 초자연적인 존재에 호소하는 행위로서만 볼 것이 아니라 촌락사회 내부의 정치구조의 재편성이나 확인, 경제력의 과시를 통한 사회적 지위의 획득과 표현이 이루어지고 공동참여를 통하여 공동운명체로서의 일체감을 강화하는 기능을 수행하는 메커니즘으로서, 그리고 대외적으로 촌락의 정체성을 구체화하는 기회로서 해석이 되기도 한다. 이러한 동제의 사회적 기능과 의미는 한국인의 민족정신의 강화와 문화적 특성의 구현의 원동력이 되므로 일본의 식민정책에 의해 비과학적이고 비건설적인 행동이라는 핑계로 금지되고 파괴되었다. 이는 오늘날에도 일본은 자기들의 부락제를 더욱 권장하고 일본의 대표적인 풍속의 하나로 세계에 선전을 하는 것과 대조적인 것이다.

의례의 사회적 기능 외에도 인류학자들은 왜 어떠한 의례는 특정한 장소와 시간에 행해지며 참가자의 자격이 정해져 있고, 동원되는 도구나 의상의 모양과 색깔, 음식의 종류와 처리의 방법이 다른가에 대해 주목한다. 또한 어떤 금기를 어느 기간 동안 지켜야 하며 어떤 특수한 행동을 하는가를 살핀다. 이러한 측면들은 기능적인 면보다 왜 그러한 것 등이 다른 비슷한 요소들과 구별되어서 특별히 동원되었는가를 분석함으로써 그 사회의 의미의 체계가 어떻게 상징화되는가를 규명한다.

이러한 의례에는 또한 노래나 주문이나 기도들이 동원되는데 이것들의 내용분석은 당시의 사회적 관심이 무엇인가를 알 수 있으며 그 사회의 가치관, 일의 이상적인 처리방식과 절차 등을 이해하는 데 도움이 된다. 예로서, 무당이 노래하는 무가에는 현실세계의 모습과 내세나 이상향에 대한 사상이 강렬하고 구체적으로 나타나 있는 것이다.

### 4) 신과 인간의 중개자

초자연적 존재와 인간을 연결시키는 종교적 중개자는 크게 사제(priest)와 샤먼(shaman) 혹은 무당으로 불리는 종교적 전문가의 둘로 나뉜다. 인류학자는 우선 이들 종교적 중계자들이 어떤 과정을 거쳐서 그러한 지위나 역할을 갖게 되며 어떤 특별한 능력과 권위를 가지고 있는지를 분석한다.

사제는 종교적 중개자로서의 역할을 전임하는 개신교의 목사나 불교의 승려, 가톨릭교의 신부 등을 말한다. 이들은 각자 역할과 지위를 표시하는 일정한 제복을 입고 특별한 머리 스타일이나 장식을 하고 있으며, 일정한 교육과정을 거쳐서 자신이 속한 종교의 의례와 의식을 일정한 형식에 맞추어 수행하여 나갈 수 있는 지식을 갖춤으로써 자격을 취득한다. 물론 아무런 공식적인 훈련과 교육과정을 거치지 않고도 자기 자신이 만들어 낸 종교의 한 분파의 사제임을 자처하는 사람도 간혹 있다. 이러한 사제는 교리에 대한 지식과 의례에 대한 공식적인 절차를 잘 알고 있어서 교육받은 대로 자기의 역할을 수행해 나가지만 개인적으로 종교에 관한 특별한 능력이나 힘을 가지는 것은 아니다. 따라서 비록 병든 신도를 위해 빨리 건강을 회복하도록 기도를 올려주는 목사가 있어도 그 환자의 병이 아무런 차도가 없거나 오히려 더 악화가 되었다고 해서 그 목사를 탓하거나 비난하지 않는다. 또한 죽은 사람의 영혼이 저세상에서 편안히 쉬도록 기도를 하는 신부나 승려에게 확실히 그 죽은 사람의 영혼이 기도대로 되었는지 증명을 해 보이기를 요구하는 사람은 없다. 사제는 일반인이 잘 알지 못하는 종교의례를 대신 정확하게 집행해 주는 것일 뿐 그 효과에 대한 궁극적 책임은 일반 사람들 자신이 어느 정도로 초자연적 존재의 힘을 받을 수 있었는가에 돌려지는 것이다.

이에 비하여 샤먼은 몇 가지 독특한 면을 지닌다. 대부분의 샤먼은 종교적 중개자의 역할을 하나의 전적인 직업으로 삼고 있지 않다. 그들은 농사를 짓거나 상업에 종사하거나 기타 여러 가지 생업에 종사하면서 종교적 중개가 필요한 특수한 경우에 일시적으로 그 역할을 담당한다. 그리고 샤먼이 되기 위해서는 특수한 능력, 즉 초자연적인 힘을 동원하거나 그것을 자기 자신 속에 끌어들임으로써 초자연적 존재와 통신을 할 수 있는 기술을 가져야 한다. 이러한 능력을 갖기 위한 일정한 공식적인 교육이나 훈련과정은 없다. 따라서 누구든지 원한다고 해서 샤먼이 될 수 있는 것이 아니라 어떤 특수한 자질이 갖추어져 있는 사람에게 한해서 가능하다. 그러한 자질과 능력은 이상한 꿈을 꾼다든가, 어떤 계시에 의하여 보통 사람의 능력으로는 불가능한 일을 해낸다든가, 혹은 환상에 젖거나 발작을 일으키거나 심한 병을 앓는 것을 통하여 인정된다. 일단 샤먼이 될 수 있는 자질이 확인되면 여러 가지 개인적인 경험과 연습기간을 거쳐서 초자연적 존재와 통교를 해 보임으로써 차차 그는 종교적 중개자로서의 인정을 받게 된다. 샤먼은 비정상적인 일의 발생에 대한 원인이나 숨은 의미를 밝혀내기도 하며 질병을 고치고 심지어 예견되는 한 사람의 운명을 바꾸는 작업까지도 한다. 또는 조상신이나 어떤 신과 특별히 대화를 하고 싶은 사람을 위하여 중간에서 전령이나 통역의 역할도 담당한다. 따라서 보통 사람들이 원하는 초자연적 존재와 관련된 일의 효과는 관여된 샤먼의 능력에 따라 결정되는 것으로 여겨진다.

그런데 이 샤먼이란 말은 사제의 범주에 들지 않는 종교의례의 전문가들을 지칭하는 용어로서 적합한 것은 아니다. '샤먼'은 원래 시베리아지역의 종교적 중개자들을 지칭하는 말로서, 이들은 격렬한 몸짓과 음악과 때로는 신비의 약을 이용함으로써 환각이나 몰아(沒我)의 황홀경에 빠지고 그러한 상태에서 초자연적 존재와 접촉을 하는 것을 특징으로 삼는다. 그러나 이와 같은 현상이나 과정을 겪지 않고도 종교적 중개자의 역할을 수행하는 많은 종류의 종교적 의례의 전문가도 있는 것이다. 우리나라에서는 특히 샤먼적인 요소가 강한 종교적 중개인을 무당(巫堂)이라고 부르고 그렇지 않은 사람들을 경무(瞽巫), 무격(巫覡) 등으로 분류하지만 실제 생활의 차원에서는 무당이라고 불리는 전문가 중에서도 엄밀한 의미에서 샤먼과 같지 않은 사람도 많이 있다. 따라서 '샤먼'이란 말은 사제와 구분하기 위한 용어로서 사용할 때만 일반적인 적용이 정당화된다.

이와 함께 종교적 중개자의 도움 없이 개인이 직접 초자연적 존재와 접촉하는 경우도 있다. 제사를 지낸다거나 오구 물린다고 하여 악귀를 물리치기 위하여 가정에서 간단히 살풀이 의식을 행하는 것이나 또는 기독교에서 말하는 간증이나 알아들을 수 없는 이상한 말을 하는 '방언'한다는 현상들은 모두 개인이 직접 신과 접촉하는 예가 될 것이다.

인류학자는 이러한 종교적 중개자와 종교적 의례의 전문적 담당자들의 지위와 능력의 획득과정, 능력의 본질, 능력표현의 과정과 유형, 그리고 이들이 사용하는 여러 도구와 설명 등을 분석하여 그들의 사회적·정치적 경제적인 기능도 아울러서 파악한다.


## 3. 종교연구의 여러 관점


### 1) 진화론적 관점

타일러(Edward B. Tylor)는 종교현상을 인간이 갖는 영적 존재에 대한 지적 관심의 결과로 보고자 하였다. 그는 특히 원시인이 어떻게 하여 종교를 처음 가지게 되었는가, 즉 종교의 시초와 그 종교의 원시형태의 성격에 대한 설명을 시도하였다. 그에 의하면 사람들은 꿈이라든가 환상 또는 죽음 등을 통하여 영혼에 대한 인식을 갖게 되었을 것이라고 한다. 잠을 자는 동안 몸은 움직이지 않지만 꿈을 통하여 여러 세계를 돌아다니고 지역적으로 떨어져 있는 여러 사람과 사물들을 접하게 된다. 이러한 현상은 인간의 신체 속에는 어떤 눈에는 보이지 않는 힘이나 존재가 따로 있어서 그것이 몸 밖으로 나가서 돌아다니기 때문에 일어나는 것이며, 따라서 이 기운이 일시적으로 몸 바깥으로 나돌아다니는 것은 꿈이며 한번 나간 후로 영영 되돌아오지 않는 경우 죽음이 초래되는 것이다. 이 기운을 영혼이라고 부를 때 그것은 인간의 신체를 떠나서도 세상 어딘가에 여전히 존재해 있어서 살아있는 사람의 꿈이나 환상, 졸도 등의 상태에서 다시 나타나기도 한다. 이렇게 하여 생긴 영혼에 대한 개념은 인간이 자연을 파악하는 데에도 투사되어서 모든 사물에는 영혼이란 것이 깃들어 있다는 믿음을 가지게 되었다고 하며, 타일러는 이러한 영혼에 대한 숭배를 애니미즘(animism) ― 흔히 정령숭배라고 하는바 ― 이라고 불렀다. 즉, 종교의 발생은 영혼에 대한 인간의 인식과 관심에서 비롯된 것으로 해석하는 것이다.

  원시인들이 영혼과 자연에 대한 인식에서 애니미즘이 종교의 초기 형태로 된 것이라고 보는 견해는 필연적으로 진화론적 설명을 유도하게 되었다. 왜냐하면 진화론자들의 견해를 채택해 볼 때, 인간의 지능이나 지식이 계발됨에 따라서 인식의 범주와 수준이 발전적으로 변할 것이며 따라서 종교도 변할 것이기 때문이다. 『황금가지(The Golden Bough: A Study in Magic and Religion)』(1890)를 쓴 20세기 초의 인류학자인 제임스 프레이저 경(Sir James Frazer)은 인간의 인지능력의 발달에 따라 주술(magic)에서 종교를 거쳐 과학의 단계로 진화하여 간다고 제시하였다. 즉 소위 원시인들은 경험의 축적을 통하여 각 사물과 우주의 변화를 야기하는 숨은 힘을 믿게 되고 따라서 인간능력의 제약으로 인하여 성취되기가 어려운 소원이나 상황의 변화를 관계된 사물에 깃든 영혼이나 초자연적인 힘에 호소하든가 또는 특별한 기술을 사용하여 이용하는 주술에 의지하게 된다는 것이다. 그러나 경험세계가 확대되고 복잡해짐에 따라 몇몇 사물의 힘을 동원한다는 것이 별 효력이 없음을 계속 겪음에 따라 보다 더 우세하고 포괄적인 초자연적 존재를 깨닫게 되어 그것에 의지하며, 당장의 직접적인 효과를 얻기를 시도하는 대신에 최고신을 섬기고 그 예배를 통하여 정신적 고양과 공동선을 나누어 갖기를 추구하는 종교의 단계가 있다. 그러나 보다 합리적인 사고방식과 실증주의적인 사물에 대한 접근의 발달을 통하여 결국 모든 것을 과학에 의지하게 된다는 것이다. 이러한 진화주의적인 관점에 의한 설명은 오늘날에는 거의 채택되지 않는다. 왜냐하면 과거이건 현재이건 어떠한 사회에서도 종교적 의례에는 주술적인 요소와 종교적 요소 그리고 과학적인 요소가 동시에 존재함을 발견하기 때문이며 하나의 사건이나 의례에도 주술이나 종교와 과학의 요소가 담당할 부분이 따로 있기 때문이다.

## 2) 심리학적 해석

종교를 인간의 심리적 상해 및 욕구와 관계지어서 해석하려는 입장은 말리노프스키에 의하여 대표된다. 그는 종교적 의례와 주술적 행위는 전자가 출생이나 사망에 관한 의례 자체에 목적이 있는 반면, 후자는 농사나 수렵, 어로작업의 직접적 효과를 기대하는 점에서 다를 수가 있지만, 하나의 의례에는 종교적 내용과 주술적 의미와 과학적 지식이 동시에 존재하고 사용된다는 점과, 그리고 무엇보다도 이러한 모든 행위가 인간의 한계점과 예측할 수 없는 자연의 힘에 의한 변화에 직면했을 때 갖게 되는 심리적 불안감과 긴장을 해소해 주며, 한편으로는 경외감이나 숭고함과 같은 감정이나 정신적 상태를 표현하며, 그러한 상태에서 일어난다고 본다.

이러한 견해를 보다 구체적으로 이해하기 위하여 말리노프스키의 설명을 간단히 살펴보자(Malinowski 1948).

트로브리안드군도의 주민들은 경험으로 얻은 정교한 과학적 지식과 기술을 동원하여 환경과 인간의 일상생활과의 관계들을 처리해 나가고 있지만 농사를 지을 때나 '쿨라'라고 부르는 의례적인 교환행위를 할 때 또는 전쟁을 할 때와 같은 특수한 경우에는 주술적인 의례를 수반한다. 즉 지역에 따라 토양의 차이가 있고 그에 따른 가장 이상적인 재배작물이 무엇이며 경작방법은 어떤 것이 가장 효과적인가에 대해서는 광범위한 지식을 가지고 있지만 간혹 예상치 못했던 가뭄이나 폭풍의 피해는 인간의 능력으로 통제하기 힘든 것임을 경험하게 된다. 또한 마을 근처의 강이나 얕은 바다에서 고기떼를 유인한 후 바깥으로 나가지 못하도록 지형을 만들고 독물을 사용하여 간단하고도 쉽게 고기를 잡지만 넓은 바다로 나가서 어로작업을 하거나 원양항해를 할 때에는 파도와 기후와 조류의 변덕스러움으로 인한 위험이 따라서 심한 경우에는 아무리 완벽한 장비와 기술을 동원해도 끔찍한 피해를 극복할 수가 없다. 이러한 경우에 대비하여 그들은 특별한 활동을 시작하기 전에 주술적인 의례를 행한다. 그러나 이러한 주술을 행한다고 해서 그들이 비과학적이고 유치한 사고방식을 가졌다고 해석해서는 안 된다. 그들은 여전히 가장 견고하고 빨리 나아갈 수 있도록 카누를 만들고, 기우제는 우기가 시작될 무렵에 행하며, 주술사가 재배작물과 재배지역에 대한 어떤 제약을 부여하더라도 거기에는 토양의 적절한 이용과 예비, 생산량의 적절한 조절에 대한 계산이 작용한다. 결국 이들이 의례를 행하는 것은 안전이나 풍요 그 자체를 오직 주술을 통하여 성취하기 위해서가 아니라, 그것을 행함으로써 인간의 노력과 실제로 발생하는 부정적인 결과의 사이에서 주어지는 불안과 공포를 극복할 심리적인 힘을 보장받으려는 것이다.

이러한 말리노프스키의 견해는 장례식에 대한 설명에서도 잘 나타난다. 즉 한 사람의 죽음은 그 가족이나 친족집단이나 사회에서 그 사람에 의해서 담당되던 역할이 중지됨을 뜻한다. 이것은 그 역할과 관련된 다른 모든 역할에 연쇄적인 영향을 주게 되어 사회는 관계의 혼란을 일으켜서 마비되거나 와해되어 버릴지도 모른다는 위험을 느낌으로써 사람들은 긴장과 불안에 싸인다.

장례나 상중의 기간의 슬픔을 표현하는 행위들과 여러 가지 의식들은 자기 자신에게도 주어질 죽음이라는 슬픈 숙명을 간접적으로 경험하는 데에서 오는 불안과, 죽은 사람이 자기들과 결별하는 슬픔과 그 사람이 담당했던 역할의 중요성을 재삼 확인하며, 곧 그 역할을 대신 담당할 사람을 선정함으로써 모든 관계들이 정상적인 상태로 복구되도록 하는 절차들로 구성된다. 그리하여 이러한 모든 것들이 정리됨으로써 불안과 공포가 해소되며 앞으로 또 발생하게 될 동일한 사건에 대하여 적극적으로 대치해 나갈 심리적 확실성을 강화하게 된다.

이러한 심리학적인 관점은 상당히 설득력 있는 해석의 틀을 제공하는 것은 사실이지만 완전한 것은 못 된다. 왜냐하면 종교적 의례의 참가는 반드시 심리적인 불안이나 긴장에 사로잡힌 사람에 의해서만 되는 것이 아니며 동시에 사람들은 반드시 심리적인 어떤 효과만을 추구하기 위해서 종교적 행위를 하는 것은 아니기 때문이다. 그리고 동일한 의례에 참가하는 사람은 반드시 동일한 목적을 가지는 것도 아니다.


### 3) 사회학적 관점

심리학적 측면에서의 연구를 보완하는 접근방법으로서 종교의 사회적 기능에 초점을 맞춘 해석이 시도되고 있다. 이 관점은 종교연구에 가장 보편적으로 채택되고 있는 것 중의 하나인바 대표적으로 뒤르켐의 설명과 에번스프리처드의 설명을 들 수 있을 것이다.

뒤르켐은 『종교 생활의 원초적 형태(Les formes élémentaires de la vie religieuse)』(Durkheim 1915)에서 종교란 각 사회에서 그 구성원을 사회에 결속시킴으로써 질서와 체제를 기능적으로 유지해 나가는 데 필요한 행위의 규범을 표현하는 일종의 집합표상(collective representation)이라고 한다. 즉, 어떠한 사회나 종교도 교리나 의례의 다양성에도 불구하고 하나의 공통된 요소를 가지고 있는데 그것은 성스러움(sacred)과 속된 것(profane)의 구분이 있고 종교는 곧 이 성스러운 속성을 취급한다는 것이다. 물론 성스러운 것의 성격과 내용은 사회마다 그리고 시대에 따라서 달라지지만 어쨌든 사람들은 그것을 공유하고 보존하며 그것에 따라서 행위를 규제함으로써 공동체의 구성원으로서 일체감과 의식을 형성하고 강화한다. 개인을 사회에 결속시키는 메커니즘으로서 종교를 해석하는 이러한 견해는 의례가 집단의식을 표현하고 강화한다는 스미스(W. R. Smith 1889)의 연구에서도 잘 나타난다. 즉 그는 아랍인들이 동물을 죽여서 제물로 바치는 의식이나, 오스트레일리아 원주민들이 자기들의 토템신앙의 상징인 어떤 동물을 죽여서 나누어 먹는 의례나, 또는 기독교에서 포도주와 빵을 마시는 성체성사(Holy Communion)의식은 모두 참가자들 사이에 동질감을 형성하고 공동의 가치관과 윤리관을 확인함과 동시에 외부에 대하여 자기 집단의 정체성을 밝히는 기능을 한다는 것이다.

한편으로 에번스프리처드(Evans-Pritchard 1937)는 아프리카의 잔데(Zande) 족들이 행하는 주술과 저주와 미술에 대한 분석을 사회적 상황과 기능 간의 관계 속에서 시도하였다. 잔데 사람들은 남에게 해를 가하는 마술(witchcraft)은 부계계승을 통하여 사람의 몸속에 들어 있게 된다고 믿는다. 그래서 누군가 병이 들거나 불행한 사건을 만나면 그것은 그 사람과 관계있는 어떤 다른 사람의 몸속에 있는 마술적인 힘의 작용에 기인한 것으로 보고 주술사를 통하여 그 원인을 찾아낸다. 앞에서도 언급했듯이 이 마력의 작용은 어떤 구체적인 물건이나 행위에 의하여 이루어지는 것이 아니라 상대방에 대한 서운한 감정이나 증오의 느낌을 갖는 것에 의하여 이루어지는 것이므로 불행한 사건을 일으키게 했다고 의심을 받은 사람은 자기에게 가해진 혐의를 순순히 받아들이거나 아니면 막연하게나마 부정하는 길밖에 없다. 따라서 누구든지 자신에게 씌워진 혐의를 받아들여서 병든 사람을 위한 주술적 의례에 필요한 비용을 부담하면 그 사건에 관련된 쌍방 간에는 긍정적인 관계가 성립되거나 지속되는 것이지만, 만약 그 혐의를 부정하고 따라서 의례에 필요한 비용을 부담하기를 거부하면, 그들 사이에 지속되어 왔던 관계는 깨뜨려지고 사회적 거리는 멀어지는 것이다. 사람들의 이러한 과정에 심리적 부담감이나 경외감 없이 때로는 아주 장난기마저 띠는 쾌활한 분위기 속에서 참여하며 또한 이러한 일이 잔데 사회에서 긴장이 고조될 때 특히 많이 일어나고 있는 점에 착안하여 에번스프리처드는 다음과 같이 결론짓는다. 즉 개인 간에 발생하는 사회적인 분쟁이나 갈등을 통제하는 물리적인 힘이나 공식적인 제도가 존재하지 않는 잔데 사회에서는 이러한 마술에 대한 개념이 그 역할을 수행한다. 그래서 종교라는 형식을 이용하여 사람들은 각자 상대방과 맺고 있는 정치적·경제적 혹은 사회적인 관계의 성격을 확인하거나 변질시킨다.

이러한 종교의 사회적 기능은 기존의 사회구조를 파악하는 데에도 동원된다. 그의 한 예로서, 대만의 고산족인 싸이더커(Seediq)인들 역시 잔데인들과 비슷하게 주술적인 요소를 사회적 관계의 형성과 변화에 이용한다. 그런데 한 가지 흥미로운 사실은 이들 싸이더커인들은 의례를 사회구조의 파악에도 사용한다는 점이다. 이들은 친족관계를 명시하는 족보와 같은 뚜렷한 기록도 없고, 가계계승의 형태도 비록 부계사회의 성격을 띠고 있지만 확실한 원칙이 되어 있는 것도 아니다. 따라서 아버지 쪽과 어머니 쪽으로 연결된 사람들과 부인 쪽의 사람들을 모두 친족의 범위에 넣으며 그 범주는 일정치 않아서 각자의 기억에 따라 다르다. 그러므로 사회적인 접촉의 빈도에 따라서 친족범위는 항상 변하는 것이다. 그들은 질병이나 불행한 사건의 원인을 반드시 친족이라고 생각하는 범위 안에 있는 사람들 중에서 찾아낸다. 그래서 한 사람의 병은 그 사람의 친족 중에서 누군가가 사회적인 규약을 위반함으로써 그 위반자와 관계된 어느 한 조상신의 노여움을 산 결과로 해석된다. 이렇게 하여 그 병을 일으킨 원초적인 장본인과 그것을 탓하여 병을 준 조상신에 공통으로 친족관계를 맺고 있는 모든 사람이 병의 치료를 위한 주술적 의례에 참여하고, 장본인이 제공한 제물을 나누어 갖는다. 만약 혐의를 받은 사람이 제물을 제공하기를 거절하면 병자의 집과 그의 집의 관계는 단절되며, 만약 친족 가운데 이 의례에 참여하지 않거나 제물의 분배에 초대되지 않으면 역시 그들 사이의 친족관계는 새로운 시도가 이루어질 때까지는 단절되어 버린다. 따라서 싸이더커인들에게 있어서 종교 활동은 현실사회에서 불분명한 친족관계를 확인하고 친족범주를 결정하는 메커니즘으로 작용하는 것이다(Kwang-ok, Kim 1980).

그러나 사회적 기능이라는 관점에서 종교를 해석하는 것은 앞서 심리학적 관점이 지니는 바와 같은 제약성이 있다. 즉 사람들이 현실생활에서의 어떠한 문제를 해결하거나 목적을 달성하기 위하여 종교를 이용하는 것은 수긍이 가지만 종교가 아니더라도 또는 종교보다 더 효과적이고 직접적인 해결방법이 있음에도 불구하고 왜 사람들은 종교에 의지하는지에 대한 의문이 생기는 것이다. 더구나 사회적 차원에서의 문제해결을 위하여 왜 하필이면 그러한 유형의 종교를 만들거나 이용하는지도 문제가 될 것이다. 즉 종교행위를 실질적인 목적을 위한 수단 이외에 인간 특유의 지적·관념적 활동의 양식으로 해석해 보는 작업의 필요성이 제기된다.

## 4) 생태학적 접근

문화를 생존을 위한 인간의 합리적 노력의 결과로 보는 입장에서, 인류학자들은 종교와 생태환경과의 상호작용에 초점을 맞춘 연구를 한다.

라파포트(Roy Rappaport 1968)는 뉴기니 고원의 쳄바가(Tsembaga)족이 이웃 부족과 정기적으로 전쟁을 하고 그 전쟁의 준비단계에서 카이코(Kaiko)라고 부르는 의례를 행하는 것을 조사하였다. 이 의례의 특징은 동맹군으로 참가할 주위의 부족집단들이 모여서 그동안 길러 온 돼지를 거의 모두 잡아먹는다는 사실이다. 라파포트의 해석은 다음과 같다. 쳄바가족이 사는 생태계는 주민들에게 충분한 단백질을 공급하지 못하는데 이를 해결하는 가장 효과적인 방법은 돼지를 사육하여 잡아먹는 길이다. 그런데 번식률이 높은 돼지의 급격한 수적 증가는 곧 사료의 부족을 낳게 하고 더욱이 돼지에 의해 인간이 필요로 하는 자원의 파괴를 겪게 된다. 따라서 인구와 자원과 돼지의 수 사이에 존재하는 균형관계가 깨어질 때 전쟁과 의례가 행해진다. 즉 카이코 의례는 단백질 섭취의 기회인 동시에 쳄바가족과 그들의 생태계 사이의 수요와 공급의 균형상태가 파괴되는 위험을 제거하는 기제가 된다는 것이다.

해리스(Marvin Harris 1975)는 힌두교에서 왜 소가 숭상을 받는지를 역시 환경적인 요소와 관련시켜서 설명한다. 즉 그것은 인도 사람들의 생활에서 소가 지니는 중요한 경제적 가치 때문이라는 것이다. 우선 소는 인도의 농촌에서는 농사를 짓는 데 필수불가결한 동물이다. 소는 특별한 먹이를 주지 않아도 잡초를 먹고 살며, 쇠똥은 중요한 땔감이 되는 동시에 비료의 대용이 된다. 한 경제연구소의 조사에 의하면 인도에서 한 해 동안 땔감으로 사용되는 쇠똥의 열량은 4천 5백만 톤의 석탄과 같다는 것이다. 이러한 엄청난 양의 연료를 그들은 길거리에 나가서 주워 오면 되는 것이고 그것은 발열량이 높을 뿐 아니라 위생적이기도 하다. 또한 3억 4천만 톤의 쇠똥은 매해 1년에 3모작을 하는 관계로 쉽게 고갈되어 버릴 토양을 유지하는 데 뿌려진다. 셋째로 힌두교에서는 소를 도살하지는 않지만, 그러나 일단 자연사한 소는 결코 썩어 없어지는 일이 없이 모두 천민 카스트들에 의하여 먹어 치워진다는 것이다. 즉 쇠고기는 여전히 인도 사람들의 식생활에 기여하고 있음이 분명하다. 또한 넷째로 쇠가죽과 뿔은 인도로 하여금 쇠가죽공업을 가능케 하는 근본 자원이 된다. 이렇게 환경에 대치하기 위한 최소한의 수단을 보존하려는 뜻에서 소가 신성시되고 터부시 된다고 한다.

이러한 설명들은 결과론적인 면에서 의미가 있기는 하나 여전히 완전한 해석은 되지 못한다. 경제적인 중요성이 소보다 더 높은 다른 동물이나 사물이 있음에도 왜 하필이면 소가 가장 신성한 존재로 되는가? 그리고 많은 종교에서 일상생활과 밀접한 관계가 있는 동물이나 사물들은 세속적인 존재로 취급받고 현실세계와 거리가 먼 존재일수록 종교적인 의미를 갖는 점을 감안해 볼 때, 위와 같은 해석은 소의 중요성은 설명하지만 그것이 지니는 종교적인 의미는 설명하지 못한다. 또한 단백질을 섭취하기 위하여 돼지를 사육해서 일시에 잡아먹는다는 것이 설명될 수는 있어도 왜 그렇게 하기 위하여 의례를 행하는지, 그리고 왜 그러한 과정을 겪어서 단백질을 섭취하는지는 만족하게 설명이 되지 못하는 것이다.

우리는 리엔하르트(Godfrey R. Lienhardt)가 딩카족의 소에 대한 개념의 분석에서 보여주듯이 어떤 동물의 각 부분이 그것을 숭상하는 사람들이 가지고 있는 세계관이나 종교적 의미를 표현하는 데에 동원되며, 제물의 처리에 있어서도 사회적·종교적 관계에 의하여 처리절차와 특정 부분이 누구에게 분배되는지도 결정되는 것을 알 수 있다. 우리나라에서 제사를 지낼 때 어떤 생선이나 음식은 제물로 사용하지 않으며 제상에 오르는 음식도 그 익힌 정도와 위치 등에 대한 특별한 규정을 적용하는 것을 본다. 이러한 것은 실질적 기능이나 효과를 위한 것보다는 어떤 의미와 상징체계를 표현하는 수단이며 인류학자는 종교적 의례에 대한 자세한 관찰을 통하여 이를 설명하는 것이다.

## 5) 지식의 체계화

종교의 심리적 또는 사회적 기능과는 별도로 하나의 지식을 체계화하고 전달하는 과정으로서 해석하는 견해가 있다. 리엔하르트는 아프리카 수단지방에 사는 딩카(Dinka)족들의 종교를 조사하여 『신의 섭리와 경험(Divinity and Experience: the Religion of the Dinka)』(G. Lienhardt 1961)이라는 저서를 통하여 어떻게 경험적 지식들이 종교라는 과정을 통하여 체계화되는가를 분석하였다. 즉 딩카인들은 직접적이든 간접적이든 그들의 경험적 세계로부터 얻은 지식에 의하여 우주의 모양을 설정하고 세계관을 표현하며 인간과 자연의 모든 변화와 원리들을 설명한다. 또한 신은 인간의 제약성을 초월하는 능력을 가지고 있지만 따로 초자연적인 세계를 가지고 있는 것이 아니라 인간의 지식이 설정하는 한도 내에 이 세상에 존재하는 것으로 설명한다. 리엔하르트는 딩카 사람들이 인간과 자연에서 일어나는 모든 현상을 어떤 방법과 논리를 사용하여 신의 이름으로 설명하는가를 분석하고 여러 종교적 의례의 과정과 내용을 검토하여 결국 딩카인의 종교는 사람들이 획득한 경험적 지식들에 합법성을 부여하고 기존의 지식체계에 덧붙이며 다른 사람들에게 전수시키는 과정이라고 설명한다.

이러한 인식과정이나 지식체계로서의 종교해석은 에번스프리처드(1937)의 잔데인들의 종교에 대한 설명에서도 잘 나타난다. 잔데인들은 어떤 사건에 대하여 끊임없이 "왜"라는 질문을 통하여 추론해 나간다. 예를 들어서 어떤 사람이 담벼락 밑의 그늘에 앉아 있다가 갑자기 그 담벼락이 무너져서 깔려 죽었다. 물론 설명의 첫 단계에서 사람들은 그 담벼락이 오래되어 낡아서 무너졌으며 깔린 사람은 담벼락의 중압으로 인하여 신체의 기능이 마비되어 사망하게 되었다는 과학적인 지식을 동원한다. 그러나 왜 그 주위에는 많은 그리고 오히려 더 낡은 담이 있음에도 불구하고 하필이면 그것이 무너졌는가? 많은 사람들이 그 벽에 기대어 앉았었지만 아무 일 없다가 하필이면 그 사람이 앉았을 때 무너졌는가? 왜 그것이 바로 그 순간에 무너졌는가? … 등 계속 질문을 해 나가면 마지막 순간에 그들은 "엠보리(Mbori) 때문이지"라고 한다. 그러면 그 이상 질문은 하지 않게 된다. 이 "엠보리!"라는 말이 나오기까지 그들은 한 사건을 분석하는 과정에서 모든 지식과 종교적인 설명을 동원한다. 하느님, 운명, 재수 등등의 뜻을 포함하고 있는 이 엠보리라는 것은 우리들이 논리전개의 끝에 다다르면 "그게 모두 운이지" 또는 "모두 하느님의 뜻이지요"라고 해버리는 것과 마찬가지로 잔데 사람들에 있어서는 인식의 한계점인 것이다. 따라서 잔데인의 신앙체계는 곧 그들의 사고과정을 나타내며 지식의 한계를 극복하는 일종의 논리의 탈출구가 되는 것이다.

대만의 싸이더커인들의 종교도 이러한 면을 지니고 있다. 즉 그들은 경험에 입각하여 자연현상과 인간생활의 여러 요소들을 정상적인 것과 비정상적인 것의 두 범주로 나누고 정상적인 것을 성스러운 것으로 삼고 비정상적인 현상을 속된 것으로 간주한다. 그리고 이 정상적인 상태는 인간과 초자연적인 존재들이 이 세상에서 조화와 균형상태를 유지함으로써 이루어지는 것인바, 어떠한 바람직하지 못한 일을 저지른다는 것은 곧 이 균형을 깨뜨리는 것이므로 의례를 통하여 정화를 함으로써 모든 사물의 이치를 원상태로 복구시켜야 한다. 따라서 이들의 종교적 행위와 설명에는 의례가 가져올 효력에 대해서는 큰 관심거리가 되지 않으며, 대신 어떠한 현상이나 행동양식이 정상적인가에 대한 지식이 표현된다. 그러므로 만약 누구든지 건기에 비를 오게 해달라든가 겨울에 꽃이 피게 해달라고 종교적 전문가에게 부탁을 한다면 그는 바보이거나 미친 사람으로 웃음거리가 될 것이다.

## 6) 상징체계의 이해

종교적 설명이나 의례의 분석을 통하여 초자연적인 존재와 인간과의 관계나 종교의 기능 또는 사회적 의미보다는 사람들이 경험적 세계에서 얻은 여러 의미들을 어떻게 상징화하여 표현하는가를 이해하려는 관심은 오래 전부터 있어 왔지만 현대에 와서 터너(Victor Turner 1967·1969), 더글러스(Mary Douglas 1966·1970), 리치(Edmund Leach 1976) 등의 소위 상징주의 인류학자들에 의하여 더욱 깊고 다양하게 연구되어 왔다.

우리는 종교적인 의례나 설명에서 여러 동물이나 식물, 색깔, 어떤 특수한 형상과 디자인 등이 동원되는 것을 본다. 그래서 왜 어떤 동물이 어떤 의례에만 특별히 사용되는가? 그것은 의례 속에서 어떤 의미를 지니는가? 그것은 무엇을 상징하는가? 왜 우리는 장례식에는 노란색이나 빨간색의 옷을 입지 않으며 옛날 군대의 제복에서 보듯이 좌군(동쪽에 위치함)·우군(서쪽에 위치함)·남군·북군 그리고 중군 등이 각각 청·백·홍·흑·황의 색깔로 표시되었는가? 하는 식의 질문을 하게 된다. 이러한 요소들은 결국 사람들이 무엇인가를 표현하고자 하는 것의 상징이며 종교는 바로 이 상징의 체계화 과정인 것으로 본다. 그리고 상징은 반드시 고정적인 것은 아니며 상황에 따라서 동일한 사물도 상이한 상징적 의미를 갖기 때문에 사회와 문화의 맥락 속에서 이를 파악한다. 이러한 관점에서 인류학자는 의례행위의 분석을 통하여 시간과 장소와 제물의 상태와 종류가 무엇의 상징으로 동원되며 이들의 결합은 전체적으로 어떤 의미를 상징화하는지를 설명하고자 한다.

이러한 예를 아프리카의 잠비아에 있는 은뎀부(Ndembu)족의 의례과정을 분석한 터너(V. Turner 1967)의 연구를 통하여 살펴보기로 하자. 은뎀부 의례에 나타나는 상징구조는 그 의례에 동원되는 여러 사물의 종류와 그것들의 속성에서 찾아볼 수 있다. 즉 색깔들, 특히 빨강·하양·검정의 세 색깔, 몇 가지 특정의 나무와 풀들, 그리고 은뎀부의 자연환경에 있어서 중심적인 다른 몇 가지 사물들이 곧 상징체계를 파악하는 주된 요소이다. 예를 들어 칼로 베어내면 하얀 색깔의 액체를 흘리는 '무디'라고 부르는 나무를 보자. 이 나무는 여러 의례에 동원되는데 이것이 무엇을 상징하는지를 분석한 결과 여러 가지 사물과 의미들을 한꺼번에 나타내는 것이라는 해석을 얻었다. 즉 아주 기본적이고 생리학적인 의미(젖가슴, 젖, 젖 먹이기)에서부터 사회적인 의미(모자관계, 모계율)에 이르는 관념들의 상호 연결된 체계뿐만 아니라 나아가서는 조상에 대한 의존과 가치관이 지니는 성결이라는 추상적인 의미까지도 상징하는 수단인 것이다. 터너는 또한 이 나무가 은뎀부 사람들의 관념체계의 근간이 되는 백색, 홍색, 흑색의 세 가지 색깔 분류의 요소도 지니고 있어서 각각의 색깔로 상징되는 여러 가치관, 직업과 지위관계, 인간과 환경의 관계와 속성, 사물의 진행과정과 윤리체계 등이 어떻게 연결되어 있는가를 그대로 나타내는 것임을 정교한 분석을 통하여 보여주고 있다.

따라서 실제로 행해지는 어떤 하나의 의례과정은 한 개의 상징적인 대상을 담고 있는 것이 아니며 수많은 요소가 계속 연결되어서 모든 과정을 형성하고 있는 것이다. 그래서 음악에 있어서의 악보처럼 모든 기호가 합쳐서 연주를 통하여 하나의 음으로 되어 나오듯이 여러 요소의 결합을 통하여 상징적 의미가 의례라는 행위로 표현되는 것이다. 동시에 하나의 의례는 여러 가지를 상징하기도 하며, 이는 차원에 따라서 그리고 상황에 따라서 달리 표현되기도 하고 다른 의미를 갖기도 하는 것이다.

## 4. 종교운동

신앙체계와 종교적 의례는 인간이 자신들이 처하고 있는 세계에 존재하는 숨은 질서에 대한 설명이며 또한 그러한 질서를 파악하는 독특한 방법과 과정 및 그것을 표현하는 활동이고 또한 인간들이 스스로 파악한 그 질서에 적응하는 수단인 것이다. 이러한 점을 염두에 두고 이제 흔히 신흥종교라고 불리는 현상과 기존의 종교가 내부적으로 재생운동(revitalization movement) 또는 부흥운동이라고 부르는 혁신운동을 벌이는 것 등에 대하여 살펴보기로 하자. 이것은 새로운 환경에 대한 인간의 문화적 반응이며 기존의 체계가 적응하는 과정의 결과로서 문화변동의 중요한 예가 된다(A. Wallace 1956).

### 1) 천년왕국운동

천년왕국운동(millenarian movement)이란 말은 오늘날 아프리카에서 생겨나는 기독교의 여러 분파현상이나, 서구의 여러 나라들에 의한 식민통치하에 놓였던 남태평양의 여러 사회에서 일어난 신흥종교와 백인들의 진출에 대한 반응으로 생겨난 북미 인디언들 사이에 유행했던 특수한 종교적 의례 등을 통칭하는 용어로 쓰여 왔다. 기존사회에서 새로운 종교운동은 개혁운동에서 심한 경우에는 현 사회체제에 대한 부정과 새로운 사회에 의한 대치(代置)를 시도하는 민중운동과도 연결이 되며 이러한 현상은 유럽 중세기에서도 발견되었다. 원래 천년왕국운동은 기독교인 중에서 하느님이 이 세상에 내려와서 지상에서 하느님의 왕국을 세우게 된다는 설을 믿고 그것의 실현을 기다리다가 조급해진 나머지 스스로 그 약속된 왕국의 도래가 임박했음을 주장하고 그때에는 하느님을 맞을 준비를 한 사람만이 그 왕국에 용납된다는 믿음하에 그 왕국을 맞을 준비운동을 벌이는 현상에서 비롯되었다. 천년이란 것은 이 세상이 종말을 고하고 이 땅 위에 하느님의 왕국이 도래한다고 예견되는 때를 말하며 ─ 실제로 서기 1000년이나 2000년과 같이 천 년을 단위로 하여 세계의 종말에 대한 설들이 주장되어 왔다 ─ 동시에 하느님의 왕국이 이 땅 위에 계속할 기간을 말하는 것이다. 따라서 현재의 세계가 종말을 고하고 새로운 세계가 출현할 것이라는 믿음에 의한 종교운동을 모두 이 기독교의 한 운동의 이름을 따서 천년왕국운동이라고 부르는 것은 적절하지 못하지만, 일단은 대표적인 말로 사용하고 있다.

이러한 운동들의 공통된 요소는 인간의 모든 질곡으로부터 해방된 완전한 국가가 어떤 기적에 의하여 곧 이 땅 위에 실현될 것이라는 믿음이다. 이 기적은 저절로 이루어지는 것이 아니고 사람들이 필요하고 적절한 의례들을 수행해야만 성취되는 것이다. 그러한 새로운 세상이 출현되면 그 도래를 믿고 준비에 참여했던 사람들은 구제되는 반면 그렇지 않았던 사람들은 멸망을 당하게 된다고 한다. 이러한 믿음은 흔히 유대교나 기독교 그리고 이슬람교와 같이 각각 다른 방식으로 미래에 어떤 완벽한 세계가 실현될 것임을 고대하는 종교들의 열광적인 신도들 사이에서 나타난다. 그러나 여러 소규모 사회와 집단들 가운데서도 과거에 소위 '황금시대(golden age)'라는 것이 있었지만 인간의 잘못으로 인하여 영영 잃어버리고 다시는 복구되지 못했다는 전설적인 이야기를 가지고 있고 그것에 대한 강렬한 향수를 느끼는 것을 볼 수 있다. 그래서 가끔씩 이 잃어버렸던 완벽한 세상이 꿈속에서 다시 나타난 것을 목격했다는 사람이 나타나고 여러 사람들은 이를 받아들이고 믿기 시작한다. 브라질의 원주민들 사이에는 이러한 세계가 어디엔가 존재한다고 믿고 그곳을 찾아서 오랜 이주의 여정을 떠나는가 하면, 뉴기니의 어떤 원주민들은 오래전에 살았던 전설의 영웅이 다시 돌아오며 그때는 인간은 모두 질병이나 죽음이나 노쇠현상이나 고생스러운 일들로부터 완전 해방이 된다는 신화를 가지고 있다. 또는 이 새로운 세계가 오면 죽었던 사람들이 부활하여 살아 있는 사람들과 더불어 영생을 누리게 된다고 믿는다. 이러한 믿음은 종종 현실세계에서 보다 강력한 권한을 가진 사람들을 사악한 존재로 보고 새로운 세계나 잃어버렸던 황금시대가 다시 오면 민중들을 협박하고 억압하고 약탈하는 사악한 무리들도 멸망하게 된다는 설명도 수반한다. 이러한 이야기와 믿음은 선지자 또는 예언자가 나타나서 그러한 세계가 눈앞에 닥쳐왔다는 복음을 전파할 때 강력한 운동으로 번져 가게 된다.

그런데 문자로 기록된 역사를 가지고 있지 않은 사람들을 연구할 때, 우리는 그들이 어떠한 상황에 처했을 때를 자신들에게 주어졌던 그 약속이 성취되고 있다고 가정하는지 알 수가 없다. 그러나 인류학자들이 실제로 경험한 바에 의하면 이러한 천년왕국운동과 같은 종교운동들이 주로 백인들의 식민세력에 의해 지배당하는 지역에서 일어나며, 대부분 그들 원주민들을 착취하고 압박하는 외부세력을 멸망시키는 꿈을 꾸게 된 것을 그러한 운동의 시작으로 삼고 있는 사실에 주목하게 되었다. 그러나 이와 아울러 중세 유럽사회에서 일어난 현상처럼 천년왕국운동이 무엇인가 박탈당한, 특히 자신의 이익을 추구하거나 주장을 관철할 수 있는 세속적으로 인정된 수단을 갖지 못한 사람들 가운데서 일어난다는 주장도 있었다. 즉 콘(Norman Cohn 1957)이라는 역사학자에 의하면 12세기와 13세기에 걸쳐서 라인강을 따라 유럽의 저지대인 북부 프랑스 일대에 새로운 소도시들이 발생하면서 농촌이나 기타 여러 지역으로부터 노동자들이 이주해 왔고 이들 도시로 이주한 하층계급의 사람들 사이에 이러한 성격을 지닌 운동들이 많이 일어났다는 것이다. 그의 해석에 의하면 몇몇 천년왕국운동들은 경제적으로 가지지 못하거나 정치적으로 압박과 소외를 당한 사람들에 의해서 일어난 것이 아닌 것도 있다는 것이다.

이는 곧 신흥종교운동이 반드시 어느 하나의 이유에서 야기되는 것이 아니라 여러 가지 이유에서 기존의 상태를 더 이상 견딜 수 없고, 그렇다고 그러한 상태를 변화시킬 만한 세속적인 힘을 갖지 못한 데서도 일어난다는 것을 시사하는 것이다. 따라서 사람들이 무엇인가에 의하여 압박을 받고 있다는 느낌을 강하게 갖게 될 때 이러한 종교운동이 일어나게 된다. 다음에 몇 가지 상황에 따른 반응 또는 적응양식으로서의 종교운동을 구체적으로 살펴보고자 한다.

## 2) 유령춤

이러한 성격의 종교운동 가운데 대표적인 것으로 북미 인디언들 사이에 유행했던 '유령춤(ghost dance)'이라고 부르는 의례행위를 레서(Alexander Lesser 1933)의 저서 『포니 인디언의 유령춤과 손놀이(The Pawnee Ghost Dance Hand Game: Ghost Dance Revival and Ethnic Identity)』를 통하여 간단히 살펴보자.

동쪽으로 미시시피강과 서쪽으로 로키산맥을 경계로 한 넓은 지역에 살고 있던 포니(Pawnee)족들은 점차 세력을 확장해 들어온 백인정부와 군대에 밀리고 빼앗겨서 19세기 말엽에는 사회와 문화 전반에 걸친 파괴와 멸망의 위기에 처하게 되었다. 그들이 즐기던 사냥, 축제, 무용, 민속놀이 등의 전통적 형태의 오락과 문화는 미국정부와 선교사들의 소위 문명화운동으로 인하여 심각한 변질을 겪게 되었다. 그리하여 1892년, 그들은 백인들과 더불어 살아나가는 데에 자신들을 적응시키려는 자체 내의 무한한 노력을 했음에도 결국 아무것도 기대할 것 없는 장래와 아무것도 스스로 생활해 나갈 수단도 없는 채 문화의 막다른 골목에 놓이게 된 것을 알게 되었다. 이때를 전후한 1890년대에 여러 가지 형태의 '유령춤'이 그것과 연결된 미래에 대한 전망, 규율들과 더불어 캘리포니아 평원으로부터 이웃 인디언의 여러 집단들로 번져 나가기 시작하였고 마침내는 나바호(Navajo)족을 제외한 (그들은 사자(死者)의 영혼을 무서워하고 기피한다) 중남부 미국의 전 지역 인디언들에게 유행하게 되었다.

이 의식은 여럿이 모여서 예언자의 가르침에 따라 약초로 만든 환각제를 먹으면서 며칠간 계속 춤을 춘다. 환각제와 격렬한 춤의 결과, 사람들은 실신상태에 이르게 된다. 이 몽환의 경지에서는 아름답고 풍요로운 광활한 자연과 평화로운 마을이 펼쳐지며 구세주로 설명되는 어떤 인물이 부하들을 거느리고 나타난다. 이 부하들은 오래전에 죽은 그들의 조상들인 것이다. 그래서 이들 유령들과 살아 있는 사람들은 다시 함께 그들의 언어로 노래 부르며 행복한 시간을 갖는 것이다. 이러한 의식이 진행되는 동안 그들은 되살아나올 그들의 조상과 옛날 환경을 맞이하기 위하여 여러 가지 특별 활동과 금욕과 금기 사항을 지키는데 이러한 금욕적인 활동 중의 하나는 농사일을 하지 않는 것이다. 레서는 그들 예언자 중의 한 사람의 말을 옮겨 놓는다. "그대는 나에게 땅을 일구어 놓으라고 한다. 내가 이제 칼(금속으로 된 농기구)을 들고 내 어머니의 젖가슴(대지(大地)는 어머니의 젖가슴이다)을 찢어 놓으란 말인가? 그러면 내가 죽었을 때 이 자식을 편히 쉬게 하여 줄 어머니의 젖가슴은 어디 있겠는가? 그대는 나에게 땅을 파고 돌멩이들을 골라내라고 요구한다. 이제 어머니의 살 속에 들어 있는 뼈를 파내라는 말인가? 그러면 내가 죽었을 때 어머니의 몸속으로 들어갔다가 다시 태어날 수 있을까? …"

여기서 나타내는 바는 대륙을 개발하고 인디언들을 개화한다는 목적으로 행하여진 백인들의 정책이 그들의 땅과 자연환경의 처참한 파괴를 가져왔고 그 박탈당한 데에 대한 깊은 증오와 반감이 깃들여져 있으며, 이로 인하여 삶의 의미를 상실한 자신들에게 어떤 새로운 가치를 추구하는 노력인 것이다.

일주일 혹은 수 주일에 걸쳐서 계속되는 이 '유령춤'의 의식인 실신상태에서 깨어난 사람들은 자신이 보았던 아름다운 세계를 묘사하고, 만났던 구세주와 조상들이 알려준 메시지를 전하고 그들로부터 배운 노래를 가르쳐 준다. 이것은 유령춤의 발전을 위한 여러 가지 방법과 과정을 알려주는 것 외에 사라져간 혹은 사라져 가는 자기들 고유의 생활의 원초적 모습을 재현시키는 기능을 한다.

이러한 '유령춤' 의식의 의미는 백인들의 침략이 있기 이전에 그들이 누렸던 이상향, 즉 항상 식량과 사냥감이 풍부하고 아무런 싸움도 사악한 마귀도 없는 그러한 세계로 되돌아가는 열망이 체험된다는 것이다. 린튼(R. Linton 1943)은 이러한 종교운동을 '원주민의 원초적 상태로의 복귀운동(nativistic movement)'이라고 불렀다. 그러나 유령춤은 아주 독특한 현상으로서 자신들의 과거에 대한 이상화를 시도한다고 볼 수 있을 것이다.

## 3) 하물의식

이상화된 자기 고유의 과거 상태로의 복귀나 재현을 통한 현실세계의 극복과 대조적으로, 외부의 요소와 결합한 보다 나은 미래를 공유하려는 종교운동이 있다. 이러한 움직임의 대부분은 기독교의 교리와 의례를 자신들의 열망이나 동경에 적응시키는 방식을 취하는데 대표적인 것으로 남태평양의 여러 사회에서 나타난 하물의식(荷物儀式, cargo cult)을 들 수 있다.

이 하물의식의 핵심은 이 세상이 종말을 고하고 새로운 세계가 출현하면 이때까지는 원주민의 경제능력이나 기술로서는 도저히 획득할 수 없지만 유럽인들에 의해서는 무진장으로 소유되고 있는 모든 제품들을 자기들의 조상들이 가지고 이 땅에 나타난다고 하는 믿음이다. 이렇게 많은 물건들을 잔뜩 싣고 나타난다는 뜻에서 '하물의식' 또는 '화물숭배'라고 인류학자들이 이름을 붙이게 되었다. 그들의 설명에 의하면 이 땅 위에 사는 자기들과 하늘에 있는 조상들 사이에는 새가 있어서 심부름꾼의 역할을 하고 있는데, 원래 조상들이 거대한 새(비행기나 선박의 개념이 투사된 것)에 여러 가지 좋은 물건들을 만들어서 실어 보냈지만 도중에서 백인들이 가로채서 자기들이 사용하고 있다는 것이다. 따라서 언젠가는 조상들이 나타나서 이 세상을 뒤엎어서 정상적으로 만들어 백인들이 소유하던 물건들을 자기들이 가지게 되며 백인과 자신들 간에 형성되어 있는 우열 또는 주종의 관계도 완전히 뒤바뀌게 되는데, 바로 그 새로운 세계질서의 출현이 눈앞에 닥쳐왔으며 따라서 모두들 그것을 맞이할 준비를 해야 한다는 것이다.

이 의례의 중요한 또 하나의 특징은 백인들의 문물과 제도의 모방을 시도한다는 점이다. 즉 의례의 지도자는 백인 행정관리의 복장과 몸짓을 하고 그 추종자들은 백인 군대의 사열행진과 의식을 흉내 낸다. 그들은 백인의 문화를 자기 것으로 함으로써 그 문화를 통해 백인들이 누리는 제반혜택을 자기들 것으로 만든다고 믿는 것이다.

그래서 그들은 조상들이 가져다줄 물건들을 받아서 보관하기 위해서 커다란 창고를 지어서 여러 가지 장식을 하고, 나무로 커다란 비행기와 선박의 모형을 만들며 칡덩굴과 야자나무 잎들을 묶어 쌓아 놓고 춤추며 노래하며 온몸을 떨고 격렬한 축제를 벌이며 때로는 새로운 물건을 갖게 된다는 의미에서 자신들의 소유물을 파괴하기도 한다.

그러나 이러한 의식은 단순히 물질에 대한 탐욕스러운 갈망을 표현하는 의미로서 해석해서는 안 된다. 그 속에 숨어 있는 가장 중요한 의미는 윤리적 재생인 것이다. 즉 새로운 인간상의 창조와 새로운 단일성의 창조 그리고 이를 통한 새로운 사회의 창조를 시도하는 것이다. 이 새로운 인간과 새로운 사회는 단순한 유럽인의 생활형태와 이상과 원주민의 그것과의 혼합이 아니라 그 두 요소의 결합을 통한 새로운 것의 창조를 의미한다.

인류학자들은 이러한 운동의 지도자들이 아주 카리스마적인 존재라는 것과 그들의 원주민사회 내에서의 지위와 그들이 겪고 있는 정치적·사회적 상황을 검토한 결과, 단순히 종교적 측면보다는 정치적인 측면에서의 해석이 중요함을 발견하였다. 즉 이러한 운동의 지도자들과 예언자들은 식민세력의 통치와 경제적 침략에 대한 피식민지 주민들의 정치적인 반응을 표현한다. 강력하고 조직화된 행정조직과 외국자본의 침투는 원주민사회의 고유한 체계를 붕괴시켰다. 플랜테이션 경영은 소수의 백인 경영자 밑에 대부분의 원주민을 고용노동자로 두게 함으로써 기존의 경제구조를 파괴하였으며, 통치 역시 소수의 백인 관리에 의해 이루어지고 몇몇 간단한 백인의 교육을 받은 젊은 사람들이 행정적인 심부름꾼 노릇을 하게 되었으므로 원래의 추장이나 정치적 지도자들은 아무런 권한이나 권위를 행사할 수가 없게 되었다. 이러한 상황의 변화 속에서 사람들은 통합의 구심점을 잃고 방황하며 서로 헐뜯고 각자의 이익추구에만 관심을 두어 분산되어 가고 있었다.

따라서 기존의 정치적 지도자들과 종교적 지도자들은 조상의 계시를 받은 예언자로서 새로운 세상(그것은 원래의 계획된 대로의 정상적인 세상을 의미한다)의 도래가 임박했음을 설파함으로써 분산되는 원주민들을 통합하는 구심점을 제공하게 된 것이다. 이는 곧 외부적인 요소의 거부가 아니라 외부세력에 의하여 소개된 보다 나은 상태를 완전히 자기들의 소유로 만들며 상실한 정치권위의 회복과 소위 민족자본에 의한 경제의 건설을 갈망하는 운동인 동시에 외부의 침략세력에 대한 반항운동의 의미를 지닌다.

### 4) 문화변동과 종교

우리는 가끔씩 기독교에서 개최하는 크고 작은 규모의 부흥회나, 종교개혁까지도 포함한 자체 내의 혁신을 주장하는 움직임들을 볼 수 있다. 또한 '종교의 세속화', '불교의 현대화'와 같은 어휘가 별로 어색하게 들리지 않으며 이들과 관련된 여러 가지 운동들이 전개되는 것도 본다. 이러한 현상들은 사회변화와 문화변동이 일어남에 따라 기존의 종교도 새로운 사회적 환경에 적응하기 위하여 교리의 설명방식이나 의식을 수정해야 한다는 것을 암시한다. 이러한 종교 자체 내의 변화가 시도되는 것도 앞서 말한 바와 같은 일종의 재생운동 또는 부흥운동이라고 볼 수도 있지만 교리나 신앙체계의 근간 자체는 변하는 것이 아니므로 유령춤이나 하물의식과는 별도로 생각해야 한다.

인류학자는 종교사회학자나 종교사학자와 마찬가지로 하나의 종교가 다른 사회에 전도되고 토착화되는 과정을 연구하는데, 특히 사회구조 및 기존의 신앙체계와 새로 수용되는 종교와의 관계에 관심을 두어 분석한다. 그리하여 토착사회의 유형에 의하여 새로운 종교가 어떤 영향을 받는가 하는 문제와, 이 새로 유입된 외부의 종교가 토착사회의 문화를 어떻게 변화시키는가 하는 문제가 연구됨은 물론, 극단적인 경우 — 그리고 이러한 현상은 흔하게 나타나는데 — 토착사회의 문화적 특성과 외래종교가 결합하여 보통 '유사종교', '사이비종교' 또는 '신흥종교'라고 부르는 완전히 다른 형태나 명칭의 종교분파가 일어나는 것도 흥미롭게 다루어진다.

우선 첫 번째에 해당하는 것으로 퍼스(Raymond Firth)의 티코피아섬(Tikopia Island) 사람들의 기독교로의 개종에 대한 연구를 들 수 있다. 퍼스는 동일한 기독교지만 사회마다 그 수용과정이나 결과가 많은 차이를 보이는 점에 착안하여 이를 기독교를 받아들이는 토착사회의 사회와 문화적 맥락 속에서 이해하려고 시도하였다. 그의 조사에 의하면 1911년에 티코피아에 처음으로 영국 성공회 선교부가 설치된 이래 1929년에는 섬주민의 약 반수가 기독교를 믿게 되었고, 1969년대 초기에는 거의 모든 주민들이 명목상으로나마 기독교인으로 보고되게 되었다는 것이다. 이렇게 놀라운 속도로 이루어진 성공적인 전도사업의 결과를 퍼스는 다음과 같이 설명한다.

전통적인 티코피아인의 신앙체계는 여러 신들이 지위에 따라 등급이 매겨지며 하늘, 땅, 물속에 각각 살고 있다고 믿는 범신사상(汎神思想)에 기반하고 있었다. 이들 신은 각자가 맡은 영역 안에서만 존재하고 영향력을 행사할 뿐으로 능력과 담당 세계도 티코피아사회 안으로 제한되어 있었다. 따라서 여기에 모든 티코피아 신들의 능력을 초월하는 영향력을 행사하며 담당하는 세계도 무한한 전지전능한 기독교의 하나님이 받아들여지기는 어려운 일이 아니었다.

또한 사람들은 종교적 지도자를 중개자로 하여 신들과 상호작용을 해 나갔는바 이 종교적 지도자는 각 씨족집단의 우두머리로서 그의 사회적·정치적 권위와 능력은 아주 뛰어났으며 선교사들은 이들 씨족집단들의 지도자들과 원활한 관계를 맺는 데 성공하였다. 우선 선교사는 신자들에게 티코피아인들의 경제생활에 사용되는 여러 가지 생산도구들과 구호품들을 나누어 줌으로써 계속 관계를 지속시켰고, 학교를 세워서 간단하나마 영어교습 등 교육을 시킴으로써 신자가 아닌 사람들과 갖는 일상생활의 차원에서도 보다 빠른 발전을 할 수 있도록 하였다. 그래서 선교재단의 학교의 가치가 높아짐과 아울러 기독교에 대한 호감도 증가되었다. 또한 한 사람의 추장이 개종을 하면 모든 그의 부하들이 개종하였고 그가 세력이 보다 큰 추장인 경우 그와 정치적·경제적·사회적인 관계를 필요로 하는 보다 세력이 적은 추장들도 자기 집단을 이끌고 개종을 하게 되었다. 여기에 1955년에 전염병이 발생하여 1,700명의 전체 인구 가운데 200명이나 사망하는 무서운 사건이 일어났다. 이때 아주 뛰어나고 영향력 있는 전통적 종교지도자가 세 명이나 죽었는데 이 전염병은 곧 기독교신자와 비신자 사이에 차별대우를 보여준 것으로 해석이 되고 그 결과 나머지 생존한 지도자들은 급히 자기의 무리를 이끌고 기독교로 개종하게 되어서 1966년에는 반골기질이 철저한 노파 한 사람만을 제외하고 모든 사람들이 기독교인으로 되었다.

비록 기독교의 토착화는, 특히 전체 인구의 완전개종은 티코피아 사람들을 하나의 신을 구심점으로 하여 단합케 하고 새로운 힘을 갖도록 하는 데는 의의가 있지만 이렇게 하나의 종교에서 다른 하나의 종교로의 변화는 새로운 문제점을 가져다주었다. 즉 그들이 전통사회에서 행하였던 유산, 영아살해와 남자들의 독신생활 등은 인구증가의 통제라는 중요한 기능을 담당했는바 기독교에 의하여 이러한 행위와 제도가 금지되었다. 따라서 다른 인구조절의 수단이 없는 실정에서 그들은 점차 인구증가의 압박을 받게 되었다. 조그마한 섬은 농토와 여러 자원이 제한되어 있어서 이러한 제약된 환경에 인구가 자꾸 증가한다면 심각한 사회·경제적 문제가 초래될 것이다. 이러한 경우 기독교는 다른 인구조절방법을 제공하든가 아니면 다른 설명을 모색하거나 또는 보수적이고 융통성 없는 기독교에 반발하여 전혀 새로운 종교운동이 발생할지도 모른다.

외래종교의 형식을 빌려서 현실개혁운동이 시도되고 마침내 그것이 하나의 종교가 된 예는 월리스(A. Wallace 1966)의 북미의 동북부에 살고 있는 이로쿼이족의 연구에서 대표된다. 18세기 말 이로쿼이족의 한 부류인 세네카군(郡) 추장의 동생은 백인들에게 모든 것들을 박탈당하고 술로 타락한 막다른 길에 처한 인디언 사회를 개선하기 위하여 종교운동을 일으켰는데 주로 퀘이커 교도들의 신앙과 행위의 규범들을 이용하였다. 그는 사람들에게 자기가 하늘로 불려가서 이 세상을 창조한 하느님을 만났으며 하느님은 자기에게 천당과 지옥을 보여준 후 이 세상을 재생시키라는 임무를 부여했음을 주장했다. 그리고 그의 교리와 신자로서 지켜야 할 올바른 신앙생활에 관한 규율을 기록한 복음서는 몇 가지 기독교적인 색채와 그들의 전통적인 종교개념의 혼합의 특징을 보이고 있다. 즉 그 복음서의 내용은, 첫째 기독교의 묵시록과 같으며 거기에는 여러 가지 상징적인 것들이 암시되고 있는데 이는 성실한 신자들만이 의미를 깨닫게 되며 언젠가는 하늘로부터 불의 심판을 받고 사이비신자와 비교도들은 지옥으로 떨어진다고 한다. 이 종교는 죄를 강조하는바 음주습벽, 주술을 행하는 것, 유산, 그리고 그 종교를 부정하는 것 등의 네 가지가 가장 큰 죄악으로서 이는 고해와 참회를 통하여 정화되어야 한다는 것이다. 마지막으로 이 복음서는 구제의 길을 제공하고 있다. 구제는 이 종교가 정한 규율을 잘 지키고 중요한 의식에 참가하며 대중 앞에서 자신의 죄를 고백함으로써 이루어진다고 한다. 이 종교는 몇 가지 행동강령을 정하고 있는데 술을 마시거나 놀음을 하는 등의 퇴폐적인 쾌락추구로부터의 금욕생활을 할 것과, 폭력에 의하지 않고 평화적인 방법으로 일을 해결하고 항상 사회적 단합을 위해 노력할 것, 부모에게 효도와 형제간의 우애를 바탕으로 한 가정의 화목을 지킬 것, 또한 새로운 문화와의 접촉에 긍정적일 것, 즉 개인의 이익을 위한 행위는 부정하지만 백인들의 기술과 영어교육 등은 인디언들로 하여금 새로운 생활에 적응하기 위한 방법으로서 권장되었다.

이 종교운동은 그들 이로쿼이족들 사이에 상당한 호응을 얻었고 백인들의 지원을 받은 교육과 새로운 농업기술의 보급과 함께 잘 전파되어 나갔다. 음주습벽이 사라지고 사람들은 보다 생산적이고 규율적인 생활을 하게 되었고 또한 농업기술의 도입으로 풍족한 생산을 향유하게 되었다. 이 종교운동의 지도자는 마침내 미국정부와의 접촉에서 그 사회를 대표하는 지위를 갖게 되었으며 명성과 사회적 호응은 그의 추종자들로 하여금 그 개인의 이름을 딴 새 교회를 세우게까지 만들었다.

하나의 종교가 갖는 여러 요소 가운데 원래는 별 의미가 없던 것이 오히려 부각되어 나중에는 전혀 다른 형태의 종교로 발전하는 극단적인 예는 오늘날 우리 주변에서도 얼마든지 볼 수 있다. 그 한 예로 남아프리카의 반투족들 사이에 번진, 스스로를 시오니스트(Zionist)라고 부르는 한 종교집단을 들어 보자(Sundkler 1961).

이 집단은 원래 미국의 오순절교회로부터 나온 것으로, 다른 여러 기독교파와 전혀 관계없이 아프리카 원주민들 사이에서 이루어진 종교집단이다. 그들은 특히 안수기도를 통한 병의 치료, 간증과 방언을 행하고, 단식과 같은 특별한 금욕을 하며, 정죄를 위한 특정의 의식들을 강조하여 여러 가지 설들을 혼합한 형태의 독특한 종교를 계발해 내었다. 이들은 자기들의 교회 자체를 하늘에 있는 하나님의 궁전으로 간주한다. 한 예를 보면 제단에는 예언자인 그 교회의 목사가 '심판관'인 교회감독관의 제의를 입고 앉아 있다. 만약 그가 자리를 비워 둔 때에는 그가 제구실(祭具室)에서 하나님과 특별히 연결된 전화를 받으러 간 것으로 설명된다. 이 제단 옆에는 열두 명의 예언자와 열두 명의 사도들이 앉게 되는데 예언자들은 자주색 옷을 입고 사도들은 흰

색 옷을 입는다. 이들 전면에는 하나님의 양이신 예수를 돌보는 신부와 신랑들이 좌정하는데 이들은 80명에서 100여 명에 이르는 소년·소녀들로서 모두 흰 옷을 걸친다. 본당 회중석(會衆席)의 네 구석에는 역시 흰색의 제의를 입은 사람이 한 명씩 말없이 서 있는데 이들은 곧 동서남북의 방위를 의미한다. 모든 병을 치료하는 하나님의 병원은 교회의 한복판에 위치해 있고 여기에는 안수기도를 받아 병을 고치러 온 사람들로 가득 차 있는 것이다. 소위 하늘나라에 대한 상상도를 현실세계의 차원에서 구체화하고 그를 신봉하는 사람에게만 특정의 물질적 은혜가 주어지도록 힘써 준다는 것은 사회의 긴장이 고조될수록 다른 배출구가 마련되어 있지 않는 소외된 집단들의 조급하고 구체적인 소망을 만족시켜 주는 것으로 해석이 되지만 그것이 어떠한 상황에서 어떠한 논리체계를 통하여 일어나는지는 모든 사람들에게 관심거리임에는 틀림없다.

이러한 현상은 식민통치하의 아프리카에서 특히 많이 일어났다. 그러나 동일한 상황에서 아프리카의 신흥종교가 위에서 살펴본 시오니스트와 같은 것은 아니다. 시오니스트들이 질병, 가난, 압박 등이 종교적 가르침에 — 때로는 광신적이지만 — 충실함으로써 해결되리라는 기대를 바탕으로 하고 있음에 비해, 발랑디에(G. Balandier 1955)가 연구한 콩고지역의 흑아프리카 선교단(Mission de Noir)이라고 부르는, 아프리카 토착신앙과 외래종교의 혼합으로 이루어진 종교운동은 종교생활뿐만 아니라 정치적 운동의 기제임을 보여준다. 즉 식민통치, 특히 영국의 간접통치(indirect rule)에 비하여 프랑스의 직접통치(direct rule) 아래에서 피식민 토착민들은 정치와 사회적 진출의 기회를 박탈당하였다. 따라서 그들이 세속적인 욕구를 충족시킬 시도를 할 수 있는 영역은 종교였을 뿐이었다. 종교는 그들에게 그들 사회 내에서의 권력을 획득하고 외부세력에 대하여 정치적 입장을 개선하는 데 필요한 수단이 된 것이다.

이들의 선교특징은 신앙촌을 건설하는 것이었다. 즉 종교적 지도자는 구세주의 인상을 주며 그의 지시에 의하여 지상에 이상적인 신앙공동체를 실현하는 것이다. 신앙촌은 기독교의 여러 성지의 이름을 따서 명명되었으며 백인 군대의 카키복을 제복으로 하고 군사조직을 모방하여 내부조직을 하였으며 농업, 상업, 수공업 등 공동관리에 의한 생산활동을 하였다. 지도자는 단순히 종교생활만을 관장하는 것이 아니라 정치, 사회, 치안, 경제 등 모든 분야를 총괄한다.

그들은 기독교와 백인들의 제도를 모방하였지만 자신들이 기독교인임은 부정한다. 오히려 백인에 있어서의 예수나, 아랍인에 있어서의 무함마드에 해당하는 아프리카인에 있어서의 존재를 설정한다. 따라서 이러한 교리는 여러 토착부족들에게 쉽게 받아들여질 수 있었다. 동시에 그들은 프랑스 식민정권에 대하여 직접적인 반발을 하거나 무력항거를 하는 것이 아니었으므로 아무런 제재를 받지 않았다. 그들은 서구문명과 제도들에 대하여 반대나 냉담하지 않고 모든 면에서 모방하고 도입하는 자세를 취하였으며 동시에 모든 콩고부족들에게 호소력을 가졌다. 따라서 식민통치하에서 특수한 형태의 정치적 성취감, 해방과 풍요에 대한 이상의 실현을 경험하게 해주는 이 종교운동은 아프리카 전역에 급속히 퍼져 나갔다.

**더 읽을거리** _____

김광억
　　1991, 「저항문화와 무속의례: 현대 한국의 정치적 맥락」, 『한국문화인류학』, 23(1): 131-172.
김성례
　　1990, 「무속전통의 담론 분석: 해체와 전망」, 『한국문화인류학』, 22: 211-243.
Douglas, Mary
　　1966(2005), *Purity and Danger: An Analysis of Concept of Pollution and Taboo*,

London; New York: Routledge. (유제분·이훈상 공역,『순수와 위험: 오염과 금기 개념의 분석』, 서울: 현대미학사, 1997.)

Evans-Pritchard, Edward Edward Evans

1965, *Theories of Primitive Religion*, Oxford: Clarendon Press. (김두진 역,『원시 종교론』, 서울: 탐구당, 1977.)

1976, *Witchcraft, Oracles, and Magic among the Azande*, Oxford: Clarendon Press.

Firth, Raymond

1973, *Symbols: Public and Private*, Ithaca, N. Y.: Cornell University Press.

Geertz, Clifford

1973, *The Interpretation of Cultures: Selected Essays*, New York: Basic Books. [문옥표 역,『문화의 해석』, 서울: 까치, 1998(2009).]

Harris, Marvin

1975, *Cows, Pigs, Wars and Witches: The Riddles of Culture*, New York: Vintage Books. [박종열 역,『문화의 수수께끼』, 서울: 한길사, 1993(2004).]

Kendall, Laurel

1998,「소비하는 영혼들(Consuming Spirits)」,『한국문화인류학』, 31(2): 271-291.

Lambek, Michael (ed.)

2008, *A Reader in Anthropology of Religion*, Malden, Massachusetts: Blackwell Pub.

Morris, Brian

1987, *Anthropological Studies of Religion: An Introductory Text*, Cambridge (Cambridgeshire); New York: Cambridge University Press.

Wolf, Arthur (ed.)

1974, *Religion and Ritual in Chinese Society*, Standford: Standford University Press.

Worsley, Peter

1968, *The Trumpet Shall Sound: A Study of Cargo Cults in Melanesia*, New York: Schocken Books.

# 제11장

# 문화와 인성

여러 가지 요인들의 복잡한 상호작용의 결과로 개인은 각자 독특한 양식으로 생각하고, 느끼고, 행동한다. 이것을 우리는 개인의 인성(personality)이라고 부른다. 우리는 각자 우리의 인성에 영향을 미친 어떤 유전적인 특징들을 가지고 태어난다. 그러나 우리가 살고 있는 사회의 문화는 인성에 더 강력한 영향력을 행사한다. 한 사회문화체계의 고유의 특성들을 가져오게 하는 공유와 학습의 과정은 또한 고유의 인성 특질들을 낳는다. 만약 그런 인성 특질들이 공통적으로 학습된다면, 그것들은 모두 문화적인 것이다.

그러면 세계의 여러 사회들에서 나타나는 인성의 차이를 우리는 어떻게 이해할 것인가. 이 장에서 우리는 우선 인성을 결정하는 요인에는 어떤 것들이 있는지, 그리고 인성은 어떤 과정을 거쳐서 형성되는지를 살펴본 다음 인성의 문화적인 배경 또는 인성과 문화 간의 상관관계에 대해 집중적으로 살펴볼 것이다.

## 1. 인성의 결정요인

이 세상에는 어느 누구도 다른 어떤 사람과 똑같은 식으로 생각하고, 느끼고, 행동하는 경우를 찾아보기는 힘들 것이다. 아마도 그런 경우는 찾아보기 힘들다는 표현보다는 "있을 수 없다."라고 말하는 것이 옳을지도 모른다. 개인은 누구나 다 고유의 양식으로 행동한다. 그것은 그들 각자가 인성을 결정하는 상이한 결정요인들을 가졌기 때문이라고 볼 수 있다. 사실 인성은 상호작용하는 수많은 요인들의 한 결과이다. 어느 누구도 똑같은 요인들을 가지고 있지 않다. 혹은 같은 요인들을 가지고 있다고 하더라도 어느 누구에게는 특정의 요인이 강하게 작용하고, 또 다른 사람에게는 그 요인이 약하게 작용하는 등 상호작용의 유형에서 차이가 날 수도 있다. 이 요인들은 크게 나누어서 ① 개인의 생물학적인 특징, ② 개인이 살고 있는 환경, ③ 개인의 생활사 또는 고유의 생물학적·심리학적·사회적인 경험 그리고 ④ 그가 살고 있는 문화적인 환경 등 네 가지로 구분될 수 있겠다. 이제 이 각각에 대해 어떤 요인들이 포함되고 있는지를 간단히 살펴보기로 하자.

### 1) 생물학적 요인

인성의 결정요인들 중에서 가장 분명한 것은 아마도 개인이 선천적으로 가지고 태어난 체질적 그리고 정신적 능력일 것이다. 뒤에서도 언급되겠지만, 그것이 분명하다고 해서 가장 중요한 것이라고 말할 수는 없다. 이것들은 흔히 '유전적' 또는 '선천적' 특성들이라고 불리고 있지만, 이런 식의 표현은 간혹 오해를 자아내기 쉽고, 다양한 식으로 해석되기도 한다. 여기서는 신체적 구조, 지능, 정신·신경학적 구성, 기형 또는 불구 등과 같은 신체적 결함의 유무 등이 포함된다.

인성에 직접 영향을 미치는 것으로 쉽게 발견될 수 있는 신체상의 형태적 요인들로는 신장, 체중, 신체적 외모 등이 있다. 난쟁이의 인성이 거인의 것과 같을 수는 없다. 그러나 우리는 체질적 특성에 대한 사회적 의미는 문화적으로 결정된다는 점을 명심해야 할 것이다. 간혹 우리는 백인들의 미인대회와 흑인들의 미인대회에서 그들 간에 가장 아름다운 여성이라고 보는 기준이 다르다는 점을 느낄 수가 있다. 또 어떤 문화에서는 비만형의 부인이 부와 사회적인 위세의 상징인 반면, 특히 서구사회에서는 여유 있는 상류층의 여인들은 살을 빼기 위해 온갖 노력을 다한다. 문화에 따라서 그런 체질적 특성들에 상이한 의미를 부여하고 있다.

연령과 성에 따른 역할의 차이도 생물학적 요인의 범주 속에서 고려되어야 할 것이다. 그러나 이것들도 역시 거기에 부착된 문화적 가치와 함께 고려되었을 때만 의미가 있다.

이미 더 이상 받아들여지지 않는 이론이 되고 말았지만, 몇몇 심리학자들과 사회학자들은 신체상의 형태는 어떤 종류의 범죄와 의미 있는 상관관계가 있다는 주장을 한 바 있다. 이런 주장들은 과학적 증거들에 의해서 더 이상 뒷받침되고 있지 않으며, 문화와 인성의 분야에 종사하는 인류학자들은 대체로 이런 주제를 가치 있는 연구 분야로 간주하지도 않고 아예 무시해 버리고 있다.

그러나 어떻든 간에 각 개인은 생물학적 특징에 있어서 고유한 것은 사실이고, 이것은 그의 성격형성에 하나의 기초를 제공해 주고 있음은 부인할 수 없는 사실이다. 그러나 이것은 특정의 신체적 특징을 가진 사람이 반드시 어떤 형의 인성을 가지게 된다는 것을 의미하는 것은 결코 아니다. 인성의 형성에는 이 외에도 더 많은 요인들이 작용하고 있어서 그것들 간의 상호작용의 결과로 하나의 인성이 표출되는 것이다.

## 2) 자연환경

19세기의 몇몇 인류학적 지리학자들은 자연환경과 관련하여 국민성을 설명하려고 시도하였다. 예컨대 산악지대에 사는 사람들은 거칠고 개인주의적이며, 온화한 기후지역에 사는 사람들은 창조적이고 진지한 성격을 보이고, 열대지역에 사는 사람들은 게으르고 성적으로는 조숙하다는 등 그들이 찾아낸 고정형의 목록은 길다. 대부분의 초기 인류지리학자들에 의한 이 분야의 결론들은 너무 피상적인 것들이어서 심리적 특성과 행위특성의 결정인자로서의 인종의 개념과 함께 20세기의 인류학자들에 의하여 거부되었다.

그럼에도 불구하고, 특정사회의 성원들이 섭취하고 있는 음식물들에 함유된 무기질 성분은 전 인구의 내분비체계에 영향을 줄 수 있고, 사실 양자 간의 상관관계는 의학적으로도 증명되고 있다. 한 사회집단이 북극지방, 사막지역 혹은 강우량이 많은 열대의 수림지역 중 어디에 적응해야만 하는가라는 점은 성격형성에 의미 있는 영향을 미칠 만한 요인이 되고 있다. 사람들이 살고 있는 지역들이 위치하고 있는 고도의 차이, 그들이 적응해야만 하는 특징적인 기압의 차이도 역시 주민들의 인성에 적지 않은 영향을 미친다. 우리는 이런 자연환경의 요소들을 무시해서는 안 될 것이다. 심리인류학자 화이팅(John Whiting 1964)은 남자들의 성인식, 복혼제 그리고 기후적인 조건 사이의 인과관계를 찾아보려는 작업을 시도한 바 있다. 이런 시도는 환경적인 변수를 고려한 좋은 예라고 하겠지만, 우리는 특정의 환경적인 변수가 특정형의 인성과 직접 연결되는 것이 아니라, 다른 변수들과의 상호작용과정에서 굴절현상이 일어난다는 점을 명심해야 할 것이다.

## 3) 개인 고유의 경험

모든 사람들은 각기 고유의 생활사를 가지고 있다. 이것은 심지어 같은 부

362

모에게서 태어나서 같이 자라난 일란성 쌍둥이의 경우에도 적용될 수 있는 말이다. 사람들은 각기 그가 살고 있는 사회문화의 모든 측면을 모두 접하는 것은 아니다. 신분상의 차이도 사회적인 기회와 경험에 있어서의 차이를 의미한다. 이것은 곧 지위역할과 인성에 있어서의 차이를 의미한다. 그러나 더욱 중요한 사실은 똑같은 지위에 있는 사람들도 똑같은 경험을 할 수는 없다는 점이다. 위와 같은 쌍둥이의 경우에도 어머니가 한쪽을 다른 쪽보다 더 좋아 할 수도 있고, 한 아이는 벌써 젖 먹고 자는데 다른 아이는 아직도 젖을 빨고 있다는 등 두 아이가 똑같은 사회적 경험을 할 수는 없다. 정신분석학으로부터 우리는 일상생활에서 우연한 것들이 인성 발달의 방향을 결정짓는 데 얼마나 중요한 역할을 하는가를 배웠다.

그렇다고 해서 우리는 여기서 개인 고유의 행위양식 또는 개성을 강조한 나머지, 한 사회의 성원들에서 어떤 공통적인 것을 찾아내려는 노력은 아무 쓸모가 없다는 것을 말하고자 하는 것은 아니다. 사실 문화는 모든 개인들의 경험들을 똑같은 넓은 강물을 따라 흘러내리게 함으로써 인성을 표준화하는 경향이 있다. 그러나 수많은 상황에서 벌어지고 있는, 그리고 극히 다양한 경험들을 포함하고 있는 모든 사람들의 생활을 완전무결하게 표준화 또는 규격화시킨다는 것은 불가능한 일이다.


## 4) 문화적 요인

문화적 결정요인들은 한 사회의 구성원들의 정상적인 행위들에 유형(pattern)을 제공해 주고, 한계를 정해 준다. 앞에서 이미 살펴본 문화의 개념이 암시하고 있는 바와 같이, 문화는 마치 미로의 설계도면처럼 인간이 어떻게 생각하고, 느끼고, 행동해야 할지에 대한 지침서를 제공해 주고 있는 것이다.

이미 우리는 인성의 결정인자로서 개인의 생물학적 특징, 자연환경, 그리고 개인 고유의 경험 등을 살펴보았지만, 아무리 그것들이 중요하더라도 사회집단 또는 문화에 따라 각기 성원들의 인성에 고도의 규칙성이 나타나고 있음을 볼 수 있다. 한 나라 속에서도 도시 사람과 농촌 사람, 또는 한국 사람, 일본 사람, 미국 사람 등 각각에는 다른 것과 구분될 만한 상당한 정도의 공통적인 유형이 발견된다. 이런 차이들은 앞서 살펴본 세 가지의 요인들에 주의를 돌려서는 설명이 되지 않는다. 우리가 분명히 알 수 있는 한 가지 사실은 그들 각각의 문화 또는 하위문화가 상이하다는 점이다. 개인들이 아무리 독특한 체질적인 특성을 가지고 있고, 고유의 경험을 한다고 하더라도, 그들은 각기 일상생활에서 접하고 있는 문화에 따라 반응하며, 그에 기초하여 개인들의 인성이 형성된다. 이런 점에서 개인들이 접하고 있는 문화는 인성의 가장 중요한 결정요인으로 간주될 수 있겠다. 사실 인류학자들이 인성을 다룰 때 주로 관심을 두는 영역도 바로 이것이고, 아래에서 우리는 이런 문화적 배경에 역점을 둘 것이다.

## 2. 인성의 형성과정

### 1) 육아양식

문화의 다른 영역들과 마찬가지로 자녀양육(childrearing) 양식도 문화에 따라서 상당한 차이가 있다. 또한 같은 사회 안에서도 가족에 따라 차이가 있을 수도 있다. 생활경험들의 많은 부분이 가족생활의 맥락에서 일어나고 있기 때문에, 우리는 간혹 어린이의 인성은 대체로 그의 부모들에 의해서 형성된다고 말하기도 한다. 이런 이유로 같은 가족의 성원들은 비슷한 인성을 가진다고 말해도 좋겠다. 이것은 반드시 똑같다는 말은 아니다. 그러나 우리는 특정의 가족이 왜 그들이 따르고 있는 그런 방식으로 자녀들을 기르고 있는지를 생각해야만 하겠다. 어떤 점에서는 모든 가족들이 각기 독특하다고 하겠지만,

부모들이 자녀들을 양육하는 방식의 많은 부분은 그들이 접하고 있는 문화, 즉 가족생활의 유형과 그 사회의 성원들이 공통적으로 '올바른' 자녀양육방식이라고 믿고 있는 것에 의하여 영향을 받는다.

우리나라 안에서도 자녀양육 방식은 가정에 따라 많은 세부적인 차이가 있기에, 어떤 것이 올바른 것인가를 말하기는 어렵다. 그러나 우리가 다른 나라의 것을 살펴보고 우리의 것과 비교해 볼 때 우리는 우리 것을 좀 더 분명히 파악할 수가 있다. 예컨대, 남태평양의 마르케사스(Marquesas)족은 젖을 먹이는 것은 어린이로 하여금 성장을 어렵게 만들고 있다고 믿고 있다. 그래서 그들은 어린이에게 젖을 불규칙적으로 먹이고, 어린이의 편의를 위해서가 아니라 어머니의 편의에 따라 젖을 먹인다. 인도의 첸추(Chenchu)족은 어린이가 다섯 살 또는 여섯 살이 될 때까지 젖을 떼지 않는다(Whiting and Child 1953: 69-71). 성에 대한 태도도 극히 다양하다. 미국의 남서부에 살고 있는 치리카후아 아파치(Chiricahua Apache)족에서는 어린이들이 여섯 살이 넘으면 남녀별로 격리시키지만, 중부 인도의 바이가(Baiga)족에서는 아예 어린이들로 하여금 성(性)장난을 하도록 권장하고 있다. 호피(Hopi) 인디언들은 어린이들에게 너무 일찍 성경험을 하면 어떤 결과를 초래할 것인가에 대해 경고하는 관습을 가지고 있다. 즉 그들은 남자아이들에게는 난쟁이가 되지 않으려면 그런 짓을 하지 말라고 경고하고, 여자아이들에게는 만약 임신을 하면 모든 사람들이 죽을 것이고 세상은 끝이 날 것이라고 경고한다.

어머니들이 유아를 다루는 방식도 사회에 따라 많은 차이가 있다. 뉴기니의 쿠오마(Kwoma)족의 어머니들은 항상 어린이들을 데리고 다니면서 보챌 때마다 달래고 돌봐 준다. 마거릿 미드(Margaret Mead)는 같은 지역의 아라페쉬(Arapesh)족에서 비슷한 관습을 관찰한 바 있다. 그들은 어린이를 연약하고, 다치기 쉬우며, 귀중한 작은 것으로 간주하여, 그들은 잘 보호되어야하고, 잘 먹여야 할 것이며, 소중하게 다루어져야 한다고 믿고 있다. 그래서 어머니들은 걸어 다닐 때마다 어린이를 젖가슴 밑에 띠로 매달거나 아니면 보드라운 그물주머니에 넣어 매달고 다닌다. 어린이가 보챌 때마다 상냥하게 그리고 주의 깊게 젖을 먹인다. 이와는 달리 일본의 북부에 있는 아이누(Ainu)족의 어머니들은 낮에 어린이를 양 끝의 벽에 매달아 놓은 요람에다 눕혀 놓고 별로 주의 깊게 돌보지 않는다. 즉 그들은 보통 어린이가 발버둥을 치고 울다가 지치면 잠들도록 내버려 둔다.

어른들의 인성에 관한 연구들은 그들의 행동의 대부분이 유아기의 양육양식을 반영하고 있음을 보여주고 있다. 정상적인 상황에서 어린이들의 첫 경험, 그리고 그 후의 경험들은 주로 가족생활에서 이루어진다. 즉 가정은 어린이들의 세계이다. 이 세계는 어린이들의 성격형성에 중요한 역할을 담당하고 있다. 다시 말해서 자녀를 어떤 식으로 키우는지도 자녀가 가질 인성의 형태를 부분적으로 좌우한다. 상이한 육아양식을 가진 사회들은 상이한 인간형을 만들어 낸다. 이것은 사람마다 고유의 인성을 가지고 있다는 것을 부인하려는 뜻은 아니다. 다만 어느 사회건 간에 거의 공통적으로 따르고 있는 고유의 육아양식이 있고, 그것이 그 사회성원들의 인성 형성에 유사한 영향을 미치게 된다는 것이다.

## 2) 문화화

어느 사회 또는 문화에서도 인간의 생물학적 욕구가 어떤 식으로 충족되어야 할 것인가에 대해 한계를 정하고 있고, 이것을 표준화하고 있다. 예컨대 어린이들이 음식을 먹고 싶어할 때 제 마음대로 어떤 방식으로든지 먹도록 내버려 두는 사회는 없고, 대소변을 보고 싶을 때에 언제나 어디에서든지 보도록 내버려 두는 사회는 없다. 우리 사회에서도 어려서부터 숟가락은 이렇게 쥐어라, 젓가락은 저렇게 쥐라는 등 부모가 어린이들에게 가르치고, 손으로 반찬을 집어 먹는 것을 보고 야단을 치기도 한다. 또한 어려서부터 대소변의 훈련에 많은 신경을 쓰는 모습도 흔히 볼 수 있다. 성적인 욕구를 어떤 식으로든지 충족하도록 아무런 제한을 가하지 않는 사회는 없다는 점은 이미 앞에서 지적되었다. 이런 예들에서 볼 수 있는 바와 같이 모든 사회가 성원들의 행동에 상당한 정도의 사회적인 통제를 가하고 있다.

사람들은 각기 생물학적 욕구 또는 충동에 어떤 식으로 반응하는 것이 목표를 성취하고 욕구를 충족할 수 있는 방식인지를 배워야만 한다. 문화적으로 금지되어 있는 반사회적 행위는 그런 것을 제거하려는 사회적인 노력에 의하여 벌을 받게 된다. 즉 개인은 그의 충동을 금지된 식으로 발산하는 것을 억제하고 문화적으로 지시된 방식으로 행동하는 것이 관습화되도록 배워야만 한다. 성적 욕구를 자유분방하게 충족시키고, 사회적으로 받아들여질 수 없는 '못된 짓'을 하는 사람을 가리켜 우리가 흔히 "그는 사람도 아니다."라고 표현하는 것도 실은 그 사람이 문화적으로 지시된 규범에 벗어나는 행동을 하고 있기 때문이다.

이와 같이 부모들이나 또는 다른 사람들의 영향을 받아, 그 문화에서 적절한 것으로 간주되고 있는 표준에 일치하게끔 어린이들의 행위유형이 의식적으로 또는 무의식적으로 형성되어 가는 과정을 문화화(enculturation)라고 부른다. 어떤 의미에서는 그것은 어린이가 문화를 학습하는 과정이라고 말할 수도 있겠다. 잘 적응하고 있는 인성은 바로 그 사회적 환경에서 기대되고 있는 표준에 따라 개인적인 충동을 성공적으로 충족시키는 것을 말한다.

이 문화화와 비슷한 의미로 사회심리학과 사회학의 분야에서 오랫동안 사용해 오고 있는 개념으로 사회화(socialization)를 들 수 있다. 그러나 인류학자들은 어린이들로 하여금 기존의 유형화된 문화적 전통 속으로 끌어들이는 과정이라는 점을 강조하면서 문화화라는 용어를 즐겨 쓰고 있다.

인간은 끊임없는 긴장상태에서 생활하고 있다. 이 긴장들은 줄일 수는 있지만 완전히 제거할 수는 없는 일이다. 내적인 충동과 그 문화에 의해서 허용된 한계 사이의 싸움은 부단히 계속된다. 어떤 사람은 인간의 정신적인 갈등이 바로 인간의 본질적인 요소라고도 말한다. 인성의 성숙이란 기존의 사회에서 생활해 나가는 데 의거해야만 할 규범들의 수용을 의미한다. 성장하는 어린이들이 그들의 문화의 유형에 따라 행동을 조정하고, 그 문화의 부분을 구성하고 있는 가치관, 신앙체계, 행위양식 등이 그들의 사고와 행위의 한 정상적인 부분으로 될 때, 그들은 그들의 문화를 내면화한 셈이고, 전반적으로 문화화 되었다고 말할 수가 있다. 이렇게 하여 그들의 인성은 성숙된다.

## 3) 교육

육아양식과는 달리, 교육은 어른들이 어린이들의 인성을 형성하기 위한 더욱 공식적인 노력들을 의미하고 있다. 그러나 원시사회들에서는 위의 양자 간의 차이는 우리 사회에서만큼 현저하지는 않다. 원시인들에게는 생활 그 자체가 교육과정이다. 아버지들은 어린이들이 가보지 못한 공장이나 사무실에서 일하지 않는다. 어린이들도 하루에 몇 시간씩 집을 떠나 학교에 갇혀 있지 않는다. 작은 규모의 캠프나 마을에서 어린이들이 뛰어다니면서 놀고, 어른들의 모든 중요한 활동들도 바로 그곳에서 벌어진다. 어려서는 활 놀이를 하다가 어느 정도 성숙하면 어른들의 사냥길에 따라나서 어떤 점에서는 눈치와 기지를 발휘해서 어떻게 사냥을 효과적으로 할 수 있는지를 배운다. 가축 몰이를 하고, 춤을 배우며, 민담, 전설 등의 민간신앙들을 배우고 익히는 것도 대체로 이런 식으로 이루어진다.

대부분의 지식은 전문 직업인으로서의 선생 또는 강사들이 아닌 가족 성원들과 함께 생활해 나가는 과정에서 얻어지는 부산물들이고, 또 많은 것을 약간 더 나이가 많은 다른 친구들로부터 배운다. 다만 공식적 학습은 보통 종교 및 주술과 같은 특수한 분야에만 한정되어 있다. 성인식이나 입회식 등과 같은 약간 정교화된 의례의 관습들이 있는 곳에서는 대체로 공식적 훈련과정이 있다.

동남아프리카의 츠와나(Tswana)족에서 관찰된 성인식(initiation ceremony)

을 예로 들어 보자(Schapera 1938: 106). 이 의식을 거칠 나이가 된 소년들은 동시에 집단적으로 의식을 맞는다. 그들은 마을을 떠나 약 3개월 동안 몇 개의 캠프에 격리된다. 의식의 세부적인 사항들은 부인들이나 모든 다른 미성년 자들에게 철저하게 비밀에 붙여진다. 만약 이런 규율을 어긴다면 심한 벌을 받게 되고, 심지어 캠프에 너무 가까이 접근한 자는 살해되기도 한다.

캠프에서 소년들은 우선 부족의 전통을 따라 피부의 일부를 찢는 할례식(circumcision)을 거친다. 그 후 소년들은 수많은 비밀, 주술과 노래를 배우고, 추장을 존경하고 복종하며 지지할 것, 부족을 위한 일이라면 목숨을 내걸고라도 노력하고 모든 어려운 일들을 참고 견딜 것, 각 집단의 단위별로 단합하고 상부상조할 것, 생계의 주요 원천인 가축을 중요시할 것, 노인들을 잘 모시고, 소년시절의 모든 행동관습에서 이제는 떠날 것 등에 관해서 아주 체계적으로 '교육'을 받게 된다. 교육의 많은 부분은 또한 성과 관련된 중요한 문제들을 다룬다. 아기를 낳을 의무, 결혼생활에서 지켜야 할 것들, 금지된 부인들과 성관계를 맺는 것이 얼마나 위험한 일인지에 관해 강의를 받는다. 더 나아가 그들은 부족의 전통, 종교적인 관습, 부족의 전쟁노래들을 배우고, 수많은 종류의 상징적인 춤을 배운다. 이 과정에서는 수많은 종류의 금기가 적용되어 어떤 때에는 굶어 죽을 정도이고, 고된 훈련은 거의 고문에 해당할 정도이지만 소년들은 모두 이런 고통을 견뎌내어야만 한다.

이것은 하나의 특수한 예라고 하겠지만, 이와 비슷한 관습은 많은 원시사회들에서 나타나고 있다. 다만 여기서 지적하고 싶은 것은 공식적 교육은 문명사회들에 국한된 것도 아니고, 많은 원시사회들도 이런 교육과정을 통하여 한 세대의 전통을 다음 세대에 물려주면서 성원들의 인성을 그 집단의 어떤 표준으로 근접시키려는 제도적 장치를 가지고 있다는 점이다.

## 3. 사회적 인성과 국민성

### 1) 기본적 인성

각 사회의 문화는 다양한 양식으로 기능하고 있기 때문에 한 전형적인 한국인, 미국인, 러시아인, 독일인의 인성을 규정한다는 것은 거의 불가능에 가깝다고 할 만큼 어려운 일이다. 그러나 그 사회를 단기간 다녀온 여행자들은 쉽게 어떤 식으로든 규정을 내린다. 물론 그런 묘사는 거의 대부분이 고정형들이다. 5천만 한국 사람들의 인성을 한 가지의 방식으로 묘사한다는 것은 분명히 피상적일 수밖에 없을 것이다. 그렇다면 사회과학자들은 그런 일을 더 훌륭히 해낼 수 있을까. 우선 사회학적 연구에 종사하는 학자들은 특정의 문화를 더욱 객관적인 방식으로 검토하는 경향이 있다. 관찰을 위해 수많은 표본을 사용하는 것 외에 그들은 보통 어떤 문화적 특징들을 찾아내기 위해 많은 다른 민족들을 조사한다. 그들은 또한 다양한 인성 검사법을 사용하기도 한다. 한 사회에 특징적인 인성을 밝히려는 시도에서 나온 개념들 중의 하나로 '기본적 인성(basic personality)'을 들 수 있다.

기본적 인성은 정신분석학자인 카디너(Abram Kardiner 1939)에 의해 정립된 개념이다. 그는 문화와 인성 간의 정신역학적 분석에 크게 관심을 두었다. 그의 접근방식의 독특한 측면이란 그가 사회제도들이 인성에 어떠한 영향을 미치고, 또한 인성은 제도들에 어떠한 영향을 미치는지를 밝혀내려고 노력한 점이다.

사회적 제도들과 인성은 서로 간에 영향을 미치고 있다는 일반화된 정신분석학적 전제와, 문화결정론의 입장에서 얻어진 인류학적인 자료들에 기초하여 카디너는 다음과 같은 결론을 이끌어내고 있다. 즉 ① '제1차적 제도'라고 불리는 어떤 문화적으로 유형화된 자녀양육 양식들은 부모들에 대한 기본적 태도들을 형성시켜 준다. 이런 태도들은 개인의 전 생애를 통해 존재한다.

② 어떤 사회의 문화적으로 표준화된 자녀양육 양식들에 의해 형성되었고, 또한 어른들 간에도 존속하는 태도와 행위가 하나의 잘 통합된 유형을 이루게 될 때, 그것을 그 사회 전체의 '기본적 인성'이라고 부른다. ③ 제1차적인 제도들로부터 파생된 이런 기본적 인성은 투사(投射)의 메커니즘들에 의하여 결국 종교, 정부, 신화 등과 같은 다른 제도들에 반영된다는 것이다. 투사의 결과로 생겨난 이런 제도들은 '이차적 제도'라고 불린다.

대체로 인생의 초기에 일어나는 일이지만, 일단 한번 기본적 인성이 형성되면 그것은 쉽게 바뀌지 않는다. 과거는 그대로 살아 있고, 끝없는 연속선상에서 어른들은 그들의 부모들이 그들을 다루었던 것과 마찬가지로 자신들의 어린이들을 다루게 된다. 사람들은 그들의 기본적 인성을 바꾸지 않고도 그들의 문화로부터 새로운 요소들을 취한다. 그들이 새로운 종교나 민담 등을 접할 때마다 그들은 자신들이 이미 친숙한 의미를 부여하고, 그들이 무의식적으로 이런 빌어온 요소들을 변형시킬 때에는 그것을 제공한 집단의 어떤 정서적 욕구보다는 자신들의 것에 맞게 변형시킨다. 이런 기본적 인성의 결정적인 변화는 제1차적 제도들을 바꾸기에 충분할 만큼 근본적인 문화변동을 요한다.

이런 기본적 인성의 한 예로 인류학 문헌에서 널리 알려진 것이 알로르 (Alor)족의 문화이다. 동부 인도네시아에 위치한 티모르(Timor)섬에 살고 있는 알로르족은 열대수림의 환경에 알맞게 주로 원시농경에 종사하고 있다. 그들의 기본적 인성은 항상 불안과 초조감에 싸여 있고, 의심이 많으며, 남을 믿지 않고, 자신감이 결여되어 있으며, 바깥 세계에 대해 거의 관심이 없다는 것 등으로 특징지어진다. 또한 그들은 기업가 정신도, 높은 성취욕구도 결여되어 있으며, 그들의 인성은 억눌린 증오심과 공격성으로 가득 차 있고, 항상 복수심에 불타 있다. 이러하여 개인들은 서로 간의 증오심으로부터 자신들을 방어하는 데에 모든 에너지를 소모해야만 한다. 그들 간의 협동은 거의 찾아 볼 수 없고, 애정과 상호 간의 이해관계에 의한 것이 아니라, 단지 지배, 복종의 태도에 의해서만이 그나마 극히 낮은 정도의 사회적인 응집력이 유지될 수 있는 사회라는 것이다(Kardiner et al. 1945: 156). 물론 언뜻 보기에는 이런 사회가 어떻게 존속할 수 있을지 의심이 가기도 한다. 그러나 다른 한편으로는 지나친 외부적인 경쟁심을 억제하는 것이 티모르와 같은 고립된 섬에서 살아가는 데에 하나의 효과적인 적응전략이 되는 장점도 있다.

카디너는 이상과 같이 문화의 한 측면이 어떻게 인성 형성에 작용하고 있으며, 그 결과로 형성된 인성은 문화의 다른 측면에 어떤 영향을 미치고 있는지를 밝히려고 노력하였다. 사실 그는 인성에 미친 문화의 영향에만 국한하지 않고, 양자 간의 상호관계를 밝히는 데에 관심이 있었다.

## 2) 최빈 인성

특정사회에서 전형적으로 나타나는 인성을 '최빈 인성(modal personality)'이라고 부른다. 이것은 그 사회에서 가장 높은 빈도로 나타나는 특징적 인성을 말한다. 예컨대, 공격성은 어떤 사회의 한 개인에게는 나타나지 않는다고 하더라도, 다른 민족과 비교해서 보면 그 사회에 더 많은, 또는 더 적은 정도로 나타나기도 한다. 이와 비슷하게 우리는 어떤 사회의 최빈 인성이 다른 사회보다는 육체적 또는 언어상의 공격성이 훨씬 더 높게 나타나고 있다고 말하기도 한다. 그런 식의 판단은 항상 한 사회를 다른 사회와 비교해서 본 상대적인 것이다. 우리가 그런 공격성을 그 사회의 최빈 인성이라 말했을 때, 우리는 그 사회의 대부분의 사람들이 다른 사회의 사람들보다는 더 공격적이라는 것을 뜻한다.

예컨대, 브라질과 베네수엘라의 경계지역에 위치한 야노마뫼(Yanomamö) 인디언들은 그들 간의 인간관계에서 고도의 공격성을 보이고 있다는 점이 여러 인류학자들에 의해서 지적되었다(그 한 예로 Chagnon 1968). 그들은 무엇을 요구할 때 흔히 위협하고 또한 고함을 지르며, 흔히 폭력을 행사한다. 다른 사회들과 비교해 본다면, 이 야노마뫼족에서 나타나는 높은 정도의 공격성을 우리는 그들의 최빈 인성으로 간주할 수 있을 것이다.

문화가 결코 고정된 것도, 정체적인 것도 아닌 것과 마찬가지로 이런 최빈 인성도 결코 정체적인 것은 아니다. 개인은 간혹 변화된 상황에 적응하는 과정에서 그들의 행위를 바꾼다. 한 사회에서 많은 사람들이 그들의 전통적 행위양식 또는 자녀양육 방식을 바꾸게 된다면, 아마도 그들의 최빈 인성도 또한 변모될 것이다.

## 3) 사회적 인성

심리학자들과 정신과 의사들이 개개인의 인성을 분석하고 이해하는 데에 주력하는 것에 반해, 심리인류학자들은 분명히 어떤 사회집단에 특징적으로 나타나는 인성에 주로 관심을 기울인다. 이런 점에서 '사회적 인성(social personality)'이라는 개념이 호니그만(John Honigman 1967: 94-96)에 의하여 제시되었다. 인성 특성들은 그 집단의 많은 사람에 의해서 또는 모든 사람에 의해서 공유될 수도 있다. 항목별로 분류되어 체계적으로 모아 놓은 특성들은 어떤 사회의 인성이라고 부를 수도 있겠다. 비록 그 사회의 어떤 개인도 그것들을 모두 완전히 갖추고 있지는 않을 것이고, 그 집단의 어떤 사람도 남자, 여자, 어린이, 왕족, 평민 등이 모두 공유하고 있는 전체문화를 완전히 대표하고 있지는 못하지만, 위에서와 같이 한 사회의 인성을 이야기하는 것도 의미 있는 전망을 제공해 주고 있다.

호니그만에 의하면 문화적으로 다른 집단과 구별될 만한 어떤 인간집단은, 만약 그것이 심리학적 개념들과 분석방법들의 도움을 받아 적절하게 연구된다면, 그 사회 성원들의 행위의 아주 일반적인 체계, 즉 인성을 밝혀낼 수 있다는 것이다. 물론 그는 모든 구성원들이 이런 행위의 일반적인 체계를 따르고 있다는 것을 의미하지는 않는다. 대신에 그는 그것을 전부 보여주는 사람은 아무도 없다는 점을 분명히 인정하고 있다. 이와 같이 사회집단들에서 특징적으로 발견되고 있는 인성을 호니그만은 '사회적 인성'으로 규정하고 있다. 이것은 위에서 살펴본 최빈 인성과 유사한 것 같지만, 호니그만은 후자의 개념을 사회적 인성 중에서 단지 통계적 분석에 의하여 도달한 부분에만 한정하여 적용시키고 있다.

정신분석학적 이론의 강력한 영향 밑에 많은 심리인류학자들이 인성을 연구하기 위해 무의식적인 심층구조에 관심을 두고 있지만, 이것은 사회적 인성을 연구하는 유일한 접근방법은 아니다. 만약 우리가 에스키모사회를 아주 친절하고, 꾸밈없고, 침착하며, 낙천적이지만, 어떤 점에서는 자기도취적으로 공적인 이미지에 관심을 두고, 감정이 예민해서 쉽게 감정적인 상처를 받으며, 고도로 융통성이 있는 사람들로 구성되어 있다고 묘사한다면, 비록 극히 피상적이기는 하지만, 그것은 사회적 인성을 기술하고 있는 것이다. 그런 기술을 위한 열쇠는 에스키모인들과 접촉하는 과정에서 그들이 미소를 짓는 방식에서 얻어질 수도 있다. 그 미소의 감추어진 의미를 해석해 내는 데에는 경험적으로 얻어진 상식 이상의 아무런 이론도 요하지 않는다. 어떤 학자들은 사람들이 '무엇'을 하고, '무엇'을 생각하고, '무엇'을 만들고 있는지에 대해서보다는 '어떻게' 행동하고, 느끼고, 생각하는지에 강조점을 두고 어떤 문화의 스타일을 기술하는 심리학적 방식을 에토스(ethos)라고도 부른다. 어떤 사람들은 이와 같은 행위의 표현적 스타일을 연구하는 데에 만족하지 않고, 한 걸음 더 나아가 감정 뒤에 숨겨진 정신역학적 과정을 파악하고자 한다.

다시 한 번 사회적 인성을 정의해 본다면, 한 사회의 개인은 고유의 인성을 갖기도 하지만, 다른 한편 사회생활 경험은 그의 인성 형성에 크게 영향을 미치는바, '그 사회에서 생활한 결과로 그가 형성하는 인성의 모든 측면'을 호니그만은 사회적 인성이라고 부르고 있다. 이것은 그 사회의 모든 사람이 정확하게 똑같은 식으로 구현하고 있는 단일성을 뜻하는 것은 아니다. 사회적 인성은 사회성원들로부터 추출된 행위, 사고와 감정의 일반적인 하나의 유형에 해당한다. 어느 누구도 그런 전체 유형을 완벽하게 드러내고 있지는 않다. 즉 그것은 여러 가지 상황에서 사회성원들에 의해 표현된 행위들에 나타나고 있을 뿐만 아니라, 그들이 만든 또는 사용하고 있는 물건들에 반영되어 있는 일단의 규칙성들을 말한다.

## 4) 국민성

인류학자 마거릿 미드(Margaret Mead 1962)는 사회적 인성의 개념을 '국민성(national character)'이라는 이름 밑에서 현대사회의 실제적인 문제들에 적용할 목적으로 더욱 정교화시키는 데에 크게 공헌한 사람 중의 하나이다. 국민성 연구의 방법과 대상은 극히 다양하지만 그 개념은 분명하다. 즉 정당제도, 교육, 화폐 등과 같은 전국적 제도들인 한 국가의 문화는 개개 성원들의 정신적 또는 심리적 구조에 ― 비록 그들의 사회적 지위와 참여의 정도에 따라 달리 나타나기는 하지만 ― 구현된다는 것이다. 미드는 유아기로부터 출발하여 사람들이 그들의 역사적으로 유래하는 국민성을 배우는 방식, 그리고 그들이 일상생활에서 살아나가고 국민성을 표현하는 방식을 연구할 것을 제안한 바 있다. 그는 한 민족을 전체로 다루고자 했으며 이런저런 상황에서 나타나는 그들의 태도나 관습들을 따로따로 고려하지 않는다. 즉, 그의 개념에 의하면 국민성 연구는 성원들의 행위에 나타난 고립된 속성들의 목록을 작성하는 것을 피하고 있다.

미드가 국민성 연구를 위해 제시한 접근방법의 이론적 기초는 다음과 같은 네 가지의 가정에 근거하고 있다. 사실 작은 규모의 사회들을 대상으로 사회적 인성을 연구하려는 인류학자들이 흔히 이런 접근방법에 따르고 있다 (Honigman 1967: 97-98).

첫째로, 그것은 각 생활양식, 그리고 그 안에 있는 인성 체계를 하나의 전체 또는 체계로 간주하고 있다. 따라서 문화의 한 영역에서 사람들이 어떻게 행동하는지는 다른 상황에서의 그들의 행위와 의미 있는 상관관계를 맺고 있다는 것이다. 어린이들이 가정에서 배운 인성 특성들은 성인이 되어서 다른 상황에서도 나타난다. 즉 똑같은 기본적 반응양식들을 학습한 같은 사람들이 많은 상이한 문화적 상황들에 참여하고 있기 때문에 문화는 하나의 전체를 이루고 있다는 것이다.

둘째로, 문화적 차이에도 불구하고 인류학자들은 사람들이 어디에서나 똑같은 기본적인 인간의 본성을 가지고 있다고 믿고 있다. 중국에서 태어난 아이나 러시아의 어린이도 어떤 문화를 학습할 능력을 똑같이 가지고 태어난다. 그러므로 그들이 어떤 식으로 학습하고 무엇이 될지의 차이는 사회적으로 유형화된 경험의 측면에서 분석되어야 한다.

셋째로, 대표성에 관한 가정으로 한 국가의 모든 구성원은 체계적으로 자기의 문화를 대표하고 있다는 것이다. 이것은 각 성원이 자기의 연령, 성, 또는 다른 지위특성에 따라 그에 상응하는 방식으로 문화를 구현하고 있다는 것이다. 이것은 모든 사람이 똑같다는 것이 아니라, 각자는 자기의 사회적인 지위에 따라서 같은 문화를 다른 식으로 구현하고 있다는 말이다. 일생 동안 사회적 상호작용에 참여함으로써 우리는 우리의 국민성을 보강해 나간다. 또한 우리는 우리가 어렸을 때 학습했던 것들을 강화해 나가고, 만약 어떤 문화변동이 일어나면 우리는 그것을 수정해 나간다.

마지막으로, 미드는 주로 방법론적 측면에서 하나의 가정을 제시하고 있다. 현대사회에서와 같이 거대한 사회체계에서도 그 체계의 어떤 성원이라도 국민성에 대한 어느 정도의 정보는 제공해 줄 수 있다는 것이다. 한 국가가 아무리 분화되어 있다고 하더라도, 거기에는 전국적으로 적용되는 제도들이 존재하고, 성원들은 각자 정도의 차이는 있지만 독특한 방식으로 이들에 노출된다. 그러므로 모든 사람들에게서 그런 노출의 흔적을 추적해 낼 수 있다는 것이다.

국민성의 정확한 분석은 그 국가가 어떤 식으로 행동할지를 이해하는 데에 도움을 줄 수 있다. 이런 견해는 제2차 세계 대전을 전후로 국민성 연구를 자극하였고(Mead and Métraux 1953), 대전 중 불굴의 의지로 대항하는 일본인들의 성격을 밝혀 보려는 노력의 일환으로 이루어진 베네딕트(Ruth Benedict)의 일본문화 연구 『국화와 칼(The Chrysanthemum and the Sword: Patterns of Japanese Culture)』(1946)은 그런 전형적인 예에 속한다.

## 5) 이상적 인성유형

지금은 거의 하나의 고전이 되어버린 베네딕트의 『문화의 유형(Patterns of Culture)』은 문화와 인성 연구에 하나의 기념비적인 저작으로 간주되고 있다. 특히 이 책이 출판된 1934년을 "국민성의 과학적 연구가 탄생한 해"로 간주하고 있는 학자(Gorer 1953: 247)도 있는가 하면, 그의 연구는 후에 이루어진 수많은 '유형론적인 연구(configurational studies)'의 이론적인 틀을 잡아 준 하나의 본보기가 되었다.

사실 베네딕트는 현대 인류학에 유형론(configuration of culture)의 아이디어를 소개한 학자이다. 그에 의하면 문화는 수많은 구성요소 또는 특질들로 구성되어 있지만, 중요한 것은 그 문화가 어떤 특질들을 포함하고 있는지가 아니라, 그것들이 통합되어 있는 방식이라는 것이다. 베네딕트의 표현을 빌면, "전체는 단지 모든 부분의 총합이 아니라, 고유의 배열과 새로운 실체를 가져오는 부분들 간의 상호관계의 결과"(p. 47)라는 것이다. 이런 관점에서 본다면, 두 개의 사회가 꼭 같은 문화요소들을 가졌다고 하더라도, 그것들 간의 배열이 다르다면 아주 상이한 사회를 낳게 된다는 것이다. 극히 단순한 예를 들어 꼭 같은 양의 벽돌과 시멘트로 두 사람의 기술자가 각기 쌓는 방식과 그들이 무엇을 만들 것인지에 따라 벽돌담이 될 수도 있고 불을 지피는 벽난로를 쌓을 수도 있다는 점이다. 즉 한 문화의 유형(configuration)은 부분들 상호 간의 관계에서 나타나는 고유의 특징적인 형식을 말한다.

문화와 인성 간의 상호관련성에 대한 베네딕트의 접근방법에서 중심적인 관심은 한 문화의 관념적인 측면들의 윤곽이 이상적 인성의 형식(ideal personality type)으로 개인에게 새겨진다는 점이었다. 각 사회는 '훌륭한 사람'이란 어떤 사람을 가리키는 것인지에 대한 다소 분명한 아이디어를 갖고 있어서, 모든 사람들이 이런 이상적인 것에 가까운 성향을 갖도록 하기 위해 훈계, 금언, 상벌규칙 등의 다양한 제도적 장치를 마련해 놓고 있다. 또한 이상적인 인성유형에 가까운 사람은 모범적인 사람으로 존경과 칭찬의 대상이 되기도 한다. 베네딕트에 의하면 이런 이상적 인성의 성격이 곧 그 사회의 추상화된 성격구조라는 것이다.

베네딕트는 유형론적 관점에서, 그녀가 '디오니소스형(Dionysian configuration)'과 '아폴론형(Apollonian configuration)'이라고 부른 두 가지 유형의 문화를 상세하게 기술하고 분석함으로써 그의 이론을 경험적으로 논증하고자 하였다. 전자의 예로 베네딕트는 북미주의 서북 해안에 있는 밴쿠버지역의 콰키우틀(Kwakiutl) 인디언 사회를, 그리고 후자의 예로 미국의 서남부에 위치한 뉴멕시코주의 주니(Zuni) 인디언 사회를 들고 있다.

주니족을 현지조사한 베네딕트는 그들이 이웃하고 있는 다른 부족들과는 뚜렷한 차이가 나는 문화를 갖고 있음을 발견하였다. 그녀는 이런 대조를 적절히 표현할 하나의 열쇠를 니체(F. Nietzsche)의 글에서 찾아냈다. 즉 니체는 존재에 대한 두 가지의 상반된 접근방법을 논한 바 있다. '디오니소스형'의 인간은 일상생활의 단조로운 반복으로부터 도피해서 어떤 황홀한 경지의 정신상태에 도달할 수 있는 길을 찾아 나서는 반면에, '아폴론형'의 인간은 그런 경험을 불신하고 오히려 질서정연한 일상생활을 따르기를 좋아한다는 것이다.

베네딕트의 분석에 의하면, 북미주의 인디언들 간에는 디오니소스적인 경향이 강하게 나타나고 있다는 것이다. 이런 근거를 그녀는 그들 간에 널리 퍼져 있는 단식과 자학에 의해 환상적 경지를 찾아 나서는 관습, 그리고 종교적인 도취상태로 유도하기 위해 마약이나 알코올을 의례적으로 사용하는 등의 관습에서 찾고 있다.

애리조나주의 호피(Hopi)족과 함께 뉴멕시코의 주니족은 푸에블로(Pueblo) 인디언에 속하는 가장 잘 알려진 두 부족이다. 이웃하는 거의 모든 인디언 사회에서 나타나고 있는 디오니소스적인 문화가 이들 푸에블로 인디언에 의해 거부되고, 반대로 그들은 아폴론적인 가치를 높이 평가하고 있다는 것이다. 호피족과 주니족은 다른 이웃 인디언 사회들과는 달리 술을 담그지도 않고 마약을 사용하지도 않는다. 푸에블로사회에서는 음주문제가 없고, 그들은 자학행위를 거의 이해할 수 없는 것으로 간주한다. 또한 성인식에 매질을 하기는 하지만 거의 피도 나지 않게 단지 상징적으로 하는 매질에 불과하고, 어린이의 버릇을 고치기 위해 매로 다스리는 법이 없다는 것이다. 이와 같이 베네딕트는 푸에블로 인디언을 폭력과 공격성을 모르는 아주 온순한 민족으로, 전형적인 아폴론형의 문화유형으로 규정하고 있다.

베네딕트는 이어 이와는 다른 극단적 예를 콰키우틀 인디언사회에서 찾고 있다. 그녀는 이 사회에서 현지조사를 한 적이 없지만, 그의 스승인 보아스(F. Boaz)의 민족지들에서 자료를 동원하여 디오니소스형의 인성을 분석하고 있다. 즉 그녀에 의하면 콰키우틀 인디언의 포틀래치(potlatch) 관습에서 보이는 부의 경쟁적 과시, 허풍을 떠는 연설들, 재물의 파괴, 그리고 각종 종교적 의례행사에서 찾아볼 수 있는 비범한 행위들, 예컨대 춤추는 사람이 정신을 잃고 몸을 떨며 입에 거품을 내는 행위라든가, 의례적인 '식인'의 풍습 등은 바로 디오니소스적 경향을 말해주고 있다는 것이다.

베네딕트의 문화의 유형은 그 후 많은 인류학자들에 의해 비판의 대상이 되기도 했다. 특히 그녀가 사용한 자료들이 정확하지 않다는 점들이 지적되었다(Barnouw 1979: 59-75). 그럼에도 불구하고 그의 유형론은 지금까지도 인류학, 교육학과 지식층의 사고에 큰 영향을 미쳤고, 그 자신의 일본 문화 연구인 『국화와 칼』을 포함하여 그 후의 국민성 연구에 하나의 발판을 마련해 주었다. 이상적 인성유형은 하나의 지적인 구조물에 불과하다. 그 사회의 어느 누구도 이에 꼭 맞는 인성을 가질 수는 없다. 한 민족의 국민성을 이야기할 때 사실 우리는 하나의 집합적인 '이상적 인성유형'을 말하는 셈이다. 한국인의 국민성은 일본 사람의 것과 다르고, 일본 사람의 국민성은 미국 사람의 것과는 차이가 있을 것이다. 이 이상적 인성유형은 문제를 지나치게 단순화시키는 위험이 있다. 그럼에도 불구하고 그것은 아주 유용한 접근방법을 제공해 주고 있다. 즉 베네딕트의 접근방법은 어떤 사회에서 구성원 대다수의 인성은 대체로 그 사회의 문화에 의해 제시된 이상적 인성이 반영된 것이라는 점을 지적해 주고 있는 것이다.

## 더 읽을거리

이광규
  1992(1999), 『문화와 인성』, 서울: 일조각.
정향진
  2003, 「감정의 민속심리학과 정치성: 중산층 미국인들의 "화(anger)" 모델을 중심으로」, 『한국문화인류학』, 36(2): 109-141.
Alford, C. Fred
  1999, *Think No Evil: Korean Values in the Age of Globalization*, Ithaca, N. Y.: Cornell University Press. (남경태 역, 『한국인의 심리에 대한 보고서』, 서울: 그린비, 2000.)
Barnow, Victor
  1979, *Culture and Personality* (3rd ed.), Homewood, Illinois: The Dorsey Press.
Benedict, Ruth
  1934, *Patterns of Culture*, Boston: Houghton Mifflin. (이종인 역, 『문화의 패턴』, 고양: 연암서가, 2008.)
  1946, *The Chrysanthemum and the Sword: Patterns of Japanese Culture*, Boston: Houghton Mifflin. (김윤식·오인석 공역, 『국화와 칼: 일본문화의 틀』, 서울: 을유문화사, 2008.)

Bock, Philip K.

　1999, *Rethinking Psychological Anthropology: Continuity and Change in the Study of Human Action* (2nd ed.), Prospect Heights, Illinois: Waveland Press, Inc..

Gregory, Bateson

　1958, *Naven: A Survey of the Problems Suggested by a Composite Picture of the Culture of a New Guinea Tribe drawn from Three Points of View*, Stanford, California: Stanford University Press. (김주희 역, 『네이븐』, 서울: 아카넷, 2002.)

Honigman, John J.

　1967, *Personality in Culture*, New York: Harper & Row.

Linton, Ralph

　1947, *The Cultural Background of Personality*, London: Routledge and Kegan Paul. (전경수 역, 『문화와 인성』, 서울: 현음사, 1984.)

Mead, Margaret

　1949, *Male and Female*, New York: Morrow. (이경식 역, 『남성과 女性』, 서울: 범조사, 1980.)

Wallace, Anthony F. C.

　1970, *Culture and Personality* (2nd ed.), New York: Random House.

# 제12장

# 문화와 언어

인류학에서 언어가 중요하게 다루어지는 이유는 그것이 문화를 사회성원들에게 공유하게 하고, 또 그것을 한 세대에서 다음 세대로 전달하는 가장 중요한 매체가 되기 때문이다. 통신전달(communication)의 체계는 다른 동물에게도 있지만, 언어는 인간만이 가지고 있는 고유한 속성이다. 언어는 화석이나 석기처럼 흔적이 남아 있지 않기 때문에 그 기원과 발달과정을 파악하기가 매우 어렵다. 그러나 언어의 발생은 인간의 신체적 진화와 밀접한 관계가 있으며, 어린아이들의 언어습득과정으로 볼 때 언어학습능력은 타고난 것이라는 사실을 우리는 확인할 수 있다.

언어는 또 그것을 사용하는 인간집단에 따라 다르고 시대에 따라 변화하며, 한 사회 안에서도 지역과 여러 가지 사회적 속성에 따라 다르게 나타난다. 그러나 모든 언어는 구조에 있어서 음성과 의미의 두 가지 차원에서 분석될 수 있다. 그리고 언어는 그것을 사용하는 사람들의 사회문화적 특성과 밀접하게 관련되어 있기 때문에 그들의 언어행위를 이해하기 위해서는 사회문화적 맥락을 무시할 수 없다. 특히 문화와 언어의 관계에서는 문화가 언어의 구조와

내용에 미치는 영향뿐만 아니라, 언어의 구조가 문화의 다른 측면과 인간의
사고방식에 미치는 영향도 매우 중요하다. 그러므로 우리는 언어행위를 통해
서 사람들의 사회관계와 사회구조 및 사고의 구조까지도 파악할 수 있다

## 1. 인간·언어·문화

인간이 다른 동물과 구별되는 특징으로 가장 중요한 것 중의 하나가 언어
이다. 언어는 모든 인간집단에 있어서 기본적인 통신수단이 되어 사회생활을
가능케 하며, 문화의 창조, 전달과 계승을 담당하는 역할을 한다. 만일 인간에
게 언어가 없다면 자기의 감정과 의사를 표현하는 일이나 한 세대에서 이루
어 놓은 문화적 업적을 다음 세대로 전수한다는 것 등이 모두 불가능할 것이
다. 따라서 언어와 문화는 떼어서 생각할 수 없는 매우 밀접한 관계에 있으며
그만큼 언어의 중요성은 크다고 하겠다.

언어는 또한 인간에게 추상과 사고의 능력을 갖도록 한다. 인간은 사물, 행
위 또는 추상적 개념에 대하여 사회에서 약속한 바의 동일한 명칭을 부여하
고 그것을 통하여 서로 의사전달을 한다. 그러나 통신수단이 인간에게만 있는
것은 아니다. 다른 동물들 사이에서도 소리, 냄새, 동작 등을 통하여 그들의
감정을 표현하고 의사를 전달하는 것을 볼 수 있다. 꿀벌의 원무(圓舞), 원숭
이의 몸짓, 새들의 소리를 잘 관찰하면 그것들이 자기 집단 내에서 통신전달
의 기능을 충분히 담당하고 있음을 알 수 있다. 그러면 다른 동물들의 통신전
달과 인간의 언어 사이에는 어떤 차이점이 있을까? 그것은 동물의 통신전달
이 매우 제한되고 단절적인 신호이거나 그것들의 연속체에 불과한 폐쇄적 체
계(closed system)인 데 반하여, 인간의 언어는 제한된 수의 음과 단어를 자유
자재로 다루어 무수히 많은 의미와 문장을 창조해 내는 개방적 체계(open
system)라는 것이다. 그러면 또 인간의 고유한 속성이라고 할 수 있는 언어는

언제 처음으로 발달하기 시작했을까?

언어학자들은 이런 문제에 관심을 가지고 언어의 기원과 발달을 규명해 보려고 어린이의 언어습득과정을 주의 깊게 관찰한다. 언어는 다른 물질문화와는 달리 일단 언어사용자가 죽어버리면 그 흔적을 남기지 않기 때문에 그 발생과 변화를 알기가 어렵다. 그러나 언어 없이 인간의 문화가 전달된다는 것은 생각할 수 없는 일이다. 이런 점으로 미루어 볼 때 인간의 언어는 적어도 문화의 출현과 같이 오래된 것이 아닐까 추측할 뿐이다. 또한 어린이가 언어를 습득해 가는 과정을 지켜보면 언어의 발달에 관한 많은 시사점을 얻을 수 있다. 인간이 현재의 언어를 갖게 되기까지 수백만 년이 걸렸다는 사실에 비하면, 단지 수년밖에 걸리지 않은 인간의 언어습득과정은 참으로 경이적인 일이다.

## 1) 언어의 연구

언어의 연구는 한 시점에서 언어의 구조를 분석하고 비교하는 공시적 (synchronic) 연구와 언어의 변화와 발달에 관심을 가지는 통시적(diachronic) 연구로 크게 나누어 볼 수 있다. 인간의 모든 언어는 일정한 규칙을 가지고 있으며 그 규칙에 따라 소리와 뜻이 결합하여 단어를 구성하고 단어를 배열하여 문장을 만들어 낸다. 이러한 언어의 구조와 의미를 어느 한 시점에서 공시적으로 분석하는 언어학의 분야를 기술언어학(descriptive linguistics)이라고 한다. 의미를 가진 언어의 기본단위인 단어를 분석하면 개개의 음(phone)들로 나누어지는데 이것들이 언어표현의 실체이다. 그러나 인간이 낼 수 있는 음은 그 수가 상당히 많고 다양하다. 각 언어는 그러한 여러 가지 음 중에서 몇 개만을 선택하여 사용하고 나머지는 무시한다. 이때 언어의 화자(話者, 말하는이)에게 전혀 의미상의 차이를 주지 않는 약간씩 다른 음들의 한 무리, 즉 식별이 가능한 음성의 단위를 음소(音素, phoneme)라고 한다. 그리고 의미를 가지는 언어의 최소단위를 형태인(形態因, morph)이라 하고, 하나 또는 그 이상의 형태인이 합하여 하나의 의미를 가질 때 그것을 형태소(形態素, morpheme)라 한다. 언어학에서는 음소의 분석을 대상으로 연구하는 분야를 음운론(音韻論, phonology)이라 하고, 발성기관의 조음(調音)을 살펴 음성에 대한 연구를 하는 분야를 음성학(音聲學, phonetics)이라고 하며, 형태소가 어떻게 조합하여 단어를 형성하느냐 하는 것을 다루는 분야를 형태론(形態論, morphology)이라 한다. 이 형태론과 함께 문법(文法, grammar)을 연구하는 중요한 영역이 통사론(統辭論, syntax)이다. 통사론은 구절이나 문장을 구성하는 단어들이 어떤 법칙으로 배열되어 있는가를 연구하는 것이다. 형태론과 통사론은 언어의 표면적 형태구조, 즉 형태로 나타난 언어수행을 기술의 대상으로 하는 종래의 구조주의언어학의 주된 영역이었다. 그러나 촘스키(N. Chomsky)는 변형문법(變形文法, transformational grammar)이란 새로운 영역을 개척하여 잠재하는 언어능력(competence)과 표면에 드러난 언어수행(performance)을 엄격히 구별하고 심층구조와 표면구조의 개념을 도입하면서 인간의 언어능력을 분석의 대상으로 삼을 것을 주장하였다. 그리고 이 변형문법과 함께 의미에 대한 연구, 즉 의미론(意味論)이 언어학에서 본격적으로 다루어지기 시작하였다.

언어의 공시적 연구인 기술언어학과 대비되는 것으로 언어의 변화와 발달을 시간의 연속에 따라 통시적으로 분석하고 비교 연구하는 언어학의 분야가 역사언어학(historical linguistics)이다. 언어가 한 세대에서 다음 세대로 모방과 습득에 의해서 어느 정도 확실히 전승되지만, 시대가 지남에 따라 사소한 변화가 일어나게 되고 이런 변화가 쌓여 언어의 큰 변화가 일어난다. 언어의 시대적 변천은 음운체계, 문법구조 그리고 어휘 등 여러 면에서 일어날 수 있다. 이러한 언어의 변화를 연구하기 위해서 비교 연구의 방법이 사용되는데, 그것은 상이한 두 개 혹은 그 이상의 언어를 비교하여 그 언어의 변화를 밝히고 전 단계의 어떤 형태를 재구성하는 것이다. 언어의 비교 연구는 한 언어가

분열하여 여러 언어가 되는 것을 알 수 있게 해줄 뿐만 아니라, 문헌의 기록이 전혀 없는 고어의 형태까지도 재구성하는 것을 가능케 한다. 역사언어학에서는 또 어떤 언어가 공통조어(共通祖語)에서 언제 갈라져 나왔는가 하는 정확한 연대를 결정하는 어휘통계학(語彙統計學, glottochronology)의 방법도 쓰고 있다.

이와 같이 언어는 시대에 따라 변화하지만 같은 시대에서도 언어는 균일하지 않고 지역에 따라, 그리고 언어를 사용하는 사람들의 사회계층과 직업 등에 따라 차이가 있다. 이것을 언어의 변이(變異, variation)라고 하며, 여기에는 지역적 변이와 사회적 변이가 있다. 지역적 변이를 방언(方言, dialect)이라고 하는데 그것은 한 언어의 주요 자질을 공유하고 있으면서 서로 통신전달이 가능한 언어의 변종이라고 정의된다. 또 언어는 사회계층, 성별, 연령, 직업에 따라 차이를 보여주는데 이와 같이 여러 다른 사회적 속성에 따라 사용되는 언어의 차이를 사회적 변이라 한다. 이와 같이 사회와 문화의 맥락에 따라 사람들이 언어를 어떻게 다른 방식으로 사용하는가를 연구하는 언어학의 분야를 사회언어학(sociolinguistics)이라고 한다.

## 2) 언어의 다양성

지금까지 우리가 살펴본 것처럼 언어는 그 자체가 매우 복잡하고 다양하다. 언어는 시대에 따라 변화하고, 사회에 따라 다르며, 한 사회 안에서도 지역과 사회적 속성에 따라 다르게 나타난다. 언어의 이러한 특성은 언어와 사회문화적 현상 간에 어떤 상호작용이 있다는 것을 암시해 주는 것이다. 문화의 한 부분으로서의 언어와 문화의 다른 부분들 간의 관계는 두 가지 측면에서 고려될 수 있다. 특수 직업에 종사하는 사람들에게는 그 직업에 관련된 어휘를 많이 사용하는 것을 볼 수 있다든지, 수렵·채집 경제에 의존하는 집단에서 생태적 환경을 묘사하는 용어가 발달하였다는 등의 사실은 문화가 언어의 구조와 내용에 영향을 미친다는 것을 입증하는 것이다. 이렇게 볼 때 언어의 다양성도 부분적으로는 문화의 다양성에서 연유하는 것이라고 말할 수 있다. 그리고 또 한편 언어의 구조가 문화의 다른 부분에 영향을 미치는 것도 알 수 있다. 한 사회에 사는 사람들은 그 사회의 언어를 통해서만 외부세계를 지각하고 감정이나 사상을 표현하는 것이므로, 어휘와 화법은 물론 내용까지 그 언어가 허용하는 범위 내에서 이루어져야 한다. 이것은 인간의 사고구조나 행위가 언어의 틀에 의해서 유형화된다는 것을 의미한다. 따라서 언어가 다르면 사고의 구조나 표현양식이 다른 것이다.

## 2. 통신전달

인간은 언어를 가지고 있기 때문에 다양한 감정은 물론 지각적인 것이나 의지적인 경험을 모두 표현할 수 있고 또 다른 사람에게 그것들을 전달할 수 있다. 이러한 인간언어의 특색을 기능 면에서 찾아보면 가장 기본적인 것이 통신전달의 기능이다. 우리는 하나의 사물이나 행위, 그리고 추상적 개념에 대하여 어떤 명칭으로 부르는 것을 의식적으로나 무의식적으로 동의함으로써 자기의 의사를 전달할 수 있다. 즉 통신전달에 있어서는 지시하는 대상에 대하여 사회적으로 약속된 공동의 명칭이 전제가 되는 것이다. 만일 하나의 사물을 가리키는 말을 사람마다 각기 달리 사용하거나, 어떤 종류의 감정 상태를 나타내는 특정한 단어가 많다면 사람들 사이의 의사소통은 불가능해질 것이다. 따라서 어느 언어체계를 보더라도 그것은 사회적으로 약속된 상징들로 구성되며 그 상징들에 의하여 사회성원들은 각자의 사적 체험을 공유하는 것이다.

언어가 가지고 있는 통신전달의 기능은 몇 가지로 나누어 생각할 수 있다. 가장 중요한 것은 물론 정보를 제공하는 기능이다. 인간은 언어를 통해서 지식을 다음 세대에 전달시키고, 다시 이 지식에 새로운 것을 첨가하여 점진적인 지식을 축적해왔으며, 이를 바탕으로 하여 문화를 이룩하였다. 이처럼 새 것을 알리는 기능을 정보의 기능이라고 한다.

언어에는 또 이 정보의 기능과 대조적으로 아무런 전달내용이 없는 의례적이거나 형식적인 표현들이 있다. 만날 때나 헤어질 때 상대방에게 하는 인사말은 그 말이 지니고 있는 본래의 뜻보다는 단지 형식적인 것에 불과하다. 또한 대화를 시작할 때 날씨에 관한 이야기를 주고받는 것도 그 자체가 어떤 의미를 가지는 것은 아니고 다음에 올 대화가 보다 원활하게 진행되는 것을 돕는 구실을 한다. 언어의 이런 기능을 말리노프스키의 용어를 빌려 의례적 기능이라고 한다.

정보의 기능과 의례적 기능 이외에 언어의 통신전달에는 또 표현의 기능과 지령의 기능이 있다. 표현의 기능은 말하는 사람의 감정과 태도를 표현하는 기능을 말한다. 정보의 기능이 이야기의 주제에 초점을 둔 것이라면, 표현의 기능은 화자에 초점을 둔 것이다. 그리고 지령의 기능은 청자(聽者)에 초점을 맞춘 것으로 청자에게 명령, 요청, 청탁 등으로 행동에 영향을 미치거나 질문 형식으로 응답을 바라는 언어행위에 따르는 기능이다. 이들 언어의 여러 가지 기능들은 서로 중복되거나 둘 이상의 기능이 합하여 주종의 관계를 이루는 경우가 많으므로 각각의 기능이 엄격하게 분리되는 것은 아니다.

그런데 인간의 통신전달은 언어에만 국한되는 것은 아니다. 직접적으로는 손짓, 몸짓, 얼굴표정, 어조로써 전달하고 간접적으로는 수학의 등식, 악보, 그림, 깃발 등과 같은 기호와 상징들의 체계로서 의사소통이 가능하다. 이러한 언어 이외의 통신전달을 언어에 의한 통신전달과 대비하여 비언어 통신전달 (non-verbal communication)이라 한다. 언어 이외의 방법에 의한 의사전달기능은 매우 제한된 범위에서 이루어지며 비언어 통신전달방법은 당사자 사이의 약속이나 문화적 제약을 받기 때문에 같은 손짓이라도 상황에 따라 달리 전달될 수 있다는 것이 비언어 통신전달의 특징이다.

## 1) 동물의 통신전달

인간의 비언어 통신전달은 인간 이외의 다른 동물들에서 볼 수 있는 통신전달과 유사하다. 동물들도 여러 가지 다양한 방법으로 의사소통을 한다. 꿀벌이 움직이는 방향과 원숭이의 외마디 소리, 새들의 지저귀는 소리는 분명히 통신전달의 기능을 수행하고 있다. 독일의 한 언어학자(Frisch 1962)는 오스트리아산 검정꿀벌이 원을 그리며 날아간다든지, 좌우왕복, 짧은 직선 등에 의하여 끝이 있는 곳의 방향과 그곳까지의 거리를 비교적 정확하게 전달할 수 있다는 것을 발견하였다. 이러한 경우 외에도 동물의 통신전달에 사용되는 수단에는 외마디 소리나 냄새 같은 것이 있다. 그러나 동물들의 통신전달은 인간의 비언어 통신전달과 같이 극히 제한된 범위에서 의사전달이 이루어질 뿐이다. 영장류 동물들은 소리에 의한 통신전달체계를 다양하게 가지고 있으나 한 가지 소리는 다른 것과 상호 배타적이어서 구애를 표현한다든지 위험을 경고하는 등의 한 가지 의미만을 나타내는 것이 보통이다. 이들은 두 종류의 소리를 결합하여 그 소리가 전달하는 두 가지의 정보를 포괄하는 제3의 소리를 만들어내지 못한다. 그런 의미에서 동물의 통신전달은 폐쇄적 체계라고 말할 수 있다.

동물의 폐쇄적인 통신전달체계에 비하면 인간의 언어는 단절적인 신호를 자유자재로 다루어 무한한 수의 새로운 의미를 창조해 내는 개방적 체계이다. 또 꿀벌이나 원숭이의 통신전달은 물리적으로 신호를 만들어 내는 것 외에는 내부적인 구조가 거의 없지만, 인간의 언어는 그 구조가 한없이 복잡하다. 몇몇 학자들은 침팬지에게 인간의 언어를 학습시키려는 시도에서 실험을 행하여 그 결과를 실험사례로서 보고한 바 있다. 특히 가드너(Allen and Beatrice Gardner) 부부는 새끼 침팬지 와쇼(Washoe)에게 150개의 신호를 가르친 예도 있다(Hahn 1971). 그러나 그들 실험사례의 결과에 따르면 원숭이와 같은 고등동물도 구강의 구조 때문에 사람의 말소리를 낼 수 없을 뿐만 아니라 이들의 전달은 제한된 범위의 단절적인 신호체계에 불과하다는 것을 보여주었다. 동물이 인간의 언어를 배워서 쓴다는 것은 불가능한 일이다. 따라서 인간의 언어와 동물의 통신전달 사이에는 근본적인 차이가 있으며 언어는 인간만이 가지고 있는 고유한 속성이라고 말할 수 있다.

## 2) 언어의 기원

많은 학자들은 인간이 언어를 어떻게 처음으로 만들어 쓰게 되었으며 어떻게 발달시켜 왔는가에 대하여 관심을 가져왔다. 그런데 언어는 석기나 다른 유물과 유적처럼 흔적을 남기는 것이 아니기 때문에 언어의 발생이 언제부터인지를 알려주는 직접적 증거가 없다. 그러나 약 200만 년 전 혹은 약 50만 년 전의 초기 인류에 의해 만들어진 석기를 볼 때 그 제작수법에 일정한 전통이 있고 점차로 정교하게 발달된 사실과 관련시켜 볼 때 그와 같은 석기제작의 전통이 언어나 그와 비슷한 것이 없이는 전달될 수 없었을 것이라는 생각이 든다. 따라서 인간의 언어는 인간문화의 출현과 때를 같이하여 오래된 것이 아닐까 하는 추측이 간다. 그러한 추측에 대해서 일부 학자들은 석기제작이 먼저 제작자의 마음속에 계획된 다음 이루어졌을 것이므로, 언어가 석기를 제작하기 이전에 발생했을 것으로 유추하기도 한다.

또 다른 학자들은 인간의 언어가 개방체계라는 점에 특별히 관심을 기울여 왔다. 개방체계는 인류가 가진 모든 언어에서 공통으로 나타나는 현상으로서, 둘 이상의 발성이 조합되어 새로운 의미를 창조하는 언어를 가리킨다. 이것이 다른 동물의 통신전달과 구별되는 인간언어의 특징이라는 것은 이미 지적한 바 있다. 이렇게 설명하는 대표적인 이들이 호켓과 아셔(Hockett and Ascher 1964)인데 그들은 언어의 기원에 대하여 다음과 같은 가설을 제시하고 있다. 중신세(中新世)에 일어났던 동부아프리카의 큰 기후변화는 인류의 조상으로 하여금 나무 위의 생활에서 땅 위의 생활로 옮기게 하는 큰 변화를 초래하였다. 지상생활을 하게 된 유인원은 두 발로 걷는 직립보행(直立步行)의 새로운 습관을 얻게 되었으며 이것은 다시 두 손을 자유롭게 하여, 손을 이용한 물건의 운반이 용이하게 되었고, 더 이상 개처럼 물건을 입에 물고 다니지 않게 되었기 때문에, 입이 말하기에 좋은 구조를 갖게 되는 결과를 가져왔다. 결국 이렇게 변화된 신체구조가 개방적 언어를 채택하는 데 유리하게 작용하였을 것으로 추측된다. 이 개방적 언어의 발전이 완성되는 단계는 두 가지 소리를 결합하여 새로운 소리를 만들어 내는 과정을 통해서 달성되었을 것이다. 소리의 결합과정에 대한 것은 추론에 맡길 수밖에 없으나, 한 가지 분명한 사실은 소리에 의한 통신전달의 체계가 궁극적으로 다른 체계, 즉 몇 개의 작은 음성 단위들이 여러 가지 방식으로 결합하여 의미를 가지는 발화(發話)를 형성하는 것에 기반을 둔 체계로 변화했다는 사실이다.

## 3) 언어습득의 과정

어린이가 언어를 습득해 가는 과정은 마치 인류에게 언어가 나타나고 그것이 수백만 년 동안 발달해 온 오랜 기간의 과정을 축소시켜 놓은 것과 같다는 계통발생적 유추가 있다. 그래서 어떤 언어학자들은 유아의 언어습득과정과 언어구조의 분석과 기술의 상관성을 중요시하여 유아의 언어습득에 따르는 심리적 발달과 관련해서 언어의 구조를 연구하고 기술하는 데에 목표를 둔다.

유아가 생후 1년이 되면 말소리를 내기 시작하여, 1년 반이 지난 뒤에는 '아빠', '엄마', '멍멍'과 같은 간단한 한마디 말을 할 수 있다. 2년 동안에는 두 마디 말을 낼 수 있고 가장 중심적인 기능어와 내용어를 기반으로 하여 문법관계도 나타내며, 5~6세가 되면 자기 나라 말의 문법을 습득한다고 한다. 이러한 유아의 언어습득은 여러 측면에서 매우 흥미로운 점들을 보여주고 있다. 먼저 지적해 두어야 할 분명한 사실은 유아가 말을 습득해 가는 과정이 어느 민족이나 인종을 가리지 않고 보편적으로 균일하게 이루어진다는 것이다. 어느 유아라도 자기가 속해 있는 사회에서 쓰이는 말을 비슷한 성취도로 습득해 간다. 또 제한되고 불완전한 언어재(言語材)를 어머니나 주위의 가까운 사람들로부터 주워듣고 입 밖에 내곤 하면서 말을 배우고 복잡한 언어구조를 자기 것으로 만드는 데 불과 4~5년밖에 걸리지 않는다는 것도 놀라운 사실이다. 이런 점을 미루어 보아 인간은 선천적으로 언어에 대한 내재적 능력을 가지고 태어나는 것으로 생각된다. 그러나 전혀 언어 환경에 노출되지 않고 완전히 고립된 상태에 있는 어린이가 말을 습득한다는 것은 불가능하다. 따라서 유아의 언어습득은 주어진 언어 환경 가운데에서 타고난 내재적 능력에 의해 짧은 시일 동안 문법을 습득하는 것으로 보아야 할 것이다.

## 3. 언어의 구조

유아의 언어습득과정에서 본 바와 같이 제한되고 불완전한 언어재를 바탕으로 하여 문법을 내재화하고 무한한 수의 문장을 만들어 내는 것이 인간언어의 일반적 특징이다. 이것을 바꾸어 말한다면 인간언어는 개방적 체계라고 할 수 있는데, 개방적 언어에 대해서는 동물의 통신전달과 비교하여 앞서 설명한 바 있다. 그리고 언어의 또 다른 일반적 특성은 언어의 창조성과 양면성에 있다. 모든 인간의 언어는 그 구조에 있어서 음성과 의미의 두 가지 차원이 있으며, 음성이 의미와 결합하여 발음되는 단어로서 언어단위의 기능을 하게 된다. 소수의 음성을 달리 결합하여 수많은 단어를 표시할 수 있는 경제성을 유지하게 되는 것은 바로 이 언어의 양면구조 때문이다.

언어학자들은 이러한 언어의 구조를 분석하고 기술하는 것을 목표로 하고 있다. 그런데 인간의 언어는 너무나 복잡하고 다양해서 여러 사회의 언어들을 체계적으로 비교하고, 그러한 비교를 통하여 인간언어의 공통된 구조를 찾아내는 것은 매우 어려운 일이다. 따라서 언어학자들은 이 문제를 해결하기 위

하여 체계적이고 비교가 가능한 방식으로 언어구조를 기술하는 특수한 개념
들을 사용하고 있다.

## 1) 음소(音素)와 음성학

문장을 분석하면 몇 개의 단어로 나누어지고 다시 의미의 단위인 단어는
몇 개의 음들로 이루어진다. 이 음들은 소리의 최소단위이며 의미를 갖지 않
는다. 이때 이 음들을 인간이 실제로 내는 소리가 아닌, 언어의 음운구조 속에
서의 형식으로 분석할 때 음소라는 용어를 사용한다. 우리가 앞에서 본 것처
럼 음이 소리의 실체라면, 음소는 하나의 추상적 개념이다. 예를 들어 영어에
서 pot, spot, top 등의 p 음은 어디에 위치하는가에 따라 각기 달리 발음된
다. 그러나 이 세 가지 음가(音價)를 한데 묶는 공통된 자질인 변별적 자질(辨
別的 資質, distinctive feature)에 의해서 s나 t음과 구별되는 한 가지 소리로
듣게 된다. 이와 같이 식별가능한 음의 최소단위가 음소이다. 음소를 크게 나
누면 모음(vowel)과 자음(consonant)으로 나누어진다. 모음이란 후두에서 나
온 음성이 입술의 아무 곳에도 방해받지 아니하고 나오는 음소이다. 모음은
다시 단모음, 장모음, 중모음(重母音)으로 구분된다. 자음이란 혀와 입술을 잠
시 폐쇄하였다가 나오거나 성문(聲門)이 좁혀서 생기는 음성이다. 자음에는 p,
d, t와 같은 파열음, m, n과 같은 비음(鼻音), l과 같은 측음(側音), h, s와 같은
마찰음이 있다.

그런데 음소를 식별하는 데에 있어서 각 민족마다 언어에 따라 차이점을
보여주고 있다. 영어에서는 r과 l 음이 서로 다른 것으로 확연히 구분된다.
lake와 rake에서의 r과 l은 서로 구별되는 음소들이다. 이와는 대조적으로 중
국어에서는 r과 l 음이 어두에 올 때 구별됨이 없이 같이 사용된다. 즉 영어에
서는 서로 다른 두 개의 음소가 중국어에서는 하나의 음소가 되는 것이다. 이
경우는 한국어에도 해당되는 것이라고 말할 수 있다. 이러한 예는 인간이 지

각하는 음이 문화에 따라 다르다는 것을 말해 주는 것이다. 그러나 대부분의 경우는 공통된 것이 많으며 세계 각국어의 음소는 대체로 15개 이상 100개 미만이다. 영어의 음소는 46개이고, 한국어의 음소는 학자들에 따라 그 수가 다르나 단모음 8개, 자음 14개, 쌍자음 5개만 합하면 27개이며, 여기에 휴지음(休止音)과 장음(長音)까지 합하면 29개이며, 또 반음 2개까지 합하면 31개가 된다.

인간의 음성을 분석하는 데에는 앞에서 본 바와 같이 두 가지 차원이 있다. 그 하나는 음소에 관심을 갖고 연구하는 분야인 음운론이고, 다른 하나는 음성학이다. 음성학은 실제로 인간이 내는 말소리를 객관적으로 기록하고 분석하는 것이다. 이것은 또 발성기관의 조음(調音)을 살펴 음성에 대한 연구를 하는 학문이라는 의미에서 조음음성학이라고도 한다. 음성을 객관적으로 분석할 때 문제가 되는 것은 인간이 말하는 모든 종류의 음성을 표시할 수 있는 알파벳을 만들어 내는 일이다. 이러한 알파벳으로는 언어학자들이 고안해 낸 국제음성자모(International Phonetic Alphabet, IPA)가 있다.

## 2) 형태소(形態素)·형태론(形態論)·통사론(統辭論)

의미를 갖지 않는 음소가 모여서 하나의 단위를 이루고 그것이 의미를 전달하는 구실을 한다. 이 단위를 형태인(形態因)이라 하며, 하나 또는 그 이상의 형태인이 합하여 하나의 의미를 가진 형태소를 이룬다. 영어에서 in-이나 un-은 다 같이 not이라는 의미를 가진 형태소로 분류될 수 있는 두 개의 형태인이다. 다시 말하면 최소의 의미를 가진 단위가 형태소이고, 형태소에는 다른 의미와 구별되도록 한 가지의 의미만을 전달하는 형태인들이 포함되어 있다. 그리고 하나의 형태소나 두 개 이상의 형태소들이 모여 단어(word)를 이룬다. 어떤 단어들은 하나의 형태소로 되어 있으나, 그보다 많은 수의 단어들은 몇 개의 형태소를 조합하여 이루어져 있다. 예를 들어 설명한다면 cow는 하나의 형태소인 동시에 단어이지만, cows의 경우에는 cow와 -s, 즉 암소와 복수를 의미하는 두 개의 형태소가 합하여 하나의 단어를 이룬다. 이때 cow 와 같이 형태소 하나가 스스로 독립된 단어가 되는 것을 자유형태소(free morpheme)라 하고 접두사 un-, 접미사 -ing와 같이 다른 형태소에 부가되어야만 사용될 수 있는 것을 구속형태소(bound morpheme)라고 한다.

대부분의 언어에서는 이 형태소가 배열되는 순서에 따라 단어의 의미가 달라진다. 이러한 위치의 배열이 어떠한가를 문제 삼고 형태소가 어떻게 조합하여 단어를 형성하는지를 연구하는 것이 형태론이다. 형태론과 함께 통사론은 문법의 중요한 두 영역이 된다. 단어가 모여 구절이나 문장을 이루는데 형태소의 배열 순서에 따라 단어의 의미가 달라지듯이, 어떤 언어에서나 단어의 순서 여하에 따라서 구나 절 또는 문장의 의미가 달라진다. 통사론은 단어들이 구절이나 문장을 이루는 법칙에 관한 연구이다. 모든 언어에는 단어를 배열하는 그 언어 특유의 통사법칙이 있으며 만일 단어들이 그 법칙에 따르지 않으면 의미가 통하지 않고 단순한 단어의 나열에 불과하게 된다. "인간의 고유한 속성 중의 하나가 바로 언어이다"라는 완전한 한 문장을 "고유한 하나가 바로 인간의 속성 중의 언어이다"라는 식으로 단어의 배열 순서를 바꾸어 놓으면 의미가 달라질 뿐만 아니라 의미를 완전히 전하는 것이라고 보기 어렵다. 한국어의 경우에는 격(格)을 나타내는 조사가 있으나, 그렇지 않은 영어에서는 "The cat scratched the dog"와 "The dog scratched the cat"이라는 두 문장의 뜻은 전혀 다르다. 이와 같이 문장의 의미를 좌우하는 통사론이야말로 문법에서 가장 중요한 부분이라고 말할 수 있다.

## 3) 변형문법

원래 문법이란 전통적으로 넓은 의미로 쓰였던 것인데 구조주의언어학에서는 이것을 형태론과 통사론에만 적용하여 여러 언어의 형태론과 통사론을 비교 연구하면서 한 언어의 특수성과 여러 언어들의 다양성들을 연구하는 데에 중점을 두었다. 그러나 촘스키에 의해서 비롯된 변형문법이론에서는 의미론까지를 포함하여 광범위하게 문법의 영역을 잡고 있으며, 표면구조(surface structure)와 심층구조(deep structure)의 개념을 도입하여 종래 구조언어학에서 연구되어 온 영역을 표면구조로서 보는 동시에 언어의 심층구조, 즉 인간의 언어능력을 분석의 대상으로 삼았다. 언어의 심층구조란 언어의 내부에 존재하는 기저규칙이며 이 심층구조의 규칙에 변형을 적용하면 표면구조가 되는 것이다.

촘스키에 의해서 주창된 변형문법은 상징적 논리를 사용하여 심층구조를 파악하는 것이기 때문에 언어학자들 사이에 논란의 여지를 지니고 있으나 변형문법은 의미론이나 통사론 등 언어의 여러 요소와 부분을 부분적으로 파악하지 않고 전체 언어체계 내에서 작용하는 총체로서 파악하려는 특색을 가지고 있다. 이러한 관점에서 변형문법은 여러 언어 사이에 존재하는 유사한 점들이 본질적으로 다르며, 이와는 반대로 형태상 다른 것이 본질적으로 같은 것임을 알 수 있게 하였다. 또한 언어의 다양성을 추구하는 일반문법에 비해 변형문법은 언어의 보편성을 찾는 데 그 특색이 있다고 할 수 있다. 변형문법은 계통이나 형태가 다른 언어들 사이에서 공통점을 찾는 것이며 역사적으로 관계가 없는 언어 사이에 존재하는 유사성을 찾으려는 것이다. 이러한 요소들을 변형문법은 인간심리의 공통된 특색에서 기인하는 것으로 본다.

## 4. 언어의 변화와 변이

### 1) 역사언어학

인간이 사용하는 언어는 끊임없이 변화하고 있다. 우리가 15~16세기의 국어로 쓰인 문헌을 읽을 때, 현대국어를 읽고 이해할 수 있는 지식만으로는 많은 어려움을 느끼게 된다. 이것은 그 당시에 사용되던 국어와 오늘날 사용하고 있는 국어 사이에 많은 변화가 일어났기 때문이다. 이러한 언어의 변화에 주된 관심을 기울이고 시간이 경과함에 따라 변하는 언어의 모든 양상을 연구하는 분야가 역사언어학이다.

언어는 한 세대에서 다음 세대로 모방과 습득에 의해서 어느 정도 확실히 전승되지만, 시대가 지남에 따라 전혀 알아보기 어려울 정도로 변화한다는 사실을 우리는 15세기의 국어와 오늘의 국어를 비교해 볼 때 뚜렷하게 발견할 수 있다. 그리고 이 변화는 음운체계, 문법구조, 어휘 등 모든 면에서 일어난다. 한 언어집단의 언어가 시간의 경과에 의해 변화하기도 하지만 언어집단이 분열됨으로써 생기는 언어의 변화도 있다. 동일한 언어를 사용하던 언어집단이 민족의 이동이나 정치, 종교, 지리적인 원인에 의해서 둘 이상의 집단으로 분열되고, 그 상태에서 시간이 경과함에 따라 분열된 집단들의 언어 사이에 차이가 생기게 된다. 각 집단의 언어가 제각기 시대적 변천을 하므로 그 차이는 점점 확대되어 의사소통이 불가능한 상태에까지 이르게 된다. 이것은 몇 갈래로 나누어진 집단의 언어가 시대에 따라 변천할 뿐 아니라 변천의 방향이 제각기 독특하기 때문에 생기는 현상이다. 그러나 이들이 분열되기 이전의 고유한 음운체계와 문법체계 그리고 많은 기본적인 어휘를 가지고 있는 한 그것들은 역시 고유한 언어를 계승하고 있다고 볼 수 있다. 그래서 언어학자들은 서로 유사성을 보여주고 있는 언어를 비교하여 그들 사이에 어떤 관계

**표 12-1.** 세계언어의 계보와 명칭

**Indo-European어족**
Indo-Iranian어파 ··· Persian, Kurdish,
Veda, Sanscrit, Bali, Bengali어 등
Armenian어파
Greek어파
Baltic어파 ··· Latvian, Lithuanian, Old
Prussian
Slavic어파 ··· Russian, Polish, Czech,
Bulgarian, Slowacian, Sloveue
Italic어파 ··· Latin, Portuguese, Spanish,
French, Italian, Rumanian
Celtic어파 ··· Irish, Gaelic, Welsh
Germanic어파 ··· English, German,
Danish, Dutch, Norwegian, Icelandic
　**Hamito-Semitic어족**
Semitic어족 ··· Arabic, Ethiopic,
Phoenician, Babylonian, Assyrian
Hamitic어족 ··· Egyptian, Berber,
Cushitic
　**Finno-Ugric어족**
Hungarian, Finnish, Estonian, Lappish,
Cheremis, Samoyed, Ob Ugric
　**Altaic어족**
Turkic어 ··· Turkish, Uzbek, Kazahkh,
Kirgiz, Türkomen
Mongol어 ··· Buriat, Dagur, Khorchin
Tungus어 ··· Manchu, Evenki, Go1di,
Tunguz
Korean, Japanese
　**Basque어족**
　**Caucasian어족**
　**Sine-Tibetan어족**
Tibeto-Burman어족 ··· Tibetan,
Burmese, Lolo, Kachin, Garo, Karen
Sinic어족 ··· Chinese
　**Tai어족**
Thai (Siamese), Laotian, Shan
　**Mon-Khmer어족**

　**Dravidan어족**
　**Malay-Polynesian어족**
Malyan어 ··· Malagasy, Javanese,
Sundanese, Malay, Tagalog, Bahasa
Indonesian
Polynesian어 ··· Maori, Samoan, Fijian,
Hawaiian
　**Australian and Papuan어족**
　**Paleo-Asiatic어족**
Chukchee, Yukaghir, Gilyak, Yenisei,
Ostyak
　**Niger-Congo어족**
Temne, Fulami, Ga, Yoruba, Ewe Nupe,
Swahili, Zulu, Kambari, Mbembe
　**Khoisan어족**
Hottentot, Bushman, Sandawe, Hatsa
　**Eskimo-Aleut어족**
American Indian
Eskimo
　**Athabascan어족**
Beaver, Apachean, Navaho
　**Algic어족**
Cree, Arapho, Ojibwa, Delaware
　**Iroquoian어족**
Cherokee
　**Muskogean어족**
Muskogean, Creek-Seminole, Choctaw
　**Siouan어족**
Dakota, Hidatsa Crow
　**Uto-Aztecan**
Shoshone, Paiute, Hopi
　**Mayan어족**
Man, Quiche, Tzeltal, Tzotzil, Yucatec
　**South American Indian어족**
Arawak, Cerib, Quechua, Tupi-Guarani

가 있는지를 밝혀낸다. 친척관계에 있는 사람들의 선조를 찾아 거슬러 올라가면 그들이 동일한 조상을 가지고 있음을 발견할 수 있는 것과 마찬가지로, 한 언어집단에서 분열된 여러 집단의 언어들을 역사적으로 소급하여 올라가면 그 언어들이 갈라져 나온 조어(祖語) 또는 원어(原語)를 찾을 수 있다. 이와 같이 상이한 두 개 혹은 그 이상의 언어들을 비교하여 그 언어의 변화와 파생 관계를 밝히는 연구를 계통적 분류의 연구라고 한다. 그 방법은 전 단계의 어떤 형태를 재구성하는 비교 연구에 의하여 지구상에 존재하는 언어들의 파생 관계를 인간의 계보에 비유해서 밝혀내는 것이다. 지구상에 존재하는 모든 언어의 계통을 정확히 밝힌다는 것은 매우 어려운 일이지만, 19세기 이후로 비교언어학이 발달하여 <표 12-1>에서 보는 바와 같이 인구어(印歐語, 인도 유럽 언어)를 비롯한 20여 개 어족(語族)에 대한 계통적 분류가 확인되어 있다. 그러나 지구상에는 아직도 밝혀지지 않은 언어가 상당히 많기 때문에 지금까지 이룩해 놓은 계통적 분류가 세계의 언어를 총망라한 절대적 분류라고는 말할 수 없다.

## 2) 사회언어학

시간이 경과함에 따라 언어가 변화하는 것은 앞에서 설명하였으나 같은 시대에서도 같은 언어가 균일하지 않고 지역에 따라, 쓰는 사람들의 계층, 성별, 연령, 직업 등 사회적 속성에 따라 변이가 있다. 언어의 변화가 통시적-수직적 현상이라면 언어의 변이는 공시적-수평적 현상이라고 할 수 있는데, 변이에는 지역적 변이인 지역 방언과 화자의 교육수준, 신분, 직업 등 사회적 특성의 차이에 기인하는 사회적 변이 또는 사회 방언이 있다. 또 같은 화자일지라도 그가 언제, 어디서, 누구에게, 무엇 때문에, 무엇에 관해서 말하는가에 따라 사용하는 언어형태가 달라진다. 이와 같이 언어사용의 장면 또는 상황에 따라 달라지는 것을 상황적 변이(situational variation) 또는 기능적 변이(functional variation)라 한다. 이러한 언어의 여러 변이 중에서 특히 사회적 변이와 상황적 변이, 즉 사회적인 패턴을 이루는 언어변이형태와 다른 사회적 행동 간의 관계를 규명하고 해석하는 학문분야가 사회언어학이다.

언어사용의 목적이나 사회적 상황에 따라 언어형태를 선택하는 일은 사회의 성격에 따라 여러 가지 다른 양상으로 나타난다. 두 가지 언어 또는 그 이상을 함께 사용하는 언어공동체(bilingual or multilingual speech community)에서는 그것이 어떤 목적이나 상황을 위해서는 한 언어를 쓰고 다른 경우에는 또 다른 언어를 쓰는 현상으로 나타난다. 스페인계 미국인이 사무실에서 공적인 얘기를 할 때는 영어를 쓰고, 퇴근 후에 가족들과 사담을 할 때는 스페인어를 쓴다든지, 스위스에서 공적인 상황에 표준 독일어, 일상생활에서는 스위스식 독일어를 쓰는 것들이 모두 그러한 예에 해당된다.

그런데 상황에 따른 언어형태의 선택에 있어서 보다 중요한 것은 완전히 단일어만을 사용하는 언어공동체(monolingual speech community)에서도 항상 똑같은 형태의 언어를 쓰는 사람은 없다는 것이다. 가령 학교에서 함께 생활하는 학생들이 친구들과 대화하는 말, 선생님을 대할 때 쓰는 말, 집에 돌아가서 부모와 형제자매들과 이야기할 때 쓰는 말, 그리고 거리에서 낯선 사람과 처음 만났을 때 쓰는 말 등은 각기 다르기 마련이다. 사람들은 이와 같이 여러 가지 상황에 따라 한 언어의 표현양식을 여러 가지 변이형으로 쓰고 있다. 사회언어학에서는 이 변이형들의 총체를 언어목록(linguistic repertoire)이라고 하며, 그것을 매우 중요한 개념으로 사용하고 있다. 언어목록은 어떤 직업을 갖게 됨으로써 생기는 직업적인 것에 따라 달라질 수도 있고, 문어체냐 구어체냐 하는 것에 따라 달라질 수도 있으며, 또 대화의 주제와 그 대화가 이루어지고 있는 물리적 환경에 따라 달라질 수도 있다. 이러한 특성들과 더불어 언어목록을 결정하는 중요한 사회적 요인 중의 하나가 대화를 하는 당사자 사이의 역할관계와 상대적 지위이다. 이 관계는 특히 호칭체계에서 잘 나타나고 있다.

### 3) 호칭체계

　매우 복잡하고 정교한 호칭체계를 갖고 있는 한국어나 일본어에 비하면 영어의 경우는 매우 단순해서 보통 이름으로 부르거나 성과 함께 그 사람의 지위를 나타내는 말을 붙여서 부르는 두 가지 방법이 있다. 브라운과 포드(Brown and Ford 1961)의 연구에 의하면 이 두 가지 방법 중 어떤 것을 사용하느냐, 즉 어떤 호칭으로 부를 것인가 하는 것은 말하는 두 사람의 관계가 가지는 성격에 따라 다르다고 한다. 두 사람이 대등한 관계에서 이름을 서로 부를 때에는 일반적으로 두 사람이 친밀하다는 것을 나타내 주고 사적인 상황에서 이루어지는 것이며, 공식적인 석상에서 거의 사회적 지위가 비슷한 사람들 사이에서는 지위를 표시하는 말을 붙인 성(姓)이 호칭으로서 사용된다. 그러나 한쪽에서는 이름으로 다른 한쪽에서는 존칭으로 부르는 대등하지 않은 관계는 두 사람 사이에 명백히 지위의 차가 인식될 때 일어나는 것이다. 이때 지위의 우열은 나이에 의한 것일 수도 있고 직장에서의 상사와 부하직원의 관계에 의한 것일 수도 있다. 남성이나 소년들 사이에서는 친밀한 관계와 공적인 상황의 중간에 위치하는 호칭으로서 단지 성만을 따로 떼어 부르기도 한다.

　비교적 단순하다고 말할 수 있는 영어의 호칭체계에서도 이처럼 사회적 관계가 반영되어 있음을 볼 때, 영어와는 비교할 수 없을 정도로 매우 복잡한 호칭체계를 가진 민족에서는 그 표현이 어떻게 될 것인가는 대강 짐작이 간다. 수단의 누에르(Nuer)족에서는 그 사람의 지위에 따라 달리 불리는 다양한 호칭들을 갖고 있다. 즉 호칭에 의해서 그 사람의 성별, 나이, 소속집단 등이 표현된다. 누에르족의 어린애가 태어나면 그의 부계친족과 모계친족들이 각기 달리 부르는 두 개의 호칭을 갖게 되며, 자라서 성년식을 거친 후에는 그에게 주어진 소의 이름을 따서 만든 호칭이 동년배들 사이에서 함께 사용된다. 이들이 소의 이름을 따는 것은 소의 사육이 그들의 생계에 매우 중요한 것이 되고 있으며 소에 대한 애착심이 강하기 때문이다.

소년은 자기가 돌보는 소의 이름을, 소녀들은 자기가 젖을 짜는 소의 수송아지 이름을 따서 부르게 된다. 그리고 성인 남자는 개인적인 이름 외에 부계친족에게는 부계씨족명으로, 모계친족에게는 모계씨족명으로 불리는데 이것은 공식적인 모임에서 사용되는 호칭이다. 일상생활에서는 그의 아버지 이름을 따서 '아무개의 아들'로 불리거나 맏아들의 이름을 붙여 '아무개의 아버지'란 식으로 불린다(Evans-Pritchard 1948).

이렇게 보면 누에르족의 남자는 자신의 고유한 이름 외에도 동년배들 사이에서 불리는 소 이름, 공식적으로 사용되는 친족명, 일상생활에서 부자관계를 나타내는 아무개의 아버지나 아들 등으로 서너 개가 넘는 호칭을 갖게 되는 것이다. 물론 영어에서도 별명이나 애칭들을 많이 찾아볼 수 있지만 양자의 차이는 누에르족의 호칭체계가 훨씬 더 구조적으로 정착되어 있고 호칭을 통하여 사회적 관계의 내용을 더 많이 표현하고 있다는 점이다.

호칭체계에 사회관계가 반영되어 있는 것과 같이 여러 다양한 언어변이형들은 사회계층, 연령, 성별 상의 차이가 언어에 반영되어 있음을 보여준다. 청소년, 청년, 장년, 노년층들이 사용하는 언어에는 약간씩의 차이가 있다. 남성들은 남자다움을 나타내기 위하여 거친 말을 쓰는 데 비하여, 여성들은 비교적 고상하고 부드러운 표현을 쓰는 경향을 나타내기도 한다. 또 상층계급의 사람들은 대개 세련된 언어습관을 가지고 있다. 기어츠(C. Geertz 1960)에 의하면 자바(Java) 사회를 구성하고 있는 세 종류의 주요 사회문화집단들(농민, 상인, 귀족)은 동일한 의미를 전달하는 데 있어서 각기 다른 어휘를 사용함으로써 그들의 상이한 사회적 지위를 나타낸다고 한다. 이러한 사실들은 모든 언어가 사회적인 차이나 상황에 따라 차이가 나는 것을 말해 주고 있으며 호칭체제와 함께 사회행위로서의 언어현상을 체계적으로 연구하는 사회언어학의 중요한 연구대상이 되는 것이다.

## 5. 언어와 사고

　미국에서 발달한 언어인류학에서는 언어와 문화의 관련성과 한 사회의 언어형태와 문화형태가 주고받는 상호영향관계를 꾸준히 연구해 왔다. 특히 사피어(E. Sapir)와 워프(B. L. Whorf)는 유명한 언어상대성가설(Linguistic Relativity Hypothesis or Sapir-Whorf Hypothesis)을 만들어 각 언어는 외부 세계의 현상들을 범주화해서 표현함에 있어 각기 특이한 양상을 나타내고 있다는 것을 밝혀 주었다. 즉 그들은 언어가 그 언어사용자들의 사회문화적 특성과 밀접하게 연관되어 있기 때문에 그들의 언어행위를 제대로 이해하기 위해서는 그 문화적 전통에 대한 이해가 필수적이라고 주장하였다. 특히 워프는 인간의 심리적 지각의 세계는 그들이 사용하는 언어구조와 밀접히 연관되어 있다고 주장하면서 문화는 언어에 영향을 끼치고, 지식습득의 도구인 언어는 문화형태에 영향을 준다고 하였다. 그들의 가설은 기본적으로 언어와 문화 및 사회의 상호관련성을 연구하는 것이므로 비교적 최근에 시작된 사회언어학과 가장 밀접한 관계를 가지고 있다(Carroll 1956).

　그런데 언어와 문화 및 사회의 상호관련성을 논의하는 데 있어서 문화와 사회가 언어에 대하여 미치는 영향에 대해서는 앞에서 다룬 사회언어학의 부분에서 설명하였으므로, 여기에서는 주로 언어가 문화에 대하여 어떤 영향을 미치는가, 특히 언어와 사고의 관계는 어떠한가를 살펴보기로 하겠다.

### 1) 언어의 구속력

　문화가 인간의 행위를 틀에 맞추어 강제하듯이 언어도 그것을 사용하는 사람에 대하여 구속력을 갖고 있다. 이것은 한 언어공동체에 속해 있는 사람은 그 사회의 언어를 통해서만 사상이나 감정을 표시한다는 것을 뜻한다. 단어와 문법은 물론, 그 내용까지 언어가 허용하는 한도 내에서 이루어져야 하기 때문이다. 따라서 인간의 사고나 행위는 언어의 틀에 의해 유형화된다고 말할 수 있다. 실제로 우리가 많이 경험하는 바와 같이 아무리 영어를 잘한다고 하는 사람일지라도 영어다운 영어를 구사하는 것은 매우 어렵다. 이것은 한국식 기호체계에 굳어진 사람이 영어식 기호체계로 전환되기가 쉽지 않다는 것을 말하는 것이다. 이와 같이 언어는 문화의 일부이지만 문화를 창조하는 사고방식을 규정한다고 말할 수 있겠다.

## 2) 사피어-워프의 가설

언어가 인간의 사고를 규정한다고 최초로 주장한 대표적인 학자는 사피어와 워프이다. 그들의 가설에 따르면 언어란 사상이나 경험을 전달하는 상징적 도구일 뿐 아니라 언어 자체가 비판의 기준을 가진 힘으로서 인간에게 작용한다고 한다. 즉 언어는 무의식 속에 투사된 내적 세계를 경험의 세계로 끌어올려 실제적 경험을 규정하는데, 이것을 다른 말로는 '강요된 관찰(forced observation)'이라고 한다. 또 그는 여러 언어들을 비교하면서 문법적 성(性)과 시제 및 형식들이 실제의 경험에서 얻어지는 것이 아니라, 언어가 이것을 강요하기 때문에 언어가 지시하는 개념적 범주에 따라 그렇게 표현하는 것이라고 하였다. 예를 들면 영어에는 과거, 현재, 미래를 나타내는 시제가 있고, 중국어에는 시제가 없으니 영어를 표현의 도구로 사용하려면 시제를 사용하여야 되는 것이다.

워프는 특히 언어가 인간의 시간과 공간에 대한 개념을 규정한다는 것에 착안하여 이것을 아메리카 인디언의 호피(Hopi)족과 평균적 유럽인에 적용하여 설명하였다. 예를 들면 유럽인에게는 시간이 객관화된 것이기 때문에 아침, 저녁, 1월, 8월, 여름, 가을 등이 분명하고, 또 시간을 절대적인 것이라고 생각하여 과거, 현재, 미래가 분명하다. 그러나 호피족에서는 시간이 객관화되어 있지 않고 관습적인 것으로 생각되기 때문에 그러한 시간의 구분이 뚜렷하지 않다. 이렇게 볼 때 사피어-워프의 가설은 우리들이 보통 의식하고 있지 않는 언어의 강제력이 사람들의 경험과 사고방식을 규정하며 사람이 이것을 피할 수 없다는 언어결정론(linguistic determinism)의 입장을 취한다고 말할 수 있다. 한편 워프의 주장을 달리 표현하면 동일한 현상이라도 언어의 배경이 다르면 인식의 방법도 다르다는 이른바 언어상대주의(linguistic relativism) 입장을 취하는 것이라고 볼 수도 있다.

## 더 읽을거리

왕한석
    2009, 『한국의 언어민속지 1: 서편』, 파주: 교문사.
왕한석 엮음
    2010, 『한국어 한국문화 한국사회』, 파주: 교문사.
Bonvillain, Nancy
    2000, *Language, Culture, and Communication: The Meaning of Messages*, Upper Saddle River, New Jersey: Prentice Hall. [한국사회언어학회 역, 『문화와 의 사소통의 사회언어학』, 서울: 한국문화사, 2002(2004).]
Burling, Robin
    1970, *Man's Many Voices: Language in Its Cultural Context*, New York: Holt, Rinehart and Winston.
Greenberg, J. H.
    1968, *Anthropological Linguistics: An Introduction*, New York: Random House.
Hymes, Dell (ed.)
    1964, *Language in Culture and Society: A Reader in Linguistics and Anthropology*, New York: Harper & Row.
Lehmann, Winifred P.
    1973, *Historical Linguistics: An Introduction* (2nd ed.), New York: Holt, Rinehart and Winston.
Saville-Troike, Muriel

2003, *The Ethnography of Communication: An Introduction,* Malden, Massachusetts: Blackwell Pub. (왕한석 등 공역, 『언어와 사회: 의사소통의 민족지학 입문』, 서울: 한국문화사, 2009.)

# 제13장

# 문화와 예술

　미학적인 관점에서 예술가 개인의 작품이나 행동을 분석하는 예술평론가들과는 달리, 인류학자들은 어떤 사회 또는 민족집단의 전형적인 감정 또는 생활특성을 나타내는 예술, 즉 집단적인 차원에서의 예술을 연구대상으로 삼는다. 또한 그들은 미에 대한 안목과 기준을 어떤 예술에 대해서도 일률적으로 적용할 수 없다는 입장을 취하고 있다.

　흔히 우리는 "예술은 국경이 없다."라는 말을 듣지만, 사실은 예술에 대한 평가기준만큼 자민족중심주의적인 편견에 빠져 있는 예는 드물 것이다. 평가기준이 문화마다 다르다는 것은 또한 예술이 다른 사회적 제도와 마찬가지로 그 의미와 기능이 문화와 사회적 맥락에서 이해되어야 한다는 뜻이다. 인류학자들은 문화의 차이에 따른 예술의 특성을 이해하는 한편, 예술의 사회적 기능과 문화적 의미를 해석하려 한다.

　이 장에서는 또한 신체의 장식, 회화, 음악, 무용, 복식, 그리고 문학의 분야들에서 나타나는 문화 간의 다양성을 살펴보고, 민족 고유의 예술양식은 그 문화의 다른 영역들과 긴밀한 상호관계를 맺고 있음에 주의를 환기시킨다. 예술은 그 자체가 가지고 있는 상징적인 의미뿐만 아니라, 민족 고유의 예술양식은 자기 집단을 다른 집단으로부터 구분 짓게 하는 등 민족집단의 정체성을 표현하는 상징으로 사용되고 있다는 점에서도 문화의 한 중요한 부분으로 간주된다. 그러나 예술을 문화와 동일시하는 일상적인 개념과는 달리, 인류학자들은 예술을 문화의 한 구성 부분으로 이해하고 있다.

## 1. 예술의 개념

감정을 표현하고 의미를 전달하기 위한 표현행위는 인간의 본능으로서 어떠한 시대와 사회를 막론하고 인간과 더불어 존재한다. 고고학적인 발굴을 통하여 우리는 구석기시대의 유적에서도 아주 정교한 예술적 가치가 높은 동굴벽화나 조각품들을 발견할 수 있다. 그런데 우리가 예술을 말할 때 단순히 의미를 미적으로 표현하는 기술과 그러한 행위의 결과로서의 예술품만을 뜻하는 것은 아니다. 그림이나 조각, 음악, 무용뿐만 아니라 우리는 몸의 치장, 의복, 건축, 실내장식 등의 일상생활에서도 예술적인 상징들을 찾아낸다.

그러나 인류학자들이 가지는 예술에 대한 관심은 흔히 말하는 예술인이나 예술비평가들의 관심과는 다르다. 화가나 음악가들은 자기의 감정과 영감 또는 사상을 스스로 정한 미적 기준과 양식을 통하여 표현하며, 평론가들은 역시 미학적인 관점에서 예술가 개인의 작품이나 행동을 분석한다. 그러나 인류학자는 예술을 개인의 차원에서 다루지 않는다. 즉 어떤 사회나 집단의 구성원이 공통적으로 나누어 가지고 있는 예술에 관심을 갖는 것이다. 예술이라는 표현행위는 일정한 양식을 통해서 나타나는바, 이것은 문화의 특성에 의하여 결정되기 때문이다. 따라서 어떤 사회 또는 민족집단의 전형적인 감정과 사상 또는 생활의 특성을 나타내는 예술, 즉 집단적인 차원에서의 예술을 연구의 대상으로 삼는다. 이에는 민속예술과 일상생활의 여러 측면에서 나타나는 예술적인 요소 등이 대표적이다. 그러나 인류학자는 미에 대한 안목과 기준을 어떤 예술에 대해서도 일률적으로 적용할 수 없다고 생각한다. 개인적인 입장에서 우리는 어떤 한 그림에 대해서 서로 다른 느낌을 갖지만 그렇다고 해서 누가 더 옳은 평가를 내렸다고 말하기는 어렵다. 마찬가지로 문화가 다른 두 사회를 나타내는 예술을 비교를 할 수는 있어도 어느 것이 더 좋다거나 나쁘다거나 또는 미적으로 발달이 더 되었거나 덜 되었다는 식의 판단을 내릴 수는 없다. 우리는 중국의 음악과 한국의 음악의 차이는 알지만 어느 음악이 더 낫다고는 할 수 없다. 아마도 한국 사람에게는 한국음악이 더 익숙할 것이며 중국 사람에게는 중국음악이 보다 더 편안하게 들릴 것이다. "예술은 국경이 없다."라는 말에도 불구하고 사실은 예술에 대한 평가기준만큼 자기민족 중심주의에 빠져 있는 예는 드물 것이다. 이렇게 평가기준이 문화마다 다르다는 것은 또한 예술이 다른 사회적 제도와 마찬가지로 그 의미와 기능이 문화와 사회적 맥락에서 이해되어야 한다는 뜻이 된다. 즉 예술의 상대성은 곧 문화의 상대성을 나타낸다. 인류학자는 문화의 차이에 따른 예술의 특성을 이해하는 한편, 사회적 기능과 문화적 의미를 해석하려 한다.


## 2. 예술의 의미

인류학자들이 어떤 민속예술품으로서의 조각품이나 그림을 볼 때에는 그 속에 담겨 있는 상징적인 의미를 파악하고자 한다. 특히 그런 것들이 종교적인 특별한 취급을 받을 때 그 형상이나 색깔, 표현에 동원된 사물의 내용과 배치 등은 그 사회의 가치관을 나타내거나 신앙체계를 나타내거나 혹은 그 집단이 겪어온 역사의 전개과정을 암시하기도 한다. 아샨티족의 황금의자(제2장 참조)는 그것이 예술적인 가치나 아름다움이 아니라 아샨티민족과 문화의 정체가 상징화되는 표적인 것으로 해석해야 한다.

예술은 종종 민족의 역사를 담고 있다. 특히 문자가 없는 사회일수록 역사로서의 예술의 중요성이 부각된다. 즉 민족역사학(ethnohistory)의 일부로서 예술이 연구된다. 그 예로서 오스트레일리아 원주민들이 커다란 바위나 땅 위에 그리는 형이상학적인 무늬의 복합은 단순한 창조가 아니라 그들의 조상 대대로부터 광활한 오스트레일리아의 어느 한 부분에서 출발하여 현재의 지역으로 오기까지의 파란만장한 이동 경로와 경험을 나타낸 일종의 역사이며 대서사시인 것이다. 이러한 의미는 사실 그 그림을 그린 원주민 자신도 잘 모르거나 적어도 명확히 설명을 못 했지만 어느 인류학자 한 사람이 공중촬영과 실지답사를 통하여 그들의 그림에 나오는 색깔과 무늬와 형상들은 강과 산과 중요한 다른 물체들을 상징하는 것이며, 이 상징물의 배치는 놀랍게도 실제 지도상의 배치와 정확히 일치하는 것임을 밝혀내었다. 물론 그 원주민은 그 강이 어디 있는지도 모르며 그 바위나 산과 강의 지리적인 관계에 대해서도 전혀 아는 바가 없었다. 그러면서도 그들은 즐겨 그 그림을 그렸고 몇 번씩 그릴 때마다 거의 비슷한 그림이 되었다. 또한 이 인류학자는 그 그림이 그려진 곳에서 반대 방향으로 이들이 지역적 이동을 해온 경로를 거슬러 올라가는 도중, 여기저기 오래전에 그려진 그림들을 발견하였는데, 그러한 그림들이 현재의 그림들과 아주 비슷하며 다만 차이점은 점차 원(原) 발생지로 가까이 갈수록 그림의 내용이 적어지고 단조로워진다는 것이었다. 이것은 거꾸로 말하여 지역적 이동 경로가 계속됨에 따라 경험이 증가하고 따라서 그림의 내용도 증가해가는 것이다.

그러나 이러한 원래의 상징적 의미는 사회적 상황에 따라 바뀌기도 한다. 즉 예술은 사회적인 의미도 가지고 있다. 예를 들어 빨간색은 우리나라에서는 방향 가운데 남쪽을 뜻하는 것이었고, 남쪽은 평화와 선한 기운이 발생하는 곳으로 여겨져 왔다. 이러한 의미에서 빨강은 또한 경사스러움을 상징하는 색깔로 사용되었다. 그러나 6·25전쟁을 겪으면서 어느덧 빨간색은 공산당과 동일시되었고 공산주의자만큼 반사회적이고 위험하고 꺼림칙한 부정적인 요소는 모두 빨간색으로 나타나게 되었다. 경사스러움의 상징이었던 빨간 색깔은 공포를 연상시키는 수단으로 사용되었을 뿐만 아니라 빨간색을 연상시키는 꽃 이름이 들어 있는 가사의 노래마저도 금지된 시절이 있었다. 물론 빨간색은 경사스러움의 뜻 외에도 쾌활, 명랑, 힘 등의 긍정적인 면과 피를 연상케 함으로써 위험과 주의경보의 상징으로서 사용되지만 상황에 따라서 어느 한 가지 의미가 대표적인 위치를 차지하게 되는 것이다.

이러한 예는 검은색에 대해서도 마찬가지로 찾아볼 수 있다. 검은색은 원래 죽음과 두려움의 상징이 대표적인 것이었다. 그러므로 그것은 일상적인 것과 세속적인 것으로부터의 격리를 나타내는 것으로 상복으로 또는 보통 사람들과는 거리가 유지되어야 하는 법관이나 성직자의 상징으로 사용되었다. 검은색은 관용차의 대표적인 색깔이며 나아가서 관료적 권위의 상징이 되었다. 과거의 관리는 국민의 공복이기보다는 국민을 지도하고 지배하는 지휘 감독자로서 항상 위엄이 있어야 했다. 따라서 경쾌한 색깔의 복장은 금물이며 검은색이나 진한 감색 계통의 옷이 권장되고 유행되었던 것이다. 폐쇄된 사회의 긴장과 압박상태의 대표적인 일제 강점기에 유행했던 노래와 시구에는 어둠, 밤 등의 어휘와 암흑과 광명, 밤과 낮의 뚜렷한 대조가 많이 나타나게 된 것도 이러한 예술의 사회적 의미와 관계된다.

예술이 갖는 문화적 의미는 특히 민족성 혹은 민족집단과 관계된다. 즉 민족음악(ethnomusic)의 연구나 색의 분류(colour classification) 등은 민족집단의 특유의 것으로 연구된다. 필리핀 고산족의 하나인 하누누(Hanoonoo)족의 색깔분류는 우리가 흔히 사용하는 빨강, 노랑, 파랑 등의 말로서 이루어지는 것이 아니다. 그들은 대신에 '마른 색', '바싹 마른 색', '바람에 흩날리듯 말라 빠진 색' 또는 '축축한 색', '젖은 색', '끈적끈적한 색' 등의 말을 사용한다. 외부인은 이러한 말을 듣고 도저히 그것이 무슨 색깔인지 상상조차 할 수 없지만 하누누족들은 정확히 색깔들을 구별하는 것이다. 이 용어들은 하누누족들이 밀림의 고산지대에 살며, 1년이 건기와 우기로 양분된다는 환경적인 요소를 이해하면 곧 파악할 수 있게 된다. 즉 그들의 색깔분류는 생태계를 분류하는 것이며 동시에 그들의 환경으로 인한 특수한 지식체계를 표현하는 하나의 방식이 되는 것이다.

복장의 모양과 색깔은 사람들로 하여금 자기 집단과 다른 집단을 구분하게 하며 자기 집단의 정체성(identity)을 표현하는 데에 사용되기도 한다. 오스트리아 사람들은 외국에 나갈 경우 국방색의 모자와 코트를 꼭 입는다. 그래서 어디를 가나 오스트리아에서 온 관광객들은 금방 알 수가 있다. 소위 민족의 상(national costume)은 단순한 아름다움의 표현으로서가 아니라 이러한 분류의 기준을 마련하는 문화적 의미를 지니는 것에서 보다 중요한 의미가 있다. 이러한 예는 사실 스코틀랜드인이 즐겨 입는 킬트라고 부르는 치마가 될 것이다. 남자들이 입는 이 킬트는 여러 가지의 체크무늬로 되어 있는데 이는 스코틀랜드의 여러 씨족을 나타내는 것으로서 관광객들은 스코틀랜드 기념품이나 자신의 미적 기호에 따라 한 벌씩 구입하지만 이들 스코틀랜드 사람들은 자신의 씨족집단과 계통을 상징하는 무늬의 킬트를 입는다. 그래서 낯선 지역에 가서도 그들은 금방 동일 씨족계통에 속한 사람을 알아보며 아주 동일한 계통은 아니지만 어떠한 친척관계가 있는 것도 무늬의 색깔이나 줄의 개수에 의해서 밝혀내게 되는 것이다.


## 3. 예술의 여러 분야

### 1) 신체의 장식

인간의 신체는 가장 쉽게 사용할 수 있는 예술의 도구이다. 얼굴에 색칠을 한다거나 신체의 여러 부분을 장식함으로써 인간의 몸은 문화적 사물로 변형이 된다. 신체의 장식은 사회마다 다양하여 얼굴에 흉터를 낸다거나, 문신을 한다거나, 코를 꿰뚫거나, 귀를 늘어뜨리거나, 콧날이나 젖가슴의 모양을 변형시키는 등의 항구적인 장식이 있기도 하고 몸에 화장이나 색칠을 한다거나 특수한 보석이나 장식물을 부착하는 일시적인 것도 있다. 이러한 장식은 우선 미적인 호기심과 미를 실현하고자 하는 관심과 노력의 결과로도 해석되지만 이러한 관심의 충족 이외에 그것은 사회적 지위, 계급, 성, 직업 또는 종교를 표시하는 수단으로서도 이해된다. 왕관이나 특별한 장식이 달린 모자, 영국의 귀족신사들이 사냥복으로 입는 진홍색의 저고리와 검은 벨벳의 모자, 인디언 추장의 두건에 꽂힌 독수리의 날개, 아랍 귀족들의 금으로 짠 터번의 띠 등등은 각각 그 사회 내에서의 신분계급이나 지위의 상징인 것이다. 뿐만 아니라 여자들이 끼는 반지는 경제적인 부의 과시인 동시에 어느 손가락에 끼는 것인가는 결혼했을 경우, 약혼을 했을 경우, 그리고 아무런 '매인 곳이 없는' 경우에 따라 각각 달라지는 것이다. 귀걸이와 목걸이는 종교적인 귀속감을 표시하여 십자가와 불교의 표시 또는 유대교의 별 표시 등이 동원된다.

신체를 색깔로 칠하는 것(body Painting)은 특히 종교적 의례를 행할 경우 특별한 의미를 가진다. 예를 들어 북미 인디언의 한 부족인 샤이안족들이 행하는 태양무라는 종교적 의식의 춤에는 여자가 아침을 나타내게 되는데 그 여자는 얼굴을 빨간색으로 칠하고, 두 개의 파란 태양을 얼굴에 그리며, 가슴에는 아침별을 상징하는 한 개의 파란 별을, 그리고 오른쪽 어깨에는 역시 파란색으로 초승달을 그려 넣는다. 그리고 그 의식에 참가하는 기타의 사람들은 모두 천체를 나타내는 치장들을 하게 된다. 이들의 춤은 곧 우주 전체의 움직임이며, 이 속에서 부족의 남자들은 그 여자를 찾아냄으로써 태양의 힘을 획득하게 되는 것이다. 얼굴의 색칠은 이러한 특별한 힘의 상징으로서뿐만 아니라 나쁜 운명의 습격으로부터 보호를 하는 의미로도 행해진다. 우리나라에서 신부는 이마와 양쪽 뺨에 연지 곤지라고 하는 빨간색의 커다란 점을 찍는다. 이것은 액(厄)으로부터 보호함으로써 정화된 신분을 지킨다는 종교적 의미가 있는 것이다.

사람들은 때로 가면을 쓰거나 이상한 디자인으로 몸을 색칠함으로써 자신을 은폐시킨다. 성인식, 장례식, 결혼식을 할 때 이는 상징적인 죽음과 부활을 의미하는 종교적 의미를 지니기도 하지만, 은폐라고 하는 것은 자신을 적극적으로 상실하는 행위이기도 하다. 적극적 자아포기는 평상시 감히 생각하지도 못했던 용감성의 근원이 된다. 그것은 어떤 초자연적인 힘이 자신의 변형된 모습에 연결되어 있다는 의미를 부여함으로써 전쟁이나 과격한 시위에 참가하는 사람들이 흔히 채택하는 방법이다. 신체의 특별한 장식은 동시에 새로운 자아로의 시도가 된다. 히피족이나 펑크족의 괴상한 차림은 동물 흉내를 낸 귀족들의 가장무도회와 마찬가지로 기존의 일상세계의 규율과 가치체계로부터 해방을 경험케 한다.

　성적인 매력을 높이기 위하여 신체를 장식하는 일도 많이 있다. 여자들은 입술같이 어떤 성적인 매력이 있는 부분에 눈을 끌 만한 색깔을 칠한다든가 귀나 목, 팔목, 가슴, 허리 등에 장식물을 부착함으로써 남의 눈을 끌게 된다. 아프리카 감비아의 여자들은 허벅지와 아랫배에 여러 개의 긴 줄무늬의 상처를 내는데 이는 성행위를 할 때 남성을 더욱 흥분시키는 효력이 있으며, 이 부분은 낮에는 옷으로 가려져서 타인에게는 보이지 않지만 밤에는 자기의 사랑하는 사람에게만 보이는 '특혜'를 베푸는 것이다. 현대 서구사회에서도 여자들은 가슴이나 엉덩이를 될 수 있는 대로 부각시키며 개성 있는 화장으로 성적인 매력을 고조시킨다. 그런데 성적인 매력이나 아름다움의 기준은 사회마다 달라서 대만의 고산족은 여자가 뺨이 홀쭉한 것이 미인으로서 그렇게 하기 위하여 결혼을 하게 되면 양쪽 송곳니를 뽑아낸다. 아랍인들은 남자는 수염이 나고, 아랫배가 적당히 튀어나와야 매력적이고 정력적인 남성이라는 평을 받는다.

　특별한 의식을 행하게 될 때의 신체장식은 사회적인 중요성을 지니게 된다. 즉 성인식(initiation)을 행하게 되면 각자 정해진 신체 부분에 동일한 무늬의 흉터를 냄으로써 성인이라는 사회적 연령을 획득하며 동시에 동년배의 표시를 갖게 된다. 대만 고산족사회에서는 적의 머리를 잘라오는 의식적인 행사 (head-hunting)를 성공적으로 행한 남자는 이마와 턱에 검은 문신을 하며, 적 령기에 든 소녀는 이마와 턱과 양볼을 거쳐서 귀밑 뺨에 이르기까지 문신을 함으로써 성숙을 표시한다. 이 문신은 특히 남자에게 있어서는 자신이 남자로 서 해야 할 일을 성취한 완전한 인물로서 죽어서 영혼의 세계로 들어갈 수 있는 자격증을 획득한 증거가 된다.

## 2) 회화

색깔에 대한 상징적인 의미의 차이와 더불어 그림의 내용이나 무늬의 모양 등은 인류학자의 주요관심의 대상이 된다. 왜냐하면 앞서 언급한 오스트레일 리아 원주민의 그림이나 인디언의 그림일기처럼 그 내용은 경우에 따라서 역 사적 과정을 서술하는 것이며 사용되는 색깔의 종류는 사람들의 상징세계를 이해하는 데 도움이 되기 때문이다.

이와 함께 그림의 스타일이 사회구조와 관계가 있다는 것도 설명되어졌다. 피셔(John Fischer 1961)는 그림의 어떤 측면이 사회상황의 반영임을 분석한 바 있다. 즉 평등한 성격이 강한 사회일수록 단일한 요소들의 반복, 무의미한 공간의 여백이 많고, 대칭적인 디자인, 열려 있는 형상이 강하며, 계층분화가 이루어진 사회일수록 여러 상이한 요소들의 결합, 여백이 적고, 비대칭적인 디자인, 폐쇄된 형상 등이 동원된다는 것이다. 이러한 가설을 실제 사회를 예 로 들어 알아보자.

북미의 수렵채집경제를 영위하는 오지브와(Ojibwa)의 인디언들은 거의 정 치적인 조직이 결여되어 있고 권위적인 지위도 없는 사회조직을 가지고 있다. 이 오지브와 인디언들의 미술에는 단순한 디자인이 반복되는 것으로 나타난 다. 여기서 단순한 무늬들이 오지브와 사회의 개개인을 은연중에 나타내는 요 소이며 오지브와 사람들은 평소에 지위나 권력에 경쟁을 시도하는 것보다는 타인과 동일하도록 노력함으로써 안전을 보장받는 경향이 강하다면 사회유형과 표현의 유형 간의 관계는 충분히 증명이 된다. 마찬가지로 인도의 그림에는 여러 다른 무늬들이 아주 복합적으로 표현되어 있는바 이는 고도로 분화되어 있는 사회에서는 각자 독특한 역할분담이 되어 있어서 다른 계급과 관계없이 각자 나름대로 행동한다는 점을 감안할 때 이 가설은 타당성이 있는 것이다. 둘째, 여백의 많고 적음에 관해서는 평등사회는 대부분 작은 규모로 자급자족을 영위하는 집단으로서 보통 흩어져 있으며 외부세력과의 접촉을 꺼리며 자신들의 집단 안에서의 안전을 도모하는 것을 더 좋아한다는 것을 고려해 볼 때 타당성이 있는 것이다. 더욱이 인도의 예술은 대부분 아주 밀집되어 있음을 본다. 세분화되어 있는 인도 사회에서는 개개인이 하나의 거대한 위계질서 속에 놓여 있고 서로 여러 가지 관계들로 연관이 되어 있다. 따라서 사회에 따라서 외부의 이질적인 요소로부터 격리됨으로써 안전을 도모할 수 있는 집단과, 외부의 요소를 받아들임으로써 자체 내 분화와 연관을 통한 안전도모를 하는 집단은 그 그림의 여백을 남기는 정도에 따라 나타난다. 셋째로 대칭적인 무늬의 배열 역시 처음 단순무늬의 반복과 같이 설명된다. 즉 대칭은 서로 비슷하거나 평등한 관계를 나타내고 비대칭은 계층화가 이루어진 불평등한 관계를 나타내는 것이다. 넷째로 형상들이 폐쇄된 것과 개방된 것의 차이로서, 이는 개인의 행동을 포괄하는 법률을 강요하는 것이 계층화되어 있는가의 여부에 따라서 결정되는 것이다.

위에서 살펴본 피셔의 접근방법은 그림의 스타일과 사회유형과의 관계를 분석해 보는 좋은 모형이기는 하지만 예술의 어떤 요소를 어떻게 시험을 할 수 있는가라는 문제가 남아 있다.

## 3) 음악

예술의 상대성을 인식한 사람들이 비교적 많이 관심을 가지고 연구를 시도

한 분야가 음악이다. 특히 각 민족마다 특유한 소리에 대한 감각과 리듬과 멜로디에 대한 설명과 기준이 있다는 데에 착안하여 민족문화의 맥락 속에서 음악을 이해하는 시도가 민족음악학(ethnomusicology)이란 명칭 아래서 행해지고 있다. 이들은 각 민족이나 나라의 민속음악 또는 전통음악의 특징이 무엇인가를 가사, 곡조, 박자, 소리의 특징과 표현법의 다양성 등의 분석을 통하여 비교 연구를 한다. 뿐만 아니라 음악의 다양성을 문화요소와 결부시켜서 해석해 보기도 한다. 세계 각처에서 수집한 3,500수의 민요의 분석을 통하여 로맥스(Alan Lomax 1968)는 문화의 특질과 노래 사이에 어떤 상관성이 있음을 밝혔다. 그에 의하면 한 사회의 노래형식은 식량생산의 발달수준, 정치발달의 정도, 사회계층화의 정도, 남녀관계에 대한 윤리의 엄격성, 성에 따른 노동 분화, 사회적 구속력의 정도 등 여섯 가지에 걸친 그 사회의 성격에 따라 다양해진다고 한다. 즉 노래형식의 어떤 측면은 문화의 복합정도와 관계된다. 로맥스는 복잡한 문화를 가진 사회는 식량생산과 기술 수준이 높고 사회계층과 정치 및 법적 제도가 세분되어 있는 사회의 특징으로 분류한다. 예를 들어 노래에 가사가 많이 붙고 구체적으로 설명이 붙는 것은 문화의 복합성과 관계된다. 문화가 복합적이란 말은 사회가 감정보다는 이성에 기반하며 정보를 전달하기 위하여 말이 그만큼 필요하다. 그러나 부시맨 같은 수렵채집 사회에서는 역할 구분이 자세하지 않고 서로를 잘 알고 있어서 별다른 설명이 없이도 의사소통이 이루어지는바, 이러한 사회에서는 노래가사가 많지 않고 단조로운 가사와 곡조의 반복을 통해서 감정과 의미를 충분히 나누어 갖는다.

노래형식은 또한 사회적 성격과도 관계가 있다. 리더십이 비공식적이고 고정적이지 않은 사회에서는 단독으로 특별히 노래 부르는 기회를 누리는 것이 아니라 집단 내에서 한 명씩 돌아가면서 골고루 부름으로써 평등관계를 나타낸다. 지도자가 명망을 누리면서 실제 권력을 갖지 않는 등급사회(rank society)에서는 한 명의 리더가 선창하면 곧 모두가 한꺼번에 따라서 부르며 리더의 목소리는 군중의 목소리에 파묻혀 버린다. 리더가 실제 강제력을 가진 권력을 행사하는 계층사회에서는 합창은 독창자와 그에 응하여 노래를 받아 부르는 합창부가 구분된다. 보다 정교한 계층사회에서는 노래를 부르는 부서가 나누어져 있고 독창자는 다른 사람과 구별된다.

로맥스는 또한 다음(多音, polyphony)과 식량채집에 여성의 높은 정도의 참여 사이에 어떤 관계성이 있음을 발견하였다. 즉 식량조달에 여성의 기여도가 큰 사회에서는 이중창 혹은 다중창이 불리고 여성 독창자가 담당할 고음파트가 있게 된다. 그러나 여성의 경제적 기여도가 낮은 사회에서는 노래는 남성에 의해 일방적으로 지배된다. 이러한 음의 복합성과 사회구조의 복합성의 연관관계는 아직 간단히 쉽게 증명이 되지 않는다. 예를 들어 서양음악이 여러 가지 소리를 한데 합쳐서 '심포니'라는 형식의 음악을 계발한 것이 서양사회의 다양화·계층화를 반영한다고 하면 한국의 전통음악에서 음의 종류가 다양하지 않은 것은 한국사회의 단순한 계층화나 폐쇄성의 반영이라고 설명될지 모른다. 그러나 이것은 음의 종류와 숫자이며, 리듬을 가지고 본다면 서양음악은 하나의 곡이 한 가지 리듬으로 되어 있지만 한국음악은 여러 가지 리듬이 한 곡 안에 존재하는 것이다. 이러한 것은 어떻게 해석해야 할 것인가. 그런데 인류학자가 더 흥미를 가졌던 문제는 "음악은 영혼의 공통된 소리"라거나 "음악에는 만인이 평등하다"라는 말에도 불구하고 사회계급에 따라 음악이 달라지며 동시에 상황에 따라 음악의 사용이 바뀐다는 사실에 주목하여 사회적 의미를 찾는 일과 소리가 갖는 상징적인 의미를 해석하는 일이었다.

우리는 흔히 음악에 의하여 동일한 장소가 상징적으로 변하는 것을 본다. 이 소리에 의한 세계의 상징적 변천은 북, 예포, 폭죽 등의 소리로 더욱 명확해진다. 중국에서는 귀신절이라는 날에 저 세상으로부터 나온 모든 귀신들을 초청하여 잘 먹여 되돌려 보내는 의식을 행할 때, 그리고 결혼식을 행할 때 등등에 폭죽을 터뜨린다. 이 폭죽은 몇 차례에 걸쳐서 터뜨려지는데 그때마다 상황의 의미가 바뀌는 것이다. 즉 귀신들이 이웃마을에 왔다는 것, 마을입구에 도착했다는 것, 집에 왔다는 것, 식사를 시작하는 것, 식사를 마친 것, 다시 떠나는 것 등등의 여러 단계가 폭죽으로 구분 지어진다.

북이나 꽹과리의 리듬과 박자는 굿의 진행의 단계를 알려준다. 한편으로 노래는 이해를 달리하는 집단이나 계층 등의 알력을 표현하며 도전과 비판과 항거의 수단으로도 쓰인다. 풍자적 가사와 비장하고 엄숙한 느낌을 자아내도록 작곡된 곡조 등은 집단시위나 체제에 항거하는 사람들의 은밀한 반감 표시에 동원된다. 즉 노래의 사회와 정치적 기능이 점차 중요성을 더해 가고 있는 것이다.

## 4) 무용

무용은 몸의 동작을 통하여 의미를 표현하고 전달하는 예술이다. 이것은 단순히 미적 행위가 아니라 일정한 상징적인 동작을 가진다. 그래서 최근에는 무용을 몸으로 하는 언어(body language)의 하나로 취급하기도 한다.

인간은 신체의 각 부분을 우주의 각 부분과 동일시하고 공간에서의 움직임을 통하여 우주에 대한 개념을 표현하기도 한다. 동방 아시아의 여러 민족무용은 손놀림을 아주 중요시하는데 손가락이 위로 향하여 하늘을 뜻하고 아래로 향하여 땅을 뜻한다. 더욱이 오른손은 신성한 것이며 왼손은 불결한 것으로서 왼손으로 하늘을 가리키지는 않는다. 이러한 오른손과 왼손, 성스러움과 속된 것, 깨끗함과 부정함 등의 상징적인 분류는 무용이라는 예술을 통하여 표현되고 확인되기도 하는 것이다. 무용은 동물이나 자연물의 흉내를 내기도 하고 관념적인 것을 표현하기도 하여 전체적으로 어떤 이야기를 전개시켜 나가기도 한다. 또한 우리나라 처용무의 경우처럼 잡신을 물리치는 종교적 의미로도 공연된다. 따라서 무용의 이해와 문화의 해석은 밀접한 관계가 있다.

## 5) 복식

의복은 기후의 변화로부터 신체를 보호하며 수치스러운 부분을 가리게 해
주는 실용적인 기능을 담당하지만, 그러나 생활 속에서 예술의 요소를 가장
많이 가지고 있는 것이다. 사람들은 옷을 그렇게 단순히 실용적인 가치를 따
져서 입지는 않는다. 오히려 무늬, 색깔, 모양, 장식, 주머니 위치, 옷깃의 모
양, 단추의 크기 등 비실용적인 면에 더 신경을 쓴다. 시대의 조류는 의상의
유행을 통하여 제일 먼저 표현되고 사람들은 자신의 생활감각을 이 의상의
변화에 연결시켜서 평가한다.

그런데 의상은 사회적 지위의 표시나 과시의 수단이 되며, 특별한 상황의
변화를 나타내기도 한다. 전통사회에서는 관직뿐만 아니라 사회적 계급에 따
라서도 입는 옷의 종류, 모양, 색깔, 옷감의 질 등에 차별을 두었다.

또한 상황에 따라 옷의 모양과 색깔은 달라져야 한다. 초상집에 갈 때는
검은 옷이 예의에 맞는 옷차림이며, 결혼식이나 생일축하 파티에는 보다 화려
한 옷차림이 요구된다. 장례식에 빨간 옷, 노란 옷을 입고 간다면 아마도 상당
한 비난을 받게 될 것이다.

뿐만 아니라 특수한 경우에 의상은 특별한 기능을 갖는다. 상복은 죽은 사
람과의 친족관계의 거리를 나타내는 표지가 되어서 아들은 가장 거칠고 조잡
한 천으로 온몸을 몇 겹으로 감싸며 점차 친족거리가 멀어감에 따라 상복의
질이 나아지며 몸을 덮는 부분도 점차 작아지고 당내(堂內)라고 부르는 친족
범위의 바깥에 있는 사람들은 평상시의 옷을 입게 된다.


## 6) 문학

여기서 말하는 문학은 신화, 전설과 민간설화 등 소위 민속 문학을 뜻한다.
이런 것들은 문자로 기록되어 있는 것도 있고, 입에서 입으로 전해 내려오는

것도 있다. 그래서 후자를 구비전승(oral tradition)이라 지칭한다. 이러한 여러 형태의 문학에는 사회성원의 감정과 이념과 더불어 사회적·정치적 구조가 반영되어 있는 경우가 많다(J. Vansina 1965). 특히 문자가 없는 사회에서의 구비전승은 단순히 '이야깃거리'에 지나지 않는 것이 아니라, 그 집단의 역사를 반영한다. 즉 그 집단의 기원, 배경, 중요한 사건, 가치관, 윤리관 등이 중층적으로 쌓여 있으며 이야기의 줄거리가 된다. 아이들은 어릴 때부터 이러한 이야기를 들으면서 자기 역사에 대한 교육을 받는 것이며 추장이나 집단의 우두머리가 되고자 하는 사람은 기회가 있을 때마다 자신이 구비전승에 대한 해박한 지식을 갖추고 있음을 증명해야 한다. 웅변과 달변이 정치적 지도자의 자질을 평가하는 데 중요한 기준이 되는 것도 이러한 이유에서이다.

신화를 연구하는 많은 민속학자, 문학가, 역사학자들은 신화에 나오는 여러 사물의 종류와 속성 그리고 사물들 간의 관계, 줄거리 전개과정 등의 분석을 통하여 역사적 배경이나 사건의 인과관계를 이해하려고 했다. 그러나 레비스트로스는 신화의 많은 부분이 논리적으로 맞지 않으며, 전후관계가 모순적인 것이 많으며, 하나의 신화는 점점 더 복잡해지고 변형이 되는 반면, 어떤 것은 퇴화하여 마침내 소멸해 버리므로 신화를 경험적 차원에서 다루지 말 것을 경고한다. 그는 신화의 내용과 줄거리는 모두 구조적으로 동일하며, 동일한 의식구조를 표현하는 과정에서 사람들은 표현하기 쉬운 사물과 줄거리를 채택할 뿐이라고 한다. 따라서 신화연구는 구조적인 분석을 통하여 인간의 사고구조를 파악하는 데 중요한 공헌을 한다.

그러나 여전히 많은 인류학자들은 신화의 주제, 내용, 줄거리 전개에서 나타나는 여러 요소들의 분석을 시도하고, 문화적 차원에서의 의미와 상징의 해석을 시도한다.

## 7) 문화변동과 예술

　이상에서 언급했듯이 예술이란 집단의 정체성과 전통성의 상징인 동시에 그 표현과 전승수단이다. 그러므로 예술을 미학적 관점에서 벗어나 이념적이고 정치적인 맥락에서 이해하려는 시도가 중요시된다.

　첫째로 예술은 한 사회 내의 계층 간의 갈등을 표현한다. 이는 특히 문학, 연극, 노래의 분야에서 뚜렷이 나타난다. 정치적 저항이나 비판세력에 의하여 종종 민요나 유행가가 풍자와 고발의 수단으로서 새로이 만들어지거나 옛날의 노래가 새로운 의미를 가지면서 불리어지는 것이 그 예가 될 것이다.

　동시에 국가 차원에서 사회적 통합을 성취하기 위하여 예술운동이 추진되기도 한다. 즉 급격한 사회변화의 과정에서 다양한 집단을 통합시킬 공통의 문화적 기반을 마련하기 위하여 민족의 전통문화를 재발굴하고 육성하는 정책이 전통예술의 재건에 집중된다. 또한 사회주의 국가에서 흔히 볼 수 있는 일로서 민중의 사상교육을 위하여 연극, 음악, 무용과 미술이 적극 이용된다.

　둘째로 한 국가가 다른 국가의 지배를 받을 때, 특히 식민통치를 받을 때 식민사회의 문화적 동화(cultural assimilation)를 추진시키기 위하여 토착예술을 금지시키고 열등한 것으로 비하시키며 동시에 지배국가의 예술을 도입하여 대치할 것이 강제된다. 정치와 경제구조가 비록 중요하다고 해도 예술의 전통성과 상징성은 민족집단의 정체성의 보루이다. 이와 관련하여 독립운동과 저항운동에 전통예술이 응용되거나 그 과정에서 새로운 내용이 민족예술의 형태 속으로 흡수되기도 한다. 오늘날 제3세계의 예술가들이 서구중심의 미적 기준과 의미체계로부터 벗어나려는 운동도 이러한 맥락에서 이해될 것이다.

더 읽을거리 _____

김광억

　1989, 「정치적 담론기제로서의 민중문화운동: 사회극으로서의 마당극」, 『한국문화인
　　　류학』, 21(1): 53-77.

김영훈

　2005, 「경계의 미학: 최승희의 삶과 근대체험」, 『비교문화연구』, 11(2): 173-206.

이강숙 편

　1982, 『종족음악과 문화』, 서울: 민음사.

Blacking, John

　1976, *How Musical is Man?*, London: Faber Paperbacks. (채현경 역, 『인간은 얼
　　　마나 음악적인가』, 서울: 민음사, 1998.)

Dundes, Alan (ed.)

　1965, *The Study of Folklore*, Englewood Cliffs: Prentice Hall.

Duvignaud, Jean

　1991, *Fêtes et civilisations suivi de La Fête aujourd'hui*, Paris: Actes Sud. (류정
　　　아 역, 『축제와 문명』, 서울: 한길사, 1998.)

Forge, Anthony (ed.)

　1973, *Primitive Art and Society*, London: Oxford University Press.

Lévi-Strauss, Clause

　1966, *The Savage Mind*, Chicago: University of Chicago Press. (안정남 역, 『야생
　　　의 사고』, 서울: 한길사, 1996.)

Schechner, Richard

　1985, *Between Theater and Anthropology*, Philadelphia: University of
　　　Pennsylvania Press. [김익두 역, 『민족 연극학: 연극과 인류학 사이』, 서울: 한
　　　국문화사, 2004(2005).]

# 제14장

# 문화와 환경

　인간을 포함하는 모든 생물은 그들의 생존을 위해서 주위의 환경으로부터 먹이와 그 밖의 에너지를 얻어야 한다. 이런 점에서 모든 생물은 환경의 영향을 받는다고 볼 수 있지만, 또 한편으로는 환경을 변화시키는 등 환경에 영향을 주기도 한다. 그런 생물과 환경 간의 상호작용 과정에서 생물의 적응이 생긴다. 그래서 모든 자연과학과 생명과학 및 인문·사회과학 분야에서는 초창기부터 환경에 대한 관심이 지대하였다.

　인류학에서도 인간과 환경 또는 문화와 환경에 대한 연구인 인간생태학·문화생태학 또는 생태인류학을 일찍부터 발전시켜 왔다. 인간과 환경의 상호작용 과정에서 인간의 신체적 진화가 일어나고 문화가 발달하였기 때문이다.

# 1. 환경과 생태학의 개념들

## 1) 환경의 여러 측면

인간과 환경 및 문화의 관계를 연구하는 생태인류학의 이론과 방법을 이해하기 위해서는 환경, 생태학과 생태계, 문화생태학 등의 용어가 어떻게 사용되며 그것들이 일반적으로 의미하는 것과 특수한 의미를 갖는 경우를 구별하고 인류학의 일부로서의 생태인류학과 관련된 몇 가지 기본개념들을 명백히 규정하고 나갈 필요가 있다.

**환경의 뜻**　　환경이란 말이 넓은 의미로 쓰일 때는 한 생물유기체 또는 그 집단의 외부에 있으면서 어떤 방법으로든지 그것에 영향을 주는 모든 것을 가리킨다. 흔히 환경이라고 말할 때 우리는 자연환경(natural environment)을 연상하게 되지만 사회과학에서는 자연환경에 못지않게 인공환경(manmade environment), 즉 사회문화적 환경이 중요한 연구의 대상이 된다. 자연환경이라고 하더라도 그 말 속에는 여러 차원의 환경이 포함되는 포괄적 의미로 사용될 수도 있다. 예컨대 어떤 특정한 동물의 환경이라고 할 때 그 환경이란 말 속에는 무기물, 즉 무생물의 물리적 환경(physical environment)은 물론 다른 동물과 식물들을 포함하는 생물적 환경(biotic environment)을 다 같이 포함한다. 그리고 한 생물의 유전자는 주어진 접합자의 유전적 배경뿐만 아니라 그 유전자가 발생한 지역의 개체군의 전체 유전자 '풀(pool)'까지도 포함하는 유전적 환경(genetic environment)을 가진다.

사회문화적 환경을 단적으로 표현하는 말로서 우리는 흔히 어떤 아이의 소년범죄가 '나쁜 환경'에서 자라왔기 때문이라고 한다. 그렇다고 해서 그 아이가 다른 정상적인 아이들과 본질적으로 햇빛이나 강우량, 온도, 기압, 토양과 물의 화학성분이 다른 자연환경에서 자랐다고는 아무도 말하지 않을 것이다. 이 경우에 '나쁜 환경'이란 사회문화적 환경을 가리키는 것으로서 그의 가정

생활 형편이나 이웃 사람들 또는 교육의 기회 등이 그로 하여금 사회가 요구하는 규범에 맞는 행동을 할 수 없게 했던 처지였다는 것을 의미하는 것이다. 따라서 사회문화적 환경이란 말 속에도 가정환경, 교육환경, 기타 직업, 정치, 경제 등 수많은 사회문화적 속성에 따르는 환경들이 포함되고 있음을 알 수 있다. 또 다른 차원에서 우리는 가장 포괄적이고 확대된 일반개념으로서의 환경, 즉 에큐메니(oecumene)를 생각해 볼 수 있다. 헬름(Helm 1962: 633)이 사용한 이 포괄적 환경의 개념은 생활장소에 있는 자연환경과 사회문화적 환경은 물론, 그 사회의 범위를 넘어선 경험의 세계 안에 있는 모든 사회문화적 자원과 집단까지도 포함한다. 가장 포괄적인 환경의 개념은 특히 문화접촉을 통해서 변화가 일어나고 있는 지역사회를 연구할 때 유용한 관점이 될 수 있다.

**실재환경과 인지환경**　이상에서 논의된 여러 측면의 환경들은 또 그것들을 보는 입장에 따라, 있는 그대로의 실재하는 환경과 각 문화체계의 성원들에 의해서 인지되는 환경으로 구분될 수 있다. 이 구분은 마치 빌즈와 스핀들러 (Beals and Spindlers 1967)가 과학적 실체와 문화적 실체를 구분하는 것과도 비슷하다. 동일한 환경에 대해서도 그것에 관한 가치관이나 신앙은 각 문화의 성원들 간에 다르게 나타나며, 환경의 실체를 보는 견해도 문화체계의 안에서 보느냐 밖에서 보느냐에 따라 다르게 나타난다. 그러나 편견을 갖지 않은 외부관찰자로서의 숙달된 인류학자라면, 그가 어느 문화체계의 성원이든 상관없이 다음 두 가지 사실을 설명할 수 있을 것이다.

첫째는 자기가 관찰하는 문화체계에 중요하다고 생각되는 객관적인 외부의 조건들이고, 둘째는 그 문화체계와 그것의 환경 간에 관찰될 수 있는 상호작용, 즉 생태관계이다. 그리고 한 가지 더 설명할 수 있는 것은 그 문화체계의 성원들에 의해서 인지되는 환경이다. 이것을 빌즈는 민족생태학(ethnoecology)이라고 부른다. 이 세 가지는 모두 인류학자들에게 매우 중요한 설명적 개념들이다.

## 2) 생태학과 생태계

**생태학**　생태학(ecology)이란 말을 처음으로 지어낸 것은 독일의 생물학자 헤켈(E. Haeckel)이며 그의 생태학 개념은 오늘날 대부분의 학자들이 생태학 이라고 생각하는 것과 거의 다를 바가 없다. 그는 동물학의 체계를 세움에 있어서 구조를 연구하는 형태학과 기능을 연구하는 생리학으로 대별하고 형태 학을 다시 해부학과 발생학으로 세분했으며, 생리학을 유기체의 내부기능을 연구하는 내부생리학과 유기체의 외부세계에 대한 관계를 연구하는 외부생리 학으로 세분하였다. 외부생리학은 또다시 생태학과 분포학으로 세분되는데 이 경우, 생태학이란 동물의 유기적 조직과 동물의 생활장소와 동물과 다른 생물과 무생물, 유기와 무기 환경과의 관계에 대한 연구로 이해된다(Bates 1953: 700).

그 뒤에 생태학은 개체생물과 환경의 상호작용을 연구하는 개(個)생태학과 일정한 단위의 환경을 공유하는 여러 생물들 간의 관계를 연구하는 군(群)생 태학의 2개 분야로 갈라졌는데 특히 후자가 오늘날 생태학 연구의 주 대상이 되고 있는 것 같다(Hawley 1950: 67).

이와 같이 생태학은 하나의 용어로서뿐만 아니라 하나의 학문으로서 확립 되어 널리 인지되고 있지만 그 용법과 의미에 관해서는 아직도 일반적인 견 해의 일치에 도달하지 못하고 있다. 예컨대 인류학에서 사용하는 생태학의 용 법은 위에서 본 생물학자들의 일반 용법과도 다르며 사회학, 특히 도시사회학 자들이 사용하는 용법과도 다르다. 생물생태학에서는 주로 생물유기체와 자 연환경의 관계를 연구하고, 도시생태학에서는 도시의 입지조건과 인위적 지 형, 집중, 분산, 침입, 대치, 인구이동과 도시성장과 같은 사회현상의 공간적 관계와 분포와 구성, 과정 등을 주로 연구한다. 그러나 생태인류학에서는 사 회문화적 환경을 고려에 두고 생태조건이 사회와 문화의 본질에 미치는 영향 과 사회와 문화가 생태조건에 미치는 영향을 주로 연구한다. 사회의 크기와 그 사회가 조직되는 양식과 문화의 생성과 진화발전은 분명히 생태학과 관련이 있는 것이다.

이렇게 볼 때 생태학의 개념은 어떤 특정한 학문의 연구주제이기보다는 다방면에 걸친 문제를 분석하고 이해하기 위한 하나의 관점으로 간주하는 것이 타당할 것 같다. 인류학에 있어서 생태학의 개념은 하나의 접근방법으로서 발견적 연구수단이나 연구조작의 도구뿐만 아니라 그 자체가 목적이나 인류학의 분과도 될 수 있다는 것이 인류학자들의 일반적인 견해인 것 같다.

**인간생태학**　　생태학이 인간연구에 적용될 때 그 관점을 우리는 인간생태학(human ecology)이라고 한다. 그러나 인간생태학의 용법도 여러 학문분야에 따라 각기 다르다. 베이츠(M. Bates 1953: 700-701)는 이러한 용법의 차이를 최소한 다섯 가지로 나누어 지적할 수 있다고 한다. 즉, ① 의학에서는 인간의 질병과 환경의 관계를 강조하여 인간생태학이 보건과 전염병의 문제를 연구하는 것으로 인식되며 영국 케임브리지대학의 인간생태학 학과는 실제로 그러한 연구와 교육의 목적으로 설립되었다. ② 지리학에서는 인간생태학을 인문지리학과 거의 동일시하며 환경을 기후와 교체할 수 있는 것으로 간주한다. ③ 사회학에서는 인간생태학을 지역사회의 구조를 연구하는 것으로 이해하며 특히 홀리(Hawley 1950)와 퀸(Quinn 1950) 같은 도시사회학자들은 인간생태학을 지역사회구조의 이론과 동일시한다. ④ 인간행동의 문제를 광범하게 연구한 지프(Zipf 1949)는 주로 언어분석을 통해서 인간생태학에 접근한다. ⑤ 인류학에 있어서 베이츠 자신은 헤켈이 사용한 생태학이란 말의 본래의 의미를 쓰되 관심의 초점을 동물 대신 인간에 둘 뿐이다. 그리고 그는 인간의 연구에 관련되는 생태학적 관점을 환경의 분석, 인구, 지역사회, 진화의 네 가지로 나누어 설명하고 있다.

베이츠가 말하는 인간생태학의 네 가지 관점은 덩컨(O. D. Duncan 1969: 461)이 말하는 인간생태학적 복합의 네 가지 범주, 즉 인구, 조직, 환경, 기술과 매우 유사한데 동물생태학에서는 위의 네 가지 범주 중에서 세 가지, 즉

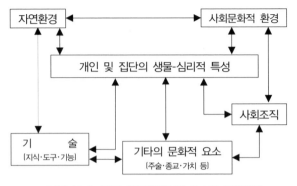

**그림 14-1.** 주요 인간생태학적 요소의 개념체계

인구와 조직과 환경만이 논의의 대상이 된다. 환경은 무기체와 유기체를 포함하고 조직과 인구는 유기체에 속한다. 그런데 반해서 인간생태학의 기술과 조직은 초유기체에 해당된다. 인류학에 있어서 인간생태학은 자연환경과 사회문화적 환경에 대한 적응으로서의 인간행동을 연구하며 위에서 언급한 모든 생태학적 요소들의 상호관계에 입각한 인간(개인과 집단)의 유사성과 차이성을 설명하려고 한다. 그 요소들의 관계를 도식으로 표현하면 <그림 14-1>과 같다.

**생태계**   생태계(ecosystem)의 개념은 식물학자 탠슬리(A. G. Tansley)가 1935년에 처음 소개한 이래로 생태학적 연구에 불가결한 개념이 되었다. 알리(Allee 1949: 695)에 따르면 생태계란 "상호작용을 하는 환경과 생물의 체계"라고 정의된다. 그리고 오덤(Odum 1953: 9-10)은 생물과 무생물 간에 순환통로를 따라 물질을 교환하기 위해서 상호작용을 하는 생물과 무생물의 자연단위라고 생태계의 특징을 설명하고 있다. 그러므로 사회과학에서는 식물과 동물, 그들의 생활장소, 기타 인간사회의 단위에 따라서는 어느 특정한 지역사회나 국가 또는 세계의 생태계를 상정해 볼 수도 있는 것이다. 예를 들면 기어츠(C. Geertz 1963)는 인도네시아에서 인구밀도와 토지이용의 방식과 농업생산성이 현저하게 다른 2개의 상이한 생태계, 즉 이동식 화전농업의 생

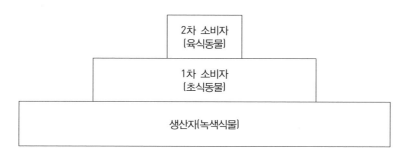

**그림 14-2.** 생태계의 동식물군집 구조

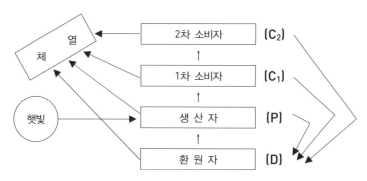

**그림 14-3.** 생태계를 통한 에너지의 이동

태계와 정착 수도작(水稻作) 농업의 생태계를 비교 분석했으며 파락(Parrack 1969)은 동식물군집의 구조와 에너지이동에 입각한 서부 벵골의 생태계를 분석하였다.

파락이 사용한 동식물군집의 구조와 생태계를 통한 에너지이동의 개념을 도식으로 표시하면 <그림 14-2>와 <그림 14-3>과 같다. <그림 14-2>에서 동식물군집의 구조는 수중 동식물군집과 지상 동식물군집을 모두 포함한 것이다. 3개의 피라미드형 계단은 상이한 영양 수준의 동식물군집, 즉 생산자 (Producer, 녹색식물)와 1차 소비자(Consumer, 초식동물)와 2차 소비자(육식동물)를 가리키며 각 계단의 길이는 전체 원형질로 나타내는 동식물군집 개체 수, 즉 생물체량(biomass)의 상대적인 크기를 나타낸 것이다. 개와 여우 같은 동물은 잡식성이기 때문에 이상 세 가지 동식물군집의 분류에 실제로 꼭 들 어맞지는 않는다. 그리고 이 도표에서는 <그림 14-3>에서 볼 수 있는 환원자 (還元者, decomposer)가 제외되었다.

<그림 14-3>에서 체계로 들어가는 햇빛의 복사에너지는 일부가 녹색식물 에 의해서 흡수되고, 흡수된 에너지의 일부는 또 1차 소비자에 전달되며 1차 소비자는 또다시 그 에너지의 극소 부분을 2차 소비자에 전달한다. 한 영양 수준에 들어가는 에너지는 대부분이 성장, 호흡, 운동, 생식 등에 이용되고 극 소부분만이 실제로 다음 단계의 높은 수준으로 들어간다. 모든 수준의 사체들 은 부식성 동물에게 먹히는 것을 제외하고는 환원자에 의해서 분해되어 그 물질이 다시 체계로 들어간다. 모든 수준의 신진대사는 열을 발산하는데 그 체열(體熱)의 대부분은 대기 속에 흩어져 사라진다.

생태계의 동식물군집 구조가 아주 다양한 종으로 구성되어 그 체계가 생산 하는 에너지를 비교적 다수의 상이한 종에 분배하되 각 종이 비교적 소수의 개체로 구성되어 있을 경우에 그 생태계를 종합생태계(generalized ecosystem) 라 하고, 비교적 소수의 종으로 구성되어 있으나 각 종이 비교적 다수의 개체 로 구성되어 있는 생태계를 특수생태계(specialized ecosystem)라 한다. 좀 더 전문적으로 말해서 한 동식물군집 내에 있는 종의 수와 개체 수 간의 비율을 다양도 지수(diversity index)라 한다면, 종합생태계는 다양도 지수가 높고 특 수생태계는 다양도 지수가 낮은 것이 특징이다. 자연동식물군집은 종합화의 정도, 즉 다양도 지수의 크기가 매우 다양하다. 그중에서도 열대삼림지대, 특 히 우림지대는 매우 다양한 동식물의 종이 산재되어 있어 다양도 지수가 상 당히 높으며, 동토지대, 특히 북극에 가까운 지대는 비교적 소수의 종이 있으 나 각 종마다 다수의 개체가 집합을 이루고 있다.

이 개념들은 기어츠가 오덤의 저서에서 인용하여 인도네시아의 이동식 화 전농업 생태계와 정착 수도작 농업 생태계를 비교 분석하는 데 사용한 것이다. 기어츠의 연구에서 우리는 서로 대조되는 2개의 양극단적인 생태계의 특성을 볼 수 있다. 예컨대 강우량의 의존과 인위적 수리의존, 혼작과 단일작, 공간적으로 분산된 조방적 광작(粗放的 廣作)과 공간적으로 집중된 집약적 협작(集約的 狹作), 노동투입의 증가에 따르는 생산고의 최소 탄력성과 생산고의 비상한 탄력성 등 기술·경제의 차원에서 뚜렷한 대조를 이루고 있다.

### 3) 생물학과 사회과학에 있어서 생태학이론의 비교

생물학과 사회과학은 각기 별개의 발전경로를 밟아왔지만 생태학이 오랫동안 이 두 학문분야를 연결시켜 주는 큰 역할을 해왔다. 다윈(C. Darwin)을 비롯해서 알리, 그리고 허친슨(Hutchinson 1963)에 이르기까지 생물학자들은 그들의 이론을 인간이라는 특수한 생물에 적용하려고 시도하였다. 또한 사회과학의 분야에서도 초기의 인류학자들은 그들의 개념과 용어를 동식물 생태학에서 차용하였다. 그들은 생태학의 관점에서 볼 때 인간이 다른 동식물과 마찬가지로 동일한 자원에 의존하며 환경에 대한 적응의 양식도 비슷하다고 생각하였다.

**생물생태학과 사회과학의 이론**　　사회에 대한 유기체적 유추의 설명은 콩트(A. Comte)나 스펜서(H. Spencer)와 같은 초기 실증주의적 유기체론자들에 의해서 주장되었으며, 근래에는 기능주의 인간생태학자들이 더욱 극단적으로 진전시켰다. 이러한 생물학적 유추는 인류의 진화와 문화의 진화를 설명하는 데 뚜렷하게 나타난다(제4장 참조).

이와 같은 유추를 기초로 해서 리처슨(Richerson 1977)은 생물생태학과 사회과학의 이론구성이 관찰 또는 분석단위의 수준에 따라 어떻게 달리 나타났는가를 <표 14-1>과 같이 비교하였다.

이 표에서 생태인류학자와 경제학자들의 문화선택론과 개인행동의 합리적 결정에 의한 적응으로서의 미시경제학은 생물학에서의 자연선택론에 비유되

**표 14-1.** 단위수준에 따른 생물생태학과 사회과학의 이론구성 비교

| 단위수준 | 생물생태학 | 사회과학 |
|---|---|---|
| 개 체 | 유전형의 자연선택론과 개체의 적응이론 | 문화선택론과 개인행동의 합리적 결정에 의한 적응이론 |
| 제1차 집단 | 개체군의 유전학과 개체군의 자연선택론 | 미시경제론·집단형성론·혁신론·인구론 |
| 다수집단 (생태계) | 생태적 지위·경쟁·포식·천이·군집이론 | 갈등이론·복합사회론·복수사회 상호작용론·동태론 |

고, 사회과학에서 집단형성의 미시경제 모델은 생물학자들이 보는 개체군과 군집현상과 비슷하다. 상호이익을 위한 협동과 특수화 등의 현상은 유전체계에 있어서나 문화체계에 있어서 다 같이 존재한다. 갈등이론은 다수집단이 생김으로써 시작되고 전체사회의 구조적 변화를 일으키는 상호작용을 연구대상으로 한다.

**유추의 한계**　생물과 문화의 유추적 설명은 제4장에서 지적한 바와 같이 과도하게 지나쳐서는 안 된다. 그 이유는 우선 문화가 유기체가 아니라는 사실에 있다. 그리고 문화가 한 세대에서 다음 세대로 전달되어 지속되는 수단은 생물의 생식과는 달리 가족이나 친족관계, 관찰과 모방, 언어와 통신수단에 의한 교육 등이기 때문이다. 또 개인이 어떤 문화를 갖게 되는 것은 어느 특정한 조상 때문이 아니고 특정한 장소와 시간에 태어났거나, 거기서 자라고 살았기 때문이다.

끝으로 문화적 적응은 생물적 적응에 의존하지 않는다는 점을 주의해야 한다. 생물적 적응은 느린데 문화적 적응은 매우 빠르다.

요컨대 인간사회와 동식물 세계 사이에는 유사성도 있지만 차이성이 더욱 크기 때문에 동식물 생태학의 개념과 방법을 인간생태학에 그대로 적용할 수는 없다고 하겠다. 그 차이점은 위에서 열거한 것 외에도 다음과 같은 네 가지를 더 들 수 있다.

첫째로, 동식물의 이동범위는 인간에 비해서 매우 좁다. 인간의 이동범위는 거의 무한하기 때문에 어느 한 생활장소에만 매여 있지 않다. 실제로 미국의 총인구 중 출생지 근방에서 죽은 사람은 3분의 1 미만인 것으로 밝혀졌다.

둘째로, 인간은 동식물에 비해서 월등한 상상력을 가지고 있으며 상징과 기호와 기타 의사소통의 수단을 가지고 있어 기술을 발달시키고 문화를 창조한다는 점에서 다른 동식물과는 다르다.

셋째로, 동식물의 결속과 응집력은 생활장소 또는 서식처 그 자체 안에 있지만 인간은 문화에 의해서 결속된다. 인간도 동식물과 마찬가지로 생존경쟁 속에서 살지만 가치와 규범, 권리, 의무, 기대를 가지고 살기 때문에 생존경쟁의 양상이 다르다.

끝으로 가장 중요한 것은 인간은 자기의 물리적인 자연서식지에 피동적으로만 적응하지는 않는다는 것이다. 인간은 자연의 서식지에 살지 않고 인위적 서식지에 살고 있다. 즉, 인간은 자기의 문화와 사회조직, 지리적 배경과 발명 등에 영향을 주고 또 그것들에 의해서 영향을 받기도 하는 것이다.


## 2. 인류학의 생태학적 접근방법

### 1) 결정론적 접근방법

**환경결정론의 형태들**　환경과 인간 및 문화의 관계를 다룬 인류학자들은 대부분 한 번쯤은 결정론적 접근의 유혹에 끌리게 된다. 환경이 인간의 체격, 피부색과 같은 신체적 특성과 성격, 언어, 기타 사회문화적 속성에까지도 결정적인 영향을 준다는 관점을 지나치게 강조할 때 그 접근방법은 환경결정론, 지리결정론, 인종결정론, 기술환경결정론 등으로 기울어진다. 이러한 결정론적 접근방법은 고대 그리스의 철인들로부터 유럽의 근대사회사상가들, 특히 18

세기 계몽주의 사회사상가들에 지배적 관점으로 나타났으며 인류학자들 가운데는 위슬러가 한때 그런 입장을 취했고 현대의 인류학자들 중에도 메거스와 해리스 같은 사람들이 최근까지 그런 접근을 시도했던 것 같다.

위슬러(Wissler 1926)는 신세계의 문화권을 설정함에 있어 여러 가지 문화특질과 문화복합에 따라 자기가 분류한 문화권이 자연권과 비슷함을 발견하고 북미의 생태학적 자연권지도와 문화권지도를 포개 놓았을 때 두 지도의 윤곽이 일치할 뿐 아니라 자연의 양상, 특히 식료권(食料圈)과 문화의 특성을 고려한 문화권의 중심부도 같다는 것을 확인하였다. 여기서 그는 환경이 문화권의 형성에 영향을 준다는 것을 재확인하게 된 셈이다.

그러나 그의 환경결정론에 대한 견해는 환경이 문화의 인과적 요인이라기보다는 제한적 요인으로 작용한다는 것이었다. 이런 점에서 위슬러의 접근방법은 독일의 인류지리학자 라첼(F. Ratzel)보다는 결정론적 입장에 덜 빠지고 있다.

메거스(Meggers 1957)는 아마존강 유역 우림지대의 기후와 농업과 문화의 복잡한 상관관계를 분석한 다음에 결론적으로 환경결정론의 관점이 문화환경을 이해하는 데 유용한 방법론적 도구임을 강조하였다. 그는 이 연구에 앞서 환경의 농업발전 가능성에 입각한 남미와 유럽과 마야문화와 환경의 인과관계에 대한 가설적 법칙을 제시한 바 있다.

**기술환경결정론**　　해리스(Harris 1968)는 모든 문화적 사물의 본질이 기술환경 또는 기술경제에 의해서 결정된다는 문화유물론의 입장을 취함으로써 기술환경결정론을 강경하게 주장하고 있다. 즉, 유사한 기술이 유사한 환경에 적용되면 유사한 생산과 분배의 체계를 이루며, 결국에 가서는 유사한 종류의 사회집합체를 형성하여 유사한 가치체계와 신념이 작용한다는 것이다. 이러한 논리는 생물학에서는 자연선택의 원리가 차별적 생식과정을 연구하는 데 우선하는 것과 마찬가지로 사회문화생활의 물질적 조건을 연구하는 데 기술환경결정론과 기술경제결정론이 우선한다는 것을 함축한다는 것이다. 이러한 기술환경결정론의 입장은 화이트(White 1959)의 저서에서도 보인다. 그는 문화의 체계를 이루는 네 가지 구성요소를 기술적, 사회적, 이데올로기적, 감정적인 것으로 구분하고 그중에서 환경에 적응하고 그것을 이용하는 기술적 요소가 문화체계의 가장 기본적인 결정요소이며 다른 요소들의 형성과 내용은 모두 기술적 요소에 의해서 결정된다고 한다.

## 2) 문화생태학적 접근방법

기술환경의 변수가 생태학적 연구에서 우선순위를 차지한다는 것은 스튜어드(Steward 1955)의 문화생태학적 접근방법에서도 마찬가지이다. 그가 자기의 접근방법을 문화생태학이라고 명명한 것은 종래의 생물생태학, 인간생태학, 사회생태학 등의 방법들과는 다른 점이 있기 때문이다. 그는 화이트의 문화학(culturology)을 거부하고 특정지역의 환경을 문화외적 요인으로 간주한다. 예컨대 문화론 위주의 입장에서는 기술과 토지이용, 토지소유제도, 기타의 사회적 양상이 순전히 이전의 문화에 의해서 결정되었다고 보고 중국인이 우유를 마시지 않고 에스키모 사람들이 여름에 해표(海豹)를 먹지 않는 것은 문화의 전통에 따르는 가치와 태도 때문이라고 해석했지만, 스튜어드는 환경에 대한 적응의 결과로 보았다.

**스튜어드의 견해**　　문화총체론의 견해에 따르면 문화의 모든 측면은 서로 기능적 상호의존관계에 있지만, 스튜어드는 그 상호의존성의 종류와 정도가 모든 문화의 측면에서 동일하지 않다는 것이다.

이러한 전제하에서 그는 '생계활동과 경제제도에 가장 밀접하게 관계되는' 문화양상의 집합체를 문화핵심(cultural core)이라 하고 다른 나머지 문화양상을 문화잔재(the rest of culture)라 하였다.

문화생태학의 주요 관심사는 문화핵심이며 여기에는 기능적으로 상호 밀접하게 관련된 기술, 경제, 사회, 정치, 종교, 군사, 미적 양상이 포함된다. 기타 무수히 많은 문화의 이차적 양상, 즉 문화잔재는 혁신, 발명, 전파와 같은 순전히 문화사적 요소들에 의해서 결정되며 이것들이 비슷한 문화핵심을 가지면서도 외면적으로 구별되는 문화의 특징을 지어주는 것이다.

이러한 문화핵심과 문화잔재의 개념은 마르크스(K. Marx)의 하부구조와 상부구조와도 비유된다.

본질적으로 동일한 수렵기술(활, 창, 함정, 몰이사냥법 등)을 가진 사회들이라도 그 지역 환경의 지세와 동물상에 따라 문화의 양상은 다를 수도 있다. 들소나 순록처럼 많은 짐승이 떼를 지어 이동한다면 협동적 수렵형태가 유리하기 때문에 많은 사람들이 1년 내내 함께 짐승을 따라다니며 몰이사냥을 하겠지만, 소수의 짐승들이 흩어져 살면서 이동을 별로 안 한다면 자기의 수렵권역을 아주 잘 아는 소수의 사람들로 사냥을 하는 것이 더 낫다. 이 경우 두 사회가 가지고 있는 수렵도구와 기술의 문화항목들은 거의 동일하지만 전자의 경우에는 사회의 규모가 비교적 크고 다수가족집단을 이루고 있는데 반해서, 후자의 경우에는 사막지대의 부시맨족이나 우림지대의 네그리토족 또는 춥고 강우량이 많은 지대의 페고인의 사회처럼 사회의 규모가 작고 지역성을 띤 부계종족집단을 이루고 있는 점에서 전자의 경우와 사회구조가 다르다.

후자의 경우 부계동족을 이루고 있는 사람들이 각기 생활장소를 달리하고 있는데도 불구하고 비슷한 사회구조의 양상을 띠고 있는 것은 그들의 전체 환경이 비슷하기 때문이 아니라 짐승들의 사는 방식이 같고 따라서 그곳 주민들의 생계문제가 동일하기 때문이다.

**문화생태학의 응용절차** 문화생태학의 접근방법을 실제 연구에 적용하려면 다음 세 가지의 기본절차를 따라야 한다.

첫째는 자원을 개발하고 생산하는 기술과 환경과의 상호관계를 분석해야 한다. 기술에는 여러 가지 물질문화가 포함되는데 그것들이 모두 동등하게 중요성을 갖는 것은 아니다. 기후, 지세, 토양, 수리, 식물상, 동물상 등의 주요

환경도 어떤 것은 다른 것보다 더 중요하다. 이러한 기술과 환경의 상대적 중요성은 문화에 따라 다르다. 기술적으로 미개하고 단순한 문화는 발달된 문화보다 더 직접적으로 환경의 제약을 받기 때문이다.

미개사회에서는 각종의 도구와 용기, 교통수단, 광열(光熱)의 원천 등이 분석의 주요대상이 되고, 좀 더 발달된 사회에서는 농업과 목축기술이 중요한 고려의 대상이 되며, 공업사회에서는 자본과 신용제도, 교역체계 등이 분석의 주요대상이 된다.

둘째는 특정한 기술로 특정지역을 개발하는 데 관여되는 행동양식을 분석해야 한다. 야생식물의 채집은 보통 단독으로나 또는 소집단의 여인들이 행하며 협동 작업이 불필요하다. 그들은 서로 경쟁의 대상이 된다. 그러나 수렵은 앞의 예에서 본 바와 같이 지역 환경에 따라 개별 작업이 효과적일 수도 있고 집단의 협동 작업이 더 나을 수도 있다. 어로작업도 수렵과 마찬가지이다.

기어츠가 분석한 인도네시아의 경우에서는 열대우림지대의 화전농업은 비교적 협동농업이 덜 필요하지만 관개농업은 공동의 수리시설에 입각한 대규모의 협동농업이 절대로 필요하다. 자원의 개발과 생산양식은 교통수단에 의해서도 크게 좌우된다.

셋째는 환경을 개발하는 데 관여된 행동양식이 문화의 다른 측면에 어느 정도 영향을 주는가를 확인해야 한다. 이 제3의 절차는 총체론의 접근을 요하는데, 그 이유는 인구, 거주형태, 친족구조, 토지이용, 토지소유제도, 그 밖의 주요 문화양상들이 따로따로 고찰되면 그것들의 상호관계와 환경에 대한 관계가 파악될 수 없기 때문이다. 예컨대 특정한 기술에 의한 토지이용은 인구밀도를 정해 주고, 인구의 군집은 자원의 산지와 교통수단에 따라 양상이 다르며, 인구집단의 구성은 인구의 크기와 생계활동의 양상과 문화사적 요인의 함수가 될 것이다.

그리고 토지와 자원의 소유제도는 생계활동과 그 집단의 구성을 설명해줄 것이다. 전쟁은 이상에 언급한 복잡한 요인들과 관련되며 전쟁이 자원경쟁 때문에 일어날 수도 있고 종교 때문에 일어날 수도 있으며, 전쟁이 국민성을 보여줄 수도 있다.

문화생태학의 측면에서 스튜어드의 영향을 직접 받은 인류학자들은 기어츠를 비롯해서 민츠(S. Mints), 울프(E. R. Wolf), 프리드(M. H. Fried), 서비스(E. Service), 베이다(A. P. Vayda), 왓슨(R. A. Watson) 등이며 그와는 관계없이 독자적으로 문화생태학적 접근방법을 현지조사에 적용한 사람은 바스(F. Barth)와 클락슨(J. D. Clarkson)이다. 그리고 인문지리학자 와그너(P. L. Wagner)는 지리학과 인류학 및 경제학의 이론을 문화생태학적 방법으로 전개한 좋은 예가 될 것이다. 스튜어드의 방법을 보강하여 '모델'로 발전시킨 인류학자는 프레일릭과 네팅이다.

### 3) 문화생태학의 시행모델

**프레일릭의 가설**　　프레일릭(Freilich 1963)은 인류학에서 문화생태학의 과학적 접근을 시도하기 위해서는 자연적 실험을 해야 한다는 전제하에서 스튜어드의 문화생태학적 접근방법으로부터 다음과 같은 가설을 유도하였다.

"가령 문화전통이 현저하게 다른 두 집단이 동일한 문화생태적 적응을 한다면, 공통의 적응양식과 관련되는 두 집단 공유의 어떤 문화핵심이 있어야할 것이다."

이 문화생태학적 가설을 검증하기 위해서 그는 서인도 제도의 트리니다드 섬에서 동일한 기술로 농업에 종사하며 함께 살지만 문화전통이 전혀 다른 동인도 제도 출신 집단과 흑인집단에서 두 가지 자료, 즉 생태자료와 문화자료를 수집해서 자기가 세운 가설을 채택하거나 거부할 수 있도록 분석하였다.

자료수집의 절차와 방법은 참여관찰, 생활사, 조사표, 집단세미나, 문서기록 등 일반적인 인류학 현지조사방법을 따랐지만, 문화자료의 분석에는 레비스트로스(Lévi-Strauss)의 기계적 모델에 의한 문화모델을 구성하였다. 이 모델의 구조적 범주는 시간, 공간, 인간집단, 권위구조, 교환체계, 제재방법, 생활목표의 일곱 가지 지표로 구성되었다. 그런데 실험적 분석의 결과, 독립변수(문화생태적 적응의 공통양식)가 두 집단 공유의 문화핵심에 이르지 못하고, 두 집단의 문화요소가 독립변수와 아무런 상관이 없기 때문에 설정된 가설은 거부될 수밖에 없었다.

여기서 얻은 결론은 첫째로 문화생태적 적응양식이 반드시 변화의 원인적 요인이 될 수는 없다는 것이며, 둘째는 역사적 요인의 영향력이 스튜어드가 생각한 것보다는 더 크다는 것이다.

그리고 이 자연적 실험의 시도적 연구에서 얻은 부차적 효과는 실험설계와 자료수집과 분석방법, 조작적 개념체계를 세련시켜서 문화생태학의 과정을 더욱 정밀하게 측정할 수 있는 모델을 발전시킬 필요성을 암시해 주었다는 것이다.

**네팅의 시행모델**　네팅(Netting 1965)의 문화생태학적 모델도 스튜어드의 것을 좀 더 세련시킨 것으로 그는 <그림 14-4>와 같은 도식으로 모델을 구성하고, 아프리카의 북부 나이지리아 고원지대에서 농경생활을 하는 비교적 고립된 코피야르(Kofyar)족의 생태계를 예를 들어 설명하고 있다.

<그림 14-4>에 나타난 바와 같이 모델의 주요 구성요소는 유효환경(effective environment), 생산기술과 지식, 사회편성으로 되어 있으며, 이들 구성요소의 양상은 전체환경과 문화와 사회에 대한 인간의 적응 부분만을 나타내는 것이다.

## (1) 유효환경

이것은 전체환경의 특정한 양상들로서 특수한 문화적 적응양식, 즉 농업생산이나 기타의 생계활동에 있어서 매우 중요하다. 여기에는 지세, 토양, 강우량, 기온, 동물상, 식물상 등의 선택적 측면이 포함된다. 스튜어드는 이것들을

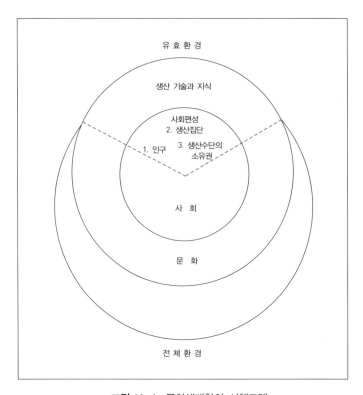

**그림 14–4.** 문화생태학의 시행모델

유효환경의 양상이라고 부른다. 전체환경은 자연환경뿐 아니라 모든 사회문화적 환경까지도 포함하는 '에큐메니'와 같은 것이다.

## (2) 생산기술과 지식

기후, 토양, 생물조건 등의 유효환경이 아무리 유리할지라도 이것들을 인간에게 유용하게 쓰려면 그것들을 개발하는 인간의 능력, 즉 도구와 용기 및 그것들을 사용할 줄 아는 기술과 동식물의 생태와 특성에 대한 이해가 있어야한다. 이것들이 생산기술과 지식인바 스튜어드가 말하는 세 가지 기본절차의 첫 번째에 해당하는 것이다.

## (3) 사회편성

<그림 14-4>의 중심원을 사회라고 명명하기는 했지만 네팅 자신도 그 명칭은 만족스러운 것은 못 된다고 말하고 있다. 여하튼 이 영역은 인간집단의 구조와 기능을 가리키는 것으로 흔히 사회조직이라고 부르기도 한다.

환경의 개발에 직접적으로 관련된 사회조직의 영역은 스튜어드가 말하는 문화핵심과 동일한 것은 아니지만 거의 비슷한 것이다. 인간의 생계활동과 관련된 요인들로서는 사회적 요인, 정치적 요인, 종교적 요인 등이 있겠으나 사회편성이란 것은 이것들을 모두 통틀어 말하는 것이 아니고 생태계와 가장 밀접하게 그리고 끊임없이 관련을 맺고 있는 다음의 세 가지 사회적 요인들만을 가리킨다.

① **인구**: 인구의 밀도와 공간적 분포를 말한다. 인구의 변수는 유효환경과 생산기술의 상호작용에 따라 다르며 다른 사회적 요인이 충분하지는 않지만 필요한 조건이다.

② **생산집단**: 가족, 친지, 지역공동체 등의 크기와 구성분포, 영속성과 그 집단들의 생산역할, 분업, 노동형태 등을 말한다.

③ **생산수단의 소유권**: 토지와 생산도구 기타의 여러 가지 자원에 대한 소유권을 말한다.

네팅은 코피야르사회에서 이상과 같은 변수들을 구분한 다음에 그 변수들의 상호의존성 내지 함수관계를 찾으려고 노력하였다. 그러나 그는 생태변수들의 인과론적 설명을 되도록 피하려고 하였다. 프레일릭의 모델과 비교해 볼 때 이 모델은 사람들의 가치지향이나 세계관보다 생산기술과 지식 및 사회편성과 같은 하부구조에 더 많은 중점을 둔 데 반해서, 프레일릭의 모델은 사람들의 시간지향과 생활목표 등의 상부구조에 더 많은 중점을 두고 있다.

그러면 이상과 같은 스튜어드의 문화생태학적 방법 또는 네팅의 시행모델을 우리나라의 농촌과 어촌에 적용해 볼 때 그 양상이 어떻게 다르게 나타나는가를 비교해 보기로 하자.

## 4) 농촌과 어촌의 생태적 비교

농민이건 어민이건 간에 인간은 모두 그들의 먹이를 다른 동물과 식물에 의존하고 있다. 이런 점에서 인간은 항상 다른 동물이나 식물과 공생관계 또는 기생관계에 있다. 인간의 사회경제적 관계도 역시 이런 관계로 인식될 수 있을 것이다. 이기욱(1984)은 스튜어드의 문화생태학적 방법의 절차에 따라 자원이 희소하고 고립되어 있는 소규모의 마라도 주민들이 환경에 대한 적응의 기제로 형성한 도서문화의 생태적 특성을 분석했으며, 한상복(Han 1977: 11-16)은 네팅의 문화생태학 모델에 따라 한국의 농촌과 어촌을 다음과 같이 생태적으로 비교하였다.

**토지생태계와 해양생태계**　농업의 토지생태계와 어업의 해양생태계를 비교해 볼 때 농민은 다른 동식물과 상호의존적 공생관계에 있는데 반해서 어민은 기생관계에 있다. 농민은 작물이나 가축을 가꾸고 길러서 씨를 남기고 먹는다. 즉 농민은 씨를 뿌리고 새끼를 낳아서 수확기를 기다렸다가 먹이를 그 동식물에 의존하는 동시에 그 동식물은 또 종자의 보존과 개량 및 농약과 예방주사 등의 인간 활동에 의존해서 번식하고 생존한다. 이런 점에서 농민과 다른 동식물과의 관계는 상호의존적이다. 그러나 어민은 양식(養殖)의 예외가 있기는 하지만 대부분의 어류와 어패류를 기르거나 씨를 받지 않고 자연산 동식물을 일방적으로 착취한다. 즉 어민은 수산동식물에 의존하지만 수산동식물은 어민에 의존하지 않는다. 이런 점에서 어민의 수산동식물에 대한 관계는 기생적(寄生的)이다.

농민의 토지이용은 영토의 한정과 개별소유권으로 제한을 받는다. 그러나

446

어민의 바다는 토지에 비해서 상대적으로 무한한 개척의 여지를 가지고 있다. 물속의 바위나 흙 속에 서식하는 해조류나 조개류 같은 고정성 수산자원은 사유가 가능하지만 어류와 같은 이동성 수산자원은 공유로 되어 있다. 따라서 농민이 자원을 집약적으로 이용하는 데는 토지가 가장 중요하기 때문에 그들은 제1차적으로 자본을 토지에 투자하고 나서, 그다음에 농기구, 관개, 개량종, 비료, 기타 생산성을 높이기 위한 자본재에 투자한다.

그러나 어민에게는 바다가 비교적 무한한 개척의 여지로 남아 있기 때문에 공동의 큰(大) 어장에서 자본을 집약적으로 이용하는 데 유일한 제약은 어로의 장비와 기술과 지식이다. 미개하고 단순한 어로장비와 기술로서는 어로활동이 조류와 바람, 인간의 근육과 육안에 의존할 수밖에 없지만, 동력선, 나일론망, 어군탐지기 등 고도의 어로장비와 기술은 어군의 위치를 확인하고 포획하는 데 매우 유리하다. 그래서 어민은 제1차적으로 자본을 어로장비와 기술에 투자한다. 장비와 기술이 발달하면 자본의 규모가 커지고, 그에 따라 어업조직이 복잡해지며, 어획물의 분배체계도 더욱 복잡해지는 것은 어업의 특성이다.

**농업생산과 어업생산**  농민의 자산인 토지는 영구적이며 자연의 재화에 대하여 비교적 안전하지만 어민의 가장 중요한 재산인 어로장비는 그렇지 못하다. 어로장비는 수선되어야 하고 손실의 위험을 항상 지니고 있으며, 특히 돌풍과 풍랑으로 인한 난파의 위험을 안고 있는 것이다. 농업에 있어서는 작물이나 가축의 성장에 투입한 자본과 노동의 결과로서 수확이 비교적 확실하고 예측이 가능하며 안정적이다. 그러나 어업에 있어서는 농업에서만큼 확실성이 없고, 예측이 가능한 것도 아니며 불안정하다. 어획은 해마다 다르고 계절에 따라 다르며, 매일의 어획량조차 예측할 수 없을 뿐 아니라 심지어는 두 어선이 함께 나가서 비슷한 어로장비와 기술을 가지고 조업을 할 경우에 있어서도 요행에 따라 어획량이 서로 다를 수가 있는 것이다. 이것은 어업에 투기성이 크고 요행이 따른다는 것을 의미하는 것이다. 그러므로 어업에 있어서는 농업에서보다 더욱 기업가와 혁신가의 역할이 크게 작용한다.

경작, 제초, 수확 등의 농업노동에는 모든 가족과 남녀노소가 모두 참여할 수 있어 연령별, 성별 분업이 확연하지 않으며, 고용노동의 경우에도 비교적 작은 땅에서 행해지기 때문에 고용주의 영농과 통제하에 감독이 비교적 쉽다. 그러나 어촌에서는 남자는 바다에서 고기잡이를 하고 여자는 해조류나 패류의 채취와 육지의 농사를 주로 하게 됨으로써 분업이 확연하고, 어업노동 자체도 가족원이 아닌 선원들이 집단을 이루고 공동작업을 해야 하기 때문에 선원들의 지위와 역할이 정해져 있다. 그러므로 어업에 있어서는 농업에 비하여 상황판단과 결정이 매우 중요하며 게임이론(Davenport 1960)을 적용할 여지가 많다.

어업경영에 있어서는 광대한 어장과 예측할 수 없는 어류의 습성, 기후, 바다의 조건들 때문에 경영의 통제가 곤란하고, 자본주가 어로작업을 감독하기도 힘들다. 따라서 비선원인 자본주나 선주, 망주 등은 불평등한 분배 체계에서 그들의 투기성을 상쇄하게 된다. 예컨대 우리나라 서해 멸치어장의 경우 선원 23명이 조업을 해서 어획물을 분배할 때 거의 60%가량은 비선원인 선주와 망주에게 돌아가고, 나머지 40%를 선원이 다시 분배하는데 선원 중에서도 선장, 기관장 등의 몫을 제외하면 일반선원들에게는 1인당 총 어획량의 1.25%밖에 돌아가지 않는다.

농민은 어민에 비해 그들의 생산이 비교적 자급자족적이다. 그러나 어민은 자급의 목적보다도 외부 사람들에게 공급하기 위해서 생산한다. 그러므로 경제적 거래의 면에서 어민은 농민에 비하여 다른 경제부문의 사람들과 거래하는 빈도와 양이 훨씬 많다. 여기에서 우리나라의 전통적인 파시(波市)와 객주제도(客主制度)의 생성과정을 찾아볼 수가 있을 것이다.

**사회제도의 비교**　　농촌은 경작지와 채소밭(蔬菜田)과 마당의 필요에 따라 주거의 분산이 불가피하며 산간촌락의 화전마을은 더욱더 그러한 현상이 뚜렷하다(한상복 1964). 그러나 어촌에서는 해안과 선착장의 접근과 공동작업의

448

필요성, 입지조건, 기타의 생태적 조건들 때문에 도시를 방불할 정도로 주거형태가 밀집하는 경향이 있다.

협동의 형태만 보더라도 농촌에서는 품앗이와 같은 1:1의 교환노동과 두레와 같은 공동노동의 협동이 지배적이나, 어촌에서는 협동에 의한 공동어로작업은 해도 품앗이와 같은 교환노동은 없다. 그 대신 공동어로작업에서 얻은 어획량의 몫을 나누는 분배체계가 매우 발달하였다. 이와 같은 체계는 농촌에서는 찾아볼 수 없는 것이다.

가족의 크기도 어촌보다는 농촌에서 더 크다. 그 이유는 앞에서 언급한 노동력의 필요와 작업형태 및 가족원을 부양할 만한 경제의 규모, 해조류의 채취권 때문인 것 같다. 농촌에서는 일손이 많으면 최대한 동원할 수 있는 노동력의 잠재적인 수요가 있어 확대가족이 생존할 수 있으나 어촌에서는 건장한 남자만이 바다에서 공동으로 어로작업을 하기 때문에 농촌과는 사정이 다르다. 더구나 해조류의 채취와 양식권을 가구 단위로 부여하는 곳에서는 분가를 조장하여 소규모의 핵가족으로 장자부터 차례로 분가시키고 노부모는 말자와 함께 살며, 상속도 그러한 형태로 이루어지는 경향이 있다.

통혼권이 농촌에서는 확대·분산되는 경향이 있으나 어촌에서는 폐쇄적인 경향이 있으며, 이로 인해서 촌내혼과 도내혼이 빈번하고 사돈관계가 착종하여 매우 복잡한 혼인체계의 망상조직을 이루고 있다. 특히 과거 서해의 고립된 가거도(可居島)나 태도(苔島)에서 볼 수 있는 '치마자리혼'(사촌 간 혼인)은 그러한 통혼의 제한 때문에 생긴 결과로 보이며, 조기혼약의 관행도 같은 이유로 설명할 수 있을 것 같다. 친족의 조직과 의식도 농촌에 비하여 어촌에서는 훨씬 약하다.

## 3. 자원·인구·전쟁

### 1) 기술과 환경 및 식량자원

인구증가로 사회의 규모가 커지고 기술환경의 효용성이 증대하면 필연적으로 여러 측면에서 사회의 구조적 변화가 일어나게 마련이다. 예컨대 친족을 중심으로 해서 조직되었던 지도체계가 보다 형식을 갖춘 정치조직으로 재편성된다. 전통과 관습에 따라 행해지던 분쟁해결이나 제재의 방식이 정식으로 법률적인 제재의 형태를 취하게 되면, 자급자족의 경제는 생산의 전문화와 시장과 교역을 통한 상호의존적인 공생의 경제로 바뀌게 된다. 기본적인 생활물질의 분배도 평등에서 불평등의 형태로 탈바꿈을 하게 되어 여러 차원의 계층이 형성되는 것이다(Baker and Sanders 1972).

인구밀도가 커지면 자연히 경쟁과 갈등이 심해지고 기본자원에 대한 압력도 커져서 사회변화를 일으킨다. 이때 그 변화를 일으키는 것은 인구밀도 그 자체가 아니라 자원에 대한 경쟁이며 인구밀도는 그러한 압력의 정도를 나타내는 척도에 불과하다. 그러므로 일정한 환경의 적정인구를 알려면 단순한 인구밀도의 수치보다 정확한 표준에 따라 생태적 압력을 측정하는 것이 더 중요하다. 그 이유는 절대적인 인구수와 자원의 압력관계가 환경에 따라 각기 다르기 때문이다(한상복 1977). 농업이 발달해서 토지가 점점 더 많이 농업생산에 이용되면 그만큼 수렵과 채집자원이 줄어드는데다가 기술환경의 수준이 다름에 따라 생산성이 다르기 때문에 생태적 압력을 알기 위해서는 농업과 대비되는 수렵과 채집에서의 식량생산 비율을 계산할 필요가 있다.

그러나 어느 환경에서나 조방농업은 집약농업에 비해서 노동력을 덜 필요로 한다. 경작의 여지가 있을 때에는 토지를 집약적으로 이용하기에 앞서 사람들은 새로운 지역을 점유하여 이동을 하게 되며, 그 결과로 일정한 기간 동안에는 인구밀도가 높아지지 않고 넓은 지역에 분산된다. 이러한 상태가 한동안 계속되다가 강이나 바다, 산맥 또는 갑작스러운 환경의 변화 등 지리적 장애물이 광대한 지역을 여러 개의 작고 고립된 지역으로 갈라놓게 되면, 그때부터 농업의 집약화가 이루어지고 그에 따라 인구밀도가 짧은 기간 동안에 갑자기 높아지게 된다.

**기술환경과 에너지체계**　　자본과 노동의 투입에 따라 측정된 단위생산고(高)는 경제활동의 주요 결정요인이 된다. 따라서 에너지체계를 이해하려면 상이한 기술수준을 가지고, 서로 다른 환경에 살며, 토지이용의 양식이 다른 인간집단들을 비교해 보는 것이 도움이 될 것이다. 에너지의 투입량과 산출량을 분석하는 데는 인간의 신진대사와 성장 및 활동에 필요한 에너지 조달을 결정해 주는 특정한 환경과 관련된 식량생산기술을 고려해야 되며, 그 밖의 변수로서 인구의 크기와 성장률, 연령별, 성별 특성과 같은 인구변수와 물자와 용역의 생산, 분배, 소비 유형과 노동의 유형과 같은 경제변수를 또한 고려해야 한다. 이러한 식량생산 요인들과 에너지 산출량을 고려해서 해리스(Harris 1971: 200-234)는 $E=m \times t \times r \times e$라는 식량에너지 투입량과 산출량을 분석하는 공식을 만들어냈다.

이 공식에서 E는 식량에너지 산출량, 즉 한 체계가 1년 동안 생산해 내는 칼로리양을 나타내며, m은 노동인구 즉 식량생산자들의 수, t는 식량생산자 한 사람이 1년 동안 식량생산에 소비하는 시간(time) 수, r은 노동인구 한 사람이 보통의 노동 상태에서 1시간에 필요로 하는 에너지양(requirement of energy), 즉 칼로리양을 나타내며, e는 식량생산에 소비된 매 칼로리에 의해서 생산된 식량의 평균 칼로리양의 효과(effectiveness)를 의미한다. 그런데 생산된 에너지가 그것을 생산하는 데 소비된 에너지보다 많으려면 e의 수치는 1보다 커야 하는 것이 당연하다. 이 변수는 특정한 환경에서 식량을 생산하는 데 적용되는 기술의 세목(細目), 즉 기술환경의 효율성을 반영하는 것이다. 그러니까 e의 수치가 클수록 식량생산자들이 향유하는 기술환경의 혜택이 그만큼 크다는 것을 의미한다.

**표 14-2.** 기술환경의 수준에 따른 식량에너지 투입량과 산출량*

| 조사대상사회의<br>생산양식 | 조사대상사<br>회의 총인구 | 조사대상사<br>회의 식량생<br>산 인구(m) | 연간 칼로리<br>산출량(E) | 식량생산인구<br>1인당 연간<br>노동시간(t) | 기술환경<br>효용지수(e) |
|---|---|---|---|---|---|
| 단위 | (인) | (인) | (백만칼로리) | (시간) | |
| Kung Bushman의<br>수렵·채집 촌락 | 30 | 20 | 23 | 814 | 9.6 |
| Gambia의<br>원시농업촌락 | 500 | 334 | 460 | 820 | 11.2 |
| New Guinea의<br>화전농업촌락 | 204 | 146 | 150 | 380 | 18.0 |
| 중국의 관개농업촌락 | 700 | 418 | 3,788 | 1,129 | 53.5 |
| 단위 | (백만) | (만) | (조) | | |
| 미국의<br>기계농업국가** | 250 | 500 | 260 | 1,714 | 210.0 |

* 식량생산인구 한 사람의 시간당 에너지 소요량(r)은 각 사회 평균 150칼로리로 계산
  하였음.
** 미국의 경우는 촌락조사 자료가 없어 미국 전체에 관한 농무부의 통계자료(1968)를
  이용하였음.


여러 기술환경의 차원에서 이 공식의 내용들이 각기 어떻게 다른가를 아프
리카에 있는 쿵 부시맨족의 수렵과 채집사회, 감비아의 원시농경사회, 뉴기니
의 화전농업사회, 중국 윈난성(云南省)의 관개농업사회, 미국의 기계농업사회
에서 비교해 본 결과 <표 14-2>에 나타난 바와 같이 기술환경 효용성이 개
량됨에 따라 식량생산 인구 1인당 연간 노동시간도 증대한 것을 알 수 있다.
**수렵·채집의 에너지체계**    수렵과 채집사회의 에너지체제를 아프리카의 칼라
하리사막에 있는 어느 부시맨(Bushman)족의 연구자료(Lee 1968)에서 볼 것
같으면 그들의 하루 평균 식량에너지 산출량은 64,200칼로리인데, 이 정도를
생산하기 위해서는 매 작업일 동안에 평균 7.4인의 식량생산자가 필요하다.
그런데 부시맨의 하루 평균 노동시간은 6시간가량 된다고 한다. 다시 말하면
64,200칼로리를 생산하는 데 7.4인의 노동인구가 6시간씩 일을 한다는 것이

다(여기에는 생산된 식품의 조리에 투입된 노동은 고려되지 않았다). 보통의 노동 상태에서 노동자 한 사람이 기초대사에 소모하는 에너지양을 1시간에 150칼로리라고 한다면 그 부시맨족의 식량생산자가 하루에 소비하는 칼로리 투입량은 6,660칼로리가 된다.

7.4인×6시간×150칼로리=6,660칼로리로, 다시 말하면 이 부시맨족은 수렵과 채집활동에 하루 평균 6,660칼로리를 투입해서 평균 64,200칼로리를 산출해 내는 것이다. 그러니까 이들의 생산양식에서 기술 환경의 혜택인 e의 값은 64,200/6,660≒9.6이 된다. 이들의 하루 칼로리 산출량이 64,200칼로리이므로 E의 값, 즉 1년 동안의 식량에너지 산출량은 64,200×365=23,433,000칼로리이다. 그런데 리차드 리가 수 주일 동안 조사한 어느 부시맨 집단의 전체 인구는 30인이었는데 그중에 수렵이나 채집활동을 통해서 식량생산에 참여하는 노동인구, 즉 m은 20명이었다고 한다. 결국 해리스의 공식 중에서 우리는 E와 m, r, e의 값을 모두 알고 있으므로 t의 값은 1년 동안을 계속해서 조사하지 않고서도 약 814시간임을 알 수 있고 이 내용을 공식에 대입하면 다음과 같다.

$$\underset{23{,}000{,}000}{E} \underset{\fallingdotseq}{} \underset{20}{m} \times \underset{814}{t} \times \underset{150}{r} \times \underset{9.6}{e}$$

물론 이것들은 어림으로 계산해 낸 수치들이다. 그중에서도 가장 문제가 되는 수치는 시간당 소비되는 에너지 150칼로리의 값이다. 감독자나 지배인의 감시하에서는 작업의 속도가 빠르기 때문에 자연조건하에서 에너지소비를 측정하기란 매우 어려운 일이며, 달리 비교할 만한 자료가 없는 이상 앞으로 논급할 r의 값은 150칼로리를 기준으로 해서 쓰기로 하겠다.

**원시농경의 에너지체계** 원시농경의 식량에너지 투입량과 생산량 분석을 해스웰(Haswell 1953)이 조사한 서아프리카 감비아의 제니에리(Genieri of Gambia) 촌락에서 볼 것 같으면 식량에너지 공식은 다음과 같다.

$$E \qquad m \qquad t \qquad r \qquad e$$
$$460,000,000 \fallingdotseq 334 \times 820 \times 150 \times 11.2$$

이들은 땅콩과 여러 가지 잡곡을 재배하는데 앞에서 본 부시맨족과 비교해 볼 때 기술환경 효용성이 약간 높을 뿐이며 노동시간은 별로 달라진 바가 없다. 다만 인간집단의 크기가 뚜렷하게 달라졌을 뿐인데 그 이유는 기술경제와 기술환경의 측면과 생활양식이 달라졌기 때문이다. 이 마을의 전체 인구는 500인인데 그중에서 334인이 식량생산에 참여하고 있다.

**화전농업의 에너지체계**  윤작 화전농업을 하는 뉴기니 중부 고원의 쳄바가 마링(Tsembaga Maring of New Guinea)족의 식량에너지 체계를 라파포트 (Rappaport 1968)의 조사결과에 따르면 이들은 감자, 고구마, 사탕수수 등을 재배하는데 식량에너지 공식은 다음과 같다.

$$E \qquad m \qquad t \qquad r \qquad e$$
$$150,000,000 \fallingdotseq 146 \times 380 \times 150 \times 18$$

쳄바가족의 전체 인구는 204인인데 그중에서 146인이 식량생산에 참여한다. 이들 노동인구는 10세 이상의 인구가 모두 포함된 것이다. 열대지방 화전 농업기술의 생산성은 매우 높기 때문에 쳄바가 사람들은 1년에 380시간, 즉하루에 거의 1시간가량만 노동을 투입하고도 그들이 필요로 하는 칼로리양을 얻을 수 있는 것이 특징이다.

그런데 쳄바가에는 인구밀도가 높기 때문에 수렵 동물로써는 그들이 필요로 하는 동물성 단백질을 공급받을 수가 없다. 그래서 그들은 동물성 단백질을 얻기 위해서 돼지를 기르는데, 돼지 1마리가 소비하는 고구마, 기타의 사료 에너지양이 한 사람이 소비하는 식량에너지만큼이나 된다. 그 마을에서는 돼지를 160마리 기르는데 그 돼지에서 나오는 식량에너지는 다음과 같다.

$$E \qquad m \qquad t \qquad r \qquad e$$
$$18,000,000 \doteqdot 146 \times 400 \times 150 \times 2.1$$

여기서 18,000,000칼로리의 에너지 산출량을 얻기 위해서 투입되는 식량에너지양은 실제로 116,000,000칼로리가 들어 돼지 1마리를 기르는 데 소비되는 시간과 에너지가 한 사람을 먹여 살리는 데 드는 것보다 더 많다. 돼지를 기르는 데 기술환경 효용성이 낮은 것은 말할 필요도 없다. 이와 같이 해서 기른 돼지는 축제 의례의 행사 때에만 도살된다.

**관개농업의 에너지체계**　관개농업의 식량에너지 체계를 페이샤오퉁(Fei and Chang 1947)이 1940년대에 조사한 중국 원난성의 한 촌락에서 볼 것 같으면 식량에너지 산출량의 75%가 쌀 생산이고 나머지는 콩, 옥수수, 감자 등인데 쌀 생산의 에너지 공식만 보면 다음과 같다.

$$E \qquad m \qquad t \qquad r \qquad e$$
$$2,841,000,000 \doteqdot 418 \times 847 \times 150 \times 53.5$$

이 마을의 전체 인구는 700인인데 그중에서 418인만 식량생산에 참여한다. 잡곡까지 포함한 식료에너지 공식은 다음과 같다.

$$E \qquad m \qquad t \qquad r \qquad e$$
$$3,788,000,000 \doteqdot 418 \times 1,129 \times 150 \times 53.5$$

이 중에서 그 촌락 사람들의 식량에너지 필요량은 638,000,000칼로리뿐이며 나머지 3,000,000,000칼로리 이상은 비식량생산층의 도시인구에게로 간다. 즉, 시장교환을 통해서 농산물 이외의 물자와 용역에 쓰이고 세금과 지대로 나가서 중국의 높은 인구증가율을 지탱하는 데 이용되었던 것이다.

**공업사회의 에너지체계**　앞에서 검토해 온 4개의 에너지체계를 비교해보면 인간생활의 질이 기술환경과 기술경제의 수준에 따라 어떻게 다른가를 짐작할 수 있을 것 같다. 기술환경 효용성이 개량됨에 따라 식량생산에 참여하는 노동력도 증가하고 식량생산에 소비되는 노동시간도 계속해서 증대한 것을 볼 수 있는데, 논리적으로 따지면 부시맨에 비하여 중국에서는 기술환경 효용성이 5배 이상 커졌으니까 노동력이나 노동시간이 5분의 1 이하로 줄어야 할 터인데 오히려 실제에 있어서는 농업노동력의 크기뿐 아니라 식량생산에 소비되는 노동시간이 25%나 증가했다. 이러한 경향은 근대공업체계의 시대로 계속해서 넘어갔다.

미국 농무부의 자료(Brown and Browne 1968)에 따르면 1964년의 미국 농업인구는 5,000,000명가량이었는데, 한 사람이 1년 동안 식량생산에 소비하는 노동시간은 1,714시간이었다고 한다. 거기에다 기계농업으로 인한 기술환경 효용지수 e는 210이나 되어 미국의 식량에너지 공식은 다음과 같다.

$$E \qquad m \qquad t \qquad r \qquad e$$
$$260{,}000{,}000{,}000{,}000 \fallingdotseq 5{,}000{,}000 \times 1{,}714 \times 150 \times 210$$

결국 1년 동안에 1,300,000,000,000칼로리를 투입하여 260,000,000,000,000 칼로리를 산출해 냄으로써 하루 평균 3,000칼로리씩 소모하는 인구 250,000,000명을 먹여 살릴 수 있는 것이다.

**기술의 발달과 노동시간의 증대**　　장기적인 발전 과정으로 볼 때 노력을 절약하는 식량생산기술의 발달은 식량생산자의 노력을 덜기보다는 전체 인구를 증가시키는 데 우선적으로 이용되어 왔음을 알 수 있다. 그래서 기술환경 효용성의 증대는 인구밀도를 높이고, 높은 인구밀도는 다시 더 복잡한 사회문화의 체계를 이루어왔던 것이다.

식량생산 효용성의 증대는 식량생산인구가 아닌 다른 업종 인구의 절대 수와 상대적인 크기를 확대시켰다. 부시맨족에서는 성인인구의 100%가 식량생산 과정에 직접 참여하기 때문에 식량생산에 참여하지 않는 인구가 전혀 없으며, 후진국가에서는 60~65%의 성인인구가 식량생산을 해서 나머지 35~40%의 다른 업종 인구를 먹여 살리는 데 반하여, 미국에서는 2~5%의 식량생산 성인인구가 나머지 95~98%의 다른 업종 인구를 먹여 살리고 있다. 그렇다고 이들 다른 업종 인구가 모두 생산활동에서 완전히 제외되는 것은 아니다. 그들은 대부분 다른 전문직, 예컨대 제조업, 서비스업, 행정, 관리직 등의 활동에 에너지를 소비하고 있다.

식량생산을 하지 않는 인구 중에서 극소수의 비율만이 '유한계급'을 이루고 나머지 대부분은 부시맨이 도저히 꿈도 꿀 수 없을 정도로 더 오랜 시간 동안 더욱 열심히 다른 업종에서 일을 한다.

흔히 일반적인 개념으로 문명은 여가의 시간을 증대시킨다고 생각하지만 실제에 있어서는 오히려 그와 반대로 극빈자나 부호의 극소수를 제외하고는 생산성이 높으면 개인의 노동시간도 더 늘어난다. 이런 경향의 절정은 임금노동자가 1년에 출근 시간을 제외하고 2,000시간을 노동하는 공업체계하에서 나타난다. 물론 이것은 19세기 임금노동자의 연간 노동시간 3,500시간에 비하면 훨씬 줄어든 것이라고 말할 수 있겠지만, 그 당시의 임금과 노동시간은 고통스러운 격동의 시기에 일시적으로 나타난 현상이라고 보아야 할 것이다. 현재로서는 어느 나라에서나 노동시간이 부시맨족의 수준으로 줄어들 가능성은 보이지 않는다.

오히려 더 전문화되고 생산성이 상승하는 경향이 있는데 그 이유는 지구상의 인간들이 영토를 중심으로 조직되어 있어서 믿을 만한 상호 안전체계를 발전시킬 수 없기 때문이다. 물론 많은 사회들이 해리스의 식량에너지 공식 중에서 E를 증대시키는 대신 그것을 상수로 유지하면서 노동의 투입량을 줄이기 위해 기술환경 효용성의 증대를 최대로 활용하고자 애를 써왔다. 그러나 다른 모든 사회들이 같은 방식으로 기술환경 효용성의 증대를 활용할 수 있다는 보장이 없는 한 그와 같은 시도는 숙명적으로 실패하기 마련이다.

E를 계속 증대시키는 사회는 E를 상수로 유지하는 사회에 비하여 항상 그

세력을 확대시키고 있으며, 결국에 가서는 낮은 수준의 에너지 사회가 높은 수준의 에너지 사회로 흡수되기 때문이다.

**직업의 전문화와 인간생활의 질**　직업이 전문화되면 건강, 수명, 과학적 지식 등의 장기적인 개선이 이루어진다는 것은 사실이다. 그렇다고 해서 높은 수준의 에너지를 가지고 전문화, 도시화, 공업화, 근대화된 사회의 모든 양상들이 부시맨족의 생활양식보다 개선된 것이라고만 볼 수는 없을 것 같다. 인간의 기술 진보에 대한 물질적·심리적 응보를 치러야 하기 때문이다.

일단 직업이 고도로 전문화되면 각 개인은 기계의 부속품처럼 자기의 맡은 일만 할 줄 알게 되고 다른 일이나 작업의 전체과정에서는 소외된다. 예컨대 미국의 화이트칼라 임금노동자들의 생활특징은 직장의 출퇴근과 점심시간, 텔레비전 시청시간, 취침시간이 작업시간을 제외한 일상생활의 대부분을 점유하는 것이다. 그래서 그들의 문화에서는 위축과 틀에 박힌 일상생활에 대한 보상으로 고객을 위한 스포츠나 전자(電子)의 환상과 같은 오락과 흥미본위의 산업이 성행한다. 그뿐만 아니라 인구의 도시집중과 공업화로 인한 오염, 기타의 이유로 신선한 공기, 깨끗한 수자원, 자연의 향기와 음향, 햇빛, 인간의 자유 등을 상실하게 되므로 도시민들은 이런 것들을 비싸게 지불하고 향유한다(한상복 1975: 21-24).

그 증거를 우리는 도시 사람들이 구름떼처럼 모여드는 주말의 근교나 산골짜기, 공원, 농장, 낚시터 등지에서 찾아볼 수가 있다.

그러나 전문화와 도시화 및 공업화가 이루어진다고 할지라도 환경의 수용능력에 비해서 인구가 적으면 그런 것들을 비교적 덜 상실하고 오래 간직할 수 있으며, 전통문화를 충분히 이해하고 활용하면 기계화의 심리적 응보와 소외로부터 어느 정도 해방될 수는 있을 것 같다.

## 2) 인구 압력과 자원경쟁

**인구증가의 한계**　지구상의 인구증가 현상을 거시적으로 볼 때 디비(Deevy 1960)의 추정에 따르면 100여 만 년 전의 전기 구석기시대에 지구상에 살고 있었던 전체 인구는 12만 5천 명가량이었다고 한다. 전기 구석기시대 이후 신석기시대까지 100여 만 년 동안 지구상의 인구는 연간 평균 5명의 비율로 증가해서 1만 년 전까지의 신석기시대 초기에는 500만 명을 약간 넘었다고 한다. 그 뒤에 농업이 성장하는 8천 년 동안 인구는 100배로 증가해서 17세기까지 5억 명에 이르렀으며, 이것은 연간 평균 625명이 증가했을 뿐이었다. 그런데 1950년부터 1960년까지 세계 인구는 연간 평균 700만의 비율로 증가해서 22억 명에 이르렀고 1970년부터 2000년까지는 연간 평균 900만 명가량이 추가되어 1998년 60억 명을 돌파하였다.

　그런데 환경과 자원 및 기술상태가 인구를 수용할 수 있는 능력에는 일정한 한계가 있기 때문에, 그 한계를 넘어서 인구가 팽창할 때 심각한 사회경제적 문제가 일어나게 된다. 이러한 문제들을 해결하기 위한 수단의 하나로 북미 대평원 인디언 사회에서는 전쟁을 통해서 많은 인구를 희생시켰고, 구미와 아시아의 몇몇 나라에서는 정치세력과 군사력을 이용하여 식민지를 개척하고 제국주의적 영토 확장을 실현함으로써 자원의 효과적인 이용가능성을 확대시켰던 것이다.

**제한된 환경과 자원경쟁**　카네이로(Carneiro 1972)는 국가의 기원설을 논의하면서 전쟁을 정치권력의 집중과 국가발생의 제1차적 요인으로 보는 한편, 제한된 환경과 인구성장의 조건하에서 자원을 위한 경쟁의 결과로 보았다. 그러나 카우길(Cowgill 1975)은 조직이 약하고 굶주려서 절망적인 인간집단들이 제한된 공동자원을 서로 다투어 쟁취하기 때문에 전쟁이 격화된다고는 보지 않는다. 그보다는 오히려 어떤 인간집단이 이웃집단의 자원을 강제로 뺏으려는 데서 전쟁이 발생한다고 본다. 원초적 형태의 자원약탈이나 영토의 식민지화는 상대적으로 인구밀도가 높은 집단이 자원약탈에 대항할 수 없을 정도로 인구밀도가 낮은 집단을 정복함으로써 일어난다. 그러나 영토를 확장하는 정복집단이 피정복집단보다 자원결핍의 압력을 더 느낀다고는 볼 수 없다. 정복집단은 자원의 결핍을 느껴서라기보다는 오히려 더 많은 부를 증가시키기 위해서 전쟁을 일으키는 경우가 많다. 더 많은 부가 의미하는 것은 그 집단이 부유한 이웃집단을 정복함으로써 더 많은 것을 쟁취하여 더 많은 군대를 갖추고 먹여 살릴 수 있다는 것을 뜻하며, 그렇게 해서 얻은 부는 또 그보다 더 많은 군대를 유지할 만한 이웃집단이 탐내는 대상이 되는 것이다. 중국의 춘추전국시대가 그 한 예라고 볼 수 있다. 그러나 자원, 인구, 전쟁의 관계는 기술, 환경의 수준에 따라 그 양상이 각기 다르다.

### 3) 인구와 전쟁

앞에서 본 바와 같이 장기간에 걸쳐 생산성이 높아지면, 인구가 증가하고 인구밀도가 높아져서 집단 상호 간에 적대감정이 발생한다. 그리고 약육강식의 현상이 일어나서 약자는 더욱 자기 세력을 확대하지 않으면 멸망하고 만다. 그리하여 고도의 에너지 사회가 낮은 에너지 사회를 제거하고 대신 들어앉게 되는 것이다.

공업화 이전의 상태에서는 에너지 세력의 원천이 주로 인간과 말 같은 동물이었기 때문에, 인구가 많고 집단이 클수록 공격에 대응하는 힘이 강했다. 그래서 어떤 사회에서는 자체의 세력을 강화하기 위해서 그 지방의 환경·기술, 자원이 인구를 수용할 수 있는 능력의 범위 안에서 인구 최대화 정책을 쓰기도 했다. 그러니까 인구밀도가 높으면, 집단 내에서나 집단 상호 간에 불평과 싸움이 일어나는 것은 당연하다. 아프리카의 부시맨족이나 서남아시아의 안다만(Andaman)섬 사람들, 남부 인도의 토다(Toda)족과 같은 수렵과 채집사회의 부족에는 뚜렷한 영토의 경계가 없고, 계절에 따라 집단의 구성원이 바뀌는데다가 통혼의 동맹관계로 집단 상호 간의 갈등이 약화되기 때문에 개인들 간의 싸움은 있어도 집단 전체 간의 전쟁은 없다. 이런 점으로 미루어 보아서도 구석기시대에는 거의 전 기간을 통해서 집단 상호 간의 전쟁상태가 아마도 없었을 것으로 생각된다.

**원시전쟁과 인구조절**　　그러나 원시농경의 상태에 들어가면 정착생활을 하게 되고, 주거의 집중현상이 일어나며, 인구밀도가 높아져서 전쟁양식이 격화된다. 즉, 집단 내의 소속감이 강해짐에 따라 전체로서의 촌락공동체가 서로서로 적대감을 갖게 되는 것이다. 이 단계의 전쟁은 현대의 전쟁에 비해서 다만 그 규모나 살인무기의 효과, 군대조직의 정도가 다를 뿐이지 그 본질에 있어서는 아무런 차이가 없다. 다시 말하면 원시전쟁이 현대전쟁보다 더 절멸적(絶滅的)이고 덜 잔혹한 것은 단순히 기술의 결핍 때문인 것이다.

　　원시전쟁의 원인 중의 하나는 인구의 압력에서 찾아볼 수 있다. 자원과 환경의 수용능력 이상으로 인구가 증가할 때 불평과 좌절감, 자연발생의 질병과 사망률이 높아지고 자원의 경쟁이 치열하게 되어 전쟁이 일어난다. 그것은 영토의 확장을 위한 전쟁일 수도 있고 복수를 위한 전쟁일 수도 있다(Vayda 1970: 570).

　　화전농업사회의 경우에는 일단 제1차적으로 화전경작을 했던 자리에 다시 돌아가 제2차 화전경작을 하려고 할 때, 제2차 화전경작지의 확보를 위해 소규모의 전쟁이 일어난다. 그 이유는 제2차 화전경작지가 원시림에 비하여 기술환경 효용성이 높기 때문이다(Vayda 1961). 그리고 열대 삼림지대에서는 토지나 제2차 화전경작지의 확보보다 수렵과 어로자원의 경쟁에서 전쟁이 일어나기도 한다.

　　농경사회의 원시전쟁이 인구의 압력으로 인해서 일어난다는 학설을 인정한다면, 그러한 전쟁은 두 가지 면에서 인구를 조절한다고 볼 수 있다. 첫째는 마오리(Maori)족의 경우처럼 전사자로 인해서 전체 인구를 감소시킨다는 것이고, 둘째는 평정지역에 인구분포를 더 고르게 확산시킴으로써 인구밀도를 조절한다는 것이다. 그러나 인류의 생존과 복지를 위한 환경, 자원, 인구압력의 문제를 해결하기 위한 수단으로 전쟁을 한다는 것은 문제의 근본취지에 어긋날뿐더러 인간의 생명을 희생시켜서 생태계에 적응한다는 것은 바람직한 것이 되지 못한다. 브라질과 베네수엘라 국경지방의 야노마뫼(Yanomamö)족의 경우는 전쟁이 얼마나 인간집단의 생존에 부적합한가를 잘 보여주고 있다(Chagnon 1968). 즉, 그곳에서는 성인 남자 사망의 24%가 전사로 보고되어 있다. 그들은 호전적인 부족으로서 한 마을의 주민이 100명만 되어도 분열을 해서 마을과 마을이 서로 싸우기 때문에 식량생산에까지도 역효과를 가져온다.

이와 같은 촌락과 부족사회의 전쟁이 인구에 미치는 영향은 여러 가지가 있겠지만, 그중에서도 가장 두드러지게 나타나는 현상은 성인 남자의 전사로 인한 남녀 간의 성비가 크게 달라진다는 것이다. 어느 사회에서나 전쟁에 직접 참여하는 것은 대부분 남성이기 때문에 만성적인 전쟁상태에 있는 미개사회에서는 더 많은 남성의 확보를 위해서 여유아살해의 관행이 생기고 그 결과 출생 후의 성장과정에서 남녀 간 성비가 크게 달라진다.

비교문화자료(HRAF)에 나타난 448개의 사회를 비교 분석한 디베일과 해리스(Divale and Harris 1976)는 전쟁의 유무와 여유아살해의 빈도에 따라 미성년과 성년의 성비를 비교 검토한 결과 <표 14-3>과 같은 자료를 제시하고 있다.

<표 14-3>에서 인구조사 당시에 전쟁상태에 있고 여유아살해의 관행이 보고된 110개 사회에서 14세 미만의 미성년 성비는 133:100인데 비해서 15세 이상의 성년 성비는 남성의 전사로 인해서 96:100으로 나타났으며, 인구조사를 하기 5년에서 25년(1세대) 전에 전쟁이 끝난 236개 사회에서는 14세 미만의 미성년 성비가 133:100인데 비해서 15세 이상의 성년 성비는 그동안의 남성생존자가 늘어났기 때문에 113:100이라는 수치를 보여주고 있다. 또 한편 인구조사를 하기 26년 이전에 전쟁이 끝났고 여유아살해의 관행이 없는 102

표 14-3. 전쟁의 유무와 여유아살해의 관행에 따른 미성년과 성년의 성비

| 인구조사 당시의 전쟁 유무와<br>여유아살해의 관행 | 14세 미만<br>연령집단의<br>성비 (남:여) | 15세 이상<br>연령집단의<br>성비 | 인구조사대상<br>의 사회수 |
|---|---|---|---|
| 인구조사 당시에 전쟁상태에 있고<br>여유아살해의 관행이 보고된 사회 | 133:100 | 96:100 | 110 |
| 인구조사를 하기 5년에서 25년 전에<br>전쟁이 끝났으나 여유아살해의 관행은<br>계속된 사회 | 133:100 | 113:100 | 236 |
| 인구조사를 하기 26년 이전에 전쟁이<br>끝나고 여유아살해의 관행이 없는 사회 | 104:100 | 92:100 | 102 |
| 총    계 | | | 448 |

개의 사회에서는 14세 미만의 미성년 성비가 104:100인데 15세 이상의 성년 성비는 92:100으로 나타나 있다. 그리고 항상 전쟁상태에 있는 야노마뫼족의 이루비테리(Ihirubiteri)에서는 14세 미만의 미성년 성비가 260:100으로 보고 되었다.

디베일은 이러한 촌락과 부족사회의 전쟁을 안정된 인구를 유지하기 위한 수단으로 해석하고, 원시국가 단계의 전쟁을 계속적인 영토와 인구의 확장을 통해서 그 사회의 생산부족을 해결하려는 수단으로 보고 있다. 특히 나롤과 디베일(Naroll and Divale 1976)은 전쟁을 인구도태의 과정으로 보고 영토확장은 그러한 전쟁에서 승리한 결과로 해석하고 있다.

## 4. 인간생태학의 과제와 한계

### 1) 인간생태학의 과제

1971년 가을에 오스트레일리아의 캔버라에서 개최된 SCOPE 공동위원회는 그 보고서에서 개발도상국이 당면하고 있는 환경문제들을 ① 자연자원의 개발과 관리, ② 인간정착의 개선, ③ 오염과 환경장해(障害)의 통제, ④ 교육의 기회와 질적 향상, ⑤ 환경문제해결을 위한 제도적 조정 등 다섯 가지 주요 분야로 나누어 논의하고 그 대책을 강구할 것을 다짐하였다. 이러한 실제적인 문제들을 해결하기 위해서는 학문적 연구와 더불어 정책결정과 시행 간에 협동과 조정이 절실히 요청된다. 학계에서도 여러 학문들 상호 간의 협동연구가 필요한 것이다. 한국의 실정을 고려하여 인류학 분야에서 앞으로 연구·개발되어야 할 환경문제들을 중요한 것들만 몇 가지 간단하게 제시하면 다음과 같다.

**환경, 자원, 기술과 인구문제**　환경과 자원, 기술, 인구문제는 문화생태학적 접근방법과 그 시행모델에서도 본 바와 같이 생태인류학의 제1차적 관심의 대상이 된다. 한국의 농어촌과 도시의 건전한 발전을 위한 실제적 목적에 있어서나 생태인류학의 이론과 방법을 연구하고 개발하는 학구적 목적에 있어서나 이 문제는 연구의 제1우선순위를 차지하고 있음에도 불구하고 인류학 분야에서는 아직도 미개척의 분야로 남아 있다.

**환경과 도시문제**　인류학에서 도시환경의 문제를 다루기 시작한 것은 비교적 최근의 일이며 연구의 관심을 단순한 미개사회 또는 농민사회에서 복합사회로 돌린 이후부터이다. 1972년에 미국의 응용인류학회에서는 『도시환경인류학(The Anthropology of Urban Environments)』(Weaver and White 1972)을 모노그래프 특집으로 출간했는데 여기서 다룬 주요 내용은 복합사회의 인류학적 연구방법, 농촌에서 도시로 이주해 온 사람들의 도시환경에 대한 적응

문제, 불법 거주형태의 발생과 기능문제, 농촌과 도시문화의 비교, 기타 도시인류학의 이론과 방법 등이다. 한국에서도 사회학과 인류학에서 도시 무허가 정착지 주민들의 고용구조와 경제행위와 빈곤의 성격에 관한 연구들(허석열 1982, 박계영 1983, 김은실 1984)을 현지조사를 통하여 실시한 바 있으나 환경과 도시문제는 인류학 분야에서 앞으로 더 연구되고 개발되어야 할 문제로 남아 있다.

**환경과 보건 및 의료문제**　　　의료인류학에서는 질병의 예방과 치료에 영향을 미치는 환경적 요인과 유전적 요인의 분석을 주요 연구대상으로 한다. 구체적으로는 다양한 인간집단과 환경에 나타나는 기생충병, 전염병, 정신병, 풍토병 등의 질병유형과 그것들의 예방과 치료문제, 서양의학이 전통의학 또는 민속의학에 미치는 영향을 다룬다. 거시적 생태조건이 다르면 그에 따라 질병유형도 다른 것은 물론이지만 미시적으로 동일한 생태권 내에서도 직업집단과 사회계층, 거주형태, 종교적 관행이 다르면 질병의 유형과 치료방법이 다르게 나타난다. 특히 인구밀도와 인구이동, 시장 등은 질병 생태와 밀접한 관계가 있다. 최근에 한국의 여러 의과대학에서도 지역사회의학이 교과과정에 들어감에 따라 의료인류학과 인간생태학의 수요가 늘어나고 있다.

**환경과 발전문제**　　　발전도상국가의 환경문제는 빈곤에서 생기는 문제와 발전 그 자체에서 생기는 문제로 대별될 수 있다. 특히 인류학적으로 문제가 되는 것은 후자로서 발전도상국 자체의 생태조건과 사회문화적 전통을 조사·파악하여 적절한 발전방안을 제시하는 것이다. 이미 공업화된 나라에서 생성된 기술과 지식, 특히 새로운 산업체계를 발전도상국에 그대로 옮겨올 때 생태적 차이와 사회, 문화, 경제의 차이 때문에 실패하는 예가 많은데 이러한 문제는 생태인류학과 경제인류학의 연구로 어느 정도 해결점을 찾을 수 있을 것 같다.

## 2) 인간생태학의 한계와 전망

생물생태학에서 출발한 인간생태학은 인간과 환경의 상호작용 과정을 연구의 대상으로 삼아왔다. 그러한 상호작용 과정에서 기술과 문화는 한편으로는 인간의 환경에 대한 적응의 반응으로 생성되고, 또 다른 한편으로는 환경에 영향을 줌으로써 환경에 대한 적응을 용이하게 하였다. 그러므로 환경과 인간, 기술, 문화는 항상 서로 밀접한 관계를 가지고 변화를 계속하는 동태적 과정이라고 하겠다.

**인간생태학의 한계**    많은 인간생태학자들이 인간 사회와 문화를 구조기능주의나 체계의 균형이론으로 설명하고자 하는 것은 유기체적 유추 때문인 것 같다. 앤더슨(Anderson 1973)은 이러한 경향을 생태학적 접근의 약점으로 지적하고, 구조의 균형을 유지하면서 동시에 동태적인 변화가 일어나는 과정을 파악해야 한다고 경고하였다.

인간행동을 설명하는 데 있어서도 내적인 요인으로서의 유전에 의한 선천성을 지나치게 강조하거나 외적인 요인으로서의 환경에 의한 후천성을 지나치게 강조하는 이분법이 또한 과학적 설명을 흐리게 하고 있다. 이것은 마치 20세기 후반에 생물학 분야에서 분자생물학과 유전공학의 발달과 그에 대한 관심의 집중으로 말미암아 환경의 맥락에서 복합적인 생물의 체계를 연구하는 고전생물학이 도외시되는 현상과도 비슷한 것이다. 인류학에 있어서도 인간행동을 설명하는데 체질인류학과 사회문화인류학이 양분되어 서로 다른 방향으로 전문화되어 가는 경향이 있는데, 결국 우리가 연구하는 대상은 동일한 것이기 때문에 그 어느 것도 소홀히 해서는 안 될 것이다.

**종합과학으로서의 전망**    선천성-후천성, 인간-환경, 환경-문화, 구조-변화, 균형-갈등 등의 개념들은 실제로 따로따로 분리시켜 생각할 수 없는 불가분의 관계에 있는 것이다. 베이다와 맥케이(Vayda and McCay 1975)는 이런 점을 고려해서 종래의 생태학적 인류학에 대한 비판으로 에너지에 대한 지나친 강조와, 균형이론 중심의 관점, 분석단위의 부적절성, 그리고 환경과 관련해서 문화현상을 납득이 가도록 설명할 수 없다는 점을 지적하였다. 그리고 이에 대응할 새로운 방향으로 에너지 이용과 더불어 다른 환경문제에 더 많은 관심을 경주할 것과, 여러 가지 환경문제의 특성과 그에 대한 인간의 반응관계를 연구할 것, 균형론 중심의 관점을 버리고 항상성(homeostasis)의 변화에 더 많은 관심을 가질 것, 분석단위를 집단에만 국한시키지 말고 개인에게도 관심을 기울여야 한다는 것을 제시하였다.

요컨대 일반생태학은 물론 인간생태학도 하나의 종합과학으로 접근되어야 하는 것은 너무나 당연하다. 그러기 위해서는 무엇보다도 우선 생태학에 관한 전문용어가 자연과학과 사회과학 간에 상충되어서는 안 되며 서로 이해될 수 있도록 용어를 통일하는 작업이 필요하다. 그리고 생태적 차이에 따른 사회, 문화, 경제 등의 양상이 다르게 나타남을 인식하고 여러 차원의 발전계획을 세우는 데 생태학적 고려와 연구가 따라야 할 것이다. 자연과학에서는 물론 사회과학에서도 생태학적 고려는 필수적인 것이다.


더 읽을거리 _____

김세건
  2004, 「"찌들은 몸": 사북 지역의 탄광 개발과 환경 문제」, 『비교문화연구』, 10: 147-189.
전경수
  1997, 『환경친화의 인류학』, 서울: 일지사.
조경만
  1998, 「농업에 내재된 자연-인간 관계의 고찰」, 『역사민속학』, 2: 7-31.
한경구·박순영·주종택·홍성흡
  1998, 『시화호 사람들은 어떻게 되었을까?』, 서울: 솔.
Beals, A. R. with G., and L. Spindler

1967, *Culture in Process*, New York: Holt, Rinehart and Winston.

Crumley, Carole, L. (ed.)

2001, *New Directions in Anthropology & Environment*, Walnut Creek, California: AltaMira Press.

Moran, Emilio (ed.)

1990, *The Ecosystem Approach in Anthropology: From Concept to Practice*, Ann Arbor: University of Michigan Press.

Netting, Robert

1986, *Cultural Ecology* (2nd ed.), Prospect Heights, Illinois: Waveland Press.

Odum, E. P.

1975, *Ecology*, New York: Holt, Rinehart and Winston.

Odum, Howard, and Elisabeth Odum

1976, *Energy Basis for Man and Nature*, New York: McGraw-Hill.

Vayda, Andrew (ed.)

1969, *Environment and Cultural Behavior*, Garden City; N. Y: Natural History Press.

# 제15장

# 문화변동

　한 사회의 문화는 수많은 부분들로 구성되어 있다. 가족, 친족, 혼인, 법, 예술, 신앙, 가치관, 세계관 등 비물질적인 것뿐만 아니라, 도구, 기술 등의 물질적인 것까지 포함하여 수많은 부분들이 하나의 전체(a whole)로서의 문화를 구성하고 있다. 그러나 다른 한편으로 이 모든 부분들은 각기 독립적으로 존재하는 것이 아니라 상호관련되어 있으며, 상호의존적인 관계를 맺으면서 전체로서의 한 사회의 문화를 구성하고 있다는 점에서, 우리는 문화체계(culture system)라는 개념을 사용하고 있다. 다시 말해서 문화체계 속에 존재하는 부분들인 문화요소들은 단지 무작위로 존재하는 것이 아니라 상호긴밀한 관련을 맺으면서 전체를 구성하고 있다.

　한 사회의 문화를 다룰 때 우리는 시간의 측면에서 기본적으로 두 가지의 방식으로 나누어서 접근할 수가 있다. 즉, 시간적 차원의 어느 한 시점에서 그 문화를 파악하려는 공시적 접근방법(synchronic approach)이 그 하나이고, 다른 하나는 시간을 통해서 변동해 가는 과정에 초점을 두는 통시적 접근방법(diachronic approach)이다. 공시적 방법은 문화를 정태적인 관점에서 보는 것이다. 비록 문화가 시간적 차원에서 존재하고 있기는 하지만, 어느 일정한 시기에 그 문화체계를 구성하고 있는 부분들이 어떻게 상관관계를 맺고 있는 지를 보는 것은 공시적 접근방법이다.

인류학자들이 자료를 수집하기 위해 현지조사를 하고 민족지를 작성하는 데에는 기본적으로 이런 접근방법을 사용한다. 다른 한편 시간적인 연속선상에서 한 문화체계가 어떻게 변화되었는지 또는 그 체계를 구성하고 있는 부분들이 어떤 식으로 상호작용을 계속하면서 문화가 변해 가고 있는지를 보는 것은 통시적 접근방법이다. 이 장에서는 바로 이런 통시적인 측면에서의 문화변동의 성격과 양상을 살펴볼 것이다.

## 1. 문화과정과 문화변동

문화 또는 문화체계가 변화한다는 본질적인 속성을 가지고 있다는 점은 이미 앞에서 지적되었다. 어떤 사회의 문화도 불변의 상태로 머물러 있지는 않다. 다만 개인이 살고 있는 시기는 한정되어 있고, 그가 의거하고 있는 문화에서 전개되고 있는 변동을 의식하지 못하고 있기 때문에 점진적인 변동의 측면을 간과하기 쉽다. 그러나 시간을 좀 길게 잡아서 50년, 100년, 200년 전의 상황과 지금의 문화를 비교해 보면 엄연한 차이가 있음을 발견할 수 있다. 이런 차이들 중에 비록 드물게는 급작스럽게 일어난 것도 있을 것이지만, 그 대부분은 오랜 시일에 걸쳐서 작은 부분들에 일어난 변동들이 축적되어 일어난 문화변동들이다.

기원전 6세기의 그리스 철학자였던 헤라클레이토스(Heraclitus)의 다음과 같은 일화가 있다. 그는 매일 한 번씩 강가에 나가 그가 좋아하는 곳에서 목욕을 하던 버릇이 있었다. 그러던 중 그는 사람들이 결코 같은 물에 두 번 다시 발을 담글 수는 없다는 사실을 깨달았다. 사람들이 목욕하기 위해 물가로 다시 돌아올 때마다 이전에 자기가 씻었던 물은 벌써 흘러내려 가 버리고 말았다. 이것을 깨달은 헤라클레이토스는 변동이란 사람의 경험에 항상 있는 것이라는 결론을 내렸다고 한다. 비록 평범한 관찰이지만, 우리는 결코 두 번 다시 똑같은 경험을 할 수는 없는 일이다. 우리는 항시 새로운 시대에 살고 있고, 새로운 사회문화적인 상황을 접하고 있다. 인류학자들은 왜 '시대'가 변하고, 문화는 왜 그리고 어떤 식으로 변하는지를 이해하려고 노력하고 있다.

이 헤라클레이토스의 일화는 문화변동의 성격을 파악하는 데에 좋은 실마리를 제공해 주고 있다. 문화변동은 헤라클레이토스가 관찰한 바와 같은 끊임없이 흘러내리는 냇물에 비유되어도 좋겠다. 이 냇물을 몇 개 지점에서 가로로 잘랐다고 가정해 보자. 각 지점에서 냇물의 단면은 각기 특정시기의 문화로 간주될 수도 있겠다. 그 시기를 지나서 다음 지점 또는 시기를 잘랐을 때의 양상은 이전의 것과는 다를 것이다. 이 후자의 단면도 역시 그 시기의 문화를 대표하고 있다.

기술, 경제, 정치, 사회구조, 신앙 등 한 사회의 문화를 구성하고 있는 각 부분들을 시간을 통해서 보면, 각 부분들 간에는 끊임없이 상호작용이 계속되면서 그 사회의 문화체계가 운영된다. 각 부분은 서로 다른 부분에 영향을 미치고 또한 영향을 받는다. 이와 같이 한 사회의 문화체계를 구성하고 있는 부분들 또는 문화요소들이 시간을 통하여 끊임없이 상호작용을 계속해 나가는 과정을 '문화과정(culture process)'이라고 한다. 어떤 인류학자는 문화과정을 위에서와 같이 냇물에 비유하여 '문화의 흐름(stream of culture)'으로 표현하기도 한다. 이 흐름은 수많은 문화요소들로 구성되어 있어서 각 요소들 간에 끊임없는 상호작용을 계속하면서 흘러내린다(L. A. White 1949, 1959).

이런 문화과정의 개념은 문화변동을 이해하는 데에 중요하다. 문화과정에서 일어나는 부분들 간의 상호작용의 결과로 어떤 문화요소들은 더 이상 쓸모없는 것으로 되어 소멸되어 버리기도 하고, 새로운 요소가 생성하여 낡은 것을 대체하기도 하는 등, 시간상으로 보면 전체로서의 문화는 끊임없는 변화를 경험하게 된다. 이에 추가해서 문화요소들이 외부로부터 전파되어 들어와서 문화과정에 새로운 요소로 등장하기도 한다.

문화는 그 성격 자체가 동태적인 것이어서, 실제로는 항상 변하고 있다. 그러나 변동의 속도와 성격은 모든 문화에서 똑같이 나타나는 것이 아니라 다양한 양상을 보이고 있다. 그러면 무엇이 문화변동을 촉진하는 요인으로 작용하며, 문화변동은 어떤 과정으로 전개되는지를 알아보기로 하자.

## 2. 문화변동의 과정

### 1) 발명과 발견

발명과 발견은 문화변동을 촉진하는 중요한 요인으로 작용한다. 그것이 수레, 쟁기 및 컴퓨터의 발명이나 새로운 섬의 발견 등 구체적인 대상물이든, 아니면 기독교, 이슬람교 또는 어떤 신화적인 영웅을 창조해서 백성들을 잘 통합시키는 방법을 찾아내는 등 하나의 관념의 형식을 취하든 간에, 발명과 발견은 문화과정에 새로운 하나의 문화요소가 '등장'하고 있음을 의미한다. 이렇게 새로이 등장한 문화요소는 기존의 문화요소들과 상호작용하는 과정에서 추가적인 문화변동을 유발시킨다.

앞에서 소개한 문화과정의 개념으로 잠깐 돌아가 보자. '문화의 흐름' 속의 각 요소들 간에는 끊임없는 상호작용이 계속되면서, 각 요소들은 다른 것에 영향을 미치고 또한 영향을 받기도 한다. 이 문화과정에서 요소들의 새로운 조합(combinations)과 종합(syntheses)이 형성되어 발명 및 발견의 형식으로 혁신(innovation)이 일어나게 된다.

발명 및 발견과 같은 하나의 혁신이 어떤 의미에서 여러 가지 문화요소들의 새로운 조합과 종합으로 이해될 수 있는지를 하나의 예를 들어 설명해 보기로 하자. 콜럼버스의 '아메리카대륙 발견'은 이의 좋은 예가 될 수 있겠다. 이 발견을 가능케 했던 중요한 요인들로 우리는 조선기술의 발달, 항해술, 나침판의 발견, 스페인왕실로부터의 재정적인 지원 등을 들 수 있겠다. 앞의 세 가지는 모두 기술적인 발달의 산물이다. 이런 발달이 없이는 장거리 항해는 불가능했을 것이지만 당시의 스페인에서는 이런 기술들이 모두 이용 가능했었다. 또한 마지막의 요인인 재정적인 지원이 없었다면 큰 규모의 대항해 계획은 불가능했을 것이다. 위의 네 가지 요인들은 각기 독립적인 것이 아니라 상호 밀접한 관련을 맺고 있었고, 여기에 추가해서 이탈리아인 항해사인 콜럼버스가 대항해를 자원하게 되면서 이 계획은 실행되었다. 이것은 위의 다섯 가지 요인의 새로운 조합 또는 종합으로 간주될 수 있겠다. 이 다섯 가지의 요소들이 상호작용하여 대항해를 시도한 결과로 아메리카대륙의 '발견'이라는 혁신이 일어났던 것이다. 만약 이 다섯 가지가 하나의 조합을 이루지 못하고 각기 독립적으로만 존재했다면 아메리카대륙의 발견은 1492년이 아닌 훨씬 더 훗날로 미루어졌을 것이다. 이것은 발견의 한 예이지만 발명의 경우에도 같은 식으로 문화요소들의 새로운 조합과 종합으로 이해될 수가 있다.

발명은 이미 존재하는 문화요소들이 종합되거나 변형되어 과거에 없던 새로운 형태의 물건 혹은 행동으로 나타난 것을 말한다. 바퀴, 쟁기, 전화 등과 같이 물질적인 것일 수도 있고, 종교나 신화와 같이 관념적인 것일 수도 있다. 다른 한편으로 어떤 발명은 한 사람에 의하여 짧은 시일에 이루어지는가 하면, 또 어떤 것들은 오랜 시일에 걸쳐 수많은 사람들의 지식이 조합되어 나타난 공동작품일 수도 있다. 기독교, 불교, 이슬람교 등과 같은 종교나 신화는 어느 한 사람의 작품이 아니다. 그에 비해서 발견은 이미 존재하고 있지만 아직 알려져 있지 않은 어떤 것을 알아낸 행위이다. 예컨대 비타민과 태양의 흑점은 발견된 것이지 발명된 것은 아니다.

물론 이러한 발명과 발견들은 반드시 문화변동을 가져오는 것은 아니다. 이런 것들이 무시되어 버리거나, 다른 사람에게 알려져서 사회에서 받아들여질 기회를 놓쳐 버린다면 문화과정에 영향을 미치지는 못할 것이고, 우리는 그것이 문화과정에 '등장'했다고 말할 수도 없을 것이다. 그러나 사회가 그런 혁신을 받아들이고, 그것을 사용 또는 이용하게 된다면, 새로이 등장한 문화요소들은 기존의 요소들과 상호작용하는 과정에서 추가적인 문화변동을 가져오게 된다.

## 2) 전파

한 사회의 문화를 구성하고 있는 요소들은 그 사회 안에서 발생한 것이 거의 대부분이지만, 다른 사회들로부터 문화요소들이 전해져 온 것들도 적지 않다. 한 사회의 문화요소들이 다른 사회로 전해져서 그 사회의 문화과정에 통합되어 정착하는 현상을 문화의 전파(diffusion)라고 한다. 이런 문화전파의 현상은 한 사회집단으로 하여금 문화발전의 단계를 뛰어넘게도 하고, 때로는 큰 오류를 범하게 하여 결국은 멸망의 길로 걷게도 한다.

우리의 주위에는 문화전파의 예가 적지 않다. 기독교는 서구사회에서 전파된 것이고, 불교는 인도에서, 유교는 중국에서 기원된 것이며, 한자는 중국에서 개발된 것이다. 흔히 우리는 한 나라에서 순수하게 자생적인 문화요소만을 들어서 전통문화요소로 간주하는 경향이 있지만, 실은 전통문화 속에는 우리나라의 경우 유교, 불교, 한자들과 같이 외래적인 것도 많다. 그러나 이 모두가 이제 우리나라의 문화과정에 정착하여 각기 중요한 부분을 차지하고 있다. 물질문화의 측면에서는 전파의 사례들이 더욱 풍부하다. 우리들의 옷감을 제공해 주는 목화는 인도에서 처음 재배된 것이고, 종이를 만드는 법은 중국에서, 유리는 이집트에서 처음으로 개발되었으며, 고무로 신을 만드는 법은 중앙아메리카의 인디언들에 의해서 처음 개발되었고, 담배는 북아메리카 인디언들에 의해서 처음으로 사용되었다. 이렇게 본다면, 우리가 일상생활에서 사용하고 있는 물질문화요소들 중에는 전파된 외래문화요소들이 많고, 이것들은 이미 우리 문화의 필수적인 부분을 점하고 있다.

인류학자 린튼(Linton)은 「100% 미국인(One Hundred Percent American)」(1937)이라는 한 짤막한 논문에서 어떤 한 사람의 일상생활을 예로 들어 그가 접하고 있는 모든 문화요소들의 발상지가 어디인지를 추적해 본 적이 있다. 린튼의 설명에 의하면 어느 한 가지도 미국 것이라고 내세울 만한 것이 없고, 모두 전파되어온 외래문화요소들이었지만, 그럼에도 불구하고 미국인들은 "나는 100% 미국사람이야."라고 큰소리친다고 그 논문을 끝맺고 있다.

문화의 전파는 이웃하고 있는 두 문화 간의 직접적인 전파에 의한 경우도 있고, 제3자에 의한 간접적인 경우도 있다. 이웃하고 있는 중국으로부터 유교와 한자가 전파된 것은 직접전파의 사례이고, 교역자들이나 선교사들, 또는 제3국의 사람들과 같은 중개인들에 의해서 한 문화의 요소들이 다른 문화에 옮겨지는 것은 간접전파에 속한다.

때로는 전파와 발명이 복합되어서 '자극전파(stimulus diffusion)'가 일어나기도 한다. 이것은 다른 문화에 속한 문화요소에서 아이디어를 얻어 새로운 발명이 일어나는 것을 말한다. 즉 한 문화의 어떤 요소가 다른 문화에 알려지면서, 후자에게 새로운 발명이 일어나도록 자극한 경우를 말한다. 이런 자극전파의 한 고전적인 예로 북미주의 체로키(Cherokee) 인디언족의 문자발명을 들 수 있다(Kroeber 1948: 368-370). 체로키족은 백인들과 접촉하기 전까지는 고유의 문자를 갖지 못했다. 이 부족의 한 인디언이 백인들과 접촉하면서 영어에서 아이디어를 얻어 결국 체로키문자를 고안해 냈다. 그는 영어에서 극히 일부의 알파벳을 따 왔고, 다른 것들은 변형시켰다. 그는 심지어 영어를 쓸 줄도 몰랐지만 이것들로 체로키의 알파벳을 만들어 냈고, 그의 부족은 결국 문자를 갖게 되었다. 그는 영어에서 아이디어를 얻어, 그것에 체로키의 형식을 부여했던 것이다. 이 경우 자극은 유럽의 백인들한테서 온 것이고, 그 결과는 체로키문자로 나타났다.

지금까지 우리는 성격을 달리하는 두 개 이상의 문화체계 간의 전파만을 살펴보았지만, 사실 문화전파는 하나의 문화체계 안에서도 발생한다. 즉, 이것은 한 나라 안의 어떤 지역에서 특정의 사람에 의하여 이루어진 혁신이 다른 지역으로 확산되면서 널리 받아들여지는 경우나, 넓게는 한 지역의 관습이 다른 지역으로 어떤 계기로 퍼져 나가는 경우 등을 포함한다.

문화의 전파는 단지 특정 문화요소의 전파로만 끝나는 것이 아니라, 그것이 받아들여지는 사회의 문화과정에 등장하여 이미 존재하는 문화요소들과의 상호작용 과정에 들어가면서 새로운 혁신들을 유발시킨다. 이런 점에서 전파는 문화변동의 중요한 자극제가 된다. 예컨대 한자가 우리나라에 전파되면서 우리의 조상들은 우리의 역사와 문물을 기록으로 남길 수가 있었고, 이것은 지식의 축적과 정확한 전승을 가능케 해줌으로써 문화의 가속적인 발전을 위한 길을 열어 주었다.

## 3) 문화접변

지구상에 존재하는 수많은 나라들 또는 사회문화체계들 중에서 외부로부터 완전히 고립되어 있는 것은 없다. 그것들은 어떤 식으로든지 다른 것과 접촉관계를 맺고 있다. 어떤 경우에는 접촉관계가 약하거나 극히 미미하기도 하고, 어떤 경우에는 긴밀한 접촉관계를 맺고 있다. 이런 경우 직접적인 문화전파현상이 일어난다. 전파의 경우에는 두 사회가 직접적으로 접촉하지 않고도 일어날 수 있지만, 만약 상이한 두 사회의 성원들이 비교적 장기간에 걸쳐 제1차적인 혹은 직접적인 접촉관계에 들어갈 때 그 결과로 어느 한 쪽 또는 양쪽 사회의 문화에 변동이 일어나는 것을 문화접변(acculturation)이라고 한다. 이것은 꼭 두 개의 사회일 필요도 없고, 엄밀하게 말한다면 두 개 또는 그 이상의 사회 간의 접촉관계라고 말해도 좋겠다. 문화접변이란 곧 문화들 간의 접촉적인 변화라고 할 수 있다.

문화접변은 문화변동과는 구분되어야 할 것이다. 즉, 문화변동은 훨씬 포괄적인 개념이며, 문화접변은 문화변동의 한 측면에 불과하다. 또한 문화접변은 위에서 살펴본 전파와도 구분된다. 물론 문화접변의 모든 상황에서 전파는 일어나지만, 전파는 상이한 문화의 사람들이 직접적으로 접촉하지 않고도 일어날 수 있다는 점에서 문화접변 과정의 한 가지 측면으로 간주될 수 있다.

문화접변은 반드시 강제적일 필요는 없다. 두 개 또는 그 이상의 이웃하고 있는 문화들 간에 자발적인 접변현상이 일어날 수도 있다. 그러나 문화접변은 정복이나 식민지현상에서 가장 흔히 볼 수 있다. 한 사회집단이 어떤 강력한 지배적인 사회와 거의 전면적인 접촉관계에 들어갈 때, 종속적인 위치에 있는 집단은 광범위한 문화변동을 경험하게 되는 경우가 많다.

정복의 상황에서, 극단적인 경우에는 지배집단이 피정복집단의 문화변동을 유도하기 위하여 강제적인 힘을 발동하기도 한다. 예컨대 스페인이 멕시코를 정복하고 나서, 정복자들은 인디언들에게 천주교를 믿도록 강요하였다. 그런 식의 강제가 정복상황에 모두 적용되는 것은 아니라고 할지라도, 피지배집단은 간혹 더 이상 거부할 만한 선택의 여지가 없으므로 결국 전통적인 생활양식의 일부를 포기하고 강요된 것을 따를 수밖에 없다. 일제식민지하에서 총독부 당국자들이 우리나라 사람들에게 신사참배를 강요한 것도 비록 그것이 완전히 수용되지는 않았지만, 우리의 전통적인 신앙체제를 지배자들의 것으로 교체하려는 의도에서 수행된 강제였다. 그러나 한국문화의 전반에서 많은 전통문화요소들이 파괴 또는 소멸되는 등 일제 강점기의 문화접변현상은 오늘의 한국문화에 적지 않은 영향을 끼쳤고, 흔적을 남겼다.

피지배사회는 직접 또는 간접적인 강제 없이도 지배사회의 문화요소들을 받아들이기도 한다. 즉, 피지배사회의 성원들은 이미 변화된 상황 또는 생활조건에서 생존하기 위해 지배사회의 문화요소들을 자발적으로 받아들이기도 한다. 또한 지배사회의 사람들이 더욱 안정된 삶을 누리고 있다는 점을 인식한 나머지, 피지배민족이 지배문화를 따름으로써 문명의 이점을 나누어 가지려고 노력하기도 한다.

전파의 경우와 같이 문화접변도 하나의 선택적인 과정(a selective process)
이다. 즉 받는 측에서는 전파되어 온 요소들을 모두 다 받아들이는 것도 아니
고, 전파된 것이 다른 사회에서 모두 살아남는 것도 아니다. 다만 받아들이는
쪽의 생활조건에 맞는 것만이 살아남는 등 선택적이다. 문화전파의 경우에도
한 사회가 다른 문화의 모든 것을 받아들이는 것이 아니라, 극히 선택적으로
반응한다. 예컨대 기술적인 혁신의 경우에는 비교적 쉽게 받아들여지지만, 종
교나 사회조직에서의 변화에는 흔히 거부반응을 보이기도 한다.

그러면 이러한 문화접변의 과정을 거치면서 어떤 현상들이 일어나는지를
잠깐 살펴보기로 하자. 앞에서 이미 지적한 바와 같이 문화 간의 접촉은 대부
분 전파를 수반한다. 새로이 등장한 문화요소는 기존의 요소들과 상호작용하
는 과정에서 추가적인 변동을 유발한다. 전파는 단지 추가적인 문화요소의 등
장만을 의미하는 것이 아니라 창조적인 역할을 수행하기도 한다. 즉 새로운
유형들의 창조뿐만 아니라 전통문화를 더욱 살찌게 하기도 한다.

이와는 반대로, 새로운 문화요소들과 접한 결과로, 특히 피지배사회는 문화
해체의 과정을 걷기도 한다. 이것은 과거에 하나의 독자적인 문화체계가 자율
성 또는 독립성을 잃게 되는 것을 말한다. 이런 상황에서 흔히 일어날 수 있
는 것으로는 문화의 융합(fusion)현상과 동화(assimilation)를 들 수 있겠다. 문
화의 융합현상은 두 개의 문화가 거의 전면적인 접촉을 하는 과정에서 이것
도 저것도 아닌 제3의 문화체계를 형성하는 것을 말한다. 멕시코의 문화는 이
런 예에 속한다. 스페인문화와 토착 인디언의 문화가 융합되어 그 어느 것도
아닌 제3의 멕시코문화가 형성되었다. 문화의 동화는 한 문화가 다른 문화의
방향으로 접근하는 것이며, 어떤 의미에서는 일방적인 흡수라고 볼 수도 있
다. 완전한 형태의 동화는 찾아보기 힘들지만, 융합의 경우와 같이 동화의 개
념도 문화접변을 이해하는 데에 중요한 분석도구로 사용되고 있다. 한 가지
첨언한다면 대체로 사회학자들은 동화를 강조하는 반면에 인류학자들은 융합
을 더 강조하는 경향이 있다.

마지막으로 문화접변이 반동적인 결과로 나타나는 사례가 적지 않다는 점이 지적되어야만 하겠다. 자율성을 박탈당하거나 위협받았을 때 그 사회는 전통문화를 재확인하고 정치적 그리고 문화적 독립성을 되찾기 위해서 대중운동을 전개하는 사례들이 보이기도 한다. 예를 들면 서구의 선진공업사회들이 미개사회들과 접촉한 식민지상황에서 흔히 그런 사례가 나타났다. 이런 대중운동들은 대체로 전통문화를 되찾고, 지배사회에 대항하려는 종교운동의 형식을 취했다. 이런 점은 종교에 관한 장에서 이미 소개하였기 때문에 더 이상 언급을 피하겠다.

## 3. 문화의 진화

지금까지 우리는 비교적 단기간의 문화변동에 대해 알아보았지만, 다른 한편으로 우리는 장기간에 걸친 변동을 생각할 수도 있다. 인류의 문화가 원시상태에서 현대문명의 단계에까지 도달하는 데에는 수십만 년이 걸렸다. 이와 같이 장기간에 걸쳐서 하나의 유형에서 다른 유형으로 문화가 단계적으로 변해 나가는 것을 우리는 문화의 진화(cultural evolution)라고 부른다. 문화진화의 관점에서는 문화과정의 개념이 암시하고 있듯이 문화를 시간의 연속선상에서 단계적으로 변해 나가는 것으로 파악한다. 즉 한 시기의 문화는 그 전 시기의 문화에서 수정 및 변형된 것으로, 그리고 현재의 문화는 그 다음 시기의 문화에 기초를 제공해 주는 것으로 파악한다.

진화는 대체로 생물학에서 특정 생물체의 계통발생을 따지는 데에 사용되는 개념으로 알려져 있지만, 문화의 발전 과정에도 적용될 수가 있다. 인류가 어떤 식으로 식량을 획득하여 왔는지를 생각해 보자. 인류의 진화과정에서 초기 인류들은 수백만 년에 걸쳐 수렵과 채취단계에 머물렀다. 그 후 그들은 원시농경의 단계에 이르러 화전민생활을 하였지만, 아직 동물의 힘을 이용하지는 못했다. 농기구들이 점차 개선되고 동물의 끄는 힘이 농사에 이용되는 등 경험들이 축적되어 결국 지금으로부터 약 1만 년 전경에 인류는 자연에만 의존하는 경제에서 탈피하고 생산경제 단계에 도달하였다. 이런 단계적인 변화에는 수백만 년이 걸렸고, 각 단계는 이전의 단계를 기초로 해서 발전된 것일 뿐만 아니라 다음 단계에 나타난 문화형태의 기초가 되었다는 점에서 이런 변화를 우리는 문화의 진화현상으로 규정할 수 있다.

진화론은 인류학사상에 가장 초기의 이론들 중의 하나이다. 19세기 인류학의 선구자로 손꼽히고 있는 모건(L. H. Morgan)과 타일러(E. B. Tylor)가 모두 진화론자들이라는 사실은 바로 이를 말해 주고 있다. 이제 현대인류학에서의 문화진화에 관한 몇 가지 주요 이론들을 소개하기에 앞서 초기의 진화론, 특히 19세기 후반기에 제기되었던 문화진화론에 대해 잠깐 살펴보기로 하자.

## 1) 초기의 진화론

지식인들, 특히 사회 과학자들 중에는 문화진화론(cultural evolutionism)은 다윈(C. Darwin)의 생물학적인 진화론을 문화현상에 적용시킨 결과로 이루어진 것으로 생각하는 사람이 많다. 다윈의 진화론이 지식인들의 종래의 사고양식에 충격을 줄 정도로 혁명적인 이론이었고 찬반양론으로 많이 거론되었으나, 문화진화론은 거의 인류학의 영역에서만 국한되었고 일반에 별로 알려지지 않았다는 점에서 위와 같은 주장은 이해가 갈 만도 하다. 그러나 사실 문화진화론은 생물학적 진화론의 부산물은 아니었다. 어떤 의미에서는 문화진화론이 생물학적인 진화론에 앞서서 정립되었다고 말할 수도 있다. 이 두 가지가 모두 19세기 중반까지의 서구의 지적 전통에 기초하고 있으며, 특히 맬서스(T. Malthus)의 『인구론』(1798)에서 제기된 '적자생존의 원칙'으로부터 결정적인 아이디어를 얻은 것은 사실이다. 그러나 시간상으로 보면 다윈이 그의 진화론을 처음으로 제기한 저서 『종의 기원』(1859)이 출판되기 7년 전에 사회과학자 스펜서(H. Spencer)는 이미 그의 짧막한 논문 「발전가설(Development Hypothesis)」(1852)에서 문화진화의 원리에 관해 분명하게 그의 이론을 피력하였고, 그의 이론은 19세기 후반기의 문화진화론의 핵심이 되었다. 이렇게 본다면 문화진화론과 생물진화론은 각기 독립적으로 전개되었다고 할 수 있다. 그러나 다만 생물진화론의 큰 물결이 후기에 와서 어느 정도 문화진화에 대한 관심에 영향을 미쳤으리라는 점에는 많은 인류학자들이 동의하고 있다.

타일러에 의하면 문화는 단순한 형태에서 복잡한 것으로 진화하고, 모든 사회들이 야만(savagery), 미개(barbarism) 그리고 문명(civilization)의 세 가지 기본적인 단계들을 거쳐서 발전한다는 것이다. 그러므로 '발전' 또는 '진보'는 모든 사회에서 가능하다는 것이다.

그러면 왜 각 사회들의 문화가 다양하게 나타나는가? 이에 대답하기 위해 타일러를 비롯한 초기의 진화론자들은 상이한 사회들은 현재 각기 상이한 진화단계에 놓여 있다고 주장하였다. 이 견해에 의하면 그 당시의 단순사회 또는 원시사회들은 아직 더 높은 단계에 도달하지 않았기 때문이고, 상당한 시간이 흐르면 결국 그들도 문명의 단계에 도달할 것이라는 주장이다. 이렇게 하여 현재의 원시사회들은 고대사회를 닮은 것으로 파악되었고, 원시사회와 현대 문명사회에서 공통으로 나타나는 어떤 것들은 원시적인 것이 오늘날까지 살아남은 '잔존(survival)'으로 파악되었다.

모건은 그의 널리 알려진 저작 『고대사회』(1877)에서 타일러의 세 단계를 더욱 세분하여 처음 두 단계에 각기 전기, 중기, 후기를 적용하였고, 이 단계들을 모두 기술적인 발전의 측면에서 구분하였다. 그에 의하면 기술발전의 단계들은 문화의 유형들과 깊은 관련이 있다는 것이다.

이들 초기의 진화론자들의 견해를 요약해 보면 ① 문화는 연속적인 발전단계들을 따라 진화하고, ② 그것은 세계의 모든 사회에서 기본적으로 똑같은 양식으로 전개되며, ③ 단계의 순서는 불가피한 것이고, ④ 사람들의 마음이 보편적으로 모든 민족에 비슷하게 나타나기 때문에 이런 평행적인 진화과정을 걷게 된다는 것이다.

정치철학의 분야에서 모건의 진화론은 마르크스(K. Marx)에게 크게 자극을 주었고, 마르크스주의이론의 정립에 하나의 기초를 제공해 주었다. 마르크스도 이 점을 분명히 시인하고 있다. 그는 모건의 『고대사회』에서 아이디어를 얻어 그의 동료 엥겔스(F. Engels 1884)와 함께 사유재산의 형성, 현대공업사회에서의 노동자의 착취 등에 주의를 기울였고, 결국 문화진화의 미래의 단계는 최종적으로 '공산주의'일 것으로 예견하였다. 마르크스와 엥겔스의 사회과학적인 연구는 후기의 공산주의자들에 의해 하나의 교조적인 이데올로기로 변환되면서, 사실상 문화진화론은 많은 학문적인 피해를 보기도 하였다. 그러나 초기의 진화론이 문화의 단선적인 진화단계를 강조하였다는 데에서 많은 반발을 샀고, 이 점은 20세기에 접어들어 수정이 불가피했지만, 진화론의 핵심들은 그대로 남아 있고 더욱 정교하게 되었다.

## 2) 단선진화와 다선진화

앞에서 우리는 19세기의 진화론자들이 인류문화의 발달은 야만시대, 미개시대를 거쳐서 문명시대로 진입하게 된다는 3단계 설을 상정하였다는 점을 언급하였다. 세계적으로 보고된 바의 고고학적인 증거들은 문화들이 일반적으로 비슷한 경로로 진화해 왔다는 점을 뒷받침해 주고 있다. 시기를 계속 거슬러 올라가면 수렵, 채취인들이 극히 단순한 기술을 가졌음을 보여주고 있다. 그들은 금속, 동물사육과 식물재배의 방법, 베 짜는 방법, 그릇을 만드는 방법, 문자, 영구적인 주거 그리고 공동으로 사용하는 건물들도 갖지 않았다. 이런 단계의 사회들은 야만시대에 속하고, 동물사육과 식물재배 그리고 문자의 결여로 특징지어진다. 이 단계를 지나 고고학적인 다음 단계에서는 소위 '신석기시대의 혁명(neolithic revolution)'으로 불리는 동물사육과 식물재배의 방법, 영구적인 주거, 베 짜기, 그릇 만들기 등이 등장하였다는 흔적이 나타난다. 취락 유형은 인구의 크기가 증가되었음을 보여주고 있는 등 모든 증거들은 문화에 상당한 정도의 정교화가 일어났음을 보여주고 있다. 이 시기를 미개시대라고 부른다. 비록 동물사육과 식물재배가 등장하고 정착생활이 시작되었지만, 아직 이 시대에는 문자, 도시, 종교적인 중심지들을 갖지 못했다. 인류문화발달의 마지막 단계는 문명시대이고 여기서는 농업, 도시, 여러 기술전문가들, 연금술, 종교적인 중심지들, 거대한 행정기구들 그리고 문자가 등장한다.

이런 식의 3단계 설은 각 사회의 구체적인 민족지적인 사례들을 충분히 고려하지 않았고, 문화의 다양성을 충분히 고려하지 않았으며, 문화의 다양성을 간과했다는 점에서 20세기 초반에 들어와 거의 전반적으로 거부되었다. 또한 이들 초기의 진화론자들은 구체적인 현상에 별로 관심을 갖지 않고 다만 선교사들이나 교역자들로부터 보고된 신빙성이 약한 자료들에 의거해 가만히 앉아서 인류문화의 진화과정을 재구성하려고 궁리하는 사람들이라고 하여 '안락의자 인류학자들(armchair anthropologists)'이라는 별명이 붙여지기도 하였다.

이런 식의 접근은 모든 문화들이 똑같은 선을 따라 단계적으로 진화해 나간다고 가정하고 있어서 단선진화(unilineal evolution)라고도 불린다. 20세기 초반에 많은 비판을 받았고 거부되어 왔던 진화론은 제2차 대전이 끝난 후에 그 면모를 달리하여 다선진화(multilineal evolution)라는 새로운 관점에서 다시 여러 인류학자들의 관심을 불러일으키기 시작하였다.

이런 물결을 주도한 사람은 인류학자 스튜어드(Julian Steward 1955)로 그는 여러 문화에서 나타나는 평행적인 변동과정에 주의를 기울였다. 즉, 그는 변동과정을 경험하고 있는 여러 문화들에서 나타나는 문화적인 규칙성을 찾아내는 데에 관심을 쏟았다. 이런 관심은 모든 문화들이 동일한 선을 따라 진화하는 것이 아니라, 복수의 여러 선들을 따라 진화하고 있다는 점에서 다선진화라고 불린다.

다선진화론은 초기의 선사시대부터 현재에 이르기까지의 문화발전에 적용될 만한 진화적인 원리들을 총합적으로 정립하려고 노력하지는 않는다. 다만 그것은 특정한 문화의 한정된 측면에서 일어나고 있는 평행적인 발전 과정에 초점을 두고 있다. 즉, 그것은 상이한 독립적인 문화들에서 같은 순서로 일어나고 있는 문화변동의 과정이 있는지 없는지를 파악하려고 노력한다. 만약 그런 것이 있다는 것이 확인되면 유사한 원인이 그런 결과를 내게 했는지를 밝히려 한다.

다선진화론은 기본적으로 문화변동에는 의미 있는 규칙성들이 있다는 가정에 기초하고 있고, 또한 그것은 문화법칙들을 찾아내는 데에 크게 관심을 두고 있다. 비록 그것이 역사적인 재구성에 관심을 두는 것은 불가피한 일이지만, 역사적인 자료들이 보편적인 단계들로 분류될 수 있다고 기대하지는 않는다.


### 3) 특수진화와 일반진화

스튜어드보다는 약간 일찍 1930년대에 거의 꺼져 가는 문화진화론의 불길을 다시 일으키려고 노력한 사람으로 화이트(Leslie White 1959)라는 인류학자가 있었다. 그는 모건과 타일러의 대를 이어 19세기의 진화론적인 아이디어를 더욱 정교하게 발전시키려는 데 거의 일생을 보냈다. 많은 사람들이 그를 신진화론자(neo-evolutionist)라고 부르고 있지만, 그는 그런 명칭을 거부하고 그의 진화론이 이전의 것과 근본적으로 다른 것이 없다고 주장한다. 뒤에 잠깐 소개하겠지만 화이트에 의하면 더욱 발전된 기술은 인간으로 하여금 더 많은 에너지를 통제할 수 있게 했고, 그 결과로 문화가 팽창하고 변하게 된다는 것이다.

스튜어드의 경우와는 달리 화이트의 관심은 인류문화 전반이었고, 구체적인 특정의 문화를 대상으로 한 것은 아니었다. 이런 점에 착안하여 스튜어드 (1955)는 진화론을 단선진화론(unilineal evolution), 보편진화론(universal evolution), 다선진화론(multilineal evolution)의 세 가지로 구분하고, 앞에서 말한 바와 같이 그 자신의 이론을 다선진화론의 범주에 넣고 있다. 즉, 스튜어드에 의하면, 모건과 타일러 등 19세기의 진화론자들은 특정의 문화들을 모두 각기 진화 사다리의 한 계단에 존재하는 것으로 규정지으려 했다는 점에서, 문화진화를 단선적으로 접근하려고 노력했다는 것이다.

한편 스튜어드는 화이트의 진화론(1759)이 개별적인 문화들보다는 넓은 의미에서 문화 일반에 관심을 두고 있다는 점에서 그를 보편진화론자로 보고 있다. 사실 스튜어드는 개별적인 문화에서 나타나는 차이 또는 다양성들과 유사성들을 설명하는 데에 관심이 있었기 때문에, 화이트의 진화론에 극히 비판적이었다. 즉, 그에 의하면 화이트의 이론은 극히 모호한 일반화만을 도출하고 있을 뿐만 아니라, 환경이 진화과정에 미치는 영향을 간과하고 있다고 비판하였다. 이에 반해서 화이트는 스튜어드가 특수한 사례들에 너무 많은 주의를 기울인 나머지 역사주의자들이 흔히 범한 것과 똑같은 함정에 빠져 버려서, 스튜어드의 다선진화론은 결국 "나무는 보되 숲은 보지 못하였다."라고 반박하였다.

이와 같이 20세기 중반기의 문화진화론의 양 거두인 화이트와 스튜어드 간의 쟁점은 1960년대에 들어와서 이 두 사람의 제자들이며 또한 동료들인 살린스(Marshall Sahlins)와 서비스(Elman Service) 등을 중심으로 두 가지 종류의 진화를 인정함으로써, 위에서와 같은 두 가지 견해가 조합되었다(Sahlins and Service 1960). 그것이 곧 특수진화와 일반진화이다.

특수진화(specific evolution)의 입장은 특정사회들의 문화사에 나타난 변동의 순서에 관심을 두고 있다. 이리하여 특정문화의 역사적인 발전 과정은 적응을 통한 계통발생학적인 변형으로 이해된다. 이것은 단지 사건들의 연대기적인 순서 이상의 것으로, 문화들이 어떻게 변해 왔는지를 밝히고자 한다. 이런 관점에서는 뒤에서 언급할 일반진화론이 무시하고 있는 환경의 변수를 크게 강조하고, 특정의 환경에 위치하고 있는 한 사회의 변동과 적응양식에 관심을 둔다. 그리하여 이런 관점은 다양한 환경에 적응한 결과로 특정의 문화들이 진화해 나가는 메커니즘을 밝힐 수 있는 이점을 지니고 있다. 앞에서 소개한 스튜어드가 바로 이런 관점을 취하고 있으며, 그의 문화생태학(cultural ecology)은 바로 이런 관점에서 환경과 문화 간의 관계에 관심을 두고 있다.

다른 한편 일반진화(general evolution)의 입장에서는 개별문화들보다는 인류문화 전반의 진화과정에 관심을 두기 때문에 분석의 범위는 훨씬 넓다. 화이트와 고고학자인 차일드(V. Gordon Childe 1936) 등이 바로 이런 입장을 취하고 있다. 예컨대 구석기시대에서 신석기시대를 거쳐 철기시대에 이르는 동안 기술적인 측면에서의 발전에 따라 정치, 사회, 종교 등 문화의 다른 측면들에 어떤 변화가 일어났는지를 다룬다면 이것은 일반진화의 입장이다. 비록 일반진화가 모든 문화는 비슷한 기술발달의 수준에 따라 똑같은 문화유형들을 보이고 있다고 가정하지는 않지만, 문화형태들의 진화단계의 순서에서 보편적인 경향을 찾아볼 수 있다는 입장을 취하고 있다.

한 가지 특기할 만한 것은 이 일반진화론에서는 환경적인 변수가 고려되고 있지 않다는 점이다. 물론 일반진화론자들도 특정사회의 문화는 그것을 둘러싸고 있는 환경에 적응한 결과라는 점에서, 환경의 중요성을 전적으로 부인하는 것은 아니다. 단지 그들의 분석단위는 개별문화가 아닌 인류문화 일반이고, 비슷한 환경에서 서로 이웃하고 있는 두 문화 간에 큰 차이가 발견되는 사례도 적지 않다는 점에서 환경을 일단 고려 대상에서 제외한다. 또 한 가지의 근거로는 환경이 어떻게 문화에 영향을 미칠 것인지는 그 문화의 성격 또는 발전단계에 따라 크게 좌우된다는 점이다. 예컨대 아랍인들이 최근에 와서 그들이 가진 석유라는 지하자원으로 크게 부를 누리고 급속한 문화변동을 경험하고 있지만, 사실 그들이 가진 석유가 중요한 변수로 작용하게 된 것은 근세에 들어와서 이루어진 현대적인 공업기술의 발달 때문이었다. 즉, 기술이

석유를 이용가능하게 만들지 않았다면 아랍의 석유란 자연환경 속의 한 쓸모 없는 항목으로 여전히 인간의 주의를 끌지도 못한 채 묻혀 있었을 것이다.

일반진화론은 개개의 문화가 진화과정의 모든 단계를 거쳐 가야만 한다고 주장하지는 않는다. 이것은 예컨대 뉴기니의 고원에서 석기시대의 단계에 살고 있는 어떤 부족이 20~30년 정도의 짧은 기간에 중간단계를 뛰어넘어 곧 현대 공업사회의 단계로 접어들 수도 있을 것이라는 점을 인정하고 있다. 그러나 그것은 고도로 발달된 현대 공업기술을 소개하려는 강제적인 문화전파의 결과로만 가능할 것이다. 다만 한 가지 분명한 것은 일반진화론은 각 문화가 구체적으로 어떤 진화과정을 거칠 것인지에 대한 청사진을 제공해 주고 있지는 않다는 점이다.

## 4) 문화진화의 에너지이론

앞에서 구분한 특수진화와 일반진화 중에서 다선진화와 관련이 있는 특수진화의 개념은 비교적 분명해졌을 줄 믿는다. 그러나 문화 일반을 다룬다는 일반진화의 개념은 여전히 모호한 것 같아서 이런 관점에 선 화이트(L. A. White 1959, 특히 제2장 참조)의 '에너지이론(energy theory)'을 잠깐 소개하면서 이 장을 마무리 지을까 한다.

화이트는 문화진화의 한 중요한 결과는 인간에 의해 이용될 수 있는 에너지의 양에 있어서의 점진적인 증가라는 점을 강조하고 있다. 여기에서 에너지라면 인간에너지, 동물의 에너지, 태양에너지 그리고 최근에 개발된 핵에너지 등을 포함한다. 우주의 모든 것은 그것이 은하계이든, 태양계이든, 생물학적인 체계이든, 인간 이외의 다른 동물들의 사회조직이든 혹은 인간의 사회문화체계이든지 그것들이 계속 유지·존속하기 위해서는 모두 에너지를 필요로 한다. 다른 체계들과 마찬가지로 문화체계도 어떤 결과를 산출시키기 위해서는 에너지를 동력화해야 하고 또한 그것을 작동시켜야 한다. 문화체계의 모든 진화는 연간 1인당 에너지의 소비량으로, 그리고 이런 에너지가 동력화되고 작동되는 수단과 방법이라는 측면을 고려해야만 잘 설명될 수 있다는 것이다. 문화발달의 정도는, 다른 조건이 같다면 연간 1인당 동력으로 이용된 에너지의 양에 의하여 측정된다. 문화진화의 역사는 문화와 인간의 역사를 통하여 동력으로 이용된 에너지의 양이 서서히 때로는 급작스럽게 증가되었음을 보여주고 있다.

화이트의 에너지이론에 기초한 문화진화의 '기본적인 법칙'은 다음과 같이 요약될 수 있겠다. 즉, "다른 조건이 같다면 문화는 연간 1인당 동력화되는 에너지의 양이 증가됨에 따라서 또는 그 에너지를 작동시킬 도구적인 수단들의 효율성이 증가됨에 따라서 진화한다." 이제 이런 법칙이 인류문화의 진화단계들에 어떻게 적용될 수 있는지를 잠깐 살펴보기로 하자.

인류문화의 초기단계에서는 인간에너지, 즉 인간의 노동, 불, 바람, 물 등이 주요한 에너지의 원천이었다. 신석기시대의 혁명은 바로 동물사육과 식물재배의 방법이 개발되면서 일어났다. 식물을 재배함으로써 인간이 식물에 저장되어 있는 에너지를 통제할 수 있는 능력이 증가되었고, 동물사육은 인간으로 하여금 동물에너지의 단순한 이용자가 아닌 '생산자(producer)'가 되게 만들었다. 새로운 도구들의 등장은 에너지의 새로운 적용방법들을 가능케 했고, 더 효과적인 도구들은 에너지의 낭비를 감소시켰다. 이에 따라 문화는 급속히 팽창되었고, 생활양식은 수렵민에서 원시농경민과 목축민의 양식으로 전환되었다. 이것은 곧 야만의 시대에서 미개시대로의 전환이었다.

청동기시대와 철기시대는 신석기시대의 연장이었다. 석기들이 철기로 대체되었고, 도구들의 효율성이 증가되면서 더 많은 식량생산이 가능하게 되었으며, 이것은 인구증가의 길을 열어 주어 도시혁명이 일어나게 되었다.

그 다음의 문화적인 혁명은 증기를 동력화한 증기기관의 발명, 전기의 인공적인 생산 등을 기다리고 있었다. 산업혁명과 함께 봉건제는 현대 자본주의에 길을 비켜 주었다. 사회와 문화의 조직은 현대사회를 뒤흔들어 놓았고,

그 후유증은 오늘날까지도 우리와 함께 있다. 마지막으로 1945년에는 인류의 역사상 가장 거대한 에너지의 정복이 있었으니 그것이 곧 핵에너지의 개발이었다.

새로운 에너지의 원천이 계발된 각 단계는 그 자체가 하나의 문화적인 성취였다. 그러나 일단 그것이 문화체계 속으로 흡수되어 기존의 문화요소들과 상호작용의 관계에 들어갔을 때 수많은 부수적인 결과를 가져왔고, 새로운 문화발전의 연쇄적인 반응을 유발하였다. 즉, 에너지통제를 위한 새로운 돌파구가 열릴 때마다 그것은 각기 문화혁명의 파도를 몰고 왔다.

문화진화의 에너지이론은 일반진화의 테두리 안에 있는 하나의 이론이다. 그것은 에너지원천들이 점진적으로 개발됨으로써 그것들이 더욱 복잡한 문화발전들을 촉발시키고, 결국 문화진화에서 관건이 될 만한 변수로 작용한다는 것이다.

## 더 읽을거리

김광억
　2000, 『혁명과 개혁 속의 중국 농민』, 서울: 집문당.
Childe, V. Gordon
　1936, *Man Makes Himself*, London: Watts and Co. (강기철 역, 『인류사의 전개』, 서울: 정음사, 1959.)
Mead, Margaret
　1935, *Sex and Temperament in Three Primitive Societies*, New York: William Morrow and Company, Inc.. (조혜정 역, 『세 부족사회에서의 성과 기질』, 서울: 이화여자대학교출판부, 2004.)
Sahlins, Marshall D., and Elman R. Service (eds.)
　1960, *Evolution and Culture*, Ann Arbor: University of Michigan Press.
Steward, Julian H.

1955, *Theory of Culture Change*, Urbana: University of Illinois Press. (조승연 역, 『(줄리안 스튜어드의) 문화변동론: 문화생태학과 다선진화 방법론』, 서울: 민속원, 2007.)

White, Leslie A.

1959, *The Evolution of Culture*, New York: McGraw-Hill.

# 제16장

# 응용인류학

　우리는 지금까지 인류학적 관심의 대상을 각론을 통하여 살펴보았다. 학문으로서의 인류학의 지식과 경험 및 이론들은 우리 자신을 포함한 인류의 사회를 공정하고 정확하게 이해할 뿐만 아니라, 보다 나은 사회로의 발전에 기여하여야 한다. 오늘날 지역사회를 개발하거나 농촌변화와 도시화에 따른 문제, 환경과 위생조건을 개선하고 새로운 기술과 제도의 도입을 효율적으로 수행하는 문제, 국가 차원에서 추진하는 발전정책과 사업의 바람직한 방향제시 등을 취급하는 데 있어서 인류학과 인류학자의 참여가 점차 증대하고 있다.

　비록 발전과 개혁이 주로 정부나 기타 외부에 의하여 계획적인 사업으로서 주어지는 것이지만, 이것은 한 사회나 집단의 기존 제도와 문화를 다른 것으로 대치시키는 작업이 된다. 따라서 외부의 문화나 외부에 의하여 계획된 문화모형의 주입에 의하여 기존집단의 문화가 그 형태나 성격에 있어서 변화를 겪게 된다는 의미에서, 응용인류학(applied anthropology)에서는 광의의 문화접변이라는 용어를 사용하기도 한다.

　이는 응용인류학자의 궁극적 관심이 전체사회의 한 부분이나 문화의 한 요소에서의 변혁을 성공적으로 수행했는가가 아니라, 그러한 수행을 위한 문화적 전략 그리고 그러한 변혁이 가져오는 문화의 변화에 있으므로 발전문제를 문화접변의 차원에서 볼 수 있음을 의미한다.

## 1. 응용인류학의 성격

### 1) 응용인류학의 성립배경

인류학적 지식이 어떤 사소한 문제든 그것을 해결하는 데 도움이 된다면 넓은 의미에서의 응용인류학은 그 역사가 인류학의 성립부터 시작된 것으로 볼 수 있을 것이다. 그러나 국가의 정책적 차원에서의 인류학의 응용은 서구의 식민행정의 발달과 함께 시도되었다고 할 수 있을 것이다. 영국의 경우, 1900년대 초에 특히 아샨티의 황금의자 사건 이후(제2장 참조) 식민지의 사회문화적 이해가 원활하고 효율적인 식민통치의 바탕임을 절감하게 되었고, 이를 계기로 하여 식민행정관료와 인류학자의 협력이 활발해지게 되었다. 특히 영국은 식민통치의 방법으로 간접통치(indirect rule)를 택했는바, 이는 피식민사회의 기존 정치구조를 그대로 존속시키고 토착사회의 지도자를 통하여 통치하는 것이다.

이에는 당시의 말리노프스키에 의해 개발된 기능주의적 관점과 인류학의 철학적 바탕인 문화상대주의 개념이 뒷받침하였다. 즉 해당 지역의 모든 제도와 문화요소들은 기능적으로 하나의 전체를 이루고 있으며, 그것은 그 지역사회의 역사적·사회적·생태적 배경에 의하여 효율적으로, 그리고 그 주민들에게 적절한 것으로 받아들여지고 있다는 것이다. 그러므로 기존의 구조를 급격하게 바꿈으로써 주민들을 혼란과 불안, 나아가서는 반감과 반항으로 이끄는 것보다는 그들의 문화적 전통 위에서 간접통치를 해야 하며, 그들 스스로 새로운 제도를 자신의 문화의 틀 속에 점진적으로 도입하도록 유도해야 한다는 견해가 호소력을 갖게 된 것이다.

이러한 간접통치를 위해서 식민행정관리들은 무엇보다 해당 지역의 사회제도, 정치·경제구조와 관습법, 풍습, 신앙체계 등 문화구조를 알아야 한다. 그리하여 1930년대 식민관리들은 일정 기간 런던대학 인류학자에게서 인류학적 지식과 훈련을 받도록 제도화되거나, 인류학 훈련을 받은 사람 가운데 식민행정가를 선발하기도 하였다. 다시 말하면, 영국에서의 응용인류학은 자기사회의 문제를 해결하기 위해서가 아니라 식민통치를 효과적으로 수행하기 위한 필요성에 의하여 개발되었다고 하겠다.

그러나 2차 대전 이후 과거 그들의 피식민지였던 신생독립국가의 국가건설과 발전문제에 영국이 협력과 원조 및 후견인의 입장으로 깊이 참여함으로써 응용인류학의 성격과 분야는 달라졌다. 즉 그것은 자국의 이익을 위한 것이 아니며 단순히 효과적인 행정수행을 위한 분야가 아니라, 순수하게 해당 지역의 올바른 발전을 위하여 문화변동의 방향과 과정에 대하여 경험적이고 비교학적 입장에서 윤리적 문제와 방안을 제공한다. 영국에서는 이러한 인류학의 참여분야를 응용인류학이라는 말 대신에 발전인류학(anthropology of development, 또는 development anthropology)이라고 부른다.

한편 미국의 경우는 외국의 식민지보다 국내에서의 인디언에 관한 문제해결을 위하여 일찍부터 인류학자의 참여가 요구되었다. 미국정부의 민족학조사연구부(Bureau of American Ethnology)의 지원하에 인류학자들은 인디언의 각 부족들에 대한 언어, 풍습, 관습법, 종교, 사회조직, 정치제도 등 민족지적 자료를 수집함으로써 이들에 대한 효율적 통치와 백인과의 충돌을 완화하는 데 자료를 제공하며, 동시에 인디언들로 하여금 백인사회에 통합될 수 있도록 유도하는 정책수립과 그 수행에 기여한 것이다.

그러나 제2차 대전을 계기로 하여 미국에서는 외국에 대한 관심이 더욱 고조되었다. 특히 전혀 예비지식이 없는 일본과 같은 나라와 상대하여 전쟁을 치르는 관계로 미국정부는 인류학자로 하여금 적대국과 그들 국민의 독특한 행동양식과 사고방식의 분석을 하도록 요청하였다. 베네딕트의 『국화와 칼』은 이러한 배경에서 쓰인 것이다.

또한 전후 세계 각지의 신생독립국가에 대한 원조와 전후 수복지구의 재건 사업에 미국의 참여가 확장되었다. 이는 점차 미국을 중심으로 한 새로운 세계질서체제가 확립됨에 따라 세계 각 지역의 개발과 변화문제에 미국의 적극적인 개입을 불가피하게 만들었음을 의미한다. 그리하여 미국 내의 사회와 문화적 문제뿐만 아니라 외국의 발전, 원조, 재건 그리고 근대화 추진 등의 명목으로 불리는 모든 사업에 인류학자들은 응용인류학적 관심을 기울이게 되었고 활발히 참여하게 되었다.

응용인류학에 대한 관심은 단순히 발전과 개혁이라는 작업에 인류학자가 참여한다는 것만을 뜻하지 않는다. 오히려 발전사업의 올바른 평가와 방향을 제시하는 데에 보다 더 의미를 지닌다. 특히 발전이 종종 그 발전정책의 수혜자에게 어떤 의미를 지니며 어떤 혜택이 효과적으로 주어질 것인가와는 무관하거나 심지어는 애초의 기대와는 정반대의 결과를 초래하는 경우가 많다. 이는 정책이 어느 한 방면에만 집중됨으로써 사회의 각 분야에 균형적인 발전이 이루어지지 못하는 데에서 갈등이 야기되며, 정책수립자나 그것을 수행하는 사람들이 해당 지역과 사회의 문화적 배경을 잘 알지 못함으로써 비효율적이 되는 데에서 초래되는 것이다. 인류학자는 해당 지역의 주민 혹은 해당 사회의 구성원의 입장에서 외부 또는 정부로부터 주어지는 변화에 대한 자극을 분석하고 올바른 수행방안을 강구한다.

또한 발전이란 것을 계획적인 문화접변(planned acculturation)으로 본다면 해당 지역이 처한 정치적·사회적 상황과 그것을 주도하는 세력관계의 성격에 따라 발전사업의 목적과 수행과정도 달라질 것이다. 이러한 차이는 자본주의 체제와 사회주의체제의 사회로 나누어서 살펴볼 수 있을 것이다.

## 2) 자본주의체제에서의 응용인류학

계획적인 문화접변은 강제적인 문화접변(forced acculturation)과는 근본적으로 성격을 달리한다. 강제적 문화접변 계획이 야기하는 기존구조의 파괴라는 병폐를 막기 위하여 계획적 문화접변은 토착사회가 그들 고유의 전통적인 규범과 이념에 순응하여 발전할 것을 도모한다. 이는 한 사회의 구성원들은 공유하는 문화체계를 통하여 결속되어 있다는 뒤르켐의 기계적 결속 (mechanic solidarity) 개념에 바탕을 두고 있는 것이다.

따라서 발전과 변화는 전통과 문화적 동질성을 파괴하지 않고, 그것에 준하여 시도되어야 한다. 그러므로 변화는 급격하지 않고 점진적이며 단계적으로 이루어져야 하고, 그럼으로써 수혜집단이 새로운 가치를 재해석할 여유와 능력을 가질 수 있어서 혼란과 파괴를 감소하고 예방할 수 있게 된다. 물론 전통적 가치와 질서는 새로운 것의 도입을 저해하는 요인으로 작용하여 낙후와 퇴보를 조장하는 경우도 있지만, 그러한 경우에도 기존체계의 급격한 파괴가 가져올 심리적 타격과 혼란을 예상할 때 변화를 얼마나 빠른 시일 내에 이룩하는가보다는 장기적 안목에서 어느 정도로 효과적으로 수행하는가가 더 중요함은 틀림없다. 왜냐하면 사람들은 제시된 변화나 발전이 어떤 결과와 효과를 가져다줄 것인가를 어떤 방법으로든 확인하려 하기 때문이다. 계획적 발전의 법칙은 개인심리의 차원에서건 집단결속의 차원에서건 제시된 개혁작업의 효과를 예상하고 예견하게 만들 것을 필요로 한다. 이것은 전통적 가치관의 방향을 바꾸는 작업이 필수적으로 수행되어야 하는데, 이러한 수정이 기존의 인간관계의 구조에 이익을 가져오는 것으로 판단되어야 한다. 즉 기존의 문화체계와 구조의 성격이 변질되지 않는다는 믿음을 바탕으로 새로운 것의 도입이 이루어져야 하는 것이다.

그런데 혁신이나 발전사업이 성공적으로 수행되기 위해서는 외부로부터의 계획과 아이디어가 주민에게 제대로 전달되어야 한다. 이때 개혁의 주도자와 지도자는 그들 주민집단에서 나와야 한다. 일반적으로 노인들은 완고하고 보수적인 성향이 강하므로, 오히려 젊은이들을 교육시켜서 이러한 사업에 자발적 지도자가 되도록 하는 것이 좋다. 그러나 이들 신식교육을 받은 사람은 자칫 전통문화체계를 무시하거나 반감을 가지기 쉬워서 오히려 갈등을 야기할 수도 있다. 따라서 그들 사회의 전통적 지도자들이 진보적 생각을 가지게 될 때 가장 성공적인 진행이 기대된다.

그러나 지도자가 있다 해도 만약 그의 개혁작업이 독선적으로 진행되어서는 안 된다. 그것이 실제로 수행되기 위해서는 주민의 공통된 의사결정이 이루어져야 한다. 즉 지역사회의 구성원들이 모두 어떤 의식을 갖게 되는가가 단순히 발전을 위한 제도적 장치의 마련보다 더 효과적이며 근본적인 것이다. 이를 기반으로 그들 사이에 혁신계획을 받아들일 소집단이 조직되고 이에 의해 변화를 위한 기술이 내적으로 개발되며, 전통문화를 새로운 문화특질에 적응시키는 노력이 민주적인 방식에 의해 이루어지는 것이다.

자본주의사회에서 혁신을 위해 채택되는 주된 방법은 시범사업(pilot project)이다. 즉 개혁하고자 하는 바를 하나의 지역에 소집단을 통하여 실험적으로 실천해 보는 것이다. 이때 소집단은 단순히 외부로부터의 지시대로 행하기만 하는 것이 아니라, 동시에 주위 사람들의 반응을 관찰하고 형편에 맞게 방법을 수정해 보기도 한다. 그럼으로써 지역개발의 경험은 소수의 것이 아니라 주민 모두의 것이 되며, 외부로부터 일방적으로 주도되는 변화가 아니라 자발적인 혁신사업이 되는 것이다.

이때 소집단이 비록 주민들 스스로의 의사와 합의 아래 민주적으로 결성되었다 하더라도 적어도 인류학자에 의한 안내를 받아야 한다. 왜냐하면 문화개혁을 시도하려면 그 이전에 그 문화의 구조에 대한 지식이 있어야 하기 때문이다. 문화접변은 이러한 의미에서 제시된 방향에 따라 추진되는 것이다. 이 시범사업의 성공 여부와 경험의 분석을 통하여 보다 완벽한 계획과 방안을 수립하여 발전사업을 확대추진하게 된다. 그러나 수많은 시행착오에도 불구하고 완벽한 수행방안은 쉽게 얻어지는 것이 아니다.

예를 들어 미얀마정부는 근대화작업으로 생산성의 제고를 위한 경제구조의 변혁을 추진하였는데, 모든 필요한 조처를 했음에도 불구하고 결과적으로는 실패를 하였다. 그 이유는 여성과 청소년의 경제적 중요성을 간과했기 때문이다. 변화의 전략을 단순히 분업이라는 서구식 개념에 의해서 인식함으로써 발전정책 수립가들은 실제로 성과 연령에 따라 역할이 분류되고 이러한 역할분류는 상호보완의 관계에 있다는 미얀마의 사회문화적 원칙을 무시했기 때문이다. 마찬가지로 아시아의 많은 나라에서 지대(rent)를 재조정할 때는 사망자의 처리에 따른 묘지사용 여부, 사람의 접근을 금하는 종교적 의의를 지닌 신성한 산림, 위토(位土), 인구, 지참금, 상속제도 등에 대해 고려를 해야만 한다. 따라서 어떤 발전사업이 한 나라에서 아주 성공적으로 진행되었다 하더라도 그 방안이 다른 나라에 그대로 공통적으로 적용될 수 없는 것이다. 그것은 무엇보다 문화적 배경이 따르기 때문이다.

또한 문화변동은 그것이 처음 계획되었던 바와는 전혀 반대방향으로 전개되는 경우도 종종 있게 마련이다. 응용인류학자는 계획된 문화접변의 목적에 대한 가치개입을 일단 경계하고, 그것의 실천을 위하여 채택되는 수단과 방법 중 어느 것이 최선의 것인가의 여부를 규명하는 데에 관심을 갖는다.

## 3) 사회주의체제에서의 계획적 변화

자본주의 맥락에서 우선적으로 필요하다고 여겨지는 것은 미시적 사회의 변화임에 비하여 사회주의체제에서의 계획적인 문화접변은 그 사회의 가장 상부에서 가장 밑바닥에 이르기까지 사회의 모든 영역에 작용하는 것이다. 사회주의 맥락에서의 계획적 변화는 상부에서 시작되며, 그것은 혁명이라는 맥락에 의해서 대체되기도 한다. 이러한 체제의 국가에서는 변화라는 것이 우선 전체사회의 구조적 변화를 통한 기존의 권력구조의 재편성을 의미한다. 즉 자본주의사회에서는 기존의 구조와 문화적 전통을 존중하는 바탕에서 변화가 계획되는 데 반하여 사회주의국가에서는 기존의 구조와 문화전통을 전면적으로 파괴하고 재편성하는 입장을 취하는 것이다.

또한 자본주의 맥락에서는 먼저 문화를 변화시키고 그러한 문화변동의 결과로서 사회적 변화가 자연히 초래된다는 전략을 가지지만, 사회주의국가에서는 먼저 사회구조를 문제 삼으며, 그것의 변화에 의해서 문화는 스스로 수정된다는 입장이 지배적이다.

사회주의 맥락에서의 계획적인 문화접변을 이해하려면 우선 마르크스의 상부구조(super structure)와 하부구조(infra structure)의 구분에 대한 개념을 이해하여야 한다. 마르크스에 의하면 문화와 경제는 불가분의 관계에 있지만 어디까지나 경제가 우선적이다. 즉, 생산력과 생산관계가 구조의 결정적 요소라는 것이다. 이에 의하면 과학과 기술의 발명에 의한 생산수단의 변화는 생산관계의 수정을 병행하여 촉발시킨다. 이 생산관계 내의 변화는 상부구조에 영향을 미쳐서 태도나 관념과 같은 의식체계와 법, 정치, 종교와 같은 제도에 변화를 초래한다. 이러한 이론에 따르면 우선 생산체계의 변화에 의하여 기존 사회에 접합되어 있는 상부구조가 부수적으로 변한다. 간단히 말하여 자본주의체제하의 응용인류학은 문화를 더 강조하고, 사회주의체제하의 응용인류학은 사회적 측면을 강조하는 것이다.

사회주의 맥락에서도 자본주의체제에서처럼 계획된 변화를 촉진시키고 수행을 담당할 사람이 필요하다. 그런데 여기서는 기존의 경제관계의 구조를 파괴시키고 새로운 것으로 대체하는 이른바 정치·경제 구조의 혁명을 일으켜야 하는데, 이러한 역할을 담당할 사람을 자본주의 맥락에서처럼 변화작업이 시행될 해당 집단으로부터 차출할 수는 없다. 왜냐하면 그 집단의 사람은 이미 기존의 구조와 이념에 젖어 있기 때문이다. 즉, 개혁을 주도하는 외부세력과 개혁을 당하는 내부집단 간의 이념은 정반대의 성격인 것이다.

자본주의체제에서 개혁의 준거문화는 무엇보다도 국가 차원의 것이므로 개혁의 지도자들은 문화의 지속을 위한 노력을 하게 된다. 즉 새로운 아이디어와 전통적 관습의 생산적인 결합 또는 새로운 것을 기존의 문화 틀에서 재해석을 가장 잘해낼 수 있는 능력을 가진, 그 집단사회의 구성원 가운데에서 선출한다. 이에 비하여 사회주의체제에서는 그 개혁의 준거문화는 무산계급(proletariat)의 것이므로 기존의 것과 새로운 것의 단절을 시도해야 한다. 따라서 발전의 주도자는 외부로부터 오거나, 그 지역집단 안에서도 이전의 구조에서 소수의 특권층에 의해 착취당했거나 착취당했음을 가장 잘 인식한 사람으로서 혁명운동의 지도자가 된 사람이 그 역할을 담당하게 된다. 왜냐하면 변화란 일차적으로 계급투쟁과 구시대의 정치와 경제 형태의 파괴에 의하여 이루어지는 것이기 때문이다. 결국 자본주의체제에서의 응용인류학이 전체 속에서 어떤 구성요소의 개혁을 통하여 전체의 변화를 시도하는 데 비하여, 사회주의체제에서의 응용인류학은 특별 부분의 변화를 우선적으로 하지 않고 전체의 사회·경제구조를 바꾸려 한다고 보겠다.

그런데 우리가 변화사업의 수행과 그 결과의 평가에서 문화의 부문을 너무 강조하다 보면 구조의 문제를 소홀히 하기 쉽다. 이는 더 나아가서 발전 저해 요인의 많은 부분을 문화의 책임으로 돌림으로써 해당 주민의 의식구조의 낙후성이라든가 생활양식의 비합리성이라든가 또는 발전을 위한 안목의 결여 등에 그 탓을 돌리기 쉽다. 여기에는 주민의 문화인식에 초점을 맞추어서 설명될 수 없는 부분이 많은 것이다. 주위 사회와의 구조적 관계, 자원과 인력 및 환경의 내적 구조의 특징 등이 고려되어야만 한다. 특히 오늘날 세계체계(global system)의 구조적 특성을 파악하지 않고는 제3세계의 발전방향과 목적과 과정이 피상적이고 단편적으로 분석될 위험이 있는 것이다.

마찬가지로 사회주의 맥락에서는 하부구조의 변화에만 관심을 집중시킴으로써 문화를 소홀히 취급하는 위험이 있다. 그들은 문화를 상부구조로 간주함으로써 경제발전 혹은 사회·경제구조의 변혁 외에, 그것이 가져올 문화적 통합의 여부에 대하여 관심을 갖지 않는다. 실제로 많은 사회주의체제의 사회에서 국가 차원에서의 경제구조를 변혁시키는 데 주력하면서 구성원 사이의 문화적 통합은 별로 이루어지지 않는다는 것이 발견되었다. 즉 제도적 단일화나 통합은 이루어지지만 계급 혹은 민족집단 간의 문화적·사회적 통합이 이루어지지 않는다. 이로 인한 내적 갈등요소는 정치적 통제에 의하여 그 표면화가 억제될 뿐이다.

결국 상부구조와 하부구조는 등가적이고 상호 필연적 관계에 있는 것이다. 따라서 발전사업을 계획하고 수행함에 있어서 문화와 구조 가운데 어느 쪽을 강조하는지는 그 정도의 차이를 말하는 것이지 서로 배타적이거나 어느 한편이 다른 한편을 대신하는 것은 아니다.


## 2. 발전문제와 인류학


### 1) 지역개발과 문화

종종 발전정책은 지역개발정책과 맥을 같이한다. 한 국가 내에서도 지역 간의 경제적 격차는 크며 투자와 공업화의 정도도 다르다. 그리하여 지역 간의 격차는 국가통합을 지연시키는 요인이 될 가능성을 많이 내포하고 있다. 따라서 지역개발은 소위 낙후된 지역에 개발정책과 사업을 촉진시킴으로써 해당 지역의 삶의 조건을 향상시키고 다른 기존의 개발지역과 평준을 이룩함으로써 궁극적으로는 국가적 통합을 도모하는 것이다.

이러한 개발사업은 무엇보다도 경제적 조건의 향상과 보건·위생시설의 확대, 그리고 지역문화의 개발 등에 중점을 두게 된다. 여기서 인류학자가 지역개발사업을 성공적으로 수행한 사례 중 페루의 비코스(Vicos) 계곡 지역의 개발계획을 살펴보자(Allan Holmberg 1965).

비코스는 케추아(Quechua)어를 사용하는 1,700여 명의 인디언이 살고 있는, 아시엔다(hacienda)라고 부르는 일종의 장원이었다. 스페인의 식민통치 초기부터 그들은 이 아시엔다 장원의 농노로서 얽매여 살아왔으며, 소위 외부세계의 문명과의 접촉을 거의 모르고 비참하고 가난한 생활을 영위해 왔다.

이 비코스지역의 아시엔다들은 스페인의 식민통치가 끝난 후에는 페루정부가 설립한 '공공이익을 위한 협회(Public Benefit Society)'에 의해 소유 및 관리되는 공공장원이 되었다. 이것은 개인이나 결사체 혹은 회사 등이 이 협회의 입찰을 통하여 5년에서 10년의 기간 동안 임대하여 운영하게 된다. 그런데 임대권을 획득한 임대자는 예외 없이 스페인어를 사용하는 스페인계와 토착 인디언의 혼혈인 메스티소(mestizo)가 차지하는바, 그들은 장원에 소속된 농노에 군림하는 봉건영주와 같은 특권을 누린다. 즉 가장 좋은 토지를 자신의 상업적 이득을 위하여 농노들의 노동력을 집중 투여시키고 자기의 집과 가족을 위해 무상의 봉사를 강요한다. 농노는 그 대가로 척박한 소량의 토지를 경작하여 그것으로 최저생계를 유지할 수 있도록 허용될 뿐이다. 즉 그들은 사회적·문화적으로 이질적인 배경을 가진 부재지주집단에 의해 거의 보상 없이 철저하게 착취를 당하는 것이었으며, 조그마한 반항도 지주와 교회의 목자들과 경찰의 연합세력에 의해 무자비하고 철저하게 분쇄 당하곤 하였다.

1952년에 이 비코스 지역의 아시엔다 임대자가 임대기간 5년을 남겨 놓고 파산하게 되자 미국의 코넬 대학의 인류학자들이 중심이 된 팀이 이 잔여기간을 임대함으로써 본격적인 개발이 실험적으로 시도되었던 것이다. 즉 메스티소 대신 인류학자들이 이들 농노들의 후견인이 된 것이다. 당시 이들이 아시엔다를 떠맡았을 때, 전통적으로 농노였던 그 주민들의 생활상태는 최저의 수준에서 허덕이고 있었다. 그들은 경제적으로나 위생환경, 보건, 영양상태 등에 있어서 가장 열악한 상태에 머물러 있었으며 교육시설도 전혀 없었고, 주민들은 외부세계 및 외부인에 대하여 극도의 의심과 반감을 가지고 있었으며 또한 스스로의 생활에 대하여 비관적이고 정체적인 태도를 지니고 있었다.

코넬 대학팀은 5년간의 개발계획을 통하여 우선 무상으로 노동력을 착취하던 아시엔다 장원 제도를 폐지하고 임금노동제를 채택하였다. 동시에 지역사회 전체가 공동으로 참여하고 운영하는 조직으로 개편했고, 주민들은 그 이익을 분배받게 되었다. 모든 생산이 자신의 소득으로 되돌아온다는 것을 교육받고 경험하며 제도화됨으로써 사람들은 보다 더 많은 수익을 위하여 일을 하게 되었다. 한편으로 새로운 영농기술의 도입, 개량종자의 사용 등으로 농업생산은 급격히 증대되었다. 그리하여 식생활이 개선되고 충족됨으로써 영양과 보건상태가 호전되었다. 그들의 현금수입은 농업확대에 재투자되었다. 또한 페루정부의 협조 아래 교육시설이 확충되어 교사 한 명에 10~15명의 학생만 있었던 학교가 불과 5년 동안 9명의 교사에 200명의 학생을 가진 학교로 성장하였다. 그들의 돈으로 보건진료소가 설립되었고, 일주일에 두 번씩 외부로부터 초빙된 의료진에 의한 진료가 실시되었다. 원래의 아시엔다를 구성했던 여섯 지역에서 각각 대표자를 선출케 하여 이들로 구성된 위원회가 비코스지역의 모든 공공적인 일을 관장하는 합법적인 기구로서의 권한을 행사하도록 주선되었다. 교육과 자신의 일을 스스로 처리하는 훈련과 경험을 통하여 점차 젊은 층에서 자신을 위한 개발사업에 자발적이고 적극적인 참여가 이루어졌고 자치적인 의사결정이 가능해지게 되었다. 5년간의 계획된 사업이 완료되었을 때, 비코스 주민들은 완전히 자립할 수 있는 능력을 갖추었으며 심지어 다른 아시엔다 주민에게 돈을 빌려줌으로써 그들의 토지에 영향력을 미치기 시작하였고, 더욱이 한때 농노였던 그들이 토지를 매입하는 입장에 있게 되었다. 이러한 변화는 특히 파워 엘리트로서 정부에 영향력을 행사해 왔던 메스티소계의 부재지주들에게는 큰 위협이 되었으므로, 이들의 비코스 농민에 대한 압력이 노골화하여 심각한 충돌과 분규가 발생하였다. 그러나 미국과 페루 지식인들의 동정과 지원하에 비코스는 1962년에 마침내 경제적으로 외부 자본가와 부재지주로부터 완전히 독립하게 되었다.

  만약 이러한 개발계획이 실패했더라면 비코스 주민들의 외부세계에 대한 의심과 반감은 더욱 철저해져서 금후 어떠한 개발계획도 받아들여지지 못했을 것이다. 더욱이 당시로서는 비코스 주민이 무지와 가난, 나태, 의심 등 발전적이고 긍정적인 사회의 모습과는 정반대의 문화로 가득 찬 사람들로 인식되어 있었으므로, 그러한 개발계획의 시도는 높은 실패 가능성이 있어 위험한 것이었다. 그럼에도 불구하고 인류학자들은 그 사업의 주도자인 홈버그의 말대로 "누구든지 자기가 원하는 대로 시도할 수 있는 최소한의 권리는 보장받아야 하며, 자기가 소속된 지역사회의 의사결정과정에 참여하고 그 경제적 부를 공정하게 나누어 가질 수 있으며, 지식추구의 열망을 충족하고 자신의 능력을 최대한으로 계발하며, 신체적으로나 정신적으로 질병의 질곡으로부터 벗어나며, 이웃과의 사랑과 신뢰 그리고 자신의 개인생활에 대한 존중을 향유할 기회를 가져야 한다."는 신념하에 과감히 참여한 것이다. 결국 비코스의 변화는 일단 낙후되고 영세한 농민들도 자신들이 얽매여 있던 질곡으로부터 해방되고 정신적 격려와 기술적 협력과 지도를 받게 되면, 스스로 국가에 생산적인 시민으로 발돋움하는 노력을 기울이게 된다는 사실과, 이를 통해 지역사회가 보다 큰 국가체제에 적극적으로 통합된다는 사실을 증명한 것이다.

그런데 지역개발은 종종 정부의 시책과 목적을 획일적으로 주입시킴으로써 오히려 갈등을 초래하는 경우가 있다. 그것은 첫째로 경제적 조건의 향상이라든가 보건·위생시설의 개선 등 특정분야에만 집중함으로써 다른 분야와의 괴리를 낳거나, 지역의 역사적·환경적·사회적 배경의 특수성을 무시함으로써 오히려 부정적인 결과를 초래할 수 있기 때문이다. 또한 해당 지역의 문화적 특징을 고려하지 않은 채 발전계획을 일방적으로 진행해서도 안 된다. 사람들은 자신의 삶에 대한 의미와 평가의 기준을 가지고 있어서 이에 준하여 외부로부터 주어지는 변화의 자극에 대한 반응의 전략을 세우는 것이다. 따라서 비록 정부가 제시하는 발전계획이라 하더라도 그것이 정작 자신들이 이때까지 누려 왔던 긍정적인 삶의 질에 변질을 가져오거나 파괴할 것이라고 여겨지면 이의 수용을 거부하게 된다.

우리나라의 새마을운동도 이러한 관점에서 그 장단점을 평가해야 할 것이다. 종종 새마을운동의 긍정적 평가 뒤에는 전통문화의 상실과 지역 특유의 문화가 변질되어 감으로써 지역사회의 정체성이 소멸되어 가는 사실이 간과되었다. 또한 지역의 환경과 자원의 특성과 인력을 동원할 교통조건이 고려되지 않은 채 새마을공장을 설립함으로써 오히려 이익보다 투자액이 더 많아지는 경우도 있던 것이다. 문화의 특성과 지역사회의 계발관계, 종합적이고 균형적인 경제개발의 방안을 모색하는 데 있어서 인류학자의 참여는 중요한 기여를 할 것이다.

## 2) 발전의 정책과 사업수행

국가 차원에서의 발전사업은 지역과 계층 간에 그것으로 인한 수혜의 차이가 될 수 있는 대로 작아야 한다. 공영부문과 농업부문, 도시와 농촌, 노동직과 사무직의 격차가 많거나, 어느 한 부문의 발전이 다른 부문의 희생을 전제로 하여 추진되어서는 안 된다. 특히 신생국이나 후발국들은 경제발전과 공업화를 가장 급선무로 삼고, 그 분야에 치중된 발전계획을 진행시키는 경우가 많다. 그 결과로 전혀 예기치 못했거나 대수롭지 않게 여겼던 전통문화의 상실, 농업경제의 피폐화로 인한 농민계층의 불만 등이 심각한 사회적 혼란과 정치적 불안요소로 나타나는 일이 발생하는 것이다.

인류학자들은 발전의 대상에서 제외되거나 소홀히 취급되는 부문에 대한 관심을 가지며, 궁극적으로 발전이 누구에 의해서 누구를 위하여 시도되는가를 규명하려고 노력한다. 왜냐하면 한 국가나 사회는 수많은 하위사회(sub-society)들로 구성되어 있으며, 그것들이 비록 특정의 기준에서는 주변적이고 사소한 부분들로 평가되더라도 실제로는 전체사회를 이루는 필수불가결한 구성요소인 것이다. 그러므로 어느 특정 부분에 보다 더 혜택이 주어지는 발전정책은 장기적 안목에서 볼 때 국가통합이나 전체로서의 사회발전에 새로운 문제를 야기하는 요인이 된다.

우리는 이러한 예를 제2차 대전 후 특히 1970년대에 브라질정부가 시도했던 소위 아마존지역 개발사업이 그 일대의 야노마뫼(Yanomamö)족에 미친 영향에서 찾아볼 수 있을 것이다(S. H. Davis 1977). 디아즈(Diaz) 장군의 군사정부에 의하여 추진된 브라질 경제개발계획은 아마존지역을 개발하여 목축농장 건설, 고속도로 건설과 다국적기업에 의한 광물채취와 공업시설의 건설을 추진하는 것이었는바, 이로 인하여 인디언들의 영역을 침범당하고 자신들의 전통적인 생계수단을 잃고 외부로부터 온 백인에 의한 개발사업에 저임금·비숙련 단순노동자로서 종속되었다. 경험 부족으로 인한 사고와 백인과의 접촉으로 인한 새로운 질병, 그리고 생태계의 파괴로 인한 생활양식의 변화에서 오는 제반 신체적·정신적 질환 등으로 인디언의 인구는 급속히 감소하였다. 또한 그들의 전통적 의례와 사회조직의 소멸 등은 그들로 하여금 통합된 사회단위를 유지하지 못하게 만들었다.

그러나 이러한 불리한 조건으로의 전락은 인디언들을 브라질 국가에 통합시키는 작업, 산업화와 현대화를 추진하는 과업의 한 과정에서 불가피하게 겪게 되는 불행한 대가로서 간주되었고 궁극적으로는 보다 큰 경제개발에 의하여 보상받을 수 있는 일로 여겨졌던 것이다. 그리하여 인디언들의 불만으로 인한 주변 백인 침입자들과의 마찰, 정부에 대한 항의와 반발들은 군사력에 의하여 진압되었고, 인디언들은 국가의 개발사업이 확장됨에 따라 영유권(領有權)을 잃고 여기저기 다른 지역에 강제적 이주계획에 따라 재배치되었다. 이리하여 토착 인디언들은 생태계의 훼손과 더불어 경제뿐만 아니라 사회문화적 기반을 상실했으며, 그들 가운데에서는 토지를 소유한 소수의 지주와 다수의 영세농 간의 괴리가 격심해지고, 대부분의 인디언들은 영세농업노동자로 전락하게 되었다. 결국 인디언을 백인사회에 통합시킨다는 미명하에 강력히 추진된 아마존 개발사업은 인디언들로 하여금 오히려 통합에 반대하고 경제적 조건의 악화, 실업, 영양부족, 질병 등으로 파멸과 희생을 당하게 만든 것이다. 이 점에서 '통합'이라는 것이 반드시 '고립'보다 좋은 것은 아님을 알 수 있는 것이다.

만약 브라질정부의 이 발전사업의 계획이나 수행단계에 인류학자가 참여했다면 사태가 이러한 결과로 되지는 않았을지도 모른다. 새로운 기업, 제도, 환경과 생태계의 변화가 어떠한 문화와 사회적 배경을 변질시킬 것이며, 이 결과가 주민의 생활에 어떤 영향을 미칠 것인지가 충분히 총체적 관점에서 파악되었을 것이기 때문이다. 그러나 브라질도 많은 제3세계의 후발국에서처럼 급속도의 경제발전에만 치중했기 때문에 다른 부문에 대한 고려를 할 여유를 갖지 못했던 것이다.

대부분의 국가에서는 발전사업의 수행에만 관심이 있어서 항상 문제점이 발생한 후에야 인류학자들에게 자문을 구하는 것이 통례이다. 그리하여 사후약방문격이 되고 만다. 보다 종합적이고 점진적인 개혁을 주장하는 인류학자의 시각과, 일의적(一意的)이고 급박한 발전에 골몰하는 행정관리와의 태도에는 항상 갈등이 존재한다. 응용인류학자가 흔히 봉착하는 문제가 바로 여기에 있는 것이다.

## 3) 근대화작업과 제3세계

흔히 국가와 사회의 발전정책을 뒷받침하기 위하여 근대화이론(modernization theory)이 채택되었다. 이는 소위 전통사회의 모든 특성과 결정들이 근대화작업 과정을 거침으로써 그 특성을 버리고 결점을 고쳐서 새로운 성격을 가진 보다 나은 사회가 이룩된다는 철학을 바탕으로 삼고 있는 것이다. 이러한 근대화작업은 전통적 사회제도와 가치관 및 문화에 대한 부정적인 해석에서 출발하였다. 기술혁신, 경제개발, 새로운 가치관의 도입, 제도의 개혁 등을 통하여 세계체제의 통합을 시도하는 것이다. 그리하여 전통적인 사회제도와 문화는 거부되었고 포기되었다. 신생국가나 후발국이 1960년대에 겪었던 혼란 중의 하나는 실제에 있어서는 바로 이러한 새로운 것과 전통적인 것의 갈등이었던 것이다. 새로운 국가건설의 과정에서 민족과 국가의 정체성을 수립하기 위하여 문화의 전통성을 추구하면서 동시에 전통적 제도와 생활양식이 비효율적이고 전근대적인 요소로서 마땅히 포기되어야 한다는 이율배반적인 논의를 전개시키게 되었기 때문이다.

그러나 많은 인류학자들의 연구는 이러한 근대화이론이 경험적 차원에서 정당하지 않으며 더구나 그것은 서구를 기준으로 한 새로운 형태의 자기 문화중심주의에 의한 현실왜곡에 지나지 않는다는 것을 지적하고 있다(O. P. Moon 1984). 즉 전통과 근대를 구분하는 기준은 서구의 것을 궁극의 지향으로 전제한 것이며, 따라서 각 사회마다 특유의 문화에 의하여 삶의 질은 다르게 평가되고 있는바 이러한 다양성을 무시한 처사인 것이다. 더욱이 전통적인 것이 반드시 발전의 저해요소로 작용하는 것은 아니며, 오히려 경우에 따라서는 개혁과 발전에 필수적인 것일 수도 있는 것이다. 그리하여 사람들은 자신들의 삶의 의미를 확인하고 그 질을 즐기는 고유의 문화적 맥락 안에서 개발과 발전정책의 수용정도를 전략적으로 결정하는 것이며, 단순히 보수성, 낙후성, 전통의 비효율성 때문에 근대화의 청사진이 제시하는 방향과 노선을 따르지 않는 것은 아니다.

두 촌락의 사회문화적 변화의 경제발전의 관계를 비교 연구한 『남부 인도에 있어서 경제발전과 사회변화』라는 저서에서 엡스타인(T. S. Epstein 1962)은 관개시설의 확충에 의하여 한 마을의 전통적 농업생산인 사탕수수가 상업작물이 되었지만, 전체지역의 토지이용도와 사탕수수 재배면적은 바뀌지 않았으므로 경제발전에도 불구하고 전통적인 촌락사회체제와 문화는 변하지 않고 오히려 강조됨을 보여준다. 또 다른 한 마을은 관개시설의 혜택을 잘 받지 못하여 경제발전이 이루어지지 못함으로써 오히려 전통적 사회체계가 해체됨을 보여준다. 이 연구는 경제발전과 전통사회의 해체 관계가 반드시 일치하거나 일정하지는 않음을 잘 보여준다.

한편으로 기어츠(Clifford Geertz 1963)는 『행상인과 왕자들(Peddlers and

Princes: Social Change and Economic Modernization in Two Indonesian Towns)』이라는 저서에서 사회문화적 배경이 다른 두 인도네시아의 도시의 현대화과정을 서술하여 전통적인 사회조직과 관계의 망, 그리고 종교적 이데올로기와 가치관의 수정이 새로운 상황에 보다 효과적으로 적응하는 기제로서 동원되고 있음을 보여준다.

바로 여기서 인류학자가 단순히 과거의 전통문화의 존속만을 고집하는 것은 아님을 주목해야 한다. 흔히 인류학자는 해당집단의 구성원들이 경제적, 사회적으로 박탈당하고 열악한 조건에 처해 있음에도 불구하고 그대로 남아 있기를 주장함으로써 문화에 대한 책임감 없는 낭만주의자라는 비판을 받을지도 모른다. 그러나 인류학자가 해당 집단의 사회문화적 배경의 존중을 주장하는 것은, 오히려 그러한 발전의 단순한 신념은 자칫 집단과 계층중심주의에 빠지고 단기적 안목을 채택하여 새로운 발전사업이 실제로 그들 주민의 삶에 어떤 의미를 부여할 수 있는가를 생각하지 못하는 우를 범할 가능성을 경고하는 데 있는 것이다.

물론 새로운 기술과 제도의 도입은 필연적으로 전통적인 생활양식과 가치체계와의 갈등을 일으키게 된다. 결국 이러한 갈등의 야기를 사전에 충분히 고려함으로써 사람들로 하여금 변화의 대가를 될 수 있는 대로 적게 치르고 변혁을 위한 사업의 진행과 동시에 그 충격을 적게 하여 새로운 환경에 효과적으로 적응할 수 있는 방안을 모색해야 하는 것이다. 그것은 주민에게 발전계획을 충분히 인식시킴과 동시에 기존의 문화요소 가운데에서 취사선택을 현명히 하는 작업을 필요로 한다. 이 점은 발전사업을 수행하는 사람들이 깊이 인식해야 할 점이다. 어떻게 하면 기존의 문화체계를 될 수 있는 한 보존하면서 그 안에서 정치, 경제, 기술, 물질 등의 변화를 이룩할 수 있는가를 연구해야 할 것이다.

## 4) 농촌발전과 문화

제3세계의 정부들이 농촌변화를 계획할 때 취하는 두 가지 기본적인 입장은, 첫째 농민사회의 기존체계 내에서 농업발전을 도모하는 것이다. 여기서는 생산성과 농민의 생산조직의 개선에 중점을 둔다. 그리고 둘째는, 농업경제와 사회조직의 새로운 형태를 이룩하려는 것으로서 기존체계의 작용범위, 생산기술, 사회와 법적인 구조를 변형시키려고 한다. 새로운 토지소유체제 실시, 새로운 주거지역 건설, 농장시설의 추진 등이 이에 속한다. 이 두 접근방법은 사실 상호 배타적이 아니며 많은 사회에서 두 가지 방법을 동시에 적용한다.

계획적 발전의 주된 영역 가운데 하나는 농업생산의 수준을 높이는 문제이다. 네팔의 경우 초빙된 외국의 농업 전문가들이 네팔에서 재배되는 재래종에 비하여 두 배의 생산량을 갖는 일본품종의 벼를 소개하였다. 농부들은 농업생산량을 증대시키는 일에 적극적인 반응을 보였으나 이 일본품종은 거부하게 되었다. 왜냐하면 비록 곡식 낟알은 두 배로 많이 산출되더라도 그 품종은 키가 작아서 가축의 여물로 소용되는 짚이 아주 적게 나오기 때문이었다. 더욱이 낟알이 촘촘히 붙어 있어서 특별히 고안된 새로운 탈곡기가 필요하였다. 따라서 새 품종을 도입하려면 가축사용 대신 농기계를 사용해야 하며, 재래식 탈곡기 대신 그 품종만을 위하여 새로 개발된 탈곡기를 구입해야 하는 경제적 문제가 해결되어야 했던 것이다.

새로운 영농기술이나 품종의 도입에는 여러 요소가 복합적으로 작용한다. 우선 그것들이 어느 정도 효과적이며 바람직한지가 뚜렷하고 즉각적으로 증명되어야 한다. 일반적으로 토지개량사업보다는 품종개량사업이 농민에게는 선호되는데, 그 이유는 후자가 보다 더 즉각적으로 그 효력이 증명되기 때문이다. 그러나 새로운 것이 일단 긍정적으로 증명되었다 하더라도 그것이 곧 적극적으로 수용되는 것은 아니다. 그것은 새로운 작물재배나 품종개량이 어느 정도로 경제적 안정성을 보장하느냐에 대한 판단에 달려 있기 때문이다.

즉 농산물가격의 변동이 심하고 또한 예측하기 어려운 경제구조 속에서는 사람들은 불확실성에 대한 모험보다는 수익이 적어도 예측되고 안정된 쪽을 택하기 때문에 재래품종이나 재래식 영농방법에 머물게 되는 것이다. 이는 제3세계 농촌에서 보편적인 현상이다.

포스터(G. Foster 1967)는 『친춘찬(Tzintzuntzan)』이라는 저서에서 멕시코 농민의 이러한 보수적 태도를 '한정된 혜택의 관념(image of limited good)'의 탓으로 해석한다. 즉 농민들은 그들의 사회적 단위가 일정한 생산환경의 테두리 안에 있으며 이로부터 얻는 물질적 혜택의 양은 일정하다고 믿는다는 것이다. 이러한 관념에서는 어느 한 개인의 경제적 부의 축적은 다른 사람에게 돌아갈 몫 가운데서 그만큼 자기가 더 많이 차지한 증거로서 파악된다. 그러므로 사람들은 경제적으로나 사회적 지위나 심지어 자녀를 많이 둔 집에 대해서 일종의 반감과 의심까지 갖게 된다. 부유한 사람은 가난한 사람에게 윤리적 책임감을 갖도록 요구되며, 누구든지 이웃보다 월등히 뛰어난 것을 스스로 자제함으로써 새로운 영농기술의 채택이나 기업가적인 시도를 과감히 하려는 욕구를 억제하게 된다는 해석이다.

그러나 이는 농민이 처한 불리하고 불안정한 조건에서 농민 자신이 취한 합리적 적응책일 수도 있다. 또한 농촌의 개혁사업에 대한 정부의 시책과 농민의 판단은 서로 다를 때가 많다. 무엇이 더 우선적으로 개혁되어야 하고 무엇을 변화시킬 수 있으며 어떤 점은 그대로 보존해야 하는지는 해당 농촌의 문화적 배경 속에서 판단되어져야 한다. 그것을 정부에서 획일적으로 요구하거나 제시할 수는 없는 것이다.

따라서 농촌개발사업에 관여하는 행정관리는 발전이나 개선의 우선권이 농민 자신들에 의해서는 어느 부문에 주어지고 있는지를 잘 파악해야 한다. 또한 농업의 기계화에만 주력할 때 농촌경제에 미치는 긍정적 영향과 부정적 결과에 대한 고려를 해야 한다(오명석 1983). 한편으로 농민의 여가생활을 비생산적이고 나태함의 표본으로 매도한 결과, 농촌에는 고된 농사일로부터 정신적으로나 육체적으로 휴식을 취할 마땅한 기제를 포기하도록 강요하게 된 경우도 있다. 그리하여 미신타파운동을 통하여 오늘날 동제나 많은 전승민속놀이를 없앴으며 그 결과로 농촌은 옛 정취가 없으며 사람들은 통합된 세계의 의미를 잃고 개인주의적 성향이 강한 개개인이 모여 사는 곳이 되기도 했다. 즉 문화의 상실을 겪는 것이다.

농촌의 개발에는 문화의 의미를 올바로 파악함으로써 그 정책수행이 보다 효율적이 될 것이다. 동시에 개발이란 명목으로 실천되는 변화가 사람들의 삶의 의미와 질을 평가하고 즐기는 그들 고유의 문화적 장치가 훼손되어서는 안 될 것이다. 농촌의 변화를 계획함에 있어서는 그 대상인 농민사회에 독특한 인간관계의 유형과 성격, 시장과 놀이의 사회적·경제적 의미와 기능, 농민의 심리상태와 행동유형을 그것이 형성하게 된 사회문화적 맥락 속에서 파악해야 한다. 새로운 변화는 이러한 기존의 사회문화적 장치를 보존하든가 같은 기능을 가진 다른 형태의 것으로 대치하면서 병행적으로 시도되어야 한다.

신품종의 도입뿐만 아니라 새로운 비료의 사용, 유실수나 특정수림의 조성, 약초채취 등은 종종 토질과 생태계의 변질을 가져온다. 식물군의 변화는 그것에 서식하는 곤충과 동물군의 분포와 성격을 변화시키고 이에 따라 사람들도 식생활, 질병, 노동력 동원형태, 자원의 분배에 따른 사회적 관계의 성격 등에 있어서 심각한 변화를 겪게 된다. 경제학자나 농업기술자 등은 각기 자기 전문분야에 관해서만 개혁안을 내놓기 때문에 전체적으로 볼 때는 앞서 말한 대로 전혀 예상치 못했던 부작용과 문제점이 야기되는 일이 흔하다. 인류학자는 총체적 접근시각을 통하여 이를 사전에 예방하고 수습하는 데 기여하게 된다.

제3세계의 농업개발정책은 환금작물 재배와 농업의 상품화를 촉진시킨다. 이것은 한편으로 생계유지의 수단으로서의 농업과, 생계유지 수준에만 머물러 온 농업으로부터 현금수입을 위한 기업으로의 변화를 촉진하는 것이다. 그러나 동시에 환금작물은 외부시장경제의 의존도를 높이게 된다. 그리하여 외부 경제구조에 의하여 농산물가격이 결정되며 이는 종종 농민에게 불리한 입장을 가져다준다(김준희 1984). 특히 산업화와 공업화를 우선적인 발전목표로 설정하고 있는 후발국에서는 농업은 자칫 외부시장에 종속되게 만들기 쉽다. 더욱이 세계체제의 관점에서 볼 때 자본적으로 강대국 등의 수요와 공급전략에 의하여 후발국의 영세민들의 수익이 직접적으로 영향을 받게 되어, 또 다른 형태의 신식민지적 경제구조가 형성될 위험이 있게 된다.

## 3. 보건·의료 문제와 인류학

현실적 의미에서 건강과 질병은 인간집단이 환경에 적응하기 위하여 생물학적이고 문화적인 자원을 어떻게 효과적으로 결합시키는가를 측정하는 척도가 된다. 건강과 질병이 생물학적 요소뿐만 아니라 문화적인 요소와 연관되어 있다는 사실은 의학과 인류학의 결합을 촉진시킨다. 비록 현대의학이 원천적으로 생물학적인 면을 지향한다고 하더라도, 건강과 위생의 사회적·문화적·심리적 측면에 대한 관심은 역사적으로나 현실적인 일상생활에서 매우 중요하다. 오늘날 항생제나 백신의 발명으로 바이러스와 세균에 의한 질병의 치료는 성공했으나 경제, 사회, 정치와 문화적 요소에 의하여 발생하는 질환은 새로운 치료법을 요구한다. 그것은 단순히 약물투여나 격리보호시설을 통해서 치료되는 것은 아니며, 특수한 사회적 상황과 문화적 배경의 급격한 변화가 정신적으로 미치는 영향과 생활양식의 변화로 인한 신체적 조건의 변화라는 맥락에서 접근해야 할 것이다.

의료인류학(medical anthropology)의 요구는 또한 사람들의 질병과 죽음에 대한 태도와 관념을 사회적 맥락과 환경의 관계에서 추구할 필요성에 의해서 강조되기도 한다. 정신적으로나 신체적으로 어떤 상해에 놓여 있는 것을 질병이라 하고, 무엇을 건강하고 정상적인 상태라고 규정하는가는 문화에 따라 다르다. 더구나 질환에 대한 전통적 의료시술도 사회마다 다르다. 특히 1950년대에 세계보건기구(WHO)의 발족과 더불어 서구의 과학적 의료기술이 비서구, 단순 소규모사회의 전통적인 의료방법을 대신하게 되면서 전통의료체제에 새로운 문화변동이 미치는 영향과 갈등의 해결을 위하여 인류학과 의학의 협력은 더욱 절실하게 되었다. WHO에서도 인류학자와 사회학자 및 경제학자들로 구성된 사회경제연구 운영위원회를 새로 조직하여 효율적인 질병통제를 모색하고 있다. 또한 고생물학과 고고학의 결합은 옛날 사람들의 질병과 인구변화의 관계에 대한 새로운 조명을 해주었고 환경에 적응해 오는 과정에 대한 이해의 폭을 넓혀 주었다.

## 1) 건강·질병·죽음과 문화

어떤 사회든지 질병과 죽음은 단순히 생물학적인 차원에서 해석되고 처리되는 것이 아니다. 그것은 특정한 지식과 신앙체계, 역할, 의료행위와 조직적인 사회적 행위가 포함되는 일종의 문화현상인 것이다. 즉 질환을 분류하고 그 원인을 진단하며 치료방법을 찾아내는 과정에는 문화체계에 의한 특별한 지식이 동원되는 것이다. 뿐만 아니라 질병의 성격이나 치료방법에 대한 특별한 신앙체계가 있어서 단순히 약물과 물리치료만을 행하는 것이 아니다. 여기에는 치료를 담당하는 사람, 환자 그리고 환자와 특정관계에 있는 주위 사람들이 각각 치료를 위한 특정의 역할을 담당하게 된다. 질병을 치료하는 데는 특별한 치료과정이 있으며 이에 관련된 특별한 사회적 행위가 문화적으로 규정되어 있다. 따라서 문화에 의하여 결정되는 의료행위의 특징을 파악해야만 보다 효과적인 새로운 의약과 의료방법의 시행이 가능해지는 것이다.

한 예로 우리는 환자 앞에서는 될 수 있는 대로 조용히 할 것이 요구되지만, 아프리카의 여러 지역에서는 오히려 북과 꽹과리를 치며 격렬한 춤과 노래를 하고 때로는 환자 자신이 그러한 행위에 참여하도록 권장되기도 한다.

또한 서양에서 죽음이 임박한 중환자는 병원으로 옮겨 가지만, 우리나라를 포함한 여러 사회에서는 오히려 죽음이 임박하면 입원해 있다가도 집으로 데려왔다. 집이 병원에 비하여 비위생적이며 병을 더욱 악화시킬 가능성이 더 많다고 아무리 설득해도 소용이 없다. 이는 한국인의 관념에는 집 '안'에서 죽는 것이 좋은 죽음으로 분류됐기 때문이다. 자기의 영역 바깥에서 죽는 것이 객사, 횡사, 비명횡사로 되어 나쁜 죽음이며 나쁜 죽음은 그 영혼이 정상적으로 사후세계에 가지 못하고 이승에 남아서 방황하며 살아 있는 친족을 괴롭힌다는 믿음이 있었기 때문이다. 그러므로 이러한 객사인 경우에는 진오귀굿과 같은 특별의례를 통하여 사자의 원혼을 달래고 정상적인 상태로 바꾸는 작업이 필요했던 것이다. 이와 같이 친족관념, 사후의 내세와 현세와의 관계에 대한 신앙체계 등에 대한 이해가 없이는 한국인의 죽음에 대한 독특한 처리를 이해할 수 없는 것이며, 이러한 문화적 이해가 결여되면 병원이용이나 의사에 의한 치료의 수용도 우여곡절을 겪게 된다.

## 2) 진단과 문화

무엇을 병이라고 하며 어떤 병을 보다 경계하고 어떤 것은 별것 아닌 것으로 여기는지는 사회마다 그 기준이 일치하는 것은 아니다. 그러나 사회마다 질서와 정상적 상태에 대한 관념에 있어서 이에 어긋나는 징후를 일단 병으로 간주하는 것은 일반적이다.

멕시코 농촌지역에 관한 조사보고서에 의하면 멕시코인들은 자연적 상태를 평형상태(equilibrium) 또는 정상적인 상태로 간주하고, 이에 어긋나는 신체적 상태를 병으로 간주한다. 따라서 이에 대한 치료는 그 반대의 요소를 강화함으로써 균형을 되찾는 논리를 적용한다. 즉 너무 열이 나거나 몸이 차가운 것은 둘 다 한쪽에 치우친 상태의 징후로서, 열이 날 때는 차가운 음식을 먹거나 차가운 상태를 투여함으로써 균형을 이루고, 차가울 때는 열을 촉진시킴으로써 균형, 즉 정상상태를 만드는 원리인 것이다.

이러한 진단과 치료에는 특별히 치료의 기술을 가진 사람이 있어서 그의 지시에 의한 의례와 실질적 치료가 행해진다. 그런데 뜨거운 것과 차가운 것은 실지의 온도에 의한 음식물의 상태가 아니라, 뜨거운 것과 차가운 것의 상징적 분류에 의한 음식, 약초 등을 말한다. 따라서 현대 의약품도 이러한 평형상태로의 환원을 위한 그들의 관념의 틀에 의하여 선택되는 것이며, 그들이 약물효과를 얻기 위해 사용하는 원료와 약초에 대한 지식과 그것들의 처리방법에 대한 지식이 필요하다. 이러한 원리는 젖은 것과 마른 것에 대한 문화적 구분에도 적용된다.

이러한 원리는 민간 의료, 전통 의료, 즉 서양 의료가 아닌 동양 의료 또는 한의학에서도 잘 나타난다. 즉 더운 음식은 쇠고기, 돼지고기, 얼음, 줄, 땅콩, 마늘, 살구, 담배, 귤꽃 등이며, 차가운 것은 토끼고기, 암탉을 제외한 닭고기, 설탕, 맥주, 우유, 계란, 토마토, 소금, 옥수수 등이다. 한의학에서는 더욱이 같은 음식이나 약물이라도 체질을 음양에 따라 분류하며, 이에 따라 달리 작용하는 것으로 간주한다. 따라서 같은 약물이라도 문화와 상징체계에 따라 다르게 사용되는 것이다.

## 3) 질병의 분류와 치료

좋은 질병과 나쁜 질병, 혹은 중대한 관심거리가 되는 질병과 그렇지 않은 질병의 분류는 어느 사회에든지 있다. 더구나 어떤 특정의 질병은 오히려 사회적 명성을 얻는 데 도움이 되는가 하면 어떤 질병은 집안의 명예를 더럽히는 것도 있다. 이는 모두 질병에 대한 문화적 개념에 기인한 것이다. 또한 병이 발생했다는 사실은 병자에게 특별한 대우를 해주는 것이 따르기 때문에 사람들은 질병 자체를 사회적으로나 정치적으로 이용하기도 한다. 한국사회에서는 대체로 와병 중이라면 별다른 조건 없이 관대한 대우를 받는다. 마을의 공동작업에서도 노동력 부담을 면제받으며 책임진 일을 수행하지 못하거나 약속을 어겨도 용인된다. 정적관계에 있더라도 와병 중인 상대방을 공격하는 것은 삼가며, 오히려 문병을 하는 것이 예의이다. 따라서 정치적으로 곤란한 입장을 모면하려 할 때 병을 빙자하여 명예의 손상 없이 참여를 회피할 수 있는 것이다. 이와 함께 질병은 정상적인 것과 비정상적인 것으로 분류되기로 한다. 이는 다시 말하자면 자연적인 원인에 의해 발생된 것이라고 판단되는 것과 초자연적인 원인에 의한 것으로의 분류이기도 하다.

앞에서 언급한 멕시코의 경우 더운 것과 찬 것의 균형이 음식물의 잘못된 섭취로 인하여 깨어짐으로써 생기는 증세는 자연적인 질병으로 진단되며, 약물과 다른 치료법에 의하여 처리가 된다. 일상생활에서 음식섭취, 너무 더운 야외에서 오래 태양을 쪼이거나, 과격한 심리상태에 처한 결과로서 일어나는 이상증세는 이 범주에 속한다. 초자연적 원인에 의한 질병은 이보다 훨씬 중시되고 특별한 의례를 수반하는 치료가 실시된다. 이는 악령이나 또는 환자 및 그와 특별히 관계된 사람들의 잘못에 대한 신의 응징으로 설명되어 정화의례나 감응술을 이용한 의례가 베풀어진다. 또한 잔데족의 경우 비록 일상생활에서 일어나는 자연적인 질병도 경우에 따라서는 특별해석의 대상이 되기도 한다. 즉 어떤 음식을 먹은 경우 왜 하필이면 그것만을 먹었거나 그 순간에 병이 생겼는가를 문제 삼음으로써 초자연적인 힘에 의한 병의 발생으로 설명되는 것이다. 이러한 상황은 질병에 대한 해석과 치료를 통하여 사회적 질서와 문화적 규범을 깨뜨린 자에 대한 심리적 압박과 응징을 하는 것이며 정치와 사회적 질서의 혼란을 정리하게 된다.

## 4) 질병의 치료자와 환자의 관계

의사와 환자 사이에 성립하는 관계의 성격은 의료행위를 결정하는 중요한 요인이 된다. 치료를 담당하는 사람은 일정한 교육과 훈련을 받은 직업적인 서양식 의사와 재래의 토착적인 민간요법 의사 그리고 주술과 의례를 통한 무의로 나누어진다.

일상생활에서 얻는 상처, 부상, 병에 대하여 사람들은 일차적으로는 노인이나 이웃의 경험으로 얻은 지식과 민간에 전승되는 요법을 사용한다. 그래도 낫지 않을 때는 의사를 찾게 되는데 이때 사람들은 전통적인 의료시술자나 무의에 의존하는 것을 외래방식의 시술자인 소위 양의에게 진료 받는 것보다 편안함과 신뢰를 느낄 수가 있다. 이는 병의 명칭, 증세에 대한 설명에 사용되는 용어와 개념이 문화에 의해 결정되어 있으므로 전통적인 의료시술자와 환자는 동일한 문화의 틀 속에서 상호이해가 쉽게 이루어지기 때문이다. 반면에 서구식 의사는 그 사용하는 용어와 설명기제가 생소하며 약과 처치시설, 기구, 방법 등이 다르므로 쉽게 익숙해지기가 어렵다. 물론 일단의 경험을 통하여 외래의 의료방법이 재래식 못지않거나 더 낫다는 것이 입증되면서 서구식 병원을 선호해 가는 경향이 있는 것도 사실이다. 그리하여 굳이 병원에 가지 않아도 치료 가능한데 병원에 가려고 하며, 병원의 명칭에 따라 출입하는 사람의 사회적 지위까지도 영향을 받는다. 신생국에서 임산부가 집에서 전통적인 방법에 의하여 출산하는 대신에 병원에서 분만하기를 선호하는 것은 보건위생관념의 변화에도 원인이 있지만 임산부의 사회적 지위의 과시와 확인의 기제로서 선택되는 경우도 많다.

한편으로 사람들은 병원보다 무의(巫醫, medicine man)에 의존하려는 성향도 갖는데 이는 병이란 초자연적 원인에도 기인한다는 믿음 때문이다. 민간요법이나 무의에의 의존은 그것이 과학적 용어로 설명될 수 없더라도 효력이 있는 한, 사람들은 그것을 선호한다. 왜냐하면 그것이 시간과 치료비용을 아낄 수 있는, 보다 경제적이며 의사나 병원을 찾아 멀리 가야 하는 번거로움이나 의사를 만날 때 겪는 절차상의 까다로움에 시간과 정신을 소비하지 않아도 되기 때문이다. 따라서 의사에 의한 처방전에 의하지 않는 약물사용에 대한 경고나 병원이용의 촉구를 설득할 경우에는 의료체제의 확대와 개선이 병행되어야 한다.

병을 고치는 사람은 단순히 신체적 질환을 고치는 역할만 하지는 않는다. 병의 원인과 성격을 해석함에 있어서 환자와 그의 친족의 사회적 행위를 평가한다. 따라서 동일한 신체적 증세라 할지라도 특정인에 대한 발생과정을 사회적 맥락에서 살펴봄으로써 그 증세의 성격과 의미는 달리 해석되는 것이다. 그리하여 질병이 사회질서나 문화적 규범을 깨뜨린 사람에게 대한 징벌과 경고로 해석되거나 또는 어떤 특정인의 특수한 능력과 지위에 대한 정당성 부여의 증거로 여겨짐으로써 질병은 그 사회의 문화적 통합을 이루는 데에 기여한다. 환자는 자신의 질병이 그러한 문화체계 내에서 해석되고 용인되는 것으로 설명되어질 때에 비로소 안도감과 신뢰를 갖게 된다. 이러한 현상은 단순하고 미개한 사회뿐만 아니라 우리와 같은 복잡한 현대사회에서 의사가 환자의 사회문화적 배경을 고려함으로써 약물치료 외에도 다양한 치료방법을 시도하는 것과 일맥상통한다. 인류학자는 민간의료방법이 심리적 기능을 할 뿐만 아니라 실제로 현대과학으로 설명될 수 있는 원리를 가지고 있음을 규명해 내기도 한다.


## 5) 생활양식과 풍토병

생활환경의 특징에 따른 특수한 생활양식으로 말미암아 어떤 지역이나 집단에 특정의 질병이 발생한다는 상관관계가 의료인류학자들의 주요 관심의 대상이 된다. 즉 우리가 풍토병이라고 부르는 범주에 속하는 것들이다.

화학비료가 보급되지 않고 채식을 주로 하는 지역에는 기생충의 감염이 현저하며, 고기와 생선을 날것으로 먹는 것을 좋아하는 사람들 사이에 디스토마가 성행하는 것은 좋은 예이다. 뉴기니 고원지대를 비롯한 일대의 고산원주민들 사이에 쿠루(Kuru)라고 부르는 병이 한때 널리 퍼져 있었는데, 이는 어느 시기에 갑자기 발병하여 얼굴이나 손발이 일그러지며 기억력이 감퇴되고 노화현상이 일어나고 얼마 안 가서 생명까지 잃어버리게 된다. 인류학자와 의학자의 오랜 조사 연구 결과 이러한 증상은 원숭이, 산돼지 등의 짐승의 뇌를 날것으로 즐겨 먹거나 식인의 풍습을 가진 부족에게서 보편적으로 발생한다는 사실을 발견하였다. 이러한 현상의 개선을 보건위생에 대한 의학 및 과학적 지식의 보급과 환경개선을 위한 노력만으로는 쉽게 이루어지지 않는다. 그러한 생활양식을 지속시키는 문화요소, 죽은 친족의 살과 뇌를 먹는 의례가 포함된 신앙체계, 그러한 음식과 생활이 지니는 사회적 의미 등에 대한 인식과 그것을 바꾸는 작업이 병행되어야 한다.

이와는 또 다른 차원에서 생활양식의 변화로 인한 새로운 질병의 발생이나 증가를 볼 수가 있다. 식생활의 변화는 그 좋은 예가 될 것이다. 채식 위주에서 고기류의 음식섭취가 점차 증대됨에 따라, 콜레스테롤이나 단백질의 과도한 섭취로 인한 동맥경화증, 당뇨병, 간염 등의 급격한 증가가 그것이며, 냉·난방시설, 오랫동안의 의자 생활, 운전, 공해 등으로 인한 도시병, 성인병, 직업병의 발생이 그것이다. 공장 폐수로 인한 수질오염은 이타이이타이병이나 여러 위험한 산업질환을 일으키며, 농촌에서는 비닐하우스 재배자가 소위 '하우스병'이라는 신종 질환에 걸리기도 한다. 이러한 것은 새로운 기술의 도입에 부수되는 부작용에 대한 사전의 종합적 고찰을 통하여 예방하거나 최소의 희생에서 그치게 할 수 있는 것이다.


## 4. 도시문제와 인류학

오늘날 도시화는 특히 제3세계 여러 나라에서 심각한 문제를 야기하고 있다. 그것은 도시와 농촌의 격심한 차이를 낳는 동시에 도시의 급격한 팽창이 농촌의 황폐화를 대가로 지불하기 때문이다. 제3세계 나라에서는 산업부문이 도시에 집중되고 이에 따른 신흥도시가 생겨나므로 도시와 농촌의 차이는 산업부문과 농업부문의 심각한 불균형으로 나타난다. 또한 이농현상과 더불어 급격한 도시인구의 증가는 사회경제적 문제뿐만 아니라 환경, 복지, 위생, 문화에 걸쳐 혼란과 괴리를 낳아 지역 혹은 계층 간의 이질화를 초래하여 정치적 문제로까지 번지는 일도 있다.

## 1) 도시인류학의 시각

도시문제를 다루기 위해서 흔히 행정가, 경제학자, 사회학자 등이 동원되지만 인류학자의 개입을 특히 필요로 하는 이유는, 인류학자는 또 다른 시각에서 문제에 접근하며, 문제의 진단과 해결책을 구하는 데에도 독특한 방법을 사용하기 때문이다.

첫째, 인류학자는 도시문제를 다루는 다른 분야의 전문가들에게 문화와 사회의 요소가 각기 별개로 분리되어 존재하는 것이 아니라 상호관련되어 하나의 체계를 이루고 있다는 시각을 제공해 준다. 만약 도시문제를 어느 한 측면, 즉 경제적인 면, 위생환경의 면, 혹은 범죄문제라는 측면에서만 보고 그에 따른 사회심리적 해석만 한다면 큰 오류인 것이다.

둘째, 인류학에서는 종족성(種族性, ethnicity)에 대한 개념과 연구가 도시연구에 응용된다. 아프리카에는 같은 부족 출신이 도시의 한 지역에 집단거주지역을 이루며, 남미에서는 동향 출신이라는 점을 바탕으로 하여 도시로의 이주민 주거유형을 결정한다. 뿐만 아니라 같은 도시라도 부유층과 빈곤층 또는 판잣집, 무허가 주거지역과 그렇지 않은 지역의 주민 간에는 서로 상대방을 이민족 대하듯이 보고 지낸다. 그리하여 자민족중심주의나 계급중심적인 시각으로 남을 보며, 그들이 함께 동일한 도시사회의 구성요소임을 무시함으로써 사회적 통합이 위협받을 수가 있다. 지역적, 사회와 경제적 배경 또는 문화적 요소를 서로 달리하는 사람들이 모여서 사는 도시에서 사회와 문화적 통합을 위해서는 이러한 민족성의 이해와 문화상대주의적 입장이 필요하다.

셋째, 도시와 농촌은 상호 분리되어 있는 두 개의 세계가 아니라, 서로 연결되어 있다. 흔히 도시는 직업의 분화, 경제적 이해타산에 의한 인간관계 성립의 원리가 지배하며 경쟁적이고 적대감을 가지고 폐쇄적인 반면, 농촌은 사회, 경제, 문화의 분야에서 상대적으로 동질적인 사람들이 감정과 면대면의 관계를 맺고 있다고 구분한다. 그리고 농촌 사람은 도시로 이동함에 따라서 도시문화를 흡수하고 농촌문화를 잊어버린다고 한다. 이러한 이분법적 시각은 농촌이나 도시의 어느 것도 제대로 설명하지 못한다. 도시와 농촌은 비록 그 특유의 분위기와 문화적 배경이 있음에도 불구하고 상호 밀접하게 연결되어 있는 것이다. 따라서 도시와 농촌의 경제와 문화적 관계의 성격이 우선적으로 파악되어야 할 것이며, 농촌으로부터의 이주자가 도시환경에 적응하기 위하여 그들의 문화적 자원을 어떻게 이용하며, 도시의 성격에 의해서 원래의 문화가 어떻게 변하는가를 보아야 한다.

넷째, 우리는 도시라고 하면 어디든지 같은 성격인 것으로 간주하기 쉽다. 그러나 도시마다 그 성립배경, 과정, 구성인구나 산업과 문화시설, 주위세계와의 관계에서 서로 다르다. 따라서 비교학적 관점에서의 도시연구가 필요하다. 즉 식민통치를 원활히 하기 위한 식민정부의 고안에 의해 계획적으로 성장한 도시와 자연적으로 형성된 도시, 또는 상공업으로 발달한 도시와 문화 및 교육중심지로 성장한 도시, 인구구성이 단일족속 혹은 동일지역 출신의 사람들로 된 도시와 여러 부족이 혼합되어 각각 조그만 집단을 형성하여 한 부분을 점유하고 있는 도시 등으로 나눌 수 있을 것이다. 뿐만 아니라 인구성장이 도시 내의 자연증가에 의한 것인지와 이촌향도라는 사회적 요인에 의한 증가인지에 따라서도 다르다. 도시의 이러한 특성에 따라 사람들의 적응기제로서의 사회유형은 다양해진다. 이에 대한 적절한 파악에 의하여 도시문제를 효과적으로 해결할 방안이 마련될 것이다. 또한 주거환경, 생활유형의 변화에 따른 전통적 문화의 기능과 의미도 달라진다.

## 2) 도시화와 이주문제

사람들이 공해와 야박한 인심, 조밀한 인구밀도와 주택난 등 많은 부정적 요소에도 불구하고 도시로 이주하는 이유는, 도시생활이 농촌생활보다 더 유리한 조건을 제공해 준다는 것과 농촌생활의 어려움으로부터 벗어나려는 욕구에 의한 것의 두 측면으로 나누어진다. 전자를 흡인(pull)요인이라고 하고 후자를 배출(push)요인이라 한다(Butterworth and Chance 1981).

그런데 대부분의 경우 도시로의 이주자는 전 가족 이주가 아니므로 남자가 여자보다 훨씬 많아져서 결과적으로 도시건 농촌이건 남녀 인구비율의 불균형이 초래된다. 도시는 남자인구가 더 많음으로써 여성의 사회적 진출이 어려워지며, 여성노동자의 임금은 상대적으로 낮아지게 된다. 농촌에서는 농업 노동력의 감소로 말미암아 여성의 농업노동화가 이루어지고, 그러므로 여성은 많은 새로운 역할을 담당해야 하므로 자녀양육에도 불성실해진다. 대도시의 인구성장은 도시 내부에서의 자연증가가 아니라 외부로부터 끊임없이 들어오는 유입인구의 증가에 의한 것이다. 그리하여 주거환경, 공해, 교통, 취업사정의 악화는 더욱 심각해진다.

대부분의 나라에서 농촌인구의 도시집중은 도시화의 결과에 있다. 즉 도시와 농촌 간의 경제적·문화적 격차에 기인하는 것이다. 도시에서의 흡인요인으로 들 수 있는 것은, 첫째로 높은 수익성이다. 즉 농업에 전문숙련자로서 종사하는 것보다 도시에서 비숙련노동에 종사하는 것이 훨씬 현금수익이 높다는 것이다. 둘째, 교육의 기회가 많고 다양하며 이와 연결되어 사무직의 획득기회가 보다 많이 주어진다. 셋째, 도시생활이 제공하는 문화적 혜택이다. 그리고 넷째는 의료혜택을 비롯한 각종 사회복지제도의 혜택을 보다 쉽게 얻을 수 있는 것이다.

이와 관련하여 농촌에서의 배출요인은, 첫째 토지가 한정되어 있고 농업을 통하여 토지소유량을 늘릴 기회가 아주 적거나 없다는 사실을 들 수 있다. 둘째, 가뭄과 홍수 등 자연재해와 토질의 황폐화로 인한 농업생산력의 감소가 농민생활과 생계를 항상 위협하고 있다. 셋째, 전기, 수도, 교통, 시장, 금융, 교육, 의료 등 제반문제에 있어서 농촌은 극히 낙후되거나 결핍되어 있는 상태이다. 그리고 경우에 따라서는 치안 및 행정력이 미치지 못하여 농민들이 상대적으로 약탈당하거나 부당한 착취의 대상이 되는 것이다.

더욱이 오늘날 많은 제3세계 국가에서 도시화와 산업화가 농촌경제의 착취를 바탕으로 하여 이루어지는 것이 많다(Castells 1977). 모든 산업, 문화, 의료, 교육시설이 도시에 집중되어 있으며, 높은 공산품가격과 저곡가정책 등으로 도시와 농촌의 관계는 단순한 빈부격차가 아니라 새로운 형태의 착취·피착취 관계에 놓이게 된다. 비록 농촌인구가 도시의 산업부문에 취업함으로써 도시부문의 발전은 실업률 감소에 기여한다 하더라도 이들에 대한 저임금, 산업재해 등을 비롯한 보상제도의 미비 등은 결국 산업발전에 필요한 비용을 농촌에서 부담하도록 유도하는 것이다. 이러한 현상은 토착자본의 축적이 마련되지 않은 저개발국의 발전 과정상 필요악이며 과정상의 한 현상일 뿐이라는 견해도 있지만, 문제는 그 결과 농촌은 더욱 경제적으로 불리해지고 문화적으로 고립된다는 사실이다. 이는 농촌거주자로 하여금 상대적 박탈감에 젖으며 좌절과 열등의식을 갖게 만든다. 뿐만 아니라 농민들의 불만과 미래에 대한 절망감의 심화는 결국 사회의 소요와 불안의 요소로 구체화될 위험도 있다. 그러므로 도시와 농촌을 별개의 것으로 나누어 살피는 태도를 지양하고, 하나의 사회를 구성하는 상호불가분의 관계에 있는 두 하위 부분으로 보아야 한다.

## 3) 도시의 적응전략

높은 교육배경과 지식, 기술, 자본을 가진 사람이 도시에 정착하는 것은 별문제가 없다. 그러나 이농하여 도시로 이주해 오는 대부분의 농민들은 모든 면에서 도시에 대해 즉각 적응할 만한 수준의 자원을 갖추지 못한 채로 온다. 그렇다고 이들이 새로운 도시환경에 급속히 수용되는 것도 아니다. 따라서 이들은 도시에 와서도 친족조직, 동향관계 등을 이용하고 농촌문화를 그대로 가지고 와서 살게 된다. 따라서 도시인류학자는 촌락사회와 도시인의 관계의 성격을 파악해야 하며, 도시라는 틀 속에 농촌문화유형이 어떤 변화를 일으키는가를 분석해야 한다.

이농에서 시작하여 도시정착에 이르는 일반적인 과정은 다음과 같다. 이주자는 대부분 값싼 셋방이나 기타 주거지를 구할 수 있는 도시 변두리로 들어온다. 거기서 그들은 대개 동향인이나 친척 혹은 특별연고를 가진 사람들과 함께 모이게 된다. 대부분의 이주자들은 교육수준이 낮으므로 거의 저임금 단순노동직에 종사하게 된다. 도시생활의 복합성이 그들을 위협하고 불안하게 하고 또한 이미 기존의 사회질서 속에서 기만을 닦은 도시인들로부터 멸시와 냉대를 받기 때문에 이들은 자기들 나름대로 편안하고 익숙한 생활유형을 누릴 수 있는 사회조직을 만들어 낸다. 즉 촌락생활을 닮은 이웃관계를 형성한다. 여기서 두 종류의 과정이 작용한다. 첫째는 이들 이주자들이 점진적으로 도시생활양식과 세계관을 받아들여서 마침내 도시인으로 통합되는 것이고, 둘째는 역설적으로 그들이 심리적으로 편안하게 살기 위하여 촌락생활양식을 재창조함으로써 도시의 한 부분에 촌락사회화를 이루는 것이다. 이러한 현상은 비단 저개발국가나 제3세계의 국가뿐만 아니라 선진국에서도 보인다. 미국에는 도시의 여러 부분들이 각각 특정민족의 집합체로 되어 있다. 코리아타운, 차이나타운, 흑인지역, 푸에르토리코인의 집단거주 지역 등이 그것이다.

종종 도시재개발사업은 이러한 서로 다른 종족들의 이웃관계(ethnic neighbourhood)로 이루어진 거주집단이 지금까지 사회적으로 적응하기 위하여 형성한 그들의 하위문화를 무시한 채 거대한 주택단지 건설을 통하여 깨뜨려 버리는 경우도 있다. 뉴욕시에서 행한 이 작업이 좋은 예가 될 수 있을 것이다. 즉 도시계획 행정가들은 여러 민족집단이 각각 하위집단을 이루고 사는 빈민지역에 하나의 거대한 주택단지를 재개발함으로써 기존의 사회체계를 파괴시켜 버렸다. 그 결과 개인 또는 각각의 민족집단의 특성을 유지할 기제가 상실되고, 상호불신과 냉담 그리고 폭력과 집단파괴 행동들이 발생하게 되었던 것이다. 동일민족으로 구성된 도시에서도 이 재개발이라는 명목하에 실시되는 사업은 사회문화적으로 심각한 문제를 야기한다. 뿐만 아니라 이러한 사업이 주로 도시빈민지역에 행해짐으로써 주거문제, 보상문제에 대한 이해관계의 충돌은 법적인 문제와 인권의 문제까지 관련되어 심각한 사회적 갈등이 초래된다.

## 4) 도시빈곤문제

도시문제 가운데 가장 중요한 것의 하나는 빈곤해결의 방안이다. 무엇이 빈곤을 낳으며 지속하게 하는지 사회병리학적 측면에서의 탐구가 그것인바 루이스(Oscar Lewis 1966)는 멕시코와 푸에르토리코의 빈민지역에 대한 조사 연구를 통하여 빈곤계층의 사람들에게서 공통적으로 발견되는 생활태도와 관념을 '빈곤의 문화(culture of poverty)'라는 용어로써 규정짓고, 이러한 빈곤의 문화에 의해서 빈곤은 끊임없이 지속된다고 암시하고 있다. 그에 의하면 빈곤계층 혹은 집단은 그 사회의 지배계층 또는 중심 부분으로부터 소외되어 있거나 극히 미약하게 결합되어 있어서 그들의 사회경제적 생활과 심리적 적응조건 등은 결국 소외와 박탈에 의해 형성된다. 그들은 사회적으로 불안정한 결혼생활과 가족의 결속력 약화, 주거공간의 협소와 밀집으로 인한 사생활권의 결여, 남녀역할의 무분별, 유년시절의 단축과, 어린이도 일찍부터 성인의 세계에 눈을 뜨고 그것에 참여하며, 소비지향성, 과시욕, 현실 위주의 가치관, 미래에 대한 불투명하거나 부정적 태도, 외부세계에 대한 무관심 또는 배타적 태도들을 지니며 주변성, 도와주는 사람이 없다는 사실에 대한 느낌, 의뢰심, 열등감 등으로 가득 차 있다는 것이다. 정책가나 행정가들은 이를 바탕으로 하여 빈민들에게 저축, 검소, 장래에 대한 낙관, 주위세계에 대한 통합의지 등을 고무시킴으로써 그들 스스로 빈곤을 극복하도록 유도한다.

그러나 이러한 빈민계층에 대한 해석은 그 후 많은 다른 인류학자들의 연구에 의하여 비판을 받았다. 즉 빈곤문화의 해석은 빈민계층이 아니라 사회의 지배계층의 문화를 척도로 하여 평가한 일종의 계급중심적 시각에서 행한 해석인 것이다. 이는 빈곤의 발생이나 지속의 책임을 일단 문화에 돌리며, 따라서 그러한 문화를 지니고 있는 빈민들에게 책임을 돌리는 결과가 된다. 비록 검소, 근면, 저축 등이 빈곤극복의 필요조건이긴 하지만 그것이 충분조건이 되지는 못한다. 빈곤은 문화에 의해서가 아니라 사회경제적 구조에서 그 근본 원인을 찾아야 할 것이다. 빈곤문화는 빈곤을 낳는 구조의 결과인 것이다 (Valentine C. 1968). 또한 빈민계층의 문화는 실제로 보는 각도에 따라 해석이 달라질 수도 있다. 그들의 생활모습은 오히려 외부세계에 대한 높은 관심, 중심부분의 문화에 대한 통합열망, 상호관심과 협력, 공동체의식, 강인한 삶의 의지와 노력 등으로 해석된다. 따라서 그들 특유의 문화는 빈곤 속에서 택한 하나의 삶의 전략이며 그것에 의하여 빈곤이 재생산되는 것은 아니라는 견해이다. 이러한 해석상의 차이는 하위문화 연구와 해석에 있어서 주의해야 할 점이 무엇인지를 잘 보여준다. 문제는 빈민계층의 생활실태와 문화를 정확히 파악하며, 그들의 내적인 사회조직과 성격에 대한 이해를 바탕으로 정책을 세우고 수행해 나가야 할 것이다(김은실 1983).

도시문제에 관하여서 급진주의적 시각이 점차 많이 대두되었다. 도시빈곤 계층과 범죄의 존재는 정치와 경제제도의 모순과 계급 간의 차별주의에 기인한다고 지적하는 견해가 그것이다. 이러한 시각에서 보면 도시재개발사업, 직업훈련, 의식개혁운동, 기타 사회의 주류에 빈곤계층의 사람들을 합류시키기 위한 여러 구제책에 의한 문제해결은 일시적이고 부분적인 성공에 지나지 않는다. 특히 제3세계에서의 이러한 개발사업은 세계체제라는 시각에서 볼 때 다만 소수의 새로운 엘리트집단을 창출해 내고, 압박과 착취의 계급관계를 더욱 심화, 확대할 뿐이라는 것이다. 즉 비록 도시 빈민이나 농민들이 다국적기업에 흡수됨으로써 국내산업의 육성에 기여하는 산업역군으로 부각될지 모르지만 궁극적으로는 이러한 다국적 혹은 외국기업은 제3세계의 경제를 착취하고 종속시킨다는 것이다. 보다 거시적으로 볼 때 이러한 구제책이란 많은 단순 비숙련노동자들을 산업예비군으로 만들며 이들의 존재로 거대한 자본국가의 노동자는 풍족한 경제적 조건을 누린다는 것이다.

이러한 문제를 파악하는 데는 총체적 관점과 비교학적 방법이 가장 효과적이나, 이는 사회학이나 경제학 등 다른 분야에서도 사용할 수 있다. 그러나 인류학자는 이러한 시각과 방법을 다른 분야의 전문가보다 잘 이용한다. 왜냐하면 심층면담, 참여관찰, 전체 문화적 맥락에서 모든 요소를 연관지어 파악하는 훈련이 돼 있기 때문이다. 동시에 인류학자는 다른 분야 연구자들이 공식적 조사방법으로는 파악하지 못하는 비공식·비형식적 부문에 대한 조사도 한다. 사실 도시의 많은 부문은 비형식적인 것이 많다. 이를 연구하는 데는 전통적인 촌락조사방법으로는 충분하지 못하다. 그리하여 연결망 분석(network analysis), 상황분석(situational analysis) 등이 계발되며, 해석의 차원에서는 주변부(marginality)이론, 공식·비공식부문(formal-informal sector)의 구분, 또는 분절(segmentation)과 접합(articulation)에 대한 시각 등이 동원되기도 한다. 그러나 무엇보다도 도시생활의 민족지적 접근을 통하여 보건위생, 연구, 공해, 재개발, 주거문제 등이 어떤 연관을 맺고 있으며, 서로 다른 부문들이 어떻게 연결되는지를 구체적이고 면밀하게 파악하는 것이 중요하다.


## 5. 개발사업에 따른 인류학적 문제

오늘날 제3세계의 여러 나라들은 개발사업에 주력한다. 그중 다목적댐이나 고속도로의 건설은 보편적이다. 댐의 건설은 농업뿐만 아니라 공업의 발전에도 필수적인 것이다. 그런데 댐과 인공호수의 출현으로 기후의 변화와 토양의 변질에 따른 생태계의 변화가 초래되며, 생태계의 변화는 자연히 주위지역 사람들의 생활 형태를 바꾸게 된다. 또한 저수지 주변에 관광사업 개발이 이루어져서 외부자본과 문화의 유입으로 농업과 상업의 격차, 생활양식과 관념의 변화 등이 있게 된다.

댐 건설의 또 하나 중요한 문제는 이로 인하여 넓은 지역이 침수됨에 따라 그 지역에 살던 사람들이 새로운 거주지를 찾아 이동을 해야 한다는 사실이다. 정부의 계획하에 일정한 지역으로 집단이주를 하여 새 촌락을 이룩할 수도 있고 각자 다른 지역으로 흩어질 수도 있다. 이에는 새로운 환경과 생활터전에서 충분히 적응할 수 있을 만큼 충분한 보상과 사후 보장책이 마련되어야 한다. 사람들이 헤어지고 기존의 집단사회가 없어진다는 것은 문화가 없어진다는 뜻이며, 새로운 환경에 적응할 기제로서의 문화가 마련되지 못하면 사람들은 방황과 좌절과 상실감에 젖게 된다. 특히 영세농이었던 사람들은 소유토지를 근거로 해서 주는 보상책에 의해 거의 보상을 받지 못할 뿐 아니라 농업노동자로서의 수입원마저 잃게 된다. 따라서 집단거주지에 정착한다고 하더라도 생계수단과 생활양식은 달라진다.

고속도로 등 교통망의 건설은 지역 간의 접촉을 원활히 함으로써 문화접변의 교량 역할을 한다. 즉 인접지역은 도시로부터의 물질적인 것뿐만 아니라 유행문화의 유입이 이루어진다. 또한 많은 임야와 농지와 산림이 변형되거나 없어지므로 자연환경의 변화를 가져온다. 교통망의 발전이라는 측면에서 본다면 고속도로의 확장에 따라 지역 간의 물자이동이 원활해지고, 특히 낙후된 농촌에 근교농업의 발달을 촉진함으로써 영농구조에 변화를 가져올 수도 있다.

여기서 주의해야 할 점은 교통망의 건설로 인한 지역 간의 통합이 오히려 기존 지역사회가 일정한 거리를 두고 독자성을 유지하는 것보다 못한 결과가 초래될 가능성이다. 아마존 일대의 야노마뫼족이 겪은 불행한 희생은 이를 잘 대변해 주는 것이다. 또한 지역 간의 발전양상과 속도가 불균형해짐으로써 격차가 발생하여 국가 차원에서의 통합에 문제를 야기할 수도 있다. 특히 제3세계의 많은 나라에서는 교통망의 건설로 인하여 농촌의 개발보다 도시화의 속도가 더욱 가속화됨으로써 전기한 도시로의 이주와 농촌의 황폐화를 일으키기도 한다.

오늘날 경제성장과 물질생활의 풍요로 인하여 여가생활의 기회가 많아지고 있다. 이러한 추세에 의하여 특히 관광산업(tourism industry)이 개발되는바, 이는 응용인류학의 주요 관심거리이다. 관광이란 단순히 여가선용이 아니라 다른 지역의 역사와 문화적 전통을 찾아가는 것이기 때문에 관광객과 이들을 상대하는 관광지 주민 사이에는 서로 다른 문화가 접촉하는 것이다. 이에 따라 서로의 관념체계나 세계관 그리고 생활양식이 변하는 이른바 문화접변이 이루어진다. 뿐만 아니라 관광산업의 개발을 위해 외부로부터 끌어들여 온 자본이나, 관광객이 소비한 비용을 포함하는 외부로부터의 자본유입은 지역주민들 사이에 사회경제적 관계의 성격을 변화시키기도 하며, 숙박업, 유흥업, 교통, 상업 등의 새로운 부대산업을 계발하기도 한다. 이때 인류학자는 경제적 수익의 제고에만 의의를 두는 것이 아니라, 그 경제적 부의 궁극적 수혜자가 누구인가, 그리고 문화변동의 방향을 어떻게 유도하는 것이 보다 바람직한 것인가 하는 문제를 더 중요시한다.

## 더 읽을거리

김세건
  2008, 『베팅하는 한국사회: 강원랜드에 비낀 도박공화국의 그늘』, 파주: 지식산업사.
문옥표
  1994, 『일본의 농촌사회: 관광산업과 문화변동』, 서울: 서울대학교출판부.
문옥표·황달기·권숙인

2006, 『일본인의 여행과 관광문화』, 서울: 소화.

양한순

2007, 「부자와 순례자들: 중국 제일 부촌에서의 탈사회주의 모더니티 관광」, 『한국문화인류학』, 40(2): 3-47.

이태주

2006, 「서로 다른 발전의 길: 피지 인도인들과 원주민들 간의 종족갈등과 발전담론」, 『한국문화인류학』, 39(1): 105-123.

전경수 편역

1994, 『관광과 문화: 관광인류학의 이론과 실제』, 서울: 일신사.

황익주

2005, 「골목길과 광장 및 공원: 도시에서의 '우리 동네' 형성에 관한 인류학적 에세이」, 『건축』, 49(1): 14-133.

Bodley, John H.

1976, *Anthropology and Contemporary Human Problems* (2nd ed.), Palo Alto: Mayfield.

Brown, Peter, and Ron Barrett (eds.)

2009, *Understanding and Applying Medical Anthropology* (2nd ed.), New York: McGraw-Hill Higher Education.

Burns, Peter M.

1999, *An Introduction to Tourism and Anthropology*, London; New York: Routledge.

Ervin, Alexander M.

2000, *Applied Anthropology: Tools and Perspectives for Contemporary Practice*, Boston, Massachusetts: Allyn and Bacon.

Fadiman, Anne

1997, *The Spirit Catches You and You Fall Down: A Hmong Child, Her American Doctors, and the Collision of Two Cultures*, New York: Farrar, Straus and Giroux. (이한중 역, 『리아의 나라: 몽족 아이, 미국인 의사들 그리고 두 문화의 충돌』, 파주: 월북, 2010.)

Ferguson, James

1990, *Anti-politics Machine: "Development", Depoliticization, and Bureaucratic Bower in Lesotho*, Minneapolis: University of Minnesota Press.

Foster, George M., and Barbara Gallatin Anderson (eds.)

　1978, *Medical Anthropology*, New York: John Willy & Sons. (구본인 역, 『의료인류학』, 서울: 한울, 1994.)

　Gardner, Katy and David Lewis

　1996, *Anthropology, Development, and the Post-modern Challenge*, London; Chicago, Illinois: Pluto Press.

Gmelch, George, and Walter Zenner (eds.)

　2002, *Urban Life: Readings in Urban Anthropology* (4th ed.), Long Grove, Illinois: Waveland Press.

Long, Norman

　1978, *An Introduction to the Sociology of Rural Development*, London: Routledge and Kegan Paul. (홍동식 역. 『농촌발전의 사회학』, 서울: 법문사, 1984.)

Mair, Lucy

　1984, *Anthropology and Development*, London: Routledge and Kegan Paul.

# 참고문헌

김광억

1984, 「전통생활양식의 정치적 측면」, 『전통적 생활양식의 연구』(하), 한국정신문화
연구원, pp. 41-122.

1986, 「조상숭배와 사회조직의 원리: 한국과 중국의 비교」, 『한국문화인류학』, 18:
109-128.

1989, 「정치적 담론기제로서의 민중문화운동: 사회극으로서의 마당극」, 『한국문화인
류학』, 21(1): 53-77.

1991, 「저항문화와 무속의례: 현대 한국의 정치적 맥락」, 『한국문화인류학』, 23(1):
131-172.

1996, 「'지방'의 생산과 그 정치적 이용」, 『한국문화인류학』, 29(1): 3-35.

2000, 「양반과 상놈 그리고 토착인류학자: 한국사회의 민족지적 접근 방법론을 위하
여」, 『한국문화인류학의 이론과 실천』, 내산 한상복 교수 정년기념 논집간행 위
원회 편, 서울: 소화, pp. 157-182.

2000, 『혁명과 개혁 속의 중국 농민』, 서울: 집문당.

2002, 「국가와 사회, 그리고 문화: 가족과 종족 연구를 위한 한국인류학의 패러다임
모색」, 『한국문화인류학』, 35(2): 303-336.

김광억 외

1998, 『문화의 다학문적 접근』, 서울: 서울대학교출판부.

2005, 『종족과 민족: 그 단일과 보편의 신화를 넘어서』, 서울: 아카넷.

김성례

1990, 「무속전통의 담론 분석: 해체와 전망」, 『한국문화인류학』, 22: 211-243.

김세건

2004, 「"찌들은 몸": 사북 지역의 탄광 개발과 환경 문제」, 『비교문화연구』, 10:
147-189.

2008, 『베팅하는 한국사회: 강원랜드에 비낀 도박공화국의 그늘』, 파주: 지식산업사.

김영훈

2005, 「경계의 미학: 최승희의 삶과 근대체험」, 『비교문화연구』, 11(2): 173-206.

김은실

1984, 「한국도시빈곤의 성격에 관한 연구: 봉천동 무허가거주 지역 사례를 중심으로」, 『인류학논집』, 7: 57-105.

김은희

1995, 「문화적 관념체로서의 가족: 한국 도시 중산층을 중심으로」, 『한국문화인류학』, 27: 183-214.

김준희

1984, 「감귤재배에 따른 농촌의 경제적 변화: 제주도 위미리의 사례」, 『인류학논집』, 7: 106-151.

김진명

1984, 「성속(聖俗)의 생활을 통해 본 남녀세계의 구분: 안동군 임하면 역마을의 사례」, 『인류학논집』, 7: 152-217.

김춘동

1983, 「이농(離農)이 소농의 재생산구조에 미친 영향: 전라북도 정읍군 이평면 도계 1리의 사례」, 『인류학논집』, 6: 169-205.

남영호

2006, 「러시아 공장 작업장에서의 시간과 공간, 신체」, 『비교문화연구』, 12(1): 43-80.

문옥표

1994, 『일본의 농촌사회: 관광산업과 문화변동』, 서울: 서울대학교출판부.

2007, 「가정 제례 변용을 통해본 현대 한국인의 가족관계와 젠더」, 『한국문화인류학』, 40(2): 287-319.

문옥표·황달기·권숙인

2006, 『일본인의 여행과 관광문화』, 서울: 소화.

박계영

1983, 「무허가정착지 주민의 경제행위에 관한 일고찰」, 『인류학논집』, 6: 1-64.

박지환

2007, 「정치인류학에 대한 일 고찰: 국가연구의 중요성 확대」, 『한국문화인류학』, 40(2): 163-203.

양한순

2007, 「부자와 순례자들: 중국 제일 부촌에서의 탈사회주의 모더니티 관광」, 『한국문화인류학』, 40(2): 3-47.

양희왕

1984, 「농가 가계구조를 통해서 본 농민분해에 관한 일 연구: 신무리의 사례」, 『인류학논집』, 7: 218-257.

오명석

　1983, 「농업기계화에 따른 농민경제의 변화」, 『인류학논집』, 6: 65-120.

　2010, 「선물의 혼과 신화적 상상력: 모스 『증여론』의 재해석」, 『한국문화인류학』, 43(1): 3-46.

왕한석

　2009, 『한국의 언어민속지 1: 서편』, 파주: 교문사.

왕한석 엮음

　2010, 『한국어 한국문화 한국사회』, 파주: 교문사.

이강숙 편

　1982, 『종족음악과 문화』, 서울: 민음사.

이광규

　1992(1999), 『문화와 인성』, 서울: 일조각.

　2000, 『가족과 친족』, 서울: 일조각.

이기욱

　1984, 「도서문화의 생태적 연구: 제주도 인근 K도를 중심으로」, 『인류학논집』, 7: 1-56.

이덕성

　1976, 「한국의 정기시장에 대한 인류학적 연구」, 『인류학논집』, 2: 69-97.

이문웅

　1977, 「한국사회에 있어서 호혜(互惠)관계의 몇 가지 측면」, 『진단학보』, 43: 143-154.

이태주

　2006, 「서로 다른 발전의 길: 피지 인도인들과 원주민들 간의 종족갈등과 발전담론」, 『한국문화인류학』, 39(1): 105-123.

장정아

　2003, 「타자의 의미: "홍콩인" 정체성을 둘러싼 싸움」, 『한국문화인류학』, 36(1): 43-82.

전경수

　1997, 『환경친화의 인류학』, 서울: 일지사.

전경수 편역

　1994, 『관광과 문화: 관광인류학의 이론과 실제』, 서울: 일신사.

정진웅

　2006, 『노년의 문화인류학』, 파주: 한울아카데미.

정향진

　2003, 「감정의 민속심리학과 정치성: 중산층 미국인들의 "화(anger)" 모델을 중심으로」, 『한국문화인류학』, 36(2): 109-141.

조경만

　1998, 「농업에 내재된 자연-인간 관계의 고찰」, 『역사민속학』, 2: 7-31.

조옥라

　1984, 「경제적 측면에서 본 한국의 전통적 생활양식 연구」, 『전통적 생활양식의 연구』(하), 한국정신문화연구원, pp. 123-156.

진필수

　1998, 「1990년대 한국 의류산업에서의 생산과 유통: 비공식적 경제(informal economy)를 중심으로」, 『한국문화인류학』, 31(1): 189-245.

채수홍

　2003, 「호치민시 다국적 공장의 정치과정에 대한 연구」, 『한국문화인류학』, 36(2): 143-183.

최은영

　1984, 「한국농촌의 사회경제적 구조와 계(契): 경기도 여주군 한마을의 사례」, 『인류학논집』, 7: 258-310.

최재석

　1982(1990), 『한국가족연구』, 서울: 일지사.

한경구

　1991, 「왜 "일본은 계급사회가 아니다"라고 하는가: 카스트에 대한 논의에 비추어 본 일본사회 무계급론」, 『한국문화인류학』, 23(1): 173-191.

한경구·박순영·주종택·홍성흡

　1998, 『시화호 사람들은 어떻게 되었을까?』, 서울: 솔.

한국문화인류학회

　1997, 『성, 가족, 그리고 문화』, 서울: 집문당.

　2006, 『처음 만나는 문화 인류학』, 서울: 일조각.

한국문화인류학회 편

　1998, 『낯선 곳에서 나를 만나다』, 서울: 일조각.

한상복

　1964, 「한국산간촌락의 연구」, 『사회학논총』, 1: 133-169.

　1975a, 『인구와 에너지 및 인간생활의 질』, 서울: 문교부 인구교육중앙본부.

　1975b, 「한국의 수산물 유통과정에 관한 경제인류학적 연구」, 『인류학논집』, 1:

141-164.

1977, 「자원·인구·전쟁」, 권태환·한초연 편, 『인구와 생활환경』, 서울: 서울대학교 인구 및 발전문제연구소, pp. 63-73.

1980, 「한국의 경제발전에 따르는 문화적 코스트」, 서울대학교 국제문제연구소, 『논문집』, 6: 209-224.

한상복 편

1976, 『인류와 문화: 문화인류학특강』, 서울: 서울대학교출판부.

허석열

1982, 「도시무허가정착지의 고용구조에 대한 일고찰」, 『한국사회학연구』, 6: 173-208.

1998, 「세계화와 노동부문의 변화: 경기도 성남 지방 공장노동자들의 사례연구」, 『한국문화인류학』, 31(1): 119-149.

황익주

2005, 「골목길과 광장 및 공원: 도시에서의 '우리 동네' 형성에 관한 인류학적 에세이」, 『건축』, 49(1): 14-133.

2008, 「사회분화와 사회계급」, 『세상 읽기와 세상 만들기: 사회과학의 이해』, 김광억 편, 서울: 서울대학교출판부, pp. 106-228.

Alford, C. Fred

1999, *Think No Evil: Korean Values in the Age of Globalization*, Ithaca, N. Y.: Cornell University Press. (남경태 역, 『한국인의 심리에 대한 보고서』, 서울: 그린비, 2000.)

Allee, W. C., A. Emerson, O. Park, and K. Schmimidt

1949, *Principle of Animal Ecology*, Philadelphia: Saunders.

Anderson, J. N.

1973, "Ecological Anthropology and Anthropological Ecology", In Honigman, J. J. (ed.), *Handbook of Social and Cultural Anthropology*, Chicago: Rand McNally, pp. 179-239.

Bachofen, J. J.

1861, *Das Mutterrecht*, Basel: Benno Schwabe.

Bailey, Frederik G.

1969, *Stratagems and Spoils: A Social Anthropology of Politics*, Oxford: Blackwell.

Baker, P. T., and W. T. Sanders

1972, "Demographic Studies in Anthropology", *Annual Review of Anthropology*, 1: 151-178.

Balandier, George

1970(1955), *The Sociology of Black Africa*, New York: Praeger.

Barnard, Alan

2000, *History and Theory in Anthropology*, Cambridge: Cambridge University Press. (김우영 역, 『인류학의 역사와 이론』, 서울: 한길사, 2003.)

Barnow, Victor

1979, *Culture and Personality* (3rd ed.), Homewood, Illinois: The Dorsey Press.

Barth, Frederik

1959, *Political Leadership among Swat Pathan*, London: Athlon Press.

Bates, M.

1953, "Human Ecology", *Anthropology Today*, Chicago: University of Chicago Press, pp. 670-713.

Bateson, Gregory

1958, *Naven: A Survey of the Problems Suggested by a Composite Picture of the Culture of a New Guinea Tribe drawn from Three Points of View*, Stanford, California: Stanford University Press. (김주희 역, 『네이븐』, 서울: 아카넷, 2002.)

Beals, Ralph L., and Harry Hoijer

1971, *An Introduction to Anthropology* (4th ed.), New York: MacMillan.

Beattie, John

1964, *Other Cultures: Aims, Methods and Achievements in Social Anthropology*, New York: The Free Press. [최재석 역, 『사회인류학』, 서울: 일지사, 1978(1995).]

Belshaw, Cyril S.

1965, *Traditional Exchange and Modern Markets*, Englewood Cliffs, New Jersey: Prentice-Hall.

Benedict, Ruth

1934, *Patterns of Culture*, Boston: Houghton Mifflin. (이종인 역, 『문화의 패턴』, 고양: 연암서가, 2008.)

1946, *The Chrysanthemum and the Sword: Patterns of Japanese Culture*, Boston: Houghton Mifflin. (김윤식·오인석 공역, 『국화와 칼: 일본문화의 틀』, 서울:

을유문화사, 2008.)

Bernard, H. R., and W. E. Sibley

1975, *Anthropology and Jobs: A Guide for Undergraduates*, Washington, D. C.: American Anthropological Association.

Blacking, John

1976, *How Musical is Man?*, London: Faber Paperbacks. (채현경 역, 『인간은 얼마나 음악적인가』, 서울: 민음사, 1998.)

Bock, Philip K.

1999, *Rethinking Psychological Anthropology: Continuity and Change in the Study of Human Action* (2nd ed.), Prospect Heights, Illinois: Waveland Press, Inc..

Bodley, John H.

1976, *Anthropology and Contemporary Human Problems* (2nd ed.), Palo Alto: Mayfield.

Bohannan, Paul, and George Dalton (eds.)

1962, *Markets in Africa,* Evanston, Illinois: Northwestern University Press.

Bohannan, Paul, and John Middleton (eds.)

1978, *Marriage, Family, and Residence*, Garden City, New York: The Natural History Press.

Bonvillain, Nancy

2000, *Language, Culture, and Communication: The Meaning of Messages*, Upper Saddle River, New Jersey: Prentice Hall. [한국사회언어학회 역, 『문화와 의사소통의 사회언어학』, 서울: 한국문화사, 2002(2004).]

Brace, C. Loring

1967, *The Stages of Human Evolution: Human and Cultural Original*, Englewood Cliffs, New Jersey: Prentice-Hall. (권이구 역, 『인류의 진화단계』, 서울: 탐구당, 1982.)

Brown, E. H. P., and M. H. Browns

1968, "Labor Force: Hours of Work", *International Encyclopedia of Social Sciences*, Vol. 8: 487-491.

Brown, Peter, and Ron Barrett (eds.)

2009, *Understanding and Applying Medical Anthropology* (2nd ed.), New York: McGraw-Hill Higher Education.

Brown, Roger, and Marguerite Ford

    1961, "Address in American English", *Journal of Abnormal and Social Psychology*, 62: 375-385.

Burling, R.

    1970, *Man's Many Voices: Language in Its Cultural Context*, New York: Holt, Rinehart and Winston.

Burns, Peter M.

    1999, *An Introduction to Tourism and Anthropology*, London; New York: Routledge.

Butterworth, Douglas, and John K. Chance

    1981, *Latin American Urbanization*, Cambridge: Cambridge University Press.

Carneiro, Robert L.

    1967, *Herbert Spencer: The Evolution of Society*, Chicago: The University of Chicago Press.

    1972, "From Autonomous Village to the State: A Numerical Estimation", In B. Spooner (ed.), *Population Growth: Anthropological Implication*, Cambridge: MIT Press, pp. 64-77.

Carroll, John B. (ed.)

    1956, *Language, Thought, and Reality: Selected Writings of Benjamin Lee Whorf*, New York: John Wiley and Sons.

Castells, Manuel

    1977, *The Urban Question: A Marxist Approach*, London: Edward Arnold.

Chagnon, Napoleon A.

    1968, *Yanomamö, The Fierce People*, New York: Holt, Rinehart and Winston.

Chapman, Anne

    1957, "Port of Trade Enclaves in Aztec and Maya Civilization", In K. Polanyi et al. (eds.), *Trade and Markets in the Early Empires*, Glencoe, Illinois: Free Press, pp. 114-153.

Childe, V. Gordon

    1936, *Man Makes Himself*, London: Watts and Co. (강기철 역, 『인류사의 전개』, 서울: 정음사, 1959.)

Chun, Kyung-Soo

    1984, *Reciprocity and Korean Society: An Ethnography of Hasami*, Seoul: Seoul

National University Press.

Clastres, Pierre

1974, *La Société contre l'Etat: recherches d'anthropologie politique*, Paris: Éditions de minuit. (홍성흡 역, 『국가에 대항하는 사회: 정치인류학 논고』, 서울: 이학사, 2005.)

Clifford, James, and George E. Marcus (eds.)

1986, *Writing Culture: The Poetics and Politics of Ethnography*, Berkeley: University of California Press. (이기우 역, 『문화를 쓴다: 민족지의 시학과 정치학』, 서울: 한국문화사, 2000.)

Codere, Helen

1950, *Fighting with Property*, New York: J. J. Augustin.

Cohen, Abner

1974, *Two Dimensional Man*, London: Routlege and Kegan Paul.

Cohn, Norman

1957, *The Pursuit of the Millennium*, London: Routledge and Kegan Paul.

Collier, Jane Fishburne, and Junko Yanagisako

1990, *Gender and Kinship: Essays toward a Unified Analysis*, Stanford, California: Stanford University Press.

Cook, Scott

1966a, "The Obsolete Anti-Market Mentality: A Critique of the Substantive Approach to Economic Anthropology", *American Anthropologist*, 68: 323-345.

1966b, "Maximization, Economic Theory, and Anthropology: A Reply to Cancian", *American Anthropologist*, 68: 1494-1498.

1969, "The 'Anti-Market' Mentality Reexamined: A Further Critique of Substantive Approach to Economic Anthropology", *Southwestern Journal of Anthropology*, 25: 378-406.

1973, "Economic Anthropology: Problems in Theory, Method, and Analysis", In John J. Honigmann (ed.), *Handbook of Social and Cultural Anthropology*, Chicago: Rand McNally, pp. 795-860.

Coon, Carleton S.

1962, *The Origin of Races*, New York: Alfred A. Knopf.

Coulanges, Fustel de

1955(1864), *Ancient City*, New York: Doubleday, Inc..

Cowgill George L.

1975, "On Causes and Consequences of Ancient and Modern Population Changes", *American Anthropologist*, 77: 505-525.

Crane, Julia G., and Michael V. Angrosino

1992, *Field Projects in Anthropology: A Student Handbook,* Prospect Heights, Illinois: Waveland Press. (한경구·김성례 공역, 『문화인류학 현지조사 방법: 인간과 문화에 대한 현장조사는 어떻게 하나?』, 서울: 일조각, 2000.)

Crumley, Carole, L. (ed.)

2001, *New Directions in Anthropology & Environment*, Walnut Creek, California: AltaMira Press.

Dalton, George

1961, "Economic Theory and Primitive Society", *American Anthropologist*, 65: 1-25.

1971, *Traditional Tribal and Peasant Economics: an Introductory Survey of Economic Anthropology*, Cambridge: Addison Wesley.

Darwin, C.

1958(1859), *Origin of Species*, New York: New American Library, Mentor.

Davenport, W. H.

1960, *Jamaican Fishing: A Game Theory Analysis*, New Haven: Yale University Press.

Davis, S. H.

1977, *Victims of Miracle*, New York: Cambridge University Press.

Deevy, Edward S. Jr.

1960, "The Human Population." *Scientific American*, 203: 194-204.

De Vos, George, and Hiroshi Wagatsuma

1970, *Japan's Invisible Race: Caste in Culture and Personality*, Berkeley: University of California Press.

Divale, William T., and Marvin Harris

1976, "Population, Warfare, and the Male Supremacist Complex", *American Anthropoloigst*, 78: 521-538.

Douglas, Mary

1966(2005), *Purity and Danger: An Analysis of Concept of Pollution and Taboo,*

London; New York: Routledge. (유재분·이훈상 공역, 『순수와 위험: 오염과 금기 개념의 분석』, 서울: 현대미학사, 1997.)

1970, *Natural Symbols*, New York: Random House.

Dumont, Louis

1966, *Homo Hierarchicus: Essai sur le Système des castes*, Bibliothèque des Sciences Humaines, Paris: Gallimard.

Duncan, O. D.

1969, "The Ecosystem Concept and the Problem of Air Polution", In Vayda, A. P. (ed.), *Environment and Cultural Behavior*, New York: Natural History Press.

Durkheim, E.

1915(1912), *The Elementary Forms of the Religious Life*, J. W. Swain, trans., London: Allen and Unwin.

1933(1893), *Division of Labour in Society*, G. Simpson, trans., New York: MacMillan.

1938(1875), *The Rules of the Sociological Method*, S. Slovay, and J. Muller, trans., New York: Free Press.

1951(1897), *Suicide*, J. Spaulding, and G. Simpson, trans., New York: Free Press.

Durkheim, E., and M. Mauss

1963(1903), *Primitive Classification*, London: Cohen & West, Ltd..

Duvignaud, Jean

1991, *Fêtes et civilisations suivi de La Fête aujourd'hui*, Paris: Actes Sud. (류정아 역, 『축제와 문명』, 서울: 한길사, 1998.)

Eggan, Fred

1954, "Social Anthropology and the Method of Controlled Comparison", *American Anthropologist*, 56: 743-763.

Eisenstadt, S. N.

1956, *Ftom Generation to Generation*, New York: The Free Press.

Ember, Carol R., and Melvin Ember

1977, *Cultural Anthropology* (2nd ed), Englewood Cliffs, New Jersey: Prentice-Hall.

Ember, Melvin

1959, "The Nonunilinear Descent Groups of Samoa", *American Anthropologist*,

61: 573-577.

Engels. F.

1942(1884), *The Origin of the Family, Private Property, and the State*, New York: International Publishers.

Epstein, Scarlet T.

1962, *Economic Development and Social Change in South India*, London: Oxford University Press.

Ervin, Alexander M.

2000, *Applied Anthropology: Tools and Perspectives for Contemporary Practice*, Boston, Massachusetts: Allyn and Bacon.

Evans-Pritchard, Edward Evans

1937, *Witchcraft, Oracles and Magic Among the Azande*, Oxford: Clarendon Press.

1940, *The Nuer*, Oxford: Clarendon Press. (권이구·강지현 공역, 『누어인』, 서울: 탐구당, 1994.)

1948, "Nuer Modes of Address", *Uganda Journal*, 12: 166-171.

1951a, *Social Anthropology*, London: Routledge and Kegan Paul.

1951b, *Kinship and Marriage among the Nuer*, Oxford: Clarendon Press.

1956, *Nuer Religion*, Oxford: Oxford University Press.

1965, *Theories of Primitive Religion*, Oxford: Clarendon Press. (김두진 역, 『원시 종교론』, 서울: 탐구당, 1977.)

Fadiman, Anne

1997, *The Spirit Catches You and You Fall Down: A Hmong Child, Her American Doctors, and the Collision of Two Cultures*, New York: Farrar, Straus and Giroux. (이한중 역, 『리아의 나라: 몽족 아이, 미국인 의사들 그리고 두 문화의 충돌』, 파주: 월북, 2010.)

Fei, Hsiao-t'ung, and Chih-i Chang

1947, *Earthbound China: A Study of Rural Economy in Yunnam*, Chicago: University of Chicago Press.

Ferguson, James

1990, *Anti-politics Machine: "Development", Depoliticization, and Bureaucratic Bower in Lesotho*, Minneapolis: University of Minnesota Press.

Firth, Raymond

1936, *We, the Tikopia*, London: Allen and Unwin.

1939, *Primitive Polynesian Economy*, London: George Routledge and Sons.

1967, *Themes in Economic Anthropology*, London: Tavistock.

1973, *Symbols: Public and Private*, London: George Allen and Unwin, Ltd..

Firth, Raymond, and B. S. Yamey (eds.)

1964, *Capital, Saving, and Credit in Peasant Societies: A Viewpoint from Economic Anthropology*, Chicago: Aldine.

Fischer, John

1961, "Art Styles as Cultural Cognitive Mapa", *American Anthropologist*, 63: 80.

Ford, Clellan S., and Frank A. Beach

1951, *Patterns of Sexual Behavior*, New York: Harper & Row.

Fortes, Meyer

1949, *The Web of Kinship among the Tallensi*, New York: Oxford University Press.

Fortes, Meyer, and E. Evans-Pritchard (eds.)

1940, *African Political Systems*, London: Oxford University Press.

Foster, George M.

1942, *A Primitive Mexican Economy*, American Ethnological Society Monograph, No. 5, Seattle: University of Washington Press.

1967, *Tzintzuntzan: Mexican Peasants in a Changing World*, Boston: Little, Brown.

Foster, George M., and Barbara Gallatin Anderson (eds.)

1978, *Medical Anthropology*, New York: John Willy & Sons. (구본인 역, 『의료인류학』, 서울: 한울, 1994.)

Foucault, Michel

1975, *Surveiller et punir: Naissance de la prison*, Paris: Gallimard. (오생근 역, 『감시와 처벌: 감옥의 역사』, 서울: 나남, 2004.)

Frazer, James

1911-17(1890), *The Golden Bough* (3rd ed.), London: MacMillan.

Freedman, Maurice

1958, *Lineage Organization in Southeastern China*, London: Athlone Press. (김광억 역, 『동남부 중국의 종족조직』, 서울: 일조각, 1996.)

1966, *Chinese and Society: Fukien and Kwangtung*, London: Athlone Press.

Freedman

1967, "Ancestor Worship: Two Facets of the Chinese Case", In M. Freedman (ed.), *Social Organization: Essays Presented to Raymond Firth*, London: Frank Cass & Co.

Freedman, Maurice (ed.)

1970, *Family and Kinship in Chinese Society*, Stanford, California: Stanford University Press.

Freilich, Morton

1960, "On the Evolution of Social Stratification and the State." In S. Diamond (ed.), *Culture in History*, New York: Columbia University Press, pp. 713-731.

1963, "The Natural Experiment, Ecology and Culture", *Southwestern Journal of Anthropology*, 19: 21-39.

1967, *The Evolution of Political Society*, New York: Random House.

Frisch, K., von

1962, "Dialects in the Language of the Bees", *Scientific America*, August, pp. 78-87.

Garbarino, Merwyn S.

1977, *Sociocultural Theory in Anthropology: A Short History*, New York: Holt, Rinehart and Winston. (한경구·임봉길 공역, 『문화인류학의 역사: 사회사상에서 문화의 과학에 이르기까지』, 서울: 일조각, 2001.)

Gardner, Katy and David Lewis

1996, *Anthropology, Development, and the Post-modern Challenge*, London; Chicago, Illinois: Pluto Press.

Geertz, Clifford

1960, *The Religion of Java*, Glencoe, Illinois: Free Press.

1963, *Agricultural Involution*, Berkeley, and Los Angeles: University of California Press.

1965, *Peddlers and Princes*, Chicago: University of Chicago Press.

1973, *The Interpretation of Cultures: Selected Essays*, New York: Basic Books. [문옥표 역, 『문화의 해석』, 서울: 까치, 1998(2009).]

Gluckman, Max

1963, *Order and Rebellion in Tribal Society*, Oxford: Clarendon Press.

1967(1955), *The Judicial Process Among the Barotse of Northern Rhodesai*,

Manchester: Manchester University Press.

Gmelch, George, and Walter Zenner (eds.)

2002, *Urban Life: Readings in Urban Anthropology* (4th ed.), Long Grove, Illinois: Waveland Press.

Godelier, Maurice

1972, *Rationality and Irrationality in Economics*, New York: Monthly Review Press.

Goldschmidt, Walter

1970, *On Becoming an Anthropologist: A Career Pamphlet for Students*, Washington D. C.: American Anthropological Association.

Goodenough, Ward H.

1951, *Property, Kin, and Community on Truk*, New Haven: Yale University Publications in Anthropology.

1961, "Comments on Cultural Evolution", *Daedalus*, Vol. 90: 521-528.

Gorer, Geoffrey

1953, "The Concept of National Character", In Clyde Kluckhohn, Henry A. Murray, and David M. Schneider (eds.), *Personality in Nature, Society and Culture*, New York: Alfred A. Knopf, pp. 246-259.

Gough, E. Kathleen

1959, "Nayars and the Definition of Marriage." *Journal of Royal Anthropological Institute*, 89: 23-34.

Graeber, David

2001, *Toward an Anthropological Theory of Value: The False Coin of our own Dreams*, New York: Palgrave. (서정은 역, 『가치이론에 대한 인류학적 접근: 교환과 가치, 사회의 재구성』, 서울: 그린비, 2009.)

Greenberg, I. H.

1968, *Anthropological Linguistics: An Introduction*, New York: Random House.

Gulliver, P.

1963, *Social Control in an African Society*, London: Routledge and Kegan Paul.

Hahn, Emily

1971, "Chimpanzees and Language", *New Yorker*, 24 April.

Han, Sang-Bok

1977, *Korean Fishermen: Ecological Adaptation in Three Communities*, Seoul:

Seoul National University Press.

Harris, Marvin

　1966, "The Cultural Ecology of India's Sacred Cattle", *Current Anthropology*, 7: 51-66.

　1968, *The Rise of Anthropological Theory*, New York: Thomas Y. Crowell.

　1975, *Cows, Pigs, Wars and Witches: The Riddles of Culture*, New York: Vintage Books. [박종열 역, 『문화의 수수께끼』, 서울: 한길사, 1993(2004).]

Hart, C. W. M., and Arnold Pilling

　1960, *The Tiwi of North Australia*, New York: Holt, Rinehart and Winston. (왕한석 역, 『티위사람들: 북 호주 원주민의 문화』, 서울: 교문사, 1993.)

Haswell, William

　1953, *Economics of Agriculture in a Savannah Village: Report on Three Years' Study in Genieri Village*, London: Colonial Research Studies, No. 8, London: H. M. Stationery Office.

Hawley, A. H.

　1950, *Human Ecology: A Theory of Community Structure*, New York: Ronald Press.

Helm, J.

　1962, "The Ecological Approach in Anthropology", *The American Journal of Sociology*, 67: 630-639.

Herskovits, Melville J.

　1952, *Economic Anthropology*, New York: Knopf.

Hertz, R.

　1960(1909), *Death and The Right Hand*, London: Cohen & West.

Hockett, C. F., and R. Ascher

　1964, "The Human Revolution", *Current Anthropology*, 5: 135-168.

Hoebel, E. Adamson

　1966, *Anthropology: The Study of Man*, New York: McGraw-Hill.

Holmberg, Alan R.

　1965, "The Changing Values and Institutions of Vicos in the Context of National Development", *American Behavioural Scientist*, 8: 3-8.

　1969, *Nomads of Long Bow: The Sirino of Eastern Bolivia*, New York: Natural History Press.

Honigman, John J.

1967, *Personality in Culture*, New York: Harper & Row.

Hsu, F. L. K. (ed.)

1972, *Psychological Anthropology* (2nd ed.), Cambridge, Massachusetts: Schenkman.

Hutchinson, G. E.

1963, "Natural Selection, Social Organizations, and Hairlessness and the Australopithecine Canine", *Evolution*, 17: 588-598.

Huxley, Thomas H.

1890, *Evidence as to Man's Place in Nature*, New York: Appleton.

Hymes, Dell (ed.)

1964, *Language in Culture and Society: A Reader in Linguistics and Anthropology*, New York: Harper & Row.

Itani, Junichiro

1961, "The Society of Japanese Monkeys", *Japan Quarterly*, 8: 421-437.

Kardiner, Abram

1939, *The Individual and His Society: The Psychodynamics of Primitive Social Organization*, New York: Columbia University Press.

Kardiner, Abram, et al.

1945, *The Psychological Frontiers of Society*, New York: Columbia University Press.

Kendall, Laurel

1998, 「소비하는 영혼들(Consuming Spirits)」, 『한국문화인류학』, 31(2): 271-291.

Kim, Kwang Ok

1980, *The Taruko and Their Belief System*, Unpublished D. Phil. Thesis: University of Oxford.

Kroeber, A. L.

1917, "The Superorganic", *American Anthropologist*, 19: 163-213.

1948(1923), *Anthropology* (revised new edition), New York: Harcourt Brace & World, Inc..

Kroeber, A. L., and C. Kluckhohn

1952, *Culture: A Critical Review of Concepts and Definitions*, New York: Vintage Books.

Kuper, Adam

1996, *Anthropology and Anthropologists: The Modern British School*, London; New York: Routledge. (박자영·박순영 공역, 『인류학과 인류학자들: 영국 사회인류학의 전통과 발전』, 서울: 한길사, 2005.)

Lambek, Michael (ed.)

2008, *A Reader in Anthropology of Religion*, Malden, Massachusetts: Blackwell Pub.

Leach, Edmund

1965, *Political Systems of Highland Burma*, Boston: Beacon Press.

1976, *Culture and Communication*, Cambridge: Cambridge University Press.

Leakey, Richard E., and Roger Lewin

1977, *Origins: What the New Discoveries Reveal About the Emergence of Our Species and Its Possible Future*, New York: Dutton. (김광억 역, 『오리진』, 서울: 학원사, 1987.)

Le Clair, Edward E. Jr.

1959, *A Minimal Frame of Reference for Economic Anthropology*, Troy, N. Y.: Rensselaer Polytechnic Institute.

1962, "Economic Theory and Economic Anthropology", *American Anthropologist*, 64: 1179-1203.

1969, "Comments on Daltons Review Article", *Current Anthropology*, 17: 86.

Le Clair, Edward E. Jr., and Harold K. Schneider (eds.)

1968, *Economic Anthropology: Readings in Theory and Analysis*, New York: Holt, Rinehart and Winston.

Lee, Richard B.

1968, "What Hunters Do for a Living, or How to Make Out on Scarce Resources", In Lee, R. B., and I. DeVore (eds.), *Man the Hunter*, Chicago: Aldine, pp. 37-43.

Lehman, Winifred P.

1973, *Historical Linguistics: An Introduction* (2nd. ed.) New York: Holt, Rinehart and Winston.

Lesser, Alexander

1933, *The Pawnee Ghost Dance Hand Game*, New York: Columbia University Press.

Lévi-Strauss, Claude

1955, *Tristes Tropiques*, Paris: Plon. [박옥줄 역, 『슬픈열대』, 서울: 중앙신서, 1995(2004).]

1963, *Structural Anthropology*, New York: Basic Books.

1966, *The Savage Mind*, Chicago: University of Chicago Press. (안정남 역, 『야생의 사고』, 서울: 한길사, 1996.)

1969, *The Elementary Structures of Kinship*, Boston: Beacon Press.

Levy, M. J., and L. A. Fallers

1959, "The Family: Some Comparative Considerations", *American Anthropologist*, 61: 647-751.

Lewellen, Ted C.

1983, *Political Anthropology: An Introduction*, South Hadley, Massachusetts: Bergin & Garvey. (한경구·임봉길 공역, 『정치인류학』, 서울: 일조각, 1998.)

Lewis, G. E.

1934, "Preliminary Notice of New Man-like Apes from India", *American Journal of Science*, 27: 161-179.

Lewis, Oscar

1961, *The Children of Sanchez: Autobiography of a Mexican Family*, New York: Random House. (박현수 역, 『산체스네 아이들』(1-3), 서울: 지식공작소, 1997.)

1966, *La Vida*, New York: Random House.

Lienhardt, Godfrey R.

1961, *Divinity and Experience*, Oxford: Clarendon Press.

Linton, Ralph

1937, "One Hundred Per Cent American." *The American Murcury*, 40: 427-429.

1943, "Nativistic Movements", *American Anthropologist*, 45: 230-240.

1947, *The Cultural Background of Personality*, London: Routledge and Kegan Paul. (전경수 역, 『문화와 인성』, 서울: 현음사, 1984.)

Lomax, Alan

1968, *Folk Song Style and Culture*, Washington D. C.: American Association for the Advancement of Science.

Long, Norman

1978, *An Introduction to the Sociology of Rural Development*, London: Routledge and Kegan Paul. (홍동식 역, 『농촌발전의 사회학』, 서울: 법문사,

1984.)

Long, Norman, and P. Richardson

1978, "Informal Sector, Petty Commodity Production, and the Social Relations of Small-scale Enterprise", In J. Clammer (ed.), *The New Economic Anthropology*, London: Macmillan, pp. 176-209.

Maine, H. S.

1861, *The Ancient Law*, London: J. Murray.

Mair, Lucy

1966, *Primitive Government*, Harmonds worth: Penguin Books.

1984, *Anthropology and Development*, London: Routledge and Kegan Paul.

Malinowski, B. C.

1922, *Argonauts of the Western Pacific*, London: Routledge and Kegan Paul.

1948, *Magic Science and Religion*, Glenco, Illinois: The Free Press.

Malthus, T. R.

1803(1798), *An Essay on the Principle of Population*, London: J. Johnson.

Marx, Karl

1904, *A Contribution to the Critique of Political Economy*, Chicago: Kerr.

Mauss, Marcel

1925, "Essai sur le don", *L'Année Sociologique* (n. s. t.) I: 30-186, *The Gift: Forms and Functions of Exchange in Archaic Societies*, Glenco, Illinois: Free Press. (이상률 역, 『증여론』, 서울: 한길사, 2002.)

McLennan. J. F.

1865, *Primitive Marriage*, Edinburgh: Adam and Charles Black.

Mead, Margaret

1935, *Sex and Temperament in Three Primitive Societies*, New York: William Morrow and Company, Inc.. (조혜정 역, 『세 부족사회에서의 성과 기질』, 서울: 이화여자대학교출판부, 2004.)

1949, *Male and Female*, New York: Morrow. (이경식 역, 『남성과 여성』, 서울: 범조사, 1980.)

1962(1953), "National Character", in Sol Tax (ed.), *Anthropology Today: Selections*, Chicago: The University of Chicago Press, pp. 396-421.

1972, *Blackberry Winter: My Earlier Years,* New York: Morrow. (강신표·김봉영 역, 『누구를 위하여 그리고 무엇 때문에: 마가렛 미드, 나의 인류학적 자서전』,

서울: 문음사, 1980.)

Meggers, Betty J.

1957, "Environment and Culture in the Amazon Basin: An Appraisal of the Theory of Environmental Determinism." In *Studies in Human Ecology*, Washington D. C.: Anthropological Society of Washington, pp. 71-89.

Meillassoux, C.

1968, *Urbanization of an African Community*, Seattle: University of Washington Press.

Middleton, John

1960, *Lugbara Religion Ritual and Anthority among an East African People*, London: Oxford University Press.

Mintz, Sidney

1967, "Pratik: Haitian Personal Economic Relationships", In Potter, J. M. et al. (eds.), *Peasant Society: A Reader*, Boston: Little Brown, pp. 98-109.

Moon, Ok-pyo

1984, *Economic Development and Social Change in A Japanese Village*, Unpublished D. Phil. Thesis: Oxford University.

Moore, Jerry D.

1997, *Visions of Culture: An Introduction to Anthropological Theories and Theorists*, Lanham, Maryland: AltaMira Press. (김우영 역, 『인류학의 거장들: 인물로 읽는 인류학의 역사와 이론』, 서울: 한길사, 2003.)

Moran, Emilio

1990, *The Ecosystem Approach in Anthropology: From Concept to Practice*, Ann Arbor: University of Michigan Press.

Morgan, L. H.

1870, *Systems of Consanguinity and Affinity of the Human Family*, Washington: Smithonian Institution.

1877, *Ancient Society*, New York: World Publishing. (최달곤·정동호 공역, 『고대사회』, 서울: 문화문고, 2000.)

Morris, Brian

1987, *Anthropological Studies of Religion: An Introductory Text*, Cambridge (Cambridgeshire); New York: Cambridge University Press.

Murdock, George Peter

1949, *Social Structure*, New York: Macmillan. (조승연 역, 『사회구조: 친족 인류학의 이해』, 서울: 서경문화사, 2004.)

1975, *Outline of World Cultures* (5th ed.), New Haven: Human Relations Area Files.

Murdock, George Peter, and Others

1982, *Outline of Cultural Materials* (5th ed.), New Haven: Human Relations Area Files.

Nadel, Sigmund F.

1942, *A Black Byzantium*, London: Oxford University Press.

1954, *Nupe Religion*, London: Routledge and Kegan Paul.

Nader, Laura (ed.)

1969, *Law in Culture and Society*, Chicago: Aldine.

Naroll, Raoul, and William T. Divale

1976, "Natural Selection in Cultural Evolution: Warfare Versus Peaceful Diffusion." *American Ethnologist*, 3: 97-128.

Netting, R. M.

1965, "A Trial Model of Cultural Ecology", *Anthropological Quarterly*, 38: 81-96.

1986, *Cultural Ecology* (2nd ed.), Prospect Heights, Illinois: Waveland Press.

Odum, E. P.

1953, *Fundamentals of Ecology*, Philadelphia: Saunders.

1975, *Ecology*, New York: Holt, Rinehart and Winston.

Odum, Howard, and Elisabeth Odum

1976, *Energy Basis for Man and Nature*, New York: McGraw-Hill.

Ogburn, William

1922, *Social Change*, New York: The Viking Press.

Ogburn, William, and Dorothy Thomas

1922, "Is Invention Inevitable?: A Note on Social Evolution", *Political Science Quarterly*, 37: 83-98.

Oliver, Douglas

1955, *A Solomon Island Society*, Cambridge: Harvard University Press.

Parrack, D. W.

1969, "An Approach to the Bioenergetics of Rural West Bengal", In Vayda, A.

P. (ed.), *Environment and Cultural Behavior*, New York: Natural History Press.

Parsons, Talcott, and Neil J. Smelser

  1956, *Economy and Society*, Glencoe, Illinois: The Free Press.

Pelto, Pertti J., and Gretel H. Pelto

  1978, *Anthropological Research: The Structure of Inquiry*, Cambridge: Cambridge University Press.

Polanyi, Karl

  1944, *The Great Transformation*, New York: Rinehart and Company. (홍기빈 역, 『거대한 전환: 우리 시대의 정치·경제적 기원』, 서울: 길, 2009.)

  1957, "The Economy as Instituted Process", In Polanyi et al. (eds.), *Trade and Markets in the Early Empires*, Glencoe, Illinois: The Free Press. pp. 243-277.

Pospisil, Leopold

  1963, *The Kapauku Papuans of West New Guinea*, New York: Holt, Rinehart and Winston.

  1971, *Anthropology of Law*, New Haven: Yale University Press. (이문웅 역, 『법인류학』, 서울: 민음사, 1992.)

Potter, Jack, May N. Diaz, and George M. Foster (eds.)

  1967, *Peasant Society: A Reader*, Boston: Little, Brown and Co.

Quinn, J. A.

  1950, *Human Ecology*, New York: Prentice-Hall.

Radcliff-Brown, A. R.

  1922, *Andaman Islanders*, Cambridge, England: Cambridge University Press.

Rappaport, Roy

  1968, *Pigs for the Ancestors: Ritual in the Ecology of a New Guinea People*, New Haven: Yale University Press.

Richerson, Peter J.

  1977, "Ecology and Human Ecology: A Comparison of Theories in the Biological and Social Sciences", *American Ethnologist*, Vol. 4, No. 1: 26.

Richerson, Peter J., and Robert Boyd

  2005, *Not by Genes Alone: How Culture Transformed Human Evolution*, Chicago : University of Chicago Press. (김준홍 역, 『유전자만이 아니다: 문화가 어떻

게 인간 진화의 경로를 바꾸었는가』, 서울: 이음, 2009.)

Roberts, Alice M.

  2010, *The Incredible Human Journey: The Story of How We Colonised the Planet*, London: Bloomsbury. (진주현 역, 『인류의 위대한 여행』, 서울: 책과 함께, 2011.)

Rohner, R. P., and E. C. Rohner

  1970, *The Kwakiutl: Indians of British Columbia*, New York: Holt, Rinehart and Winston.

Rosaldo, Michelle Zimbalist, and Louise Lamphere (ed.)

  1974, *Woman, Culture and Society*, Stanford, California: Stanford University Press. (권숙인·김현미 공역, 『여성·문화·사회』, 파주: 한길사, 2008.)

Royal Anthropological Institute of Great Britain and Ireland, British Association for the Advancement of Science.

  1929, *Notes and Queries on Anthropology* (5th ed.), London: Routledge and Kegan Paul.

Sahlins, Marshall D.

  1960, "Political Power and the Economy in Primitive Society", In Dole, G. E., and R. L. Carnerio (eds.), *Essays in the Science of Culture in Honor of Leslie White*, New York: Thomas Y. Crowell.

  1972, *Stone Age Economics*, Chicago: Aldine.

  1977, *Culture and Practical Reason*, Chicago: University of Chicago Press.

Sahlins, Marshall D., and Elman R. Service (eds.)

  1960, *Evolution and Culture*, Ann Arbor: University of Michigan Press.

Saville-Troike, Muriel

  2003, *The Ethnography of Communication: An Introduction,* Malden, Massachusetts: Blackwell Pub. (왕한석 공역, 『언어와 사회: 의사소통의 민족지학 입문』, 서울: 한국문화사, 2009.)

Schapera, I.

  1938, *A Handbook of Tswana Law and Custom*, London: Oxford University Press.

Schechner, Richard

  1985, *Between Theater and Anthropology*, Philadelphia: University of Pennsylvania Press. [김익두 역, 『민족 연극학: 연극과 인류학 사이』, 서울: 한

국문화사, 2004(2005).]

Schneider, Harold K.

    1974, *Economic Man: The Anthropology of Economics*, New York: Free Press.

Service, Elman R.

    1971, *Cultural Evolutionism: Theory in Practice*, New York: Holt, Rinehart and Winston.

Shostak, Marjorie

    1981, *Nisa, The Life and Words of a !Kung Woman*, Cambridge, Massachusetts: Harvard University Press. (유나영 역, 『니사: 칼라하리 사막의 !쿵족 여성 이야기』, 서울: 삼인, 2008.)

Skinner, William

    1964, "Marketing and Social Structure in Rural China (Part I)", *Journal of Asian Studies*, 24(1): 3-43.

Smith, W. Robertson

    1889, *The Religion of the Semites*, London: Routledge and Kegan Paul.

Spencer, Herbert

    1852, "The Development Hypothesis", *The Leader*, March 20.

Spiro, Melford E.

    1954, "Is the Family Universal?", *American Anthropologist*, 56: 839-846.

Spradley, James P.

    1980, *Participant Observation*, New York: Holt, Rinehart and Winston.

Stephens, William N.

    1963, *The Family in Cross-Cultural Perspective*, New York: Holt, Rinehart and Winston.

Steward, Julian H.

    1955, *Theory of Culture Change*, Urbana: University of Illinois Press. (조승연 역, 『(줄리안 스튜어드의) 문화변동론: 문화생태학과 다선진화 방법론』, 서울: 민속원, 2007.)

Sundkler, B.

    1961, *Bantu Prophets in South Africa*, Oxford: Oxford University Press.

Thurnwald, Richard

    1932, *Economics in Primitive Communities*, London: Oxford University Press.

Turner, Jonathan H.

1971, "Patterns of Value Change during Economic Development: An Empirical Study", *Human Organization*, Vol. 30, No. 2: 126-136.

Turner, Victor

1967, *The Forest of Symbols*, Ithaca: Cornell University Press.

1969, *Ritual Process*, Chicago: Aldine.

Tylor, E. B.

1865, *Researches into the Early History of Mankind and the Development of Civilization*, London: J. Murray.

1871, *Primitive Culture: Researches into the Development of Mythology, Philosophy, Religion, Language, Art and Custom*, London: J. Murray.

1889, "On a Method of Investigating the Development of Institutions: Applied to Laws of Marriage and Descent", *Journal of the Royal Anthropological Institute*, 18: 245-269.

Udy, Stanley H. Jr,

1959, *Organization of Work: A Comparative Analysis of Production among Nonindustrial Peoples*, New Haven: HRAF Press.

Valentine, Charles

1968, *Culture and Poverty: Critique and Counter-Proposals*, Chicago: The University of Chicago Press.

Van Gennep, Arnold

1960(1908), *The Rites of Passage*, London: Routledge and Kegan Paul.

Vayda, Andrew P.

1961, "Expansion and Warfare among Swidden Agriculturists", *American Anthropologist*, 63: 346-358.

1970, "Maoris and Muskets in New Zealand: Disruption of a War System", *Political Science Quarterly*, 85: 560-584.

Vayda, Andrew (ed.)

1969, *Environment and Cultural Behavior*, Garden City, New York: Natural History Press.

Vayda, A. P., and B. J. McCay

1975, "New Directions in Ecology and Ecological Anthropology", *Annual Review of Anthropology*, 4: 293-306.

Vincent, Joan (ed.)

2002, *The Anthropology of Politics: A Reader in Ethnography, Theory, and Critique*, Malden, Massachusetts: Blackwell Publishers.

Wagner, Roy

1981, *The Invention of Culture*, Chicago: University of Chicago Press.

Wallace, Anthony F. G.

1956, "Revitalization movements", *American Anthropologist*, 58: 264-281.

1966, *Religion: An Anthropological View*, New York: Random House.

1970, *Culture and Personality* (2nd ed.), New York: Random House.

Weaver, T., and D. White

1972, *The Anthropology of Urban Environment*, The Society for Applied Anthropology Monograph Series, No. 11, Washington, D. C., Society for Applied Anthropology.

White, Leslie A.

1949, *The Science of Culture*, New York: Farrar, Straus and Giroux.

1959, *The Evolution of Culture*, New York: McGraw-Hill.

White, Leslie A. (with Beth Dillingham)

1973, *The Concept of Culture*, Minneapolis: Burgess Publishing Co.. (이문웅 역, 『문화의 개념: 문화결정론과 문화진화론의 입장』, 서울: 일지사, 1977.)

Whiling, B. B., and J. W. M. Whiting

1975, *Children of Six Cultures: A Psycho-Cultural Analysis*, Cambridge, Massachusetts: Harvard University Press.

Whiting, J. W. M.

1964, "Effects of Climate on Certain Cultural Practices", In W. H. Goodenough (ed.), *Explorations in cultural Anthropology: Essays in Honor of Geore P. Murdock*, New York: McGraw-Hill, pp. 511-544.

Whiting, John W., and Irvin L. Child

1953, *Child Training and Personality*, New Haven: Yale University Press.

Wilk, Richard R., and Lisa C. Cliggett

2007, *Economies and Cultures: Foundations of Economic Anthropology*, Boulder, Colo.: Westview Press. (홍성흡·정문영 공역, 『경제 인류학을 생각한다』, 서울: 일조각, 2010.)

Willis, Paul

1981, *Learning to Labor: How Working Class Kids get Working Class Jobs*,

New York: Columbia University Press. (김찬호·김영훈 공역, 『학교와 계급재 생산: 반학교문화, 일상, 저항』, 서울: 이매진, 2004.)

Wilson, Bryan (ed.)

1970, *Rationality*, Oxford: Blackwell.

Wissler, Clark

1926, *The Relation of Nature to Man in Aboriginal North America*, New York: Oxford University Press.

Wolf, Arthur (ed.)

1974, *Religion and Ritual in Chinese Society*, Stanford: Stanford University Press.

Wolf, Eric R.

1966, *Peasants*, Englewood Cliffs: Prentice-Hall. (박현수 역, 『농민』, 청년사, 1978.)

Worsley, Peter

1968, *The Trumpet Shall Sound: A Study of Cargo Cults in Melanesia*, New York: Sckocken Books.

Yan, Yunxiang

2003, *Private Life Under Socialism: Love, Intimacy, and Family Change in a Chinese Village 1949-1999*, Stanford, California: Stanford University Press.

Zipf, G. K.

1949, *Human Behavior and the Principle of Least Effort: An Introduction to Ecology*, Cambridge: Addison Wesley Press.

# 찾아보기